当代经济学系列丛书

Contemporary Economics Series

陈昕 主编

当代经济学译库

Claudia Goldin, Lawrence F. Katz

The Race between Education and Technology

教育和技术的赛跑

[美] 克劳迪娅·戈尔丁 劳伦斯·F.卡茨 著

贾拥民 傅瑞蓉 译

格 致 出 版 社

上 海 三 联 书 店

上 海 人 民 出 版 社

主编的话

上世纪 80 年代，为了全面地、系统地反映当代经济学的全貌及其进程，总结与挖掘当代经济学已有的和潜在的成果，展示当代经济学新的发展方向，我们决定出版"当代经济学系列丛书"。

"当代经济学系列丛书"是大型的、高层次的、综合性的经济学术理论丛书。它包括三个子系列：（1）当代经济学文库；（2）当代经济学译库；（3）当代经济学教学参考书系。本丛书在学科领域方面，不仅着眼于各传统经济学科的新成果，更注重经济学前沿学科、边缘学科和综合学科的新成就；在选题的采择上，广泛联系海内外学者，努力开掘学术功力深厚、思想新颖独到、作品水平拔尖的著作。"文库"力求达到中国经济学界当前的最高水平；"译库"翻译当代经济学的名人名著；"教学参考书系"主要出版国内外著名高等院校最新的经济学通用教材。

20 多年过去了，本丛书先后出版了 200 多种著作，在很大程度上推动了中国经济学的现代化和国际标准化。这主要体现在两个方面：一是从研究范围、研究内容、研究方法、分析技术等方面完成了中国经济学从传统向现代的转轨；二是培养了整整一代青年经济学人，如今他们大都成长为中国第一线的经济学家，活跃在国内外的学术舞台上。

为了进一步推动中国经济学的发展，我们将继续引进翻译出版国际上经济学的最新研究成果，加强中国经济学家与世界各国经济学家之间的交流；同时，我们更鼓励中国经济学家创建自己的理论体系，在自主的理论框架内消化和吸收世界上最优秀的理论成果，并把它放到中国经济改革发展的实践中进行筛选和检验，进而寻找属于中国的又面向未来世界的经济制度和经济理论，使中国经济学真正立足于世界经济学之林。

我们渴望经济学家支持我们的追求；我们和经济学家一起瞻望中国经济学的未来。

陈昕

2014 年 1 月 1 日

CONTENTS

目　录

主编的话

1

3

导　言

　　20 世纪初,美国成为全世界最富裕的国家,美国民众的平均生活水平也超过了英国——上一个全世界最富裕的国家。然而,这只是美国进一步崛起的序幕而已。美国与其他位居第一梯队的国家之间的差距,还将不断扩大;即使美国的大门随时向全世界的穷人敞开,美国民众的生活水平也仍在持续提高。美国一直将这种世界经济霸主地位维持到了 20 世纪末,甚至更久。如果仅从经济的角度来看,那么 20 世纪完全可以称为“美国世纪”。

　　20 世纪也可以称为“人力资本世纪”。到了 20 世纪末,所有国家都已经在向大多数民众提供小学及更高阶段的学校教育了,即便是那些最贫穷的国家也不例外。相比之下,在 20世纪初,甚至到了 20 世纪中期,许多国家(包括那些相对富裕的国家)仍然只向那些个人有能力负担的人提供教育。但是,美国却是一个异类。美国的教育体系一直不像欧洲国家那么精英化。从 1900 年开始(甚至可能更早一些),美国就已经着手在普通民众当中推广中学教育了;至于小学教育,美国更是早在 19 世纪就已经取得了巨大的成功。

　　因此,20 世纪既是“美国世纪”,又是“人力资本世纪”,这绝不是历史的偶然。人类社会的现代化程度越高,经济增长就越需要受过教育的工人、管理人员、企业家和公众。现代技术必须被发明创造出来,并得到应用和维护,而且必须有大量有能力的工人来掌握它们。快速的技术进步是 20 世纪的根本特征,这一点早就通过各种途径展现出来了。正是因为美国民众在 20 世纪是全世界范围内受教育程度最高的,所以他们才能够在发明、创业以及运用先进技术生产商品和服务方面,占据最有利的位置。

"美国世纪"与"人力资本世纪"之间的这种联系,与教育在经济增长和个人生产率的提高中所扮演的角色密切相关。教育水平越高,劳动生产率就越高;与此同时,提高一个国家的全民教育水平,通常能够加快总体经济的增长。因此,作为在教育上投资最多,且在教育至关重要的这个世纪内完成了大部分教育投资的国家,美国发展成了全世界人均收入最高的国家。

我们这样说,并不是暗示经济增长只是一个完全依赖于教育投资的简单问题。如果真是那样,那么任何一个贫穷的国家都可以在教育上大力投资,再静静地等上几年,就能获得巨大的经济回报了。我们要表达的意思无非是,在考虑了一系列重要的先决条件的前提下——比如,政府的类型、财产权利的保障等——确实可以直接从经济增长、技术和教育之间的关系,来讨论"美国世纪"与"人力资本世纪"重合这个历史现象。在教育上大力投资,获得更高水平的技术和生产率,进而就可以实现快速的经济增长和更高的生活水平。当然,经济增长带来的好处不一定能够均等地分配给所有人,更高的平均生活水平也不一定能够转化为所有人境况的改善。

如果上述关于教育在技术变革和经济增长中扮演的角色的论断是正确的,那么迅速的技术变革也会在各个层面提高对受教育程度更高的工人的需求。随着对受教育程度较高的工人所能提供的服务的需求上升,相对于受教育程度较低的工人,受教育程度较高的工人的收入将会上升。如果受教育程度较高的工人的供给没有相应地增加,那么他们与受教育程度较低的工人之间的收入差距就会扩大。如果社会中存在着从受教育程度最低到受教育程度最高的不同群体,同时如果这些群体的相对人数比例固定不变,那么技术进步无疑将会加剧这些群体之间的经济不平等,因为受教育程度较低的人和受教育程度较高的人之间的相对收入差距将会扩大。然而,如果除了技术进步之外,受教育者的数量也增加了(可能还有质量也提高了),那么这种不平等就可能缩小。

"美国世纪"经历了巨大的技术进步和经济增长,它原本也完全有可能成为一个不平等不断扩大的世纪,因为经济增长有可能导致一些人的收入大幅度增加,而另一些人则完全没有增加(或者,即便有所增加,也少得可怜)。当然,美国实际发生的情况与此完全相反。"美国世纪"的前四分之三是一个经济长期持续增长与不平等不断缩小的时代。在20世纪的大部分时间里,美国经济增长带来的好处得到了更加平等的分配。只不过,到了20世纪70年代末,经济不平等才突然大幅度恶化。不仅如此,平均实际工资的增长也放缓了。在20世纪的最后30年里,确实也出现过一些大多数美国人的收入都有所提高的美好时光(当然那些最富有的人的收入增幅要大得多),但是在更多的时候,收入最低的那三分之一人口的实际收入增长完全停滞了。

美国人的经济福利在整个20世纪几乎一直在持续不断地增长,尽管中间也经历了一些回挫,如几次比较小的经济衰退和20世纪30年代的大萧条。这是非常令人瞩目的。使用标准的衡量收入和价格水平的指标,2000年的美国人均收入水平达到了1900年的5—6倍。如果按商品和服务的质量进行调整,那么这个数字还会更高,而且提高的幅度也应该会很大。美国整个国家的收入——即通常所说的国内生产总值(GDP)——的增长,在整个20世纪都很快且格外地稳定,增长速度一直保持在平均每年3.2%左右的水平上。从人均的角度来看,GDP的增长速度在20世纪40年代之后有所提高。从1900年到1929年,人均实际收入平均每年增长约1.7%。在1950年之后增速提高到了1.9%。因此,从整个世纪的时间跨度来看,按人均计算的经济增长是略有加速的。

与经济增长的这种相对持续性形成鲜明对比的是,美国经济不平等状况的发展,是高度不连续的。就美国经济不平等的演变而言,20世纪实际上包含了两个截然不同的历史阶段。最初,从1900年到20世纪的差不多前四分之三个世纪里,经济不平等现象分阶段地逐渐减缓了。在那之后,不平等现象却加剧了,而且往往是以非常惊人的速度发生的,这种情况一直持续到了20世纪末期。从大多数衡量指标来看,现在的经济不平等程度已经与它在出现大幅度下降之前一样高了。这也就是说,今天*的不平等程度与大萧条

---

*　本书英文版初版于2008年。——编者注

时期一样高,甚至可能与大萧条发生以前的那个更久远的时期一样高了。

在经济体系的上述两个组成部分——技术变革和经济不平等——之间,一个关键链接就是教育的进步。在 20 世纪的前四分之三的时间里,美国民众的教育水平或受教育程度——用相继出生的同龄群(successive cohorts)接受学校教育的年数来衡量——极其迅速地得到了提高,而且这种提高呈现出了很强的持续性。但是,从 20 世纪 70 年代开始,年轻成人受教育程度提高的速度就明显放缓了,到了 20 世纪 80 年代初,劳动力大军整体教育水平的提高速度,也出现了明显的放缓。对于在 19 世纪 70 年代至 1950 年前后出生的那些同龄群来说,受教育时间平均每 10 年就会增加大约 0.8 年。在那 80 年的时间里,绝大多数人的受教育程度都远远超过了他们的父母。随后,教育水平一代高过一代的进步过程,就戛然而止了。美国梦的一个重要组成部分——孩子们总能比他们的父母过上更好的生活——受到了严重的威胁,而且这种危险甚至比教育数据所体现的还要大。究其原因在于,在"美国世纪"里,经济不平等程度先减缓后恶化的变化趋势,也体现在了另一个重要的经济指标上,那就是生产率。

美国的生产率(以每工时产出来衡量),在 20 世纪的大部分时间里一直都在快速提高,但是在进入 20 世纪下半叶之后却明显放缓了。到了 20 世纪 90 年代末期,生产率提高速度的放缓趋势似乎结束了,但是仍然结束得不够快。国民收入已经远远低于生产率提高速度不放缓的情况下本来能够达到的水平了。事实上,在劳动生产率提高速度放缓的情况下,人均实际收入之所以仍然能够保持快速增长,唯一的原因就是劳动力的增长速度超过了人口的增长速度。仅仅只是为了保持原来的经济增长速度,美国人就不得不更加努力地奔跑了。

在 20 世纪初,美国是自信的,充满了活力。当然,在当时,美国的钢铁、化工等行业仍然落后于欧洲竞争对手;但是,大量的工业制成品已经从美国各港口源源不断地流向世界各地了。在诸如图书出版、马车制造、商用机器生产、农业设备和工业机械等行业,美国人都被描绘成了"入侵者"。美国人当时还是原材料和半成品的卓越生产者,提供的产品遍及谷物、面粉、肉类、皮革以及许多不可再生资源,如石油。在 20 世纪的头 20 年里,美国就已经确立了全世界头号工业制成品生产国的地位,其中就包括汽车,那是现代生活的象征。

美国在经济上的竞争对手们，一直在密切地关注着美国人在做些什么、哪些东西是他们可以效仿的。例如，正如《美国入侵者》(The American Invaders)一书讲述的，英国人意识到自己的竞争优势已经丧失殆尽，因此开始近乎疯狂地寻找"美国成功的秘诀"。在该书罗列的"美国称霸世界"的各个主要原因中，首要的一条就是"美国有更好的教育"。该书称，美国人之所以能够在经济竞争的"战场"中赢得胜利，凭借的是他们的"智慧、企业家精神和冲劲……他们更长的工作时间、他们乐意接受新思想的心态、他们拥有的更好的工厂，也许最重要的是……他们不受阻碍进步的传统观念的束缚"。[①] 而在"阻碍进步的传统观念"当中，有许多是与教育有关的。

而到了今天，在人类踏足 21 世纪之初，美国却已经在一定意义上变得不如 100 年前那么风光了。它早就向全世界证明了普及教育的重要性。于是欧洲和亚洲各国最终追随着美国的脚步赶了上来，其中有一些国家近年来甚至已经在年轻同龄群的高中和大学毕业率上超过了美国。例如，国际数学与科学趋势研究(Trends in International Mathematics and Science Study，TIMSS)和国际评估项目(Program for International Assessment，PISA)提供的数据表明，美国学生在标准化阅读、数学和科学类课程的考试成绩等方面，都已经明显落后了。

几乎从一开始，美国的教育体系就是建立在一组包含了很多美国式平等主义元素的优点基础上的。当然，奴隶制在美国曾经长期存在，而且大多数拥有自由的非洲裔美国人，在奴隶制时期以及之后相当长的一段时间内，一直得不到平等的受教育机会，这些都意味着我们对平等主义(egalitarianism)这个术语的使用要非常谨慎。到了 19 世纪中期，对于美国大多数具有欧洲血统的孩子来说，学校教育是由公共出资的、开放的、宽容的，而且在大多数情况下都是性别中立的、世俗化的，并且是由众多相互竞争的学区公共提供的。[②] 在本书后续相应章节中，我们将详细解释以上列出的这些优点的具体含义，以及为什么它们在美国历史的许多时刻都是值得称颂的。不过在这里，我们只着重指出一点，那就是：这些优点曾经推动了各个层次的教育的发展，但是在今天，它们在某种意义上却似乎让我们失望了。

不断加剧的不平等、长期停滞不前的生产率，以及相当乏善可陈的教育成绩单,使得许多人开始对那些曾经帮助美国成为人们羡慕的对象和世界上许多国家的"灯塔"的特质,提出了质疑。当然,美国人从来不曾对他们的子女的教育质量沾沾自喜过;并且在最近的一段时间以来,涌现出了一大批改革建议。有些改革建议已经付诸实施并带来了猛烈的冲击,其中一些改革措施改变了美国学校教育体系昔日的优点。教育券、特许学校、对教会学校的公共出资,以及对应试者的前途具有重大实质性影响的考试,这些都是已颁布实施的改革措施。那些优点是否仍能与时俱进地发挥作用,这些改革措施是否能够产生值得称道的结果,都有待检验。

更加严重的问题在于,我们已经患上了一种集体失忆症,即遗忘了过去的成就。我们现在完全有可能正在做错事,而我们以前的做法却是对的。本来,我们也许有办法去改变我们的制度,创造出一个更具生产性且更加公平的社会。但是,由于对当前问题的执迷不悟,我们不但忘记了美国教育曾经有过的独特而辉煌的历史,还忽视了这样一个事实,即美国的高等教育仍然是全世界首屈一指的。

我们最近经历了不平等不断加剧的过程,这也导致人们对技术变革在经济中扮演的角色产生了一些误解。技术的持续进步,并不一定会增加对技术熟练和受过教育的工人的相对需求。在19世纪的大部分时间里,重大的技术变革可能并没有增加对技能的相对需求;不过,在20世纪的大部分时间里,技术变革确实增加了对技能的相对需求,因而呈现出技能偏向性。

然而,即便是呈现出技能偏向性,快速的技术变革也并不总是会加剧经济不平等。类似地,20世纪下半叶日益加剧的不平等,也并不意味着不断加速的技术变革增加了对受过教育的熟练工人的相对需求。即使对受过教育的工人的需求迅速增加,经济不平等也可能会减少。同样的道理,不平等加剧并不一定是对受过教育的工人的相对需求加速增长所导致的。无论需求增加与否,受过教育的工人的供给可能是不同的,有时可能会迅速增长,有时则可能会放缓。实际发生的情况正是如此。因此,我们绝对不能忽视不平等方程式中至关重要的另一半:供给侧。

从1900年到1980年,受过教育的美国工人的供给得到了极大的增长,而且这种增长几乎是没有间断的。在20世纪早期,美国人的受教育程度的大幅提高,主要应该归功于一场草根运动,它推动了公立高中校舍的修建和教职人员的聘用。这不是因为自上而下的强制性命令或联邦政府施加的压力，当然也不是因为强大的地方利益集团的推动或强制性法律的驱使。在20世纪晚些时候，高中教育已经普及，高中入学率也达到了很高的水平，这时州立学院和大学的扩张就自然而然地使美国人的受教育程度进一步提高。

但是，受过教育的美国工人的供给，在大概1980年之后，增速就明显放缓了。在进入新千年之前的那四分之一个世纪里，受过教育的劳动力之所以增长缓慢，主要是因为在美国本土接受教育的那些人受教育程度提高的速度下降了，而不是因为劳动大军中在国外出生的劳动力（移民）比例增大了。

我们这本书考察的是一个非同凡响的世纪。在这个世纪的许多年间，经济持续增长，技术不断变革，教育日益进步，甚至贫富差距也在缩小。本书将要分析的是一个独特的、创造条件的制度体系，它使得美国实现了教育大众化，并使得美国的教育水平远远超越了其他富裕国家——至少直到20世纪末期仍然如此。本书还将探讨：为什么20世纪大多数时间里，快速的技术进步并没有导致日益严重的经济不平等？为什么经济增长的成果，往往得到了更加平等的分配——至少一直到30年前都是如此？

这本书还剖析了一个当前许多人都非常关注的紧迫问题。自20世纪70年代末以来，经济不平等已经再度加剧到与20世纪初相当的程度。我们将分别讨论教育涉及的各个方面对这种状况的反应，以及为什么在经历了延续好几代人的巨大进步之后，人均受教育程度的提高却开始止步不前了。受教育程度提高速度的放缓，对处于收入分布最底部的那些人，影响是最极端和最令人不安的，特别是少数族裔受害至深。不过，积极的一面是，女性的受教育水平相对于男性有了很大的进步。事实上，在过去的30年里，相对于可比男性，在教育和收入上的性别差异的演变趋势，与过去30年来普遍加剧的不平等浪潮是背道而驰的。

这本书有三个基本主题——技术变革、教育和不平等；这三者之间存在着复杂的联系，而且主要体现在一种微妙的"赛跑"的关系上。在20世纪的前四分之三的时间里，受过教育的工人的供给不断增长，同时技术进步导致对他们的需求持续上升，但是前者快于后者，从而使得实际收入的提高伴随着不平等的减少。但是,在 20 世纪的最后 20 年里,形势发生了逆转,不平等现象急剧恶化。或者换句话说,在 20 世纪上半叶,教育跑到了技术的前面,但是到了 20 世纪后半叶却变成技术跑到了教育的前面。③就整个 20 世纪而言,技术的技能偏向性并没有发生太大的变化,技术变革的速度也没有发生太大的变化。因此,不平等的急剧恶化在很大程度上更应该归因于教育进步的放缓。

　　昔日的优点到如今也许无法继续发挥以往的作用,这可能就是最近不平等加剧的部分原因所在。我们并不想鼓吹某种修复美国教育体系的特定方法,但是这个体系中某些方面的问题早就相当明显了。我们将以对这些问题的讨论来结束本书。

注　释

① 《美国入侵者》一书出自 Fred A. McKenzie(约 1901:137—138)。
② 对于美国教育在很多方面是性别中立的这一点,许多读者可能会觉得惊奇。但是事实上,早在 1850 年的时候,公共学校(common school)和小学中男女生的比例,直到差不多 14 岁以前都是均衡的;到了 1880 年,更是直到 15 岁之前,男女生的比例都是均衡的。到了 19 世纪末期,从私立高中和公立高中的入学率来看,女生甚至高于男生。本书第 4 章还会详细讨论这个早期阶段的相关情况。在这个早期阶段,女生的大学本科入学率要低于男生(但是,在那个时候,总人口中读到本科的人本身就少之又少)。
③ 这个赛跑的比喻,取自 Tinbergen(1974,1975,chap. 6)。

第一篇

经济增长与分配

1

"人力资本世纪"

从 19 世纪工业革命开始以来，实物资本投资就变得对一个国家的经济增长至关重要了。但是，无论是对国家还是对个人而言，通往持续的经济成功的道路，最终还是要通过对人力资本的投资来铺就的。人力资本这种至高无上的地位是在20 世纪确立的，美国在这个方面走在了最前面。早在刚刚跨入 20 世纪的时候，美国人就已经欣然接受了"国民财富"主要体现在人力资本存量上这个全新的观念；相比之下，即便是欧洲最富裕的那几个国家，也需要再过大约五十年或更长时间，才能完全理解这个观念。

在 20 世纪初期，大多数美国人接受教育的机会——至少直到读完高中——在很大程度上就已经完全不受个人身份地位和居住地的限制了。教育由公共提供和公共出资，而且不收取任何直接费用（除了最高层次的教育，即高等教育之外）。即便是居住在最偏远乡村的美国人，也拥有把自己的子女送进公立中学就读的权利，尽管非洲裔美国人，特别是南部的非洲裔美国人，经常被排除在不同层次的教育之外，尤其是"公共学校"* 以上的学校。①美

---

* 这里的"公共学校"，英文原文为"common school"，有其特定的含义。"公共学校"指对所有儿童（无论男女）开放的公立学校，而且上同一所公共学校的（转下页）

国人有一个非常强大的传统,那就是用公共费用为年轻人提供教育;而将大众教育扩展到"公共学校"和小学以上的年级,则延续了植根于民主和平等基本原则的承诺。美国像这样的优点还有很多,它们合到一起,共同构成了对机会平等的承诺。②

但是,回望 20 世纪初,美国的教育制度非但未能得到全世界的赞扬,反而受到了严厉的批评。"有些人之所以对美国的高中教育持批评立场,就是因为它们的大门是对所有类型的学生敞开的。"一位著名的评论家这样写道。③由于美国允许能力不同的所有年轻人免费使用公共教育资源,欧洲观察家们因此称美国的教育体系过于"浪费"了。相比之下,大多数欧洲国家的教育制度都是这样的:在男孩和女孩很小的时候就要对他们进行测试,然后只选拔出成绩最好的极小一部分人继续接受教育;他们认为,这种"择优施教"的精英化教育体制才是真正可行的。④但是,在目标人才非常年幼的时候(如在 11 岁的时候)就选定他们,实际上等于让那些社会地位优越、父母受教育程度更高的人享有特权。⑤美国人对这种以选拔为主要特色的教育体制非常不满,认为这是精英主义心态作祟。⑥而对于他们自己的教育体制,美国人认为它绝不是"浪费"的,而是"平等主义"的。

到了 20 世纪初,美国年轻人的受教育程度远远超过了大多数欧洲国家(如果不是超过了所有欧洲国家的话)。美国的中学是免费的,而且对所有人开放;而欧洲大部分国家的中学不但学费高昂,而且通常很难入读。甚至一直到了 20 世纪 30 年代,美国实际上也仍然是唯一普及了免费中学教育的国家。

这种教育模式对美国的技术创新活力、经济的快速增长、更平等的收入分配、大规模移民的同化,以及向大众化高等教育的过渡,都是至关重要的。在这一章里,我们将介绍美国的正规学校教育的历史沿革,并且将 20 世纪

(接上页)儿童的家长或监护人,一般都居住于某一特定的学区(school district)。大体上,公共学校就相当于公立小学,但不能直接等同于"elementary school",因为小学也有私立的。开办公共学校的目的就是为了要建立一种由公共资助、地方管理的初等教育学校,并向本社区所有的儿童开放。"公共"正是指学校属于公共所有,向所有儿童开放。从这个角度来看,译为"共同学校"也未尝不可。本书作者在第 4 章中也对这个术语进行了解释,详见本书第 4.2.2 小节。——译者注

不同时期的美国和欧洲国家进行比较。我们还会提出一个可以帮助我们理解人力资本对个人和国家的经济意义的理论框架。但是首先,我们必须先阐述清楚,20世纪是如何成为一个"人力资本世纪"的,以及为什么这个"人力资本世纪"又变成了"美国世纪"。

1.1 对世界各国的人力资本和收入的跨国比较

1.1.1 21世纪初期的全球入学率

到20世纪行将结束时,全世界已经没有任何一个国家能够承担本国民众的平均受教育程度不超过小学程度的后果了。富裕国家的技术已经遍布全球每个角落。工人们现在必须做到能够阅读复杂的文件、理解蓝图的意思;他们必须学会使用电脑、求解方程式、使用互联网,还要完成其他各种各样的任务。仅仅具备基本的读写和算术能力已经不够用了。要想成为全球经济中的一个够格的成员,一个国家中的大多数工人都需要接受更高层次的教育。

当然,一个国家的民众受过良好教育,这本身并不能保证它的经济快速增长并成为"趋同俱乐部"国家中的一员。[⑦]但是,这个命题的否命题一般来说是正确的。[⑧]如今,低下的教育水平肯定会阻碍一个国家到达技术前沿,并导致它无法充分利用经济全球化带来的优势。在今天,大多数低收入国家的教育水平都已经远远超过了历史上的标准。为了说明教育的角色在整个20世纪发生的巨大转变,我们不妨先来看一看21世纪初各国教育状况的一个截面,那肯定会有很大的帮助。我们将给出21世纪初100多个国家的中学*入学率和实际收入水平,并将之与美国在20世纪历史上不同时期的情况加以比较。

我们的比较结果表明,在21世纪初,即便是人均收入很低的那些国家,

---

* 本书在提到"secondary school"(中学)和"high school"(高中)时,指的都是9—12年级。换言之,在本书的术语中,"中学"和"高中"经常是同义的。见本书第6章注释①。——编者注

中学入学率也已经超过了美国在 20 世纪初达到的水平。在那个历史时期，当美国的人均收入水平与当今许多低收入国家相当时，美国的中学入学率通常要更低一些。在进入 21 世纪之后，那些较贫穷的国家似乎都已经意识到，要想在世界经济体系中占有一席之地，就必须让自己的国民普遍接受中等教育。

我们来看一看图 1.1。这张图给出了 114 个国家在 2000 年的中学（净）入学率和人均实际 GDP。⑨ 从图中不难看出，国民收入和教育普及程度存在

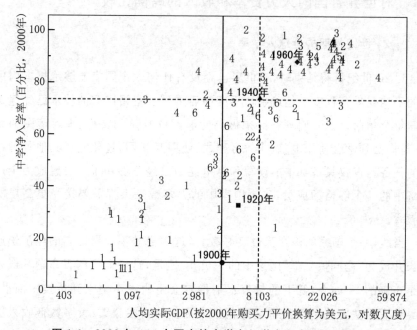

图 1.1　2000 年 114 个国家的中学净入学率和人均实际 GDP

注：在本图中，每个国家都用 1 个数字标记来代表，这个数字标记指的是该国在联合国教科文组织的数据中的地理分组号：1＝非洲；2＝中美洲、北美洲和加勒比海地区；3＝亚洲，包括不在非洲的中东地区；4＝欧洲；5＝大洋洲；6＝南美洲。图中显示的中学净入学率在计算时已经排除掉了这些学校中年龄不在正常学龄段内的学生。图中有 4 个作为参照标准的标记点，分别为圆点（1900 年）、正方形点（1920年）、三角形点（1940 年）和菱形点（1960 年），它们代表了美国在相应年份的人均GDP 和中学净入学率。

资料来源：中学净入学率数据取自联合国教科文组织（UNESCO），其网址为http://unescostat.unesco.org/en/stats/stats0.htm。人均实际 GDP 数据取自宾州大学世界表（Penn World Table，宾夕法尼亚大学世界数据库），其网址为 http://pwt.econ.upenn.edu/（Heston，Summers and Aten，2002）。在宾州大学世界表中，"实际"（Real）表示已按购买力平价（PPP）换算。

正相关关系。虽然这种关系是不是一种因果关系（即，更高的受教育程度会带来更高的收入）已经成了许多研究的主题，但是我们在这里可以先不考虑这个问题。⑩这张图的主要目的是表明，从 20 世纪早期到中期的标准来看，低收入国家在 2000 年时的中学入学率已经非常高了，即便与当年的高收入国家相比也是如此。

因为美国是 20 世纪的教育领导者，所以在这个例子中，我们可以将美国在各个历史时期达到的水平作为比较时的"黄金标准"。在图 1.1 中，穿过圆形点的那条垂直实线给出的是 1900 年美国的实际人均 GDP——在那一年之后，美国的高中教育就开始快速普及了。我们以用 2000 年的美元价值调整后的美国 1900 年的人均 GDP 水平（即 4 596 美元）为上限，给出了 2000年低人均收入国家的一个松散的定义。⑪穿过了同一个圆形点的水平实线代表了 1900 年美国公立中学和私立中学的综合入学率。⑫由此，一竖一横两条实线就将这张图划分成了四个象限。我们最感兴趣的是东南和西北两个象限。在图中三角形点代表的是美国 1940 年的数据，图中也画出了穿过它的两条类似的直线（不过是虚线）。正方形点代表的是美国 1920 年的数据，菱形点代表的是美国 1960 年的数据（为了保证图示的清晰，我们略去了穿过这两个点的直线）。

我们之所以对东南象限感兴趣，是出于如下原因。任何一个位于这个象限内的国家，与美国在相应年份的水平相比，它的人均收入都要更高，但是中学入学率却更低。我们可以把这个象限视为"不良教育"结果的象限。当把比较基准年份定为 1900 年时，没有任何一个国家位于"不良教育象限"；而当把比较基准年份定为 1920 年时，则只有一个国家位于该象限。⑬当把比较基准年份定为 1940 年时，全部 114 个国家中共有 9 个可以归为"不良教育国家"，但是只有其中 5 个国家是明显位于这个象限内的，而其余 4 个国家都位于分界线上。而当把比较基准年份定为 1960 年时（美国 1960 年时的中学入学率和人均收入水平本身都已经很高了），大约有 12 个国家位于"不良教育象限"，但是只有其中 6 个国家明显位于这个象限内部。⑭

这里的关键在于，几乎所有 2000 年的收入高于美国给定年份的国家，在2000 年的中学入学率上也都超过了美国在那一年达到的水平。这就告诉我们，在 20 世纪，人均收入和学校教育之间的关系发生了根本性的变化。

另一个值得注意的象限是西北象限，即我们称之为"良好教育象限"的那个象限。⑮位于这个象限中的各个国家教育水平都高于美国在特定的比较基准年份已达到的水平,但是收入水平却低于美国在那一年的水平。从某种意义上,我们可以说这些国家在教育战线上的成就过高了(或者换个角度说,它们在收入方面表现欠佳)。从图中可见,在到达收入水平和教育水平都很高的那个比较基准年份(1960年)之前,位于"良好教育象限"内的国家通常都比位于"不良教育象限"内的国家密集得多。

在2000年,有42个国家的人均收入水平低于美国在1900年时的水平(后者就是我们选定的"低收入标准")。在这些国家当中,有15个国家(占36%)的中学净入学率都超过了40%。[16]如果把收入标准设得更高一些,例如,以美国1920年的人均收入水平为标准(低于该水平则归类为低收入国家),那么有53个国家低于这个阈值。在这些国家当中,有25个国家(占47%)的中学净入学率在2000年超过了40%。我们之所以将40%的中学净入学率定为标准,是因为在20世纪50年代中期,欧洲国家的中学净入学率(包括全部在普通中学或技术学校就读的全日制学生),不但从来没有高于40%过,而且普遍远远低于这个比例(见下文的图1.7)。因此,就我们刚才描述的那些低收入国家而言(无论是以美国1900年的人均收入,还是1920年的人均收入为标准),它们的中学入学率即便以20世纪中叶的欧洲标准来衡量也已经是相当高的了。在来自这些低收入国家的年轻人当中,有36%—47%的人接受过中学教育,尽管他们的实际人均收入远远低于用来比较的欧洲各国在当年达到的水平。事实上,即便以美国1920年的人均收入水平为低收入基准,1955年一个中等发达程度的欧洲国家的人均实际收入,也相当于2000年低收入国家中位数的3—4倍。[17]

这些数据证实了我们在本章一开头就给出的论断。以中学入学率来衡量,当今的低收入国家及其民众在教育方面的投资,已经比过去的富裕国家大得多了。[18]它们这样做的目的是为了参与到全球经济中去。[19]有些国家最终获得了成功,实现了经济高增长,但是也有一些国家由于存在着严重的结构性问题,可能正面临着逆水行舟的困局。

1.1.2 各国教育的性别差异

一个国家的经济状况越糟糕,所有年轻人的中学入学率就会越低,这并不出人意料。同样值得关注,但不那么明显的另一个现象是,低收入国家的男性的入学率相对较高。事实上,人均收入高于美国 1900 年时水平(我们之前设定的低收入标准)的那些国家,入学率上的性别差异都消失了。然而,在几乎所有收入低于低收入标准的国家中,男性在入学率上都占有相对优势,而且这些国家中大约有三分之一的国家这种性别优势是相当可观的(见图 1.2)。这些女性受教育程度相对较低的低收入国家主要是伊斯兰国家(这一点可以从图 1.2 中各国的数字标识的字体大小看出),而且大多为非洲较贫穷的国家。看起来,性别中立似乎是一个要用更高的收入才能买到的优点。类似地,只有当入学率低于大约 40% 时,入学率上有利于男性的性别差异才会明显地呈现出来(见图 1.3)。图中位于 0.4 这条虚线左边的国家几乎都是低收入国家,而且这 27 个国家中除了两个之外都在非洲,而且大多数都是以穆斯林为主要人口的国家。

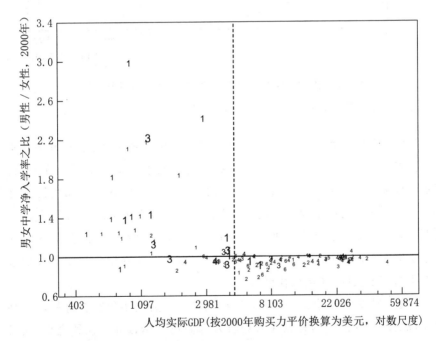

图 1.2　男女中学净入学率之比(男性/女性)及实际人均 GDP:2000 年

注:每个国家的数字标记代表了与图 1.1 相同的地理分组号,而这个数字标记的字号大小则代表了穆斯林在该国人口中所占的比例。

资料来源:参见图 1.1。2000 年各国的宗教数据取自 Robert Barro(私人通信),他的数据则来自 Barrett, Kurian 和 Johnson(2001)。

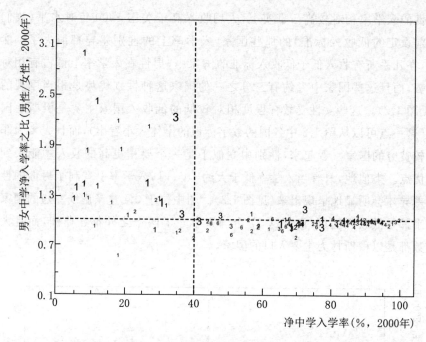

图 1.3　男女中学净入学率之比 (男性/女性)：2000 年

注：本图的资料来源和说明，参见图 1.1 和图 1.2。

　　我们在前面已经指出过了，只有最贫穷的那些国家才能承担得起不让本国民众接受教育的后果。现在，我们要在这个观念的基础上再补充一点。我们在此断言，在今天，没有任何一个国家——除了最贫穷的那些国家之外——能够承担得起不向女孩提供与男孩相同的教育机会的后果。[20] 美国在这两个方面都处于世界领先地位。早在"人力资本世纪"开始之际，美国就启动了向大规模普及中学教育的重要转型，而且女孩在中学接受教育的程度至少与男孩相同，甚至往往更高。

　　于是，"人力资本世纪"变成了"美国世纪"。美国不仅在教育领域一马当先，而且从 20 世纪初开始在人均收入方面也开始领先。在那之后，它又在教育和收入两个方面都扩大了领先优势。这种关系到底是一种因果关系，抑或只是一个巧合？在判断人力资本与经济绩效之间的关系之前，我们需要先通过受教育年限来估计一下劳动力的教育存量，并获得其他相关数据。

1.2 "人力资本世纪"中的美国

1.2.1 美国教育在 20 世纪的进步

20 世纪,美国进一步扩大了自己在教育方面的领先优势:向大众普及中学教育并使之制度化,然后构建出一个灵活的、多元的高等教育体系。本书的第二篇将详细描述向大众教育的上述转变。不过在这里,我们先通过考察在美国本土相继出生的同龄群的受教育程度,来简要地概括一下美国学校教育发展的大体轮廓。[21] 而且,在这样做的过程中,我们还可以观察整个 20 世纪直接受美国教育体制影响的那些人所受学校教育的变化。接下来,我们将利用这些估计值,来计算美国劳动力的教育存量。[22] 我们着重关注的是每个出生同龄群在 35 岁时所衡量的受教育程度,因为在这个岁数上几乎所有人都已经完成了正式的学校教育了。[23]

从图 1.4 可以看出,从 20 世纪初到该世纪 70 代初,就我们在这里考虑的所有这些人群而言,美国本土出生的人口的受教育年限得到了大幅提高。从在 1876 年至 1951 年间出生的同龄群来看(这些同龄群相继于 1900 年至 1975 年达到 24 岁),受教育年限增加了 6.2 年,即平均每 10 年增加 0.82 年。而且,这种增长是足够连续的、从不间断的,因此用一条直线就可以很好地拟合数据了,特别是对于在 1880 年至 1940 年间出生的那些同龄群人来说,尤其如此。[24] 但是,自 1951 年出生的同龄群之后,美国人口增长就大幅放缓了。1951 年至 1965 年出生的各个同龄群(这些人将相继于 1975 年至 1989 年间满 24 岁)的受教育程度几乎没有变化;不过 1965 年至 1975 年出生的同龄群(于 1989 年至 1999 年间满 24 岁)的受教育程度又重新开始提高了,但是在这些年间总共仅仅增加了 6 个月。

在经历了 20 世纪前四分之三时间的不间断增长之后,美国本土出生人口的受教育年限的增速,在 20 世纪最后四分之一的时间里出现了明显放缓。一个出生于 1975 年的孩子的受教育年限,只比他于 1951 年出生的父母多 0.50 年;相比之下,1945 年出生的孩子则可以比他出生于 1921 年的父母多接受 2.18 年教育。众所周知,许多美国家庭都有一个梦想,那就是他们

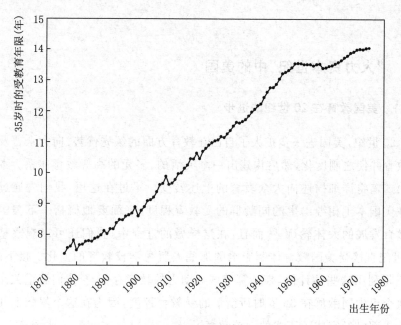

图 1.4　美国本土出生的各同龄群的受教育年限：1876—1975 年

注：本图显示了美国本土出生的各同龄群在 35 岁时的平均已完成的受教育年限。对于 1940 年至 1980 年间出生的各同龄群的样本，受教育年限是根据完成的最高年级来确定的，1960 年至 1980 年间出生的各同龄群的最高已接受学校教育年限设定为 18 年，1940 年至 1950 年间出生的各同龄群的最高已接受学校教育年限则设定为 17.6 年。对于 1990 年至 2000 年间出生的各同龄群的样本，我们把各类别的教育程度变量转换成了完成学校教育的年数。对于那些跨越了不止一个年级的教育程度类别，采取如下的换算方法：类别为一至四年级的，定为 2.5 年；五年级至八年级的，定为 6.5 年；持有普通同等学历文凭（general equivalency diploma，简称 GED）或高中毕业文凭的，定为 12 年；上过大学的或持有"副学士学位"证书的，定为 14 年 * ；拥有学士学位的，定为 16 年；拥有硕士学位的，定为 17.6 年；具有专业学位或博士学位的，定为 18 年。在进行年龄调整回归（age-adjustment regression）的时候，因变量为某一年出生的同龄群的平均受教育年限的对数，这个回归还有一整套出生同龄群虚拟变量，并把年龄的四次方作为协变量。我们汇集了从 1940 年到 2000 年间所有的综合公开微观数据样本（IPUMS），在此基础上以出生同龄群—普查年份为单元来进行年龄调整回归。这些样本包括了所有 25 岁至 64 岁之间在美国本土出生的居民。关于这个方法的更多细节，请参见 DeLong, Goldin 和 Katz（2003），以及图 2.1 的注。

资料来源：1940 年至 2000 年人口普查中的综合公开微观数据样本（Integrated Public Use Micro-data Samples，IPUMS）。

---

*　"副学士学位"（associate's degree），指在大学修满了两年课程后以获颁肄业证书为标志的"副学位"。——译者注

的子女一代的境况能够比父母一代有所改善。但是,这个梦想在 20 世纪下半叶开始破灭了,至少从受教育程度这个方面来看是如此。

在 20 世纪前四分之三的时间里,男性和女性的受教育程度都得到了提高(见图 1.5)。具体地说,在 20 世纪初期和该世纪末期,女性的受教育程度的提高要比男性更多,而男性则在 20 世纪中叶提高得更多。在 20 世纪的初期,女性的受教育程度要高于男性,这在很大程度上是因为女性的高中入学率和高中毕业率都要高于男性。此外,女性的大学入学率也与男性大致相同,尽管她们从四年制大学的毕业率要低一些。因为在 20 世纪的前几十年里,大学教育只是整个学校教育当中的很小一个部分,相比之下高中所占的比例则远为重要,所以美国本土出生的女性就可以积累起比同龄男性更好的受教育年限。

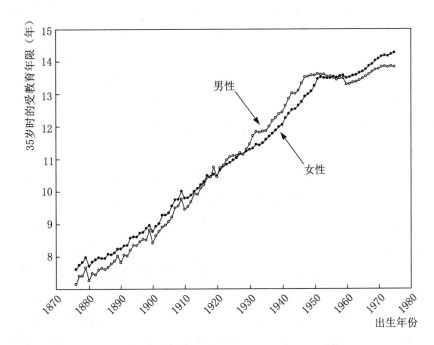

图 1.5　美国本土出生的各同龄群按性别分类的受教育年限:1876—1975 年

注:本图绘制的是按出生年份和性别分类的美国本土出生的居民平均已完成的受教育年限——已经按图 1.4 的注中描述的方法调整到了 35 岁。

资料来源:1940 年至 2000 年人口普查中的综合公开微观数据样本(IPUMS)。

在出生于 20 世纪 10 年代和 20 年代的那些同龄群中,女性在受教育年限方面的优势迅速消失了。属于这些同龄群的许多男性都参加了第二次世界大战或朝鲜战争,他们退伍后根据《退伍军人权利法案》(G.I. Bill)获得了上大学的机会(导致男性大学入学率相对大幅提高的其他原因,我们将在下面的第 7 章中讨论)。无论原因是什么,结果都是显而易见的,那就是:在 20 世纪 20 年代出生的那些同龄群中,男性的受教育程度已经赶上了女性;然后,对于 20 世纪 30 年代至 50 年代初出生的那些同龄群而言,男性的受教育程度已经超过了女性。不过,随着女性的大学入学率和毕业率的迅速提高,这个趋势在 20 世纪 60 年代出生的同龄群中又发生了逆转。到了 20 世纪末,女性的受教育年限再一次超过了男性,就像在该世纪初的那几十年里一样。

非洲裔美国人受教育年限的增长幅度,远高于全体美国人口的平均水平,因为他们的受教育程度的起步水平非常低。在我们讨论的这个时期开始时(以 19 世纪 70 年代末出生的同龄群为例),白人和非洲裔美国人在受教育年限上的差距为 3.7 年。平均而言,白人学生的受教育年限差不多是黑人学生的两倍。再者,单看受教育年限其实还低估了实际受教育程度的差异,因为不同种族之间的教育质量存在着很大的差异。从 1910 年前后出生的同龄群开始,白人和非洲裔美国人之间受教育年限的绝对差距开始缩小了(见图 1.6)。不过,这种收敛趋势在 1940 年前后出生的同龄群中有所放缓,而且在 1960 年以后出生的同龄群中则变得更慢了。在 20 世纪 70 年代出生的同龄群中,黑人与白人之间受教育年限的差距为 0.8 年,这大约相当于为一个世纪前差距的五分之一。另外,在 20 世纪 70 年代出生的同龄群中,非拉美裔白人与美国本土出生的拉美裔之间受教育年限的差距为 1.1 年,略大于非拉美裔白人和非拉美裔黑人之间的差距(0.7 年)。[25]

从 1895 年到 1975 年,本土出生的美国人的受教育年限增加了 5.27 年,其中大约 50% 的增幅可以归因于高中教育的普及(对于在 1895 年至 1935 年间出生的同龄群,这一比例更是高达 60% 或更高),30% 可以归因于大学和大学以上教育的发展壮大,另外的 20% 则可以归因于初等教育的进一步增长。因此,中学教育的大规模普及——这是一个始于 1910 年前后的运

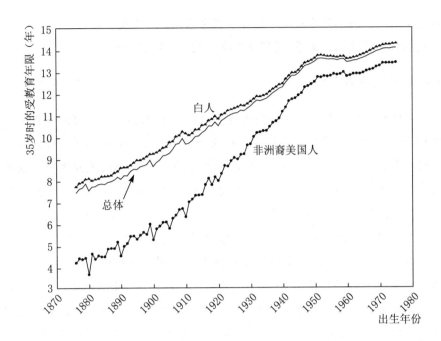

图 1.6　美国本土出生的按种族划分的各同龄群的受教育年限：1876—1975 年

注：本图绘制的是按出生年份和种族划分的美国本土出生的居民平均已完成的受教育年限——已经按图 1.4 的注中描述的方法调整到了 35 岁。

资料来源：1940 年至 2000 年人口普查中的综合公开微观数据样本（IPUMS）。

动——对 20 世纪本土出生的美国人受教育程度的提高起到了主要的作用。（也正是出于这个原因和其他一些原因，我们在本书第二篇用了多个章节的篇幅，专门讨论普及中学教育的各种努力。）

　　总而言之，对于 19 世纪末至 1950 年间出生的同龄群来说，教育水平的快速提高是一个主要特征，对非洲裔尤其如此；但是，在 1950 年之后出生的同龄群中，教育水平的提高就停滞不前了。虽然 1965 年以后出生的同龄群的受教育年限的增加是清晰可见的，但是 1975 年出生的同龄群的受教育年限相较于 1950 年出生的同龄群的增幅，仅仅相当于 1950 年较之 1876 年的增幅的十分之一左右。

　　因此，我们可以把 20 世纪的教育进步划分为两个阶段。在 20 世纪的前四分之三的时间里，教育水平迅速提高，但是在 20 世纪的最后四分之一的时间里，教育进步却陷入了停滞。正如我们在本书第 2 章中将会看到的，20

世纪经济不平等的演变也可以划分为两个阶段——先是下降,然后上升。对于这两种趋势之间的关系,我们将在本书第 8 章中加以阐述。

1.2.2　与欧洲的比较

要理解美国的教育水平提高的速度为什么会放缓的原因,必须先将美国的情况与其他国家进行一番比较。减速是一种自然现象吗——当教育水平已经上升到了非常高的水平之后,这种现象就会自然而然地发生吗? 这种现象是美国特有的吗? 现在,许多其他国家较年轻的那些同龄群的教育普及率都已经超过了美国。而且,在过去的几十年里,这些国家已经赶上,有的甚至超过了以前向来由美国设定的高教育水平的标杆。

在人类社会刚刚跨进 21 世纪时,许多欧洲国家的年轻人的大学入学率就已经与美国的年轻人差不多了。当时,在 25 岁至 34 岁的美国人中,有 39％的人拥有二年制或四年制的大学学位。到了 2004 年,已经有 4 个欧洲国家达到或超过了这一水平,还有其他 8 个欧洲国家紧随其后。[26] 与此同时,在这 12 个欧洲国家的 55 岁至 64 岁的人群中,接受过大学本科或专科教育的人所占的比例,比美国的同龄人要低得多(他们的受教育程度代表了 40 年前高等教育的状况)。在这 12 个欧洲国家中,老年群体的平均大学毕业率仅相当于美国同龄老年群体的 56％。在 20 世纪的最后几十年里,这些欧洲国家的教育水平突飞猛进。几乎所有这些欧洲国家 25 岁至 34 岁的年轻人群的大学入学率,都达到了 55 岁至 64 岁老年人群的 1.5 倍以上。在那 12 个欧洲国家中,有 4 个国家年轻人的大学入学率相对于老年人翻了一番以上。相比之下,2004 年美国 25 岁至 34 岁的年轻人群的大学学位率(39％)仅为 55 岁至 64 岁老年人群的 1.08 倍(36％)。

这里的要害在于,许多在 20 世纪最后三分之一的时间里大学学位率仍然远远落后于美国的欧洲国家,到了 21 世纪初的时候,其大学学位率已经领先于或至少接近美国了。与欧洲许多国家和亚洲一些教育变革越来越迅猛的地区出现的教育水平突飞猛进的状况相比,20 世纪末美国青少年受教育程度提升之乏力就显得尤其令人震惊了。

直到 20 世纪最后几十年,欧洲在高等教育方面一直远远落后于美国。

当然,这个事实并不令人惊讶,因为欧洲国家在推广中学教育方面的行动原本就严重滞后了。在对 20 世纪 50 年代 18 个欧洲国家的相关数据进行了细致的分析之后,我们发现,在那个时候,没有一个欧洲国家 15 岁以上青少年的全日制学历中学(普通中学)入学率超过了 30%——事实上,大多数欧洲国家都不到 20%(见图 1.7A)。此外,即便把全日制普通中学和全日制职业技术学校的学生全加到一起,总入学率也没有超过 40%;而且哪怕再把兼读制职业技术学校的学生也加进来,也不能在实质上改变这个结论(见图 1.7B)。相比之下,在同一个时期,美国年龄为十几岁的青少年的中学入学率已经超过了 70%。因此毫无疑问,在 20 世纪中期,美国在普及中学教育方面充当了无可争议的领导者的角色。㉗

对于这种状况,一个可能的原因是,西欧各国由于饱受第二次世界大战的磨难,到 1955 年时还没有完全恢复过来。然而另一个事实是,早在 20 世纪上半叶,欧洲国家(如英国)的青少年教育水平,就已经严重落后于美国了。

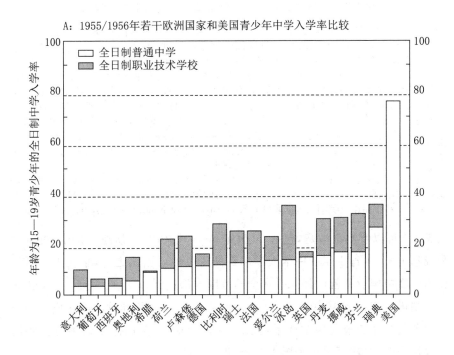

A:1955/1956年若干欧洲国家和美国青少年中学入学率比较

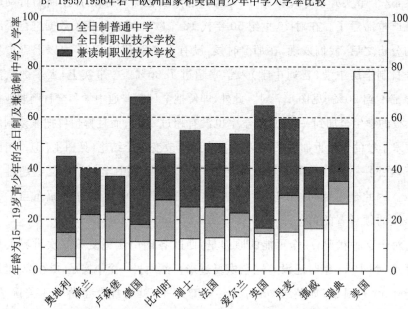

图 1.7　1955 年前后若干欧洲国家和美国的中学入学率

注:绘制本图所用的数据是 15 岁至 19 岁(指在那个学年内年满 15 岁或 19 岁)青少年的公立和私立初中及高中(见图例中列出的类别)的入学率。因此,所考虑的年龄组大体上包括了:所有 15—18 岁的青少年,再加上 14 岁和 19 岁的青少年的一半。不过,在读小学或大学的青少年则不包括在内,哪怕他们也处于这个年龄段内。这个方法能够确保一致性,但是实际上隐含地有利于像各北欧国家那样的开始上学年龄较晚的国家,而不利于那些开始上学年龄较早的国家(后者的例子包括法国和美国等)。美国的数据的计算方法是,先假设 14 岁的青少年的入学率为 100%,然后与把 9 年级到 12 年级的在读学生人数相加起来,最后再除以按上面定义给定年龄范围内的青少年的总人数。在 B 部分,没有兼读制职业技术学校相关数据的 6 个国家被略去了。所有数据都是 1955 年前后的数据。

资料来源:各欧洲国家的数据取自 Dewhurst 等(1961,tables 10-2 and A)。英格兰和威尔士、法国、德国(包括萨尔区和西柏林)和瑞典的数据,已经与原始行政记录进行了核对,并纠正了一些小错误。美国的数据取自 U.S. Department of Education(1993,tables 1 and 9)。

从表 1.1 可以看得很清楚,包括 20 世纪 50 年代在内,在所有年份中,英格兰和威尔士 17 岁青少年的中学入学率都低得可怜。相比之下,早在 1930 年,美国的高中毕业率就已经几乎在全国范围内都达到 30% 了,到了 20 世纪 50 年代则进一步达到了 60% 左右。[28]尽管英国从 1944 年起就已经建成了一个全额公共资助的公立中学体系,但是直到 1960 年,英国中学适龄青少年的受教育程度,仍然落后于美国大约 35 年。

表 1.1　英国和美国 14—18 岁青少年的学校教育：1870—1960 年

年份	英国的出勤率（%）			年份	美国高中入学率与毕业率（%）	
	14 岁	17 岁	15—18 岁ᵃ		高中入学率/14—17 岁	高中毕业率/17 岁
1870	2	1	无数据	1870	无数据	2.0
1900/1902	9	2	无数据	1900	10.6	6.4
1911/1912	12	1	无数据	1910	14.5	8.8
1931	无数据	无数据	9.4—10.6	1930	51.1	29.0
1936/1938	38	4	无数据	1938	67.7	45.6
1950	100ᵇ	10.5	12.6[14.4]ᶜ	1950	74.5	59.0
1956	100	无数据	14.9	1956	83.5	63.1
1957	100	9.0	16.0			
1960/1962	100	15	17.5	1960	86.9	69.5

　　资料来源和注：对于英格兰和威尔士使用"出勤"（attendance）这个术语的做法，来自 Ringer（1979）；对于美国使用"入学"（enrollment）这个术语的做法，来自美国的《双年报告》（*Biennial Report*）。在英格兰和威尔士，"出勤"一词通常指的是"在册"，因此与"入学"的概念类似。但是在一般国家，"出勤"人数几乎总是少于"入学"人数，不过就这里进行的对比而言，这两者之间的差别其实非常有限。

　　英格兰和威尔士：除了下面列明的这些例外情况之外，所有年份的数据均取自 Ringer（1979）："15—18 岁"组的出勤率，由 15 岁以上（含 15 岁）的出勤人数，除以 15—18 岁这个组别的总人数（只包括英格兰和威尔士的人口）得出。"14 岁"组的出勤率和"17 岁"组的出勤率，则是根据整个大不列颠（包括英格兰、威尔士和苏格兰）所有中学的全日制学生计算的。

　　1911/1912 年：数据取自美国联邦教育局（Bureau of Education）的《双年报告》（*Biennial Report*，1916—1918：25）中的《刘易斯报告》（*Lewis Report*，1917）。请参见 Matthews（1932），不过它的数据也取自《刘易斯报告》。

　　1931 年：取自英格兰和威尔士教育委员会（Board of Education for England and Wales，1932）提供的，关于接受公共资金的学校按年龄列示的"在册"学生人数的资料。至于纯私立学校中 15—18 岁青少年的出勤人数，则是我们在根据 1948 年的有关资料，在作出了关于中学生进大学的升学率的假设之后，再利用大学录取数据估计出来的。基于一系列合理的假设，我们最终估计得到了 9.4% 这个数字，而 10.6% 则是估计的上限。

　　1956 年：取自 Carr-Saunders 等（1958：60）提供的各年龄段在册学生人数和每一个年龄段人口总数。这个数字不包括在大学就读的青少年。

　　1957 年：Dewhurst 等（1961）。"15—18 岁"组的数字是那 4 年相应数字的简单平均数。

　　美国：所有年份的数据都取自美国教育部（U.S. Department of Education，1993）

　　a："15—18 岁"组包括那些刚满 15 岁的青少年，但是不包括刚满 19 岁的青少年。

　　b：我们之所以假定"14 岁"组的出勤率为 100%，是因为从 1944 年开始，这个年龄的青少年有上学的法定义务。

　　c：14.4% 这个数字是用 1948 年的数据得到的只针对男性的估计结果。

还有另外一个可能的原因。欧洲之所以在中学教育方面远远落后于美国,是因为欧洲在总体上不如美国那么富裕。但是,到了 20 世纪 50 年代的时候,欧洲的中学入学率,仍然落后于美国在相同的实际人均收入水平下的中学入学率。1940 年,刚刚从长达 10 年的大萧条中走出的美国,实际人均收入与欧洲大部分国家在 1955 年时的实际人均收入基本相等[29],然而美国 1940 年时的中学入学率,却是欧洲各国 1955 年时的两倍多(而且,欧洲各国已经将全日制职业技术学校的学生也计算进去了)。[30]要想在美国找到与 20 世纪 50 年代西欧各国相当的中学入学率,得回到 20 世纪 10 年代才行。

从第二次世界大战期间英国和美国的政策中,就可以清楚地看出,这两个国家的政府对公共提供且由公共出资的教育的承诺是不一样的。在美国参加第二次世界大战的那个时候,18 岁的美国人大约有一半都已经高中毕业了——如果不算南部地区,那么 18 岁的美国人中有超过 60% 的人刚刚高中毕业。当罗斯福总统在 1944 年签署《退伍军人权利法案》并使之成为法律之后,一般的退伍军人就都有资格上大学了,因为他们原本就是高中毕业生。没有什么能比英国工党政府在同一个时期颁布的、人们期待已久的《1944 年教育法案》(1944,Education Act),更清楚地表明美国和英国在教育政策方面的差异的了。《退伍军人权利法案》要求政府为上大学的退伍军人支付学费和津贴;而《1944 年教育法案》却只不过是保证所有英国青年都能接受文法学校或中学的公费教育。

我们在前面提到过,有些西欧评论家在 20 世纪初声称,美国人在普罗大众中普及中学教育,是在浪费资源。与美国相反,那时各西欧国家都致力于选拔和培养一小批超常的儿童,同时只给其余的孩子提供非常初级的基础教育。英国、法国和德国都会对儿童进行测试(通常是在他们过 12 岁生日之前),以决定哪些人可以升入中学继续学习。在 20 世纪早期,许多欧洲国家都采取了这个总体方案,尽管它们各自的教育体系有所不同。概括一下,这些欧洲国家提供了三种不同的教育模式或模板,美国原本是可以从中选择某一种来加以效仿的。

第一种模式是英国模式。英国模式强调,要对那些在完成义务教育之后获准继续升学的学生进行全面的"古典教育"。第二种模式是法国模式。法国的教育体系的特点是,培养出了一小群公务员和训练有素的科技专业人才。第三种模式是德国模式。德国的教育体系的特点是,区分出若干条教育轨道——有一条轨道是通往工业界的,有一条轨道是通往商界的,还有一条轨道是通往学术界的,即为将要上大学的学生开设精英课程。美国的教育体系的特点可以归纳为(就像我们在第4章中将会描述的那样):开放,宽容,不设置普适标准,课程的设置既强调学术性又强调实用性。相比之下,欧洲的教育体系通常是封闭的,不宽容的,有统一的标准,在为一些人开设学术课程的同时,也为另一些人开设产业课程。这是两种不同的教育体系,前者是平等主义的,后者则是精英主义的。

1.2.3 美国为什么与众不同?

为什么美国能够摆脱欧洲的教育模式,在中等教育和高等教育领域开创出一个新颖、独具一格的美国模式?为什么美国人要从事这种被欧洲人视为浪费资源的人力资本投资?

只要考察一下人们在参加一般性的培训(如正规的学校教育)与参加定向性质的培训(如当别人的学徒或参加在职培训)之间是如何选择的,就可以找到上述问题的部分答案。普通教育所需的投资成本可能比学徒培训更加高昂,但是它所培养出来的技能具有更高的灵活性,拥有这种技能的劳动者更容易在不同的地域、职业和行业之间转移。因此,当地域流动性较高、技术变化较大时,正规的学校教育的价值就会变得突出起来。当定向培训的成本变得更高时(如为家族企业培养接班人,或者师傅带学徒)——那可能是因为社会联系较少——正规的学校教育就会更占优势了。此外,如果教育是由公共出资的正规学校教育,那么学生和家长的直接成本就会更低。[31]

在20世纪早期,面向大众的普通学校教育,在美国比在欧洲各国更加适合实际情况,因为美国人在自己国家内的地域流动性要比欧洲各国更高,这是一个得到了普遍公认的观念,也得到了许多很有见地的历史学家和人口学家的认可。[32]有大量证据表明,20世纪60年代之后,美国的地域流动性进一步提高了。[33]虽然19世纪和20世纪早期的证据并不充足,但是对19世纪中期美国县际移民的深入分析表明,有三分之二的美国成年男性至少跨县迁移过一次,相比之下,在英国只有四分之一的成年男性进行过类似的迁移。[34]而且,美国人在本国境内的迁徙里程也要长得多。

正规的学校教育,使得美国青年能够在一生中多次改变职业,获得与他们的父辈全然不同的技能,并能够对技术变革迅速地作出反应。㉟ 对于那些预期自己会在同一个地方、同一个行业、同一个职位上度过一生的人来说,学徒制和高度定向化的专门培训也许更符合成本效益原则,但是对于其他人来说,这种学徒式的训练就没有什么价值了,而且对他们的雇主也显然没有多大价值。㊱ 正如经济史学家斯坦利·莱伯戈特(Stanley Lebergott)正确地指出的那样:"(美国人)处于永不停息的流动当中,这就使得任何雇主都不应该在培训员工方面投入太多资金——那是完全不明智的。"(Lebergott,1984:372)。

欧洲人认为美国的教育体系是对资源的极大浪费,这种评价至少在欧洲自身的社会环境下是有正确的一面的。但是,在美国这个技术变革频繁、社会高度开放、地域流动性大的"新大陆"的特定环境下,这种教育模式就不再是对资源的浪费了。恰恰相反,这种教育模式无疑极大地增强了经济活力。

1.3 人力资本与经济增长

1.3.1 劳动力的人力资本存量

怎样衡量人力资本在多大程度上增强了一个经济体的活力?这无疑是一项极其有价值的工作。同样重要的一项工作是,衡量人力资本通过提高个体工人的劳动生产率而给他们带来的收入增量,而且后者从理论上看也更加简单。在这里,我们将对后者进行研究,进而讨论劳动者受教育程度的提高,是如何促进经济增长的。

而为了估计教育对经济增长的影响,我们就必须先测算出不同时间点上的劳动力人力资本存量。人力资本投资包罗万象,包括了接受学校教育、参加在职培训和在卫生保健上的投资等。但是在这里,我们使用的是一个较窄的定义,只包括在正规教育上的投入,而且没有对不同的同龄群和不同的年份之间可能存在的学校教育质量差异进行调整。㊲ 此外,我们采用了一个完备的增长核算框架,用来指导我们分析劳动力受教育程度的提高对劳动生产率的直接影响。如前所述,按出生同龄群分组对美国本土出生人口的受教育程度进行估计得到的结果,已经为构造劳动力的人力资本存量的估计量,以及分析它20世纪的演变过程,提供了一个很好的起点。

但是,劳动力的人力资本存量,与按出生同龄群分组计算的本土出生人口的受教育程度之间,存在着几个重要的差异。举例来说,人力资本存量还取决于在国外出生的人口,而且这部分人口在20世纪早期和末期都在美国的劳动力中占据了很大的比例。此外,由于对人力资本存量的估计,是根据各同龄群组的相对规模对其受教育程度进行加总而得到的,因此这两个指标本身是有差异的。另一个区别是,人力资本存量估计值是针对劳动力的,而各出生同龄群的受教育程度的估计值则是针对整个人口的。只要受教育程度不同的各个群体的就业率(和劳动力参与率)不同,那么劳动力的受教育程度就会与整个人口的受教育程度不同。

因为从1940年开始,美国人口普查就要求受访者回答关于受教育程度的问题,所以我们能够估算出那一年之后各个年份的劳动力人力资本存量。对于那一年之前的年份,我们采用了美国其中一个州的人口普查数据,该州的人口普查所提出的关于受教育程度的问题,涉及非常细致翔实的信息(比任何一次联邦人口普查都更加全面)。此外,1915年的艾奥瓦州人口普查也是一组非常独特的记录,我们在本书第2章中将会对它进入更深入的讨论。在这里只需要指出一点:我们从原始文件中收集了大量具有很高代表性的样本,它们由生活在城市地区和农村地区的大约6万人组成。虽然我们不能断言艾奥瓦州就是美国的一个很好的缩影,但是它的劳动力的受教育程度,与20世纪最后几十年的全国劳动力的受教育程度,确实没有太大的差别。当然,在20世纪早期,艾奥瓦州劳动力的受教育程度,要比美国其他地方的平均水平更高。我们利用艾奥瓦州数据的主要目的是,用它来测度劳动力受教育程度的变化。

如表1.2所示,从1915年到2005年,以平均受学校教育年限为衡量指标,美国劳动力的教育存量的增长,仅为6年不到一点,即每十年增长不到0.66年。⑧然后,从1940年到1980年,教育存量以每十年增长0.86年的速度快速增长,同一时期劳动力中受教育程度较高的年轻人,取代了受教育程度较低的老年人。此后,从1980年到2005年,教育存量的增长速度明显放缓,这25年间的总增量只是勉强超过了1年,即每十年只增长0.43年。

表 1.2　美国劳动力的受教育程度：1915—2005 年

	美国					艾奥瓦				
	1915年	1940年	1960年	1980年	2005年	1915年	1940年	1960年	1980年	2005年
平均年数	7.63	9.01	10.53	12.46	13.54	8.45	9.83	10.87	12.49	13.55
比例（按受学校教育年限分组）										
0—8	0.756	0.522	0.303	0.087	0.034	0.726	0.476	0.289	0.077	0.020
9—11	0.129	0.174	0.218	0.154	0.070	0.129	0.165	0.184	0.126	0.060
12	0.064	0.185	0.262	0.346	0.309	0.083	0.229	0.316	0.424	0.322
13—15	0.028	0.061	0.121	0.228	0.290	0.037	0.076	0.128	0.210	0.338
16+	0.026	0.058	0.096	0.185	0.297	0.026	0.055	0.083	0.164	0.261

注：样本仅限于 16 岁以上（含 16 岁）的人，而且不包括在役军人及精神病院病人。对于 1940 年至 2005 年，每一年的劳动力统计数字，指的是普查当周的就业人数。1915 年艾奥瓦州的劳动力，则指那些于 1914 年申报了在职收入的人，而且每个人都已根据其在 1914 年的工作月数进行了加权处理。对于 1940 年至 1980 年，受学校教育年限的测算方法与图 1.4、图 1.5 和图 1.6 所用的方法相同。2005 年之后的美国受教育年限则是采用 Autor, Katz 和 Krueger(1998) 论文中的方法测算出来的，他们将这种方法应用于 1991 年之后的当前人口调查中的合并退出循环组样本(CPS MORG) 数据。1915 年艾奥瓦州的受教育年限和工作月数是使用 Goldin 和 Katz(2000) 论文中的方法构建的。对于 1960 年至 1980 年，我们继续采用 Autor, Katz 和 Krueger(1998) 的方法，将所有受过 13 年学校教育的人（不管他们是否完成最后一年的学业）都归入了受过了 13—15 年学校教育的那一组。所有样本都应用了抽样权重。

资料来源：1915 年艾奥瓦州人口普查；1940 年、1960 年和 1980 年美国联邦人口普查中的综合公开微观数据样本（IPUMS）；2005 年当前人口调查（Current Population Survey, CPS）中的合并退出循环组（Merged Outgoing Rotation Group, MORG）。1915 年美国的数据是根据同一年艾奥瓦州的数据外推得到的。美国 1915 年的平均受教育年限是按如下方法计算出来的：从美国 1940 年的平均值中，再减去艾奥瓦州 1940 年和 1915 年的平均值的差额。各个比例（按受学校教育年限分组分别计算），是从艾奥瓦州的数据中外推得到的，并且已经按比例缩放，以保证其和为 1。

　　受教育年限之所以能够在 1915 年至 1980 年间实现快速增长，在很大程度上是因为受到了美国本土出生的各同龄群受教育年限持续大幅增加的推动，这种情况一直延续到了 20 世纪 50 年代早期（见图 1.4）。类似地，1980 年之后人力资本存量增长的放缓，则主要反映了自 1950 年之后出生的各同龄群的受教育年限增长的趋缓。

还有一个问题。有没有这种可能:总人力资本存量的变化,是由在国外出生的工人在总劳动人口中所占比例的变化导致的?1910年,伴随着来自欧洲的大规模移民浪潮的涌入,美国工人中在国外出生的人所占比例达到了22%,而且绝大多数移民来自教育水平远远低于美国的国家。从1915年艾奥瓦州的人口普查的结果来看,一个典型的国外出生的工人的受教育年限,要比一个典型的美国本土出生的工人少大概1.5年。由于美国国会在20世纪20年代开始立法限制移民进入美国,因此在那之后就不再有稳定的移民注入美国的劳动力大军了,于是劳动力开始老化,同时国外出生的劳动力的比例也出现下降。

我们可以分别来看一下美国的整体劳动力与美国本土出生的劳动力:从1915年到1960年,这两者的受教育年限的增速,分别为每十年增加0.64年和0.59年。在这期间,国外出生的劳动力所占的比例,从1915年的21%下降到了1960年的7%,这种下降的净效应是使得劳动力的受教育程度每十年提高了0.05年。从1960年到1980年,移民在全部劳动力中所占的比例几乎没有发生过任何变化,因此在这一时期移民的影响可以忽略不计。再之后,与上面讨论的第一个时期(从1915年到1960年)的情况恰恰相反,国外出生的劳动力所占的比例,从1980年的7.6%上升到了2005年的16.3%。而在1980年至2005年间,美国的整体劳动力与美国本土出生的劳动力的受教育年限,每十年分别增长了0.43年和0.48年。因此,在1980年至2005年间,移民的影响是,使劳动力受教育年限平均每十年少增长0.05年。换句话说,影响的大小与1915年至1960年间相同,但是符号恰恰相反。[39]

因此,是在美国本土出生并受教育的人的受教育水平的变化,而不是移民在人口和劳动力中所占的相对比例的变化,才是美国劳动力教育存量变化背后的基本驱动力量。虽然在1915年至1960年间,国外出生的劳动力所占份额的下降,对美国整体劳动力受教育程度的提高有一定贡献,同时过去25年间大量移民的涌入,则使美国整体劳动力受教育程度的提高受到了小小的拖累,但是与美国本土出生的人口的变化相比,这两种变化都只能说是非常温和的。

在 20 世纪上半叶,美国劳动力受教育程度发生的最主要的变化,其实是高中以下学历的工人被高中学历的工人取代的结果(见图 1.8)。⑩而到了 20 世纪后期,至少受过一些高等教育的工人的进入,使得这个方向上的变化进一步深化了。在 1915 年,美国劳动力中只在公共学校或私立小学中受过教育的人所占的比例超过了 75%,但是到 1960 年就下降到了 30%,到 21 世纪初更是下降到了微不足道的 3%。在 1915 年,只有略多于 5% 的人在大学或学院接受过教育,但是到 1960 年就达到了 22%,到 2005 年更是超过了58%。最后,在 1915 年,只有不到 3% 的人拥有大学学历,而到了 2005 年,这一比例达到了 30%。

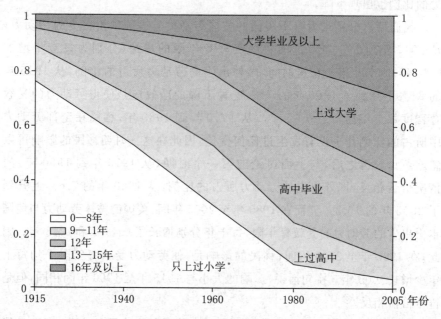

图 1.8　劳动力受教育程度的分布:1915 年至 2005 年

资料来源:见表 1.2。

---

*　本书把所有从幼儿园到 8 年级的学生都纳入了"小学"组,即便 8 年级的学生中有一些人是在上初中;把所有 9—12 年级的学生都纳入了"高中"组。见本书第 9 章注释㊵。——编者注

1.3.2　衡量教育对经济增长的贡献

历史和理论

正如我们在前面多次提到的,20 世纪既是"人力资本世纪",也是"美国世纪"。正是在这个世纪里,教育成为决定国家财富的主导因素;也正是在这个世纪里,美国人率先提出了这个观念。同时,这也是一个美国在经济上领导全世界的世纪,还是一个美国一直保持着领先地位的世纪。前面我们对美国劳动力人力资本存量进行了估计,在此基础上,我们现在就可以回过头来探讨美国历史上不同时期人力资本与经济增长之间的关系了。然后,在本书第 2 章中,我们还将探讨谁从经济增长中分享到了好处,以及收入分配的变化与教育之间的关系。

在整个 20 世纪,美国经济一直都以稳健的步伐令人惊叹地增长着。当然,如果按人均或每单位劳动时间的口径来计算的话,美国经济增长的速度最多只算得上"中等",特别是与各转型和新兴国家近几十年来令人近乎目瞪口呆的经济增长速度相比的时候。但是,20 世纪美国的经济增长有其令人惊叹之处,那就是它整整持续了一整个世纪,也就是说,美国经济在这个世纪里一直在以"复利"方式增长。在这整个世纪里,单位时间的劳动生产率(或产出)每年平均增长 2.2 个百分点。当然,美国的经济增长有加速的时期,如 20 世纪 20 年代、40 年代和 60 年代,也有速度放缓的时期,如 20 世纪 70 年代末和 80 年代(当然还有 30 年代)。然而,总的来说,美国的经济增长是温和的,而且从长期来看是非常稳定的,因此总体表现足以给人留下极其深刻的印象。

20 世纪中叶,在世界许多国家和地区经济增长乏力的情况下,美国经济却取得了令人瞩目的增长,这种反差为经济学家寻找美国经济增长背后的因素提供了强大的动力。有人觉得自己可以开出一张能够保证经济增长的"秘方",或者制造出能够抵御一切经济灾难的"疫苗",就像可以包治百病的"灵丹妙药"一样。这当然过于异想天开了,不过确实有很多伟大的思想家都在努力通过各种方式解决这个问题。一些经济学家认为,经济增长始于某些资本密集型产业,如运输业或制造业,因此与这些行业相关的基础设施是经济成功发展起来的关键。[41] 还有一些经济学家则以更一般的方式建立了关于经济增长过程的模型。他们认为,经济产出是各种经济投入(即生产要素)的某个函数,因此,当这些投入增加时,经济增长也就自然而然地发生了。

当投入变得更具生产性,或者投入与产出之间的函数关系发生了变化时,经济增长也可能发生。例如,资本可以变得更有效率,而且技术变革也可以体现在资本当中。劳动者本身也可能会变得更聪明、更能干、更健康——总之,变成更好的劳动者——以这种方式取得的进步将体现在人力资本当中。此外,技术变革对于投入来说也可能是中性的。即便所有的投入都没有发生任何改变,产出也可能增加,就像亚当·斯密举过的那个著名的制针厂例子那样,工人的劳动生产率之所以大幅提高,是由于劳动分工而不是他们个人技能的改进。在我们给出了这些关于投入、产出的概念和生产函数的形式化表达之后,就能够估计出教育进步对经济增长的影响了。

遵循经济增长文献长期以来的传统,我们假设产出(Y)是劳动时间(小时数,L)和资本(K)这两种要素的函数。我们还可以在生产函数中加入其他要素,如土地,而不用担心影响一般性。我们选择的函数形式对于这些要素的对数是具有可加性的,外加一个称为全要素生产率(A)的乘数,因为它反映了所有要素的生产率。上面描述的这种形式的生产函数,就是通常所说的柯布—道格拉斯生产函数(Cobb-Douglas production function)。我们在这里考虑的是各指数之和等于 1 的如下形式的函数:

$$Y = AK^{(1-\alpha)} L^{\alpha} \tag{1.1}$$

它可以变换为如下以单位劳动要素表示的形式——也就是通常所称的密集形式(intensive form)的生产函数:

$$y = Ak^{(1-\alpha)} \tag{1.2}$$

其中,$Y = Y/L$,且 $k = K/L$。此外还有一种形式,那就是如下的变化率形式(rate of change form),其中星号($*$)表示 $d\log\{\cdot\}/dt$:

$$y^* = A^* + (1-\alpha)k^* \tag{1.3}$$

方程式(1.3)就是罗伯特·索洛(Robert Solow)讨论经济增长的开拓性论文(Solow, 1956, 1957)所使用的公式。这个公式有很多优点,其中之一就在于,它对数据的要求非常少,因为 y^* 代表的是劳动生产率的变化,k^* 代表的是人均资本存量(或者说资本劳动比率)的增长率。而且,在合理的假设下,生产函数中劳动一项的指数(α),就是劳动所得(劳动者的工资)在国民收入中所占的份额。㊷全要素生产率的变化 A^* ,则可以作为残差来导出。

研究经济增长的早期实证经济学家,试图用公式(1.3)来拟合数据,结果他们惊奇地发现,劳动生产率变化的大部分原因,都可以归结为全要素生产率的变化,而不能归结为实测投入的增加(主要是资本与劳动比率的变化)。于是他们只能得出这样一个结论:那个被称为"对我们无知的度量"的残差,正是经济增长的驱动因素。如果那些致力于研究经济增长问题的理论经济学家所做的工作,就是找到一个可以帮助世界上的贫穷国家的"秘方",那么这些实证经济学家的建议将会非常简单:"去做一些经济学家不擅长测量的事情吧。"

但是,经济学家们后来很快就意识到了,这个简单的公式使用的只是对投入要素的粗略测度。㊸举例来说,对于劳动这个投入要素,在测量时只是简单地按工作小时数来计算的,但是它实际上是由如下两个主要部分组成的:用工作小时数表示的"原始劳动"(L),以及用效率单位(efficiency unit)表示的劳动(E)。因此,更全面的"扩增劳动投入"(augmented labor input)应该是($L \cdot E$)。扩增劳动投入既可能因工作小时数(劳动时间)的变化而发生改变,也可能因每小时劳动效率的变化而发生改变。而效率单位的变化,可能是由劳动者所接受的正规教育、参加的在职培训、年龄、健康状况,以及能够提高工人效率的许多其他因素的变化所导致的。

引入扩增劳动投入,意味着应该把公式(1.1)改成:

$$Y = A'K^{(1-\alpha)}(L \cdot E)^{\alpha} \tag{1.1'}$$

同时,式(1.3)则应该相应地改为:

$$y^* = (A')^* + (1-\alpha)k^* + \alpha E^* \tag{1.3'}$$

尽管研究增长的实证经济学家,对式(1.3)和式(1.3′)的所有组成部分都很关注,但是我们在这里感兴趣的主要是 αE^* 和 y^* 之间的关系。我们想知道的是,劳动效率单位的变化,特别是那些因正规教育而发生的变化,究竟可以在多大程度上解释美国历史进程中劳动生产率的变化。简而言之,我们想知道的是,教育对经济增长有什么直接影响。接下来,我们先讨论一下如何对这种关系进行估计。

教育对经济增长的直接影响

这一估计包括三个组成部分。第一个组成部分是对 y^* ,或者说对劳动生产率（每小时产出）的增长率的估计。对于 1947 年以后的各年，我们可以利用美国劳工统计局（Bureau of Labor Statistics，BLS）的官方估计数据，而之前的年份则利用了约翰·肯德里克（John Kendrick，1961）收集的数据。

第二个组成部分是对教育生产率指数 E^* 的变化的估计。我们用来计算这个指数的公式为 $E_t = \Sigma_i w_{it} S_{it}$，其中，$w_{it}$ 是受教育年限组 i 在基期年份 t 的（相对于一个参照受教育年限组的）（经调整后）工资，S_{it} 是受教育年限组 i 在年份 t 的总工作小时数中所占的比例。[44] 如果各受教育年限组的工资性报酬（earnings，或译"劳动所得"）之间的差异，确实反映了教育对生产率的影响，那么这个教育生产率指数的增长，就衡量了教育进步通过提高平均人力资本（或劳动力质量）对总劳动力投入增长的贡献。对于 S_{it} 的估计，我们在上一节中已经讨论过了，并在表 1.2 中给出了对它的估计结果。各受教育年限组之间的工资差异，即前述公式中的 w_{it} 项，我们在这里只给出简要的说明，因为本书第 2 章将阐述教育的经济回报在整个 20 世纪是怎样演变的。在 1915 年的时候（那是我们考察的这个时期的起点），只要多上一年中学或大学，就可以给个人带来非常可观的回报，即，多接受一年教育就可以让自己的收入提高 11%。不过，从 1915 年到 1950 年，各受教育年限组之间的工资差距大幅缩小了。到了 20 世纪 50 年代和 60 年代，这一差距略有扩大，然后到了 70 年代又再一次缩小。到了 20 世纪 80 年代，各受教育年限组之间的工资差距又一次显著增大，90 年代继续温和地增加。到了 20 世纪末，各受教育年限组之间的工资差距仍然很大，尽管还是不如我们考察的这个时期开始时（即 1915 年）那么大。

第三个组成部分是对 α 的估计。在一个竞争性定价的经济中，α 是劳动在国民收入中所占的份额。劳动报酬（工资加上附加性福利）大约要占总产出的 70%。假设要向劳动者支付劳动对产出的边际贡献，同时假设产出与投入成比例，那么通过提高劳动力的平均人力资本，每增加 1% 的有效劳动，就可以直接使产出提高 0.7%。[45] 计算结果如表 1.3 所示。由此我们发现，在从 1915 年到 2005 年的这 90 年间，受教育程度的提高使得劳动力的有效规模平均每年扩大了 0.48 个百分点。[46] 因此，在这 90 年间，教育对经济增长的直接贡献，平均为每年 0.34 个百分点（0.7×0.48）。然而，人力资本的贡献，在我们划分出来的四个时间段之间，存在一定差异。从 1915 年到 1960 年，教育进步每年对劳动生产率增长的贡献为 0.49 个百分点，然后在 1960 年至

1980 年间,这一贡献大幅上升至每年 0.59 个百分点,但是在剩余的 25 年里,却急剧下降至每年 0.37 个百分点。类似的变化也发生在劳动力的平均受教育年限上,尤其是自 1980 年以后的增长放缓,这一点从表 1.3 的最后一栏中可以看得很清楚。

表 1.3　教育增长核算:1915—2005 年

时间段	(1) y^* 的年平均 增长率(%)	(2) E^* 的年平均 增长率(%)	(3) 能用受教育 年限的变化 "解释"的比例 $\alpha \cdot E^*/y^*$	(4) 劳动力平均 受教育年限 的变化
1915—1940 年	2.45	0.50	0.143	1.38
1940—1960 年	2.92	0.49	0.118	1.52
1960—1980 年	2.41	0.59	0.171	1.93
1980—2005 年	2.18	0.37	0.119	1.08
1915—2005 年	2.47	0.48	0.136	5.91

注:第(1)栏中的劳动生产率的度量(y),在 1915—1960 年间对应的是单位劳动时间(每工作小时)的实际私人 GDP,在 1960—2005 年间则对应于工商业部门单位时间产出。第(2)栏中使用的教育生产率指数的构建方法,源于 DeLong, Goldin 和 Katz(2003);这个指数覆盖了每年 16 岁或以上的非军人劳动力。表中列出的教育生产率的变化率(E^*),是根据链式滚动加权价格(chain-weighted prices)得出的。(使用固定加权价格也可以得出类似的结果。)从 1915 年到 1940 年的变化数据是艾奥瓦州的;其他时间段的变化则覆盖了整个美国。本表使用的受教育年限组别的划分方法是:区分出 0—4 年、5—6 年、7—8 年、9—11 年、12 年、13—15 年、16 年或以上,共七个组。覆盖了 t 到 t' 的链式加权指数,用到了 t 和 t' 之间因受教育程度不同而产生的单位时间工资差异的平均值。这个指数是按小时数计算的,而每个工人的权重则为样本权重与调查当周的工作时数的乘积。因为 1915 年艾奥瓦州人口普查中没有工作时间方面的数据,所以我们使用就业权重来计算 1915 年至 1940 年这个时间段的教育生产率的变化,和因受教育年限不同而产生的工资差异(基于 1915 年的月收入数据)。第(4)栏中的劳动力平均受教育年限,是用就业加权得出的。要了解这里运用方法的更多细节,请参阅 DeLong, Goldin 和 Katz(2003,appendix 2B)。

资料来源:
第(1)栏:《美国历史统计数据:千禧年版》(*Historical Statistics, Millennial Edition*,2005),1915—1940 年用的是表 Cg265—272,序列 Cg265。1940—1960 年用的是表 Cg273—280,序列 273;1960—1980 年、1980—2005 年用的是美国劳工统计局发布的"主要部门生产率和成本指数",序列 PRS84006093(下载自美国劳工统计局网站 www.bls.gov)。第(2)栏:1915 年艾奥瓦州人口普查;1940 年、1960 年和 1980 年美国联邦人口普查中的综合公开微观数据样本(IPUMS);2005 年的当前人口调查中的合并退出循环组样本(CPS MORG)数据。第(3)栏:对(2)栏乘以 0.7 再除以第(1)栏。第(4)栏:见表 1.2。

有人可能会提出这样一个问题：不是还有移民吗？移民会怎样影响教育生产率？正如我们在前面已经提到过的，从1915年到1960年，移民只是略微提高了劳动力教育水平的平均增长率；而从1960年到1980年则几乎没有任何影响；然后在1980年至2005年，移民反而小幅降低了劳动力受教育水平的增长率。类似地，移民对教育生产率的增长也只产生了非常温和的影响。从1915年到1960年，劳动力当中移民所占比例的下降，仅仅使得教育生产率每年提高了0.03个百分点。而从1960年到1980年，移民的影响几乎为零。从1980年到2005年，劳动力中不断上升的移民比例，使得教育生产率每年下降0.03个百分点，即如果只算美国本土出生的劳动力的话，劳动生产率每年可以提高0.40％，而算上移民之后的整体则会每年提高0.37％。[47]无论是过去还是现在，围绕移民问题一直有很多争论，但是实际上，移民的影响远比人们一般认为的要小得多。

在从1915年到2005年这整个时期，劳动生产率每年平均提高2.47％，其中的0.34％是由劳动力教育水平的进步直接带来的，即劳动力教育水平的进步大约可以解释劳动生产率增长的14％（见表1.3）。[48]各个时间段之间的差异很小。一般来说，劳动生产率越低，教育的直接效应的解释力越大，只不过最近一个时间段除外（劳动生产率的提高相对迟缓，同时劳动力受教育程度的进步也很缓慢）。如果我们改以人均产出为基准来计算，那么从1915年到2005年，实际人均GDP平均每年增长2.23％，其中可以用劳动力教育水平的提高来解释的比例为15％左右，这个结果与以劳动生产率为基准时得到的结果差不多。[49]

而且，除了受教育程度之外，工人的其他特征也会影响劳动生产率，我们也可以将它们纳入分析。这些特征包括工作经验、性别、出生地和种族等。如果这些特征所导致的工资差异，在很大程度上反映了工人生产率的差异，那么我们就可以用这样一组更广泛的工人特征和相对应的工资差异，去构造一个衡量劳动力质量的扩增指标了。结果我们发现，对于从1915年到2000年这段时期，如果使用上述扩增特征集的话，劳动力质量以每年0.42％的平均速度提高，而只考虑教育水平的话则每年提高0.48％。换句话说，我们测算出来的劳动力质量自1915年以来的长期持续提升，几乎全都可以归因于劳动者受教育程度的提高。[50]

教育对经济增长的间接影响

教育可以通过多种途径提高生产率,进而促进经济增长。前面,我们已经估计了教育的直接影响,即通过提高劳动力的质量(效率单位),来提高给定技术和资本存量下的生产率。但是除了这种直接影响之外,教育还有各种各样的间接影响。教育的直接效应所带来的更高的收入,会导致实物资本投资的增加,从而间接提高劳动生产率,进而提高资本劳动比率。受过更好的教育的劳动力,也有利于新技术的采用和传播。[51]最后,教育还有助于创新和技术进步,因为科学家、工程师和其他受教育程度较高的从业者,是研发部门的主力军,也是新思想、新观念的主要创造者和应用者。[52]虽然我们很难量化教育对经济增长的这些间接贡献,但是它们的作用无疑是巨大的。

大量很有说服力的证据表明,教育对劳动生产率有非常巨大的间接影响。举例来说,长期以来,人们一直都观察到,那些员工受教育程度较高的企业和机构,能够更早地采用新技术;最近的研究也表明,这样的企业和机构能够从信息技术投资中获得更大的生产率回报。[53]此外,受教育程度较高的劳动力也是研发的主要力量。一些估计结果表明,美国和其他发达经济体不断增加的研发强度,在过去50年里已经成为美国劳动生产率提高的一个极为重要的因素(可能是所有可以测量的因素中影响最大的一个)。[54]

1.4 本章小结:"人力资本世纪"结束时的美国

到了20世纪行将结束的时候,几乎所有国家都已经发现了美国早在20世纪初就已经掌握的那些道理。体现在一个国家的国民身上的人力资本,才是这个国家财富的最基本组成部分。其他要素,如自然资源和金融资本,是可以在全球市场上以世界通行的价格买到的,但是一个国家的劳动力的效率,却不可能简单地用钱买到。更好的教育水平,不仅可以使劳动力更有效率,而且还能帮助人们能够更好地拥抱各种变化,包括新技术的引进。特别是,对于那些超卓不凡的杰出人才来说,更好的教育能够使他们更有能力发明出创新技术。

如前所述,"人力资本世纪"很快就变成了"美国世纪"。美国成了全世界经济最发达的国家,并一直保持了下来。这种关系是因果关系,还是仅仅是一种巧合?在本章中,我们已经证明,20世纪教育的进步,几乎可以解释劳动生产率变化的15%。这也就是说,从1915年到2005年的90年间,劳动生产率平均每年提高了2.47%。教育每年直接提高了工人效率的0.48%,从而每年直接提高了劳动生产率的0.34%(0.7×0.48)。由于这些估计都忽略了教育的间接影响(后者主要体现在更快的技术扩散和更多的创新上),所以教育的实际作用肯定要比这些数字所显示的还要大得多。

因此,"人力资本世纪"和"美国世纪"之间的这种关系绝非巧合。事实上,其他国家几乎全都纷纷效仿美国,在本国国民的教育上投入巨资,这种现象本身就足以证明人力资本在20世纪是何等重要,在21世纪又将会变得多么重要。

即便是在刚刚进入20世纪的时候,美国的国民受教育程度就已经相当高了,尤其是与其他收入水平相当的国家相比时。在20世纪的大部分时间里,美国的教育水平的提高仍然是非常巨大的。我们对1876年至1975年出生在美国本土的美国人的受教育程度,按各出生同龄群进行了估计,以衡量美国教育体系的产出。然后在此基础上,我们加入了在国外出生的工人,并根据同龄群规模、年龄和劳动力状况进行加权,得出了美国历史各个时期的人力资本存量。

无论是对美国整个国家的人力资本存量而言,还是对每一个同龄群的人力资本存量而言,我们都发现,美国20世纪的教育变革这个故事要分为两个部分来讲。在20世纪的前四分之三的时间里,受教育年限总共提高了6.2年,即每十年提高0.82年。但是,随后几十年里的教育发展却不那么乐观。在从1975年到1990年的15年间,受教育年限几乎完全没有提高。在接下来的十年里,其虽然出现了提高,但是也不过提高了半年而已。

在这整个20世纪里,1876年出生的同龄群与1975年出生的同龄群相比,后者的受教育年限要多出6.7年。其中大约有50%的增长,完全是因为高中入学率和毕业率的提高;对于在1876年至1935年间出生的各同龄群而言,更是有整整60%的增长完全源于高中教育。美国历史上出现的几次教育水平的跃升,主要原因都在于高中,而不在于大学。在本书第二篇,我们将对推动高中入学率和毕业率上升的各种因素一一进行考察。

　　最近和过去关于在国外出生的工人的大量争论似乎意味着，移民对教育的总体影响很大，但是事实上，在20世纪，这种影响相对来说其实是非常小的。从1915年到1960年，国外出生的人在劳动力中所占的比例确实越来越小，但是移民的减少所导致的美国劳动力受教育年限的提高，仅为每10年提高0.05年。类似地，从1980年到2005年，当国外出生的人在劳动力中所占的比例上升时，所导致的受教育程度的下降，也仅为每十年下降0.05年。

　　按照其他国家的标准来衡量，美国的教育水平在20世纪的大部分时间里都是很高的，美国劳动力受教育年限的提高在20世纪的大部分时间里也都是很显著的。然而，在过去30年里，欧洲和亚洲部分地区的教育水平的提高却更令人震惊。这些国家的年轻一代的受教育程度比他们的长辈高得多，而且许多更年轻的同龄群的受教育程度已经比美国现有的水平还要高了。美国的教育体系似乎不仅在数量上，而且在质量上都在走下坡路。我们将在本书第9章中再来讨论这些主题。

　　在这个"人力资本世纪"前四分之三时间里，美国的教育经历了伟大的世变，但是在随后的几十年里，美国教育体系却再没有取得过多少傲人的成就，反而表现得非常疲软。类似地，在整个20世纪，经济不平等的演变历史也出现了几个明显的转折点。在接下来的第2章中，我们就来探讨一下：经济增长让谁、在什么时候获得了好处。

注　释

① 本书第6章将会讨论非洲裔美国人的中学教育。

② 下面的第4章，对起源于19世纪的、美国教育的各种优点，进行了专门的讨论。

③ 见Judd(1928:9)。Charles Hubbard Judd是一位教育心理学家，他曾经在多所大学任教，并于1909年到1938年长期担任芝加哥大学教育系主任。

④ 例如，Kandel在谈到英格兰、苏格兰和法国的教育时指出，这些国家称自己"至少已经为有能力的学生提供了平等的受教育条件，并且……通过提供优厚的奖学金和助学金，尽可能地做到了不带任何阶层偏向地选拔人才"(Kandel，1934:21)。

⑤ Kandel在讨论20世纪初的教育时也提到："在法国和英国，到了小学层次以

上,受教育机会就很明显地取决于你自己无法选择的居住地和家庭背景
了……这种情况与《中产阶层城镇》(*Middletown*,1929)一书作者所描述
的、美国人对教育的下述态度形成了鲜明的对比:'如果说资产阶级有的时
候把接受教育视为理所当然的话,那么也可以毫不夸张地说,它也在很大一
群人当中引发了一种宗教般的狂热,使得教育被视为一种救赎手段'。"
(Kandel,1955:91)

⑥ 关于欧洲教育,Swift 在 20 世纪 30 年代写过一部卷帙浩繁、内容详尽细致
的著作,他是这样说的:"在法国,中等教育和高等教育的目标,是培养出一
批知识精英,然后'将确定国家在知识方面的兴趣导向的任务,以及社会和
政治的前途,一并托付给他们'……只有不到十分之一的法国孩童在小学毕
业之后能够继续接受学校教育。"(Swift,1933,vol.1:82)

⑦ "趋同俱乐部"指的是在某个时间段内向人均收入或劳动生产率处于首位的
国家趋同的一组国家。这种意义上的"趋同"概念,在许多关于经济增长的
理论模型中均有体现。如果没有出现趋同现象,那么通常是因为存在着政
治、宗教和文化上的其他因素。Baumol,Blackman 和 Wolff(1989)是阐述
这种"趋同"概念的早期文献之一。

⑧ 在这里,原命题是"$E \Rightarrow G$"是不正确的,其中,E 代表"全体国民都受过良好
的教育",G 代表"经济增长",原命题的否命题则为"$\sim E \Rightarrow \sim G$"(在这里,
符号"$\sim$"表示"非"),这个命题是正确的,因此原命题的逆命题"$G \Rightarrow = E$"
也是正确的。

⑨ 确切的年份以及中学净入学率的定义,见图 1.1 的注。Goldin(2000)给出了
一张非常相似的图,但是该文使用的是 1990 年的人均 GDP 和毛入学率数
据。净入学率能够更加准确地反映一个固定年龄组的受教育程度。

⑩ Krueger 和 Lindahl(2001)表明,在跨国数据回归分析中,当解释教育水平对
经济增长的影响时,需要考虑测量误差和遗漏变量偏差。

⑪ 这四年的人均 GDP 分别为(以 2000 年美元价值计):1900 年为 4 596 美元;
1920 年为 5 904 美元;1940 年为 8 086 美元;1960 年为 14 382 美元。见
图 1.1 的资料来源和注。由于现在这些低收入国家的收入不平等程度普遍
大于 1900 年时的美国,因此这些数字很可能高估了现在这些低收入国家相
对于 1900 年美国的收入中位数。

⑫ 对于 1950 年后美国的入学率,联合国教科文组织的统计数据和美国官方统
计数据都与本书测算的数据非常接近。

⑬ 这个"异常值"国家为赤道新几内亚。原因是,这个国家从 1995 年起发现了
多个大型海上油田,石油收入大增。不过,尽管它的总体石油收入非常可
观,但是普通民众没能分享这种财富红利。

⑭ 之所以把东南象限视为"不良教育象限",另一个原因是,从 Barro(1991)开始,一系列研究表明,20 世纪下半叶教育投资率较低的那些国家(特别是当以年轻人的中学入学率为衡量标准时),经济增长速度也较低(以它们的初始人均收入为条件)。

⑮ 如果没有更多的数据,西南象限和东北象限并不值得我们多加关注了。位于这张图西南象限的国家的收入和入学率均低于给定的参照点,而位于东北象限的国家的收入和入学率均高于给定的参照点。至于它们究竟是过低还是过高了,则需要一个关于教育与收入之间的模型才能确定。

⑯ 这 15 个国家依次为(按净入学率升序排列):津巴布韦、孟加拉国、厄瓜多尔、印度尼西亚、菲律宾、佛得角、摩尔多瓦、玻利维亚、阿塞拜疆、阿尔巴尼亚、塔吉克斯坦、牙买加、约旦、埃及和亚美尼亚。其中有一些国家曾经是苏联的一部分,这些国家具有相对于自己的收入水平而言明显较高的净入学率。其他国家陷入长期贫困则有更加复杂的原因。

⑰ 图 1.1 中的 53 个低收入国家的人均收入中位数为 2 601 美元(按 2000 年美元价值计),图 1.7 中的 10 个欧洲国家在 1955 年时的人均收入平均值和中位数都为 8 600 美元左右(按 2000 年美元价值计)。宾州大学世界表的数据,是按 1955 年的美元价值计的,而且对所有国家都采用了同一个标准。为此,我们把宾州大学世界表中各国的人均 GDP 数据都乘以 4.98 的乘数因子(来自美国的数据),换算为按 2000 年美元价值计的数据,以此来保证在与低收入国家进行比较时的一致性。

⑱ 在这个数据集的所有低收入国家中,有 36% 的国家的入学率低于 20%;有 28% 国家的入学率介于 20% 至 40% 之间,其余 36% 的国家则高于 40%。如果只考虑男性年轻人,那么 31% 的国家的入学率低于 20%;31% 的国家的入学率介于 20% 至 40% 之间,其余 38% 的国家则高于 40%。

⑲ Acemoglu 和 Zilibotti(2001)探讨过,为什么当受教育程度低的非熟练工人难以适应新技术时,现代科技的普及能够给不发达国家提供很强的经济激励去推广教育。

⑳ Summers(1994)有力地论证了女性受教育程度的提高给发展中国家在经济和社会方面带来的极大益处。

㉑ 在下面的章节中,我们还会讨论教育对收入分配的影响,以及教育进步为什么会发生。

㉒ 由于移民的流入、各出生同龄群的规模差异,以及其他一些因素,劳动力整体的受教育程度的变化,可能与美国本土出生同龄群的受教育程度的变化趋势不一致。

㉓ 由于美国人口普查中第一次包括了关于受教育程度的问题是在 1940 年,因

此对于更早的那些同龄群(即在 1905 年前出生的人),我们只能根据他们在 1940 年人口普查中报告的受教育程度,来推断他们在 35 岁时的受教育程度。又因为美国联邦人口普查是每十年进行一次的,所以我们无法观测到所有更年轻的出生同龄群(即在 1905 年后出生的人)在刚好 35 岁时的受教育程度,因此,我们利用图 1.4 的注中描述的回归调整法,来估计每个出生同龄群在 35 岁时的受教育年限。

㉔ 对于 20 世纪 40 年代出生的各同龄群,可以观察到一种可辨识的加速,这在很大程度上是由应征参加越南战争的大学生们推迟了学业所致的。

㉕ 这些计算是基于 2005 年当前人口调查(Current Population Survey)中的合并退出循环组(Merged Outgoing Rotation Group)样本进行的。对于那些出生于 20 世纪 70 年代的同龄群来说,如果把出生于国外的人也考虑进去,那么美国的非拉美裔白人与拉美裔人之间在受教育程度上的差距就会扩大为 2.8 年(或者说相当于白人—黑人差距的 4 倍)。

㉖ 见 OECD(2006,table A1.3a),它汇总了 A 型(四年制)和 B 型(二年制)高等教育的相关数据。2004 年,4 个国家 24—34 岁的人群中拥有本科学历者的比例,超过或追平了美国的水平(39%),它们是比利时(41%)、爱尔兰(40%)、挪威(39%)和瑞典(42%)。另外 8 个比例超过了 30% 的国家是:丹麦、芬兰、法国、冰岛、卢森堡、荷兰、西班牙以及英国。事实上,加拿大、日本和韩国都已经在这个指标上远远超过了美国。

㉗ Maddison(1987)给出的美国和若干欧洲国家受教育程度的数据,与我们在这里给出的有很大的不同。Maddison 的数据来自经济合作与发展组织 1975 年的一份出版物,他声称,在 1950 年,(例如)英国 15—64 岁的人口受中学教育的平均年限为 3.27 年,德国则为 4.37 年,而美国仅为 3.4 年。后来,Nelson 和 Wright(1992,figure 6)又把这些数据制成了一张图,其标题为"平均受中学教育年限"。但是,Maddison 的数据在不同国家之间是没有可比性的。它们既不是针对固定类型的学校的,也不是针对固定年龄的学生的。举例来说,这些数据所依据的一个假设是:"中学"在德国是从 4 年级结束之后就开始了,而在英国却是从 6 年级之后开始的。又比如,这些数据还隐含地假设:1950 年所有英国人都完成了 8 年的学校教育,并且所有高于 6 年级的教育都是在某所中学或大学中进行的。事实上,在将受教育年限的相关数据按学生年龄进行分组之后(像在表 1.1 中所做的那样),就会发现英国各个层次上的受教育程度都大大低于美国(至少在 20 世纪的前三分之二的时间里是这样)。现在,OECD 发布的数据已经具备跨国可比性了。

㉘ 对此,Cohen 和 Hanagan(1991)给出了一个极好的例子。他们比较了英国

伯明翰与美国宾夕法尼亚州的匹兹堡在 20 世纪初期至中期的教育水平。这两个城市都是重工业城市,对年轻劳动力的需求都很小。这两个城市都很早就建成了小学教育体系,但是伯明翰在很晚的时间才开始推广高中教育(在 20 世纪 60 年代),而匹兹堡早在 20 世纪 20 年代就已经普及了高中教育。

㉙ 1940 年美国的实际人均收入,其实要低于 10 个在 1955 年就有完整 GDP 数据的欧洲国家中的 7 个。这 7 个欧洲国家分别是丹麦、卢森堡、荷兰、挪威、瑞典、瑞士和英国。另外 3 个人均收入相对较低的欧洲国家为奥地利、比利时和法国。不过,这份名单不包括像希腊、意大利、葡萄牙和西班牙这样的较贫穷的国家。

㉚ 在 1940 年,美国的中学入学率为 73%。而在注释㉙中所说的那 10 个欧洲国家,全日制普通中学和全日制职业技术学校的入学率的未加权平均值仅为 25%。

㉛ 更正式地,我们不妨考虑如下这个两阶段模型。在第 0 阶段,人们要决定是在常规培训(如正规的学校教育)上投资,还是在定向培训(如培养学徒)上进行投资。在第 1 阶段,所有人都全职从事工作。在第 0 阶段,技术为 f_1,但是进入第 1 阶段后,技术有可能转变成 f_2,发生转变的概率为 p。在第 0 阶段选择投资学徒培训(定向培训)的人,在第 0 阶段的收入为 $f_i(a_i)^0$,在第 1 阶段的收入为 $f_i(a_i)^1$,这些收入与技术是不是发生转变无关。由于学徒培训需要付出成本,所以 $f_i(a_i)^0 < f_i(a_i)^1$。选择投资正规学校教育(常规培训)的人,在第 0 阶段的收入为 $-C$(C=接受学校教育的直接成本),然后在第 1 阶段,如果技术没有发生变化的话,其收入为 $f_i(s)^1 = f_i(a_i)^1$;而如果技术发生了变化,其在第 1 阶段的收入则为 $f_j(s)^1 > f_j(a_i)^1$。因此,这个决策者应该选择的培训类型,取决于 $p > [f_i(a_i)^0 + C]/[f_j(s)^1 - f_i(s)^1]$ 是不是成立。也就是说,如果技术发生变化的概率超过了常规培训的成本与收益之比,那么该决策者就应该选择投资正规教育。而且,技术变革(或迁居到另一个地理区域)的可能性越高,接受正规学校教育的成本越低,或者在技术发生变革的前提下从正规学校教育获得的收益越大,那么常规培训的价值就越高。

㉜ 人口统计学家 Everett Lee(1961:78)强调,移民"无论是在过去还是现在,都是美国文明发展和美国人性格的塑造的一个重要的力量"。他还指出,他和 Henry Shyrock 分别独立计算的结果表明,延续到 20 世纪 60 年代的高迁居率,最早至少可以追溯到 1850 年(Lee,1961:79)。

㉝ 关于美国和欧洲国家在 20 世纪 60 年代以后的迁居率,可参见 Eichengreen

（1992）。他指出，从 20 世纪 60 年代到 80 年代初，美国的人口流动性是欧洲国家的 2—3 倍。又如，Hughes 和 McCormick（1987）利用 20 世纪 70 年代和 80 年代的纵向数据证明，美国体力劳动者的迁居率大约是英国的 4 倍，而美国体力劳动者因工作原因而导致的迁居率更是英国的 10 倍以上。

㉞ 见 Ferrie（2005）。在这两个国家，县（郡）的区划面积大体上相同。成年男子指的是超过 30 岁的男性。

㉟ 关于教育在帮助个人更好地应对经济变化中所起的作用，可参见 Schultz（1964）。Galor 和 Moav（2000）将 Schultz 的思想形式化了，他们证明了在什么条件下，是技术变革的速度，而不是技能偏向性，增加了对技能的相对需求。

㊱ Elbaum（1989）认为，美国正规教育的普及导致了学徒制的崩溃；这也就是说，正规教育的普及是因，而学徒制的终结是果。虽然这种解释有可能是正确的，但是在像美国这样一个国土面积如此广袤的国家里，与如此之高的地理流动性更加适应的，显然是正规教育，而不是学徒制。

㊲ 在 20 世纪初期，每一学年的上学天数增多了，特别是对小学和农村学校而言。不过我们并没有对学年长度进行调整，尽管这种调整可能会使我们所测量到的受教育程度的增长进一步加大，尤其是对那些出生在 20 世纪初期的同龄群而言。之所以不对估计值进行调整，是因为考虑到了以下几个原因。首先，所有在 1900 年以后出生的同龄群，平均来说至少上过了 9 年级，这样一来，边际学年不会受到影响，因为到了 20 世纪 10 年代高年级的学年长度已经很长了。其次，即便要调整，也将是不精确的。我们也没有对教育质量其他几个方面进行调整，如教师资格证书获得情况、学校设施、课程设置等。对于这些与中学教育有关的问题的进一步讨论，见本书第 6 章；关于学校质量的提高如何影响人力资本存量的增长和学校教育回报的分析，见 Denison（1962）以及 Card 和 Krueger（1992a）。

㊳ 我们从表 1.2 得出的结论，与以工作小时数对劳动力加权，并采用类似的计算方法得到的结论，几乎完全相同。

㊴ 美国全体劳动力的总受教育程度见表 1.2，而美国本土出生的劳动力的受教育程度，则来自与表 1.2 相同的资料来源。我们对于"在美国本土出生的人"定义为出生在美国现有的 50 个州之一或华盛顿特区的人。为了保证数据集的一致性，我们把美国出生的父母以及在美国领土和属地出生的父母在国外生出的孩子，都视为"在国外出生的"。对国外出生者在 1915 年美国劳动力当中所占比例的估计值，是 1910 年和 1920 年人口普查中的综合公开微观数据样本（IPUMS）的平均值。这里还应该指出的是，近期的新移

民的受教育程度是呈双峰分布的,也就是说,他们当中既有很多人没有接受过什么教育,也有很多接受过多年的学校教育。对此,我们在第 8 章中还会进行更详细的讨论。

㊵ 1940 年的人口普查高估了美国老一代人的高中毕业率,这是我们在对那些人高中毕业年份的行政记录进行比较时发现的,请参见 Goldin(1998)。

㊶ Fogel(1964)已经彻底驳倒了 Rostow(1960)所宣扬的如下观点:任何一项单一的创新,如铁路,都可能成为经济增长的推动力。

㊷ 这里关键的假设是,支付给每一种生产要素的价格——工资、利润或租金——就等于它的边际产品价值(即对生产的边际贡献)。

㊸ Schultz(1960)是最早指出"扩增劳动力存量"的作用的经济学家之一。他是这样说的:"有许多迹象表明,美国的国民收入中无法解释的增长当中,有一些,也许是相当大的一部分,都应该归因于……[人力]资本的形成"(Schultz,1960:571)。Denison(1962)在教育之外,又对劳动力投入进行了大量的调整。Jorgenson 和 Ho(1999)以及 Gordon(2000)进一步完善了相关分析。

㊹ 每一个受教育年限组的工资,都已经根据各组在经验和相关人口统计学变量上的差异进行了调整。

㊺ Jones(2002)认为,标准增长核算框架会低估人力资本对经济增长的贡献,因为它没有考虑如下间接影响:增加的人力资本会带来收入的提高,而更高的收入会促进资本投资。琼斯在他提出的替代框架下证明:每个工人的平均人力资本每增加 1%,产出就会增加整整 1%。与 Jones 相反,Bils 和 Klenow(2000)则认为,标准增长核算框架**夸大**了人力资本对经济增长的因果性贡献,因为在某种程度上,学校教育程度的增加,是对生产率提高的其他来源的内生性反应。

㊻ Jorgenson 和 Ho(1999)使用一种略有不同的方法,对 1948 年以来美国劳动力教育质量的增长速度进行了估计;而 Aaronson 和 Sullivan(2001)则使用了一种与我们的方法相似的方法,得出了对 1960 年之后这段时期的估计值。我们对劳动力生产率因教育而提高的程度的估计结果,与他们这些估计值非常相似。

㊼ 对美国本土出生的劳动力的教育生产率增长速度的估计值,与表 1.2 中对全体劳动力的估计值使用的是相同的数据来源和方法,但是也有不同之处,那就是基础样本只限于美国出生的工人。全体劳动力和在美国本土出生的劳动力在教育生产率变化上的差别,也就是移民的影响。我们让移民的影响尽可能地包括了合法移民和非法移民的综合影响。美国人口普查和当前人口调查,也都尽量试图将非法移民包括进来,并相应地调整了样本权重。

㊽ Jones(2002)所使用的另一种增长核算框架,还考虑到了由更高的受教育程度所带来的更高收入对实物资本投资的隐含影响,如果利用这个框架,那么我们的估计意味着,在1915年至2005年这整个时期,教育对劳动生产率增长的贡献为每年平均0.48%(或占到了总体增长的20%)。

㊾ 人均产出的变化之所以不同于每小时产出的变化,是因为在我们考察的这个时期里,人均工作小时数出现了下降。在现实世界中,人均GDP的演变趋势,可能会偏离对劳动生产率的标准衡量值,因为GDP还包括了政府产出,而劳动生产率的衡量标准却只涵盖了工商业部门。我们在对1915年至2005年的实际人均GDP的增长率进行估计时,所根据的1915年至1960年的数据,来源于《美国历史统计数据:千禧年版》(*Historical Statistics, Millennial Edition*, 2005),表Ca9—19,序列Ca11;而从1960年到2005年的数据,则来自《2006年美国总统经济报告》(*Economic Reports of the President*,2006),表B31。

㊿ 女性在劳动力中所占比例的不断上升,略微降低了实测的劳动力质量。劳动力年龄构成的变化,对各个时间段的影响各不相同。随着越来越多的少年儿童在差不多20岁前一直在上学,年轻人在劳动力中所占的比例出现了下降,这导致了1915年至1940年劳动力质量的更快提高。从1960年至1980年,婴儿潮一代各同龄群大量涌入劳动力市场,由于他们都是年轻人,所以劳动力质量出现了下降。由此而导致的一个结果是,在1960年至1980年这个时期,受教育程度出现了异常巨大的增长,但是总体劳动的质量增长,却只实现了异常微小的改善。随着婴儿潮一代的工作经验的不断积累,1980年至2000年间劳动力质量得到了提高,这恰好抵消了这一时期受教育程度异常小的增长。关于这个分析的更多细节,请参阅DeLong, Goldin和Katz(2003)。

(51) Nelson和Phelps(1966)构建了一个开创性的概念框架,对教育如何通过加速新技术扩散而间接影响经济增长进行了分析。

(52) Romer(1990)与Jones(1995)等人提出的经济增长模型,都明确地纳入了劳动力教育水平对技术进步速度的影响。

(53) 可参见Doms, Dunne和Troske(1997)以及Bresnahan, Brynjolfsson和Hitt(2002)等论述。更早期的研究表明,受教育程度更高的农民能够更早接受新作物品种,并能在不断变化的经济和技术环境中发家致富,请参见Schultz(1964)以及Welch(1970)。

(54) Jones(2002)估计,从1950年到1993年,不断增加的研发强度可以贡献美国人均产出增长的49%。

2

20 世纪的不平等

2.1 20 世纪末的焦虑

在 20 世纪 70 年代后期,曾经非常繁荣且充满活力的美国陷入了低迷。接下来 10 年里,美国又饱受石油价格冲击和严重通货膨胀之苦。而即便是在这一切都有所缓解之后的 20 世纪 90 年代初,许多分析人士仍然坚持认为,美国经济肯定出了严重问题。①有三个经济事实被视为美国经济弊病的象征而屡屡被人提及:第一是美国生产率提高的速度严重滞缓;第二是各国经济发展水平日益趋同,这可能会导致美国失去经济霸主地位;第三是经济不平等程度很高,而且仍然在持续上升。

生产率增长的放缓似乎已经成了美国经济的一个严重的问题。从 1947 年到 1973 年,劳动生产率(以每工时产出来衡量)一直以高达平均每年 2.77％的惊人速度迅速增长,但是到了 1973 年至 1995 年间就放缓到了平均每年仅为 1.39％。②如果从 1973 年到 1995 年,生产率的增长速度能够保持在之前的水平上,那么到 1995 年,单位时间产出将比 1995 年的实际水平高出 35％。这也就意味着,我们白白丢掉了 35％的潜在产出。尽管这些与生产率增速有关的证据表明，我们可能犯下了一些非常可怕的错误，但是这种评估也有不一致之处。在1973年之后，几乎所有其他高收入国家也都经历了一个生产率增速放缓和经济不平等加剧的时期，而且许多国家的经济下滑甚至比美国还要严重。③当然，更加重要的是，美国生产率的变化趋势，在20世纪90年代中期突然出现了一个（大快人心的）大逆转，而且从1995年到2005年一直非常健康地以平均每年2.92%的速度稳定提高。美国似乎已经东山再起了。也许，原本就没出过什么问题吧？

第二个经济事实——世界各国经济发展水平在趋同——并不是什么新鲜事，而且很可能根本算不上是一个真正值得关注的问题。其他国家人均收入水平的提高，从总体上看是对美国人的一种助益，因为那意味着美国的商品和服务有了更大的市场，而且也有利于一个更加稳定的国际经济环境的形成。事实上，更有意义的问题应该是：是不是在某件事情上，其他经济体的做法是正确的，而美国的做法是错误的？但是情况似乎也并非如此。在20世纪90年代，美国的就业更为强劲，而且自20世纪90年代中期以来，美国的生产率的增长速度比大多数欧洲国家都要更快。

但是，第三个经济事实是确实存在的；作为引发美国人焦虑的第三个原因，它一直挥之不去。从20世纪70年代末直到90年代中期，无论是从收入、工资来看，还是从消费、财富来看，经济上的不平等一直在快速攀升。在过去的十年里，工资和收入上的不平等仍然在继续恶化，尽管从消费和财富的角度来看，不平等状况似乎有缓解的迹象（但是也完全称不上逆转）。④这种种趋势，导致美国的经济不平等程度达到了自20世纪40年代以来前所未有的水平，并使得美国成为所有高收入国家中收入和工资分配最不平等的国家。⑤虽然适当程度的经济不平等也许是值得的，因为它可以激励人们去努力工作、奋勇创新，但是过度的经济不平等就会导致社会冲突和政治动荡。许多评论家认为，美国的经济不平等已经达到了这种程度。⑥

在20世纪前四分之三的大部分时间里，生产率迅速而持续的提高，顺利地转化成了让所有人都能获益的共同繁荣，极大地提高了各个收入阶层的生活水平。但是在那之后，在1973年到1995年间，生产率提高速度的放缓和经济不平等的不断加剧,意味着很大一部分美国家庭的收入停滞不前,甚至有所下滑。此后,尽管过去十年间生产率出现了飙升,但是大多数美国家庭的收入水平并没有像人们预期的那样与生产率同步提高。在过去30年以来,历史上曾经存在过的、美国一般家庭生活水平的提高与社会劳动生产率的整体进步之间的紧密联系,已经被大大削弱了。近几十年来,只有经济精英——即位于收入分布最顶层的前10%的人群——的实际收入增长速度,才有可能至少与平均生产率的增长速度一样快。[7]

2.2　近年来美国经济不平等的扩大

对经济不平等进行度量,也就是对经济资源(如收入、消费和工资)在各经济单位(如住户、家庭和个人)之间的分配情况进行研究。对经济不平等的分析,通常包括考察这些资源在家庭或个人之间的分布状况。[8]我们下面对美国经济不平等趋势的概述,就是从对家庭收入不平等的演变和消费分布相关趋势的讨论开始的。在那之后,我们还要探讨工资不平等及其演变,因为工资差距正是近期美国收入不平等加剧背后的一大驱动力量。

2.2.1　收入和消费方面的不平等

从1947年开始,美国人口普查局的当前人口调查,就为我们提供了关于美国家庭收入分配的相对连贯一致的数据。我们采用通行的、收到转移支付之后的(税前)货币总收入为衡量指标,来说明家庭收入不平等状况和实际家庭收入水平的演变趋势。[9]图2.1绘制出了两个众所周知的度量家庭收入不平等状况的综合指标的演变趋势:基尼系数,以及第95百分位的家庭收入和第20百分位的家庭收入之比的对数值。[10]这两个指标都表明,从1947年到20世纪70年代初,收入不平等程度呈现出了温和的下降趋势,但是随后,在过去的30年里,收入不平等程度急剧上升(尤其是在20世纪80年代)。[11]

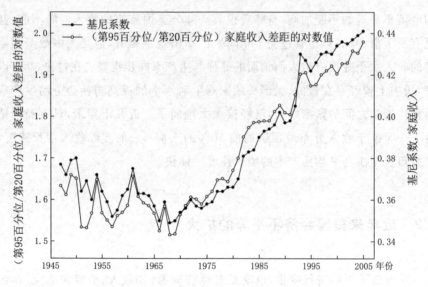

图 2.1　家庭收入不平等：1947—2005 年

注：本图绘制的是 1947 年至 2005 年间家庭收入的基尼系数，以及第 95 百分位家庭与第 20 百分位家庭收入之比的对数值。本图所指的收入，是美国人口普查局对收到转移支付后的税前货币总收入的官方度量。基尼系数在 0 到 1 之间变化，0 表示完全平等，1 表示完全不平等；关于基尼系数的定义，见正文。

资料来源：基尼系数序列取自美国人口普查局的历史收入表，表 F4，网址为 http://www.census.gov/hhes/www/income/histinc/f04.html，更新于 2006 年 9 月 15 日。第 20 百分位和第 95 百分位的家庭收入也取自美国人口普查局的历史收入表，表 F1，分别为最低五分位家庭的收入上限和顶层 5% 家庭的收入下限，网址为 http://www.census.gov/hh/www/income/histinc/f01.html，更新于 2006 年 9 月 15 日。

　　从 1947 年到 1973 年，家庭收入一直迅速增长；同时不同家庭的收入也越来越接近。与此相反，自 1973 年以后，家庭收入增长缓慢，而且收入差距变得越来越大。这种模式在图 2.2 中可以看得很清楚；该图对第二次世界大战后，不同收入阶层的家庭，在 1973 年之前和之后的实际收入增长进行了比较。在 1973 年之前的那个时期，靠近收入分布最底部的人群的实际收入增长最快，而靠近收入分布最顶层的人群的实际收入增长最慢，因此这种变化在一定程度上起到了均等化的作用。而在 1973 年之后的这段时间里，收入最低的那五分之一家庭的收入几乎一直在原地踏步，而收入最高的那 5% 家庭的收入增长速度则达到了中等收入人群的 3 倍多。事实上，只有最顶层的那一群人的平均实际收入增长，才几乎与 1973 年以前的时期一样快。[12]

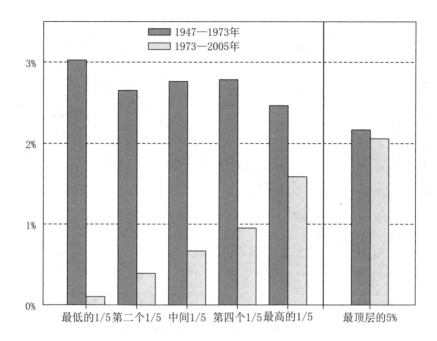

图 2.2　收入分布中不同收入水平的家庭的年均实际收入增长率：
对 1947—1973 年与 1973—2005 年的比较

注：本图绘制的是，在 1947—1973 年和 1973—2005 年这两个时期，收入分布各五分位的家庭以及最顶层的 5% 家庭的平均收入年增长率。涉及的收入，已经利用消费价格指数研究序列（Consumer Price Index Research Series，CPI-U-RS）换算成不变美元。本图所指的收入，是美国人口普查局对收到转移支付后的税前货币总收入的官方度量。

资料来源：美国人口普查局历史收入表，表 F3，网址为 http：//www.census.gov/hhes/www/income/histinc/f03ar.html，更新于 2006 年 9 月 15 日。

图 2.3 进一步说明了整个收入分布当中各阶层的实际收入增长率随时间推移而发生的变化。图中的三条曲线分别表示，第 20、50 和 95 百分位家庭的实际收入，在 1947 年至 2005 年间的演变趋势（每组家庭均以 1973 年为基准，即将那一年的实际收入标准化为 100）。图中可见，从 20 世纪 50 年代到 70 年代末，所有三个组别的曲线同步上升，说明这三组家庭的实际收入是平等分配的。然而之后，三条曲线就分道扬镳了，表明自 20 世纪 70 年代末以来，不平等状况出现了严重的恶化。

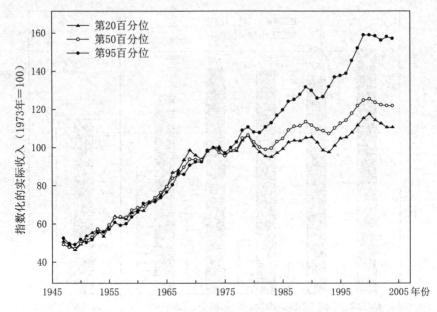

图 2.3　低、中、高收入家庭的收入演变趋势：1947—2005 年

注：本图绘制出了第 20、50 和 95 百分位家庭的指数化实际收入，每组家庭都以 1973 年为基准年（将该年的实际收入指数化为 100）。所有收入都已经用消费价格指数研究序列（Consumer Price Index Research Series，CPI-U-RS）换算成了不变美元。本图所指的收入，是美国人口普查局对收到转移支付后的税前货币总收入的官方度量。

资料来源：美国人口普查局历史收入表，表 F1，网址为 http://www.census.gov/hhes/www/income/histinc/f01.html，更新于 2006 年 9 月 15 日。

　　尽管当前人口调查的数据，已经足以衡量收入分布范围内大部分区间的收入状况了，但是如果用来衡量最顶层（即最富有的 1％）人群的收入，那么它们还不够完美。美国国税局的纳税申报表显示的报税信息，可以提供更好的数据，用来衡量收入分布最顶层人群的收入状况。这些数据显示，在 20 世纪 70 年代之后，收入分布的最顶层人群所占的收入份额大幅上升，而在 20 世纪 70 年代之前，收入分布的最顶层所占的份额是呈下降趋势的。[13]

　　在 20 世纪 80 年代，当时研究者刚刚注意到经济不平等日益加剧的现象，一些人的第一反应是对这种现象的显著性表示怀疑。还有一些人质疑相关的事实是否经得起更细致的审查、能否在更广泛的衡量标准下表现出一致性。但是，美国经济不平等程度自 20 世纪 70 年代末以来大幅提高这一事实，在采用大量替代性指标来衡量时，仍然表现出了非常强的稳健性，而且许多其他数据来源也都揭示了这一点。其他研究者则考虑到了这样一个问题：收入不平等的变化，会不会只是家庭收入的临时性变化增大的反映，而这种变化是可以通过储蓄和借贷来抵消的？不过，事实似乎并非如此。20世纪80年代收入不平等的急剧恶化，是与美国不同家庭之间在每成人当量（adult equivalent）消费上的差距的大幅扩大相呼应的，也是与衡量家庭收入和劳动市场收入的长期指标的变化相呼应的。[14]因此，20世纪70年代末以来经济不平等不断加剧，是一个非常真实的客观现象。

在过去十年中，美国的经济增长速度已经恢复过来了，但是经济增长带来的好处在不同人群之间的分配，却远不如过去那么平等。近几十年来，只有处于美国收入分布最顶层的那个群体，收入增长速度仍然像1973年以前那么强劲。由于劳动收入占了国民收入的绝大部分，而且大多数美国家庭都依靠劳动谋生，因此经济不平等加剧这个现象背后，是关于劳动力市场和劳动市场收入不平等的演变的故事。[15]接下来，先让我们来考察一下美国工资不平等的最新趋势吧。

2.2.2 工资结构的变化

自20世纪70年代后期以来，美国的工资不平等和因受教育程度不同而导致的工资差距（educational wage differential）*，都在急剧扩大。[16]虽然，学界对于工资结构变化和工资性报酬（earnings）不平等的原因，仍然存有很大争议，但在对于相关事实的存在则已经在实质上达成共识了。简而言之，这些事实表明，20世纪70年代之后，工资性报酬在几乎每个方面——包括教育、职业、经验、年龄等——的差距都扩大了。[17]举例来说，从1979年到2005年，受过16年教育的年轻大学毕业生，与只受过12年教育的年轻高中毕业生相比，工资溢价增加了一倍多。[18]另外，"组内"（within-group）工资不平等，即通常所说的"剩余不平等"（residual inequality），也扩大了。这也就是说，与25年前相比，在相同年龄、性别、受教育程度和工作经验的个人之间，工资差距要大得多。

当然，工资差距并不是在任何时候都是以同样的方式扩大的。例如，上尾部不平等（90—50工资差距，即工资分布中第90百分位和第50百分位的个人

---

*　为了行文简洁，下文在不会导致误解时，译为"教育工资差距"。——译者注

工资差距的对数值),自 20 世纪 70 年代末期以来就一直稳步、快速地扩大;而下尾部不平等(50—10 工资差距)在 20 世纪 80 年代大幅增长,但是在 1990 年前后以来却几乎没有变化。工资不平等当中唯一没有加剧的是性别工资差距:女性的工资水平开始向男性靠拢,尤其是在 20 世纪 80 年代。

图 2.4 很好地总结了美国在从 1963 年至 2005 年这 40 多年间,工资分布全面大幅度扩散化的状况。图中的两条曲线分别描绘了,各个百分位的男性和女性的对数实际周薪,在 1963 年至 2005 年间的演变过程。[19] 从图中很容易看出,男性和女性的工资分布都随时间流逝而变得更加分散了:第 90 百分位的男性和女性的收入,要比第 10 百分位的男性和女性多增长了大约 48 个对数点(这大约相当于 62%)。对于女性,整个工资分布呈现出了单调(几乎是线性地)延伸的特点;而对于男性,在第 30 百分位以上也可以观察

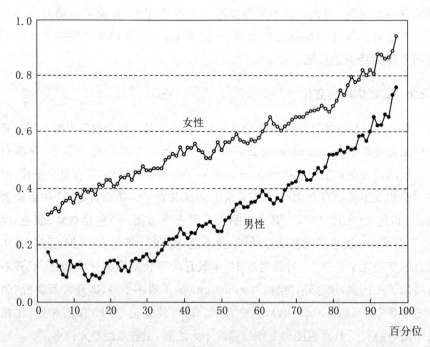

图 2.4 按收入百分位和性别显示的对数实际周薪的变化率:1963—2005 年

资料来源:Autor, Katz 和 Kearney(2007, figure 1),该图基于 1964 年至 2006 年的 3 月份"当前人口调查"关于上一个日历年度的全年工作的全职工人(每个星期至少工作 35 小时,一年至少工作 40 个星期的人)的周薪数据。这个样本包括的是在所属"收入年度"16 岁至 64 岁的人。

到类似的单调延伸。在整个分布的每一个点上,女性的曲线始终位居男性的曲线的上方,这表明在图中所示的 40 年中,女性收入相对于男性有了很大的增长,而且这种增长体现在了工资分布的每一个部分上。

图 2.5 进一步突显出了近期美国工资不平等加剧的时间进程和关键组成部分。图中显示了工资不平等的三个衡量指标:90—10(第 90 百分位与第 10 百分位)总体工资差距的对数值(男性)、90—10 剩余工资差距的对数值(男性),以及大学毕业生与高中毕业生工资差距的对数值(男性和女性合并到一起)。从图中可见,自 1980 年以来,所有三个衡量不平等的指标都出现了大幅增长,而且最急剧的增长就发生在 20 世纪 80 年代。尽管这三个不平等指标(总体不平等、剩余不平等,以及因受教育程度不同而出现的不平等)在 20 世纪 80 年代迅速同步扩张,然后在 20 世纪 90 年代都渐趋温和、有所走平,但是它们在 20 世纪 70 年代以及更早的 60 年代,却是分道扬镳的。

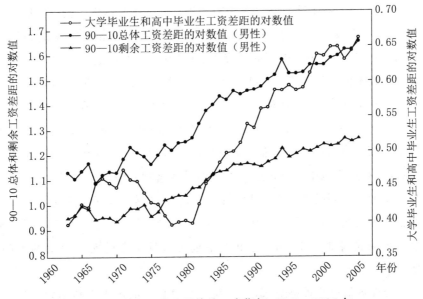

图 2.5 衡量工资不平等的三个指标:1963—2005 年

资料来源和注:Autor, Katz 和 Kearney(2007, figure 2a),该图是基于 3 月份"当前人口调查"的数据。本图描绘的是,从 1963 年至 2005 年,在全年工作的全职工人中,(男性和女性合并的)大学及以上学历和高中毕业学历的工资差距的对数值、男性 90—10 总体工资差距的对数值、男性 90—10 剩余工资差距的对数值。关于如何构造这些序列的更多细节,见 Autor, Katz 和 Kearney(2007)的数据附录。

关于过去 40 年来美国工资不平等的演变,一个经常被忽视的关键事实是,不平等的加剧不是一个单一的现象。恰恰相反,它包含着好几个并不总是会共同进退的元素。更具体地说,尽管总体不平等和剩余不平等在 20 世纪 70 年代一直温和上升,但是大学(毕业生)工资溢价却在此期间出现了大幅下降,然后又在 20 世纪 80 年代迅速反弹。类似地,在 20 世纪 60 年代,大学(毕业生)工资溢价大幅扩大,尽管同期总体不平等却保持相对稳定。对相关数据更详细的分析表明,90—50 工资差距在过去 15 年里继续迅速上升,而 50—10 工资差距则已经趋于平缓了。[20]

总而言之,1980 年以来美国工资差距的急剧扩大,既与因教育回报率提高所导致的组间(between-group)工资差距的大幅扩大有关,也与组内(剩余)工资不平等的大幅扩大有关。对于这些令人惊讶的演变趋势,有四种可能的解释——而且这些解释在一定意义上是互补的。

第一种解释(我们将在第 3 章中对它进行详细研究),将工资差距的急剧扩大,归因于对受教育程度更高的、技能更好的工人的相对需求的快速增长,这种需求主要是由技能偏向型技术变革所引发的(而这种技术变革又是由计算机技术的扩散所驱动的)。第二种解释考虑的主要是全球化对工资差距扩大的推动作用,特别是,与欠发达国家的贸易的扩大和国际外包的增多,减少了国内的生产性就业,从而使得对受教育程度较低的人的相对需求出现了萎缩。第三种解释则强调了有技能的劳动力的相对供给的增长速度放缓(我们在第 1 章中讨论过这一点),而导致这种放缓的原因又包括:1950 年后出生的相继同龄群受教育程度提高速度的变慢、新进入劳动力市场的同龄群规模的变化,以及非熟练工人移民的加速涌入。第四种解释则涉及劳动力市场的制度变迁,如工会化的衰弱和最低工资的实际价值的下降,等等。

要全面评估这几种解释,就需要从一个更长期的历史视角出发,对美国近期出现的工资不平等加剧这一现象进行分析。在这里,我们将先完成这项任务,然后在后面的第 8 章再回过头来,在劳动力市场供求制度框架下,评估其他可能的解释。

2.3 自 1939 年以来的工资不平等

劳动力市场上个人层面的收入数据,可以从 1939 年以来的十年期人口普查中获得。[21] 这些数据可以用来估算工资不平等和受教育程度导致的工资差距。1940 年的人口普查是历史上首次对劳动收入和受教育程度进行的调查,尽管当时获得的数据有各种缺陷——例如,自雇者收入(self-employment income)数据付之阙如。但是这次普查毕竟在历史上第一次提供了几乎覆盖所有美国工人的收入数据,使得我们有机会一窥美国收入分配的全景。现在,我们之所以能够对 1939 年以来的不平等演变趋势有相当深入的了解,就是因为结合了十年期人口普查提供的相关数据,以及"当前人口调查"提供的自 20 世纪 60 年代初以来的年度微观数据。

这些数据清楚地表明,在从 1939 年到今天的这个历史时期里,存在着两种相反的趋势。从 1939 年到 20 世纪 70 年代初,工资分布范围要么缩小,要么保持相对稳定。但是从 20 世纪 70 年代末到现在,正如我们在上一节中所看到的,工资分布范围大幅扩大了,不但抹掉了自 1939 年以来的工资差距的缩小,而且使得当前的差距比 1939 年时还要大。图 2.6 很好地显示了这两种相反的趋势;在图中,从 1939 年到 2005 年,总体工资不平等的趋势是用第 90 百分位的工资与第 10 百分位的工资之比的对数来代表的,同时教育的经济回报率则是用大学(毕业生)工资溢价来代表的。在历史上,工资不平等和教育回报率并不是像从 20 世纪 70 年代到现在那样一路上升的。正如与这两个序列对应的曲线所表明的那样,不平等程度在 20 世纪 40 年代下降了,而且下降的幅度相当大。工资结构在 20 世纪 40 年代的收窄,被后人称为"大压缩"(Great Compression)。[22] 这个"大压缩",与这一时期发生的第二次世界大战、通货膨胀、劳动力市场供给紧张、工会势力增强,以及政府对劳动力市场的大量干预有关。

现如今,美国工资结构的分布区间,又变得至少与 1939 年时(即进入大萧条将近 10 年时)一样宽阔了,这个事实可能会令许多人觉得不安。但是,之所以要对 1939 年与最近一段时间进行比较,主要是因为不得不如此,而不

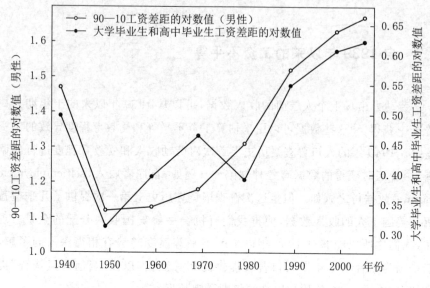

图 2.6 工资不平等和大学毕业生工资溢价：1939—2005 年

资料来源和注：90—10 工资差距的对数值（男性），数据来自 1940 年至 2000 年的人口普查中的综合公开微观数据样本（IPUMS，覆盖了 1939 年至 1999 年的各收入年度），以及 1999 年和 2005 年"当前人口调查"中的合并退出循环组样本（CPS MORG）。从 1939 年到 1999 年，90—10 工资差距的对数值（男性）使用的是所属收入年度 18 岁至 64 岁的全年在职的全职男性工人的周薪（全年在职的全职工人是指，每个星期工作 35 个小时或以上，每年至少工作 40 个星期的工人）。我们在这里只计入了那些年收入至少达到联邦最低工资标准一半的人。从 1999 年到 2005 年，90—10 工资差距的对数值（男性）的变化，是基于"当前人口调查"中的合并退出循环组样本中的每小时工资得到的。（大学毕业生/高中毕业生）对数工资差距序列，数据来自 Autor，Katz 和 Krueger（1998，table Ⅰ），并且更新到了 2005 年。（大学毕业生/高中毕业生）工资差距的对数值，是受过大学教育（即受过 16 年的学校教育）和受过大学以上教育（即受过 17 年以上的学校教育）的工人，相对于相应年份受过高中教育（即受过 12 年的教育）的工人的每小时工资溢价的加权平均值。所用的权重是 1980 年大学毕业生和受过大学以上教育的工人在就业人口中所占的比例。每年的教育工资差距，是利用每个样本中领取工资和薪金的工人的标准横截面对数每小时收入回归估计出来的。1939 年至 1999 年的大学（毕业生）工资溢价，是根据 1940 年至 2000 年人口普查中的综合公开微观数据样本估计的，而 1999 年至 2005 年间的变化则使用了 1999 年至 2005 年的"当前人口调查"中的合并退出循环组样本来估计。关于上述估计方法的更多细节，请参见 Autor，Katz 和 Krueger（1998）。

是因为这种比较在历史年表上看有什么特别有意思的地方。正如我们在前面提到过的,历史上第一次在联邦一级收集关于年收入、工作周数和受教育程度的信息,就是1940年的人口普查。因此,那次人口普查自然也就成了讨论工资结构、按技能的收入分布和教育的长期回报等问题的大多数研究的起点。㉓

但是,1939年真的是工资结构和教育和技能回报都具有典型性的一个年份吗?在经历了几乎连续十年的创纪录高失业率之后,那些处于技能分布底部的人,可能已经不得不接受了极低的实际工资。如果确实是这样的话,那么中位数以下的工资分布区间,到1939年的时候就会处于不正常的情况——它被暂时性地拉开了。那么按照这种逻辑,20世纪40年代出现分布区间的收窄,本来应该可以让工资结构恢复为大萧条发生前的状态。然而这样一来,将近期出现的状况(分布区间变得非常宽阔),解释为对遥远的过去的复归,就是不准确的了;更准确的解释是,最近的工资结构是美国在全国性的繁荣和适度失业时期都从来未曾经历过的。无疑,这个结论将会更加令人不安。

不过幸运的是,我们在本章中列举的众多研究结果,都有力地支持了相反的结论。1940年出现的高度不平等,并不仅仅是由大萧条导致的。相反,我们观察到的1939年工资结构与20世纪20年代高度相似。支持这一结论的证据,来自一系列不同职业群体的工资数据,其中既包括了像普通白领工作(如办公室职员)和蓝领技术岗位(如机械师)这样的、对技能要求相对较高的职业,也包括了对技能没有什么要求的职业(主要是体力劳动者)。无论在哪一个职业中,也无论是按时薪、周薪还是月薪计算,20世纪30年代后期技能型岗位就业者的工资,与体力劳动者工资之间的比值,都与20世纪20年代后期基本相同。对有技能的工人(熟练工人)与无技能的工人(非熟练工人)的工资或工资性报酬(wage or earnings)的比较结果表明,以20世纪20年代为标准来衡量,20世纪30年代后期的水平并不算反常。㉔

还有一个与此相关的现象,在如今经常被引用的一个收入分布时间序列中是显而易见的。这个序列最早是由西蒙·库兹涅茨(Simon Kuznets,1953)利用所得税申报数据构建的,后来托马斯·皮凯蒂和伊曼纽尔·赛斯(Thomas Piketty and Emmanuel Saez, 2003, 2006)对它进行了修订和扩展。这些数据给出了从1913年到2004年,最高收入阶层(指收入分布在顶层十分之一或更小比例的人群）的收入，在国民收入中所占的比例。㉕对于 20 世纪 40 年代之前的历史时期，我们只能估计出最富有的那一部分人的收入在国民收入中所占的比例，因为当时只有位于收入分布最顶层的那一部分人才需要缴纳所得税、填报纳税申报表。

这个所得税时间序列表明，在 20 世纪 40 年代，经济不平等出现了急剧的下降，从而为建立在其他工资（wages）、工资性报酬（earnings）和收入（income）序列基础上的发现，提供了有力的支持。㉖收入分布顶层十分之一的人群所占收入份额（除去资本收益），在 1939 年为 43.8％，在 1929 年为 44.6％，但是到 1949 年就下降到了 33.8％。㉗这里最重要的一点是，顶层十分之一的人群的所得税序列，在 20 世纪 30 年代几乎完全没有上升，特别是与它在 20 世纪 40 年代的大幅度下降相比，升幅更是微不足道。事实上，超级富豪们（顶层百分之一的人群）所占的收入比例，甚至还出现了下降。因此，与 20 世纪 20 年代的情况相比，所得税数据也没有揭示出 20 世纪 30 年代末有什么特别反常之处。

因此，现有的各种证据一致表明，无论从哪种衡量不平等的指标来看，1939 年的情况都称不上怪异或反常。甚至，1939 年的收入分布区间，与 20 世纪 20 年代相比，还有所压缩。既然有如此之多的证据表明，1939 年的工资结构和富人内部的收入不平等与 20 世纪 20 年代后期相比没有什么不寻常的地方，那么我们不禁要问：20 世纪更早时期的工资结构分布区间会不会比 1939 年时还要更加宽阔，教育回报率会不会也更高？

对此，我们的答案是，在 20 世纪初，工资结构确实分布得甚至比 1939 年还要更加宽阔，而且多受教育一年的货币回报也高于 1939 年。我们之所以能够给出这样一个答案，是因为我们从最近重新发现的一份极其引人注目且非常独特的文件中——1915 年艾奥瓦州人口普查——获得了许多重要的数据。此外，我们还利用了一些相对来说比较不那么鲜为人知的材料——但是，即使是它们，也曾经长期蒙尘。利用所有这些资料，我们发现工资结构在 20 世纪上半叶，被压缩过好几次，而且教育回报率在 1914 年时实际上比在 1939 年时还要更高，尽管后者从历史标准来看已经是相当高的了。

在广泛地收集了各种来源数据的基础上，我们发现在 20 世纪上半叶，衡量不平等的各种指标都出现了大幅下降。制造业的工资结构窄化了，各种白领职业的工资溢价降低了(许多手工业行业也是如此),小学以上教育的回报率也下降了。而且,所有这些指标的下降,都是在世界大战期间发生的,并延续到了战后时期。不仅在20世纪40年代出现了工资差距和收入差距的缩小(关于这一点已经有很多著述了),而且20世纪10年代后期也出现了同样的情况。更重要的是,在这两个时期,熟练劳动力的工资溢价率和教育的经济回报率的下降,都是与教育的扩张相重合的:第一个时期恰逢中学教育的普及;第二个时期正值大学教育的扩张。

2.4 20世纪40年代之前的不平等趋势

我们已经用相当丰富和完整的数据证明了,工资差距、收入分布跨度和教育回报率在20世纪40年代都出现了大幅下降;然后在度过了几十年安静的半稳定期之后,这些指标从20世纪70年代起开始迅速回升,并一路加速到了20世纪90年代。我们还已经证明了,20世纪40年代工资结构的压缩,并没有使其恢复到大萧条前的水平。这也就是说,没有任何迹象表明1939年的工资结构是一个反常的、完全由20世纪30年代的失业导致的产物。恰恰相反,有大量证据表明,20世纪20年代的工资结构,至少是与1939年一样分布宽阔的——甚至还可能更宽阔。接下来,我们将对20世纪上半叶的不平等状况进行更细致的研究。

对于1939年以前的工资结构和收入分布状况,我们没有全面的、全国范围的样本数据,所以我们必须对多个来源的数据进行拼接。为此,我们将关于工资结构和教育回报的近期数据回推到20世纪早期(某些序列甚至要回推到19世纪末期)。在这个过程中,我们利用了一些具有代表性的大样本数据,其中一个样本是从1915年艾奥瓦州人口普查的原始底稿中获得的,还有一些样本则来自此前虽然不受研究者注意、但并不是那么鲜为人知的文件。

我们发掘、汇编的这些序列数据显示,在如今已经广为人知的20世纪40年代"大压缩"之前的那几十年里,工资结构、教育和技能的回报都在朝着更加平等的方向发展。在1890年到1940年间的某个时期——很可能是在20世纪10年代后期——工资结构窄化了,技能差距缩小了,教育回报也下降了,因此,整个 20 世纪工资结构压缩的总体状况,与人们以前所认识到的相比,幅度要更大,持续时间要更长,而且原因也更加复杂。

我们使用了某些特定行业的数据(如制造业),以及某些特定职业的数据(如大学教授、工程师、体力劳动者、操作工和机械师)。之所以要选择这些职业,是为了保证各个时代之间的均匀性。而在选择行业时所考虑的则是,行业规模要相对较大,同时还要便于获得不同时期连贯一致的数据。我们更经常使用能够揭示收入分布的某方面特点的数据,而不指望一种数据就可以反映整个分布的特点。技能水平和受教育程度均较高的人与较低的人的收入之比,只代表了收入分布的一个方面,尽管我们通常无法准确地确定这些职业在收入分布中处于什么位置。这里重要的一点是,有证据表明,甚至早在 20 世纪 40 年代的"大压缩"之前,工资和收入(差距)就已经经历过好几轮压缩了。

2.4.1 制造业和体力劳动者的工资结构

很多文献都讨论了 1940 年之前存在于体力劳动者身上的技能工资溢价。[28] 这支文献的大部分研究都是在第二次世界大战结束不久之后的那个时期完成的,激发这些研究的主要因素就是 20 世纪 40 年代出现的工资差距"大压缩"。其中有一些研究,是通过制造业中雇佣的高技能生产工人与低技能生产工人的工资性报酬之比,来衡量技能工资溢价的(后者如普通劳工、帮工、门卫和卡车司机等)。[29] 其他一些研究则考查了几个具体的细分职业的工资变化情况。[30]

几乎所有的研究者都发现,工资结构在 1950 年以前的那个时期里出现了窄化。但是,我们已经知道,这种窄化在 20 世纪 40 年代出现过,因此现在必须解决的问题是:在 1940 年之前又发生过什么吗? 现有的文献提供了一些线索,我们现在就以这些线索为基础继续追溯。我们给出的答案是:有明确的证据表明,早在 1940 年之前,制造业和体力劳动者的工资结构,就已经经历过好几个阶段的窄化和压缩了。

有几位劳动经济学家的工作特别值得一提(他们当中有的曾经于 20 世纪中叶供职于美国劳工统计局),因为他们的研究大大充实了关于 1950 年以前的工资结构的文献。哈里·奥伯(Harry Ober, 1948)分析了 1907 年至 1947 年间熟练和非熟练建筑工人(按工会工资等级划分)的工资数据,此外还对其他一系列职业的熟练和非熟练工人在 1907 年至 1947 年中间 5 年的工资数据进行了分析。从这两组数据中,以及他在对印刷行业进行相关研究中(Ober,1953),奥伯都发现了两个工资结构持续窄化的时期:第一个这样的时期,出现在 20 世纪 10 年代后期;第二个时期则为从 20 世纪 30 年代后期到 1947 年(他所研究的时间段的终点就是 1947 年)。㉛下面的图 2.7 显示,20 世纪 10 年代熟练体力劳动者相对于所有制造业工人的工资差距出现窄化,并持续到了 20 世纪 20 年代。在解释这些变化时,奥伯强调了以下因素的作用:通货膨胀、在设定工资下限时公平规范的演变,以及自动化导致的许多非技术性工作岗位的消失。斯坦利·莱伯戈特(Lebergott,1947)也分析了 1900 年至 1940 年间多个行业中不同职位的工资水平,他也发现了 20 世纪 40 年代之前体力劳动者工资结构压缩的有力证据。他的证据还表明,这种变化发生的时间是在 1913 年至 1931 年之间的某个时候。

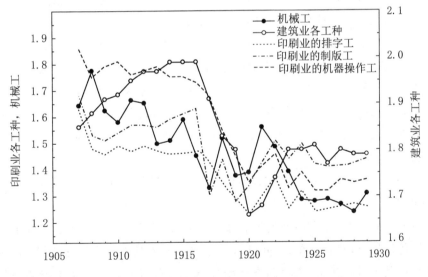

图 2.7 体力劳动行业的技能比率:1907—1929 年

资料来源和注:建筑业和印刷业各工种的数据,源于 Ober(1948)。机械工的数据,来自:U. S. Department of Labor(1934);Goldin 和 Margo(1991,1992),他们利用了州际商务委员会的报告。制造业的工资性报酬,来自《美国历史统计数据》(*History Statistics*,1975),D740 序列。关于所有资料来源的进一步信息和相关的说明,请参见 Goldin 和 Katz(2001a,figure 2.2)。图中给出的比率是各个行业熟练的体力劳动者的年工资性报酬与所有制造业工人的平均年工资性报酬的比率。

尽管这些讨论"体力劳动行业"(manual trade)工资结构的文献,结论与我们的发现一致,即工资结构压缩在 20 世纪 40 年代之前就发生了,但是它们的结论是在对熟练工人和非熟练工人的平均工资之间的比率进行考察的基础上得出的。接下来,我们将给出关于制造业部门工资整体分布的证据,正是这些证据引导我们得出了关于工资结构压缩的类似结论。

2.4.2 1890 年和 1940 年制造业的工资结构

我们也找到了支持奥伯等人的上述观点——体力劳动者的工资结构在 1890 年至 1940 年间的某个时候出现了压缩——的新数据。这些数据提供了关于 1890 年和 1940 年前后若干个制造行业的生产工人的工资结构信息(这些行业在这两年之间是相互匹配的)。不过,我们并没有像刚才概述的那些文献中那样,去估计有技能的熟练工人与一般体力劳动者的工资之比,也没有去估计特定行业中各种职业的工资之比,而是编制了一张关于制造业体力劳动者工资的完整分布的概括统计量表。

1890 年的数据,来自 1890 年制造业普查的"专项表格"(special tabulations)。在 1890 年制造业普查的问卷当中,包括了这样一个问题:按周薪计算的各个工资等级的员工人数是多少? 但是,通过这个问题收集来的工资分布数据,并没有刊登在各卷按行业发布的全国数据当中,相反,这些数据刊载在了关于城市制造业的一卷(它覆盖了 1890 年时最大的 165 个城市)和特殊行业报告中。

1940 年的数据,或者更准确地说 1940 年前后的数据,则来自从 20 世纪 90 年代开始一直由劳工统计局负责收集汇编的"工资和工作时间"序列。㉜ 随着时间的推移,这个序列的形式多次发生变化,先于 1907 年改为按工会工资等级划分,然后又在 20 世纪 30 年代改为针对所有工人。从 20 世纪 30 年代的某个时候开始,这项调查开始分行业公布周工资或小时工资的完整分布情况。在《公平劳动标准法》(Fair Labor Standards Act,1938)颁布实施之后的那几年,该调查的报告经常会提到最低工资标准对不同工资水平上的就业的影响。而在第二次世界大战期间和之后,该调查也偶尔会提供关于军事工业建设、集体谈判和最低工资标准提高的影响的信息。

在绝大多数方面,1890 年的数据与 1940 年的数据之间的可比性都相当不错。对于这两年,我们可以利用分类相对来说比较细的工资等级,很好地比较(在 1890 年超过 16 岁的)男性工人的工资分布情况。不过,这两年的数据也存在着一个潜在的重要区别,那就是 1890 年的数据指的是每周工资,而 1940 年的数据指的则是每小时工资性报酬。由于每小时工资性报酬较低的工人,通常会比每小时工资性报酬较高的工人工作更长的时间,所以这种偏差应该会使得 1890 年的工资分布相比 1940 年被压缩得更窄。[33]我们选取了 12 个在这两年都有数据且有一定相似性的行业。[34]

另外,对于 1890 年,大多数行业的工资分布数据,都既包括了生产工人(production worker),又包括了非生产工人(如管理者、经理、办公室职员);而 1940 年的数据则只包括了生产工人。我们不能往 1940 年的数据中加入非生产工人的数据,但是我们确实可以从 1890 年的数据中减去非生产工人的数据。因此,为了构建 1890 年生产工人的工资分布,我们假设每个非生产工人的工资都高于工资最高的生产工人。这也就是说,我们要从 1890 年工资分布的顶端削减掉所有非生产工人,这个假设会导致一个偏向于更窄的工资分布的结果,尤其是在工资分布的顶端。偏差的程度取决于所考虑的行业中非生产工人的比例,以及生产工人和非生产工人工资分布重叠的程度。在 1890 年,各行业中非生产工人在就业中所占的份额各不相同——低者如棉纺织业的 2.6%,高者如雪茄业的 40%。[35]

我们通过上述方法得到的 1890 年和 1940 年的匹配行业数据,不仅可以作为分析各行业的工资结构的一种独特证据,而且其本身就代表了制造业所有男性生产工人中相当大的一部分。这个样本中包括的 12 个产业的男性生产工人,在 1890 年占到了制造业所有(领取计时工资的)男性生产工人的 25%,在 1940 年占到了 28%。[36]

在我们这个样本中,几乎所有产业、所有衡量不平等的指标都显示出,1890 年的工资结构,要比 1940 年分布得更加宽阔(见表 2.1)。这个发现在使用 50—10 统计量这个衡量指标时最为明显,当然同时也适用于大多数其他概括统计量,比如说 90—50、90—10 和 75—25。[37] 75—25 和 90—50 这两个统计量随时间流逝而变化的幅度最少,而且在某些行业,这两个衡量指标甚至几乎没有随时间流逝而变化。另外,也有一两个统计量表明工资分布似乎在一定程度上有所宽化;但是总体而言,如果以 1940 年的就业为权重,那么我们所考察的所有指标都表明工资分布的范围出现了窄化。⑱此外,读者应该还记得,我们作出了一些假设,以便将白领工人排除在 1890 年样本之外。这些假设必然会导致 1890 年的工资分布的顶端所受的压缩比实际情况更严重。因此,赋予分布顶端更大权重的那些衡量指标,显示出受到压缩的程度最小,也就不足为奇了。

表 2.1　制造业男性生产工人的工资分布,1890 年和 1940 年

行　　业	对数工资差距							
	50—10		90—50		90—10		75—25	
	1890年	1940年	1890年	1940年	1890年	1940年	1890年	1940年
棉纺织业	1.64	1.33	1.67	1.48	2.75	1.97	1.63	1.46
纺织品染整业	1.71	1.47	1.61	1.39	2.76	2.04	1.59	1.51
磨面和磨粉业(1940 年为碾米业)	1.47	1.69	1.51	1.60	2.22	2.69	1.43	1.90
铸造业和机械工业	1.72	1.51	1.58	1.52	2.72	2.30	1.93	1.55
家具业(工厂生产的产品)	1.75	1.43	1.63	1.68	2.85	2.40	1.70	1.67
钢铁业	1.41	1.25	2.04	1.48	2.88	1.85	1.72	1.40
木材业和刨削加工业(不包括伐木业)	1.80	1.30	1.52	1.93	2.73	2.51	1.91	1.97
造船业(1940 年为私营船坞)	1.72	1.45	1.47	1.32	2.52	1.92	1.74	1.46
丝绸和丝绸制品业(1940 年还包括人造丝)	2.06	1.38	1.61	1.62	3.32	2.23	1.80	1.62
肥皂业(1890 年还包括蜡烛)	1.97	1.51	1.48	1.33	2.90	2.01	1.55	1.35
烟草业:嚼的烟、吸的烟和鼻烟(1940 年还包括香烟)	1.55	1.37	1.81	1.46	2.81	1.99	1.79	1.54
烟草业:雪茄(1890 年还包括香烟)	2.01	1.49	1.54	1.66	3.11	2.48	1.70	1.68
加权平均(以 1940 年的就业为权重)	1.66	1.35	1.71	1.60	2.81	2.15	1.74	1.60

资料来源和注:1890 年:U. S. Census Office(1895b, 1895c);1940 年前后:美国劳工部劳工统计局,《劳工评论月刊》(*Monthly Labor Review*,1938 年至 1942 年间的各期)。请参见 Goldin 和 Katz(2001a, appendix table 2.1)。"50—10""90—50""90—10"和"75—25"等缩写,分别指这些百分位之间的对数工资差距。1940 年的数据其实对应的是"1940 年前后",其中,棉纺织业用的是 1937 年春季,"家具业"用的是 1941 年的数据。另外,1890 年的"烟草业:雪茄"用的是那一年两个数字(包括白领工人的数字和不包括白领工人的数字)的平均值。在 1890 年的时候,香烟还不是一个重要的产品,因此在那一年是被算入"雪茄"的。而到了 1940 年的时候,香烟从业者已经占据了烟草行业的大部分就业岗位。

我们在前面评述的以往的研究,以及我们获得的关于制造业工资结构的新证据,都支持以下结论:生产工人的工资分布,在 1890 年到 1940 年间的某个时候,出现了显著的压缩。㊴

毫无疑问,对 1890 年至 1940 年之间发生的这次窄化与 20 世纪 40 年代的"大压缩"进行对比分析,肯定是很有意义的。为此,我们可以将 1890 年至 1940 年 12 个行业的工资分布变化情况,与 20 世纪 40 年代末至 50 年代初那 12 个行业中有数据的 9 个行业的情况加以比较。平均而言,对于 90—10 对数工资差距而言,从 1890 年到 1940 年前后这一时间段的缩小幅度,是从 1940 年前后到 1950 年代初那个时期的 2 倍多。90—10 对数工资差距的变化的加权平均值,在 1890 年至 1940 年间为 27.9 个对数点,而在 1940 年至 20 世纪 50 年代初却只有 11.6 个对数点。㊵

因此,制造业工人的工资结构在 1940 年以前就被大幅压缩了。尽管我们准备在本书第 3 章和第 8 章中再来详细分析经济回报分布变化的原因,但是还是要在这里提一下,对于制造业和体力劳动部门可能特别重要的几个因素。其中最重要的包括:从 20 世纪 10 年代中后期开始的移民流入的减少、20 世纪头 10 年开始的中学教育的普及,以及 20 世纪 10 年代和 30 年代工会影响力的增强。另外还有一个因素则与工人构成的变化有关:在 20 世纪 10 年代后期和 20 世纪 20 年代的工厂电气化,以及起重、吊装和装运设备的大量安装,淘汰了许多低工资的工人,比如说在工厂里搬运货物的普通体力劳动者。㊶

2.4.3 职业间工资比率:各非体力劳动职业

芝加哥大学劳动经济学家,后来成为美国参议员的保罗·道格拉斯(Paul Douglas)发现,存在于制造业内部和体力劳动者当中的前述工资结构的压缩,在白领人群当中也存在。道格拉斯(Douglas, 1926)是利用办公室职员和基层管理者(它们通常被统称为"普通白领工人")的工资数据,来研究白领工作的工资溢价的。他发现,从 1900 年前后到 20 世纪 20 年代末期,普通白领工人相对于体力劳动者的工资性报酬,出现了大幅下降。㊷

道格拉斯指出,在公立中学普及之前,有资格从事白领工作的人,实际上构成了一个他所谓的"非竞争性群体"。但是,随着 20 世纪初的"高中普及运动"(high school movement)*的展开,和私立商业学校的大批涌现,劳动力市场上就开始越来越充斥着不仅会写会算,而且拥有适用于商业工作场所的各种技能的年轻人了。因此,到了20世纪10年代后期,正规教育和职业培训携手并进式的大发展,就已经导致各种白领职位的工资溢价直线下降了。

除此之外,道格拉斯还敏锐地意识到了另一组推动力量的存在。从1900年到1920年,技术变革的影响全面而迅速地渗透进了工厂、办公室和家庭。新技术的推广,提高了对熟练工人的需求,而且这恰恰就发生在高中普及运动增加了这类劳动者供给的同一时期——对更有能力和受过更高教育的工人的需求的增加,同时出现在了蓝领工作部门和白领工作部门。因此,在这两个部门中,对受过较高教育的技术熟练工人的需求和供给都在增加。但是,白领工作部门雇佣的受教育程度更高的工人,要比蓝领工作部门多得多。据此,道格拉斯推测,受过较高教育的工人的供给增加,对白领工人阶层的总体影响更大,从而降低了他们的相对收入。

虽然道格拉斯的研究开辟了一个新的研究领域,但是也有一些因素使得他得出的、关于工资结构变化的结论复杂化了。就在道格拉斯发现普通白领工人的相对收入出现了下降的那个时期,这些因素已经使得普通白领工人的构成发生了巨大的变化。这种变化的幅度是如此之大,以至于我们必须对道格拉斯的估计作出调整,不然就无法确保他的发现不依赖于普通白领工人构成的变化。

最重要的一个变化,是普通白领工人中女性所占比例的大幅度上升。在1890年的时候,女性在所有办公室职员当中所占的比例只有20%,但是到

---

* 这里所说的"高中",原文为"high school",从与中国对应的角度来看,译为"中学"可能更恰当。在美国的教育体系中,原本是没有"初中"(middle school)的。公立的初等和中等教育,分别对应的是"公共学校"(common school)和"高中"(high school),前者为1—8年级,后者为9—12年级。后来美国也出现了"初中"的说法,不过那通常只是对"公共学校"中的7—8年级(有时还会加上"高中"的9年级)的另一种称呼而言。本书正文对此也有解释。译者的处理方法是,一般将美国的"high school"译为"高中",而将其他国家的"secondary school"译为中学。但也不是一概如此。——译者注

了 1930 年，这一数字已经提高到了 50％。㊹而且，办公室工作职位的构成本
身也发生了很大的变化。高级文秘人员——负责保守高级管理者“秘密”的
那些人——越来越少了。基层办事人员、打字员和速记员的人数却急剧增
加。手工簿记员让位给配备了当时的“康普托”（Comptometer）机械计算器
的机器操作工。此外，道格拉斯给出的序列并没有将办公室职员按性别进
行划分，也没有提供关于各种不同的办公室职位的数据。因此，道格拉斯的
序列很可能夸大了办公室职员相对工资的下降幅度，那是因为性别和职业
构成变化而导致的。

更重要的是，道格拉斯所报告的这些发现可能只是暂时性的。在 20 世
纪 10 年代后期，由于第一次世界大战和战时通货膨胀的影响，对低技术的
非熟练工人的相对需求增加，从而导致体力劳动者的工资结构出现了巨大
的变化；然而，这些影响一般来说不会持续到 20 世纪 20 年代。由于道格拉
斯的数据没有延伸到 1926 年以后，因此它们无法显示第一次世界大战前普
通白领工人的工资溢价后来是不是又恢复了——就像某些技术性职业的蓝
领工人所显示出来的那样。

为了解决这些问题，我们在充分利用道格拉斯用到的所有数据来源的基
础上，又增加了其他一些数据来源，针对若干个细分职业构建了按性别分类
的白领工人工资性报酬序列，并将数据一直延伸到了 1940 年。然后，我们
又利用 1940 年、1950 年和 1960 年联邦人口普查中的综合公开微观数据样
本（IPUMS），将这个时间序列进一步扩展到了 1959 年。我们得到的结果如
表 2.2 所示。

表 2.2　办公室职员与生产工人的工资性报酬之间的比率，
按性别和职业分别列示：1890—1959 年

年　份	所有办公室职员		办事员		打字员和速记员		簿记员和出纳员	
	男性	女性	男性	女性	男性	女性	男性	女性
	(1)	(2)	(3)	(4)	(5)	(6)	(7)	(8)
1890 年	1.848	—	—	—	—	—	—	—
1895 年	1.936	1.691	1.798	1.388	2.099	1.638	2.001	2.278
1909 年	1.956	1.652	—	—	—	—	—	—
1914 年	2.073	1.696	—	—	—	—	—	—

续表

年 份	所有办公室职员		办事员		打字员和速记员		簿记员和出纳员	
	男性	女性	男性	女性	男性	女性	男性	女性
	（1）	（2）	（3）	（4）	（5）	（6）	（7）	（8）
1919 年	1.525	1.202	—	—	—	—	—	—
1923 年	1.413	1.099	—	—	—	—	—	—
1924 年	1.399	1.097	—	—	—	—	—	—
1925 年	1.466	1.101	—	—	—	—	—	—
1926 年	1.480	1.113	1.177	1.084	1.641	1.319	2.205	1.604
1927 年	1.501	1.131	—	—	—	—	—	—
1928 年	1.546	1.117	—	—	—	—	—	—
1929 年	1.527	1.128	—	—	—	—	—	—
1939 年	1.557	1.150	1.499	1.088	1.652	1.100	1.613	1.268

年 份	所有办公室职员				打字员、速记员和秘书		簿记员、出纳员和会计	
1939 年	1.369	1.187			1.430	1.288	1.309	1.341
1949 年	1.137	1.076			1.166	1.333	1.131	1.236
1959 年	1.133	1.019			1.171	1.168	1.097	1.188

注："所有办公室职员"不包括主管人员在内。对于1895年和1926年，"办事员"包括除主管人员和高级职员、档案管理员和邮务员之外的所有办公室职员。对于1895年的，"打字员和速记员"也包括了秘书，但是不包括收入很高的男性秘书。对于1895年和1926年，"簿记员和出纳员"包括了主管人员和高级职员、会计和助理簿记员；对于1939年则还包括了出纳员。在1939年至1959年的序列中，职业分类采用了当年人口普查所用的分类方法。对于1939年，"所有办公室职员"不包括"商店店员"。在1939年至1959年的序列中，生产工人的工资，就是指那些在制造业工作的工人工资。而1939年至1959年的工资比率，是基于全年在职的全职工人（在上一个日历年工作了50个星期或以上，且每个星期工作35小时或以上）的年工资性报酬计算的。对于1939年至1959年，在所有情况下，换成全体全职工人的周薪比率，也可以得到类似的估计结果。

资料来源：1890年至1939年的数据，来自Goldin和Katz(1995，tables 5 and 6)。1939年至1959年的数据，来自美国联邦人口普查中的综合公开微观数据样本（IPUMS）。

我们之所以要进行上述增补工作，并不是想推翻道格拉斯给出的关于相对收入变化趋势的结论。恰恰相反，我们的主要目的是希望能证实和扩展他的结论。普通白领工人的工资性报酬，相对于制造业生产工人而言有所下降,这种趋势在不同性别和所有职业中都表现得很明显。这也就是说,道格拉斯发现的结果,不仅仅是由于白领工人构成发生了变化。在办公室职员这类职业变得越来越多女性参与,技术要求更高、薪酬水平更优的职位越来越远离普通白领工人的同时,每一种白领职业的工资性报酬与制造业中同性别的生产工人相比,都出现了相对下降。

然而,尽管我们同意道格拉斯对 1930 年以前那个时期基本趋势的描述,但是我们对数据的扩充还是有助于校准前述下降发生的时间。在道格拉斯的序列中,普通白领工人与体力劳动者工资性报酬之比的下降,是发生在 1900 年之后的,而在此之前,这一比率甚至可能在 1890 年至 1900 年间还有所上升。与此不同,在我们的序列中,男性和女性普通办公室职员相对收入的下降,是分别发生在 20 世纪 10 年代末和 20 世纪 20 年代初的。然后,这种下降导致的较低水平一直维续到了 1939 年,之后又再一次下降。这些结果对不同性别和不同职业的人都有很高的稳健性。由此,我们可以得出一个非常重要的结论:即便对于那些在这个时期没有经历多少技术进步的职业,这种下降趋势也是存在的。

根据我们扩展到 1959 年的序列得出这些结论后,也就把道格拉斯给出的早期结果放到了一个更长期的历史视角之下。发生在 20 世纪早期(至 1939 年)的这一次普通白领工资溢价的下降,其幅度要比后来那次下降的幅度(1939 年至 1959 年)更大。从 20 世纪初到 1959 年这整个时期,普通白领工人工资溢价下降的情况是这样的:对于女性办公室职员来说下降了大约 42%;而对于男性办公室职员来说则下降了 53%。[44]女性工资溢价的这个降幅,大约有 55% 发生在 1939 年之前,其余 45% 发生在 1939 年至 1959 年之间;而对于男性来说,则大约有 72% 发生在 1939 年之前,在 1939 年之后发生的只有 28%。

专家职业

除了上面已经提到的那些之外,还有几种白领职业从 20 世纪初到 40 年代之后的工资性报酬数据,也可以被汇编成连贯一致的时间序列。这些白领职业包括大学教授和工程师等。[45]这些专家白领职业的数据所揭示的趋势,与普通白领工人的数据几乎相同。

大学教授的相关数据,最早是由维瓦·布思(Viva Boothe, 1932)整理汇编的,后来乔治·施蒂格勒(George Stigler,1956)又加以扩展。我们利用美国联邦教育办公室收集并发布的原始数据,对布思—施蒂格勒的序列进行了进一步的扩展、修正,并运行了多个稳健性检验。[46]表2.3的A部分给出的结果,证实了表2.2中给出的关于普通白领的发现。相对于制造业的生产工人,大学教授的收入从20世纪10年代末到20世纪20年代初有所下降。然后,降下来之后的教授相对于生产工人的相对收入水平,在20世纪20年代和30年代一直保持不变(见图2.8)。[47]再之后,教授的工资性报酬溢价在20世纪40年代再一次出现了下降。这些结论适用于所有层次的专家职业。

表 2.3　专业人员相对于制造业或低技能工人的工资性报酬:1900—1960 年

A部分:大学教授

年　份	年工资性报酬 (教授/制造业普通工人)			年工资性报酬 (教授/普通低技能工人)		
	正教授	副教授	助理教授	正教授	副教授	正教授 最高工资
1908 年	4.159	3.004	2.648	4.460	2.840	5.765
1909 年	4.032	2.788	2.386	4.658	2.756	5.939
1910 年	3.713	2.668	2.209	4.539	2.700	—
1911 年	3.747	2.902	2.362	4.675	2.948	—
1912 年	3.659	2.751	2.309	4.616	2.913	5.961
1913 年	3.575	2.559	2.193	4.544	2.788	—
1914 年	3.635	2.675	2.251	4.694	2.907	6.460
1915 年	3.903	2.849	2.396	4.845	2.975	6.659
1916 年	3.406	2.491	2.156	3.713	2.350	5.035
1917 年	3.014	2.202	1.866	3.098	1.919	3.972
1918 年	2.418	1.818	1.548	2.468	1.580	3.364
1919 年	2.175	1.688	1.366	2.360	1.482	3.319
1920 年	2.129	1.597	1.320	2.511	1.557	3.310
1921 年	2.686	2.039	1.734	3.566	2.302	4.868
1922 年	2.989	2.344	1.936	3.778	2.447	5.408
1923 年	2.817	2.173	1.816	3.548	2.287	4.994
1924 年	2.809	2.161	1.786	3.578	2.274	5.060
1925 年	—	—	—	—	—	5.256
1926 年	2.786	2.141	1.782	3.543	2.266	5.017

年　份	年工资性报酬 （教授/制造业普通工人）			年工资性报酬 （教授/普通低技能工人）		
	正教授	副教授	助理教授	正教授	副教授	正教授 最高工资
1927 年	2.816	2.128	1.781	3.594	2.273	4.914
1928 年	2.821	2.150	1.786	3.622	2.293	5.102
1929 年	2.818	2.177	1.744	3.564	2.206	5.349
1930 年	2.962	2.248	1.865	4.025	2.534	6.094
1931 年	3.272	2.497	2.056	4.672	2.935	7.055
1932 年	3.917	2.938	2.435	6.222	3.867	8.559
1935 年	3.104	2.387	2.014	4.121	2.674	—
1936 年	3.070	2.310	1.932	3.951	2.486	—
1937 年	3.028	2.285	1.858	3.718	2.281	—
1938 年	3.212	2.461	2.000	4.028	2.508	—
1940 年	2.964	2.285	1.819	3.551	2.179	—
1942 年	2.127	1.643	1.307	2.569	1.580	—
1949 年	2.145	1.667	1.363	—	—	—
1950 年	2.183	1.670	1.361	—	—	—
1952 年	2.061	1.577	1.283	—	—	—
1954 年	2.115	1.579	1.281	—	—	—
1956 年	2.003	1.472	1.197	—	—	—
1958 年	2.093	1.551	1.258	—	—	—
1960 年	2.145	1.585	1.277	—	—	—

B 部分：工程师

年　份	年工资性报酬（工程师/制造业工人）				
	（1） 工程师 起薪	（2） 工程师 起薪（指数）	（3） 第一年的 工程师	（4） 第二年的 工程师	（5） 所有工程师， 中位数月 薪×12
1900 年	—	—	1.643	—	—
1901 年	—	—	—	2.104	—
1904 年	1.338	—	—	—	—
1905 年	—	—	1.604	—	—
1906 年	—	—	—	2.080	—
1909 年	1.202	—	—	—	—
1910 年	—	—	1.382	—	—

续表

	年工资性报酬(工程师/制造业工人)				
年　份	(1) 工程师 起薪	(2) 工程师 起薪(指数)	(3) 第一年的 工程师	(4) 第二年的 工程师	(5) 所有工程师, 中位数月 薪×12
1911 年	—	—	—	1.899	—
1914 年	1.149	—	—	—	—
1915 年	—	—	1.513	—	—
1916 年	—	—	—	1.598	—
1919 年	1.005	—	—	—	—
1920 年	—	—	1.175	—	—
1921 年	—	—	—	1.486	—
1922 年	1.029	—	—	—	—
1923 年	1.026	—	1.283	—	—
1924 年	1.034	—	1.261	1.472	—
1929 年	—	1.037	—	—	2.248
1932 年	—	1.037	—	—	2.452
1934 年	—	1.024	—	—	2.186
1939 年	—	1.008	—	—	2.439
1943 年	—	0.997	—	—	1.706
1946 年	—	0.985	—	—	1.950
1947 年	1.048	—	—	—	—
1948 年	0.987	—	—	—	—
1949 年	1.012	—	—	—	—
1950 年	0.945	—	—	—	—
1951 年	0.898	—	—	—	—
1952 年	0.955	—	—	—	—
1953 年	0.962	—	—	—	1.534
1954 年	1.004	—	—	—	—
1955 年	0.994	—	—	—	—
1956 年	1.030	—	—	—	—

注:表中给出的年份指的是学年结束时的那一年。表中第(2)栏的指数数据是在 1929 年前后拼接到第(1)栏上的。

资料来源:教授序列的数据来自美国大学教授协会(American Association of University Professors,各个年份)、Boothe(1932)、Stigler(1950),以及美国联邦教育局(U. S. Bureau of Education,各个年份)。制造业工人和低技能工人的有关数据来自《美国历史统计数据》(*Historical Statistics*,1975),序列 D740、778 和 841。工程师的有关数据来自 Blank 和 Stigler(1957)。更多的细节见 Goldin 和 Katz(2001a,table 2.3)。

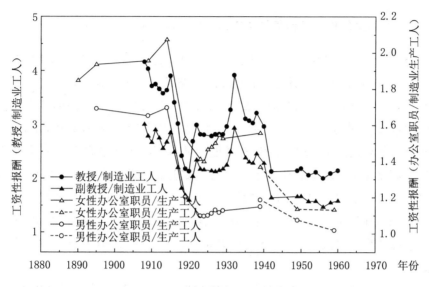

图 2.8 白领与蓝领工资性报酬的比率

资料来源:见表 2.2 和 2.3。

在 1910 年前后,正教授的年工资性报酬几乎是普通制造业工人的 4 倍。到了 20 世纪 20 年代,正教授的年工资性报酬不到普通制造业工人的 3 倍,而在 20 世纪 50 年代,则只相当于普通制造业工人的 2 倍。与制造业工人相比,从 1910 年到 1960 年的半个世纪里,各级教授的相对收入都下降了将近一半。[48]

美国劳工统计局联合几个专业协会,在 1935 年对工程师从 1929 年开始的工资性报酬进行了调查。后来,劳工统计局在 1946 年又进行了一次调查。然而,1929 年之前的数据则是回顾性的,来自对一个工程师学会的调查。在这些调查得到的资料的基础上,可以构造出几个序列,我们将它们列在了表 2.3 的 b 部分。关于工程师相对收入的序列,不如教授的序列那么完整。不过,尽管在 1924 年至 1929 年之间出现了中断,而且 1904 年至 1924 年的数据都是回顾性的,但是得到的结果仍然与其他白领序列的结果相同。从 1904 年到 20 世纪 20 年代,工程师相对于生产工人的工资溢价一直在下降,然后从 20 世纪 40 年代后期到 50 年代中期又再一次下降。[49]

2.4.4　对工资结构演变趋势的总结：1890—1940 年

我们已经收集到的大量证据表明，从 19 世纪晚期到 20 世纪中期，工资结构的分布范围已经经历过几个阶段的压缩了。就体力劳动者或蓝领工人的整体工资结构而言，相关证据表明，在 1890 年至 1940 年之间的某个时候出现过压缩。由于各种关于蓝领工人的历史工资序列并没有表明，在 20 世纪 20 年代早期到 1940 年之间，有技能的熟练工人的工资溢价水平有所下降，因此比较符合现实的推测是，工资结构的这次窄化的发生时间要早于 20 世纪 20 年代早期。⑩ 工资结构的另一次压缩，发生在 20 世纪 40 年代。在这两个时期中间，第一个时期内的那次压缩，幅度要比第二个时期（20 世纪 40 年代）内的那次更大，至少就制造业各部门的 90—10 对数工资差距而言是如此。

因为关于体力劳动者内部不平等的数据，一般从 1940 年开始才能得到，而且由于 20 世纪 40 年代那次压缩看上去似乎已经是相当可观的了，因此我们在这里报告的这些发现，无疑是既新颖又重要的。在 20 世纪 40 年代之前，工资差距不仅已经缩小过一次，而且缩小的幅度还非常可观。

三个白领序列也呈现出了两个压缩期。第一次压缩发生在 20 世纪 20 年代之前，第二次则发生在 20 世纪 40 年代。图 2.8 列出了白领职业与制造业生产工人（或制造业所有的工资和薪金收入者）相比的各项研究结果的摘要。除了在大萧条最严重的时期之外（在那个时期，教授的相对工资性报酬有所提高），所有的序列都经历了两次巨幅下降，而在这两次下降之间则保持稳定。此外，这两个时期的压缩虽然分别发生在战争、通货膨胀和蓝领工会活跃的年代；但是在经历了战争和通货膨胀结束、工会激进主义者活动沉寂之后，这种窄化趋势仍然保持了很长时间。

2.5　教育回报

学校教育回报是因技能差异而导致的经济不平等在另一个方面的表现。教育回报通常——虽然并不总是——与工资结构亦步亦趋地变化（见图 2.6）。

大学毕业生的工资溢价,在 20 世纪 40 年代有所下降,在 50 年代和 60 年代转为上升,到了 70 年代又再一次下降,并在之后再度大幅上升。[51]因为美国的人口普查,直到 1940 年才第一次问及受访者最高学历,以及他们的工资和薪金收入等问题,所以对 1940 年以前的教育回报进行估计的研究非常罕见,而且没有任何一项研究使用过有代表性的大容量样本。

前面对于 19 世纪、20 世纪之交普通白领工人的工资溢价的讨论表明,中学教育的回报是相当可观的。一名办公室职员的与一名工厂操作工的收入比率(前者一般都上过高中,也许已经拿到了高中毕业文凭;而后者往往可能 14 岁就辍学了),可以作为四年(或更短年限)高中教育回报率的一个合理的代理变量。[52]

正如道格拉斯曾经指出过的那样,那个时代的中学教育回报率之所以如此之高,原因很可能是:在中学普及以前,办事员和其他办公室工作人员,构成了一个"非竞争性群体"(non-competing group)。在 1900 年之前或前后,能够去上高中并毕业的那些年轻人,最有可能来自这样一些家庭:经济条件很好,可以放弃子女上中学那几年本来可以获得的工资性报酬;有足够的收入支付私人中学的学费,或住在公立高中附近;有一定的远见。高中入学率和毕业率提高之后,劳动力市场上涌入了大量具备读写和计算能力的工人,他们拥有的技能帮助他们获得了白领办公室职位。另一方面,中学的普及,也增加了那些有能力胜任高技能蓝领职位的劳动者的供给——那些职位需要能够读懂操作手册、破解图纸、计算公式和应用基础科学知识的人。

对 1940 年以前接受正规教育的回报率进行估计,无疑是很重要的,因为正是在 20 世纪的前几十年间,美国的中学教育实现了大规模扩张。从 1910 年到 1940 年,中学在全国各地如雨后春笋般涌现出来,越来越多的年轻人开始进入高中学习谋生所需的技能,而不仅仅是为了日后上大学。在美国,某些地区比其他地区更早完成了高中普及运动,从而成为教育进步的领先者。美国西北中部 * 的几个州就是这些领先者当中的几个,其中艾奥瓦州更是在我们的分析中占据了非常突出的位置。

高中入学率和毕业率在 1910 年到 1940 年这个时期的快速增长,向我们

---

* 　关于"西北中部"的定义,参见本书第 6 章注释[15]。——编者注

提出了这样一个问题:这场大规模的教育改革为什么是在 1910 年前后开始的? 虽然我们将在本书第 5 章对这个问题给出更详细的答案,但是在这里,我们不妨先来评估一下几个相关的问题。在 1910 年前后,高中(和大学)教育的回报率很高吗? 如果在 1910 年时回报率很高的话,那么在 20 世纪,当一大批受过教育的美国人相继涌入劳动力市场的时候,它有没有随之下降呢?

2.5.1 1915 年艾奥瓦州人口普查

在最开始的时候,联邦人口普查是为了满足国会分配席位的需要而进行的。类似地,各州在 1940 年以前进行的人口普查,通常也都安排在联邦十年一次的人口普查的中间年份,目的是帮助本州立法机构分配席位。㊳各州的人口普查一般都只会留下一些非常粗略的文件,除了按年龄、性别、种族、国籍(可能还有族裔)计算居民人数所需的信息之外,很少包含其他信息。虽然也有几个州的人口普查报告包含了其他信息,但是其中只有两个州(艾奥瓦州和南达科他州)在 1940 年以前就将受教育程度纳入了普查范围。艾奥瓦州和南达科他州之所以在美国率先就本州公民的受教育程度展开普查,这绝不是偶然的巧合。这两个州都位于美国西北中部,那正是引领了全国高中普及运动的一个地区(对于这个运动,我们将在本书第 6 章中进一步详细讨论)。在所有问及受教育程度问题的州一级人口普查中,1915 年艾奥瓦州人口普查因为特别详细和全面而脱颖而出。在本章中,我们之所以要利用这份文件,最重要的原因在于它提出了关于受教育程度、收入和职业等方面的问题。像大多数其他州的人口普查一样,1915 年艾奥瓦州人口普查的主要用途,也是用于分配州立法机构的席位,而为了实现这个目的,它的调查覆盖了该州的所有居民。

这次人口普查确实有许多方面值得今天的我们额手称庆。第一个幸运之处是,这次普查完成于 1915 年,那时正是高中普及运动处于风口浪尖之际。第二个幸运之处是,它收集到了各职业在 1914 年时的工资性报酬,那时正是第一次世界大战导致的工业品需求大幅增加之前。还有一点也很幸运,那就是,这次人口普查的原始底稿——共有 200 多万份分散的索引卡片——保存了下来,并(于 1968 年)由盐湖城家谱学会(Genealogical

Society of Salt Lake City)制成了缩微胶片。我们在本书的附录 A 中给出了这次普查留存下来的索引卡片的一个影印件，以及对我们采用的样本的细节说明。

1915 年艾奥瓦州人口普查要求受访居民提供关于受教育程度、当前正接受的学校教育、职业、在职收入、财富、失业状况和所属教会等方面的详细信息（这还只是这次人口普查要问的问题的几个例子）。没有任何一次联邦人口普查——哪怕是最近的当前人口调查——曾要求受访者提供如此广泛的信息。

艾奥瓦州人口普查中关于教育程度的问题非常详细。问题的设置本身，就反映了 1915 年艾奥瓦州居民可以选择的教育机构的广泛性。事实上，至少从 19 世纪 70 年代开始，艾奥瓦州的城市居民就已经有分年级的小学和正规的中学可上了。不过，那些在艾奥瓦州农村长大的人（或从欧洲移民到艾奥瓦州的人）则可能只上过公共学校。在 1915 年的时候，艾奥瓦州也已经有了很多所小型学院和几所规模较大的大学。正是因为考虑到受访者可能的教育经历的多样性，所以调查者才要求他们给出在各种类型的学校中接受教育的年限：公共学校、文法学校、高中、商业专科学校以及大学。与此相反，1940 年的联邦人口普查并没有让受访者先区分他上过的学校的类型，再回答相应的受教育年限，尽管当时全国范围内的美国人上过的学校类型，一定不会比 1915 年的艾奥瓦州居民少。

我们收集了一组样本，包括了差不多 6 万人，他们大体上平均分布在艾奥瓦州的各个城市——达文波特市、得梅因市和迪比克市——和 10 个农村县。在这里，"农村"（rural）一词意味着该县没有一个超过 25 000 人的城市（见附录 A）。这是一个很大的数据集（大约占 1915 年艾奥瓦州总人口的四十分之一），而且有很高的代表性。

在 1915 年艾奥瓦州的总劳动力中，农业劳动力所占的比例要高于美国平均水平（41% 相较于 31%），同时在制造业就业的劳动力占比也较低（20% 相较于 29%）。但是在贸易、公共服务、专业人士和办公室职员等行业和职业，艾奥瓦州的白领劳动力所占的比例，则与美国其他地区基本持平（23% 相较于 22%）。艾奥瓦州是一个农业州，但是如果把所有"法人镇"（incorporated towns）都计算在内，那么它全部人口的城市化程度就与美国其他地区没有多少区别了。艾奥瓦州只有很少几个稍具规模的中等城市,至于大城市,则更是一个也没有;但是却拥有大量的小型"法人镇",它们是地理区位理论中典型的"中心城镇"。[54]这些"法人镇"全都位于繁荣的农业经济区的交通要道上,拥有配备了谷物输送机的仓库、铁路、各种各样的零售商店,通常住着退休的农场主和他们的直系亲属。因此,艾奥瓦州的农村样本,同时包含了农村居民和城镇居民。

在1915年,艾奥瓦州与美国其他各州的一个重要区别是,艾奥瓦州在高中普及运动中处于领先地位。高中普及运动在1915年才刚刚开始积聚起势头,在当时,按高中毕业率计算,艾奥瓦州在全国排名第十,按高中入学率计算则排名第十四。[55]不过,它的这两项排名不久之后就上升了很多,尤其是高中毕业率的排名。为什么艾奥瓦州会成为高中普及运动的领先州之一?我们将在第6章讨论这个问题。不过,作为对那一章讨论的"预热",并帮助读者进一步了解艾奥瓦州的经济,我们在这里还应该指出:1912年,艾奥瓦州的人均可征税财产价值,在全美排名高居第二。这是因为它的草原土地非常肥沃,因此价值很高。

与美国其他各州的居民相比,艾奥瓦州人的受教育程度可谓出类拔萃。在1915年,艾奥瓦州人的受教育程度就已经大体上与1940年整个美国的平均受教育程度相当了(见表2.4)。因此,艾奥瓦州不仅在人口普查中率先提出了居民受教育程度方面的问题,领先于它的时代25年,而且在民众的教育水平上也领先它的时代25年。举例来说,1915年艾奥瓦州25岁至59岁女性的平均最高完成学年数为8.86年(用我们在表2.4中第Ⅱ个版本的数据来估计),这与整个美国1940年可比年龄段的女性所达到的最高完成学年数完全相同。同样是这个年龄段和性别,1915年艾奥瓦州44.6%的人口上过高中;而1940年时,整个美国的这一数字也仅为46.2%。在1915年,不仅艾奥瓦州的成年人口受教育程度相对较高,而且艾奥瓦州年轻人的高中入学率也可以说高得异常。尽管1915年艾奥瓦州的大部分农村地区还没有本地中学,但是在所有15—18岁的学生中,有26%在高于文法学校的某个学校就读,而且这个年龄段的学生有54%都上过某种类型的学校。[56]

表 2.4　1915 年艾奥瓦州和 1940 年美国的正规学校教育指标：
将 25—59 岁的人按性别分类

教育指标(版本)	男性,25—59 岁		女性,25—59 岁	
	1915 年 艾奥瓦州	1940 年 美国	1915 年 艾奥瓦州	1940 年 美国
平均最高完成学年数(Ⅰ)	8.40	8.60	8.68	8.86
平均最高完成学年数(Ⅱ)	8.56	8.60	8.86	8.86
平均受教育年限	8.61		8.98	
完成学年数小于 8 年的人在人口中所占比例	0.235	0.311	0.185	0.278
上过高中的人在人口中所占比例(Ⅰ)	0.233	0.410	0.290	0.462
上过高中的人在人口中所占比例(Ⅱ)	0.379	0.410	0.446	0.462
高中毕业的人在人口中所占比例(Ⅰ)	0.152	0.248	0.179	0.287
高中毕业的人在人口中所占比例(Ⅱ)	0.156	0.248	0.184	0.287

资料来源和注：

1915 年：1915 年艾奥瓦州人口普查样本。见附录 A。

1940 年：1940 年美国联邦人口普查中的综合公开微观数据样本(IPUMS)。这个普查要求人口调查员问受访者这样一个问题："你在学校里读完的最高年级是什么？"[参见美国大学校际政治与社会研究联盟(ICPSR，1984，6.40—6.41)资料]。最高年级限制为 18 年级。

平均最高完成学年数(1915 年)：我们对 1915 年的数据进行了重构，以尽可能地接近在 1940 年联邦人口普查中人口调查员的操作指令下可能得到的结果。根据 1940 年人口普查的规则，最高年级被限制在了 18 年级以下。我们重构数据的原则是：与 1940 年的人口调查员得到的指令保持一致。例如，如果一个人上了 8 年文法学校和 4 年大学，但是没有上高中，那么就认定这个人接受了 16 年的教育，而不是 12 年。在版本Ⅰ中，1915 年一个在公共学校和文法学校接受了教育的人，受教育年限不得超过 8 年；而在版本Ⅱ中，这种情况的最长受教育年限为 9 年。

平均受教育年限：在各类学校上学年数的总和，但是结果最高不得超过 18 年。

上过高中的人在人口中所占比例(1915 年)：至少受过 9 年教育的人在人口中所占比例。版本Ⅰ和版本Ⅱ之间的差异，与平均最高完成学年数(1915 年)的两个版本之间的差异是相同的。

上过高中的人在人口中所占比例(1940 年)：读完的最高年级至少为 9 年级的人，在人口中所占的比例。

高中毕业的人在人口中所占比例(1915 年)：受教育年限至少为 12 年的人，在人口中所占的比例。版本Ⅰ和Ⅱ之间的差异，与平均最高完成学年数(1915 年)的两个版本之间的差异是相同的。

高中毕业的人在人口中所占比例(1940 年)：受教育年限至少为 12 年的人在人口中所占的比例。

2.5.2　按不同年龄和部门划分的学校教育的价值：艾奥瓦州，1915 年

我们使用一个标准的对数年收入方程——明瑟方程（Mincerian equation）——来估计接受正规教育的回报率。这个方程的增广形式允许回报率因所受学校教育的类型而变化。[57]对于 18 岁至 65 岁的男性，接受一年高中教育的回报率大约为 10％；其中更年轻的 18 岁至 34 岁那一组的回报率更高，达到了 12％左右［见表 2.5 第(1)栏和第(7)栏］。大学教育的回报率也很高，而且同样是年轻人的回报率更高一些，对上述两个组别分别为 10％和 15％。女性接受高中和大学教育的回报率也很高：18 岁至 34 岁的未婚女性，高中和大学一年教育的回报率分别为 10％和 15％［见表 2.5 第(12)栏］。

表 2.5　按学校类型、职业组别、年龄和性别分类的一年教育的回报率：艾奥瓦州，1915 年

上学年数	18—65 岁的男性					
	所有职业		非农职业	农业职业	蓝领职业	白领职业
	(1)	(2)	(3)	(4)	(5)	(6)
公共学校	0.042 7		0.040	0.037 5	0.023 9	0.027 5
	(0.002 69)		(0.003 00)	(0.005 55)	(0.003 14)	(0.005 73)
文法学校	0.053 3		0.064 7	0.023 2	0.058 5	0.047 0
	(0.002 92)		(0.003 04)	(0.008 00)	(0.003 20)	(0.005 91)
高中	0.103		0.102	0.114	0.074 0	0.060 9
	(0.004 48)		(0.004 01)	(0.014 6)	(0.005 84)	(0.005 66)
大学	0.103		0.106	0.132	0.053 3	0.078 3
	(0.006 04)		(0.005 20)	(0.025 4)	(0.015 1)	(0.005 69)
线性样条函数						
公共学校≤9 年		0.045 2				
		(0.003 36)				
公共学校＞9 年		0.029 1				
		(0.007 71)				
文法学校≤9 年		0.054 7				
		(0.003 40)				
文法学校＞9 年		0.046 7				
		(0.019 5)				

续表

上学年数	18—65 岁的男性					
	所有职业		非农职业	农业职业	蓝领职业	白领职业
	(1)	(2)	(3)	(4)	(5)	(6)
高中≤4 年		0.111				
		(0.004 91)				
大学年数		0.095 8				
		(0.007 29)				
商业学院,虚拟变量	0.379	0.371	0.393		0.441	0.202
	(0.085 0)	(0.084 9)	(0.070 5)		(0.156)	(0.077 6)
R^2	0.199	0.202	0.256	0.209	0.205	0.218
观察值个数	14 699	14 699	16 695	3 705	7 588	3 733

上学年数	18—34 岁的男性					女性[a]
	所有职业	非农职业	农业职业	蓝领职业	白领职业	所有职业
	(7)	(8)	(9)	(10)	(11)	(12)
普通学校	0.048 3	0.037 5	0.063 7	0.022 9	0.043 8	0.007 14
	(0.003 95)	(0.004 42)	(0.008 37)	(0.004 50)	(0.008 89)	(0.008 77)
文法学校	0.069 3	0.067 1	0.056 8	0.063 4	0.067 9	0.045 4
	(0.004 21)	(0.004 43)	(0.011 0)	(0.004 58)	(0.009 09)	(0.009 13)
中学	0.120	0.114	0.132	0.090 8	0.082 6	0.101
	(0.005 64)	(0.005 16)	(0.017 6)	(0.007 38)	(0.007 47)	(0.007 60)
大学	0.146	0.143	0.166	0.057 5	0.131	0.151
	(0.009 15)	(0.007 99)	(0.038 1)	(0.019 5)	(0.008 49)	(0.012 2)
商业学院,虚拟变量	0.284	0.273		0.452	0.082 5	0.508
	(0.098 8)	(0.083 1)		(0.180)	(0.088 6)	(0.096 9)
R^2	0.251	0.296	0.241	0.256	0.313	0.273
观察值个数	7 145	5 249	1 784	4 021	1 744	2 001

注:样本不包括工资性报酬分布最底部的 0.2% 的人(即工资性报酬低于 60 美元的人),而且仅仅限于已经离开了学校的人。回归方程还包含了潜在经验的四次方、一个种族虚拟变量,以及一个针对"在美国上学年数"不明的情形而特设的虚拟变量。这里的"潜在经验"被定义为 min(年龄-15,年龄-受教育年限-7)。所有回归均采用城市和农村抽样权重进行了加权(关于如何加权的详细信息,见附录 A)。"蓝领职业"包括了手工艺、技工、服务业和体力劳动诸职业。"白领职业"包括专家、准专家、管理者(但是不包括农业)、办事员类和销售类职业。系数下面的括号内的数字为标准误。

[a] 只包括未婚女性。

资料来源:1915 年艾奥瓦州人口普查样本。见附录 A。

　　这里有趣的一点是,对于不同职业的人来说,接受一年高中(或大学)教育的货币回报并没有太大的不同。不过,最令人惊讶的结果也许是,即便是对于那些从事农业职业的人来说,小学毕业后接受一年教育的回报也是非常可观的[见表2.5第(4)栏和第(9)栏]。对这个结果进行更深入的探析后,我们发现,在1915年和1925年,艾奥瓦州那些有更多成年人受过小学以上教育的县,农业生产率也较高。^⑧而且更加重要的是,受过小学以上教育的成年人所占比例上升越大,农业生产率的提高幅度也越大。这也就是说,从1915年到1925年,艾奥瓦州各个县的教育水平的变化,与给定资本和土地投入情况下农业产出价值的增加,密切相关。

　　高中和大学教育之所以能够带来回报,部分原因在于受教育程度更高的人更有可能进入各种收入更高的职业,如某些白领职业。1915年,艾奥瓦州男性薪酬最高的非专家职位,是各种各样的推销性质的职位。例如,在我们的样本中,旅行推销员就跻身收入最高的人之列。但是,更多的教育之所以提高了个人的收入,不仅仅因为受教育者个人能够从体力劳动转向非体力劳动。即便在白领群体和蓝领群体内部,一年高中教育的回报也是相当高的。根据我们的估计结果,对于18岁至34岁的男性,无论是蓝领还是白领,一年教育的回报率都超过了8%[见表2.5第(10)栏和第(11)栏]。

　　通过在收入回归中加入一整套职业虚拟变量,可以更有效地证明职业内和职业间教育回报的作用。^⑨对于所有男性(18岁至65岁),加入一位数的职业代码虚拟变量,就会使一年高中教育的回报率从0.103下降为0.062;而加入一整套三位数的职业代码虚拟变量,则会使该系数降低为0.054。分别对蓝领和白领群体进行的类似分析,也得出了类似的结果。因此,对于全体男性来说,高中教育的货币回报,大约有一半可以归因于个人在特定的细分职业中获得的更高的工资性报酬,另一半则可以归因于个人向薪酬水平更高的职业的转换。这一分析得出的一个引人注目的推论是,教育也在很大程度上提高了各种职业内部的工资性报酬,即便对于体力劳动职位来说,也是如此。

　　最重要的是,我们发现,在1915年的艾奥瓦州,接受一年中学(或大学)教育的回报非常高。各行业内部的教育回报都非常可观,而且特别值得注意的是,在艾奥瓦州这个农业州,农业内部的教育回报也相当可观。因此也难怪,高中普及运动会在美国历史上的这个关键时刻开始起飞,而且许多在教育进步方面领先的州都是农业州,艾奥瓦州就是一个例子。(至于这些州为什么会成为高中普及运动的领先者的确切原因,我们留待本书第 6 章再详述。)

考虑到办公室职业的相对工资本来就比较高,1914 年接受一年高中教育的回报率很高这个事实也许不足为奇。但是,为什么蓝领和农业职业的教育回报也非常可观呢？中学教育能够帮助受教育者掌握进入"精英级"技术性职业(如电工和机械师)所需的知识技能。1915 年,艾奥瓦州许多受过良好教育的蓝领工人拥有自己的商店和车库;受过较高教育的农民能阅读包含现代科技知识的农业杂志,懂得为动物接种疫苗,能够修理各种机械,了解各种作物品种,并且掌握了现代会计技术。在 20 世纪 10 年代,艾奥瓦州的家长们曾经撰文呼吁在他们居住的地区设立中学,以保证他们的子女不会被"商业新世界"抛在后面。尽管艾奥瓦州许多受过良好教育的孩子,在成年后大多离开了自己的家乡,有些人甚至离开了艾奥瓦州,但是作为一种公共物品,中学教育仍然受到了艾奥瓦州的高度重视。

我们刚才介绍的这些结果有一个潜在的局限性,那就是:拥有更高天分的人一方面有可能接受更长时间的学校教育,另一方面也可能会因为他们的天赋能力而获得更高的收入。因此,在缺乏有效的家庭背景信息的情况下,我们给出的估计可能会偏高——这是所谓的"能力偏差"的产物。由于所用的数据来自一个处于中学教育扩散期,并且农村人口占相对优势的州,因此一个年轻人在居住地方面的运气,可能比家庭财富和个人能力等因素更加重要,也许会在更大程度上决定他能不能上中学。

2.5.3 教育的长期回报:艾奥瓦州,1914—1959 年

为了进一步说明教育对于 1914 年的艾奥瓦州的价值,我们利用 1940 年、1950 年和 1960 年美国联邦人口普查中的综合公开微观数据样本(IPUMS)数据,分析了一年高中和大学教育的回报率在 1939 年、1949 年和 1959 年的变化情况。[60] 为了保证不同年份之间数据的可比性,我们将 1940 年、1950 年和 1960 年的样本,限定为居住在艾奥瓦州的全年在职的非农男性工人。[61] 一年高中或大学教育的回报率——或者更简单一些,一年学校教育的回报率——在 1915 年至 1950 年间出现了下降[见表 2.6 的第(1)行和第(2)行]。[62] 已经有大量证据表明,包括教育回报在内的衡量不平等的指标,在 1940 年至 1950 年间都有所下降。因此更加重要的问题是:一年中学或大学教育的回报率,是不是在 1940 年之前,特别是在 1915 年到 1940

之间，就已经出现了下降？答案是，事实就是这样。但是在得出这个结论之前，我们必须先分析一下几个会使问题复杂化的因素。

表 2.6　艾奥瓦州全年在职的非农业男性工人的教育回报率：
1915 年、1940 年、1950 年和 1960 年

普查年度	受高中教育年限		受大学教育年限		全部受教育年限线性相加	
	18—65 岁	18—34 岁	18—65 岁	18—34 岁	18—65 岁	18—34 岁
（1）1915 年	0.091	0.105	0.091	0.128	0.084	0.100
（2）1950 年	0.051	0.067	0.073	0.086	0.054	0.069
（3）1960 年	0.047	0.030	0.085	0.071	0.059	0.058
（4）1940 年，只包括工资和薪金收入	0.064	0.097	0.081	0.086	0.064	0.075
（5）1950 年，只包括工资和薪金收入	0.049	0.043	0.064	0.101	0.048	0.060
（6）1960 年，只包括工资和薪金收入	0.040	0.049	0.064	0.057	0.046	0.050
（7）1940 年，经调整后的数据	0.064	0.097	0.094	0.095	0.068	0.079

注：本表未给出的标准误，以及其他学校教育的系数，见 Goldin 和 Katz(2000，appendix table A3)。本表中在"受中学教育年限"和"受大学教育年限"下列出的系数，是在（对数）年收入回归中，受教育年限（1—8 年、9—12 年，以及 13 年以上）的样条函数的系数。"全部受教育年限线性相加"下列出的系数，是在（对数）年收入回归中全部受学校教育年限总和的系数。1940 年、1950 年和 1960 年的"全年在职"，定义为一年内工作时间超过 49 个星期。1915 年的"全年在职"的定义，则是当年没有登记为失业。所有回归中的控制变量均为：潜在经验的四次方、是否为本地出生的人、是否为白人。每个样本都剔除了收入最低的百分之一的人群。1940 年、1950 年和 1960 年的样本，只包括居住在艾奥瓦州的人。

表中第（7）行，1940 年经调整后的估计数，是在 1940 年工资和薪金收入的估计数［第（4）行］的基础上，加上了一个代表"自雇者收入"的调整因子后得到的，这样可以增加与第（1）行给出的 1915 年估计数之间的可比性。此行对应于每一栏的调整因子，是根据全国样本的估计值计算出来的，因为这里使用的（艾奥瓦州）样本太小了，特别是对于 1950 年。我们先计算出，在全部样本与工资和薪金收入者（"工资收入者"）样本之间，每种受教育年限类型的回报的差额，并取 1950 年和 1960 年估计值的平均值，然后把这个调整因子加到第（4）行的 1940 年估计值上。

资料来源：1915 年艾奥瓦州人口普查样本（见附录 A）；1940 年、1950 年和 1960 年美国联邦人口普查中的综合公开微观数据样本（IPUMS）。

最重要的一个因素是,1940年的人口普查只调查了工资和薪金收入,而没有收集关于"自雇者"收入的信息。而1915年艾奥瓦州人口普查所调查的则是"个人职业收入",那本来就应该包括"自雇者"的收入。[63] 另一方面,1950年的人口普查,则同时调查了就业者的工资和薪金收入,以及"自雇者"的收入,并分别报告。因此,我们可以比较1940年和1950年(以及1960年)的工资收入者的收入,然后再对1940年有"自雇"收入的人进行调整。我们在表2.6第(7)行给出的1940年经调整后的结果,就是利用这种方法得出的。

在表2.6的各栏中,只有一栏是调整后的1940年回报率估计数比1915年估计数大。在所有其他情况下,1915年的一年学校教育的回报率都要比1940年高得多。唯一的异常情况[如表中第(7)行所示]出现在了"受大学教育年限"下描述全部人口的一栏(即18—65岁栏)。这个结果可能是一些反常的原因所导致的。这是因为,许多年纪较大、受过大学教育的艾奥瓦州人,可能当初上的是小规模的教会文理学院或圣经学院,而不是该州两所州立大学中的某一所,或更现代的文理学院。[64] 在那种老式的、规模较小的学院上学,一年大学教育的回报可能比不上在那些更现代的、规模更大的大学中就读。[65] 无论如何,表2.6给出的最重要的结果就是,1915年小学以上教育的年均回报率要高于1940年。

不过,有人也许会猜测,我们所发现的一年高中和大学教育的回报率估计值的下降,会不会只是如下事实的反映:在1915年,小学以上教育机构对求学者进行的、基于能力的选拔,要比1940年时更加严格?但是,现有的关于中等和高等教育机构基于能力进行选拔的文献,所指向的结论却恰恰相反。有证据表明,从1917年到1942年,随着高中入学率的大幅提高,对高中生的智商测试分数也随之上升。而且,艾奥瓦州的考试成绩也显示,从1940年到20世纪60年代早期,该州高中生的表现有所提高。[66]

高中学生的"天赋能力"在两次世界大战之间的岁月里并没有显示出任何下降的迹象,同时中学教育的质量在第二次世界大战期间和之后的十多年里也没有出现过降低。此外,从那些高中毕业后继续上大学深造的学生的认知测试分数来看,20世纪20年代高等学院在录取新生时"择优"的严格程度,明显低于30年代和40年代。[67] 其实,我们对所有这些发现都不应该觉得惊讶才对,因为正是在这几个时期,无论是农村的年轻人,还是大城市中的移民子女,都越来越容易进入中学和大学接受教育了。而在此之前,这些群体是没有能力充分利用这样的教育机会的。

2.5.4 教育的长期回报:美国,1914—2005 年

将对 1939 年到 2005 年的全美教育回报率的估计值,与我们收集的艾奥瓦州自 1914 年以来的数据拼接到一起,我们就可以得到一组比较合理的、关于美国全国范围内的高中和大学教育的经济回报的估计值,其时间跨度为从 1914 年到 2005 年。而在这样做的时候,我们用两种不同的方法,构造了两组 1914 年全国估计量。[68]第一种方法利用艾奥瓦州 1914 年至 1939 年教育回报估计值的变化趋势来构造 1914 年的全国估计量。第二种方法则利用了 1914 年至 1959 年艾奥瓦州的教育回报变化。下面的表 2.7 给出了年轻男性及所有男性的相应计算结果,图 2.9 还描绘出了年轻男性的回报率变化曲线。

表 2.7　美国男性工人的教育回报率:1914—2005 年

年　度	年均回报率			
	高　中		大　学	
	年轻男性	所有男性	年轻男性	所有男性
1914 年,方法一	0.110	0.112	0.148	0.097
1914 年,方法二	0.125	0.098	0.148	0.097
1939 年	0.102	0.085	0.115	0.100
1949 年	0.054	0.051	0.078	0.077
1959 年	0.070	0.054	0.090	0.091
1969 年	0.074	0.059	0.096	0.099
1979 年	0.081	0.066	0.084	0.089
1989 年	0.093	0.078	0.124	0.124
1995 年	0.096	0.081	0.133	0.129
2005 年	0.087	0.077	0.148	0.144

资料来源和注:

"年轻男性"是指只拥有 0—19 年的潜在工作经验的男性。"所有男性"是指拥有 0—39 年的潜在工作经验的男性。1914 年至 1995 年的估计值,取自 Goldin 和 Katz(2001a, table 2.4)。1939 年至 1995 年,高中和大学的回报率的估计值指的是,全年在职的全职男性工资和薪金收入者(工资收入者),在调整职业构成之后,因受教育年限不同而造成的周薪差距的对数。从 1995 年到 2005 年的回报率变化所依据的,是利用 1995 年和 2005 年"当前人口调查"中的合并退出循环组样本(CPS MORG)的男性工资和薪金收入者,在调整职业构成之后,因受教育年限不同而造成的每小时工资差距的对数。

高中教育回报率:1915 年艾奥瓦州人口普查样本(见附录 A);1940 年到 1970

年的美国联邦人口普查中的综合公开微观数据样本（IPUMS）；1970年至1996年的三月份"当前人口调查"；1995年和2005年"当前人口调查"中的合并退出循环组样本（CPS MORG）。1939年至1969年的估计数，为刚好受过12年教育和刚刚受过9年教育的工人之间，在调整职业构成后的对数周工资差距，再除以3。1969年至2005年的教育回报率的变化，为刚好受过12年教育和刚刚受过10年教育的工人之间，在调整职业构成后的对数周工资差距，再除以2。"1914年，方法一"中，每组的估计值为，我们对该组1939年的全国估计值，与1914年至1939年艾奥瓦州高中教育年均回报率的变化的估计值（此即表2.6中相关栏的第1行与第7行之间的差额）之和。"1914年，方法二"中，每组的估计值则为，我们对该组1959年的全国估计值，与1914年至1959年艾奥瓦州高中教育年均回报率的变化的估计值［此即表2.6中相关栏的第(1)行与第(3)行之间的差额］之和。

大学教育回报率：1915年艾奥瓦州人口普查样本；1940年至1970年的美国联邦人口普查中的综合公开微观数据样本（IPUMS）；1970年至1996年的三月份"当前人口调查"；1995年和2005年"当前人口调查"中的合并退出循环组样本（CPS MORG）。从1939年到2005年的估计值，等于那些刚好拥有大学学历（受过16年教育）的人，相对于那些受过12年教育的人，在调整了职业构成之后的工资差距，再除以4。对于1914年，估计大学教育回报率时所用的方法一和方法二，与估计1914年高中教育回报率所用的方法类似。"1914年，方法一"每组的估计数为，我们对该组1939年的全国估计值，与表2.6中对应组的1914年至1939年艾奥瓦州教育年均回报率的变化之和。"1914年，方法二"估计数则为，我们对1959年的全国估计值，与表2.6中对应组的1914年至1959年艾奥瓦州教育年均回报率的变化之和。

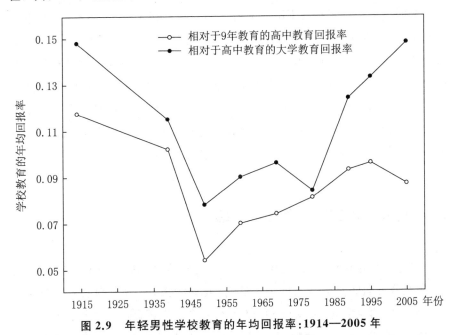

图2.9　年轻男性学校教育的年均回报率：1914—2005年

资料来源：表2.7。高中教育和大学教育的回报率，都取由方法一和方法二得到的1914年估计值的平均值。

我们假设,艾奥瓦州 1914 年至 1939 年教育工资差距的变化,可以合理地代表美国全国的变化。作出这个假设的理由如下。第一,对后来多个年份——如 1939 年、1949 年或 1959 年——艾奥瓦州一年高中和大学教育的回报率的估计值,与全国的估计值非常接近。第二,艾奥瓦州的职业工资差距在 1914 年至 1939 年间的变化,呈现出一种白领工资差距下降的模式,与图 2.8 所描绘的全国估计值的趋势也是相同的,尽管稍不如后者那么明显。[69]第三,在 1914 年时,艾奥瓦州的教育水平高于全国平均水平,这个事实意味着,用对艾奥瓦州从 1914 年到 1939 年教育工资差距的下降幅度的估计,来衡量全国教育工资溢价的下降幅度——如果有任何偏差——可能会导致低估。

至此,我们已经清楚了,整个 20 世纪接受一年学校教育的回报率的演变,是从该世纪初的一个相当高的起点开始的。从 1914 年到 1939 年,在大多数情况下,教育回报一直在下降(不过,就所有男性的大学教育回报率而言,总体上看还是相当稳定的)。到了 20 世纪 40 年代,接受一年高中和大学教育的回报率出现了直线下降。随着人们受教育机会的提高,到了 20 世纪 50 年代,教育回报率已经降低很多了,但是也就是从那个时候开始,尽管上大学的机会增加了,但是大学教育回报率却有所提高,只是仍然没有达到之前或最近的水平。在 20 世纪初期,中学教育的年均回报率要比现在高得多,不过大学教育的年均回报率则与今天差不多(至少对年轻工人来说是这样的)。因此,1939 年前后达到的很高的技能回报水平,并不是一个反常现象——事实上,1939 年的教育回报率已经比更早的 25 年之前要低了。

2.6 过去和现在对不平等的焦虑

在这一章的开头,我们就给出了一个观察结论:到了 20 世纪末期的美国,在经济方面的焦虑日益加剧。然后,我们指出,日益加剧的不平等是造成这种焦虑的原因之一。已经有很多人提出警告说,如果经济距离确实会导致社会距离,那么日益加剧的不平等,就会对社会和政治产生深远的影响,进而使得政治联盟的形成更加困难。

　　但是,即便是今天对不平等状况恶化的负面影响的最言过其实的指控,也无法与一百多年前美国曾经出现过的那些更耸人听闻的言论相提并论。如今,很少有人断言,日益加剧的不平等危及了我们的民主;也很少有人断言,一场富人与穷人之间的战争已经迫在眉睫。事实上,这些只是一个世纪或更早以前,各种各样的人提出的断言中的一小部分而已。

　　关于收入和财富分配的许多重要评论,都始于19世纪70年代和80年代的经济衰退时期。爱德华·贝拉米(Edward Bellamy)撰写的一本控诉不平等的著作《回顾》(*Looking Back*,1888),一夜之间就登上了畅销书排行榜。这本书还描绘了一个崇尚平等主义的乌托邦,那是一个在仁爱且高效的社会主义原则指导下运行的社会。贝拉米书中描写的下层阶级在肉体和精神上受资本家残酷压迫的可怕场景,在接下来十年里发生的一系列事件中,变成了活生生的现实。1892年的霍姆斯特德钢铁工人大罢工(Homestead strike)、1894年的普尔曼大罢工(Pullman strike),以及在此之前的1886年发生的干草市场暴乱(Haymarket riot),都是劳工暴动的悲剧性例子,也表达了工人要求缩短工时和提高工资的强烈意愿。而且不仅如此,这些事件也构成了美国政府不惜动用武力加以干预,以保护私有财产,而不是维护劳工组织权利的重要例子。

　　劳动和资本之间矛盾和分歧不断积累起来,还通过美国最高法院审理的一个重要案件——"波洛克诉农民贷款及信托有限公司案"(*Pollock v. Farmers' Loan & Trust Co.*,158 US 601,1895)——载入了法典,并导致1894年的所得税法归于无效。大法官斯蒂芬·菲尔德(Stephen Field)代表最高法院发表了多数意见,声称所得税将成为"穷人对富人的战争"的开端。[70] 19世纪90年代是人们对无政府主义者(以及稍后的工团主义者)的恐惧日益加深的十年,同时也是人们真正开始担心美国确实会出现"阶级",且不同阶级之间的距离将越来越大的十年。美国开始变得越来越像欧洲了,不仅在收入和财富的分配方面是如此,发生政治动荡的可能性方面也是如此。

　　那个时代,还是"第三党运动"(third-party movements)如火如荼的时代,而"第三党"通常就是动荡和不满的标志。平民党(Populist),或者也称人民党(People's Party),是美国历史上最成功的第三党(也许仅次于合并创立共和党的那几个政党)。在1896年前后的鼎盛时期,平民党成功地控制了一个州的立法机构(堪萨斯州),并在 1896 年和 1900 年两度推出威廉·布莱恩(William Bryan)竞选美国总统;1892 年,他们还支持詹姆斯·B. 韦弗(James B. Weaver)竞选美国总统,不过都没有成功。尽管平民主义者和进步主义者(Progressives)都没有提出过直接与不平等有关的提案,但是他们的政纲明显受到了不同经济阶层之间日益扩大的经济和政治权力差距的驱动。平民主义者支持货币自由主义(主张自由铸造白银),并主张对铁路和其他与农业有关的行业进行监管。这些政策的目的,都是将资源从债权人那里重新分配给债务人,从各种类型的资本所有者那里重新分配给购买他们服务的人。进步党人关注的是政府腐败、托拉斯和不公平的劳动规章,他们要求规定最长工作时间,保障工人安全,以及推行最低工资标准。

美国社会和政界表达对不平等的恐惧的时间节点,与我们的发现高度一致:19 世纪末 20 世纪初这个时期,很可能是工资结构分布跨度的一个高点,也可能是教育的货币回报的高点。不过遗憾的是,对于这个如此久远的时期,我们现在掌握的关于当时收入和财富分配的证据太少了。对于不平等的社会后果的关注,焦点通常是阶层分化和财富向极少数人集中的程度,而不是劳动收入的分布情况。然而,正如保罗·道格拉斯在很久之前就已经认识到的那样,在大企业崛起期间,对受过良好教育的工人的需求迅速增加,这给了那些有幸接受过小学以上教育的人很大的竞争优势,而且这些人会形成一个"非竞争性群体"。正是在这个背景下,一项以高中普及运动的形式出现的改良政策,受到了数千个学区的热情支持,而高中普及运动也成了美国历史上最伟大的草根运动之一。也许,正是中学教育的普及,有效地防止了后来在欧洲广为接受的、更极端的社会主义形式在美国的流行。

2.7 本章小结:20 世纪的两个故事

20 世纪的"不平等史",是一个可以分成上下两篇来讲述的故事。在故事上篇所涉及的那个时期中,不时会出现不平等程度下降的阶段,而且其中有些是相当突然、相当迅猛的。在这个时期的其他时间里,则以不平等状况基本维持稳定或缓慢加剧为特点。总的来说,20 世纪前四分之三的基调,是不平等程度大幅下降,教育回报率逐步走低。在这一时期的大部分时间里,美国的经济增长是由收入分布各个层级的人共同分享的。

然而,到了20世纪70年代,这一切都停止了。美国的经济增长开始放缓,美国人彼此之间开始拉开了距离。20世纪最后25年和21世纪初的一个突出特点,就是贫富差距急剧扩大,而且主要集中在收入分布的上层。教育,特别是大学教育的回报率显著提高。经济增长放缓甚至停滞的情况,一直持续到了20世纪90年代中期。在这期间,即使有任何增长,分配也都是不平等的。在这种经济增长缓慢或根本没有增长,同时经济不平等加速恶化的情况下,低收入群体往往全盘尽输,而经济精英们却仍然可以赚得盆满钵满。

我们在第1章中已经看到,美国教育水平演变的历史,也是一个可以分成上下两篇来讲述的故事。在很长一段时间里,无论是从整个人口来看,还是从劳动力大军来看,美国下一代的受教育程度,都会比上一代有很大的提高。但是从20世纪70年代末那一代人进入劳动力大军那个时候起,这个趋势就中断了,而且此后一直未能重拾升势。

这一章结束了,但是我们还有几个问题没有回答。20世纪上半叶不平等趋势的缩小,是由什么原因造成的?这种趋势在20世纪下半叶的消失,又是什么原因所致?在20世纪上半叶和下半叶之间,技术变革加速了吗?计算机革命是罪魁祸首吗?又或者是因为——也许是同时起作用——受过教育的熟练工人的供给发生了变化吗?我们将在第3章中讨论这些问题。

注 释

① 例如,可参见 Krugman(1990)、Prestowitz(1988),以及 Reich(1991)。

② 在这里,我们使用美国劳工统计局发布的非农业部门的每小时产出序列(序列 PRS85006093,网址为 http://www.bls.gov/lpc/home.htm),来说明生产率的变化趋势。使用单位时间的 GDP 产出,或全部工商业部门的单位时间产出,得到的趋势也是类似的。

③ 例如,请参见 Baumol, Blackman 和 Wolff(1989),以及 Gordon(2004)。根据 Gordon 的数据,欧洲每工时的 GDP 增长率,从 1950 年至 1973 年间的 4.77%,下降到了 1973 年至 1995 年间的 2.25%;降幅达到了每年 2.52%;

相比之下,美国同一时期的增长率,则只是从 2.77% 下降到了 1.48%,降幅仅为每年 1.29%。

④ 尽管不同的研究用来衡量不平等的标准各不相同,而且对于哪一个才是最好的衡量标准也存在着激烈的争论,但是自 1980 年以来,家庭、住户和个人在经济资源上的不平等程度急剧上升,已经是一个不争的事实,不仅得到了大量数据的证实,而且在采用各种各样衡量不平等的指标和衡量资源的标准时,这结论都有极高的稳健性。对此,Mishel、Bernstein 和 Allegretto (2005,2007)给出了一个非常有用的总结。

⑤ 2000 年,美国成人的 90—10 收入比(收入最高和最低的百分之十的人的收入之比)为 5.5;同一年,瑞典为 3.0,德国为 3.3,法国为 3.5,加拿大为 3.9,意大利为 4.5,英国为 4.6。请参见 Brandolini 和 Smeeding,2006,以及本书的图 2.1。

⑥ 关于近期美国社会不平等程度居高不下且不断加剧的、一些更广泛的社会和政治后果,请参见 Burtless 和 Jencks(2003)。

⑦ 关于美国生产率增长带来的好处在不同人群中的分配是如何变化的,请参见 Dew-Becker 和 Gordon(2005)。

⑧ 如果其中的某些变化是由短期冲击造成的,而且个人能够很好地利用信贷市场来熨平消费的话,那么只关注年收入的分布可能会产生误导。虽然在关于家庭收入的标准数据集中,年收入的截面差异中有很大一部分(大约有三分之一),是源于测量误差或持续时间相对较短的临时性收入冲击,但是当采用更具"永久性"的收入指标时(例如,取多年甚至整个职业生涯的平均收入),得出的收入不平等的演变趋势却是与使用年度收入指标时相同的,因此我们将主要关注使用年度收入指标时的情况。请参见 Bradbury 和 Katz(2002),以及 Gottschalk 和 Danziger(1998)。

⑨ 这种收入度量是官方用来确定贫困率的。美国人口普查局所采用的家庭的定义,不包括独立生活的个人,和在同一个住户中生活但是却没有亲属关系的个人。但是,在使用包括所有个人在内的住户的不平等衡量指标时,得出的趋势也是非常相似的。

⑩ 基尼系数的范围介于 0 到 1 之间,数值越大表示不平等程度越高。基尼系数可以用以下方法来定义。将所有收入主体(住户、家庭或个人),按从最穷到最富的次序,在横轴上排好序,描绘出各自在收入分布中的百分位;然后在纵轴上描绘出给定百分位以下的所有收入主体的累计收入与总收入的份额。由此得到的函数关系,就是通常所称的洛伦兹曲线。基尼系数衡量的就是洛伦兹曲线偏离完全平等线(45 度线或对角线,表示所有收入主体收入都相同)的程度。基尼系数等于洛伦兹曲线和完全平等线之间的面积,

与完全平等线以下的面积(为 1/2)之比。请参见 Atkinson(1983)对基尼系数、洛伦兹曲线,以及其他衡量不平等的方法的讨论。

⑪ 基尼系数从 1992 年的 0.404 大幅跃升为 1993 年的 0.429,这种情况部分是因为人口普查方法调整所致,即新的人口普查方法加大了分布最顶层人群的收入。不过无论如何,自 20 世纪 70 年代末以来,不平等现象不断加剧,而之前则一直相当稳定,这个基本发现有很强的稳健性,并没有因为人口普查方法的调整而有所改变。可参见 Mishel, Bernstein 和 Allegretto(2005, figure 11)。

⑫ 如果使用对税收和实物转移支付估值进行调整的、"当前人口调查"用来衡量家庭资源的更加广义的指标,也不会改变这里给出的定性结果;类似地,对家庭资源按照家庭规模进行调整后的结果,也不会改变这些定性结果。请参见 Cutler 和 Katz(1992)以及 U. S. Census Bureau(2005a)。

⑬ Piketty 和 Saez(2003, 2006)在研究纳税申报数据后发现,收入最高的 10% 人群所占的收入份额,从 1947 年的 33.0% 下降到了 1973 年的 31.9%,然后到 2005 年却又上升到了 44.3%。而且,这种变化主要是由最富有的 1% 人群所推动的。

⑭ 关于消费不平等的演变趋势,请参见 Cutler 和 Katz(1991, 1992),以及 Attanasio, Battistin 和 Ichimura(2004)。关于长期工资性报酬(earnings)和收入(income)的长期不平等趋势,见 Kopczuk, Saez 和 Song(2007),以及 Gottschalk 和 Danziger(1998)。

⑮ Piketty 和 Saez(2003)还进一步发现,近几十年来,收入分布中最顶层的 1% 人群的收入变化,主要受劳动力市场收入变化的推动。Burtless(1999)也讨论了劳动力市场收入不平等的变化对家庭收入不平等不断加剧的影响。

⑯ Katz 和 Autor(1999),以及 Autor, Katz 和 Kearney(2005a, 2007)提供了对于过去 40 年来美国工资结构变化的证据和文献的详细总结。

⑰ 偶尔也会有人声称,近几十年来工资不平等程度的大幅提高,对生活水平的影响其实很微弱,甚至完全没有影响,因为美国经济就像一个不断搅拌着的大熔炉,带来了非常高的经济流动性。但是,来自多个数据来源的证据表明,在过去 30 年里,美国的收入流动性没有任何提高,甚至反而可能有所下降了(Gottschalk and Moffitt, 1994; Haider, 2001; Kopzuk, Saez and Song, 2007)。因此,近期的横截面(单年)工资不平等的加剧,已经转化为更大的永久或终身不平等了。

⑱ 利用 25 岁至 34 岁的全年在职的全职工人,在 3 月份的"当前人口调查"中的数据,可以计算出,在 1979 年,这一差距为 0.21 个对数点(即 24 个百分点),而到了 2005 年,这一差距就扩大到了 0.49 个对数点(63 个百分点)。

⑲ 我们使用的是全年在职的全职工人的数据,其定义为每个星期至少工作35个小时,每年至少工作40个星期。3月份"当前人口调查"数据提供了前述时间段内上一年的年收入、年工作周数和每周工作小时数的个人数据。由于当前人口调查中,关于年工作周数和每周工作小时数的问题经常有变化,因此全年在职的全职工人的数据最具可比性。

⑳ Lemieux(2006a)以及 Autor, Katz 和 Kearney(2007)也都阐明,自1980年以来,美国学校教育的回报率,呈现出了越来越明显的"凸函数式"增长趋势,这表现为高中毕业之后的教育(尤其是大学毕业之后的培训)的回报率急剧上升,而较低层次的教育的回报率则只是温和增长。

㉑ 1940年的人口普查数据包括了1939年的劳动收入。

㉒ 关于"大压缩",请参见 Goldin 和 Margo(1992),这个术语是他们创造的。

㉓ 例如,可参见 Autor, Katz 和 Krueger(1998),以及 Murphy 和 Welch(1993)。

㉔ 20世纪20年代和30年代的技能比率资料,来自 Goldin 和 Margo(1992)。

㉕ Kuznets(1953)的数据覆盖了1913年至1948年。

㉖ 参见 Goldsmith(1967)以及 Goldsmith, Jaszi, Kaitz 和 Liebenberg(1954),他们修订并扩展了 Kuznets 的估计值。Budd(1967, table 1)报告了基于 Goldsmith 的数据得出的、家庭收入分布基尼系数的概括性度量,表明基尼系数从1929年的0.49下降到了1935/1936年的0.47,然后到1941年进一步下降到了0.44。

㉗ 这些数据来自 Piketty 和 Saez(2003)。他们的纳税申报表数据还表明,从1929年到1939年,顶层十分之一的人群,在工资收入中所占的份额只是略有增长;而且最顶层的百分之一的人群在工资收入中所占的份额,在1939年实际上比20世纪20年代末还要更低一些。在20世纪40年代,这些高收入人群(顶层十分之一和顶层百分之一)在工资收入中所占的份额急剧下降。

㉘ 例如,可参见:Bell(1951)、Keat(1960)、Lebergott(1947)、Ober(1948)、Williamson 和 Lindert(1980),以及 Woytinsky(1953)。

㉙ Keat(1960)、Ober(1948),以及 Woytinsky(1953)都报告了这样的比率。

㉚ Bell(1951)构造了一个按行业划分的工资分布,其中每一个工资都是某个职业的平均工资。他为不同年份都构造了这样的分布,并测算了分布中各个点在不同年份之间的百分比变化。Bell 只报告了他的结论,但是没有提供数据。在 Bell 之前,Lebergott(1947)曾经针对1900年和1940年这两个年份做过大体上相同的工作,他还研究了若干个行业的工资趋同程度。他在每个行业中选择的职业,都是在1900年至1940年间没有发生过重大变化的。

㉛ Williamson 和 Lindert(1980)构建了一个长期时间序列,它在本质上类似于 Ober 的时间系列,而且在 1907 年至 1920 年这个关键时间段里实际上直接使用了 Ober 的序列。虽然他们的时间序列都表明 20 世纪 40 年代出现了压缩,但是并没有显示出从 19 世纪晚期到 20 世纪 40 年代曾经存在过任何持续性的窄化。之所以会出现这个结果,只是因为他们在复制 Ober 1920 年的数据点时犯的一个错误——那一年,正是过渡到美国全国工业会议委员会(National Industrial Conference Board)数据的一个非常重要的"拼接之年"(Williamson,1975,table 11)。Ober 的 1920 年数据点应该是 166,但是显然被错误地复制成了 186。在纠正了这个错误之后,这个序列就与 Ober 原来的序列在实质上完全相同了。第一次世界大战期间技能溢价费率仍然在下降,在 20 世纪 20 年代初有所回升,但是再也没有恢复到第一次世界大战前的高水平,然后在 40 年代又再一次下降。

㉜ 美国劳工统计局发布的报告《就业与收入》(*Employment and Earnings*)提供了这个序列的最新版本。

㉝ 关于工资性报酬与工作时间在以往和现在的关系,请参见 Costa(1998)。在 1940 年前后的数据中,有两个行业除了给出了每小时的工资性报酬的分布之外,还给出了每周的工资性报酬的分布。这两个行业就是肥皂业和造船业。对于肥皂业来说,周薪的分布要比每小时工资的分布被压缩得更窄。造船业的情况则恰恰相反;不过造船业在 1940 年前后,每周工资性报酬的分布并不像在 1890 年时那样分散。

㉞ 这两年数据的覆盖范围只有一些细微的差别。1890 年的数据不包括计件工人,而 1940 年前后的数据则包括计件工人。在 1890 年,男性受这一取舍的影响要小于女性。1890 年,男性生产工人当中,按件计酬者的比例最高的行业是家具业和丝绸业。在这半个世纪中,有一些行业的产品线也发生了变化。1890 年的"肥皂和蜡烛",到 1940 年变成了"肥皂";1890 年的"丝绸"则在 1940 年变成了"丝绸和人造丝"。那两个与烟草有关的行业,也在这期间改变了它们最重要的产品。1890 年的"雪茄和香烟"指的主要是雪茄,因此我们将之与 1940 年前后的"雪茄"进行比较;而 1940 年前后的"嚼的烟、吸的烟和鼻烟"所指的主要是香烟,我们将其与 1890 年的"嚼的烟、吸的烟和鼻烟"进行比较,而后者排除了当时不太重要的香烟类别。

㉟ 关于这些行业的更多信息,请参见 Goldin 和 Katz(2001a, appendix table 1)。

㊱ 1890 年的数据来源是 U. S. Census Office(1895b)。各体力劳动行业(如木工、管道工、抹灰工、铁匠)已经从 1890 年的总数中减去了,以便让这些数据与后来所定义的制造业的数据有可比性。1940 年的数据来自 U. S. Bureau of the Census(1942)。

㊲ 这些数字形式的简写,指的是分布区间内不同百分位点的对数工资差距。我们在这里遵循了通常的惯例,例如,90—10 是指第 90 百分位的对数工资减去第 10 百分位的对数工资。

㊳ "磨面和磨粉业"可能有很好的理由成为所有这些行业中的一个例外,因为该行业在 1890 年之后发生了根本性的变化。1890 年,美国大约有 18 500 个磨面设施。随着高速研磨技术普及和将硬质春小麦磨成面的方法的发明,产生了巨大的规模经济效应(James, 1983)。在早期,每家面粉厂只雇佣少数几个高工资的工人,而在行业变得集中之后,不太熟练的面粉厂工人的比例上升了。请注意,这个行业有 16% 的男性员工被归为"白领",他们当中有许多人可能是股东—经营者(Goldin and Katz, 2001, appendix table 1)。1890 年包括了非生产工人在内的 90—10 指标为 2.94,超过了 1940 年前后的 2.69。

㊴ 表 2.1 给出的证据说明了制造业内部相关细分行业的男性生产工人工资离散度的变化。要想对制造业生产工人工资的总体离散度的变化进行全面分析,还需要了解制造业各细分行业的平均行业工资离散度的变化。现有证据表明,在我们研究的这个时期,制造业内部各细分行业之间的工资差距并没有扩大。例如,Cullen(1956)发现,从 1899 年到 1930 年代中期,84 个制造业的行业间工资差距缩小了,而在 1930 年代后期又有所扩大,到 40 年代再一次缩小。Cullen 的估计表明,以不同四分位之间的差距来衡量,1899 年至 1904 年的总体行业间差距,与 1937 年至 1939 年的总体行业间工资差距非常接近。考虑行业间工资差距的变化,不太可能改变我们的结论,即在 1890 年至 1940 年间,制造业生产工人的工资分布出现了大幅度的压缩,然后在 20 世纪 40 年代又被进一步压缩。

㊵ 所用的权重为 1940 年各行业中生产工人所占份额。在这 9 个行业中,有 2 个行业("木材业""烟草业:香烟")的工资差距,在 20 世纪 40 年代没有受到压缩,另外还有一个行业("磨面业")的工资差异在 1890 年至 1940 年间可能没有受到压缩。其余 6 个行业则在这两个时间段内都经历了 90—10 工资差距的压缩,1890 年至 1940 年间对数差距的加权平均为 24.7 个对数点,而在 1940 年前后到 1950 年代初期的加权平均值则是 14.0 个对数点。请参阅 Goldin 和 Margo(1991)对 1940 年至 1950 年代初期这 9 个行业相关数据的讨论。

㊶ 关于这一点,参见 Jerome(1934)。

㊷ 也请参阅 Douglas(1930),他提供了关于"普通白领工人"工资的最早的序列。通常,"普通白领工人"包括了大多数办公室职员(如办事员、打字员、速记员、秘书、簿记员)和较低级别的管理人员,但是一般不包括销售人员。

㊸ 见 Goldin 和 Katz(1995，table 1)。此处定义的办公室职员分为三类：(1)簿记员、出纳员和会计；(2)办事员，但是商店店员除外；(3)速记员、打字员和秘书。

㊹ 这些百分比变化率是从相应的对数点值计算出来的。这两个序列利用1939年时的重叠部分进行拼接(假设两者之间只是差了一个比例系数)。对女性进行估计时使用的是1890年至1914年平均工资比率的对数；男性则使用了1895年至1914年平均工资比率的对数。

㊺ 还有各新教教派牧师和公立学校教师的工资性报酬数据。在1940年之前，相对于生产工人，牧师的工资性报酬也减少了，但是出现这种情况的原因，可能不同于其他白领群体——这是因为对宗教培训的需求减少了。公立学校教师的工资性报酬的时间序列，受到了多种因素的影响，如高中普及运动的发展对高中教师的需求增加。

㊻ Boothe-Stigler 的数据只适用于政府赠地的学校，而且指的是9—10个月的工资。另见表2.3的注。

㊼ 请注意，在图2.8中，相对于制造业中的工资收入者，教授的工资性报酬在“大萧条”最严重的时期出现了大幅上升，但是随后又恢复为以前的水平。这个序列的这一特点是很典型的，其他技术性(熟练)工人相对于非技术性(非熟练)工人的工资序列也有这个特点。

㊽ 从1910年到1960年，全职教授与助理教授的工资性报酬比例几乎一直保持不变。我们用教授的工资性报酬除以所有制造业工人的工资性性报酬得出相对值。生产工人的工资性报酬序列(用来与办公室职员的工资性报酬序列作比较)，并不是所有年份都有数据的。请注意，制造业工人序列包括了制造业部门内部的办公室职员。

㊾ 在“工程师起薪”序列(表2.3及部分第1栏和第2栏)的数据中，与“所有工程师”序列(表2.3及部分第5栏)中相比，工程师薪酬的相对下降不那么明显。

㊿ 参见 Goldin 和 Margo(1992，table 7)，那里收录了州际商务委员会提供的熟练和非熟练铁路工人的序列，以及美国全国工业会议委员会提供的制造业熟练和半熟练工人相对于非熟练工人的每小时报酬的序列。

(51) 在20世纪70年代的下降，正是大学教育的回报率没有随工资结构变化而变化的一个主要例子。

(52) Goldin(1999)就是用这种方法来估计教育的回报的。

(53) 在20世纪30年代，州一级的人口普查几乎全都中断了，而且由于联邦人口普查规模的扩大和其他联邦一级数据收集工作的发展，在大萧条结束、经济状况得到了改善之后，州一级的人口普查也没有恢复。

(54) 1915 年,艾奥瓦州有 1 000 多个人口不到 1 200 人的镇。
(55) 这些都是 1914 年的数据,它们反映了时年大约 17 岁的青年的毕业率,以及时年 14 岁至 17 岁的青少年的入学率。尽管艾奥瓦州当年的高中毕业率排名高居全国第十,但是在 1914 年它的毕业率也只有 19%,同期的入学率则为 31.5%。
(56) 参见 Goldin 和 Katz(1999b, table 4)。
(57) 我们这里所说的"教育回报",并不是指内部回报率,而是在(对数)工资性报酬回归方程中受教育年限的系数。这也就是说,Mincer(1974)提出的框架的一般假设,在这里是适用的——教育对个人来说没有直接成本,而且所有进入劳动力大军的人都有相同的工作年限(不受其受教育程度的影响)。关于"能力偏差"的问题,以及试图用对教育回报的估计提供因果解释时会涉及的其他问题,请参阅 Card(1999)。
(58) 关于艾奥瓦州各县的资料,来自 Goldin 和 Katz(1999b)。
(59) 我们用的是 1940 年人口普查所用的职业代码。
(60) 人口普查年度是 1940 年、1950 年和 1960 年,但是收入是前一年的。在讨论中,为了方便起见,我们将经常提到联邦人口普查的年度,类似于 1915 年的艾奥瓦州人口普查。
(61) 1915 年的数据仅限于非农业男性工人。将 1950 年的普查只限于艾奥瓦州,会产生一个相当小的样本。
(62) 毫不奇怪,教育回报在 1915 年和 1960 年之间也下降了(表 2.6 第 1 行和第 3 行)。
(63) 在 1915 年艾奥瓦州的数据中,农业收入是最重要的"自雇收入"的来源。通过将艾奥瓦州人口普查的农业收入数据,与农业普查的农业总收入数据进行比较,我们得出的结论是:1915 年艾奥瓦州的数据所衡量的大体上是纯收入。
(64) 1897 年,艾奥瓦州共有 24 所学院和大学,其中两所由艾奥瓦州控制。其余的都是规模较小的教会文理学院。数据来源见 Goldin 和 Katz(1999a)。
(65) 关于美国学院和大学的演变过程,参见本书第 7 章,以及 Goldin 和 Katz(1999a)。有许多只有少数几个教师的"老式"高等教育机构,通过扩大规模和推进教学专业化,转变成了更现代的大学。
(66) 这里的证据来自 Bishop(1989)。
(67) 请参见 Taubman 和 Wales(1972)。
(68) 采用这两种计算方法时,对于高中的估计结果略有不同,但是对于大学则完全相同。
(69) 这些估计使用了 1915 年艾奥瓦州人口普查样本,以及 1940 年的综合公开微观数据样本(IPUMS)数据。

⑦"目前对资本的攻击仅仅只是一个开始。它将会成为迈向将来接踵而至的规模更大、范围更广的攻击的第一步,直到我们的政治竞争变成一场穷人对富人的战争为止——那将会是一场不断升级的、激烈而充满仇恨的战争。"(*Pollock v. Farmers' Loan*,158 US 601,1895)。

3

技能偏向型技术变革

3.1 不平等与技术变革

3.1.1 "都是计算机惹的祸"

正如我们在上一章中已经看到的,1980 年以来,经济不平等状况急剧恶化。大学毕业生的工资性报酬的增长速度,远远快于那些高中毕业后就不再接受教育的人。高级管理人员和专业人士的收入增长速度也远远高于普通工人。

不平等的加剧是全面的,而不仅仅体现在不同受教育程度群体之间,或不同职业群体之间越来越大的差距上面。而且,不断扩大的差距也发生在各个群体内部,甚至在受教育程度相同的群体内部。例如,在大学毕业生中,那些从录取标准更高的高等院校毕业的人,随着时间的推移,赚得的收入也相对更多。与上了一般法学院的毕业生相比,那些就读于更有声望的法学院的人收入也更高。差距的这种扩大几乎发生在所有群体内部,而且很难用受教育年限等常用的可观察因素来解释。举例来说,在几乎所有教育水平和经验水平上,靠近分布顶端的人群的收入,与那些位于中间或底部的人相比,增长的幅度就明显大得多。①

我们在上一章中阐明的核心结论之一是，过去 25 年不断扩大的不平等，实际已经影响到了所有的美国人。无论是按受教育程度、所属职业、所在地理位置划分，还是按任何其他标准划分，几乎没有任何一个群体完全能够置身事外。当然有一些群体是相对受益者，但是更多的群体都成了相对受损者——他们有时甚至蒙受了绝对损失。不断扩大的不平等现象，不仅极其普遍，而且扩展迅速。

为了解释经济不平等现象的普遍发生和迅速加剧，一些研究者开始努力去寻找一些本身也是普遍而迅速的因素。一个主要的"嫌疑犯"就是技能偏向型技术变革（skill-biased technological change），特别是那些需要使用计算机的技术。② 研究者提到过的其他因素还包括这样一些：国际贸易和外包的增长、低薪工人移民的大规模流入、私营部门的工会势力的衰落、联邦最低工资的实际价值被通货膨胀侵蚀、有利于高级管理人员和其他高端收入人群的社会规范的演变等。不过在这里，我们主要讨论技术变革所发挥的作用。

技术会影响经济不平等这一理论的核心思想是，某些技术对于工人和消费者来说是难以掌握的——至少在刚开始的阶段是这样。受教育程度更高、天赋更高的那些人，更有能力学会使用各种新型的、复杂的工具。年轻人往往比老年人更容易掌握新发明出来的设备。反过来，雇主也更愿意雇用那些受过较高程度教育，并拥有其他可观察的"素质特征"，有能力很快学会和运用新技术的人。那些不善于掌握新工具的现有员工，不但不能得到晋升机会，而且可能还会遭到减薪。而学习速度快的人则会得到奖励。

要用某种类型的技术变革来解释 20 世纪下半叶和 21 世纪初经济不平等现象的普遍而迅速的增加，它必须符合各种标准。首先，这种技术变革必须会影响到很大一部分劳动力，既包括流水生产线上的操作工人和办公室职员，也包括受教育程度较高的专业人士和普通工作人员。因此，这类新技术的出现必定表现为"通用技术"（general purpose technology）形式的创新。③ 所谓"通用技术"，是指不只适于特定的企业、行业、产品或服务的技术。相反，它必须具备广泛的通用性，可以应用于各种各样的生产方法和服务。此外，这种技术创新还必须可以在相当短的时间内就普遍扩散开来。最后，它还必定会要求各级各类员工进行思考、调整，还会对工作场所进行调整和重新配置。照这样看来，计算机化似乎就是那个"罪魁祸首"。

正如我们在本章中将会阐明的，技术变革——尤其是计算机化——确实显然是过去25年以来不平等状况不断恶化的部分原因。但是，计算机化和其他技术变革虽然是在助长经济不平等的"罪魁祸首"，它们这些"罪犯"从来不是单独行动的。理由很简单。

新技术确实改变了对不同类型的劳动力的相对需求；然而，新技术对工资结构的总体影响，不仅仅反映了这种需求变化，而且也反映了人们在供给侧作出的反应——通过进入各种类型的学校、参加在职培训或其他途径，来提高自己的技能。不能仅仅因为某项技术对劳动力技能、教育和专业知识的要求越来越高，就认定它必定会导致经济不平等状况的加剧；而且，就算真的会导致不平等的增长，这种增长也不一定会持续很长一段时间。如果技能供给的增加足以适应技能需求的增加，那么工资不平等状况就不一定会改变。

或者换种说法吧。工资结构的演变，至少在一定程度上可以比喻为下面这个意义上的一场赛跑：一方是由技术进步驱动的技能需求的增长；另一方是由人口变化、教育投资决策和移民浪潮驱动的技能供给的增长。④ 这个理论框架意味着，自1980年以来教育工资差距和工资不平等的加速扩大，或者是由技术变革所导致的需求转移加速所致，或者是由技能供给增长减速所致，又或者是由于两者的某种组合。

此外，"都是计算机惹的祸"这种说法，也完全没有考虑到技术变革和经济不平等的历史演变过程。在美国历史上，某种通用技术席卷了工厂、办公室和家庭的关键时刻，除了计算机的应用，之外，还有好几个。水力的广泛利用和后来取而代之的蒸汽机动力，就是这方面的两个例子。或者，更好的例子是，工厂、家庭和城市交通的全面电气化。计算机的应用，才是美国经济史上第一个或最重大的、复杂技术对几乎所有工人和消费者的知识、能力和适应性提出了更高要求的实例——这是一个严重的误解。

3.1.2 若干历史启示

在20世纪初期，许多行业，特别是那些更新、技术变革更有活力的行业，都对受教育程度更高的工人产生了更大的需求。当然，我们这里所说的"工人"，并不一定属于专业人士阶层，他们也并不一定都在办公室、会议室或销售展示厅工作。这也就是说，他们并不一定都是"白领工人"。相反，他们包括普通的生产线工人，只不过这些工人已经开始使用更复杂、更有价值的机器了。对于这些工人来说，"受教育程度更高"只意味着上过高中或者已经获得了高中毕业文凭。相比之下，对于专业职位，"受教育程度更高"则意味着上过大学了。我们的观点是，新的且更复杂的技术，长期以来都在改变着工作场所和日常生活的各个方面，而且是通过奖励那些思维敏捷、适应能力强的人（通常是更年轻、受过较好教育的人）来做到这一点的。

在本章中，我们想要阐述的最重要的历史观点，涉及对美国经济不平等长期趋势的一个统一的解释。回顾一下上一章，我们应该可以记起，20世纪的不平等故事包含了两个组成部分：第一部分是更早的不平等持续下降的时代；第二部分最近的不平等不断加剧的时代。但是，不平等史的这两个组成部分，能否在需求侧框架下共享一个统一的解释呢？如果在20世纪下半叶的技术变革是技能偏向型的，因此技能水平和受教育程度较高的人相对受益了，那么在20世纪早期情况会不会恰恰相反，即技能水平和受教育程度较低的人境况会相对更好呢？

答案要从这样一个事实中去找：在20世纪的大部分时间里，技能偏向型技术变革远比人们以前所猜想的更加迅速，持久性也远比人们以前所猜想的更强。在20世纪的大部分时间里，也可以度量到类似幅度的"技能偏向"。因此，仅仅从上述需求侧框架出发，是无法同时解释20世纪所经历的不平等史的两个组成部分的。毫无疑问，我们不能认为，仅仅指出最近的计算机革命所带来的技能偏向型技术变革在不断加速的事实，就能够完全解释20世纪上下半叶所经历的、截然不同的不平等演变趋势。当然，计算机确实给我们带来了许多新颖、省时、信息量大、娱乐性强并且非常便利的东西。但是，就这场技术变革的技能偏向性特点，和它所导致的对技能相对需求的增加而言，计算机化时代称不上是一个全新的时代。

不过无论如何，技术人才市场确实发生了一些重要的变化。既然整个20世纪需求侧的变化都是相似的，那么在这个世纪中不平等状况从上半叶到下半叶的变化，就必定涉及"不平等方程式"的另一半：供给侧。受过教育、有技术的熟练劳动力的供给波动,是解释不平等变化的关键因素。从 20 世纪早期到中期,受过教育、有技能的(熟练)工人的相对供给增长迅速,但是在 20 世纪后期却变得增长乏力了。对于 20 世纪不平等所经历的两个部分(至少就教育工资差距而言),要给出一个统一的解释,并不一定要求技能偏向型技术变革必须有一个很大的加速度(如果真的有这样的加速度的话)。恰恰相反,20 世纪上下半叶之间的差异,主要来源于受过教育、有技能的熟练劳动力供给的变化。

认为技术变革总是会不可阻挡地导致对技能的相对需求的增加,这种观点其实也是错误的。即便在计算机化这个例子中,人们也都普遍承认,计算机及软件的使用,使得他们不再需要某些能力和特性了。我们只需要想一想计算机为盲人、手脚不方便的人、失聪者,以及更多的普通工人开辟的新世界,就可以明白这个道理。例如,商店的收银员甚至不需要懂得心算了,相反,他们只需要扫一扫条形码即可。快餐店的店员也不需要记住餐品的名称,而只需要知道它们的样子就可以了。不过,我们还是要认识到,有大量证据表明,计算机化在总体上确实增加了与受教育程度和天赋能力有关的各种技能的相对需求。

因此,近期的技术变革完全可能增加了对技能的相对需求。正是这种可能性诱使许多人假设,在更加久远的过去,例如,在 19 世纪的工业革命期间,情况也是如此。但是,在长期的历史时期中,技术变革可能并没有增加对技能的相对需求。在过去的一个世纪里,更先进的技术在总体上增加了对教育和各种技能的相对需求,但是这一事实并不意味着在历史上情况也一直如此。

接下来,我们将探讨,在过去的两个世纪里,对技能相对需求的增加,是从什么时候开始与促进生产率提高的技术进步有了可定量分析的联系的。由于劳动生产率的提高,可能与工人所使用的实物资本数量的增加有关,因此我们还要讨论一个相关的假说——生产的资本密集度的增加是技能偏向型的。对于前一个论点,我们可以称之为"技能偏向型技术变革"(skill-biased technological change);对于后一个论点,我们则可以称之为"资本—技能互补性"(capital skill complementarity)。这两者之间存在着非常密切的联系,因为更先进的技术通常也是更"资本密集"的。

技术变革与对技能的相对需求之间关系的转折点,以及资本密集度与技能之间关系的转折点,出现在 19 世纪末期,当时电力开始得到采用,同时批量化和连续加工机械(我们将在下文中给出这些术语更准确的定义)也得到了广泛应用。造成这些变化的原因,既包括动力和机械对人力的替代,也包括对熟练技工、机械工以及组装和维护资本设备的各类专业技术人员的需求的增加。

但是,在我们回溯历史、探索技能偏向型技术变革的起源之前,我们必须先来考察一下更接近于现在的那个时期。为什么不平等和教育工资差距的迅速扩大,是发生在 1980 年至 2005 年间,而不是发生在 1950 年至 1980 年间?对于从 1980 年到 2005 年这个时期,"都是计算机惹的祸"这种假说是正确的,但最多只是部分正确,因为在 20 世纪的其他时期出现的技术变革也同样是技能偏向型的。最近这个时期的情况与之前的情况的区别,主要在于技能供给的放缓,而不在于技能需求的加速。

3.2 技术变革和对技能的相对需求:1950 年至今

3.2.1 技能和技能工资溢价:若干事实和一个含义

要想令人信服地证明,计算机化或其他技术变革,在扩大教育工资溢价以及更一般意义上的工资差距的过程中,发挥了重要作用,我们需要先引述一些事实。这组事实是关于按技能水平和工资性报酬水平来划分的、工人的相对供给。从 1980 年到 2005 年,对受过较高教育的工人而言,无论是他们的相对供给,还是他们获得的工资溢价,都有所增加。这两个事实有一个非常重要且有力的含义,那就是:如果一种商品(在这种情况下是技能)的相对价格和相对数量都增加了,那么对这种商品(技能)的需求增长速度,必定大于该商品(技能)的供给增长速度。

如果对技能的需求的增长非常迅速,又是什么因素导致的呢?一种可能性是,技能偏向型技术变革起到的一个作用就是,造成对高技能工人的相对需求的上升。但是我们并不能排除其他的可能性。例如,美国在生产高技术产品方面具有比较优势。如果国际贸易的增长使得对这类产品的国际需求上升,那么就会导致美国国内依靠技能较低的本土工人进行的生产被替代掉,原因是可以在国外以更低廉的代价雇用到工人。[⑤]虽然这也是一种可能的解释,但是我们的证据为"技能偏向型技术变革论"提供的支持,要比对"国际贸易论"更大。

然而唯一美中不足的是,技能偏向型技术变革在美国至少从 1950 年就开始了,而且可能持续了更长的时间。这样看来,在从 1980 年到 2005 年这个时期,确实有可能"都是计算机惹的祸",但是在导致技能供给增长放缓的过程中,这个"罪魁祸首"至少还有一个顽固的"帮凶"。

从下面给出的表 3.1,可以看到从 1950 年到 2005 年美国劳动力的大学工资溢价和教育水平构成的演变过程。在这半个多世纪的时间里,受过大学教育的工人的相对供给一直在增加。1950 年,在所有全职工人当中,高中辍学生几乎占到了 59%,而大学毕业生所占的比例则仅为 8%。到了 2005 年,高中辍学生的比例仅为 8%,而大学毕业生则几乎占到了 32%,另外上过大学的人的比例也从 9% 上升到了 29%。然而,与此同时,大学毕业生相对于高中毕业生的工资溢价却增加了一倍多,即从 1950 年的 36.7% 增加到了 2005 年的 86.6%。[⑥]但是,大学毕业生工资溢价的增加,大部分是在 1980 年以后发生的,因为 20 世纪 70 年代实现的大学毕业生工资溢价的下降,早就抵消了在更早的 20 世纪 60 年代和 50 年代增加额的大部分。我们已经在前面第 2 章中讨论过其中一些细节了,但是表 3.1 的信息,在这里有非常大的意义,我们下面很快就会看到这一点。

表 3.1　美国就业者的教育水平构成和大学/高中毕业生工资溢价:
1950—2005 年

	全职当量就业人口中,不同教育水平的工人所占比例(%)				大学/高中毕业生工资溢价
	高中辍学生	高中毕业生	上过大学的人	大学毕业生	
1950 年人口普查	58.6	24.4	9.2	7.8	0.313
1960 年人口普查	49.5	27.7	12.2	10.6	0.396
1970 年人口普查	35.9	34.7	15.6	13.8	0.465
1980 年人口普查	20.7	36.1	22.8	20.4	0.391
1980 年"当前人口调查"	19.1	38.0	22.0	20.9	0.356

	全职当量就业人口中,不同教育水平的工人所占比例(%)				大学/高中毕业生工资溢价
	高中辍学生	高中毕业生	上过大学的人	大学毕业生	
1990年"当前人口调查"	12.7	36.2	25.1	26.1	0.508
1990年人口普查	11.4	33.0	30.2	25.4	0.549
2000年"当前人口调查"	9.2	32.4	28.7	29.7	0.579
2000年人口普查	8.7	29.6	32.0	29.7	0.607
2005年"当前人口调查"	8.4	30.9	28.9	31.8	0.596

注:大学/高中毕业生工资溢价,是用对数形式表示的。用来计算全职当量(full-time equivalent, FTE)就业人口中不同教育水平的工人比例的样本,包括了在每一次人口普查和"当前人口调查"所用的样本调查基准周内,所有18岁至65岁从事有薪工作的个人。全职当量就业中各教育水平的工人比例的定义是:给定的教育水平组所提供的工作小时数,在所有劳动力的每周总工作小时数中所占的比例。这个表格是基于1940年至2000年的人口普查的综合公开微观数据样本,以及1980年、1990年、2000年和2005年的"当前人口调查"中的合并退出循环组样本数据编制的。各年度的(大学/高中)对数工资溢价,均为大学毕业生(接受过16年的学校教育,或获得了学士学位)和大学以上教育水平(接受过17年以上的学校教育,或获得了学士学位阶段之后的学位)相对于高中毕业生(正好接受过12年的学校教育,或获得了高中毕业文凭)的工资溢价估计值的加权平均。所用的权重为1980年大学毕业生及大学以上毕业生在就业中所占的份额。各年的教育工资差距,是通过对每组样本中工资收入者的对数时薪进行标准横截面回归来估计的,其中所用的自变量包括:一个代表受学校教育程度(或获得何种学位)类别的虚拟变量、经验的四次方、三个地区的虚拟变量、一个代表兼职工作的虚拟变量、一个代表女性的虚拟变量、一个代表非白人的虚拟变量,以及女性虚拟变量、经验的四次方和非白人虚拟变量之间的交互项。对数大学毕业生工资溢价水平,可以分别在各个人口普查样本之间和各当前人口调查样本之间进行比较。但是由于两组调查构造小时工资的数据的方法存在差异,因此不能直接比较"当前人口调查"中的工资差距和人口普查中的工资差距。更多的细节请参见Autor, Katz和Krueger(1998)。

资料来源:1950年到1990年的数据,取自Autor, Katz和Krueger(1998, table I)。2000年和2005年的数据,来自2000年和2005年的"当前人口调查"中的合并退出循环组样本(CPS MORG),以及2000年人口普查中的综合公开微观数据样本(IPUMS)。处理数据时所用的方法,与Autor, Katz和Krueger(1998)相同。

自1980年以来,大学毕业生工资溢价出现了持续上升,同时受过大学教育的工人的相对供给也在不断增加,对于这两个核心事实的关键含义,只要参照图3.1就可以更好地加以理解。图3.1是对有技术的熟练工人和没有技术的非熟练工人市场的一个示意图。⑦在这幅简化的图示中,劳动力由两个群体组成——熟练的或受过高等教育的工人(L_s)和非熟练的或受教育程度较少的工人(L_u)。这两个群体的相对工资(w_s/w_u)取决于一条向下倾斜的相对需求曲线和一条向上倾斜的相对供给曲线的交点。我们假设,技能更高的熟练工人的短期相对供给是缺乏弹性的,因为它是由过去的教育投资、移民和生育率等因素决定的。

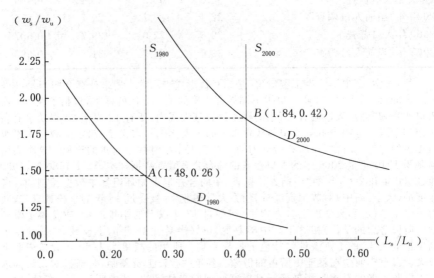

图 3.1　技能的相对供给与相对需求的示意图

注:A 点给出了从表 3.1 得到的(w_s/w_u)和(L_s/L_u)在 1980 年的近似值(使用 1980 年的人口普查数据,并对大学/高中毕业生工资溢价取幂),B 点则为它们在 2000 年的近似值(使用 2000 年的人口普查数据)。其中(L_s/L_u)是在表 3.1 的分组下得出的、大学毕业生与没有获得过大学学位的人的数量之比。由此,在点 A,(w_s/w_u)的值为 $e^{0.391}=1.48$,(L_s/L_u)的值则为 0.26。

虽然我们不能直接观察到完整的需求和供给函数,但是确实可以观察到均衡状态下的相对工资和投入使用的相对技能(见表 3.1)。图 3.1 用 1980 年和 2000 年的数据,说明了近期发生的变化。表 3.1 给出的劳动力市场的实际结果,从 A 点(1980 年)变成了 B 点(2000 年)。由此,技能更高的熟练工人的相对供给函数,在 1980 年至 2000 年间,从 S_{1980} 向外移动,变成了 S_{2000}。同样——这也是我们想要阐述的主要观点——相对需求函数必定也向外移动了,即在图 3.1 中,从曲线 D_{1980} 移动到了曲线 D_{2000}。[8] 但是问题在于,为什么相对需求曲线会向外移动呢?

3.2.2 技能偏向型技术变革的相关证据

我们无法仅仅凭借对更多高技能工人的相对需求增加这一事实,就认定存在着技能偏向型技术变革。另一种可能性是,美国受教育程度较低的那些人在制造业的工作机会,被海外的廉价劳动力抢走了。这种可能性也受到了很多人的关注。况且,没有技术变革,对技能的相对需求也有可能会上升。但是,从技术变革角度给出的解释,有非常有力的证据支持。

首先,在 20 世纪 80 年代和 90 年代,美国受教育程度更高的工人和非生产工人的相对就业率,无论是在行业内部还是在企业内部,都得到了迅速提高,而且这种提高还是在这些工人的相对成本已经大幅上升了之后实现的。尽管许多人将受教育程度较低的人就业率降低的原因,归之于国际外包,但事实反驳了把这当成主要原因的解释。至少在 20 世纪 80 年代至 90 年代末,行业内部大规模转向拥有更高技能的熟练工人的现象,也发生在了只有极少或完全没有国际外包活动的行业当中。行业之间的产品需求转移,也不可能是主要的"罪魁祸首",因为用行业间需求转移指数来衡量的话,转移到技能密集型行业的就业规模实在太小了。[9]

许多研究得到的结果都表明,新技术和资本密集程度的提高,与企业和行业对更有技能的熟练工人的相对利用率之间,有很强的正相关性。[10] 更有技能的熟练工人的相对就业率,与各种衡量技术和资本的指标之间,也存在着明显的正相关关系——这些指标包括:在计算机上的投资、员工使用计算机的普及度、研发支出、科学家和工程师的聘用率,以及资本密集度等。[11]

对银行业、汽车维修业和阀门制造业的一系列案例研究表明,基于计算机的新技术的引进,与对受教育程度更高的工人的需求变化密切相关。[12] 对人力资源经理的调查结果也表明,在信息技术上的大量投资——特别是那些能够分散决策权和提高员工自主性的投资——增加了对受教育程度更高的工人的需求。[13] 这些证据与不平等加剧"都是计算机惹的祸"的说法是一致的。但是,我们还可以给出更直接的证明。

计算机是如何增加对受过教育、有技能的熟练工人的相对需求的?原因有很多,并且原因往往因不同的工作场所而异。办公室的计算机化,使得许多白领工作变成了例行公事,而且更简单、重复性较高的工作比复杂和特殊的工作更易于计算机化。在生产车间中,各种以微处理器为基础的技术,帮助实现了许多生产流程的自动化。许多曾经需要数百名生产工人共同劳动的工作现场,现在往往只需要留下几个生产工人了,最多另外再加上几个操作计算机的工人。计算机、互联网和电子商务提高了市场营销和解决问题等技能的回报。[14]在工作中需要直接使用计算机的美国工人的比例,从 1984 年的 25%,提高到了 2003 年的 57%。[15]尽管对于较年轻的、受教育程度更高的工人来说,电脑是很容易使用的,但是对于其他许多人来说,电脑却是一个令人望而生畏的东西,至少在一开始时是这样。

无论是从经验的角度来看,还是从逻辑的角度来看,技能偏向型技术变革都是推动 1980 年以来需求向有利于受教育程度更高的工人转移的重要动力,这已经得到了非常有力的证明。但是,这个结论并不一定意味着,1980 年以来工资不平等加剧背后的驱动力,就是技术变革类型的改变,或技术变革速度的加快。正如我们很快就会证明的,原因就在于,在整个 20 世纪,除了快速的技能偏向型技术变革之外,资本—技能互补性也一直存在。事实上,技术变革的这些影响,甚至在教育工资差距缩小或保持稳定,以及经济不平等缩小的那些时期也同样存在。

兹维·格里利谢斯(Zvi Griliches,1969)最早在他的一篇开创性文章中提供的证据表明,至少在过去半个世纪里,技能偏向型技术变革一直都在进行。他也发现,在 20 世纪 50 年代,美国的制造业存在着相当程度的资本—技能互补性。追随格里利谢斯研究思路的其他研究者发现,即便是在 20 世纪 50 年代和 60 年代教育工资差距不断扩大的情况下,即便是在整个 20 世纪 50 年代至 70 年代行业技能需求与资本密集度及技术投资之间存在强烈正相关的情况下,行业内部的技能提升也一直非常强劲。[16]

3.2.3 技术并不是单独起作用的:技能供给的作用

在过去的半个多世纪里(甚至更长的时间里),快速的技能偏向型技术变革,几乎一直都在不间断地进行着;但是,对于 1980 年以来的时期,我们还必须考虑另一个因素:受教育程度更高的工人的相对工资得到了大幅提高,同时技能的相对供给量也增加了。对此有两种主要的解释,但是只有一种是与事实相符的。如果近几十年来,对受教育程度更高的工人的相对需求的变化速度出现了加速,那么计算机革命对劳动力市场的影响,在定量上就可能会与过去的技术变革有所不同。或者,在技能偏向型技术变革的背景下,如果技能的相对供给增长出现了放缓,那么对劳动力市场的影响也可能会有所不同。

我们可以通过对受过大学教育的工人在如下两个时期的相对需求和相对供给的演变情况进行比较,来评估上面这两种可能性:第一个时期是 1980 年后的时代,这是大学毕业生工资溢价大幅增长的时期;第二个时期是 1950—1980 年,这是大学毕业生工资溢价仅小幅增长的时期。结果表明,第二种可能性比第一种更符合事实:在存在技能偏向型技术变革的同时,技能的相对供给增长放缓了。

为了完成这个分析,我们先要回头去看一下表 3.1 中的数据。这张表很好地总结了美国劳动力的受教育程度,以及大学和高中教育之间的工资差距,在 1950—2005 年间的演变过程。现在,我们就用表 3.1 给出的数据,来估计上过大学的工人——用"大学当量"* 来衡量——的相对供给和相对需求,在 1950 年以来各选定时间段内的增长情况。[17]

从 1950 年到 2005 年,相对需求和相对供给在总体上看都是快速增长的,这一点我们从表 3.2 的上半部分可以看得很清楚。受过大学教育工人的相对供给增长率的大幅提高,正是 20 世纪 70 年代大学毕业生工资溢价下降背后的推动力。20 世纪 70 年代相对技能供给的激增,则是在那之前的几十年间人们接受高等教育的机会不断增加(我们将在本书第 7 章讨论这一点),以及婴儿潮带来的大量青年进入劳动力市场的结果。表 3.2 中给出的

---

* 这里的"大学当量",原文为"college equivalents",也可译为"拥有大学学历及同等学历者"或"大学同等学历"。考虑到在中文语境下"同等学历"一词的含义,和"college equivalents"在本书中的特定计算方法(见下文和相应的注释),本书大多数地方采用了"大学当量"这种相对来说不那么流畅的译法。与此类似的还有"高中当量"(high school equivalents)、"全职当量"(full-time equivalents,FTE)等。但是译者并没有绝对弃用"大学同等学历"这种译法,因为有时这样译更恰当。——译者注

估计结果表明，20世纪80年代大学毕业生工资溢价的急剧提高，则是相对技能供给增长大幅放缓和需求增长大幅加速的结果。在20世纪90年代和21世纪00年代，相对供给的增长继续减速，而对拥有大学学历及大学同等学历的工人的相对需求增长也放缓了，考虑到这也是计算机化革命持续推进的时期，这多少有些令人惊讶。[18]

表3.2 不同受教育程度者相对工资的变化，以及受过教育的工人的相对供给和相对需求的变化：1950—2005年（100×年均对数变化）

时　　期	相对工资	相对供给	相对需求
1950—1960年	0.83	2.91	4.28
1960—1970年	0.69	2.55	3.69
1970—1980年	−0.74	4.99	3.77
1980—1990年	1.51	2.53	5.01
1990—2000年	0.58	2.03	2.98
1990—2005年	0.50	1.65	2.46
1950—1980年	0.26	3.49	3.91
1960—1980年	−0.02	3.77	3.73
1980—2000年	1.04	2.28	3.99
1980—2005年	0.90	2.00	3.48

注："相对工资"为对数（大学教育工资/高中教育工资），或为表3.1中的大学/高中毕业生工资溢价。衡量相对供给和相对需求的各个指标需要用的分别是"大学当量"（大学毕业生，再加上受过一定大学教育的人的一半）和"高中当量"（接受过12年教育或更少年限教育的人，再加上受过一定大学教育的人的一半）。这里隐含的相对需求变化，假设"大学当量"和"高中当量"之间的总替代弹性为1.64，这也是我们在本书第8章表8.2中提出的首选估计值。"大学当量"的对数相对供给，是由"大学当量"的对数相对工资份额，减去对数相对工资序列得出的。这种方法，还要根据"大学当量"和"高中当量"的年龄—性别构成的变化，对相对供给的量值进行调整。更多细节见本书第8章表8.1的注，以及Autor, Katz和Krueger（1998）。为了确保各个样本之间数据的一致性，1980—1990年的变化使用的是"当前人口调查"，1990—2000年的变化使用的是人口普查，2000—2005年的变化使用的是"当前人口调查"。

资料来源：Autor, Katz and Krueger（1998, table Ⅱ），并更新至2005年。基础数据载于附录D的表D.1，是从1940年至2000年人口普查中的综合公开微观数据样本（IPUMS），和1980年至2005年"当前人口调查"中的合并退出循环组样本（CPS MORG）的数据推算出来的。

比较一下表3.2下半部分的1950—1980年与1980—2000年，就可以发现在 20 世纪下半叶,相对需求增长的平均速度几乎没有任何变化。而在另一方面,1980 年以后,技能相对供给的增长却大幅放缓了。1980 年以来技能相对供给增长的放缓,就可以完全解释 1980—2005 年间大学毕业生工资溢价的巨大增长(而有余)。事实上,1980—2005 年对受过大学教育的工人相对需求的隐含增长,要比 1950—1980 年间更加缓慢。因此,从这个分析可以得出的最重要的结论是,过去 25 年来大学毕业生工资溢价爆炸性增长背后的推动力,就是受过教育的工人的相对供给增长率的大幅下降,而不是对技能的相对需求增长率的提高。[19]

当然,我们这个结论并不意味着技术变革对工资结构不重要。事实上,从 1950 年到 2005 年,如果没有发生过快速的技能偏向型技术变革,那么教育工资差距将会大幅下降(这一点从图 3.1 中曲线 D_{1980} 和曲线 D_{2000} 交点的位置就可以看得很清楚)。但是,我们的结论确实意味着:技能供给的变化,很可能就是了解为什么工资结构在 20 世纪前期和后期如此大相径庭的关键所在。

3.3 技术变革和对技能的相对需求:1900—1950 年

3.3.1 旧时代的新技术

经常有人指出,我们今天正处于一场非凡的技术变革当中。这当然是一个无可置疑的事实。然而,在 1915 年前后的二十年间出现并传播的技术进步,也是非同凡响的,而且可能产生了更大的经济后果。

请回顾一下这段经济史吧。外购电力占制造业动力的比例,从 1909 年的 9%,上升到了 1929 年的 53%;类似的变化也迅速席卷了居民用电领域。新的商品层出不穷,其中有许多至今仍然在我们生活中占据着非常重要的地位(如汽车、飞机、商业无线广播电台、家用电器和办公设备等)。在这个时期发明出来并迅速得到广泛传播的商品,还包括铝、合成染料、"人造"冰(指工业化生产的冰)、电影、人造丝等。新技术还改进了橡胶、平板玻璃、汽油、罐装炼乳和人造黄油的生产方法。到 1940 年,除了汽车业之外,生产上述商品的所有行业,都雇佣了非常大比例的受过较高教育的生产工人。在这些行业当中,有许多在 20 世纪 10 年代和 20 年代也曾经是当时的高技能行业。不少行业已经采用了批量化操作工艺和连续加工设备。

考虑到"批量"(batch)和"连续加工"(continuous process)这两个术语会在我们的讨论中反复出现,我们有必要先在这里给出它们的定义。批量化操作(batch operations)用于处理液体、半固态或气态物质,如化学品、酒精、乳制品、熔融状态的金属、木浆等。连续加工方法(continuous process methods),首创于 19 世纪末期,适用于生产不怎么需要装配,且只有很少或完全没有活动部件的产品,如燕麦、面粉、罐头食品(如炼乳、汤)、肥皂、薄膜、纸、火柴和香烟等。

连续加工方法的一个很好的例子,是邦萨克卷烟机(Bonsack cigarette machine),这种机器非常有名,后来还进一步发展成了一种全集成的自动化生产工艺。烟叶、卷烟纸、铝箔纸和烟盒,在不同的时间节点上进入机器,然后从另一端出来的就是成品了——一盒盒香烟,上面甚至连纳税印花都已经贴好了。而批量化生产方法的一个极佳例子,则是长网造纸机(Fourdrinier papermaking machine):先成批生产出木浆,然后送往下一道工序制造出纸张。连续加工方法和批量化生产方法都是"黑箱"型技术。只要把原材料送入机器,就可以生产出最终产品,几乎不需要人力干预。只有在必要时,才会有一些机械师和技师出来修理机器。相比之下,非自动化的装配生产线则需要大量的操作工人共同参与一个生产过程,他们彼此之间有非常细密的劳动分工。

3.3.2　劳动需求与技术

正如我们在第 1 章指出的,20 世纪的教育进步一直到几十年以前都是非常迅速的。在 20 世纪的前期,发展最快的教育类型是中学教育。因此,要比较技术变革在当今和过去对受教育程度较高的工人的需求的影响,就需要考虑到这两个时期不同的教育水平。对于 20 世纪早期,我们关注的其实是对受过高中教育的工人日益增长的需求;而对于更近的时期,则如上一节所述,我们是重点针对受过大学教育的工人的。此外,在整个 20 世纪里,美国经济中的非农部分,已经从以制造业、交通运输业和建筑业为主导,转变成了主要以服务为导向了。因此,对于这两个时期我们所要强调的职业也必定有所不同。

我们打算在下文中阐明的一点是,在 20 世纪初期,特别是在那些更新、技术变革更有活力的行业和部门,对受过较高教育的工人的需求是非常高的。而且,新增加的需求大部分来自制造业。我们将会给出一些关于生产工人的证据。这些证据没有多少人知道,因为正规教育对过去的产业工人所起的作用一直没有引起过太多研究者的注意。事实上,在 20 世纪的大部分时间里,生产工人从来都是被描述为一个在正规教育方面几乎完全无差别的群体。[20]当然事实并非如此。

在 20 世纪的早期,大多数生产工人都是在国外出生的人或其子女。也正是由于这个原因,许多生产工人的受教育程度都低于美国人的平均水平。不但生产工人的平均受教育程度很低,而且他们彼此之间受正规教育程度的差别也很大。我们的研究重点是,对主要在生产操作环节工作的受过教育的蓝领工人——工艺人员、操作工以及体力劳动者——的需求,是怎样不断变化的。

作为一个群体,白领劳动力的受教育程度向来都高于蓝领劳动力。因此,把研究重点放到一个原本就不以受教育程度高而见长的群体身上,初看起来似乎有些奇怪,但是我们确实有很好理由关注他们。首先,在 20 世纪初期,蓝领工人群体数量庞大,而且当时还处于不断增长当中。1900 年,蓝领工人在全体男性劳动力所占的比例为 41.4%,到 1920 年这一比例上升为 45.4%,到 1940 年进一步提高到 46.4%。[21]将蓝领工人作为研究重点的另一个原因是,我们对 20 世纪早期制造业的生产方法、资本存量和技术变革等各方面都已经有了相当好的了解。

有好几类证据都可以用来说明 20 世纪早期技术变革对受过教育、有技能的熟练劳动力需求的影响。虽然我们在这一章的重点是体力劳动职位,但是我们也会给出证据,说明技术变革是如何影响对非生产工人的需求的。

3.3.3　来自 1940 年美国人口普查的证据

我们先来讨论 1940 年美国人口普查提供的证据。1940 年的美国人口普查,是第一个包含了教育程度信息的联邦人口普查。我们发现,制造业的蓝领工人之间在受教育程度上存在着巨大的差异,而且这种差异与行业特征直接相关,从而也与特定行业所采用的技术和工人所需的技能有关。

在我们对 1940 年美国人口普查中的综合公开微观数据样本(IPUMS)数据进行分析时,把样本限定为 18—34 岁、在制造业从事蓝领职业的男性,如制造业中的技工、操作工、体力劳动者和服务人员。[22] 在这个群体中,27.6% 的人受过 12 年或 12 年以上的教育;相比之下,在 1940 年,在 18—34 岁的所有就业男性中,有 36% 的人至少受过 12 年的教育。[23] 蓝领工人的平均受教育程度较低,这个结果不足为奇。关键在于,他们之间的差异相当大,其中许多人都受过良好的教育。

受教育程度较高的工人在制造业蓝领工人总数中所占的比例,在生产高科技产品和新近创新产品的那些行业要高得多,如飞机、商业机械、科学设备和摄影器材等。[24] 还有一些雇佣了受教育程度较高的工人的行业,则比其他行业在更大程度上采用了连续加工和批量化生产方法,这些行业包括炼油业、乳制品业、油漆和涂料业,以及有色金属业。

如前文所述,在分析 1940 年以前教育所发挥的作用的时候,我们通常以高中毕业作为"受教育程度高"的标准;而对于更近的时期,则将"受教育程度高"定义为大学毕业(或者完成了四年的大学教育,或者是两年和四年的结合)。之所以要采用不同的标准,是因为在 20 世纪美国平均教育水平发生了变化。1940 年,美国 25—34 岁的男性劳动力中,有 34% 接受过 12 年或 12 年以上的教育;而在 2000 年,已经有同样比例的人接受过高等教育了。[25]

我们根据 18—34 岁的蓝领男性工人中高中毕业生所占的百分比,对各行业进行了排序,下面的表 3.3 列出了排名最靠前和最靠后的 20% 的行业。[26] 这些行业很明显可以分为两个组别。位于那些教育水平阶梯低端的行业,要么生产作为第一次工业革命产物的产品(棉制品、羊毛和丝绸纺织品、靴子和鞋子),要么生产几个世纪以来一直作为主要建筑材料的产品(木材、石材、黏土和水泥)。而在教育水平阶梯的高端,则是生产第二次工业革命产品的行业(如化工产品、石油)、机械制造部门中的部分行业,以及一些生产以往只在传统手工作坊中制作的产品的行业(如钟、手表、珠宝,甚至还包括飞机),此外还有一个似乎永远属于教育水平高端的行业——印刷出版业。[27]

表 3.3 各行业 18—34 岁男性蓝领工人中高中毕业生的比例：1940 年

标准行业分类码(SIC)三位数制造业行业名称	高中毕业生比例(%)	观察值个数	标准行业分类码(SIC)三位数制造业行业名称	高中毕业生比例(%)	观察值个数
高教育水平的行业（从高到低）按雇佣总人数累计的顶端 20%			低教育水平的行业（从低到高）按雇佣总人数累计的底端 20%		
飞机及零部件制造业	52.7	541	棉纺织业	10.8	1 512
出版印刷业	44.7	1 289	烟草业	11.6	144
办公设备业	43.7	166	伐木业	11.7	706
炼油业	43.3	415	锯木和刨削加工业	14.1	1 941
乳制品业	43.2	417	未规定产品的纺织业	15.6	128
科研设备和摄影器材业	40.8	227	丝绸和人造丝业	16.6	350
电力机械业	40.5	977	制毯业（地毯和毯子）	16.9	107
非金属矿物产品业	36.2	135	各类纺织品织造业	17.0	94
涂料和油漆业	35.9	107	宝石雕琢和石材加工业	17.1	101
钟表和珠宝业	34.7	197	各类纺织品业	17.6	117
造船业	34.4	528	建筑用黏土制品业	18.8	271
各类机械制造业	33.5	1 669	水泥、混凝土、石膏和灰泥制品业	19.2	263
有色金属业	33.1	342	制帽业（布料帽和女帽除外）	20.5	60
			纺织物染整业	20.6	191
			各类木制品业	21.4	475
			制鞋业（橡胶套鞋除外）	22.9	680
			羊毛织物和精纺毛料业	23.1	368

注：样本范围仅限于 18—34 岁、调查时在制造业从事蓝领职业（技工、操作工、体力劳动者、服务人员）的男性工人。"高中毕业生"的定义，是受过 12 年或更长时间的正规教育的人。在共有 31 531 个观察值的样本中，高中毕业生所占比例的平均值是 27.6%。行业名称采用了美国大学校际政治与社会研究联盟（ICPSR，1984）给出的标准。从高教育水平到低教育水平对行业进行排序的根据，是 18—34 岁、受过 12 年或以上教育的男性在该行业的蓝领工人所占的比例。排好序后从顶端（底端）选取行业，直到累计人数占到制造业就业总数（即所有工人）的 20% 为止。所有计算都使用了 1940 年美国人口普查中的综合公开微观数据样本（IPUMS）的抽样权重。

资料来源：1940 年美国人口普查中的综合公开微观数据样本（IPUMS），1/100；美国大学校际政治与社会研究联盟（ICPSR，1984）。

在 1940 年的制造业之外的其他行业,也都可以发现类似的蓝领工人雇佣模式。在通信、交通、公用事业等领域,受过较高教育的蓝领工人出现在新的和更先进的细分产业中的比例更大,如电话、电线和无线电产品、航空运输、石油和油气管道、电灯和电力、广播和电视等。在零售行业中,那些新出现、比较时髦或单位价值更高的产品,往往是由高中毕业生销售、运送和提供维修服务的。珠宝店和药店的司机,受教育程度也比其他行业的司机更高。无线电产品商店的蓝领工人,甚至加油站的服务员,受教育程度都比普通蓝领工人要高得多。因此,我们的观点是,在制造业以及许多其他行业,那些要利用更先进的技术、要管理更昂贵的资本设备和商品的蓝领工人,受教育程度要比拥有类似职业头衔的其他工人更高。

因为我们对高教育水平行业和低教育水平行业的上述发现是相当新颖的结果,所以我们还必须消除一些潜在的疑虑。首先,我们的结果有没有可能主要是由教育水平和特定行业所共有的某种地理差异所造成的?为了降低电力或原材料等非劳动力投入的成本,某些行业可能选址于教育水平较高的地区。其次,年龄对就业和受教育程度也都会产生影响。为了评估这些因素的影响,我们利用来自 1940 年美国人口普查中的综合公开微观数据样本中的年轻男性蓝领制造业工人样本,将一个高中毕业(12 年或以上的学校教育)的指示变量,对年龄、州、是否城市居民,以及一个代表行业的虚拟变量,进行了一系列回归分析。由此获得的调整后的工业系数排序和行业平均残差,几乎都与表 3.3 给出的结果完全相同(表 3.3 中未列出这些调整后的结果)。最后,即便是在对城市化程度差异、生产的区域布局和年龄结构进行了调整之后,不同行业的蓝领工人的受教育程度也仍然存在着很大的差异。[28]

20 世纪早期的相关证据

尽管 1940 年的人口普查是第一个在全美范围内收集关于居民受教育程度的信息的普查,但是许多更早的资料来源,其实已经提供了关于在制造业、服务业和交通运输业中就业的工人,特别是受过较高程度教育的蓝领工人的有用信息。举例来说,我们在本书第 1 章和第 2 章中提到过的 1915 年艾奥瓦州人口普查,就包含了有关居民受教育程度和职业的详细信息。虽然艾奥瓦州的制造业没有创造出大量的就业机会,但是该州确实有一个相当庞大的群体,在从事各种蓝领服务工作。在这些人当中,年龄在 18 岁到

34 岁之间且受教育程度较高的男性,大多从事更新的、技术含量更高的行业,如汽车维修,他们通常是技工、机械师、电工和"工程师"。当然,绝大多数受过良好教育的年轻男性都从事白领工作。

另一份关于教育与技术更先进的那些行业("高新产业")之间关系的早期证据,则来自一项对住在纽约州并于第一次世界大战期间离开了学校的数万名年轻人的调查。㉙该项调查的数据显示:在从事手工业、技工和体力劳动的 16—18 岁男性,受教育程度越高,在金属行业工作的比例就越高;而在木材、皮革、服装、纺织品等行业就业的比例,则随受教育程度的提高而下降。在当时,金属行业被认为是制造业中技术更先进的行业之一,而上面提到的其他行业的历史更悠久、技术创新活力更弱。在从事蓝领工作的受过 12 年教育的年轻人中,有 54.4% 的人在金属行业就业;而在那些只上过 9 年学后就辍学的人中,则只有 44.4% 从事金属行业;至于那些上了 6 年学后就辍学的人,则只有 30.3% 从事金属行业。㉚

至此,我们已经可以确认,在 1940 年,某些特定行业的企业,雇佣了特别高比例的受教育程度较高的蓝领工人。比较一下表 3.3 列出的高教育水平行业和低教育水平行业,我们就会发现,雇佣更多受教育程度高的工人的那些行业,生产的产品更新、使用的技术更先进——包括连续加工和批量化生产技术。㉛由此可见,在 1940 年,技术—技能互补性不但存在,而且非常明显。事实上,技术—技能互补性,甚至早在 20 世纪早期就存在了,这种互补性与电力的使用及人均资本利用的密集化有关。接下来,我们就来看一看这个方面的相关证据。

3.4　20 世纪初的技能偏向型技术变革

3.4.1　技能、资本密集度与电力

要想探究 20 世纪早期的技术—技能互补性,我们就必须利用包含了资本密集度信息的明细行业数据。由于现有的 20 世纪早期数据来源都不包含关于受教育程度的数据,所以我们将 1940 年人口普查中按行业划分的受教育程度数据,与 1909 年、1919 年和 1929 年制造业人口普查中关于行业属性

的数据合并到了一起。㉜为了便于考察那些受教育程度较高的工人是不是更多地使用资本和电力,我们在表 3.4 中列出的是,在行业一级,将 1940 年 18—34 岁男性蓝领工人的受教育程度,对资本劳动比率(1909 年和 1919 年)、电气化设备功率(取 1909 年、1919 年和 1929 年的平均值),以及关于工人和行业特点的其他控制变量进行回归的结果。㉝

表 3.4　教育、资本密集度和用电量:1909 年和 1919 年

	调整后蓝领职位上 18—34 岁男性中高中毕业生所占比例,按行业划分			
	资本密集度		资本和电气化程度	
	1909 年 (1)	1919 年 (2)	1909 年 (3)	1919 年 (4)
$\log(K/L)$	0.058 9 (0.016 9)	0.049 6 (0.020 2)	0.063 2 (0.019 4)	0.059 2 (0.020 5)
%外购电力功率			0.199 (0.053 1)	
$\log$(外购电力功率$/L$)				0.035 9 (0.015 1)
$\log$(其他功率$/L$)				−0.040 5 (0.008 8)
$\log$(总功率$/L$)			−0.004 3 (0.014 9)	
$d\log$(就业)$_{1909,1929}$			0.031 3 (0.012 6)	0.031 1 (0.012 8)
%工匠	0.187 (0.033 6)	0.189 (0.035 5)	0.118 (0.029 5)	0.122 (0.029 5)
%女性	0.142 (0.053 7)	0.093 2 (0.052 4)	−0.044 2 (0.063 6)	0.008 6 (0.065 2)
%儿童	−1.56 (0.490)	−1.56 (0.515)	−0.660 (0.463)	−0.804 (0.487)
截距项	0.203 (0.023 8)	0.193 (0.036 1)	0.092 1 (0.036 6)	0.185 (0.030 7)
观察值个数	57	57	57	57
R^2	0.482	0.428	0.711	0.703

注:括号内给出的是标准误。观察单位是 1940 年划分为一定类别的行业。1909 年、1919 年和 1929 年的制造业普查中,各个行业都汇总纳入到 1940 年的行业

分类中。例如,1940 年的饮料业包括了 1909 年的蒸馏酒、麦芽酒和葡萄酒业,以及矿泉水和苏打水等行业。关于我们运用的跨样本匹配行业的方法的细节,请参见 Goldin 和 Katz(1998)的数据附录。每个观察值都已经以 1909 年、1919 年和 1929 年该行业在制造业蓝领工人就业总数中所占份额的平均值进行加权。因变量是 1940 年该行业 18—34 岁男性蓝领工人中高中毕业者经调整后的百分比。调整方法如下。对一个针对 1940 年美国人口普查中的综合公开微观数据样本(IPUMS)中就业于制造业、通信业、运输业和公共事业部门的 18—34 岁男性蓝领工人这一人群,代表着高中毕业(即受过 12 年或以上正规教育的人)的指示变量,用如下这些变量来进行回归分析:一个代表州的虚拟变量、一个代表年龄的虚拟变量、一个代表在中心城市和大都会区居住的指示变量,以及全套完整的 1940 年人口普查的三位数行业虚拟变量(样本容量=38 940,采用 1940 年美国人口普查中的综合公开微观数据样本的抽样权重进行加权)。57 个行业虚拟变量的系数,就是经调整后 1940 年每个行业的年轻男性蓝领工人当中高中毕业生所占比例。

变量的定义如下:

$\log(K/L)$:如对应栏的标题所示,1909 年和 1919 年,每个行业中每个工资收入者的人均资本存量(以千为计数单位,并以当期美元价值计算)的对数。

%外购电力功率:外购电力占总运行功率的百分比,取 1909 年、1919 年和 1929 年的平均值。

$\log($外购电力功率$/L)$:使用外购电力的每个工资收入者的人均电动机功率的对数,取 1909 年、1919 年和 1929 年的平均值。

$\log($其他功率$/L)$:每个工资收入者的人均原动机(prime movers)总功率的对数,取 1909 年、1919 年和 1929 年的平均值。原动机的总功率包括蒸汽机、汽轮机、水轮机、内燃机等的功率。

$\log($总功率$/L)$:每个工资收入者的人均(原动机总功率+使用外购电力的电动机功率)的对数,取 1909 年、1919 年和 1929 年的平均值。

$d\log($就业$)_{1909, 1929}$:从 1909 年到 1929 年总就业人数的对数的变化。

%工匠:在 1940 年的行业分类中被归入"手工业"类别的细分行业中(1909 年、1919 年、1929 年)的工资收入者所占的百分比,取 1909 年、1919 年和 1929 年的平均值。"工匠"的定义是,从事如下行业的人:金银加工业、制箔业;珠宝业;照相制版业;钢板和电版刻印业;浮雕制作业;木器和模具雕刻业;玻璃加工业;玻璃切割、染色及装饰业;仪表业;光学器材业;以及雕塑艺术业。出版印刷业也包括在内,因为它的特点之一就是需要有文化的劳动力。

%女性:工资收入者当中女性的百分比,1909 年、1919 年和 1929 年的平均值。

%儿童:工资收入者当中儿童的百分比,1909 年、1919 年和 1929 年的平均值。

资料来源:美国人口普查局(U.S. Bureau of the Census,1913,1923a,1933),并利用阿瑟·伍尔夫(Arthur Woolf)提供的数据进行了补充。参见:Woolf(1980);1940 年美国人口普查中的综合公开微观数据样本(IPUMS,1/100);美国大学校际政治与社会研究联盟(ICPSR,1984)。

1909 年和 1919 年的资本与工资收入者数量之比(即资本劳动比率),与 1940 年按行业划分的工人受教育水平呈正相关[见表 3.4 第(1)栏和第(2)栏],而且这种效应在经济上的意义也是显著的。举例来说,将资本劳动比率提高相当于 1909 年的木材业与人造黄油业之间的差距的幅度,就需要 1940 年的高中毕业生比例提高 7 个百分点,或者说,增幅为 25%。[34]这也就是说,在 20 世纪伊始资本密集度更高的那些行业,在大约 20 年后雇佣了更多的受教育程度较高的劳动力。因此,这意味着资本密集型行业在 20 世纪早期就雇佣了一些受教育程度较高的劳动力,尽管我们无法确切说出他们的受教育程度究竟是什么。

受教育程度较高的蓝领工人,不仅在工作时使用了更多的资本,他们还用掉了更多的外购电力。在 1909 年至 1929 年间,制造业的用电量迅速增长。1909 年,通过电动机提供的动力,在所有制造业的所有动力中所占比例仅为 23%,但是到 1929 年就飙升到了 77%。[35]制造业企业所用的电力,一部分是从发电厂购进的,另外一部分则是企业自己发的电(如利用蒸汽或水力发电)。在这两者当中,使用外购电力的电动机的增长速度更快,所占份额从 1909 年的 9%,上升到了 1929 年的 53%。尽管外购电量的增长速度大于总用电量的增长速度,但是 1929 年自发电力仍然在总用电量中占到了 24%,这是一个相当大的比例。利用对这两种电力来源的最优估计值,我们发现使用外购电力对教育水平的影响比使用自发电力要大得多。[36]造成这种差异的原因,第一在于电力的具体用途不同,第二是新建成的工厂更多地使用外购电力。

从 1909 年到 1929 年,是电气化普及最为迅猛的时期。在这个时期,更多地使用外购电力,意味着企业正在使用更新的设备、独立(或单独传动的)电动机,以及技术上更先进的机器。此外,使用外购电力的行业雇佣的蓝领工人的受教育程度也较高,这一发现与我们对资本劳动比率的研究结果相似。在我们的分析中,电力变量进入回归方程有两种形式:要么是作为外购电力占总功率比例的对数,要么是作为每个工资收入者人均用电量变量的对数[表 3.4 第(3)栏和第(4)栏]。此外,即便是在我们将 1909 年至 1929 年间行业就业增长速度视为恒定不变的情况下,这种效应也依然存在。

我们的分析结果表明,生产工人的技能不但与行业增长及其导致的厂房和设备的时新程度呈正相关关系,而且与独立于行业增长的外购电力用量的增加相关。外购电力占总功率的比例每提高18个百分点(一个标准差的变化),年轻蓝领工人中高中毕业生的比例就会增加3.6个百分点。而总功率的增加却不会产生类似的效果。因此,是动力的类型,而不仅仅是动力的总量,影响了技能水平。重要的是电力——在那个时期是最先进、最灵活的动力形式——用量的增加,而不仅仅在于总功率的提高。

当然,我们这样说并不是暗示,1909年(或1919年)时的工人个体,与1940年时是完全一模一样的。表3.4所列的受教育程度指的是1940年时年龄为18—34岁的男性,显而易见,这些人不可能是1909年就加入劳动力大军的,因为其中年龄最大的人也是在1906年才出生的。相反,我们要表达的无非是,在1909年至1940年间,某些特定行业所使用的技术提高了中学教育的价值。

上述关于技术与蓝领工人受教育水平(或技能水平)之间关系的那些发现,是许多潜在的原因导致的。一种可能性是,与厂房、机器的重大更新相关的,主要是外购电力,而不是自发电力。有了电力,再加上每台机器都有独立的电动机[称为"单独传动"(unit drive)],企业就能够实现运输和牵引操作的自动化,从而极大地减少对普通体力劳动者的需求(这些工人只是负责在车间地板上将物品搬来搬去)。特别是第一次世界大战的爆发,促使许多行业引进了节省劳动力的生产方法,这些行业包括钢铁业、制砖业、制陶业、(硅酸盐)水泥业、造纸业(生产纸浆和纸张)、橡胶轮胎和管材制造业、屠宰和肉类包装业、木材生产和木材加工业,以及采矿业。[37]充足的廉价电力,是许多新型材料得以生产出来的前提,如铝和其他电化学产品,这些行业使用有技能的熟练劳动力的比例特别高。廉价的电力还能鼓励企业更加密集地使用机器,从而增加了对维修机器设备的、有技能的熟练工人的需求。[38]然而,外购电力也可能只是与更新的工厂和体现在更新的资本存量中的技术进步有关。[39]

3.4.2 高中课程的作用

正如我们在第1章中所阐明、并将在本书第二篇得到进一步阐述的,在1910年之后,中学教育在美国迅速得到了普及。在1910年的时候,只有不到 10％的年轻人拥有高中毕业文凭，但是到了 20 世纪 20 年代中期至 30 年代中期，这一比例就上升到了 30％—50％（因为不同地区的教育水平不同）。正规学校教育的普及，扩大了有技能的熟练制造业工人的供给，也使他们受到的培训变得与以往不同。在高中普及开来之前，大多数以专业维修机械设备为职业的人（如机械师、电工和技术人员），都是通过在职学习学到相关的知识技能的（如代数学、几何学、三角函数、机械制图等）。但是事实上，所有这些技能全都是高中要讲授的。这样一来，正规的学校教育就取代了先前的依赖天赋能力与在职学习相结合的培训方式。因此，中学教育的普及，极大地增加了能成为有技能的熟练制造业工人的劳动力供给。

高中毕业的蓝领工人受雇于某些特定行业（它们的资本密集程度更高，电力在总功率中的占比更大，通常生产更新、更多采用连续加工和批量化方法生产的产品），这一发现可能会让许多人觉得意外。劳动史研究的相关文献很少提到生产工人的教育问题。但是事实上，有充足的定性证据表明，某些知识技能在许多行业中一直都受到高度重视（例如，见本书第 5 章关于企业办学的讨论），这补充了我们的实证发现。

企业之所以聘用高中毕业生，是因为他们能读懂手册和蓝图，掌握了一定程度的化学和电力知识，能够计算甚至解方程，而且——我们推测——他们还能更有效地与高科技行业的专业人士交流，如化学家和工程师。有一些蓝领职位，要求应聘者上过几年高中或拥有高中毕业文凭，要求他们拥有如美国劳工部所描述的诸如"良好的判断力""熟练的徒手绘画技巧""理解图纸的专门能力""[熟悉]化学公式""懂得使用化学品的一般知识""[有能力]配制化学物质"等知识技能。还有其他一些技术性更高的技能，如"电力知识""对电线尺寸和绝缘性质的了解""关于玻璃性能的专业技术知识""摄影常识"等，也很受重视。印刷行业则要求新手们"精通语法、拼写、标点"，并强调"具备拉丁文和希腊语的基础知识将很有帮助"。[40]受过高中教育的年轻人往往被安排到需要高技能的工作岗位上，而且他们也有机会获得许多"高教育水平"行业中的普通职位。

销售、安装高科技产品并提供相应的售后服务，同样产生了对受过教育的劳动力的需求，进一步强化了制造业的上述转型过程。今天的读者也许很难相信，曾几何时，购买一台收音机也需要拥有专门技能的销售服务团队,但是事实确实如此。早期的收音机必须由技术人员上门安装;他们还必须教会消费者如何调整频率。有一些年轻人——通常被称为"无线电迷"(radio nuts)的——则自己动手组装收音机,他们偶尔也会受雇于无线电商店,去为消费者提供某些服务,或者成为一个临时工。诺贝尔物理学奖得主理查德·费曼(Richard Feynman)曾经回忆道,他从很小的时候开始就有一个修收音机的工作了。"人们雇我的主要原因是大萧条。他们没有多少钱去请人修收音机。他们听说有个孩子很会修收音机,而且要价又很低,于是我的生意就来了。我什么都要干,比如说爬上屋顶去固定天线啦,等等。"(Feynman,1985:19)由于销售服务人员经常与无线电爱好者分享他们的专业知识,于是他们很快就收到了警告——不得再与无线电爱好者"称兄道弟",而要致力于提高销量。㊶现在很普通的那些家用电器,如烤面包机、电熨斗、吸尘器等,在刚刚问世时也都需要受过良好教育、有丰富经验的销售人员上门服务。近年来,在个人计算机行业也发生了类似的变化。在个人电脑刚出现的时候,都是由一些"计算机迷"(computer nerds)负责销售的。后来,随着公众对计算机技术越来越熟悉,软件的使用界面也越来越用户友好,才由擅长推销、能说会道的销售人员取代了"计算机迷"。

3.4.3 蓝领工人的技能与工资性报酬

受过良好教育的蓝领工人的工资性报酬也相应地比其他工人高一些,这当然并不值得惊奇。真正令人惊讶的是,蓝领工人的年均学校教育回报率,并不比普通白领员工低多少。利用1940年人口普查数据,我们估计,年轻的男性蓝领工人(白人,18—34岁)的年均学校教育回报率为8.3%(使用一个标准的对数人力资本收益回归方程),而可比的普通白领员工组的年均学校回报率则为9.1%。㊷为了辨别清楚这个回报到底是来自行业类型,还是来自工人类型,我们在同一个回归方程中加入了一套完整的行业虚拟变量,得到的估计值结果中,受教育年限的系数是0.065,只比我们最初的估计值0.083低了一点点。㊸这就告诉我们,在1939年受教育程度更高的蓝领工人的工资性报酬之所以更高,虽然部分是因为他们进入了收入更高的行业,但是更主要的原因还是他们在行业内部获得了可观的教育工资溢价。

为了进一步估计出 1940 年以前蓝领工人接受教育的回报,我们采用了与表 3.4 类似的方法,并将 1940 年时每个行业蓝领工人的平均教育水平派给每个行业。结果我们发现,蓝领工人在 1909 年、1919 年和 1929 年的平均工资,与这一人工建构的教育水平之间,呈现出了很强的正相关性。如表3.5所示,我们用各年的(对数)平均工资与 1940 年蓝领工人的平均受教育年限进行了回归分析,结果得到的受教育年限的系数,在 1909 年时为 12.5%,在 1919 年时也接近了 10%,在 1929 年时则达到了 17.6%。我们可以将这些估计值解释为,个人接受教育的回报率,与他受雇于一个从业者受教育程度更高的行业的回报率的组合。

表 3.5　18—34 岁的男性蓝领工人的工资性报酬(1909 年、1919 年、1929 年)与受教育程度(1940 年)的关系,按行业分组

	平均年工资(按当期美元计)的对数		
	1909 年	1919 年	1929 年
按 1940 年的行业分组得到的 18—34 岁	0.125	0.099 5	0.176
男性蓝领工人的平均受教育年限	(0.011 1)	(0.012 8)	(0.019 0)
(女性+儿童)在 1909 年或 1919 年各	−0.494	−0.605	−0.497
行业的工资收入者当中所占的百分比;			
女性在 1929 年的百分比	(0.068 1)	(0.111)	(0.091 7)
截距项	5.21	6.24	5.63
	(0.102)	(0.114)	(0.184)
观察值个数	191	191	191
因变量的加权平均值	6.24	7.00	7.13
R^2	0.699	0.644	0.657

注:1940 年行业的数量少于 1909 年、1919 年及 1929 年。回归值已经用 1909 年、1919 年和 1929 年各个行业中工资收入者的人数进行加权。括号内的数字是将 1940 年的行业分组误差考虑进去之后 Huber(White)标准误。教育变量(平均受学校教育年限)来自 1940 年美国人口普查中的综合公开微观数据样本(IPUMS)。相关年份的平均工资的计算公式是:(工资总额)/(每年工资收入者的平均人数)。更多的细节,请参考 Goldin 和 Katz(1998)的数据附录。

资料来源:美国人口普查局(U.S. Bureau of Census, 1913, 1923a, 1933),并利用阿瑟·伍尔夫提供的数据进行了补充。参见:Woolf(1980);1940 年美国人口普查中的综合公开微观数据样本(IPUMS, 1/100);美国大学校际政治与社会研究联盟(ICPSR, 1984)。

关于蓝领工人的工资性报酬和受教育程度之间的关系,更多、更直接的证据,来自我们从 1915 年艾奥瓦州人口普查得到的样本(更多细节见本书第 2 章)。在艾奥瓦州的样本中,我们可以识别出非农业蓝领工人(体力劳动者、技工和手工艺工人),尽管我们不清楚他们所从事的具体行业。我们用一个包含了潜在经验及其平方和城市区域虚拟变量的方程,对 1915 年 18—34 岁的非农业(白人)男性蓝领工人的对数(年度)工资性报酬进行了回归分析,结果表明,受教育年限的系数为 0.082(标准误＝0.004 2)。当我们按学校教育类型(公共学校、文法学校、高中和大学)对受教育年限进行了分组之后,年均高中教育的系数提高到了 0.105(标准误差＝0.008 31)。[44]

因此,来自各种来源的证据都表明,在 1909 年至 1939 年间,雇主非常重视蓝领工人的受教育程度;而且即便是蓝领工人,接受学校教育的回报也很大。

受教育程度作为一个代表生产工人的技能水平的代理变量确实很有用,但是它仍然不能全面刻画因为接受在职培训、学徒培训以及其他原因所导致的技能水平差异。工资性报酬则提供了另一个(间接的)概括性指标,可以反映受到了雇主奖励的工人技能的各个方面。利用 1909 年、1919 年和 1929 年制造业普查收集的蓝领工人按行业划分的平均收入数据,我们可以研究技能指标与行业特征之间的同期相关性。表 3.6 详细说明了 1909 年、1919 年和 1929 年工资收入者的人均工资性报酬与我们之前讨论过的资本及电力变量之间的关系。

我们发现,资本劳动比率与工资之间存在正相关关系,而且同样地,工资同外购电力在所有功率中所占百分比也存在正相关关系。这与以前得到的结果是一致的。[45]由于第一次世界大战在短期中使得生产工人工资受到了压缩,所以我们更倾向于关注 1909 年和 1929 年的系数。这些系数都是相当大的,其中特别突出的是外购电力用量这一项的系数。以我们之前使用过的人造奶油业与木材及木材加工业这两个行业为例,它们之间在资本劳动比率上的差异意味着人造奶油业有 5% 的工资溢价,而它们之间在外购电用量上的差异则意味着 23% 的工资差距。[46]我们猜测,我们估算得到的工资溢价,在很大程度上是由构成效应所致,这也就是说,人均资本更多和外购电力在总功率中所占比例更高的那些行业,也雇佣了相对更多的受过一定教育的蓝领工人。[47]

表 3.6　生产工人的工资性报酬与行业特征的关系：1909 年、1919 年和 1929 年

	1909 年、1919 年和 1929 年各行业平均年工资 (按当期美元计)的对数			
	1909 年	1919 年	1929 年	1929 年，平均值
$\log(K/L)$	0.091 0	0.041 7	0.048 0	1.44
	(0.015 1)	(0.016 9)	(0.026 2)	(0.510)
％外购电的功率	0.439	0.266	0.546	0.637
	(0.055 6)	(0.037 4)	(0.054 8)	(0.211)
$\log($总功率$/L)$	−0.021 3	−0.001 49	0.018 4	1.09
	(0.011 5)	(0.013 1)	(0.018 9)	(1.07)
$\log($就业人数/企业数量$)$	0.062 2	0.078 0	0.063 8	4.51
	(0.006 33)	(0.005 77)	(0.010 3)	(1.08)
％女性	−0.427	−0.308	−0.307	0.210
	(0.056 3)	(0.061 3)	(0.088 1)	(0.225)
％儿童	−3.41	−6.91	−6.41	0.014
	(0.377)	(0.697)	(0.927)	(0.016)
％工匠	0.136	0.144	0.273	0.056 3
	(0.033 8)	(0.033 6)	(0.048 1)	(0.231)
截距项	5.99	6.65	6.56	
	(0.030 6)	(0.038 6)	(0.066 6)	
观察值个数	228	225	228	
因变量的加权平均值	6.23	7.03	7.15	
R^2	0.791	0.813	0.667	

　　注：系数值的下面给出了标准误(不过，在"1929 年，平均值"这一栏中，则为标准差)。各相关年份的平均工资的计算公式为：(生产工人的工资总额)/(工资收入者的年平均人数)。各自变量的定义如表 3.4 所示。1929 年的回归使用了 1919 年各行业的"$\log(K/L)$"，1929 年的回归还使用了 1919 年的"％儿童"变量。回归值已经用每年的工资收入者数量加权，1929 年的平均值也是如此。更多细节见 Goldin 和 Katz(1998)的数据附录。

　　资料来源：美国人口普查局(U.S. Bureau of the Census, 1913, 1923a, 1933)，并利用阿瑟·伍尔夫提供的数据进行了补充，见 Woolf(1980)。

3.4.4　技术—技能互补性与非生产工人

　　非生产(白领)群体的相对规模，提供了衡量技能的另一种途径。非生产工人在就业中所占比例的增大，可能与对所有工人的技能要求的提高相关，因为白领职位往往对受教育程度有更高的要求,同时技术性非生产工人(如工程师和化学家)在工作时通常需要与受教育程度更高的生产工人合作。

20世纪早期推广开来的连续加工和批量化生产方法,要求提高管理人员和专业人员相对于生产工人的比例。⑱这些生产方法也需要相对来说技能更高的熟练蓝领工人(见表3.3)。

利用1909年和1919年制造业普查提供的数据,我们可以进一步评估20世纪早期技术—技能互补性的重要性,方法是检验一下:受雇的非生产工人的相对比例,是否随着资本密集度和对外购电力的依赖程度的提高而上升? 对1909年和1919年的相关数据进行跨行业比较,我们发现就业总人数(或劳动成本)当中非生产工人所占的比例,与资本劳动比率及外购电力在总功率中的比例这两者之间都存在着很强且稳健的部分正相关关系。[我们使用的回归方法,类似于表3.4所用的方法,包括了人均功率(对数)、人口特征和其他行业特征等控制变量。]同样地,我们还发现,在同一个行业内部,从1909年到1919年非生产工人的相对雇佣率(用劳动成本当中非生产性工人所占的比例来衡量)的变化,也与资本产出比率和用电量呈强烈的正相关性——甚至在控制了其他相关因素之后也是如此。⑲因此,来自20世纪早期美国制造业部门的这些证据表明,更先进、资本更密集的技术,与要求更高受教育程度的职位的相对需求增加有关,也与各职位对更高技能工人的相对需求的增加有关。

3.5　1980年以后,技能偏向性是不是变得更大了?

有许多研究者都声称,在过去的一个世纪里,技术的技能偏向性一直在变得越来越大。根据这种观点,"泰勒—福特主义"(Taylor-Fordist)生产模式,已经转变为一种更加灵活的组织形式,从而提高了对技能的需求。⑳其他一些研究者则认为,技术变革的技能偏向性是内生的:随着劳动力的技能的提高,需要更多技能的技术开始被采用;而且,这种效应可能会发展成一种"螺旋式上升",使得技术变革的技能偏向性越来越大。㉑但是,这两种观点似乎都与很多历史证据不符。

如上文所述（从表 3.2 也可以看出），自 1950 年以来，对受教育程度更高的工人的相对需求的增长速度，似乎没有太大的提高（如果说有所提高的话）。从 1950 年到 1980 年，对受过大学教育的工人的相对需求的增长速度，也与 1980 年至 2000 年间大体上相同。然而，尽管在整个 20 世纪下半叶，对受过教育的工人的需求的增长速度似乎一直相当稳定，但是从 20 世纪上半叶到下半叶确实有可能加速增长过。既然在 1940 年以前没有包含了关于教育和收入信息的代表性的全国样本，那么我们怎样才能评估这个重要问题呢？

尽管我们很难用对 1950 年后的时期所用的那种方法，去评估 1940 年以前对受教育程度较高的工人的相对需求的总体变化，但是我们还是可以找到方法的，只不过是在增加一些假设的前提下。在下面的第 8 章中，我们将会给出对 1890 年至 2005 年美国整个经济体的技能相对供给和需求的变化的估计结果。而作为这项任务的第一步，我们先在这里考察一下制造业技能需求的长期变化过程，并评估在整个 20 世纪，技能偏向型技术变革在何种程度上发生了变化。

非生产工人的工资总额，可以作为衡量技能更高的熟练工人的雇佣情况的一个代理变量。在这方面，从对制造业企业的普查和调查中得到的有关数据，有很好的一致性。在这里，我们就这些数据来比较一下，在 20 世纪开始和结束时的两个长度相等的时期之间（1890—1929 年，以及 1960—1999 年），劳动力市场向更熟练的工人转移的速度。

制造业非生产工人所占工资份额（在这里，"非生产工人"指管理人员和办公室职员），从 1890 年的 17.2％上升到了 1929 年的 23.6％。[52] 这意味着，在制造业，高技能非生产工人的工资总额，相对于低技能生产工人的工资总额的比例，从 1890 年的 20.8％，提高到了 1929 年的 30.9％。类似地，持续经营的制造业企业中非生产工人所占的工资份额，则从 1960 年的 33.6％，上升到了 1999 年的 40.9％，[53] 而高技能的非生产工人的工资总额与低技能的生产工人的工资总额之比从 1960 年的 50.6％提高到了 1999 年的 69.2％。

当这两个技能组别之间的替代弹性（σ）为 1 时（就像在柯布—道格拉斯生产函数中那样），除非技能的相对需求发生了变化，否则这两个技能组别的工资总额之比是不可能改变的。⑤因此,在 $\sigma=1$ 的情况下,非生产工人的相对需求增长率,就由其相对工资总额的增长率决定。

替代弹性(σ)等于1,是一个简化的假设,它意味着制造业对非生产工人的相对需求的增长速度,在 1890—1929 年间(每年 0.010 3 个对数点)要比更晚近的 1960—1999 年间(每年 0.007 9 个对数点)更快。⑤即便是在 1979—1999 年这个人们普遍公认发生了快速的技能偏向型技术变革的时期,对更熟练的制造业工人的相对需求指数的增长速度,也只是略高于 1890—1929 年间的增长速度(每年 0.011 6 个对数点相较于每年 0.010 3 个对数点)。事实上,从可比数据可以估计出,相对技能需求指数的增长速度,在近期 40 年间(1965—2004 年)与更早期的 40 年间(1890—1929 年)完全相同,均为每年 0.010 3 个对数点。

那些拥有更多受过较高教育的劳动力的技术先进行业,在 20 世纪上半叶的增长速度要比其他行业更快,就像它们在 1950 年后的增长速度也更快一样。⑤要求更高的受教育程度的职位在总就业中所占的份额,在 20 世纪上半叶和下半叶都是以类似的速度快速扩张的。此外,在 1909—1919 年间,最快速的技能升级(用非生产工人的工资总额所占份额的增长速度来衡量),发生在资本密集度最大、电气化推进速度最快的那些行业中,就像 20 世纪后期发生在计算机技术方面投资最多的那些行业中一样。事实上,对于 20 世纪 10 年代(1909—1919 年)和 20 世纪 80 年代(1979—1989 年),关于各细分行业内资本—技能互补性的估计几乎是完全相同的。⑤

来自美国制造业以及更广泛的经济领域的证据都表明,在 20 世纪前期和后期,技术变革的技能偏向的变化以及高技能熟练工人相对需求的增长速度,都具有很高的连续性。⑤这些发现提出了一个重要而尚未得到解决的问题:为什么一个多世纪以来,技能偏向型技术变革一直以如此稳定的步伐向前推进?

3.6 技术—技能互补性的起源

3.6.1 技术—技能互补性的出现

正如我们在前面已经看到的,在整个 20 世纪,实物资本和更先进的技一直都是与人力资本互为补充的(我们在这里所说的"人力资本",指各种类型的技能,包括从正规的学校教育中获得的技能)。但是,如果在 20 世纪的大部分时间里,都存在着技术—技能互补性和资本—技能互补性,那么这两种互补性会不会在更早的时期就已经存在了,比说如在美国 19 世纪的工业革命时期?我们能不能将技能、资本和技术之间的这种关系,外推到更久远的时期?

我们在这里给出的答案很明确:这种关系在更早的时期是不存在的。我们发现,这种互补性起源于 20 世纪初,并且与生产方法向连续加工和批量化生产的转变、电力的广泛使用密切相关——这一切都增加了工业部门对人力资本的相对需求。现在,我们必须解决的问题是:为什么这些技术变革导致了人力技能、资本和技术之间互补性的增强?我们将采用我们提出的一个理论框架来给出这个问题的答案(对于这个框架,我们在其他地方进行了更详尽的阐述[59])。我们还将充分利用其他学者研究 19 世纪制造业发展演变的成果。

已经有大量的研究文献证明,实物资本与人力资本在过去的工业化时代并不是互补的。根据这支文献,19 世纪许多重大的技术进步,都是通过让实物资本、原材料和低技能(非熟练)劳动力"组队"的形式,取代了拥有很高技能的工匠。[60]在相当长的一段时间内,实物资本并不是与技能相对互补,而是与原材料相对互补,并与低技能劳动力一起,取代了高技能的个人。[61]一个典型的例子是枪支的制造。在美国,廉价的木材促进了木工车床的使用,从而取代了高技能的木匠在生产枪托过程中的手工装配工作。屠夫、面包师、吹玻璃的工匠、鞋匠和铁匠,所有这些凭高超技能谋生的工匠的职业,都遭到了工厂体系、机器和机械化的极大冲击。[62]

在遥远的过去,技术进步与人类技能并不是互补的,但是在今天它们却是互补的。那么,它们的关系是在什么时候发生这种转变的呢?尽管已经有大量文献证明,现如今的技能、资本和技术之间互补关系,在更久远的过去并不存在,但是这些文献并没有说明这种转变是在什么时候发生的。我们在上面已经指出过,技术—技能互补性是在 20 世纪早期,随着特定技术(即批量化和连续加工生产方法)的传播,而首先出现在制造业中的。生产使用的动力从蒸汽和水力向电力的转变,强化了这种互补性,因为电力的使用,极大地减少了搬运、传递和装配等工作任务对非技术体力劳动者的需求。在这里,我们将把各种证据与本章前几节给出的实证结果,整合进一个统一的框架中。

3.6.2 一个理解技术—技能互补性的出现的框架

我们假设,某些产品的制造生产开始于手工作坊,然后转移到工厂进行(在 19 世纪 30 年代到 80 年代),然后又转变为以流水线的形式生产(在 20 世纪早期),以及到最近又转向自动化装配线。[63] 然而,对于其他类型的产品,生产方法的转变,可能是从手工作坊生产到工厂生产,然后又转变为到连续加工和批量化生产(在 19 世纪 90 年代及以后)。[64] 当然,生产方法的转变并不是对所有产品都有同样影响的。有些产品的生产,可能从来都没有经历过生产方法的转变。但是,制造业作为一个整体,应该是以我们所设想的方式演变的:从手工作坊,到工厂(也包括生产流水线),然后再到连续加工(也包括自动化装配线)或批量化生产。

得益于丰富的技术史和商业史文献,我们对每一种生产方法都有相当清晰的概念。手工作坊和工厂的区别主要在于分工的程度。工厂规模更大,工人的专业化程度更高,而且每个工人所使用的资本也更多(即资本劳动比率更高)。如前文所述,批量化生产方法适用于生产液体、半固态或气态物质,而连续加工方法则适用于不怎么需要组装、且很少或完全没有可移动部件的产品。

虽然只有很少一部分产品经历了我们前文描述的所有阶段,但是那些经历了所有阶段的产品确实提供了很多信息。举例来说,汽车生产始于大型的手工作坊。就像在汽车出现之前的马车一样,汽车刚开始出现时,也是由工匠组装的,他们手工安装好各种零部件。[65] 后来,技术进步之后,出现了标准化且完全可互换的零部件。汽车是用这种零部件在工厂里组装起来的——后来出现了流水汽车装配线,就像 1913 年福特汽车公司那样——这项工作由大量技能较低的工人完成。再过很久之后,自动化汽车装配线出现了,于是对低技能的操作工人的需求也减少了,而对高技能的机械师的需求则增加了。不难看出,在汽车生产方法的演变历史上,最初的那次技术进步降低了对高技能劳动力的相对需求,而后来的技术进步则增加了这种需求。

那么,技术上的这种转换,是如何影响对技能的相对需求的?且让我们先简述一下我们理论框架背后的直觉。[66]假设制造过程包含了两个不同的阶段。在第一个阶段,原始资本(raw capital)必须由高技能(熟练)工人安装和维护。我们称这个阶段为"机器设备养护",只有在完成了这个阶段之后,资本才是可用和可操作的。至于第二个阶段,我们称之为"生产"阶段,即由低技能(非熟练)工人利用第一个阶段得到的可用资本,来组装或制造出新产品。我们假设生产阶段的所有工人都是低技能(非熟练)的,而机器设备养护阶段的所有工人都是高技能(熟练)的。

利用这个虽然简单但很有启发性的框架,我们就可以考虑各种相继更替的生产体系——从手工生产到工厂生产,再到批量化生产和连续加工生产——对技术的相对需求产生了什么影响了。具体的答案取决于,资本增长所导致的对高技能(熟练)工人需求的增加,是否超过了资本增长所导致的对低技能(非熟练)工人需求的增加(后者的任务是操作可用、可运行的资本)。

从手工作坊生产到工厂生产的转变,很可能提高了资本产出比率。更加重要的是,向工厂生产的转变,很有可能降低了制造业对高技能(熟练)劳动力的相对需求。这也就意味着,导致生产向工厂方式转变的工业革命,总体来说,是去技能化的(deskilling)。后来的技术进步——从工厂生产(或流水线生产)转变为连续加工或批量化生产——也提高了资本产出比率。但是对我们的论点来说更加重要的是,这种转变增加了对高技能(熟练)劳动力的相对需求,因为在生产阶段,可使用的资本并不需要大量的劳动力。此外,还有很多因素也加强了这种技术转变,包括电气化、单独传动系统的普及、拖运和传输等作业的自动化,它们都减少了对低技能(不熟练)工人的需求。[67]

我们的核心论点是:从工厂生产到连续加工和批量化生产、从蒸汽动力和水力到电力的技术转换,就是20世纪早期制造业对高技能(熟练)劳动力的相对需求增加的根源。这些技术变革启动了向技术—技能互补性的过渡,而到了今天,我们认为这种技术—技能互补性已经全面开花结果了。[68]

根据我们的框架,在20世纪上半叶采用了先进技术(如连续加工和批量化生产方法)的那些行业,平均而言应该雇佣了更多的高技能(熟练)生产工人,同时拥有更多的非生产工人(白领工人)。而且,这些行业的资本密集度应该更高,同时总动力中依赖于外购电力的比例也应该更大。所有这些预测,都已经得到了我们在本章前几节中给出的实证研究结果的证实。

总的来说,我们现在拥有的证据与我们提出的如下观点是一致的:早在1890 年就已经开始且一直持续到 1940 年的、从工厂生产向连续加工生产的转变,增加了对高技能(熟练)工人的相对需求。而之前的转变,即从手工作坊生产到工厂生产的转变,所起的作用则似乎恰恰相反。对于后者,虽然我们现有的证据还不那么确凿。但是我们确实知道,与大多数转变为工厂生产的行业相比,许多仍然维持了手工生产方法的行业(如雕刻业、珠宝业、钟表业)的资本密集度要低得多,同时工人的技能(受教育程度)却要高得多。

高技能(熟练)工人在机器设备养护中所发挥的作用意味着,在任何给定的制造生产过程中,资本和高技能(熟练)工人都是相对互补的。但是,在考虑在不同生产方法之间的转换时,资本与高技能(熟练)工人之间,既可能是相对互补的,也可能是相对互替的。例如,在 19 世纪从手工生产到工厂生产的转变,导致了资本和低技能(不熟练)劳动力对高技能(手工)劳动力的替代;而在 20 世纪连续加工方法和单独传动技术的引入,则导致了资本和高技能(高受教育程度)劳动力对低技能劳动力的替代。

3.7   本章小结:"重要的不只是技术,笨蛋"

在这一章中,我们的主要目的是证明,在整个 20 世纪,技术变革对劳动力需求的影响,具有连续性。近几十年来,巨大的技术进步增加了对技能的相对需求;但是——可能会令许多人觉得惊讶——20 世纪早期也经历了巨大的技术进步,而且它所导致的对技能的相对需求的增加,可能完全不亚于20 世纪后期。然而,技术变革并不总是技能偏向型的。我们在 19 世纪晚期发现了一个转折点;从那个时候开始,技术变革才在总体上变成技能偏向型的。

技术变革本身,并不是导致最近这个时期不平等加剧的原因,就像技术变革本身也不是导致 20 世纪早期不平等减少的原因一样。因此,我们可以套用 1992 年总统竞选时的一句口号,来总结本章的中心观点,那就是:"重要的不只是技术，笨蛋。"既然"重要的不只是技术"，那么我们在分析不平等日益加剧的原因时，就不能只关注需求侧。答案的另一个重要部分可以在供给侧找到。因此，接下来我们就来讨论一下美国人受教育程度演变的历史过程。

注 释

① 关于美国的剩余（组内）工资不平等的最新演变模式，请参见 Autor，Katz 和 Kearney(2005b)，以及 Lemieux(2006b)。

② 技能偏向型技术变革是指这样一种新技术的引进、生产方法的改变或工作组织的变化：在相对工资固定的前提下，相对于低技能劳动力（如没有上过大学的工人），它们会提高对技能更高（更熟练）的劳动力（如大学毕业生）的需求。

③ 关于通用技术及其对经济增长的贡献，见 Bresnahan 和 Trajtenberg(1995)。

④ Tinbergen(1974，1975)以及 Freeman(1975)，对工资结构的演变如何依赖技术进步和教育普及之间的赛跑，进行了开创性的分析。

⑤ 参见 Cline(1997)，该书对从国际贸易角度解释 20 世纪 80 年代和 90 年代美国工资结构变化的研究进行了全面评价。

⑥ 只要对表 3.1 中最后一栏显示的大学/高中工资差距的对数取幂，再减去 1，然后乘以 100，就可以计算出大学教育工资的百分比溢价（根据人口统计数据调整）。由于人口普查和当前人口调查对每小时工资的计算方法不同，因此根据这两项调查得出的大学教育工资溢价水平，并不完全具有可比性。为此，我们将 2000 年人口普查的大学教育工资溢价的对数值，加上 2000 年至 2005 年"当前人口调查"的大学教育工资溢价的对数变化，计算出 2005 年大学教育工资溢价的对数值，以此来保证它与 1950 年人口普查的大学教育工资溢价的对数值之间的可比性。

⑦ 欲了解对这个理论框架更详细的阐述，请参阅 Bound 和 Johnson(1992)、Katz 和 Autor(1999)，以及 Katz 和 Murphy(1992)。

⑧ 制度因素的变化或工资设定规范的改变，会导致劳动力偏离市场竞争的结果。这种变化也可能发挥了一定作用，但这个理论框架的基本逻辑不受影响，同时以下推论也不会受到影响：只要用人单位继续在各自的劳动需求曲线上作出选择，那么相对需求函数就肯定会向外移动。制度因素，如工会，也可能会使得实际就业水平偏离需求曲线；工会势力的下降可能导致受教

育程度较低的工人的相对工资和就业下降,即便不存在任何不利于这些工人的需求,也可能会如此。

⑨ Autor、Katz 和 Krueger(1998)利用美国三位数代码的行业数据发现,从1960 年到 1996 年,受教育程度更高的工人在总就业和工资总额中所占份额的增长,主要是由行业内部的变化所导致的。Dunne,Haltiwanger 和Troske(1996)也指出,自 1970 年以来,美国制造业非生产工人所占份额的增长,一直由工厂内部的变化所主导的。Borjas,Freeman 和 Katz(1997)证明,国际贸易所导致的劳动力需求在不同行业之间的转移,只能解释从1980 年到 1995 年美国对高技能(熟练)工人的需求增长中的一小部分。

⑩ 对于美国制造业在 20 世纪 80 年代和 90 年代采用新技术的情况,Doms,Dunne 和 Troske(1997)提供了一个详细的工厂层面的分析。

⑪ Autor,Katz 和 Krueger(1998)证明,在美国各行业中,技能提升与计算机投资、资本密集度增大、研发投资,以及员工使用计算机的增多之间,存在很强的正相关关系。Allen(2001)则证明了,科学家和工程师的就业与受教育程度更高的工人的就业之间的正相关性。Machin 和 Van Reenen(1998)在对7 个经济合作与发展组织(OECD)国家的行业面板数据进行研究之后发现,研发强度对非生产工人和高受教育程度的工人的就业增长,都有积极影响。

⑫ 关于银行业,请参见 Autor,Levy 和 Murnane(2002),以及 Levy 和 Murnane(1996)。Levy、Beamish、Murnane 和 Autor(1999)研究了汽车修理业;Bartel、Ichniowski 和 Shaw(2007)则研究了阀门业。

⑬ Bresnahan,Brynjolfsson 和 Hitt(2002)在研究这些问题时,将一项就组织行为和劳动力特征等问题对高级人力资源经理进行的详细调查,与 20 世纪90 年代中期美国公司信息技术投资的详细信息结合了起来。

⑭ Bresnahan(1999)以及 Autor,Levy 和 Murnane(2002)都假设,计算机与拥有更强认知技能和更强人际交往技能的员工之间,存在这样的组织互补性。

⑮ Friedberg(2003)以及 Valletta(2006)利用一系列"当前人口调查"中关于计算机和互联网使用的补充问卷,记录了美国雇员计算机使用量的增长。

⑯ 例如,请参见 Berman,Bound 和 Griliches(1994),以及 Autor,Katz 和Krueger(1998)。

⑰ 这种方法,遵循了 Katz 和 Murphy(1992)以及 Autor,Katz 和 Krueger(1998)的思路,将大学—高中教育工资差距,与这些教育层次上的学生的相对数量和对他们的相对需求联系起来。一定教育层次的人的数量,是指该教育层次的"当量"(equivalents),具体地说,"大学当量"是指大学毕业生的数量再加上受过大学教育的人的数量的一半;"高中当量"则指是那些受过 12 年或更少教育的人,再加上一半受过大学教育的人。要计算对大学毕

业生的需求的变化,就需要先对大学教育层次的工人和非大学教育层次的工人在生产中的可替代性大小进行估计(包括更密集地使用与更不密集地使用大学教育层次的人所生产的不同产品,在消费者心目中的可替代性)。所有这些可能的替代性,都可以用一个称为"总替代弹性"(aggregate elasticity of substitution)的关键参数来概括。我们对"大学当量"的需求变化的衡量,使用了我们对"大学当量"与"高中当量"之间的总替代弹性的首选估计值(1.64)。在本书第 8 章,我们还会更加详细地讨论这个框架,并将分析扩展到 1915—2005 年,同时提供对总替代弹性的新估计值,进而探讨这些结果对该参数的不同假设值的敏感性。

⑱ Autor, Katz 和 Kearney(2006,2007)表明,自 1990 年以来,对大学教育水平的工人的相对需求增长的放缓,反映了技能需求增长的构成变化。对受过大学以上教育的人和收入最高的大学毕业生的需求增长依然非常强劲,同时雇佣受教育程度最低的工人从事现场服务工作的需求增长也在加快,而对"中等技能水平"的工人的需求增长则出现了放缓(这些人当中有许多人拥有四年制大学学位或上过一定时间的大学)。

⑲ 使用从 1963 年到 2005 年的年度数据,直接估计大学教育工资溢价供需模型,也可以得到相同的结论:只要将 1982 年后相对供给相当稳定的快速增长,与相对需求增长的放缓结合起来,就可以在很大程度上解释过去 40 年以来大学教育工资溢价的演变(Autor, Katz and Kearney,2007)。但是,这个年度时间序列分析也表明,在 20 世纪 80 年代,对"大学当量"的相对需求有所加速,但是在 20 世纪 90 年代则出现了减速。在本书第 9 章,我们还会将这个时间序列分析延伸到 1915—2005 年。另一个扩展到了多个年龄和经验组的类似模型,也有助于解释为什么自 1980 年以来,由于相对技能供给增长的放缓,年轻工人的大学教育工资溢价出现了大幅上升(无论是从总体上看,还是在不同的出生同龄群之间),见 Card 和 Lemieux(2001)。

⑳ 例如,可参见 Nelson 和 Wright(1992:1947),他们声称,"从世界标准来看,没有任何理由认为[美国的制造业]劳动力曾经受过特别好的教育"。虽然制造业劳动力的受教育程度,低于具有相同人口特征的一般工人,但是 Nelson 和 Wright 没有考虑到这样一个事实,即这些工人中有许多人按工业化世界的标准来衡量,都已经受过了很好的教育。他们没有考虑这一事实的主要原因在于,他们依赖 Maddison(1987)给出的关于不同国家中学教育年限的数据。但是,正如我们在第 1 章中已经阐明的,这些数据是不正确的,而且大大夸大了英国和其他欧洲国家的教育水平。

㉑ 这一数据清单使用了 1900 年、1920 年和 1940 年人口普查中的综合公开微观数据样本(IPUMS),包括 1900 年和 1920 年从事有报酬的职业的 14 岁及

以上男性，以及1940年进入劳动力大军的男性。这些数据中所指的蓝领工人，包括从事手工艺工作的工人、技工和体力劳动者(不包括农业劳动者)。

㉒ 如果我们考察的是所有工人、所有男性工人、所有蓝领工人的受教育程度，而不是像我们在正文中所做的那样，将注意力集中在18—34岁的蓝领男性工人身上，我们所能得到的结果实质上也是相似的。之所以要施加年龄限制，是因为1940年人口普查中美国老年人报告的受教育程度似乎有所夸大(Goldin，1998)。

㉓ 这个样本只限于当前在职的工人。在1940年，有超过10％的劳动力处于失业状态，还有4％的人通过以工代赈(work-relief)的方式获得救济。

㉔ 如果1940年的人口普查能够给出更精细化的工业分类表，那么我们这个表还会包括许多其他采用批量化和连续加工生产方法的行业(如蒸馏酒业和制药业)。如果一个产业的劳动力中有很高的比例是工程师、化学家和其他科研人员，那么我们就把这个产业定义为高新技术产业，这与目前普遍使用的定义类似。

㉕ 在2000年，美国25—34岁的男性劳动力中，有28％接受过16年或以上的教育。所有的数据都是根据从1940年到2000年人口普查中的综合公开微观数据样本(IPUMS)的劳动力统计表得出的，包括了失业人士和在1940年接受了紧急以工代赈救济的人。当只包括在职人员时，得到的可供比较结果也有很高的稳健性。

㉖ 1940年人口普查中的综合公开微观数据样本(IPUMS)，分别确定了61个制造业行业，其中大部分都可以与当前使用的标准行业分类码(SIC)中的三位数行业和一些较大的四位数行业相对应。

㉗ 如果使用受教育年限，而不是高中毕业率，得到的结果也只有很细微的差异。

㉘ 各个制造业中，高中毕业生在年轻男性蓝领工人中所占比例的标准差为0.086，而调整后行业系数的标准差为0.080。一种更极端的调整方法，是使用一个类似回归的行业平均残差(不过排除了行业虚拟变量)；在这种情况下，高中毕业生比例的标准差为0.071。

㉙ 见Burdge(1921:339，table 24-L)。

㉚ 调查对象包括了超过25 000名16—18岁在城市中就业的男孩。那些没有在金属行业就职的人所从事的行业多种多样，如木材业、服装业、食品业、纺织业和皮革业，以及运输业和建筑业。当然，大多数上过高中的男孩，都是从事办公室职员工作的。

㉛ 从1909年到1929年的制造业普查中，按行业细分(利用四位数行业代码)的就业数据表明，在1940年人口普查所包括的5个行业类别中(饮料业、奶

制品业、磨粉磨面业、涂料和油漆业,以及炼油业),绝大多数在职员工都是在采用 Chandler(1977)所称的连续加工或批量化生产方法的行业中工作的。与我们提出的理论框架一致,这些行业在 1940 年都雇佣了特别大比例的高受教育程度蓝领工人:在这些采用了连续加工或批量化生产方法的行业中,有 36.0% 的年轻蓝领工人受过 12 年或以上的正规教育;相比之下,剩余的其他制造业行业中,这个比例仅为 27.1%。此外还应该指出的是,有一些员工受教育程度较高的行业,所采用的生产方法仍然是比较接近手工方法的(如珠宝行业)。

㉜ 1940 年人口普查中的行业分类比之前的制造业普查更加宽泛。为此,我们根据 1940 年的行业分类,对更早的数据进行了汇总,以便于分析不同行业之间教育水平差异的决定因素,请参见 Goldin 和 Katz(1998)的数据附录。

㉝ 教育水平的数据已经根据年龄构成、城市化程度和就业的地理分布差异进行了调整。在我们用 1940 年产业一级的 18—34 岁蓝领男性(未对年龄构成和就业的地理分布差异进行调整)中高中毕业生比例的实际值当作因变量的情况下,得到的回归结果也非常相似。

㉞ 之所以选择这两个行业,是为了便于对比:人造黄油的生产采用了连续加工技术,而木材业的生产方法主要是工厂生产。在 1909 年的时候,木材业的工资收入者人均资本为 1 693 美元,而人造黄油业则为 5 871 美元。

㉟ 参见 Du Boff(1979)。

㊱ 由于受各种因素的影响,对自发电力驱动功率的测量不是很精确。这里的自发电力变量是用 Du Boff(1979, appendix A)所描述的方法估计的,不过 Jerome(1934)还提出过另一种方法。但是问题在于,自发电力驱动的电动机的额定功率,往往高于其实际使用的功率,因为实际使用功率必定要受到原动机功率的限制,而那些由外购电力驱动的电动机,则可以在其额定功率上运转,甚至超出额定功率。

㊲ 参见 Jerome(1934)、Nelson(1987),以及 Nye(1990)。Jerome(1934:63)指出,在钢铁行业,"普通体力劳动者所占的比例,在 1910 年至 1931 年间减少了大约一半。同时有确凿的证据表明,最近的进步所导致的低技能(非熟练)劳动被淘汰的比例,要远远高于其他等级的劳动力"。在他所提到的各种行业中,使用传送带、移动式起重机、摆渡车、运输车、工业卡车和其他搬运设备,极大地减少了对低技能(非熟练)劳动力的相对需求。而且,这些变化早在 1916 年就已经很明显了。从 1910 年和 1940 年人口普查中的综合公开微观数据样本(IPUMS)数据中,我们发现,体力劳动者占全部制造业就业人数的比例,从 1910 年的 23.6%,下降到了 1940 年的 14.3%。

㊳ 在增加对高技能(熟练)工人的相对需求方面,电力扮演了一个复杂的角色。

虽然(Nye,1990:234—235)得出的结论是,电力增加了对技能的相对需求,但他同时也描述了相反方向上的作用:"随着电气化工厂的发展,它开始需要一种不同的劳动力和管理组合……更多的中层管理人员、更多的工程师和技术人员、更少的体力劳动者、更复杂的工人技能的分级(其中包含了多得多的中等技能工人)……以及远为更少的低技能工人……煤矿里的小骡夫、轮胎厂的搬运工、钢厂里的铲料工……都眼睁睁地看着自己的工作,被电力机车、传送带和起重机所取代……因为只需要用很少的高技能工人去操作那些昂贵的机器,就可以完成以前需要大批低技能工人才能完成的工作。"此外,外购电力的增加,也减少了对原动机以及为它们提供服务的高技能劳动力的需求。读者也可参阅 Du Boff(1979)以及 Devine(1983),以了解更多关于从机械驱动到电气驱动的过渡,以及组合传动和单独传动电动机引入的信息。

㊴ 表 3.4 中对行业增长的调整,已经在一定程度上考虑了这个因素。新的资本储备指的是,用电力驱动的独立机器(单独传动)替代原来的动力系统的机井和滑轮。这里需要注意的是,无论是用自发电力还是用外购电力,都可以完成同样的转变。关于电动机平均功率的数据表明,采用外购电力的企业向单独传动(更小型的电动机)的转变更加彻底,而那些采用自发电力的企业则似乎更多地采用了组合传动的方式。

㊵ 例如,请参阅美国劳工部(1918 年至 1921 年间的各个年份)对电气机械、玻璃、医药制造、涂料和油漆、印刷等行业的职位描述。

㊶《电器营销》(*Electrical Merchandising*,1922)。

㊷ 最早具有全国代表性的工资性报酬和教育水平数据样本,是 1940 年人口普查中的综合公开微观数据样本(IPUMS),其中包含了 1939 年的工资性报酬数据。在一个包含了潜在经验及其平方的、(全职当量)每周工资性报酬的对数方程中,使用蓝领样本时得到的受教育年限的系数为 0.083(标准误＝0.001 3),使用制造业的年轻男性普通白领工人(白人,18—34 岁,职业为销售人员和办公室职员)时得到的可比回归结果为 0.091(标准误＝0.002 8)。蓝领样本和普通白领样本分别包含了 27 942 个和 4 892 个观察值。在蓝领样本中,如果还包括了全套的州虚拟变量,那么回归计算得到的回报率估计值为 7%。

㊸ 系数 0.065 的标准误为 0.001 2。

㊹ 我们这里所用的 1915 年艾奥瓦州人口普查样本,包含了 3 134 名 18—34 岁白人男性非农业蓝领工人。这个样本的平均受教育年限是 8.05 年,其中有 19.5% 的人上过高中或大学。1915 年艾奥瓦州的教育回报率的估计值,与本书第 2 章表 2.5 所示的、包括了服务业工人的年轻男性蓝领工人的更

大样本结果相似。

㊺ 如果使用1909年至1929年间行业内的变化，也可以得出与表3.6中报告的行业间回归相似的结果。从1909年到1929年，生产工人(对数)平均收入的变化，与资本密集度和电力使用的变化之间，存在着显著的正相关关系(条件是，对表3.6回归中包括的其他协变量的变化加以控制)。

㊻ 工资溢价使用的是1929年的系数。工资的实际差异是33%。人造黄油业在1919年的资本劳动比率(人均资本)为8 759美元，该行业的总功率中有69.4%来自外购电力；木材业的对应数字分别为3 028美元和27.5%。

㊼ 另一种可能的解释是，工资差距反映了相同技能的个人在"资本和用电量密集型"行业就职时的工资溢价，因为在这些行业中，工人有更大的讨价还价能力和管理决定权[如Slichter(1950)]。这可能确实是事实，但是，1909年至1929年间(按行业划分)的工资与1940年的教育水平之间的强正相关性提供的证据表明，是构成效应起到了关键作用。此外，在表3.3中给出的高教育水平行业，与行业1910年劳动力中"与机器相关"者(如机械师、电工)，所占比例也存在着相关关系。

㊽ 见Chandler(1977)。

㊾ 见Goldin和Katz(1998, table 6)。

㊿ 例如，可参见Braverman(1974)，以及Piore和Sabel(1984)。

(51) Acemoglu(1998, 2002)强调了市场规模效应，即受教育程度更高的工人所占比例的增长，为技能更密集的技术创造了更大的市场，同时也为研发部门推进更偏向于技能的发明创新提供了经济激励。Galor和Moav(2000)关注的焦点，则是受教育程度更高的劳动力导致研发人员供给的增加。所有这些研究都表明，20世纪以来美国受教育程度的长期大幅增长和新的组织形式的增长，应该有助于对更有技能的人的相对需求的加速增长。

(52) 见美国人口普查局(U.S. Census Office, 1895a; U.S. Bureau of the Census, 1933)。

(53) 1958年以来，美国制造业经营中企业的数据，是根据历次制造业年度调查和制造业普查为基础得出的。1958年至1996年的数据，来自美国国家经济研究局(NBER)的制造业生产率数据库(Bartelsman and Gray, 1996)；1996年至2004年的数据，来自美国人口普查局(U.S. Census Office, 2005b)。

(54) 之所以有技能的工人(S)与无技能的工人(U)的工资总额之比不会发生改变，是因为定义使然：沿着相对劳动需求曲线$\sigma=1$的定义就意味着，$(w_S \cdot L_S/w_U \cdot L_U)$保持不变，是一个常数。在这里，$w$=工资、$L$=劳动。

(55) 由于非生产工人的相对工资性报酬在1890—1929年间是下降的，而在

1960—1999 年间是上升,因此如果替代弹性小于 1,那么对非生产工人的相对需求增长率,在前一个时期会比后一个时期更高。当然,如果替代弹性大于 1 且足够大,那么变化的符号也可能会反转。单个部门(如制造业)的有技能劳动力与无技能劳动力之间的替代弹性,有可能会比整体经济低。整体经济的(总)替代弹性,包括了不同部门的产品之间对于消费者的可替代性(例如,工业制成品相对于服务)。因此,我们对总替代弹性的首选估计范围(在 1.5 至 2 的范围内),意味着制造业行业一级替代弹性为 1 的假设是合理的。关于这里所涉及的不同替代弹性的加总问题,以及高技能(熟练)工人与低技能(非熟练)工人之间的替代弹性,在估计劳动力需求相对变化中的作用,请参见 Katz 和 Autor(1999)。

⑤⑥ 见 Goldin 和 Katz(1995),以及 Autor,Katz 和 Krueger(1998)。举例来说,在教育水平排名最靠前的五个行业(两位数行业代码;包括石油、化工、电机、印刷和出版,以及科学仪器)在制造业就业中所占的份额,在 1910 年至 1940 年间,从 10% 扩大到了 16%Goldin and Katz,1995,table A4)。

⑤⑦ Goldin 和 Katz(1998,table 7)。

⑤⑧ 我们将在本书第 8 章中更详细地探讨这个问题。

⑤⑨ 对于这个理论框架的完整阐释,见 Goldin 和 Katz(1998)。

⑥⓪ 在这里的"工匠"(artisan)一词是指,在一种几乎没有劳动分工的生产模式中,完全独立地生产出整个产品的工人。

⑥① James 和 Skinner(1985)将 1850 年的所有行业划分为两类:"高技能"的(如木工)和"低技能"的(如制衣)。他们发现,无论是在高技能行业还是在低技能行业,原材料都是与实物资本互补的,尽管在高技能行业,这种效应更大。对于资本—技能互补性假说来说,更加重要的是,在给定行业内部,高技能劳动力对资本的替代性大于低技能劳动力对资本的替代性。因此,资本(或原材料)的增加,会减少对高技能劳动力的相对需求。Cain 和 Paterson(1986)没有考虑技能差异,但是与 James 和 Skinner 类似,他们也发现资本和原材料是互补的,而且两者组合到一起对劳动力有替代性。然而,Williamson 和 Lindert(1980)是在他们的模型中直接假设存在资本—技能互补性的,并且得出了 19 世纪不平等随着资本的深化而不断加剧的结论。

⑥② 关于枪支制造方法的演变,见 Hounshell(1984)。根据 Sokoloff(1986)的研究,最早的"去技能化"现象——如在制鞋业——涉及的资本量很少,也不需要机械化;相反,它们只不过是斯密所说的"制针厂"的变种而已。Landes(1972)则持相反的观点。Braverman(1974)等研究者则认为,工业化和机械化导致了一大批手工业行业的去技能化,并降低了工匠的相对收入。

⑥③ 关于 19 世纪从手工作坊生产到工厂生产的转变,见 Atack(1987)以及

Sokoloff(1984)。他们两人都指出了非常重要的一点,即这种转型在某些行业是一个缓慢的过程,它不仅依赖于制造业的技术变革(通常是在工作组织方面),还依赖于运输成本的降低。在某些行业(例如,鞋靴制造业、服装业、家具业、皮革业、肉类加工业、烟草业),直到1870年,还有相当大一部分附加值是由手工作坊生产创造的(雇佣的工人数量小于7人,且没有动力源);甚至,还有一些行业(如马具制造业),直到1870年,大部分附加值都来自手工作坊。

⑭ 读者需要记住的是,术语"批量化"指的是"成批地大量生产",通常用于生产液体(如酒类)、半固态液体(如人造黄油)或熔化金属(如钢、铝)。注意不要将这种含义与另一种用法混淆起来,即分批次生产出零部件(如一件衣服的各个部件),供以后组装。

⑮ Braverman(1974:146)引用了 Eli Chinoy 对汽车生产的如下描述:"举例来说,汽车的总装,原本是一项高技能的工作。每一辆车都是由几个精通所有环节的全能机械师在一个地方组装起来的。"请参见 Hounshell(1984)。

⑯ 欲了解完整的模型,见 Goldin 和 Katz(1998)。Atack,Bateman 和 Margo(2004,2005)探讨了该模型的若干经验含义。

⑰ Jerome(1934)阐明,这一点适用于许多行业。

⑱ 在今天,你走进几乎任何一家工厂——组装汽车或其部件的工厂、生产高级钢材的工厂,或者制造除服装之外的任何东西的工厂——你都会发现那里生产工人的数量相当少,但是却有很多进行资本设备维护的工人。在我们参观过的一家汽车装配厂里,一位工程师自豪地介绍称,我们看到的所有焊接工很快就会被机器人所取代。

第二篇

大众教育的三次转型

4 美国教育诸优点的起源

在整个 19 世纪和 20 世纪的大部分时间里，美国教育体系的运行，一直让人钦羡。正如我们在第 1 章中已经看到的那样，美国创造出了一个平等主义的教育体系，让同时代欧洲的精英主义教育体相形见绌。美国在 20 世纪之所以能够在教育方面积累起巨大优势，是因为它拥有一系列通过各种方式促进学校教育的制度。

美国教育制度的各个主要特征——我们称之为美国教育诸优点——在 1900 年就基本完整地呈现出来了，而它们的形成，则大体上花去了之前一个世纪的时间。不过，大多数优点的萌芽，在美国内战之前就已经出现了。这些优点在日后决定了美国教育在 20 世纪的发展，并使美国在教育方面，特别是在大众教育方面，走在了全世界领先的位置。本章的主旨就是要从美国建国伊始那一百年的历史中，去寻找美国教育的本质特征的起源。

在美国教育的各个特征中，有三个是最基本的：公共出资（public funding）、公共提供（public provision），以及政教分离（separation of church and state）。另外还有三个根本特征：一个分权化的教育体系，包含了数千个财政上独立的学区；一个开放性结构，年轻人的违纪行为往往可以得到谅解；一个被我们称为"性别中立"（gender neutrality）的学校系统，保障了女孩拥有在男女同校的公立学校中接受教育的权利。在今天，这些基本特征都已经被绝大多数人认为是理所当然的了，以至于很难想象它们在美国历史上的某个时期竟然并不存在。但是，事实上确实曾经有过这样的时期。

4.1 美国教育的优点

我们在这里说的优点（virtues），是指一系列起源于基本的民主与平等原则，并影响了美国教育体系的特征。再重复一遍，这些优点包括：教育由财政上独立的小学区公共提供；教育的公共出资；教育由世俗社会控制；教育实行性别中立原则；入学机会向所有人开放；教育体系对学生宽容以待。所有这些优点，可以用"平等主义"一个词来概括。也就是说，这些优点构成了这样一种承诺（如果说还无法做到百分之百实现的话）：保证教育机会平等，让所有美国孩子都可以接受共同的教育。[1]

这些优点在很早的时期就结下了硕果，那就是学校教育和教育机构在这个年轻国家的大部分地区迅速得到了普及。到了19世纪中期，美国儿童和青少年的入学率，超过了全世界任何其他国家。[2]我们之所以认为这些特征是优点，最主要的原因就在于它们提高了学校教育水平和民众的受教育程度。[3]它们从19世纪中期就开始发挥这样的作用了，并且一直很好地保持着，直到20世纪下半叶，某些优点开始受到了质疑。

在19世纪末，随着欧洲部分国家和地区开始推广大众教育，美国在小学教育领域的领先优势开始缩小；但是，在20世纪早期，随着席卷整个美国的高中普及运动的展开和美国开始向高等教育大众化方向转型，美国在教育领域的领先优势又一次大幅扩大了。美国在大众教育方面领先同侪的地位一直保持到了20世纪80年代；不过这超出我们的讨论范围了。

很久以前的优点，不一定就是今天的优点，而且也一不定在过去任何时候、任何地方都是优点。例如，众多财政上独立的小学区的存在，在过去是一个重要的优点，它促进了教育进步。但是到了今天，财政上独立的各个小学区，由于在应税土地和房地产等方面出现了非常大的差异，因此往往被视为不同学校之间教育资源不平等和阻碍低收入社区儿童教育进步的根源之一。

对美国教育体系的开放性和宽容性评价的变化，也构成了美国教育的优点变迁的很好的例子。在以往，这些特征通常被理解为有助于年轻人弥补他们出身背景上的不足，避免因他们过去的过失而受到严厉的惩罚。但是到了今天，这些特征却常常被人视为，学校坐视本校学术水平下降、教师不敢处理问题学生的借口。另一个例子，是对教育资金和教育决策的地方控制。地方分权可能促进了许多社区教育的快速发展，但是地方控制也意味着，法律上的种族隔离（*de jure* racial segregation），在许多南方城市长期持续存在，甚至是在"布朗诉教育委员会案"（*Brown v. Board of Education*，1954）之后；还意味着，事实上的隔离，在南方以外的许多地区也仍然存在。

被我们视作优点的这些主要特征，往往伴随着某些配套性的或附属性的特征。财政上独立的学区的大量存在，意味着需要在相当小的"本地"范围内筹集办学资金。房地产税是为本地教育融资的最有效手段，这部分是因为土地和房产是不能通过迁移来应对税收的，而大多数其他形式的资本却可以通过迁移（而且也确实在通过迁移）来应对税收。因此，这种小学区的存在，意味着那些较小的政府单位，如镇区＊政府，可以在很多方面展开竞争，以吸引居民入住。

一个宽容的教育体系，是不能有过于严格的回溯机制的，否则学生就不能弥补过去的过错了。在德国和其他北欧国家的教育体系中，很大一部分学生进入职业学校学习，只有非常少的一小部分学生有机会被精心培养成大学生。美国的教育体系则摒弃了这种精英主义模式，转而设计了一个既偏向学术性又不失实用性的课程体系。

需要指出的是，美国教育的这些优点，并不全是有意设计的结果，比如说小学区的情况就是如此。在美国农村地区，财政上独立的小学区之所以

＊　这里的"镇区"，在英文原文是"township"，或可译为"乡"或"乡镇"，但似乎也不是很恰当。现在暂且将它译为"镇区"。依译者的理解，在美国，在国家之下，"village""town""city"（村、镇、市），是从人们居住地的角度来说的；而"township""county""state"（镇区、县、州），是从指行政区划的角度来说的。比"镇区"更小的，还有"学区"（"district"），学区也有一定的行政职能。——译者注

大量存在,是符合客观需要的,而且也源于美国人对社区自治和税收地方化的渴望。类似地,美国教育体系这些特征中的某些缺点,也可能是无意的,但是它们带来的"非意图后果"也可能会随着时间的推移而恶化。例如,有些地区变得比其他地区富裕得多,并拥有更好的学校。过去几十年来,随着不平等的加剧,以收入为基础的地域分化也越来越极端化了。④许多人都认为,这是在财政上独立的小学区演化的一个不良后果。

但是无论如何,在一定时期内,我们刚才描述的特征在美国的许多地方都产生了非常有益的结果。在这个时期,美国教育体系的效果远远好于许多西方国家,因为这些国家的教育体系往往具有截然相反的特点。如果说美国教育的地方分权,导致了大众化中学教育的普及,那么大多数欧洲国家教育体系的中央集权,就恰恰扼杀了这种发展的可能。如果说一个开放和宽容的教育体系给了出身于弱势群体的美国年轻人机会、给了曾经误入歧途的美国年轻人第二次机会,那么许多欧洲教育体系对严苛标准和问责制的坚持,则强化了世袭等级制。我们之所以把美国教育体系的这些特征视为优点,部分原因也就在此——至少在这个时期的大部分时间里是这样(在本书第 6 章,我们将进一步阐明可以将这些特征视为昔日的优点的理由)。就目前而言,我们只需要认识到它们是 20 世纪初美国初等教育和中等教育系统的重要特征就足够了。

在 1900 年前后,美国中小学教育最重要的特点是公共出资和公共提供。这一对"孪生"特征构成了公共教育的本质。公共出资的教育并不一定是由公共提供的,如今天在某些地方实施的教育消费券制度。同样地,公共提供的教育也并不一定是公共出资的,比如 19 世纪的学校就要求学生支付学费和其他费用。

因此关键在于,在 1900 年前后,美国的学校教育不仅仅是公共出资的,而且是由数万个在财政上独立的学区提供的。其中有一些学区,主要是美国大城市中的学区,不仅为大量儿童提供教育服务,而且从地理范围上看也很大。但在 1900 年的时候,绝大多数的学区都很小,无论是从地理面积上看还是从它们所服务的儿童数量来看,都是如此。另一方面,大多数儿童都居住在相对较小的学区里。因此,美国的学校体系在 20 世纪初是高度分散的——当然,直到今天它仍然是相当分散的,尽管分散程度已经远远不如以前了。⑤

因此，无论是从资金来源来看，还是从人员配备和课程设置等方面来看，美国的教育在 20 世纪初在很大程度都是一个地方事务。在 1900 年，美国联邦政府几乎完全没有参与到中小学教育中去，尽管它曾经在向各州赠予联邦土地以充实教育经费这件事情上发挥过重要作用。直到 20 世纪后期，联邦政府才开始扮演起一个虽然越来越重要、但是作用仍然相当有限的角色。1900 年前后，大多数州在提供教育经费方面，也只发挥了相对较小的作用。在地方分权方面，美国教育体系过去是、现在仍然是、并将继续是与许多欧洲国家截然相反的。⑥

当然，地方分权并不是美国与欧洲中小学教育体系之间唯一截然相反之处。在 1900 年前后，两者之间最重要的一个区别是，美国的学校教育并不是一个精英体系，并不是只有少数聪明的男孩才可以升入高中学习、进而有机会到学院或大学继续深造。从总体上看，美国的学校是对所有人都开放的，而且对那些在低年级表现不佳的学生非常宽容。美国学校中的教育项目，不仅仅着眼于让年轻人为进入大学学习做好准备，而且教给他们从事各种工作的技能，包括家政。在 1910 年前后，大多数新近就业的男性高中毕业生都从事白领工作。⑦ 而且在接下来的几年里，美国的中学教育变得更加重视职业培训和生活技能训练方面的课程；而课程设置的这种改变，也引导许多年轻人走上了一条不那么学术化的人生道路。

两性在教育中高度平等，是美国教育体系的另一个优点。举例来说，在 1900 年新入学的高中班级中，男生和女生的人数几乎相等。而到了中学高年级，出勤的女生就开始变得比男生多很多了，而且最终毕业的女生的比例也比男生高。性别中立这个优点，至少在女生接受中学教育的年数比男生高这一点上，确实是成立的。至于在教育质量和继续上大学的机会等方面，是不是也真正实现了性别中立，那就是另一个问题了。

当然，美国的教育平等也未能做到在所有群体中都一视同仁。1900 年，美国整个南方地区的非洲裔美国青年，都是在种族隔离的学校接受教育的；即便是在北方，也有一些地区的非洲裔美国青年是在法律上实行种族隔离的学校接受教育。1896 年美国最高法院在"普莱西诉弗格森案"（*Plessy v. Ferguson*）中的判决，通常被解释为：只有在学校保证平等的情况下，才可以实行隔离教育。但是南方地区的种族隔离学校，在任何方面都说不上平等。

此外,在北方地区,许多出身于贫穷家庭的孩子(他们往往是移民的后代),只能在资金严重不足的学校里接受教育,尽管同一地区的其他学校资金可能相当充足。即便如此,与同时代的欧洲相比,美国的教育还是取得了长足进步,从而惠及了更多的孩子,并使更多的年轻人有机会进入中学甚至大学接受教育。这种情况一直持续到了进入 20 世纪之后相当长的一个时期。

最后,到 1900 年的时候,美国的公共教育当时已经实现了世俗化,因为州和地方政府一般不再给有组织的宗教团体提供资金开办学校了。当然,教育的无宗派化,并不意味着公立学校的教室里再也不会出现《圣经》和《祈祷文》了,恰恰相反,它们在很长一段时间内仍然会是美国学校的课堂的一部分。1900 年,在保证教育的公共提供方面,政教分离主要是各州政府的举措,而不是联邦政府的政策。相比之下,最近对美国宪法的政教分离条款(Establishment Clause of the U.S. Constitution)的解释,则反映了更现代的关于学校教育的辩论。⑧

以上所讨论的各种优点,早在 20 世纪初以前,就已经是美国初等和中等教育的显著特征了。类似地,美国的高等教育体系,也包含了早在 1900 年以前就开始形成的美国独有的特色。

在 20 世纪早期,美国的高等教育体系是开放、灵活的,高等教育机构在地理位置上与主要的农村选区相当接近,并且会对本州和地方关注的问题作出反应,设置的课程也有很高的实用性,并且在许多方面都是多样化的。美国的高等教育机构,既有私立的也有公立的,私立大学涉及领域广泛、富有活力,公立大学也不断扩张,其数量不断增加,办学层次也日趋多样化。此外,公立大学和私立大学之间和内部都存在竞争。在所有这些方面,美国高等教育机构与大多数欧洲国家都有很大的不同。但是,美国高等教育体系不同于欧洲的、更多的鲜明特色,在 1900 年后的几十年中才会逐步形成,就像中学教育一样,或者到了远胜中等教育的程度。对于驱动这些变化的各种因素及其影响,我们将在本书第 7 章中展开讨论。

4.2　优点的起源:美利坚合众国的第一个百年

我们对美国教育的优点的历史讲述,要从这个全新的共和国诞生那一天开始,重点则放在了对如下六个重要特征的起源的探寻上:(1)教育的公共提供,以及基于这个原则建立公共学校;(2)数量众多的在财政上独立的小学区,它们导致了教育的地方分权和地区竞争;(3)对学校的公共出资,以及在此基础上实现的、为所有人提供免费教育;(4)无宗派的公立学校,以及由此而得以实现的、在教育财政和教育管理上的政教分离;(5)接受公共教育的权利上的性别中立,以及由此建成的、不分性别的公共教育体系;(6)一个开放和宽容的教育体系,以及由此实现的大众教育。⑨因为(1)和(2)是紧密相连的,所以我们把它们放到一起讨论。

　　我们在这里先集中讨论美国19世纪的公共教育或基础教育,然后再在后面的章节中转而讨论20世纪的中等教育和高等教育。在19世纪,低年级(小学)教育得到了普及,进入20世纪后,中学和高等教育也紧随其后得到了普及。20世纪早期的中学教育大众化,之所以能够顺利实现,也是以小学教育已经在全国大部分地区得到了普及为基础的。同样道理,在那之前之所以能够顺利实现小学教育的大众化,也正是因为最晚到19世纪70年代,全国各地的公共学校都已经免费了。

4.2.1　建国伊始的理念

　　美国这个新生国家众多爱国领袖和《独立宣言》的签署人,如约翰·亚当斯(John Adams)、本杰明·富兰克林(Benjamin Franklin)、托马斯·杰斐逊(Thomas Jefferson)和本杰明·拉什(Benjamin Rush),都写过大量讨论教育体制的论著。在某些情况下,他们的思想获得了广泛认同并迅速地被付诸实践,1780年由约翰·亚当斯起草的马萨诸塞州宪法就是一个很好的例子。⑩但是,通常的情况却并非如此,他们在教育方面的大多数计划都未能结出果实。这可能是因为,虽然他们自己和大多数美国人都坚信他们关于教育的观点的正确性,但是他们的许多作品都只是用来推动这个新生共和国发展和融合的"宣传册"。不过,这些论述无论其意图如何、有没有取得立竿见影的效果,都在这个新生的国家激发并凝聚了人们对强大教育基础的日益强烈的激情。也许最重要的是,他们的思想反映了那些组成联邦的人们的关切。⑪

　　几乎所有这些作者都令人信服地阐述了这样一个道理:在美国这样一个

民主社会中,教育至关重要,因为接受教育,能够帮助人们更好履行自己的公民职责(如投票),并使得他们为竞选公职和领导国家做好准备。一些富有革命精神的思想家对教育的作用以及如何构建国家的教育体系提出了更加有远见的想法。例如,杰斐逊和拉什为从小学到学院和大学的整个教育体系的建设,拟订了详细的计划。杰斐逊为弗吉尼亚州制定的计划包括三个教育层次:最低层次为小学,向所有人开放,并由公共出资;中等层次为各种形式的"学院"(academies),由公共出资,面向有能力的学童;最高层次为威廉和玛丽学院(William and Mary College),它将向贫困但聪明的学童提供奖学金。然而,饶有讽刺意味的是,考虑到杰斐逊对联邦政府和州政府的相对角色的政治观点,他的计划之所以未能成功,恰恰可能是因为他所设想的办学资金来源不够地方化。

本杰明·拉什是当时最杰出的医生之一,也是一位知名的公众人物。他认为,教育不仅对美国初生的民主政体至关重要,对美国经济的发展也至关重要。拉什认为,教育支出能够起到减税的效果,因为教育可以增加"农业的利润,促进制造业的发展"。他呼吁,要让学生们学习各门实用的学科,这种课程设置思想不久之后就成了美国教育的精髓之一。拉什还非常精辟地指出:"农业就像水力学或光学一样,也是一门科学。"[12]此外,拉什还有一种更加理想化的想法,他认为,"对商业和货币原理的研究,在教化人性方而所能起到的效果仅次于宗教"。[13]

4.2.2　公共提供学校教育,且由独立的小学区来提供

美国建国初期的公共学校

在美国建国初期,美国各地无论社区规模大小,都开办了面向绝大多数自由青少年的学校,这与独立革命前的情况没什么两样。这些学校通常被称为"公共学校"(common school),而且这个名称到了20世纪仍然在农村地区使用。不过在大多数城镇地区,这些学校最终被称为"小学"(elementary school)。同时在一些城市,还有为年龄较大的学生而开设的文法学校(grammar school)。为了简单起见,我们将1870年以前所有接收5—14岁儿童入学的学校统称为"公共学校",尽管其中许多学校还会接收年龄更大的孩子入学,还有的学校甚至还会按年龄分级(因此称之为"小学"或"文法学

校"可能更恰当)。

"公共学校教育"这个沿用了将近一个半世纪的术语,曾经用来指称过很多东西。在19世纪早期,公共学校指的是实施公共管理并隶属所在社区的学校。采用这个词,就是为了表示与私立学校的区别(无论是世俗力量还是教会办的私立学校)。而从公共学校在现实中的运行情况来看,它意味着一类极具包容性的学校:公共学校是属于社区全体居民的,并且是由他们"公共"所有的。一所公共学校可以把整个社区联系到一起,向孩子们讲授大家公认的原则和一些初级课程。后来,随着时间的流逝,分年级上课的城镇小学,无论在数量上和规模上都占据了压倒性优势,公共学校逐渐转而专指美国农村地区那些所有孩子在同一个教室上课的学校,从而"公共学校"这个术语就保留给了不分年级的小学。

分散控制

美国建国初期的公共学校都是由地方管理的,并通过各种途径获得资金。"地方"(local)一词,在全国各地并不代表着完全同类的政府治理单位,而且即使是在同一个地区内,它的含义也是随时间的推移而变化的。以新英格兰地区为例。在其历史上的大部分时间里,新英格兰各地的"镇区"(township)是管理学校财政和决定课程设置的最小单位。每个镇区把一个城镇的居民与它周边的农业社区和乡村社区的居民联系到一起来。但是在马萨诸塞州,还曾经存在过一个比"镇区"更小的单位,那就是"学区"(school district),直到19世纪40年代以前,学区一直存在,而且一直是马萨诸塞州学校管理的枢纽。[14]

新英格兰地区的镇区模式,随着新英格兰人的向西迁移而扩散,并在中西部的大部分地区得到了复制。但是在这个年轻国家的其他地区(也包括中西部的某些地区),管理教育事务的最低层级一直是大小不一的学区。因此,在美国,制定教育决策的管辖单位的规模有大有小,其组织原则也互不统一。在新英格兰地区,是乡镇社区(镇区);在各新加盟州,是农场家庭组成的团体;在康涅狄格,是宗教的教区。这只是其中的几个例子。

学校的资金来源:学校基金和财产税

尽管美国的教育在19世纪时大体上是一个地方事务,但是州和联邦政府也都发挥了重要的促进作用。州政府在19世纪美国教育的发展中发挥了作用,这当然不足为奇,因为教育本来就是美国宪法第十修正案规定"保留给各州"的权力之一。

从美利坚合众国成立初期的大多数美国人的行为来推断,我们可以认为,他们更倾向于由地方社区为他们的孩子提供教育,并通过征收税收来支付部分或全部的费用。但是,地方政府最初并没有征税的权力,各州必须通过授权立法,允许地方政府征税。到了 19 世纪 20 年代,东北部地区的大多数州都通过了授予城镇征税的法案。例如,康涅狄格州是在 1794 年完成立法的,罗得岛州是在 1828 年,新泽西则是在 1829 年。

后来,各州还通过立法,强制地方政府提供整个学年的免费教育。1827年,马萨诸塞州立法要求家庭户数超过 50 个的所有城镇,必须通过征收税收来资助本地的学校,因为该州此前在 1826 年已经立法禁止通过"使用者税"(我们稍后会详细讨论)来为支付教师工资筹集资金。还有一些州,如纽约州,则向地方政府提供了配套资金,用于支付各种学校费用,包括教师工资和校舍建设支出。[15]

对教育来说,财务控制权的分散化有不少好处。在第 6 章中,我们将探讨更小的决策单位在中学教育普及过程中的优越性——特别是在其早期阶段。另一个好处是,这可以使学校教育供给方之间的竞争更激烈,从而促进教育"生产"效率的提高。然而,地方分权可能会加剧各学区之间在资金上的不平等。[16]因为有一些学区比其他学区更加富裕,能够筹集到更多的税款来支持学校。提供地方公共产品时,对公平和效率的权衡是非常重要的;对此,财产税所能产生的影响向来很大,它在地方教育的融资中一直发挥着重要作用。[17]

由于地方对公共教育财政的控制,是借助于财产税来实现的,学校质量的提高,能够通过一个通常称为"资本化"的过程,增加学区内土地的市场价值,进而提高房产的市场价值。在税率保持不变的情况下,房产的增值部分就可以转化成该学区的更高的税收收入。[18]财政控制权的分散化、在财政上独立的众多学区的存在,以及财产税的运用,可能都曾经是提高教育效率的创新举措;然而,在当时之所以采用这些措施,很可能只是出于当时的实际需要,而不是出于对潜在收益的清醒的认知。

联邦政府也是早期的教育资金提供者,只是它这个角色经常被人遗忘。

在美利坚合众国成立之初,联邦政府在促进教育发展中发挥的作用,要比它在美国后来的历史上发挥的作用大得多。

事实上,联邦政府在教育方面的角色在建国之初就正式定型了,当时根据《邦联条例》(Articles of Confederation)通过了《1785年土地条例》(Land Ordinance of 1785)。这个法令是由托马斯·杰斐逊起草的,他拟定了处理最初13个州让渡给联邦政府的"西北领地"(Northwest Territories)土地的方法。杰弗逊的计划是,将这片土地划分为若干个面积为36英里见方的镇区,每个镇区由36个大小均为1平方英里的地块组成;然后,每个镇区都可以拍卖其中一个地块,以筹集资金,用作本镇居民子女的教育经费。不过,两年之后,也就是1787年,国会通过了《西北法令》(Northwest Ordinance),决定要在这个领地上成立3到5个州。最终,"西北领地"分成了伊利诺伊州、印第安纳州、密歇根州、俄亥俄州和威斯康星州。

之后,在联邦政府持续不断获得新领土的过程中,《1785年土地条例》确立的原则得到了遵守。每一个新城镇,在勘测完毕后都要保留下一块土地,作为对学校的捐赠。1850年,在加利福尼亚州加入了联邦之后,改为每个镇区都要划拨两块土地而不是一块土地作为学校教育经费,而在西南部各州,由于土地价值较低,更是要划拨四块土地。[19]联邦政府这种通过授予土地来鼓励教育的做法,一直延续到了19世纪,即赠地给各州以资助高等教育:先是以特批的方式赠地,后来又相继通过了两个《莫里尔赠地法案》(Morrill Land-Grant Act,1862年和1890年)。对此,我们将在第7章中详细讨论。

4.2.3　对学校的公共出资

免费学校运动始于新英格兰地区;那里对公共教育的热情,是全美国最高涨的。这场运动随着新英格兰人向中西部和西部的迁移,也在新土地上传播开来,很快就扩散到了大西洋沿岸中部*各州,并最终在美国内战结束后扩展到了南方。

在美国内战之前,各州就通过立法要求学区承担起对青少年学校教育进行资助的财政责任;通常认为这是美国教育史上的一个转折点。在许多人

---

*　关于"大西洋沿岸中部"的定义,参见本书第6章注释[15]。——编者注

看来,这些法令是美国人的教育水平能够得到提高的关键因素,也是美国作为一个平等主义国家的标志。然而,实际发生的历史要比这复杂得多,而且免费教育理念真正实现的过程,更是一个错综复杂的故事。

造成这种复杂性的一个原因是,早在各州通过立法正式提出要求之前,就有了免费学校,许多市镇和学区就已经在提供免费教育了;而且即便学生仍然需要缴纳一定学费,那也只是为一个学年的部分时间缴纳的,其余时间的费用则由公共资金买单。要想发掘免费教育的真实历史,我们就必须仔细研究学校获得资金的确切来源。

教育费率单

在美国建国初期,学校教育的经费的来源由以下几项构成:州一级通过出售公共土地积累起来的教育基金、学生家长的捐助(称为费率单或学费),以及地方税收。在开始的时候,州一级的基金已经够用了,但是随着人口的增长和入学率的提高,州一级的基金很快捉襟见肘,于是必须寻找其他资金来源。在寻找更多的资金来源时,首先落入法眼的就是通常被称为"费率单"(rate bills)的学费,然后是地方税收,主要是财产税和州税。在各个州的历史上,费率单开始启用的时间各不相同。

费率单是学生家长为了让子女享受公立学校教育而支付的学费,它只在某些时间和特定地区,向有子女上学的家庭征收。在大多数实行按费率单收取学费的社区,都要先设定一个免收学费的天数标准,只有当子女上学的天数超过了这个标准时,家长才需要支付学费(在规定天数内的教育由社区免费提供);而在其他少数学区,则整个学期都要收取学费。在早期,由于教师工资是学校最重要的支出项目(而且往往是唯一的支出项目),农村地区甚至某些城市的许多家庭,往往会在津贴之外,以实物支付学费(如为教师提供食宿)。

从 19 世纪起就一直走在美国教育进步前列的马萨诸塞州规定,所有定居家庭数量超过 50 个的镇,都必须用公共资金免费提供 6 个月的小学教育。当然,这个规定并不禁止家长私下支付更多学费,以延长自己子女在校学习时间。在纽约州,直到 1828 年才开始启用费率单收取学费,在那之前,当地学校一直是依赖出售土地的收入和其他州一级收入来源获得的资金。从 1828 年到 1868 年,纽约州的教师的一半工资来自这种学费,其余部分则由州一级的教育基金和地方税收提供。[20]康涅狄格州则利用出售它位于俄亥俄州的"西储地"（Western Reserve lands）而获得的一大笔资金，建立了一个教育基金，足够维持当地学校一段时间，但是与纽约州一样，它最终还是推行了按费率单收取学费的方法，以获得更多的教育资金。

在大多数州，"免费学校运动"（campaign for free schools）就是一个以废除费率单为目标的战役，当然，它同时也是一场大声疾呼必须找到其他来源资助公立学校的运动。这个运动，在美国教育史上被称为"公共学校复兴"（common school revival），后来成了美国教育史上最著名、被研究得最深入的事件之一。有很多极具影响力的著名人物都深度参与了这场运动，如霍勒斯·曼（Horace Mann），他成了这场运动从杰克逊时代到美国内战期间的领袖。[21]

人们认为，免费学校教育在美国内战前的普及，奠定了美国大众教育普及的基础。这种大而化之的说法当然不会有错。但是，各州废除费率单的法律和公共学校复兴运动，对提供免费教育和提高青少年受教育程度，又起到了什么样的实际作用呢？乍一看来，答案似乎是显而易见的：争取免费教育的运动开展起来了，各州废止费率单的法律得到了通过，那么学校入学率自然就会提高。但不能这么快就下结论。要得到真正的答案，还需要付出相当多的努力，因为各州的法律和免费教育运动的因果性影响，可能与它们最初看上去的并不相同。

在大多数州，废除费率单的过程都绝对不能说是一帆风顺的（尽管在少数几个州，废除费率单这项任务似乎相当容易，例如马萨诸塞州和缅因州，它们在1830年之前就废除了费率单；而新罕布什尔州则从来没有采用过费率单）。直到19世纪中期，在大多数北方州，公共提供的公共学校，仍然是由公共和私人资金共同出资的；不过，这些州的一些主要城市和其他社区，在各州完成此项立法之前很久，就已经废除了费率单。另一个使得这个过程复杂化的问题是，按费率单收取的学费，通常只能覆盖教育总费用的一部分，有时甚至只是一小部分。在学费正式取消很久之前，其余的教育费用就已经由公共部门承担了。

在美国建国初期，公共学校系统无论是从资金来源上看，还是从教育服务的提供者来看，都是五花八门的。大多数社区都有由公共提供且由公共出资的学校。其中许多学校允许家长在学区规定的免费学习天数之外,自行支付费用让孩子多学习一段时间。还有一些社区的学校虽然是公共提供的,但同时又是私人出资的,即以费率单的形式让家长支付全部教育费用。在某些城市,大多数孩子是在私立学校接受教育的;而那些没有钱支付学费的孩子则在贫民学校(pauper schools)接受教育。这些贫民学校一般由社区或慈善机构资助,通常依托于教会。在1850年的时候,因为美国有80%的自由民(在5—14岁孩子中则更是高达84%)都生活在农村和小城镇,而不是大城市,所以在当时的教育体系中,居主流地位的肯定是资金来源既依赖于税收又依赖于费率单的、准公立的公共学校。[22]

全民免费教育:公共学校运动

在美国建国初期,公共学校的教育资金来源如前文所述,但是不久之后情况就变得完全不同了。这是因为出现了一场公共学校运动(common school crusade),它以废除费率单和贫民学校,让地方和州财政收入支付学校教育的全部费用为宗旨,为美国教育体系留下了一份恒久的遗产。

在美国内战爆发前的数年间,一种由社区为其本社区所有(自由民家庭的)孩子支付教育费用的教育体系逐渐形成了。在这种体系下,子女已经上过学的年长业主缴纳的税款,将用来支付其他孩子的教育费用——这些孩子很可能是社区中较年轻的业主的子女。这样一来,整个社区的成员将在一个"世代交叠"的系统中相互绑定到一起——年长的社区成员以隐性方式为他们在之前一代中获得的东西向社区作出回馈。此外,学校对所有的孩子来说都是"共同拥有"的,而不管他们父母是多么贫穷。从理论上说,如果所有人都能上免费的学校,那么将只有非常富有的那些人才会选择送自己的孩子去上私立学校,同时贫民学校也将失去存在的理由。

虽然在美国内战之前的几十年里,全部由公共出资的公共学校就已经在北部和西部各州大面积推广开来了,但是直到1871年北部和西部各州才完全普及,至于南方,更是要晚至19世纪70年代才开始出现免费学校。表4.1列出了东北和"老西北"各州废除费率单的年份。从表中可见,到1826年的时候,马萨诸塞州、缅因州和新罕布什尔州就不存在费率单了。而在康涅狄格州、罗德岛州、纽约州和新泽西州,则要等到美国内战之后,全州范围的免费教育法律才得以通过。19世纪70年代,随着战后的"重建"工作的展开,原属南部邦联的各州也开始强制推行免费教育了。

表 4.1 美国北部和中西部各州的免费学校教育、费率单和义务教育法

州　名	废止费率单的年份	首部义务教育法出台年份
新罕布什尔州	不适用[a]	1871 年
缅因州	1820 年[b]	1875 年
马萨诸塞州	1826 年	1852 年
宾夕法尼亚州	1834 年	1895 年
威斯康星州	1848 年[c]	1879 年
印第安纳州	1852 年[d]	1897 年
俄亥俄州	1853 年	1877 年
伊利诺伊州	1855 年	1883 年
艾奥瓦州	1858 年	1902 年
佛蒙特州	1864 年	1867 年
纽约州	1867 年[e]	1874 年
康涅狄格州	1868 年	1872 年
罗德岛州	1868 年	1883 年
密歇根州	1869 年	1871 年
新泽西州	1871 年	1875 年

注:根据 Cubberley(1947)的说法,除了本表的脚注中提到的纽约州各城市之外,普罗维登斯、巴尔的摩、查尔斯顿、莫比尔、新奥尔良、路易斯维尔、辛辛那提、芝加哥和底特律,在各自所属的州立法废止费率单之前大约 25 年就有免费学校了。

[a] 新罕布什尔显然从来没有存在过费率单。参见 Bush(1898)以及 Bishop(1930)。

[b] Cubberley(1934, orig. pub. 1919)指出,缅因州的宪法(1820 年)要求城镇"为学校提供适当的支持"。也请参见 Chadbourne(1928)以及 Nickerson(1970),不过他们没有提及费率单。

[c] Fishlow(1966a)指出,威斯康星州在 1848 年通过的宪法中废除了这项收费。

[d] Fishlow(1966a)给出的年份为 1851 年。

[e] Cubberley(1934, orig. pub. 1919)指出,纽约州的许多大城市,甚至是一些较小的城市,早在该州立法废除费率单之前就提供了免费学校。这些城市包括纽约市(1832 年)、布法罗(1838 年)、哈得孙(1841 年)、罗切斯特(1841 年)、布鲁克林(1843 年)、锡拉丘兹(1848 年)、特洛伊(1849 年)和尤蒂卡(1853 年)。

资料来源:废止费率单的年份:Cubberley(1947, orig. pub. 1919:205)。Cubberley(1947)的数据与 Adams(1969, orig. pub. 1875)的记载一致。其中,印第安纳州、艾奥瓦州和威斯康星州的数据,来自 Fishlow(1966a)。Cubberley(1947)没有提到新罕布什尔州和缅因州废止费率单的年份。义务教育法出台的年份:Deffenbaugh 和 Keesecker(1935:8)。

在许多国家,州一级政府的出钱资助教育是迫于义务教育法的压力。州一级政府有义务提供足够的学校和教师,并强制学生去上学。但是美国的情况似乎并非如此。对于表 4.1 所列的所有州来说,最早的义务教育法都是在取消了费率单之后才通过的,而且大多数州都是在那之后很久才通过的。[23]

而且,从 19 世纪 70 年代南方各州进入免费教育州的行列之后发生的事实,可以清楚地看出,公共资助的存在,并不意味着学校就必定可以拥有充足的资金,也不意味着所有的孩子都能够得到了同等数额的资助。即便是在较富裕的那些州内部,各个地方的学校的教育质量也是参差不齐的,而且随着对更好的学校教育需求的增加,教育质量也会随着时间推移而变化。例如,马萨诸塞州公立学校一个学年的平均长度,在 19 世纪 40 年代为 165 天,而到了 19 世纪 70 年代就增加到了 192 天。[24]

有人或许会认为,一个州立法决定取消学费,也就意味着该州的公立学校在一夜之间就完全免费了,家长为子女付出的教育成本也突然发生了变化。确实,在某些州和这些州的一些地区,情况可能是这样的,但是在大多数州,向免费教育的转变过程,比本州相关法律的变化要缓慢得多。

废除费率单的真正重要性,取决于在免费教育制度确立之前,由学区承担费用的天数占学生总上学天数的比例,还取决于在州一级实行免费教育之前,就已经存在免费学校的学区和市镇的数量。

正如我们在前面提到过的,许多城市——通常是较大的那些城市——取消学费的时间比全州早得多。例如,纽约州的许多大城市,甚至一些比较小的城市,早在 1867 年全纽约州决定废除费率单之前很久,就废除它了。纽约市是在 1832 年,布鲁克林是在 1843 年,还有伊利运河沿线的许多城市也都在 19 世纪 40 年代就做到了这一点。[25]美国内战前,在几乎所有主要的港口城市,包括南方的一些城市,在各自所在的州废除费率单的好多年前甚至几十年前,就已经存在免费学校了。例如,在它们各自所在的州废除费率单的 25 年前,南部城市巴尔的摩、查尔斯顿、莫比尔、新奥尔良和路易斯维尔都已经有了免费学校,西部城市辛辛那提、芝加哥和底特律以及东部城市普罗维登斯也存在免费学校。尽管康涅狄格州在 1868 年才废除了费率单,但是该州的大多数学区,早在大约 10 年之前就开办了免费学校。[26]艾奥瓦州的迪比克和其他一些学区在 1856 年就开办了免费学校,尽管直到 1847 年,艾

奥瓦州的总教育费用还有一半来源于按费率单收取的学费。㉗

不但许多学区都在所在的州立法废除费率单之前就有了免费学校，而且即便是在保留了费率单的那些学区，公共提供的免费教学天数，在学年中也占到了很大的比例。但遗憾的是，我们没有发现任何系统性研究给出了在废除费率单之前由学区提供的免费教学天数占学年的准确比例，因此无法在这里全面评估废除费率单这一举措对学区财政的影响。

如果按费率单收取的学费真的很重要，那么在地方教育经费来源中，用与任何"使用者费"无关的税收取代根据每个孩子上学周数向家长收取的费用，应该能够大幅提高入学率和出勤率。反过来看，如果每个学年中由公共出资的免费学习时间已经很长了，如果很大一部分孩子本来就是居住在免费教育地区的，或者，如果学费多少在家长决定是否让子女上学时是无关紧要的，那么废除费率单的影响就会小一些。废除费率单之前和之后的学校入学率和出勤率的数据，有助于我们说明这个问题。尽管美国内战前的那个时期留下来的证据稍显单薄，而且在解释时也必须非常谨慎，但还是有几个州提供了能说明问题的相关数据。

在美国内战前的教育史上，被研究得最透彻的两个州是马萨诸塞州和纽约州。这两个州的相关记录，以及美国人口普查局汇编的1830年和1840年学校普查中的相关记录，都已经有不少研究者采用了。对这两个州进行一番比较可能会给我们带来一些启发，因为马萨诸塞州早在1826年取消了费率单，而纽约州直到1867年才这样做，落后于前者大约41年。

在一项关于美国内战前"公共学校复兴"的非常细致的研究中，阿尔伯特·菲什洛（Albert Fishlow）称：1830年，马萨诸塞州所有5—19岁的孩子的入学率为73%，而1840年这一比例则为69%。纽约州的可比数字与马萨诸塞州相同——1830年的入学率为74%，而1840年则为69%。㉘这些数字告诉我们，这两个州立法废除费率单对总入学率几乎没有什么影响。㉙

关于美国内战前教育状况的另一个统计数据来源，是1850年和1860年的美国人口普查的工作底稿，里面有关于受调查者在人口普查年度是否至少上了一天学的记录。人口普查记录显示，在5—19岁的（白人）少年儿童中，1850年马萨诸塞州的入学率为67%，纽约州则为63%；1860年马萨诸塞州的入学率为65%，纽约州则为62%。㉚虽然无论是从入学率还是从学校出勤率来看,这些数字所显示的年轻人受教育水平,显得有些过高了,但是我们没有理由认为纽约州和马萨诸塞州的数据相对于彼此是有偏的。

对纽约州与马萨诸塞州的情况进行比较很能说明一些问题。尽管马萨诸塞州早在 1826 年就废除了费率单,但是在 1840 年前后,纽约州和马萨诸塞州的入学率几乎持平,而且这两个州 1850 年和 1860 年的入学率也都很相似,尽管纽约州直到 1867 后才废除费率单。[31]正如我们在前面已经指出的,对于纽约州来说,费率单之所以不重要的一个可能原因是,纽约州的许多城市和一些城镇在该州立法之前就已经提供了免费教育。

来自中西部各州的证据,不仅验证了我们通过比较纽约州和马萨诸塞州得出的上述结论,而且还进一步加强了它们。在州一级统一立法废除费率单之前,中西部各州的入学率就已经相当高了。1850 年,中西部地区的入学率大约为 55％,到 1860 年又增加了 10 个百分点左右。就在这十年间或在那之前不久,有四个州(伊利诺伊州、印第安纳州、俄亥俄州和威斯康星州)废除了费率单;然而,中西部地区入学率的提高,大部分在废除费率单以前就已经实现了。[32]

当然这些研究结果并不一定意味着免费教育运动不重要。相反,提供免费教育对大众教育普及意义重大。我们在这里想要表达的,只是这样一个事实:在各州通过立法废除费率单之前,许多地方就已经提供了数量相当可观的、由社区资助的免费教学日。[33]此外,许多城市和学区在州一级立法废除费率单以前就已经推行了免费教育。有大量证据表明,地方法规比州一级法规更加重要,同时草根运动也比自上而下的指令性运动重要。

在美国教育史上,有很多例子都表明,地方对教育的控制促进了教育发展,地方学区在州一级立法授权之前就扩大了民众的受教育机会;费率单的例子只是这些例子中的其中一个而已。[34]因此,我们的研究结果,虽然并没有表明全民免费学校运动不重要,但是确实证明了草根教育运动的存在和重要性。

霍勒斯·曼和"教育者"

教育史研究对废除费率单的兴趣,部分源于免费教育本身的重要性,但是还有一部分则源于发起了这场运动、推动将公立学校普及到美国这个年轻国家全境的那些个人。尽管他们个人的成就是否影响了最终的结果还是一个有争议的问题,但是很明显,他们都是一些很有献身精神且坚持到底的人,他们的诉求和观点,往往超前于他们的时代几十年。这些人物中最著名的当数霍勒斯·曼（Horace Mann），他在1837年至1848年间担任马萨诸塞州教育委员会主任，还有亨利·巴纳德（Henry Barnard），后者曾在康涅狄格州和罗德岛州担任过与曼相同的职务——在康涅狄格州任职时间为1839年至1855年，其间由于这个职位在19世纪40年代曾被暂时取消，他又去罗德岛担任了同样的职务。㉟曼和巴纳德都主持出版了多份拥有众多读者的期刊，以传播他们关于免费教育和公共教育的思想。

1837年，霍勒斯·曼就任马萨诸塞州教育委员会（Massachusetts Board of Education）第一任主任。在那10年之前，马萨诸塞州通过立法，要求地方政府承担起所有公立学校的全部经费，并禁止地方政府向学生家长收取学费。霍勒斯·曼的目标与全国各地其他倡导免费学校的人一样，也是保持公共学校的教学质量、提高教师素质、开办更多更好的学校，并增加每个学年的长度。一言以蔽之，曼是一个孜孜不倦的大众教育倡导者，为了实现自己的目标他使尽了浑身解数。

1840年前后，公众对公共教育的兴趣和热情有所下降（原因可能在于当时全国经济的不景气，也可能在于当地发生的某些政治事件），为了应对这个情况，曼知道必须想出方法说服州立法者们，让他们相信一个优秀的公立学校系统具有无可比拟的优点。㊱为此，他组织了一次问卷调查，目的是要证明教育能够培养出高效率的工人，因此国家必须高度重视教育。曼试图向公众展示的是，受过教育的工人在工作中效率更高，更容易适应新技术，甚至还能够创造出新技术。

曼的调查问卷在实证上的老道，无疑是领先于他那个时代的，但是它更多地是一种宣传工具，而不是科学探究的工具。"我的目标，"曼这样写道，"是证明受过教育的人和未受过教育的人在生产能力上存在着巨大的差异——在他们的天赋能力相同的情况下。"他选择的调查对象是"各种各样的制造商……机械师、工程师、铁路承包商、陆军的军官"等，他们的共同特点是都雇佣了数百人。他之所以要选择这些大雇主，目的是便于对受过良好教育工人与仅在公共学校中受过最低程度教育的工人进行比较。在他的《第五个年度报告》（*Fifth Annual Report*，1841）中，曼和读者分享了一些已经填好的调查问卷。尽管受访者对他发出的问卷没有太多的回应（只有5份），但是他却撰写了整整20页的总结报告，尽一切努力劝说人们相信受过

教育的劳动力能够带来巨大的收益。㊲

草根运动,还是自上而下的运动?

关于 19 世纪的学校教育在帮助年轻人适应社会方面所发挥的作用,已经形成了一支庞大且争论热烈的文献。一些历史学家把过去留下来的历史记录解释为这样一种证据——它们证明,制造商和业主之所以愿意资助学校,是因为他们的目的是把(原本通常信奉天主教的)移民儿童培养成一群温顺听话的工人。㊳霍勒斯·曼和他的同行们是一群有献身精神、积极进取、充满活力的人,他们为了推进公共教育和增加教育经费而进行的论证,不仅体现了他们的智慧,而且通常确实是有效的。然而,还有一些人则提出了一种另类的解释,他们认为学校教育的普及程度,只不过是反映教育官僚们[如所谓的"教育者"(school men),即免费教育的忠实拥护者]在扩大他们的势力范围方面所取得的成就大小的一个指标而已。那么,在公立学校普及的背后,除了平等主义的优点,真的还隐藏着什么吗?

上面这几种看似大相径庭的解释之间,存在着一个非常重要相似之处,那就是,教育事业的发展壮大,主要源于那些名义上的权势者的推动。这种解释将功劳归于制造商、大业主和所谓的"教育者"。根据这种观点,尽管这些群体在希望让大众受到教育这一愿望上是完全一致的,但是他们推动普及教育或免费教育的理由却可能各不相同。

另一种截然不同的观点是,教育改革在很大程度上是一场草根运动。从根本上说,教育改革本身就是家庭和社会所真正需要的,"教育者"的努力可能只是加速了它的推进而已。有意思的是,这两种关于 19 世纪免费公共学校教育普及的观点,在关于 20 世纪中学教育普及的讨论中又再一次出现了(在本书第 6 章,当我们讨论到"高中普及运动"时,还要回到这些问题上来)。

很显然,这些观点都包含了一定的真理的成分——只是有的观点包含的真理的成分更多一些。无论如何,在美国的大部分地区,大众教育是一场真正意义上的草根运动。在许多州,那些规定公共教育向所有人免费并用税收来支付的宪法修正案、宪法和法律法规,是以全民公决的形式通过的,由此可以清楚地看见它广泛的民意基础。㊴从新英格兰人向西部地区的移民以及他们所带去的制度所发挥的作用来看,这一点也是非常清楚的。然而另一方面的事实也是不可否认的:公共教育的普及,确实得益于像霍勒斯·曼这样一些充满激情且能言善辩的倡导者的努力,同时也确实有许多制造商和大业主——尤其是在爱尔兰人大规模地向美国移民之后——希望将新近来到美国的天主教徒移民,改造成信奉新教的新美国人。新教徒是原来的宗教多数派,他们想阻止仍为少数派但人数越来越多的天主教徒控制学校财政。在这方面发生过一个重要的事件,在这个案例中,纽约市内部对学校教育资金控制权的斗争,导致了早期形式的政教分离的办学模式。我们在下一小节中将具体讨论这个案例。

4.2.4　政教分离

无宗派主义

我们在上面讨论过曼写于 1841 年的《第五个年度报告》。他的写作动机可能与 1839 年前后马萨诸塞州的立法机构对他的政治攻击有关,因为有一些人认为他创建了"无神的学校"(Godless schools)。其实曼是一个一神论者(Unitarian),他所希望的是,学校对所有的孩子敞开大门,而不管他们的信仰是什么,因此他支持的是无宗派主义学校。马萨诸塞州的老派清教徒对此表示抗议。由于天主教徒要求分享本州的教育资金,在经过激烈的争论之后,马萨诸塞州在 1855 年修改了宪法,禁止将州和地方政府为教育而筹集的资金分配给有宗派的学校。

这里应该指出的是,曼和其他一些人所倡导的政教分离,并不意味着禁止在学校进行宗教教育。19 世纪的无宗派主义学校并不意味着世俗的、不信神的学校。[40]虽然在推动政教分离政策的过程中,维持新教在学校中的主导地位是一个重要的动因,但是新教内部如何保持"共通性"本身,也是一个相当突出的问题。在 19 世纪中叶的美国各地,宗教狂热情绪明显趋于高涨,这从新教的不断扩张和 1833 年马萨诸塞州公理会教堂被解散一事可以看得很清楚。[41]在当时面对所有新教儿童的公共教育中,只要求公立学校本身是无宗派的,但是并不要求它们只讲授世俗的课程。只讲授世俗课程的要求,是在相当晚的时期才发生的——要等到 20 世纪中期了。[42]

在马萨诸塞州之前,美国就已经有六个州禁止教会使用州和地方的公共教育资金了。新罕布什尔州是在 1792 年的宪法中做出这个规定的,康涅狄格州则是在 1818 年。1844 年至 1851 年,新泽西州、密歇根州、俄亥俄州和印第安纳州也纷纷效仿。几乎所有在 1876 年以前加入联邦的州都修改了宪法,规定禁止宗教团体使用公共教育经费。至于后来加入联邦的各州,则根据国会于1876年通过的法律,必须在州宪法中列入同样的禁止性条款。[43] 图4.1给出了美国各州加入联邦年份和修改宪法(或通过宪法)禁止使用公共资金支持宗派学校的年份。

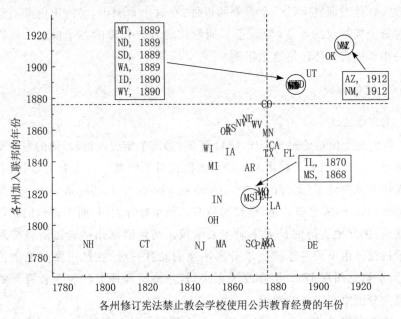

图4.1　各州加入联邦及修订宪法禁止教会学校使用公共教育经费的年份

注:图中的大字字母缩写是美国各州的代码,具体分别是:AL—亚拉巴马州;AR—阿拉斯加州;AZ—亚利桑那州;AR—阿肯色州;CA—加利福尼亚州;CO—科罗拉多州;CT—康涅狄格州;DE—特拉华州;FL—佛罗里达州;GA—佐治亚州;ID—爱达荷州;IL—伊利诺伊州;IN—印第安纳州;IA—艾奥瓦州;KS—堪萨斯州;LA—路易斯安那州;MA—马萨诸塞州;MI—密歇根州;MN—明尼苏达州;MS—密西西比州;MO—密苏里州;MT—蒙大拿州;NC—北卡罗来纳州;ND—北达科他州;NE—内布拉斯加州;NH—新罕布什尔州;NJ—新泽西州;NM—新墨西哥州;NV—内华达州;OH—俄亥俄州;OK—俄克拉何马州;OR—俄勒冈州;PA—宾夕法尼亚州;SC—南卡罗来纳州;SD—南达科他州;TX—得克萨斯州;UT—犹他州;WA—华盛顿州;WV—西弗吉尼亚州;WI—威斯康星州;WY—怀俄明州。图中的水平虚线和垂直虚线都代表1876年。这一年国会通过了一项法律,要求新加入联邦的州必须将该禁止性条款写入宪法。Cubberley(1934)没有给出以下各州的有关信息:肯塔基州、马里兰州、缅因州、纽约州、田纳西州、弗吉尼亚州和佛蒙特州。在这些州当中,有的州也通过了禁止对教会学校提供公共经费的法律。例如,根据Torpey(1948:234),纽约州议会在1805年通过立法规定,拨给纽约市的免费学校的公共资金,只能够由不受教会控制的机构使用。

资料来源:Cubberley(1934, orig. pub. 1919:239)以及Torpey(1948)。

案例研究：纽约市

前面描述的关于免费教育的争论，大部分（如果不是全部的话）都发生在城市当中，纽约市是其中的一个典型。在19世纪早期免费学校的兴起过程中，纽约市是派别最多、最活跃、阴谋阳谋层出不穷的一个城市。宗教慈善团体、公民领袖、家长、地方政客和州立法者，都在其中扮演着重要的角色。[44]

在19世纪之初的纽约市，教育原本不是一个公众关心的热点问题。私立学校为那些家庭负担得起学费的孩子提供教育，而由教会管理的贫民学校或慈善学校则会接纳贫穷孩子。在私立学校当中，也有不少被称为"平价学校"（common pay schools），学费相对较低，服务于工人阶层家庭，如工匠或小店主的家庭。[45]

但是，到了19世纪40年代，纽约市的学校就实现了为所有想上学的人提供教育且由公共出资的目标。纽约市之所以出现了向免费教育的这种大转型，并不是由于霍勒斯·曼时代那些倡导公共学校的改革者的推动。恰恰相反，纽约市免费教育运动全面告捷，在很大程度上是归功于一个专门致力于开办非教会慈善学校的组织的创办者们孜孜不倦的努力和层出不穷的谋略。

这个组织成立于1805年，最初以"免费学校协会"（Free School Society）为名。它在刚创立的时候是一个世俗的私人慈善机构，目的是为那些未能入读由宗教团体运营的学校的贫困儿童提供教育。免费学校协会的监督者都是纽约市的声望卓著的高级官员，如它的第一任会长德威特·克林顿（DeWitt Clinton）。从1806年开始，这个组织就从纽约州获得了公共资助，以帮助城市贫穷孩子接受教育。

随着贫困人口的增加，免费学校协会开始寻求更多的公共资金资助，同时竭力扩大自己的规模。在1800年的时候，天主教徒仅占纽约市总人口的2%，到1810年时已经占到了16%，1830年则为18%，1840年大约为22%——而且这一切都还只是发生在爱尔兰的"马铃薯大饥荒"和随之而来的大规模移民之前。[46]于是，免费学校协会开始提倡政教分离，但不是因为它的意识形态立场与宗教对立，而只是因为想扩大资金来源——公共财政削减了对教会学校的资助，这就意味着它自己得到的支持会提高。

19世纪20年代，免费学校协会发起了一场运动，呼吁禁止向教会慈善学校提供公共资助,并承诺向纽约市所有的孩子提供免费学校教育,不管他们是富人还是穷人,是信奉新教还是其他宗教。1825 年,纽约市议会通过了不再向教派学校拨款的法令,这是免费学校协会主导的这场运动大获全胜的标志。1835 年,免费学校协会进一步扩大了它的使命范围,并更名为"公立学校协会"(Public School Society)。此后,公立学校协会的运作方式与现在的教育消费券制或特许学校体系基本相同。不过,公立学校协会是一个私人组织,利用获得的公共资金为城市里的孩子提供教育服务。因此从根本上说,这是一种在公共出资的情况下,由私人提供的教育模式。[47]

扩大和改名后的新协会在纽约市的很多地方都开办了学校,并取得了巨大的成功。但是福兮祸之所伏,正是它的胜利带来了一系列意想不到的后果,并最终导致了它的毁灭。1842 年,在经过选举之后,纽约市教育委员会宣告成立,随即出现了一大批公共提供的免费学校。受制于有限的资源条件,公立学校协会自然无法与教育委员会这个本身就在提供免费公立教育的政府机构竞争。1853 年,公立学校协会解散,并将它的所有学校移交给了纽约市政府。公立学校协会早期为了争取天主教徒的支持,促成了纽约市公共出资的学校的政教分离。就这样,纽约市的免费学校运动最终带来的是公共提供的(而不仅仅是公共出资的)免费学校体系的建立,以及对教育的世俗控制。

4.2.5　性别中立

到 19 世纪 50 年代时,甚至在更早的时候,直到大约 15 岁之前,美国全国各地的女孩的受教育程度都是与男孩基本上相同的(见图 4.2)。当然,这种性别中立现象并不是向来如此,而是在 19 世纪的头几十年才出现的。[48]为了证明这一点,我们需要利用美国 1850 年至 1880 年间每十年一次的人口普查数据,这些普查有一个问题是要求受访者回答在过去一年里有没有上过(至少一天)学。[49]

1850 年的数据表明,5—14 岁女孩的学校出勤率——通常是公共学校——与男孩差不多。[50]尽管从大约 14 岁左右开始,男孩就在出勤率上领先于女孩,但是这种差距要直到 16 岁之后才会变得比较明显;那个年龄段的女孩的出勤率大约为男孩的四分之三。

到了1880年,能够在学校出勤率上实现性别中立的年龄跨度进一步扩大。从美国全国范围来看,直到15岁或16岁时,男孩的出勤率才开始略高于女孩,而且这种差异要到17岁之后才会变得比较明显——那个年龄段上的女孩和男孩的出勤率之比为0.81。

图4.2中所用的数据都是全国数据。从图中很明显可以看出,从1850年到1880年,性别中立的发展在不同地区之间是有差异的。与中西部各州相比,女孩在新英格兰和大西洋沿岸中部这两个人口普查区的获益程度要相对更大一些。在19世纪50年代,美国西部地区刚刚开始有人定居,然而到了1880年,那里就成了性别中立程度最高的地区。毫无疑问,十几岁女孩的这些相对得益,源头就在于早先将公共提供、公共出资的学校扩展到了中学阶段。

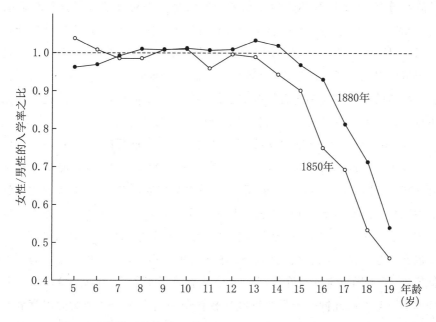

图 4.2　按性别分类的入学率之比(白人):1850 年和 1880 年

注:人口普查需要调查受访者在过去一年有没有上过学。我们认为可以将这些数字解释为入学率(详见正文)。

资料来源:1850年和1880年美国人口普查中的综合公开微观数据样本(IPUMS)。

到了20世纪初,正如我们在第6章中将详细描述的那样,十几岁女孩上中学的比例实际上已经比同龄的男孩更高了,而且这种差异是相当可观的。在 19 世纪的时候,年龄大于 15 岁的孩子通常是到寄宿制私立学校去接受教育的,家长们一般也做不到在教育上总是对女儿和儿子一视同仁。因此,公共出资的高中的扩张,一方面增加了接受学校教育的年轻人的数量,另一方面也吸引了家长送他们的女儿去上学。

当然,男孩和女性在出勤率上实现了性别中立,并不意味着他们在所受的教育的类型上也是完全平等的,因为有些学校和课程可能是专门为男孩开设的。不过,尽管仍然存在着男性或女校,但是到了 19 世纪末的时候,绝大多数的公立学校都是男女同校的。1890 年,一项针对公立学校进行的全国性调查的结果表明,在美国主要城市中有 93％的城市(调查中共有 628 个城市)的公立学校的所有年级都是男女同校的。[51]而在其余 7％的城市中(这样的城市有 42 个),有部分学校和部分年级是分别对女孩和男孩进行教育的。此外,在某些学校普遍实行男女同校的城市中,也有少数专为男孩开设的高中(例如,在波士顿,就有几种单独招收男孩或女孩的拉丁文学校),这些城市也都纳入了上面这 42 个城市中。总的来说,到 19 世纪末期,美国大多数城市的所有学校和所有年级都已经实行了男女同校。[52]这个调查的结果还显示,到 1890 年的时候,农村所有学校全都是男女同校的。

在 19 世纪中期,性别中立成了美国教育的一个重要特点,这与当时欧洲主要国家的情况形成了鲜明的对比。许多前来参加 1893 年芝加哥教育大会(Chicago Educational Congress)的欧洲教育界代表,都对美国学校教育的性别中立程度之高深感震惊。"这看起来似乎有点奇怪,"一名来自普鲁士的德国代表指出,"不仅 13 岁的男孩和女孩在一起上课,而且 16 岁的男孩和女孩也在一起上课。"法国代表的震惊有过之而无不及。"在美国教育的所有特征中,最不同寻常的也许是,"法国公共教育部部长(一位女士)指出,"年轻的男孩与女孩在同一个学校里接受教育……至少对于一个法国观察者来说,这一点是最令人震惊的,因为这向他揭示了一种完全陌生的精神状态和习惯。"[53]

4.2.6 开放和宽容

与其他国家的教育体系相比,美国的教育体系是开放的和宽容的。我们这里所说的"开放"意思是指,几乎所有的孩子都能上学;而"宽容"的意思则是指,即便一个孩子在低年级时表现不尽如人意,他通常也可以升入更高的年级和更高等级的学校。不过要强调的是,在19世纪和20世纪的大部分时间里,美国的教育体制并不是对全国各地的所有孩子都开放的;事实上,许多人都受到了种种限制,只能进入较劣质的种族隔离的学校。但是即便如此,与当时其他经济较发达的国家相比,美国的教育体系还是要更加开放和宽容得多。

因为美国的教育体系是高度分散化的,所以不存在一个全国性的教育标准,甚至连州一级的标准都几乎完全不存在。我们下面在讨论中学教育时还会回到这个问题上来。与此形成鲜明对照的是,在英国、法国和德国,一个孩子在小学毕业后——到后来则变为完成了义务教育阶段的教育后——要想继续升入公共出资的学校的话,就必须通过考试,而且一般还是全国性的考试。

在19世纪,普鲁士在低年级教育方面处于全世界领先的地位。[54]然而,早在1812年,普鲁士就已经对授予高中学位证书(德语叫"Abitur")施加了严格的限制,因为那就相当于发放了进入大学的资格证书。后来还更进一步,在1834年,获得该证书成了进入大学的唯一途径,其他所有上大学的办法都被废除了。在法国也类似。拿破仑在1808年建立了一个中央集权的教育体系,规定只有通过了全国性的高中毕业会考(法语叫"baccalaureate")的那些人,才有资格进入大学接受高等教育。[55]由于与其他国家相比,美国教育体系的"开放"和"宽容"主要体现在学生升入中等教育和高等教育机构的过程中,我们将在后面的章节中再来展开讨论这个问题。

4.3 关于19世纪教育统计数据的一个附论

在我们讨论费率单和免费教育对提高年轻人出勤率的作用时,我们已经提到过一些与19世纪的教育统计数据有关的问题了。来自多个联邦人口普查的数据都表明,美国东北部地区的上学的比率较高。同时我们还指出过,这些数据也可以合理地解释为入学率(enrollment),而不是出勤率(attendance)。

现在,我们再回过头来讨论一下我们使用的教育统计数据,它们来自美国 1850 年至 1880 年间每十年进行一次的人口普查。[56] 我们在分析美国教育中的性别中立时,使用的就是这些数据,它们源于人口普查员问受访者个人在过去一年有没有上过学这个问题的答案。[57] 我们之所以在这里将这些数据称为"入学率"数据,是因为没有关于受访者在那一年中到底上了多少天学的信息。同时,我们还对那些声称自己在过去一年中上过学的人是否也自称正从事某种职业——即他们是不是已经加入了劳动力大军——感兴趣。[58] 我们在这里只讨论白人青年的入学率数据。

1850 年,美国东北部各州白人青少年的入学率就已经很高了;19 世纪 60 年代,中西部地区白人青少年的入学率也提高到了同样的水平;但是,在 1850 年至 1880 年间,美国南部地区白人青少年的入学率却一直远远落后(见图 4.3,它对美国东北部、中西部和南部的入学率进行了比较)。从 1850 年到 1860 年,5—19 岁白人青少年的整体入学率,在所有这三个地区都有所提高,但是在美国内战前后的十年间则有所下降(特别是在南部地区),然后在 19 世纪 70 年代,东北部和中西部的入学率几乎没有什么变化,而南部地区的入学率则在 1870 年至 1880 年间大幅提高,恢复到了内战以前的水平。[59] 不过需要强调的是,不同年龄组的青少年入学率的变化情况,却有着非常大的差别。

从 1850 年到 1880 年,所有这三个地区 7 岁到 13 岁儿童的入学率都有所上升。然而,同样是在这个时期里,年龄更大和年龄更小的孩子的入学率,在大多数地方都有所下降。虽然有人把这种下降解释为青少年学校参与度的倒退,但是对于年龄更大的那个人群来说,更加准确的解释应该是,这是学校教学效率得到了提高的迹象。1850 年入学的许多孩子都在公共学校上学,这些学校每个学年的上学天数都不是很多,各种教育资源也很匮乏,这种情况在乡村地区尤其严重。而在每年上学天数增多、出勤率提高之后,这些年轻人就能够在更小的年龄上完成学校课程了。[60] 不过,年龄更小的学生的入学率下降的原因则比较复杂,其中一个可能的原因是,有些州通过了新法律,规定各学区只能允许一定年龄以上的儿童入学就读。[61]

1870 年和 1880 年的人口普查数据提供了 10 岁及以上个人的职业信息,因而我们可以计算出青少年中接受"全日制教育"的人所占的比例。我

A. 美国东北部地区

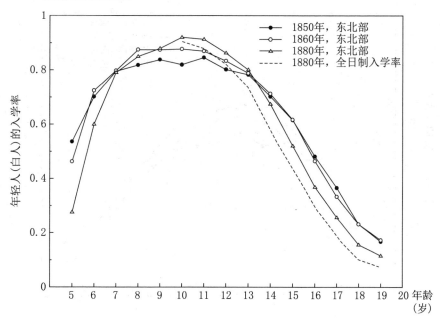

B. 美国中西部地区

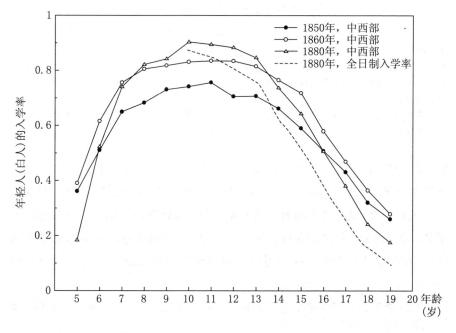

C.美国南部地区

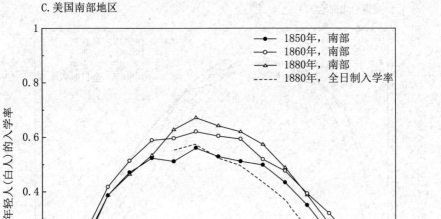

图 4.3　美国东北部、中西部和南部的年轻人（白人）的入学率：
1850 年、1860 年和 1880 年

注：在本图中，东北部指新英格兰人口普查区和大西洋沿岸中部人口普查区各州，中西部指东北中部人口普查区各州，南部指大西洋沿岸南部人口普查区各州＊。学校入学率是指自我报告称过去一年中某个时候上过学的年轻人所占比例。"全日制入学率"是指在人口普查中自我报告称过去一年中上过学且没有工作的年轻人所占的比例。

资料来源：1850 年、1860 年和 1880 年人口普查中的综合公开微观数据样本（IPUMS）。

们假设，那些在过去一年中上过学但是没有在人口普查中报告自己从事某种职业的年轻人，都是接受全日制教育的。由于总在校人数与全日制在校学生人数之比，显然没有随时间推移而变化，因此我们在图 4.3 中只绘制出了各地区在 1880 年时的曲线。从图中可见，全日制学生的入学率低于总入学率，在农业就业量较大的中西部和南部地区更是如此。尽管在用全日制

＊　关于"新英格兰""东北中部""大西洋沿岸南部"的定义，参见本书第 6 章注释⑮。——编者注

教育的情况进行调整后入学率有所下降了,但是在美国大部分地区,10 岁出头的青少年入学率仍然是非常高的。⑥²

当然,年轻人也有可能在按各个学期的校历正常上课的同时,在上学前或放学后自己家里的农场中或城镇中就业,但是更有可能的是,他们中的大多数人在一个学期的大部分时间里都没有去上学。因此,用从人口普查和其他教育统计数据中得出的上学人数,来衡量实际学校出勤率,得到的结果可能会有所夸大。

4.4 公立高中之根

即便是早在公共学校运动和免费教育运动时期,提供初等以上教育的学校也已经在美国大量涌现了。这个层次的学校有很多类型。按出现的年代早晚,它们依次是 17 世纪就已经存在的拉丁文法学校开始,然后是"学院",再后来是公立高中。到了 19 世纪中期,在美国各地,孩子们在完成了公共学校的学业之后,可以在如下几种类型的相互竞争的学校之间进行选择:公立高中、私立的和准私立的学院、大学预科部,甚至还有一些公共学校。

文法学校或拉丁学校是美国最早出现的、让年轻人接受教育以便进入国内大学深造的教育机构,其中历史最悠久的是波士顿拉丁学校(Boston Latin School,创办于 1635 年),它的主要目标就是培养年轻人进入哈佛大学。不过,这类学校的数量一直不多,而且在殖民地时期和美国建国初期都只存在于大城市中。

早在 19 世纪初,很多收入一般的城镇家长就开始要求让他们的孩子接受高于公共学校程度的教育了。这些家长希望自己的子女受到的教育能够让他们胜任会计部门、商业机构以及其他专业和商业职位。为了满足这种需求,美国许多比较大的城市都建立了免费的公立高中。

这些高中当中的第一所名为英国古典学校(English Classical School),1821 年在波士顿创办。在接下来的 20 年里,马萨诸塞州的各个城镇涌现出了大约有 30 所公立高中。⑥³尽管马萨诸塞州 1827 年通过的一个法令,要求居住的家庭数超过 500 个的所有城镇,都必须建成至少一所公立高中,但是上面所说的这些学校很可能是出于其他原因而创办的。在 1830 年时马萨诸塞州最大的 20 个城镇中，到 1841 年只有 15 个城镇拥有一所高中；而另一方面，却有 11 个未达到法定规模的较小城镇拥有了高中。此外，直到 1860 年，还有许多达到了这个规模要求的城镇仍然没有高中。[64]

1838 年，费城出现了第一所公立高中——中央高中（Central High School）——这所学校直到今天仍然存在。[65]纽约市的第一所公立高中，直到 1848 年才建成，不过在那 25 年前纽约市就已经成立过一所私立高中（尽管它不久之后就关门大吉了）。[66]美国内战前，美国各地的公立高中继续增多，到 1860 年时，全国已经有 320 多所公立高中了。[67]

在 19 世纪的大部分时间里，美国人口稀少的乡村地区和小城镇对公立高中的需求，用不着新建一所中学来满足的。公立高中是一种相对来说比较"昂贵"的教育机构，而且人们通常认为这种教育机构在小城镇或乡村地区只能为一小部分年轻人服务。公共学校的教育是可以带来外部收益的，例如，教给孩子们基本的技能，让他们成为好公民，并赋予他们共和主义的美德；但是这种正外部性不能构成开办高中的理由。在乡村社区、城镇和小城市，公共学校通常也接受年龄较大的年轻人，而且这种做法一直持续到了 20 世纪初。[68]

在 19 世纪中期，大城市以外的大多数社区，都没有能力维持一所公立高中。那些想让自己的孩子在公共学校毕业后继续接受教育，并且拥有足够财力的家长，支持私立中学。到了 19 世纪 70 年代，人们对小学之后教育的需求，在很大程度就是通过这种类型的学校——通常被称为"学院"（academy）——而得到满足的。在 19 世纪上半叶，学院发展得非常迅速，而后又以更快的速度消失，以至于有些人把美国教育史上的这个时期称为"学院运动"（academy movement）时期。[69]需要注意的是，学院的大量出现，恰恰就是在公共学校得到了越来越多的公共资金支持，并不断扩大招生规模的时候。

学院有非常多的类型，而且在不受监管的自由放任式发展过程中，学院成为了典型的美国教育机构。一所学院，可能是一所大学预科学校，其中一些最好的学院，如菲利普斯学院（Philips Academy），直到今天仍然在办学。[70]大多数学院虽然没有那么高的教学水平，但是通常也能在各门学术性课程上为学生提供足够的教育。学院除了要讲授数学、英语和历史等学术性课程之外，通常还要讲授簿记、测量、制图和航海等职业性课程。有些学院还会应适龄女生的家长的要求，教授音乐、舞蹈和其他学术性不强的课程。

由于学院的学生一般都是住在城外的青少年，因此很多学校都是供学生寄宿的。虽然有些学院的规模相当庞大，但是大多数学院的规模都很小，往往就是一名在自己家中教学生的男教师或女教师所开办的。尽管学院都要收取学费，并且是由受托人管理的私立学校，但是许多学院同时也从当地政府或州政府获得补贴（通常是以受赠土地和建筑物的形式），因此这些学院只能算是"准私立"的。

由于学院出现的时间，恰恰就是公共出资的高中开始在全国范围内普及的时候，因此大多数学院在很大程度上都只是昙花一现。[71]当公共资助的"免费"中学教育机构出现并取代了它们的位置之后，大多数学院很快就倒闭了，很少有学院能够幸存下来。尽管有些学院留下了记录，但是大多数学院根本没有留下任何记录。也正是这个原因，除了可以借助1850年、1860年和1870年美国每10年一次的人口普查中非常有限的县级数据了解一鳞半爪之外，我们不知道学院在全美范围内的传播程度。对于学院，我们在第5章中还要进一步讨论。

自从19世纪中期以来，改革者就认为免费的公立高中是教育民主化的一个不可或缺的组成部分[72]，但是他们的同时代人中有许多人都质疑，州通过立法授予学区通过征收税收来资助公共学校的做法，是否也适用于高中。无论如何，没有征收税收的权力，就不会有公共出资的公立高中。在1874年的"卡拉马祖一案"（*Kalamazoo*，1874）中，密歇根州最高法院对这个问题给出了明确的回答。[73]

对卡拉马祖一案的判决，设定了一个规则：地方政府的财政资金可以合法地用于资助高中。在那个时候，美国的许多学区和市政当局，已经在利用州法律来为高中筹集资金了，但是卡拉马祖一案标志着一个重要的转折点，因为当时有很多公民团体反对用公共资金去资助高中，其理由是这些学校并不为大多数孩子提供教育。在卡拉马祖一案尘埃落定之后，继续反对使用教育基金去支持公立高中的言论，在法律上就站不住脚了。[74]

4.5　本章小结：平等主义

本章追溯了美国教育的下述各种优点的起源——教育的公共提供和公共出资、在财政上独立的小型办学单位、政教分离、性别中立、开放和宽容。从根本上说，我们可以把所有这些特征总结为平等主义。民主共和的教育理念战胜了精英主义的教育观念，后者声称私立学校的大门只需为一部分人开放，因为其他人可以由慈善学校或贫民学校提供教育。

教育的公共提供和公共出资，显然是共和主义者对一个兼具开放性和共同性的教育体系愿景的一部分。教育经费的政教分离，是这种观点的一个合乎逻辑的推论，正如纽约市的案例所充分表明的那样。如果有宗教教派的教育机构获得了州政府的拨款，那些，那么不属于那些教派的孩子就会被排除在这种教育机构之外，孩子们也就无法在一个共同的、开放包容的环境中学习了。此外，马萨诸塞州禁止任何宗派学校使用州政府资金的历程表明，政教分离原则的确立还有另一个因由，那就是，正是天主教会使用州政府资金的潜在可能性，催生出了禁止任何教派使用州政府资金的禁令。

公共出资的公共学校的建立，及其在美国大部分地区的普及，是美国教育体系的第一次伟大转型。即便是在强制性免费教育在各州推广之前，随着费率单的废除，美国人的受教育年限就已经远远超过了任何其他国家的公民了。[75]到 19 世纪 70 年代，免费的公立学校教育就已经差不多在美国各地完全普及了，从而为下一个阶段的教育大扩张——即公立高中的发展——奠定了基础。

美国对教育的公共提供以及后来的公共出资的执着追求，始于这样一个愿景，那就是，给公民创造接受教育的机会，帮助他们知情达意，让他们有能力参与投票甚至成为被选举人。到了 19 世纪末——甚至还要更早一些，如果霍勒斯·曼的《第五个年度报告》可以被当作一个参照指南的话——当时的美国人对教育的看法，就已经越来越接近于今天的我们：教育是受教育者获得工作和生活技能的一个途径。[76]

正如我们在本章中已经看到的，美国教育的第二次大转型——高中普及运动——是在 19 世纪随着美国各大城市公立高中的兴起而逐渐拉开序幕的。19 世纪中期,私立"学院"扩大了中学教育的范围。"学院运动"清楚地显示出了家长对公立中学的强烈需求。第二次转型随着公立高中的不断普及而加速,在 20 世纪的头几十年内,这些学校的触角甚至延伸到了美国最小的农村社区。

第二次转型是建立在 19 世纪奠定的基础上的。美国教育"昔日的优点"在美国内战之前就已经大体上成形了,它们在 20 世纪继续促进了各个层次的大众教育的普及。这些优点能不能继续发挥作用,其中一些优点是不是已经变成了美国教育变得更加卓越的障碍,这些都是我们将会在本书第 9 章中讨论的问题。但是在那之前,我们必须先探讨发生在 20 世纪初的高中普及运动。

注 释

① 从美国建国开始,直到至少 20 世纪 70 年代,在教育机会和教育资源方面一直存在巨大的种族鸿沟——这是美国教育体系的"平等主义"原则的一个主要例外。

② 例如,可参见 Easterlin(1981)以及 Lindert(2004)。在本章的后面,我们将分析早期美国人口普查的入学率数据,并探讨一些与这些数据以及某些州的出勤率数据相关的问题。

③ 在这里,我们在"学校教育"(schooling)和"受教育程度"(education)之间进行了区分:前者指的是学校当期的入学率、出勤率或毕业率等,后者指的是人口的平均受教育年限(和教育质量)。

④ Watson(2006)给出证据表明,自 1970 年以来,美国的居住区按经济地位相互隔离的现象一直在加剧。

⑤ 美国联邦教育办公室一直到 1932 年才开始收集关于学区数量的信息,当年公布的学区数量为 127 531 个(*Historical Statistics*,series H412)。在 1900 年的时候,学区的数量很可能还要更多。尽管有一些学区的规模非常大,例如,纽约市学区在 1900 年招收了接近 56 万名学生,但是大多数年轻人在 1900 年时仍然居住在小城镇和农村地区。在 5—14 岁的青少年中,只有 22% 的人居住在人口超过 2.5 万人的城市中,27% 的人居住在人口超过 1 万人的城市中,而居住在人口不足 1000 人的农村或城镇的人则整整占了

60%。参见：美国联邦教育办公室（U.S. Office of Education, *Annual Report*（1900-01）：1547）；美国人口普查局（U.S. Bureau of the Census, 1975, series A57—72）；1900 年美国人口普查中的综合公开微观数据样本（IPUMS）。

⑥ Lindert（2000，2004）强调了地方分权在 19 世纪促进教育进步中所起到的作用。Lindert 认为，美国、加拿大和普鲁士的教育体系都是地方分权的，而英国和斯堪的纳维亚国家的教育体系则是高度中央集权的，后者使得国内的精英控制了教育事务的决策权。不过，虽然 Lindert 认为普鲁士是"地方分权"的，但是 Ringer（1979：32）则指出，"甚至早在 1870 年之前，普鲁士就形成了相当单一的全国性的教育体系，尤其是在中学和大学层次"。1812 年，普鲁士开始强制在全国范围内实行"毕业考试"制度，进一步强化了教育控制的中央集权化。关于 19 世纪晚期欧洲各国教育体系中央集权程度加深的情况（相对于美国而言），亦见 Fishlow（1966b：435）。根据 Fishlow 的说法，在 1876 年，地方的各种经费来源提供了英格兰 75%的小学收入，其中又有一半是来自私人的；但是到了 1900 年，议会拨款就超过了收入的 50%，同时对私人的收费已经被完全取消了。法国在教育经费和课程设置等事务上，一直是高度中央集权的，到 19 世纪后期集权程度进一步加深。1877 年，法国中央政府的财政拨款，只占到了公立小学的收入的 25%；但是到了 1900 年，这个比例就达到了 80%。Fishlow 还指出，普鲁士在教育税（school-tax）立法方面，也呈现出了类似的趋势。

⑦ Burdge（1921）报告了 1918 年纽约州对该州 16—18 岁男性的一个调查的结果。在来自人口超过 2.5 万的城市的高中毕业在职男性中，有 92%的人表示他们想从事白领工作，而且有 82%的人当时正在从事这类工作。相比之下，在那些未上过高中的人中，只有 57%的人表示渴望从事白领工作，且只有 46%的人当时正在从事白领工作。1915 年的艾奥瓦州人口普查也给出了类似的结果。在生活在艾奥瓦州各大城市的 18—24 岁男性中，有 82%的高中毕业生是白领，而在没有上过高中的人中则只有 21%是白领。在同一年龄段的女性中，高中毕业生从事白领工作的人的比例为 95%，而没有上过高中的人的这一比例仅为 41%（见附录 B）。

⑧ 美国宪法第一修正案（政教分离条款）规定："国会不得制定关于下列事项的法律：确立国教或禁止信教自由……"。最高法院在"塞尔曼诉西蒙斯—哈里斯案"（*Zelman v. Simmons-Harris*，no.00-1751，June 27，2002）中的裁决，支持克利夫兰市的家长使用公共教育券将子女送去上宗教学校，这一裁决可能会对有教派的教育机构对消费券的使用产生重大影响，而且更加重要的是，可能会对美国的公立学校体系产生重大影响。

⑨ 我们将在下文中给出"公共学校"(common school)的定义。我们所说的"免费"教育,则是指使用者的边际成本为零的教育。

⑩ "智慧和知识……依赖于在全国各地教育普及之后带来的机会和优势……在本联邦未来的任何时候,立法机关和地方法官都有责任保护文学、科学及其讲授这些课程的所有学校的利益;特别是剑桥市的大学、各城镇的公立学校和文法学校"[《马萨诸塞州宪法》(Constitution of the Commonwealth of Massachusetts, Chapter Ⅴ, Section Ⅱ)]。关于各州宪法(及其随时间的演变),请参见 John Wallis 在马里兰大学和美国国家经济研究局进行的州宪法研究项目(State Constitutions Project),本书作者撰写本书时,这一项目的网址是 http://www.stateconstitutions.umd.edu/index.aspx。

⑪ 请参见:Kaestle(1983),他对关于美国建国初期的教育的文献综述非常出色; 以及 Rudolph(1965)提供的原始资料来源。

⑫ Benjamin Rush,"Plan for the Establishment of Public Schools"(1786),载于 Rudolph(1965:4, 6)。

⑬ Benjamin Rush,"Thoughts upon the Mode of Education Proper in a Republic"(1786),载于 Rudolph(1965:19)。

⑭ Kaestle 和 Vinovskis(1980, chap. 5)。

⑮ 关于地方和州的税收,见 Stewart(1914:77—92),本节引用的证据有很多都是他提供的。

⑯ Fernandez 和 Rogerson(2003)分析了学校其他可选的财政制度对教育资源配置和教育公平的影响,他的着重点放在了学校财政决策的集中化程度上。

⑰ Hoxby(1996, 1999)讨论了效率—公平的权衡取舍、学区之间的竞争对效率的重要性,并在 Tiebout 的框架下分析了学区之间的排序的作用。

⑱ 关于财产税的作用,以及要让财产税的激励效应不同于所得税所需要的假设,见 Hoxby(1996)。

⑲ 在最初的 13 个州之后加入联邦的那些州中,只有缅因州、得克萨斯州、佛蒙特州和西弗吉尼亚州没有获得土地赠与。在这些州中,有三个州是从原有的州中分离出来的,得克萨斯州则拥有自己的土地。相关的讨论,可参见 Cremin(1951:119)。

⑳ 见 Cubberley(1934, orig. pub. 1919, chap. 4)。Randall(1844:83)提供了从 1815 年到 1843 年的年度数据,包括从州一级国库支付的金额、学区收到的金额,以及个人根据费率单支付的金额。

㉑ "公共学校复兴"这个术语,在 1900 年被美国教育专员用来描述 19 世纪 40 年代为争取免费教育而展开的那场狂热运动[参见 Fishlow(1966a)]。

㉒ 这里所使用的"农村"的定义是,任何人口少于 2 500 人的地方[1850 年联

邦人口普查的综合公开微观数据样本（IPUMS）]。

㉓ Landes 和 Solmon(1972)为 19 世纪末期各州关于义务教育的法律规定的无效性提供了证据。义务教育法律要直到 20 世纪初才生效，那时大多数受该法律约束的孩子都已经上学了(Goldin and Katz, 2003)。我们在第 6 章中还将会讨论 1900 年至 1940 年间各州的义务教育立法的作用。

㉔ Kaestle 和 Vinovskis(1980，table A2.2)。

㉕ 1850 年，纽约州人口排名前 10 的城市中，有 7 个(按规模排序：纽约市、布鲁克林、布法罗、罗切斯特、特洛伊、锡拉丘兹和尤蒂卡)在 1853 年废除了费率单。

㉖ 这段话的依据是 Cubberley(1934，orig. pub. 1919:200)。

㉗ Aurner(1914:21—22，47)。1858 年，艾奥瓦州所有的学校都变成免费的了。

㉘ Fishlow(1966a，table 1)主要使用美国十年一次的学校普查数据(而不是真正意义上的个人人口普查数据)。"学校普查"在 1850 年至 1870 年的人口普查社会统计中继续进行；而且，这些普查也都会询问个人在过去一年里是不是至少上过一天学，以及他们的职业是什么。

㉙ 这里提供的数据是入学数据，而不是出勤数据，因此有可能由于各种原因被夸大了。Kaestle 和 Vinovskis(1980，table A2.5)以及 Vinovskis(1972)指出，在 1840 年的时候，5—19 岁的学生的出勤率大约为 43%，远低于入学率。他们还报告说，在 1840 年至 1880 年间，马萨诸塞州所有 20 岁以下的儿童和青少年平均日常出勤率大约为 37%。我们利用他们对当时 0—4 岁儿童的出勤率的估计结果，以及美国人口普查(Census of the United States, 1841:8—9)中每个年龄段人口的比例，估计出了 5—19 岁年龄组的出勤率大约为 43%。即便入学率被高估了，也没有理由相信对纽约州的入学率的高估程度要大于马萨诸塞州。

㉚ 根据 1850 年和 1860 年人口普查的综合公开微观数据样本(IPUMS)计算得出。

㉛ 我们没有根据城市化程度和其他可能的中介因素上的差异对数据进行修正，但是即便进行了修正，也不会推翻我们得出的这两个州的比率相似的结论。如表 4.1 所示，纽约州的许多大城市早在该州立法废除费率单之前很久，就已经实行了免费教育。

㉜ 中西部的数据，来自 Fishlow(1966a:49)和学校普查。

㉝ 这也是 Fishlow(1966a)所持的观点。根据 Fishlow 的说法，19 世纪 40 年代和 50 年代，许多州的入学率在废除费率单以前就已经提高了。也就是说，在入学率提高之后，免费教育法令才在州一级通过。Fishlow 还提到了，路易斯安那州是美国内战爆发之前南方唯一一个通过了免费学校法的州(于

1847 年),同时该州在 1840 年至 1850 年间的(白人)入学率增幅,在南方各
州中名列第三的。另外两个入学率更高的南方州是北卡罗来纳州和田纳西
州,由于 1837 年联邦政府分配了出售剩余土地的收入,这两个州的学校收
入也有所增加(Fishlow,1966a:52)。

㉞ 我们在另一篇论文中(Goldin and Katz,2003),以州义务教育和童工法为例
说明了类似的结果。请参见本书第 6 章。

㉟ 关于各州各种类型的"教育办公室"更完整的历史,请参阅 Cubberley 和
Elliott(1915)。1812 年,纽约州任命了第一位监督学校运行的州官员(州督
学),但是这个职位在 1821 年又被废除了。虽然在 19 世纪 20 年代,有一些
州要求州务卿同时兼任州督学,但是直到 19 世纪 40 年代,各州才开始设立
独立的州督学办公室,并任命个人专任州督学。从这个意义上说,曼的职位
在州教育办公室的历史上是第一个。另外,根据 Cubberly(1934,orig. pub.
1919 年),那也是美国第一个真正意义上的州教育委员会。

㊱ 关于 Mann 与马萨诸塞州立法机构之间在政治问题上的龃龉,见 Kaestle 和
Vinovskis(1980,chap.8)。

㊲ Mann(1891,vol.3:94—95).亦见 Vinovskis(1995,chap.5),他对曼的实证
方法论持批判态度。

㊳ 例如,可参见 Bowles 和 Gintis(1976)。Field(1979 年)利用来自马萨诸塞州
的横截面证据证明,爱尔兰移民的大规模涌入,促使实业家为了强化社会控
制和其他一些原因而延长了学期。

㊴ 关于印第安纳州就税收问题进行的全民公投,以及纽约州就免费学校进行的
全民公投的更多细节,请参见 Cubberley(1934,orig. pub. 1919 年,chap.6)。

㊵ Mann 和美国历史上许多支持政教分离的人一样,都支持非宗派学校,但是
并不支持去宗教化的世俗教育。Mann 这样写道:"我们的教育体系……谆
谆教诲着基督教的一切道德规范;它是建立在宗教的基础上的;它欢迎《圣
经》的信仰……但仅此而已。"(Mann,1891,vol.4:222—340)。另见 Nord
(1995),他指出,一神论允许学校在不参考特定神学体系的情况下教授宗
教道德。

㊶ 参见 Michaelsen(1970)以及 Glenn(1988)。《马萨诸塞州宪法权利宣言》
(Declaration of Rights of the Massachusetts Constitution)的第三条这样写道:
"本联邦的人民有权力授予他们的立法机构如下权力:批准和要求……城
镇、教区、选区……作出适当的规定……以建立公众崇拜上帝的制度,并向
教导虔诚、信仰和道德的公派新教教师提供资助,维持其生活"。在这个条
款发生变化时,公理会的优先地位就消失了。

㊷ 直到 1963 年,美国最高法院才在"阿宾顿镇区诉申普案"(*Abington Township*

v. Schempp, 374 U.S. 203)的裁决中,禁止公立学校宣读《圣经》、背诵主祷文。

㊸ 见 Cubberley(1934, orig. pub. 1919:238)。关于 Blaine 修正案在 1876 年以微弱优势被否决的情况(63%的众议员投票支持;39%的参议员对提交给参议院的版本投了赞成票),请参见 Michaelsen(1970)以及 Stokes 和 Pfeffer (1964)。Blaine 修正案提交给众议院的版本这样写道:"任何州都不得通过制定法律来确立州教……任何州都通过税收筹集用于资助公立学校的资金……都不得交由任何教派控制……"(Stokes and Pfeffer, 1964:434)。提交给参议院的版本也有类似的表述。在 Blaine 修正案夭折之后,国会于 1876 年通过了一项法律——《授权法案》(Enabling Act),要求所有新加入联邦的州在州宪法中增加一个禁止向有宗派学校提供公共资金的条款(Michaelsen, 1970:68)。由于所有的州都修改了宪法或通过了新立法,以禁止向有宗派学校提供公共资金,因此要求新加入联邦的州这样做被认为是合理的。

㊹ 对于这个故事,已经有好几位历史学家细致地讲述过了,其中包括 Kaestle (1973)以及 Ravitch(1974)。

㊺ 对此,Kaestle(1973, chap.2),是这样说的:在 18 世纪 90 年代中期,纽约市的"平价学校"的学费非常低,除了最贫穷的那些人之外,所有人都上得起。他记录的学费是每个孩子每季度 2.50 美元(或 20 先令)。当时,一个每年工作 250 天的体力劳动者的家庭年收入大约为 250 美元,木匠的家庭年收入则达到了 350 美元左右(Adams, 1967,关于费城的 table 1 和关于纽约的 table 16)。如果一个家庭有三个学龄儿童,每个孩子一年上两个季度的学,那么需要交纳的学费仅占家庭年收入的 4%—6%;不过,在扣除了生活必需品上的支出后,学费占收入的比例就会大得多了。

㊻ Kaestle(1973, table 19).

㊼ 与之形成鲜明对照的是由公共提供但却由私人出资的教育,在后者的模式下,全部教育费用都由按费率单收取的学费来承担。

㊽ 参见 Kaestle(1983)关于美国教育从殖民时期到革命时期的变化的论述。在后一个时期,"北方的许多小学第一次招收女孩入学……尽管她们入读的机会往往会受到限制,而且存在性别隔离"(Kaestle, 1983:28)。同样地,Kaestle 和 Vinovskis(1980:24—26)也指出,从 1800 年到 1830 年,入学率增幅的大部分,都可以归因于女孩受教育机会的增加。

㊾ 正如我们之前已经指出过的,美国每 10 年进行一次的人口普查数据,似乎对全日制在校学生在全部青少年中所占比例估计过高,但是我们没有理由认为女孩的这种"向上偏差"会比男孩更大。

(50) 19世纪中期的公共学校是不是基本上都实行性别分离的？那是另一个问题了。有些人认为，大多数公共学校在设计时就是打算实行性别分离的，可见Vinovskis和Bernard(1978)。而另一些人则令人信服地证明，男孩和女孩实际上是在一起学习的，在居民较少的那些地区尤其如此，见Tyack和Hansot(1990)。另一方面，在人口足够多的那些地区，则有条件让女孩和男孩在不同的教育设施中接受教育。

(51) 美国联邦教育办公室主任(U.S. Commissioner of Education, 1895:786)报告。

(52) 后来，在建立了专门化的中等职业学校(分不同性别，提供不同的职业技能教育)之后，一些比较大的城市退出了完全男女同校的教育。

(53) 美国联邦教育办公室主任(U.S. Commissioner of Education, 1895:799)报告。

(54) 例如，可参见Easterlin(1981)。

(55) 见Ringer(1979:34)。

(56) 这些数据与Fishlow使用的数据类似，尽管我们可以使用他在研究时无法获得的微观数据。

(57) 这里的“学校”(school)包括了各种类型的公立和私立学校，包括公共学校、文法学校、高中、学院(academy)、大学和神学院。主日学校(1850年至1880年)和夜校(1860年至1880年)都被明确地排除在了人口普查对“学校”的定义之外。美国每10年进行一次的人口普查，在以后的每一次人口普查中都提出了类似的问题。关于受教育程度的问题是在1940年人口普查中第一次提出的。

(58) 1850年的人口普查要询问超过14岁的男性的职业；1860年要询问超过14岁的所有年轻人职业；1880年则为超过10岁的所有年轻人的职业。而在1870年，很明显每个人都被问到了职业问题。

(59) 为了便于显示，图4.3没有包含1870年的数据。

(60) 1880年，在大城市以外的地方，公立高中仍然很少见。

(61) 义务教育法的实施能够确保这一点，但是直到19世纪60年代中期，只有马萨诸塞州通过了义务教育法。此外，新英格兰地区的“幼儿学校”(infant school)的减少可能也是一个因素。

(62) 如果只考虑男孩，那么下降的幅度会更大。例如，在1880年，中西部所有16岁男性青少年的入学率为51%，但是其中全日制学校的入学率则仅为28%。

(63) Cubberley(1934, orig. pub. 1919:259)；美国联邦教育办公室(U.S. Office of Education, 1906:1855—1863)；1830年美国人口普查(Census of the United States, 1832:16—19)。

㉔ 马萨诸塞州的这项法律并没有得到严格执行。作为对有 500 个家庭居住的城镇的一个粗略近似，我们使用的是所有拥有超过 600 个 20 岁以上白人男性的城镇。

㉕ 参见 Labaree(1988)，他叙述了该校建校后第一个世纪的历史。

㉖ 纽约市的这所高中是通过出售股份募集资金建立起来的，股东保有让自己的孩子就读这所学校的权利。

㉗ Cubberley(1934，orig. pub. 1919:262)。

㉘ 我们将在本书第 6 章利用 1915 年艾奥瓦州人口普查的数据，来讨论较年长的青少年在公共学校的教育问题。

㉙ 关于 19 世纪的"学院"这一主题，现有的文献寥寥无几。例如，请参见：Brown(1899)、Cubberley(1934，orig. pub. 1919)、Sizer(1964a)，以及 Tyack(1967，chap.10)。

㉚ 东部地区现在仍然存在的许多历史悠久的学院，都是在 18 世纪后期建成的。例如，成立于 1778 年的菲利普斯学院。而中西部地区存留至今的许多学院，都是在"学院运动"期间建立起来的。

㉛ Kandel(1930)讲述了伊利诺伊州、印第安纳州和密歇根州的学院的历史，它们在公立高中建立之后就消失了。而在其他地区，在公立高中建立起来之后，学院仍然存在，因为公立高中不提供古典课程，马萨诸塞州的格罗顿情况就是如此(Katz, 1968)。

㉜ "到了 19 世纪 20 年代和 30 年代，已经形成了一个越来越大的改革者网络……他们为建立一个由税收支持的公立高中共同体系，而不断地进行游说……这些学校改革者甚至开始主张，只有公立高中才是为少数有才能的人提供更高等教育的合适机构。"(Reese, 1995:17)。

㉝ "查尔斯·E.斯图尔特等人诉密歇根州 30 号卡拉马祖村第一学区案"中的判决(*Charles E. Stuart et al. v. School District No. 1 of the Village of Kalamazoo, 30 Michigan*，1874)，被 Cubberley(1970，orig. pub. 1934:240)重印在了他的书中。关于卡拉马祖高中以及反对它的意见，见 Reese (1995:76—79)。

㉞ 为什么卡拉马祖一案的影响如此深远？关于这个问题，见 Dunbar(1960)的讨论。此间给出的最佳理由是，密歇根州最高法院的库利大法官(Justice Cooley)认为，这所高中是州立法机构建立的完整公共教育体系的一个组成部分。

㉟ 见 Easterlin(1981)。

㊱ 参见 Reese(1995:96, fn. 52)，那里给出了从 1834 年到 1880 年的许多引文。

高中普及运动的经济基础

到了 19 世纪中叶的时候，美国就已经成了全世界年轻人受教育程度最高的国家了。[①]初等教育实现了大众化，甚至早在地方政府提供全额资助之前就已经在美国的大部分地区和许多州普及开来了。相比之下，其他工业化国家的公民，还必须再等上三四十年，才能赶上 1860 年美国的小学入学率水平。当然，大众化的小学和公共出资的教育最终还是在欧洲各国落地生根了，不过那通常是在选举权扩大之后的事情。[②]19 世纪末期，在奥地利、丹麦、法国、瑞典，特别是英国，小学入学率开始飙升。[③]

但是，正当欧洲各国逐渐缩小与美国在小学教育方面的差距时，美国的第二次教育大变革已经兴起并开始高涨起来了。这场教育运动将进一步拉开美国和欧洲国家年轻人受教育程度的差距，使欧洲各国的教育在相当长的一段时间内一直处于落后于美国的地位。两者之间在受教育程度上的差距，一直到 20 世纪下半期才再次开始缩小。

第二次教育大变革将美国的大众教育推向又一个高峰，并使美国的教育在 20 世纪的大部分时间一直保持世界领先。这个变革在当时和今天都被称为"高中普及运动"（high school movement）。[④]在本章中，我们先讨论美国第二次教育转型的起源。

5.1 美国教育的第二次转型

高中普及运动迅速提高了美国青年的受教育程度。1900年,一个典型的美国本土出生的年轻人的受教育程度,通常是公共学校毕业,这大体上相当于6—8年级的水平。但是到了1940年,美国年轻人的平均受教育程度就达到了高中毕业(见图5.1)。如果只看美国南部地区以外的其他地区,那么这种转型就更加迅速了:早在1930年,新英格兰地区各州和西部部分地区受教育程度居中的年轻人,就已经都是高中毕业生了。

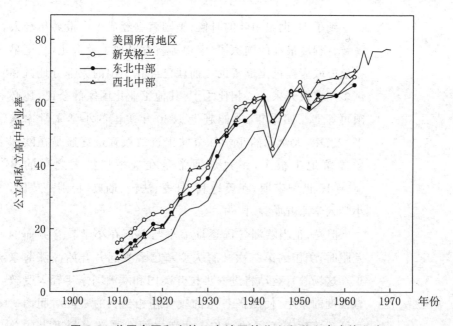

图 5.1 美国全国和它的三个地区的公立和私立高中毕业率

注:本图所示,包括了公立和私立学校的毕业生。私立学校包括教区高中、"学院"以及各学院和大学的预科部。毕业率是毕业生人数除以17周岁的人口总数计算出来的。在两次人口普查之间满17岁的人的人数,是用外推法估计出来的。

资料来源:见本书附录B。

高中普及运动的步伐,要比第一次教育转型快得多,并使得美国在不久之后就开始了第三次教育转型，即，到第二次世界大战结束时启动的高等教育大众化。相比之下，在大多数西欧国家，大众化的高等教育要直到20世纪70年代以后才会出现。

高中普及运动背后的核心推动力是，在1910年前后（或者更早一些），小学（或公共学校）以上教育可以带来的巨大经济回报。在前面的第2章中，我们已经通过引用不同职业的工资性报酬数据，以及不同层次的学校教育与工资性报酬之间关系的数据，确证了这一事实。但是，仅靠教育高回报这个事实本身，是不足以催生高中普及运动的。推动这个运动的另一个因素，是对受教育程度高于公共学校和小学的工人的需求增加。即便是早在19世纪中期，获得高中学历的经济回报似乎也很高；然而直到20世纪初，由于受教育程度较高的工人分散在美国各地，需求仍然不够集中，对建立高中并配以教师的呼声，公众的响应并不积极。⑤

在美国一些尚未开设公立高中的地区，年轻人在公共学校上完8年的课后，如果想继续接受教育，那么一般都得留在公共学校。我们的数据表明，在公共学校或小学里多待的这几年，在劳动力市场上的价值远远不如在高中学习的几年。中学作为一个独特的教育机构类型，填补了重要的教育空白。

美国的青少年也可以选择进入一种准私立中学——即通常所称的"学院"——读书，或者入读提供专业技能培训的职业学校。在公立高中普及之前，美国各地的城镇就已经出现了许多"学院"和相关的教育机构。要实现从"学院"到公立高中的转变，需要的不仅仅是家长们对子女继续接受教育的需求增加；它还需要更大的社区的支持。只有当足够多的公民都认定，拥有一所高中会给他们个人带来收益时，公立高中普及运动才能真正起飞。当家长们意识到，他们的子女将从中学教育中受益，成功之路也不再仅仅局限于那些通往办公室、车间和家庭农场等的非正规途径时，他们就会动员起来，积极推动高中普及运动了。

由于美国的教育体系是高度分散的，因此支持中学扩张的团体要想促进教育进步，并不需要有太大的规模或在全国范围内有很大的影响——甚至不需要在本州的范围内有很大的影响。需要的只是，这些团体在某些小社区内拥有足够有力的支持，同时对中学教育的需求在地域分布上足够集中。

因此,美国教育体系的极端分散化,至少在一段时间内有力地促进了对美国青少年的公立学校教育的发展。

我们在本章要讨论的核心问题是,美国第二次教育大转型为什么会在那个时候发生?我们发现,即便是早在19世纪中期,上中学并毕业的经济回报就已经相当可观了。然而,高中普及运动在19世纪中期启动之后,刚开始时的进展相当缓慢,一直到了20世纪早期,才以惊人的速度得到了突飞猛进的发展。

对受过较好教育的工人的需求,在19世纪末出现了显著增长。然而,由于提供中学教育的成本很高,大多数社区在需求足够大、足够广泛之前,是不会提供公立中学教育的。部分原因在于,高中必须有较大的规模,否则就无从降低分摊到每个学生身上的成本。我们认为,更重要的一个因素在于公众对这种昂贵的公共产品的支持度。只有当一个足够大的群体愿意为了提供这种公共物品而接受对自己征税时,它才有可能真的被提供。

在19世纪早期,美国一些大城市就拥有了自己的公立高中,但是在高中普及运动开始之前,在人口稀少的社区却几乎看不见公立高中。由于美国在当时是一个农村地区为主的国家,因此直到20世纪初,全国范围内中学仍然相对较为罕见。只有当制造业等主要经济部门对受过教育的工人的需求大幅提高之后,才有可能出现一场为美国年轻人建立中学、配备教师的大规模运动。高中普及运动在开始后发展缓慢的其中一个原因是,高中的最低有效运行规模要比公共学校大得多,因为其课程内容更多、范围更广,而且有些课程需要专门的设备。对于居住在农村地区的学生来说,规模更大也就意味着距离更远,交通成本更高。到了20世纪初,随着汽车的普及、校车的运行和更好的道路的出现,交通成本降低了,这可能也有助于高中在大城市之外地区的迅速普及。

与许多历史记载恰恰相反,高中普及运动并不是由各州制定和实施的一系列禁止使用童工、强制儿童上学的法律促成的。(在本书第6章中,我们还将表明,高中入学率在1900年至1940年间实现的提高,也没有过多受到这类法律大量出台的影响。)更准确的结论是,高中普及运动源于草根阶层对更高的社会流动性的渴望。这种深层的利益诉求导致了大量私立"学院"

和其他教育机构的出现。然后，随着对受过教育的工人需求的继续加速增长，公立高中也就应运而生了。我们将在本书第 6 章再回过头来讨论高中普及运动本身。

5.2　不断变化的工作职位，不断变化的技能需求

在 19 世纪的大部分时间里，绝大多数美国工人从事的工作不要求他们受过多少正规教育。直到 1870 年，美国还有 53％的劳动力从事农业工作，另有 10％的人从事家庭佣仆工作和个人服务业。制造部门的操作工和劳工只占工人总数的 13％，另外 7％是手工工匠和车间主管。大多数制造业工人受雇于第一次工业革命时就出现的那些老行业，如棉、丝绸和羊毛纺织业以及靴鞋制造业等。最后，在受雇于交通业和通信业的 4％的劳动力中，也只有很少一部分人从事的是要求他们拥有中学教育水平的工作。因此，整个美国只有大约 10％的劳动力从事的职业，通常需要他们受过小学以上的教育；而其他 90％的劳动力从事的工作，都不需要他们受过小学以上的教育。⑥

相比之下，到 1920 年的时候，全美国超过四分之一的工人从事的职业要求他们拥有高中或大学学历。在那之前的半个世纪里，美国经济的好多个部门都实现了大幅增长，这些部门都要求工人拥有较高的受教育程度。它们提供的职位中比较重要的有办公室职员和销售人员，从 1870 年到 1920 年，从事这些工作的人在劳动力中所占的份额提高了 4 倍多（见表 5.1）。在 19 世纪中期，甚至更早的时候，办公室职员，包括办事员、簿记员和管理人员，就已经因受教育程度较高而获得了丰厚的工资溢价。后来，尽管他们的人数一直在增加，他们也一直继续享受着工资溢价（我们很快就会证明这一点）。其他需要高学历工人的职业群体是专业人士和经理人员，前者又包括教师、律师和医生等。在 1870 年至 1920 年间，这些群体的增长速度要比全体工人的增长速度快 50％（见表 5.1）。

表 5.1　各类白领职业所占的就业比例：1870 年至 1990 年

年份	男性和女性		男　性		女　性	
	专业人士和经理人员	办公室职员和销售人员	专业人士和经理人员	办公室职员和销售人员	专业人士和经理人员	办公室职员和销售人员
1990	0.332	0.256	0.333	0.147	0.331	0.384
1980	0.278	0.260	0.299	0.140	0.250	0.420
1970	0.234	0.252	0.256	0.146	0.199	0.425
1960	0.197	0.216	0.211	0.137	0.168	0.377
1950	0.178	0.195	0.182	0.130	0.169	0.365
1940	0.151	0.166	0.147	0.127	0.163	0.285
1920[a]	0.124	0.131	0.119	0.099	0.141	0.256
1910	0.116	0.099	0.115	0.089	0.118	0.136
1900	0.100	0.075	0.099	0.075	0.105	0.074
1880[a]	0.085	0.042	0.084	0.047	0.092	0.017
1870	0.080	0.034	0.083	0.038	0.065	0.012

注：经营者或业主（Proprietor）归入专业人士和管理人员一类。

a 这里所使用的资料来源中没有记载 1890 年和 1930 年的数据点。

资料来源：《美国历史统计数据：千禧年版》（*Historical Statistics*，*Millennial Edition*，2006），表 Ba 1033—1074。

　　虽然对受教育程度有较高要求的职位在男性和女性中都有所增加，但是女性的增幅要大得多。例如，在办公室职员和销售人员职位上，女性从业者的就业比例在 1870 年至 1920 年间增加了 20 多倍，在 1900 年至 1920 年间又增加了 3 倍多，而男性从业者的就业比例在 1870 年至 1920 年间只增加了 2.6 倍，在 1900 年至 1920 年间只增加了 1.3 倍。从 1900 年到 1920 年，在所有白领职业上（专业人士、经理人员、办公室职员和销售人员），女性的就业比例翻了一番多，而男性则仅增长了 0.25 倍（见表 5.1）。从表 5.1 中可以得出另一个重要结论是，1870 年之后要求高教育水平的职位的增长，很大一部分是在 1870 年到 1920 年之间实现的，而且女性在这些职位上的就业增长的绝大部分也发生在这半个世纪之间。就所有工人而言，在从 1870 年到 1970 年的白领占比增幅当中，有 38％发生在 1920 年之前；而仅就女性而言,这一比例则为 59%。

从 19 世纪到 1920 年,除了发生在白领部门的这些变化之外,某些制造业的就业量相对于其他行业也有所扩大。快速扩张的行业集中在新兴行业和高科技领域中,如化学工业、机械工业和汽车工业。这些行业也是(如第 3 章所述)对受过更多教育的工人的需求最大的行业,即便是对操作工和体力劳动者,这些行业对受教育程度的要求也比较高。

关于职业与教育水平之间的关系,我们可以从 1915 年的艾奥瓦州人口普查中,收集到一些更具体的证据。这次普查留下来的文件,是现存最早的、记载了大量代表性人口的职业和教育数据的文件。来自这次人口普查的信息证实,那些要求从业者有更高教育水平的职业实现了更大幅度的增长。

在专业人员和经理人员组中,25—34 岁的人当中有 72%受过高中教育,同时他们平均受教育年限达到了 12 年(见表 5.2)。在办公室职业和销售人员组中,有 62%的人上过高中。但是在体力劳动者当中——包括蓝领工人、农民、劳工和服务业工人等组别——则只有不到 20%的人上过高中。35—44 岁男性的数据也呈现出了同样的趋势。不同职业的个体的受教育程度存在着很大的差异,其中大部分都体现在高中入学率和毕业率上。

表 5.2　教育与职业:艾奥瓦州 1915 年人口普查

职业组别	美国本土出生的男性,25—34 岁			美国本土出生的男性,35—44 岁		
	最高学历(受教育年限)	上过高中的比例(%)	高中毕业生的比率(%)	最高学历(受教育年限)	上过高中的比例(%)	高中毕业生的比率(%)
专业人士和经理人员	12.1	71.6	50.0	11.5	59.5	41.8
普通白领	10.7	62.5	39.2	10.6	57.9	38.9
蓝领	8.4	20.2	8.3	8.2	17.5	9.2
农民(农场主)	8.8	18.1	6.9	8.7	16.4	7.6
农业工人和佣工	8.2	17.9	6.6	7.8	9.5	5.2
所有职业	9.2	30.2	16.3	9.2	28.1	17.1

职业组别	美国本土出生的女性,25—34 岁		
	最高学历 (受教育 年限)	上过高中 的比例 (%)	高中毕业 生的比率 (%)
专业人士和经理人员	12.9	88.1	67.6
普通白领	10.8	67.4	47.4
蓝领	9.0	33.0	13.5
农业工人和佣工	8.5	21.0	9.7
所有职业	10.3	48.5	36.1

注:表中所列出的各职业组没有穷尽所有职业。男性和女性都略去了半专业人士,女性还略去了"农民(农场主)"。"普通白领"组包括办公室职员和销售人员。"蓝领"包括了手工工匠、操作工和非农业工人。教育数据进行了截短处理——总教育年限的上限为 18 年,公共学校的教育年限的上限为 9 年。我们假设,上过大学但没有上过高中的人,曾经在大学里接受过预科教育。每个职业组别的"最高学历"为本组平均已完成受教育年限。"上过高中的比例"是指每组中上过任何年数高中的人所占比例。"高中毕业生的比例"是指完成了 4 年高中学业的人(包括那些高中毕业后继续上大学的人)所占比例。

资料来源:艾奥瓦州 1915 年人口普查样本,见本书附录 A。

因为各职业组的女性从业者的样本较小,所以我们对女性用合并年龄组来呈现,并且只给出了包含大量女性从业者的职业组别的数据。女性的受教育水平甚至高于男性,特别是在专业人士组别(主要包括教师)和蓝领组别上。[7]

表 5.2 这些数据表明的很重要的一点是:无论是男性还是女性,专业人士、经理人员和普通白领阶层的受教育程度,都要远远高于其他阶层。教育成了获得白领职位的入场券。在本土出生、年龄在 25—34 岁、受过高中教育的男性中,53%的人曾经获得过白领职位,而在那些没有受过高中教育的人中,则只有 13%的人有过类似的工作。换句话说,受过高中教育的男性获得白领工作的可能性,是那些在上完 8 年级或公共学校就没有继续升学的男性的 4 倍。

那些受过更好教育的人更多地是在办公室工作,而不是在工厂工作。但是,很多体力劳动者也受过中等教育。正如我们刚才已经看到的,在25—34岁的男性群体中,20％的蓝领工人上过高中,8％的人高中毕业。这些受教育程度更高的体力劳动者在他们那个时代的新兴产业中就业的比例特别高。他们当中有电工、线路工、水管工、汽车机械工和汽车修理工;有技工中的精英,如印刷工、排字工、铁路工程师、固定式发动机工程师、制表师、雕刻师、珠宝匠、机械师和机械工;还有工厂的管理人员和检查人员。即便选择在工厂工作,而不是在办公室工作,受过更高教育的人也能不断晋升。

然而,在年轻女性中,那些虽然上过几年中学但是最终未能进入专业人士和其他白领工人行列的人,就远远比不上同等教育水平的男性那么有优势了。当然可以肯定,在这样的女性中,有些人能进入更具有精英色彩的印刷行业工作,或成为工厂的管理人员,但是大多数人仍然局限于女性通常在家里所做的那种类似于家务的工作(只不过现在变得有偿了),如女裁剪工、女缝纫工、女制鞋工和女制帽工。因此毫不奇怪,绝大多数上过高中的女性倘若正式就业,很大的比例都会成为白领,而同等教育水平的男性成为白领的比例则低得多,因为他们在其他部门也有相当可观的就业机会。在25岁至44岁的本土出生并上过高中的女性中,有81％是白领,而相对应男性的比例则只有54％。

1915年时年龄为25—44岁的人,在19世纪80年代到20世纪初应该还是青少年。因此,我们刚才提到的这些数据反映的主要在19世纪最后几十年间接受过高中教育的人的职业优势。虽然其中某些优势可能是因为更显赫的家世或其他家庭背景因素的影响,但是造成这种优势的最主要原因,还是在于高中所教所学的内容,而不在于上学的那个人究竟是谁。

1915年,也就是艾奥瓦州进行人口普查的那一年,高中普及运动才刚刚开始,因此这个人口普查所调查的那些较年长的人,应该在公立高中在美国农村大规模普及之前就已经上学了。在美国本土出生的45—54岁的男性平均受过8.8年的教育,其中18％的人报告称他们曾上过一段时间的高中。在美国本土出生的25—34岁男性平均接受过9.2年的教育,其中略多于四分之一的人称他们上过一段时间的高中。[8]他们接受了高中教育这一事实本身,就说明他们自己非常渴望获得高于公共学校的教育,因为对当时的许多人来说,在公立中学普及之前上高中,意味着不得不在附近的城镇寄宿。

5.3 20世纪早期的普通白领职业

20世纪早期白领职位的大幅增加,是多个因素共同作用的结果。制造业、公用事业、通信业和运输业等行业企业规模的不断扩大,这些企业的业务活动复杂性的持续提高,都推动了白领职位的增加。经营业务范围极其广泛、劳动分工日益复杂的大型公司的出现,进一步增加了对普通办公室职员、销售人员以及处理信息、协调生产并与客户互动的管理人员的需求。⑨信息技术和办公设备(如打字机、计算器,以及文件归档系统)的不断进步、电话的普及和电报网络的改进所带来的通信成本的降低,也都进一步刺激了对白领工人的需求。此外,经济结构的变化,增加了银行、保险、房地产、通讯和零售行业的就业职位,从而导致了对白领工人需求的增长,因为这些行业的从业者几乎全部是白领。零售商店规模的不断扩大也增加了对销售人员的需求(而不是对作为业主的经营者的需求)。

不过,在19世纪、20世纪之交,办公室职员人数增长最快的行业仍然是制造业。尽管只需雇佣办公室职员和其他白领工人的那些行业就业人数也出现了大幅度的增长,但是制造业的白领人数增幅是最大的。原因很简单,制造业是一个非常大的经济部门,其非生产工人的就业份额在20世纪早期得到了显著扩大。顾名思义,非生产工人主要包括办公室职员、销售人员和管理人员。

在1899年,非生产工人仅占所有制造业工人的7%,但是到了1909年,这一比例就达到了14%。在这短短十年间,非生产工人占制造业就业人数的比例就翻了一番。而在近半个世纪之后的1954年,制造业非生产工人的就业份额只是增长到了21%,仅比1909年高出了7个百分点。⑩因此,非生产性就业岗位在19世纪、20世纪之交实现的增长,无论是从绝对数量上看,还是从与之后的半个世纪相比较的角度来看,都是非常惊人的。⑪

对办公室职员的日益增长的需求,最初是通过在原有的职位上雇佣更多的工人来满足的。在办公室环境中,这就意味着需要雇佣更多的秘书、簿记员、速记员、打字员和办事员。这些原有的职位现在变得需要拥有更高技能、受过更好教育的人了。在 19 世纪末,秘书既是名副其实的"办公室秘密的守护人",又是公司总裁的得力助手,同时还要作为办公室职员,熟练地履行各种各样的业务职责。再举一个例子,在 19 世纪,作为办公室职员的簿记员就是公司首席会计师,而不是一个只需要为某个部门记记账、算算总数而从来没有机会看到整个资产负债表的人。⑫这些白领工人之于办公室,就像工匠之于手工工场一样——他们要熟悉整个企业或产品。

1895 年,一份关于一大批制造业、贸易业和保险业企业的办公室职位的详尽清单显示,总共只有 15 个独立职位从其数量上看是具有一定的重要性的。制造业和贸易业中列出的办公室职位,包括簿记员、出纳员、办事员(包括开票员和运务员)、通信员、勤杂工、推销员、速记员和打字员。对于保险公司,还列出了其他一些职位,包括主任办事员、贷款审核员和保单撰写员等。⑬

随着对办公室工作任务需求的增加,许多工作任务都经历了合理化、程序化和细分化的过程。办公设备的生产商为了满足对办公室工作日益增长的需求,想方设法尽力扩展了他们的产品线。从 19 世纪 90 年代到 20 世纪 20 年代,普通办公室所用的设备的种类迅速增加。⑭在 20 世纪 10 年代,标准的办公设备包括打字机、口述记录机、加法机、复写纸和文件归档系统。而到了 1924 年,办公室所用的设备就要比这多得多了。除了打字机、加法机、文件归档系统以及在过去十年通用的商业报表之外,新增的设备还有听写机、记账机、计算器、通讯地址打印机、复印机和自动打字机等。一些办公室甚至配备了制表机,那是现代计算机系统的前身。⑮1924 年的办公室设备导购目录表明,办公室的机械化在当时已经几乎彻底完成了,至少在未来相当长的一段时间内已经没有什么可改进的了。从 1915 年前后到 20 世纪 20年代初,办公室的技术变革开始了,它彻底改变了白领工作,尤其是年轻女性的工作。虽然在 1895 年只有 15 个独立的办公室职位,但是到了 1922 年就增加到了 45 个,到 1940 年更是超过了 100 个。⑯

工业革命已经在办公室内发生了。在 19 世纪中期,秘书是公司的高级管理人员,簿记员则负责管理整个公司的账簿。然而到了 20 世纪早期,办公室职员介入公司整体业务的范围,就要窄得多了。

尽管办公室内部的劳动分工降低了各种职位所要求的技能,但是办公室工作对技能和教育水平的要求，仍然远远高于对生产车间的大多数工人的要求，可能也高于对农业工人的一般要求。因此，办公设备的使用和办公室内部的分工，大大增加了对受过高中教育的工人的需求。或者换句话说，从19世纪的全能型办公室管理人员，到20世纪的单任务的办公室职员的转变，虽然降低了对办公室白领的平均技能的要求，但是由于同时也导致了要求受过一定教育的办公室职位数量的大幅扩张，结果使得社会的整体技能需求不降反升。

大多数这类职位要求从业者拥有的教育水平，是由中学提供的。办公室职员需要具备基本的读写能力，如正确的语法和拼写。口授信件通常需要由速记员重新改写。掌握一两门外语也往往是非常有用的。此外，对于许多职位来说，拥有数学技能肯定很有帮助。[17]

在19世纪末期，绝大多数办公室工作人员都是男性，甚至那些办事员、打字员、速记员和秘书也是如此（这个群体通常被称为普通办公室职员）。例如，在1890年，81％的普通办公室职员都是男性。[18]但是很快地，女性从业者在这些职位中的绝对人数和相对比例都得到了迅速增长。在1890年，普通办公室职员中只有19％是女性，而到了1900年和1910年，这一比例分别提高到了24％和35％。到了1920年，几乎一半的办公室职员（48％）都是女性。[19]

有人可能会认为，从1890年到1930年女性办公室白领的迅猛增加，是因为女性的整体劳动力参与率的提高。但是事实并非如此。1900年，女性仅占总劳动力的18％，到1930年时也仅为22％。因此，女性白领就业人数的大幅增长，是因为所有职业女性都出现了向白领职业的大转变。不妨换一个角度来看，在1900年，只有4％的职业女性是普通办公室职员，而到了1920年这个比例就差不多达到了20％。从1900年到1930年，办公室职员的人数增加了5倍，其中女性就占了将近60％的增幅；在同一时期，所有白领工人的数量增长了近3倍，其中女性占了41％的增幅。

尽管在20世纪早期岗位数增长最快的职业，并不是那些对受教育程度要求最高的职业，但是几乎所有的职业都要求从业者至少受过几年的高中教育（如果不要求拥有高中毕业文凭的话）。20世纪初，随着对办公室职员需求的上升，大量年轻女性纷纷涌入高中。她们当中上过中学的人数比年轻男性更多,获得高中毕业证书的比例也比男性高得多(详见本书第6章)。一个年轻女性如果没有接受过高中教育,那么她的就业前景将相当黯淡。留在她面前的道路只有两条,或者进入制造业成为一名操作工,或者成为一名家庭佣人。这两种职业对一个体面的女人来说都算不上什么好职业,而且报酬都很低。相比之下,一个年轻男性则可以成为一名体力劳动者,而且挣的钱也不会比一个办公室职员少多少。1915年艾奥瓦州人口普查的结果表明,年轻女性入读商业职业学校的货币回报,要高于年轻男性;而且高中学习经历或高中毕业文凭,往往可以成为这些商业职业学校(它们通常也称为商业职业学院)文凭的补充。

在20世纪早期的通俗文学中,白领员工被视为一张全新的面孔,占据了突出的位置。办公室职员也经常成为杂志上刊登的故事的主人公。20世纪初最杰出的那些作家,都在他们的小说和故事中,加入了作为新出现的中产阶级代表的办公室职员的角色。欧·亨利(O. Henry)曾描述过一位"流动"女打字员的故事;约翰·多斯·帕索斯(John Dos Passos)在他的小说《一九一九年》(*1919*)中,也把一位速记员作为主角;辛克莱·刘易斯(Sinclair Lewis)的小说《工作》(*The Job*),则记录了一名女速记员在公司的职位阶梯上不断往上爬的过程。[20]这些都不再是以前的文学作品中那种可怜的工厂女工的形象了;恰恰相反,这类文学作品中的男女白领构成了当时许多年轻人梦寐以求想进入的新兴中产阶级。于是,为了实现他们的目标,他们进入高中求学。[21]

5.4 20世纪早期的体力劳动职位

5.4.1 正规教育和体力劳动职位

到20世纪初,大多数白领雇员在从事第一份工作时,就已经掌握了工作所需的一般技能了,那是他们在上中学时学到的。与此同时,在当时的新兴行业中,体力劳动者的雇主也开始要求他们具备中学所提供的那类一般技能。到了20世纪的头10年,一些蓝领职位也要求从业者拥有几年的中学学习经历,有的甚至要求拥有高中毕业文凭。

1908 年，一份关于当时教育在各个行业（如机器制造业）中所起的作用的报告指出："一个年轻男孩，在进入工厂车间工作时……就应该掌握了……机械制图、代数和几何，而且能够熟练运用英语。"[22]生产过程科技含量更高的那些企业，更是强烈偏向于雇佣拥有一般技能的生产工人。到了 20 世纪 10 年代末，这类企业更是明确地表示，欢迎那些有能力解读操作手册、掌握了代数知识、精通机械绘图从而能够理解和编制蓝图、了解化学元素和电学基础知识的人。[23]

这种要求与雇佣大量新移民的那些行业对普通操作工的要求不可同日而语。在那些行业中，身体方面的某些特征，如肌肉和体力，而不是认知能力，通常是最被看重的。因而，白领阶层和蓝领阶层之间的技能差距已经开始逐渐缩小了。[24]

20 世纪初的技术变革使得经济重心从棉纺织业等较老的行业，转向了化学工业等较新的行业。同时，与使用连续加工和批量化生产技术、需要更多高技能熟练工人的新行业相比，需要大量操作工的老行业的重要性开始下降了。在那个时代，新兴的行业，如炼油业、摄影业、汽车业和炼铝业，以及一些已经经历过技术变革的相对较老的行业，如钢铁业、炼糖业、罐头业、肥皂业、油漆和涂料业，对受过教育的工人的需求都比大多数其他行业更大。有很多大公司，都开始在高中教育的男孩当中培养使用、维护和安装机器的人才，这个方面的领先者，包括全国收银机公司（National Cash Register）和迪尔拖拉机公司（Deere Tractor Works）等。[25]

例如，1902 年，迪尔拖拉机公司的经理明确表示，他们的"办公室只会雇佣学历在高中毕业以上的男孩"。1902 年，总部位于俄亥俄州代顿市的全国收银机公司的人力资源部门负责人也声称："办公室的男职员必须具备……高中以上学历，或者至少必须上过两年以上高中。"他还说："至于在工厂里工作的人，只要可能，我们希望员工至少受过高中教育。"[26]在当时，雇佣受过中学教育的人来充当办公室职员已经成为了一个惯例，不过雇佣这种教育水平的生产工人或体力劳动者的情况仍然还比较少见。然而，到了 20 世纪 10 年代和 20 年代，在更新的、技术更先进的行业中，后者也很快就成了一个惯例。

根据一位研究美国机床工业史的历史学家的说法，"到了 19 世纪末，机床工业已经发展到了这样的程度：要求社会稳定地提供能够阅读工程图纸和说明书的高技能熟练工人"。㉗另外，而机械工程师，根据一位研究这个职业的杰出历史学家的说法，"越来越多地来自高中，而不是工厂车间，而且他们通常对车间的'脏乱差'不屑一顾"。㉘

在美国的制造业和手工业领域，从未像在英国和某些欧洲大陆国家那样，发展出无孔不入的学徒制。美国本来存在过的学徒培训项目就不多，而到了 19 世纪晚期，它们已经纷纷凋零了。㉙到了 20 世纪初，只有很小一部分制造业工人曾经当过学徒。当然，还是有少数几个学徒培训项目一直维持到了 20 世纪初。

从 1900 年代到 20 世纪 20 年代，一些技术先进的企业要求他们的学徒拥有高中毕业文凭或若干年的高中学历。例如，通用电气公司（General Electric Company）就要求，参加他们的学徒计划，接受绘图员、设计师、电气和汽轮机测试员、技术人员以及制造和安装工程师等职位培训的所有年轻人，都必须拥有高中毕业文凭。有些具备一定机械操作能力但是没有完成高中学业的年轻人，虽然也有机会成为学徒，但是无法获得最赚钱、最精英化的技师职位。相反，他们有机会被训练成为机械师、工具和模具制造工、模型技工、蒸汽管道工，以及铁、钢和黄铜铸模工等。类似地，全国收银机公司也只招收那些至少完成了两年中学学业的人当学徒。这些年轻人将被培训成为工具和模具制造工、橱柜制造工（细工木匠）、模型技工、电工、印刷工、设计师、排字工人和电版工等。㉚

在通用电气公司，所有的学徒培训项目都包括了一个旨在完成学校教育的组成部分。那些只在文法学校接受过教育的年轻人，参加学徒培训后必须先补习代数、机械制图、几何、平面三角、基础物理和实用电气学等课程——在 20 世纪 10 年代，这些课程都已经成了美国大多数高中的标准课程。因此，针对那些没有上过高中的学生的学徒培训计划，模仿了同时代高中的部分课程。而对于那些已经高中毕业的人来说，学徒培训计划的必修课程则包括了高等代数、高等电学、热力学和机械设计等。

即便是农民，也开始认识到，正规的中学教育对掌握关于新的作物、动物保健、肥料、机械和会计技术方面是非常有价值的，而且这些知识对成功经营现代化农场至关重要。1905 年，当时的报纸《20 世纪农民》（*The Twen-*

tieth Century Farmer)指出:"今天,要成为一个成功的农民或商人,需要比十年前更加训练有素的头脑……农场生活环境已经焕然一新了,对提高农村男孩或女孩的通识教育提出了迫切的要求。"[31]受教育程度高的农民采用先进技术的速度比其他农民更快,杂交玉米推广的例子就很好地说明了这一点。[32]尽管杂交玉米的推广,始于20世纪20年代末,比我们举的其他例子晚了十多年,但是它仍然不失为说明教育对农业的好处的最好例证之一。

5.4.2 一般培训:以电报员为例

在19世纪中期,一种特定的技能往往可以成为在商界取得成功的一块垫脚石(而且要掌握这种技能也许不需要接受正规教育)。这类垫脚石之一就是电报收发技能。

电报员都是一些聪明过人、精力充沛的青年男女,他们的技能是从电报这一行的其他从业者身上学过来的。从19世纪40年代到60年代,电报员往往是一名"全能"员工,他经常身兼多职,既是电报员,又是办公室里的"办事员、簿记员、电池工",在必要时甚至还可以成为修理工,"只要拧一下就可以把线路修好"。[33]因此,在那个时候,电报员在企业里往往能够晋升到高位。在白手起家的电报员中,最有名的当数安德鲁·卡耐基(Andrew Carne-gie)。1845年,年仅14岁的卡耐基成了一名电报员,后来在宾夕法尼亚铁路公司(Pennsylvania Railroad)不断得到晋升。托马斯·爱迪生(Thomas Edison)是另一个职业生涯"起步于电报键盘"的非常成功的人。1863年,16岁的爱迪生成了一名电报员,虽然他从未像卡耐基那样在某个公司内青云直上,但是他凭借自己的才能改进了电报技术。[34]

但是,仅仅20年之后,即到了19世纪80年代,电报员这个职业就彻底沦落为"只不过是一些玩键盘的家伙罢了"。[35]当然,还是有些电报员成功地延续了以往不断得到晋升的传统,但是对大多数电报员来说,进入这个职业就等于误入了一条死胡同。电报员不再主要通过学徒培训计划来学习这门技能了。相反,教授电报技能的日校和夜校,几乎在一夜之间就在美国遍地开花,把一大批年轻男女训练成了专业电报键盘操纵者。只有极少数最出色的年轻电报员才能在不接受进一步教育的情况下,也取得更大的成就。[36]

与高中毕业生或大学毕业生所掌握的一般性的、可应用于多处、高度灵活的技能相比，电报员所拥有的高度专门化的单一技能，已经变得不那么有价值了。

我们在这里要阐明的要点是，当某些特定的专业技能——如19世纪的收发电报技能和最近一个时期的计算机编程技能——被一些私人专科学校选中，作为某些行业的专用技能来传授时，可能不一定是一件好事。当这种技能与某种单一的任务联系起来时，这份工作就很容易进入一条死胡同，而不再是获得更高职位的敲门砖。只有在接受了更一般性、更灵活的教育之后，年轻人才有机会证明自己，才能一步步得到晋升。

5.4.3 移民对正规教育的推动力

从20世纪初开始，越来越多的移民涌入美国，然后在第一次世界大战爆发后突然结束。移民潮为美国的家长们提供了又一个很好的理由，要求他们的孩子接受更多的教育。来自南欧、东欧和中欧各国的一波波移民，涌向城市制造业的各种工作岗位，压低了工资水平。日益激烈的竞争不仅存在于低技能的、比拼肌肉和体力的职业中，也存在于各种手工业职位中。[37]新移民通常来自欧洲各国，他们拥有特定行业的技能和手工艺技能，因此美国本土出生的年轻人不容易与他们竞争。

国外出生的移民在美国的某些行业中有很强的影响力，在某些情况下甚至形成了事实上的垄断，因为他们在来到美国之前，可能已经在本国的这些行业中工作过或当过学徒。在东北部各州，国外出生的移民虽然在制造业全体工人中只占到了42%，但是却占了面包师的80%、纺织染工的67%、细工木匠的65%、纺织织布工的61%、铁匠的55%、珠宝匠的50%。而且，来自不同国家的移民各有各的行业专长。英国移民从事珠宝行业的可能性是从事其他制造业的3.3倍；意大利移民成为纺织染工的可能性是成为其他行业工人的3.3倍；斯堪的纳维亚移民成为细工木匠的可能性则是成为其他行业工人的3.5倍。[38]

家长们意识到，接受高中教育可以帮助他们的孩子成为白领雇员——从事家长们通常所称的"商务工作"。而且，家长还认识到，即便自己的子女最终无法从事"商务工作"或进入白领阶层，接受更高的教育也可以帮助他们胜任那些要用到从学校里学到的正规技能的行业中的体力劳动职位——因为来自欧洲各国的移民大多数只在其本国的公共学校上过几年学,他们在这些行业中造成的竞争压力要小得多。

1920 年,与在国外出生的移民工人相比,本土出生的蓝领工人在那些,按我们今天的说法,属于"新兴"或"高科技"行业中就业的比例特别高。他们也较多从事需要用到他们母语——英语——技能的那些职业。在美国出生的人(无论其父母是在本国出生的、还是在国外出生的),有相当高的比例都成了排字工、排版工,以及簿记员、办事员和经理等白领。这些发现都是意料之中的,不足为奇。真正令人惊讶的是,美国本土出生的人在建筑行业中的电工、水管工和管道工中的比例特别高,在金属行业的轧辊工、锡匠、铜匠、模具工和金属构件工中的比例也特别高,此外在各个行业的机械工程师和固定工程师中的比例也特别高。[39]

在某些行业中,如金属行业和更现代的建筑行业,美国本土出生的体力劳动者的比例也特别高,而这些行业正是 20 世纪早期"新"经济的重要组成部分。另一方面,在国外出生的人,则以特别高的比例从事较老的木材业、布料业和食品加工业等行业。总之,美国本土出生的人不仅更多地从事需要发挥他们的语言技能的行业和职业,而且更多地从事能够利用他们在学校获得的正规技能的行业和职业。[40]

5.5　高中普及运动之前的教育回报

5.5.1　19 世纪 20 年代到 20 世纪 10 年代的职业工资溢价

本书第 2 章表 2.2 给出的办公室职员相对于制造业生产工人的工资性报酬数据表明,从 1890 年到 1914 年,女性的相对工资性报酬略呈上升趋势,而男性则基本上保持了稳定。不过我们当时从这些数据中得出的主要结论,更着重的是绝对水平,而不是这个时期的趋势。我们的观点是,从 19 世纪 90 年代到 20 世纪 10 年代,男性和女性的职业工资溢价都相当大,同时隐含的高中教育的回报也很高。我们现在要证明的是,这个时期的教育回报率可能与 19 世纪早期一样高。

与女性生产工人相比,女性办公室职员的工资性报酬在 1890 年高出了 85%,在 1914 年高出了 100%。1914 年,男性办公室职员的工资性报酬也比生产工人高出了 70%。如果生产工人的平均教育水平是 8 年级,办公室职员的平均教育水平是 12 年级,那么学校教育的年均回报率就远远超过了 20%。因此毫无疑问,在 19 世纪、20 世纪之交,无论是对男性还是对女性来说,办公室职员的隐性回报都是非常高的。[41]

那么,这些回报率与 19 世纪的其余时期相比又如何? 在 19 世纪,随着对受过教育的工人的需求不断增长,教育的回报率是不是呈现出了一路水涨船高的趋势? 这是一个很难回答的问题,因为关于 19 世纪白领的工资性报酬的数据非常少。不过幸运的是,我们可以利用罗伯特·马尔戈(Robert Margo, 2000)收集的 1820—1860 年的白领工资性报酬序列数据。[42]在他的样本中,白领工人是在美国各个要塞工作的平民"职员"。这些办公室职员既包括了技能相对较低的办事员,也包括了技能相对较高的簿记员和管理人员,后者负责要塞的采购事务。这些要塞通常位于美国国内有人定居的地方,不过也有一些离边境很近。采用从数据中构造年平均值的方法——这种方法称为"特征回归"(hedonic regression)——可以把职业、地点等可观察的差异,控制为不变的常数。这些要塞也雇佣普通的体力劳动者,因此,利用这个数据集,我们可以估计出不同类型工人的工资性报酬的技能差距,即普通办公室职员的工资性报酬与普通体力劳动者的工资性报酬之比。早期的工资性报酬之比与第 2 章中给出后期的工资性报酬之比看上去相当相近。

办公室职员与体力劳动者的工资性报酬之比,在 1826 年至 1830 年间为 1.93、在 1856 年至 1860 年间为 1.99。[43]如果要与 1900 年前后的数据进行比较,刚才给出的工资性报酬之比,就必须先作出一个小小的调整。19 世纪90 年代及以后的办公室职员的工资性报酬,是与生产工人的工资性报酬进行比较的(这主要是因为后者在数值比较上的重要性);而美国内战前办公室职员的工资性报酬,是与普通体力劳动者的工资性报酬进行比较的(这主要是因为后者在各要塞以及整个经济中都占据了主导地位)。

如果将后一个时期的男性办公室职员的数据与体力劳动者进行比较,那么得到的比率在 1895 年为 2.50、在 1914 年为 1.96。[44]因此,在 19 世纪、20世纪之交(1895 年),普通办公室职员与体力劳动者的工资性报酬之比,要比美国内战前的那个时期高一些,不过更早的时期则与 1914 年基本相同。这一比率在 1895—1914 年间之所以有所下降,是因为制造业中工资最低的那些工人的相对收入出现了急剧上升。由于对我们来说,在定量上重要的比较,是在生产工人和办公室职员之间进行的,而且这两者之间的工资性报酬之比,在 1895—1914 年一直相当稳定,因此,在 19 世纪、20 世纪之交,技能回报很可能要比美国内战前的时期更高一些。

因为我们无法确切地知悉从 19 世纪到 20 世纪早期,技能比率究竟是怎么变化的,所以我们必定只能满足于一定程度上的不可知。但是很明显,技能比率并没有上升多少,而且更加明显的是,这一比率也没有出现下降。高技能熟练工人的数量,如办公室职员、销售人员、管理人员和专业人士,在这期间都大大增加了(见表 5.1)。因此,技能的相对数量迅速增长,同时相对工资则只是略有增长或保持了稳定。把这些事实放在我们在第 3 章中给出的简单供求框架中,就可以推断出对技能需求的增长速度大于技能供给的增长速度,或者大体上相同。我们现在发现的最相关、最有力的证据是:在我们考虑的这个时期,技能的回报相对来说是很高的。

5.5.2 正规教育的回报率:1915 年前后

根据我们的估计,到 20 世纪初,办公室职员群体中各类白领工人的相对工资性报酬都很高,同时对教育程度要求更高的那些职业的工人,数量相对于其他所有职业都有所增加。我们在得出这些观点时所依据的证据,来自那些雇佣了比手工业更多的受教育程度较高工人的职业,如职员和各种各样的办公室工作人员。我们之所以要使用这些证据,是因为以前没有任何大型全国性样本可以提供工人受教育程度和工资性报酬直接相关的信息——直到 1940 年,这些信息才开始被纳入联邦人口普查。在州一级,正如我们前面提到过的,1915 年的艾奥瓦州人口普查提供了类似的证据,此外它还给出了一幅独一无二的、关于不同年龄组的男性和女性工人因受教育程度不同而造成的工资性报酬差距的“快照”。艾奥瓦州人口普查数据,还揭示了受教育程度较高和较低的人的职业差异,以及高中教育所发挥的独特作用。我们在本书第 2 章中给出了关于不同职业之间和职业内部的教育回报差异的信息。在这里,我们将评述一些与本节要讨论的问题密切相关的证据:为什么高中普及运动开始于 20 世纪初?以及,它对收入结构有什么影响?

在 1915 年,18—65 岁在职男性接受高中教育的年均经济回报率为 10.3%(见第 2 章表 2.5),18—34 岁在职年轻男性的回报率是 12.0%,而年轻未婚女性则为 10.1%。接受高中教育的年均回报率很高这个事实,不仅在所有职业之间表现出来,而且在各种职业群体内部也表现得很明显。所有蓝领职业群体内部的高中教育年均回报率(18—34 岁年龄组为 0.091),略高于所有白领职业群体(0.083)。因此,接受教育不仅能通过让个人有机会转而进入白领职业而带来货币收益,而且在同一个职业群体内部,接受更多的教育也能带来好处。在刚才给出的数据中,高中教育的年均回报率对所有非农业职业为 11.4%,而对所有蓝领职业则为 9.1%。高中教育不仅能够使一些年轻人成为簿记员和办公室管理人员,而且也能够通过传授有用的技能,帮助其他一些年轻人成为电工和汽车机械师。

在 1915 年的时候,年轻人有非常充足的理由继续接受教育,即去上高中。但是在 1915 年,即便是在像艾奥瓦州这样教育水平很高的州里,大多数成年人在他们适于上学的年龄段,他们所属的学区(甚至所在镇)往往连一所公立高中也没有。许多想继续接受教育的年轻人被迫留在当地的公共学校里提升自己的受教育程度。1912 年,艾奥瓦州立法机构通过了一项法律,禁止公共学校提供中学教育,这样的上学方式被法律取缔了。自那之后,只有配备了一名以上教师的独立高中,才能教授更高年级的课程。[45]

在 1912 年以前,许多年龄较大的青少年在接受了 8 年教育后,仍留在公共学校学习,以便学习更高年级的知识。艾奥瓦州人口普查资料显示,年轻人在公共学校多花上几年的时间,所能带来的回报是比较低的。9 年内的公共学校教育的年均回报率高达 4.5%;而在满 9 年之后,年均回报率就下降到了 2.9%[见第 2 章表 2.5 第(2)栏]。另一方面,高中教育的年均回报率则为 11%,是继续就读公共学校的 3 倍多。

因此,艾奥瓦州的青少年在高中所接受的教育比在公共学校所接受的教育要有价值得多,尽管那里许多高中的规模都很小——有些学生总人数只有 40—60 人。高中的课程,即便是在艾奥瓦州小镇上规模极小的高中,也全然不同于小学和公共学校设置的课程,同时教师的资质水平也要高得多。

我们在这里试图证明的是,高中教育的回报在 19 世纪是非常巨大的,但是除了人口最多的那些城市之外,对受过教育的工人的需求仍然不足以在所有城市都建立公立高中。于是,在那些地方,私立的"学院""研究院"和"女子中学",就暂时顶替了公立高中的位置。尽管这些学校一般都是一些存在时间短暂的机构,而且它们的历史也笼罩在迷雾当中,但是我们现在还是要来探究一下美国教育史上这一重要时刻。这些学校是公立高中的前身,它们的出现揭示了高中普及运动的草根起源。

5.6 学院:公立高中的前身

5.6.1 各式各样的学院

甚至早在美国内战之前,当公共学校在美国的东北部和中西部地区蔓延开来,并向全国其他地区渗透的时候,对公共学校之后的更高层次的教育需求就已经开始出现了。这种更高层次的教育,在 19 世纪历经了多种不同的形式,而且其名称也随之多次改变。现在,它被统一称为高中(high school)或中学(secondary school),但是在历史上,它曾经先后被称为文法学校(grammar school)、预科学校(preparatory school)、"学院"(academy)、"研究院"(institute),或特别针对女性的女子中学(seminary)。

在 20 世纪早期之前,要想升入学院和大学,需要先完成一系列特定的准备工作。这种准备工作可以有由波士顿拉丁学校这样的文法学校提供,也可能由安多弗的菲利普斯学院(Andover)这样的"学院"提供,也可能由大学的预科部提供。但是,19 世纪中期开始迅速飙升的对中学教育的需求,则通常是出于一个完全不同于上大学的目的。中学教育被视为培训青年男女胜任某种职业的一个途径,而不一定只是上大学的途径;同时,中学教育还被视为帮助年轻人适应一般社会生活的一种手段。

在美国较大的城市中,对更长受教育年限的需求导致了公立高中的建立,但是在人口较少的那些地区,19 世纪的需求不足以支持一所公立中学。相反,对更长受教育年限的需求的增加,促进了私立中学(通常被称为"学院")的发展。然而,尽管从 1850 年到 1870 年的美国联邦人口普查,也问及了县一级学校的情况，但是我们仍然无法非常确切获悉过去曾经存在过的学院的数量。在 1870 年的人口普查中，只有那些为大学培养学生的古典学院留下了记录。但是在之前的两次人口普查中，却似乎是把古典学院和非古典学院都包括在内的。而且，更加令人恼火的是，1850 年在统计"学院"总数时将许多私立小学也包括了进来。不过，尽管这几次普查的数据存在着不少问题，它们对我们认识"学院"这种教育机构的相对重要性还是有所帮助的。

在 19 世纪中期，由于美国地广人稀，古典学院的学生数量超过了公立高中，尽管城市公立高中的平均学生人数要略多于学院。[46]直到 19 世纪 80 年代，公立高中的数量可能还没有赶上私立学院，至于公立高中的学生总人数，则可能直到 19 世纪 90 年代还没有超过所有类型的私立"学院"的学生与各大学预科部学生的总数。[47]

私立中学种类繁多，构成了一条光谱。光谱一端是那些讲授古典课程、帮助年轻的男性和女性做好上大学准备的教育机构。它们中有一些是精英教育机构，松散地附属于某个大学，以帮助学生准备大学入学考试为主要业务。还有一些是不那么有名的学校，提供一系列古典课程，它们一般是男女分校的，不过偶尔也有男女同校的情况。光谱另一端则是结合了学术训练和商业培训的学校、提供职业培训的学校，以及主要讲授音乐或美术课程的学校。其中规模最小的那些学校通常由一位校长和他的学生组成，而且学生们就在校长的住所里上课。

现有的关于学院的信息很少，而且其中有些信息是不怎么可信的。一个原因是，非古典学院的规模都很小，而且大多数都只存续了寥寥几年。它们是临时性的教育机构，几乎没有留下任何永久的记录。即便是古典学院也很难追溯其历史了。不过有个例外——在纽约州，即便是早在 19 世纪初期，关于古典学院的数据也相当完整。监督全州教育机构的纽约州校务委员会（New York State Regents），要按学生人数向各古典学院提供公共资金，因此有理由收集关于这些学院包括课程设置情况在内的各种信息。[48]

各学院设置的课程本身，就说明了年轻人想要接受的培训，或者至少是他们的家长想让他们接受的培训，是什么样子。各个学院都要开设一系列学术课程，如英语、历史、数学、地理、外语、自然科学、物理、动物学和天文学等。到了 19 世纪 40 年代,古典学院甚至还开设了簿记、测量、速记、起草文件、光学、法律、土木工程和航海等职业课程,这些课程通常是建立在更具学术性的课程基础上的。此外,各个学院还要开设一系列非学术性的课程,包括舞蹈、健美操和音乐等。[49]

5.6.2　学院的相对重要性

我们前面一直在引用的关于学院历史的许多证据,都来自美国人口普查的一项特殊调查。[50]这项调查在 1850 年、1860 年和 1870 年这三个人口普查年进行,除了面向个人、农场和企业,普查人口、农业和制造业等方面的相关信息之外,还要让调查员详细记录一系列县一级的"社会统计数据"。[51]调查员们需要收集的数据涉及财产、教堂、图书馆、贫困程度、各种职业的工资,以及学校状况。关于学校的信息包括教师和学生的人数,以及所有公立学校、私立学校和学院的财务资料,等等。

这些数据以州为单位进行了汇总后,刊载在美国人口普查的书面报告中。由于缺乏其他证据,这些公开出版的概括统计数据已经被广泛用于对学院的历史的研究了。但是,这些概括统计数据有很多是不准确的,因此必须参照原始手稿来加以解读——我们在这里就是这样做的。[52]解读出错,就会导致对 19 世纪中期就读于学院的学生人数的严重夸大。我们对这些数据进行了修正,结果发现尽管修正后的数据远低于经常引用的数据,但是它们仍然足以表明,在公立高中数量很少且仅存在于美国的大城市中的情况下,对中学教育的需求是非常巨大的。

最广为引用的关于学院的数据,是 1850 年人口普查中的数据。[53]1850 年人口普查的摘要报告称,在全国的 6 032 所"学院和其他私立学校"中,共有 12 297 名教师和 261 362 名学生。[54]如果这些数据是准确的,那么就意味着在 1850 年,15—18 岁学生在 4 年制学院中就读的比例超过了 15%(如果学院是 2 年制的,那么这个比例还要翻番)。但是,这些数据是不准确的,主要原因是它们并不仅仅限于学院的学生。对现存的 1850 年"社会统计数据"普查的手稿进行仔细检查后,我们发现,登记在册的绝大多数学生都是低年级学生;至于在南方地区,更是几乎所有学生都是低年级学生。[55]因此很显然,这些在册学生中大多数人上的是"其他私立学校",而不是"学院"。

我们没有使用1850年或与之可比的1860年的数据,因为这两者都是学院学生和私立学校低年级学生的混合数据,而是使用了没有这一缺陷的1870年数据。在1870年,社会统计要求人口普查员将私立学校进行分类,即把古典学院、商业学校、音乐和艺术学校、技术学校、教会学校和"走读和寄宿"(day and boarding)学校等分别单独列出。由于只使用了学院的数据,私立中学学生的人数可能被低估了——对于这一点,我们稍后还会讨论到。⑤然而,这种偏差会强化我们的结论,即与私立学校相比,公立高中招收的小学毕业生的人数较少,而私立学校的入学人数本身,就表明对公立中学存在着巨大的需求。

根据人口普查数据,1870年全国范围内15—18岁的学生中,大约有6.5%的人就读于公立高中或古典学院。这个数字与根据1850年和1860年的数据得出的错误数字相比要小得多。⑤但是放在19世纪中期来看,这个数字已经算得上相当大了,特别是在南部地区和西部地区的人口都已经包括在内的情况下。如果只考虑东北部地区,那么公立高中和古典学院的入学率将接近8%。

同样值得关注的是,根据1870年的人口普查数据,在全美国所有中学生中,就读于公立高中的人的比例仅为38%,如果算上所有非古典私立学校,这一比例就更低了。艾奥瓦州的这一比例为55%,但是当时该州已经拥有了许多所公立高中,而且很快就会成为全国高中教育的领先者。我们的观点是,尽管很大一部分年轻人在上中学,但是只有不到五分之二的人在上公立高中。私立学校,如古典学院,在教育年轻人方面、在揭示社会对公立高中的巨大需求方面,都发挥着重要的作用。

从我们这个时代的标准来看,1870年的古典学院和公立高中,都只能算是相当迷你的教育机构。当然,当时在大城市里也有规模更大的教育机构。但是在东北部——那是我们能够从人口普查手稿中收集到最好数据的一个地区——平均每所学校只有3—5名教师,60—90名在校学生。

除了1870年人口普查所报告的那些规模更大、声望更高的学校之外,当时还存在着一些规模较小的学校。其中有一部分是未登记的古典学院,还有一部分则是将学术课程、商业课程和职业课程结合起来的学院。我们永远不知道它们的确切数量,但是我们有足够的证据证明它们确实存在过。

例如,在纽约州,1870 年的人口普查只列出了得到了纽约州校务委员会认可的学院。但是刊登在 19 世纪中期报纸上的广告表明,当时确实存在着一些规模较小的教育机构,而且这些机构显然没有被包括在普查数据当中。

这类规模很小的学校,很多都是在老师的家里上课的。这方面一个很好的例子是纽约州普拉茨维尔的"家庭男校"(Family School for Boys),它发布的广告称"赖特牧师,格雷斯教会的教区长,他将招收若干名男孩,让他们和他自己的儿子一起接受教育",而且所教的内容"既适用于上大学,也适用于就业"。黑文斯小姐的情况与此类似,她的广告称,她"将在她父亲的家里,重新为年轻女子开设一所学校"。[58]另据广告,宾厄姆先生的学校,不仅频频"为哈佛大学和耶鲁大学输送学生",同时也能帮助学生为他们在商界的职业生涯做好准备。在乔治·S.帕克(George S. Parker)和约翰·麦克马伦(John McMullan)开办的学校里,"学生们正在为上大学或成为会计师做准备"。[59]大多数刊登广告的学校都是学术性的,不过也有一些是纯粹的商业学校,还有一些则专门教授音乐或美术。很显然,学院和其他小学以上的私立学校,在当时确实非常普遍。我们认为,19 世纪中期就读于这些学校的年轻人数量相当可观,尽管我们无法准确地估计这些学校的在校人数到底有多少。无论如何,把 1870 年的人口普查数字,视为就读于私立中学的青少年人数的下限,似乎是一个合理的做法。

学院和公立高中的一个重要区别是,学院几乎总是要收取一定数量的学费,而公立高中则通常不收取任何学费。[60]尽管各学院也经常会获得一定的公共资金,并且可以从捐赠中获得收入,但是这些款项相对较少。私立学校几乎完全依靠学费,而且学费因学校而异。

精英化的预科学校和军事学院的学费往往以数百美元计,但是大多数学校的学费都要便宜得多。在纽约州,各学院的中位数学费是每学年 35 美元。[61]在马萨诸塞州,各学院平均每学年收费 54 美元,而在艾奥瓦州更是仅收取 25 美元。1870 年,技术工人的人均收入大约为 800 美元,普通办公室职员(如簿记员)的人均收入则大约为 900 美元。[62]因此,即便是对于一个高技能工人,一个孩子的学费也要占到他的总收入的 5% 左右,而且学费在送孩子上学院的全部费用中,只占一半(甚至更少),因为大多数年轻人上的都是寄宿制学校。一般寄宿制学校的全年总费用大约为 150—200 美元——在学生寄宿在校长家里的那种小学校中,可能会少一些。[63]因此,与19世纪末期美国人的平均收入相比,送子女入读学院的费用是相当可观的。

从私立学校到公立学校的转变,就是从对每个学生收取高额费用的学校,到对学生家庭不收取任何费用的学校的转变。这种转变,同时也会将学生从距离很远的校舍(即绝大多数孩子都需要寄宿的学校)转移到作为社区一部分的校舍(即只有一小部分学生需要寄宿的学校)。那么,学院后来的命运怎么样了? 一部分学院似乎重生了,随着公立高中的普及,学院所在地的学区租用或购买了学院的校舍,将它们改造成当地的高中。[64]但是大部分学院都直接消失了,再也难觅踪迹。[65]

学院的出现源于一场草根运动。这场运动的特点是,不但州一级政府没有参与协调,而且在很大程度上也没有受到过像公共学校复兴时期的"教育者"那样鼓吹公立学校的"宣传员"的影响。即便是规模比较大的城市里那些与学院共存的公立高中,尽管它们最终在几乎所有地方都取代了学院,也大多是草根教育机构。学院和公立高中都是在家长的要求下成立的。店主、商人和各种类型的专业人士,都希望自己的子女拥有一些技能,如更好的读写能力和运算能力,以便继承家业或开拓其他事业。[66]从事体力劳动的家长希望自己的子女从体力劳动中解放出来,而自己身为农民的家长则认识到,他们的孩子日后可能不会或不愿意继续耕种家里的土地。

因此,到了19世纪中期,学院在数量上已经成了一类重要的教育机构。把子女送入学院就读这个行动,充分表明了家长让自己的子女接受中学教育的强烈愿望。学院运动的规模和影响范围,也充分揭示了对公立中学的巨大潜在需求。虽然从源头上看,公立高中的推动力来自个人、来自明显的草根群体,但是仅仅有草根行动是不足够的。接下来需要做的是,为对其提供公共资助找到法律依据。

5.7 强制的作用

我们已经证明,从19世纪开始的一系列根本性变化,增加了对受教育程度更高的工人的需求,从而增强了年轻人对接受更高水平的正规教育的渴望。教育供给的增加,最初主要是由私有部门——学院和其他私立学校——提供的。在 19 世纪,中学教育已经能够带来巨大的经济回报了,但是公共提供的高中的出现,还必须等待日益增长的需求再集聚一段时日。对受教育程度更高的工人的需求最终开始飙升了,于是社区也接二连三地建起了高中。结果就是高中普及运动的出现。

关于公立中学教育的早期传播,有一种与我们不同的观点认为,州一级政府之所以通过立法大举兴办中学,是为了阻止青少年犯罪,同时也希望借此加强对大城市中迅速增长的移民人口子女的控制。从 19 世纪中期开始,许多州都通过了义务教育法和童工法。有些人据此认定高中普及运动就是这种立法的直接结果。1852 年,马萨诸塞州率先制定了义务教育法;到 1890 年,已经有 27 个州通过了自己的义务教育法案;到 1910 年,这个数字又进一步上升到了 41 个。[67]到了 1910 年的时候,不同形式的童工法也已经在 40 个州生效了。

但是,直到 1910 年,这些法律条文本身都很不严格,不足以产生很大的影响[68];同时执法也不严厉,那些只接受过最低水平教育的年轻人,往往会得到法律豁免。因此,义务教育法和童工法并不是 19 世纪、20 世纪之交公立中学教育兴起的主要推动力。是中产阶级家长提供了这种推动力,他们先是把子女送入私立中学就读,然后在公立高中出现后又把子女转到公立高中。

不过,尽管这场运动本身并不是由义务教育法和童工法引发的,但是这些法律确实可能在后来提高了中学入学率,并推动运动进一步向纵深蓬勃发展。毕竟,在 20 世纪初之前,义务教育法和童工法是不可能对中学教育产生重大影响的。只有到了 1910 年之后,这些法律意欲约束的年龄范围增大了,执行法律的官僚机构也扩大了,义务教育和童工法之间也更加协调了,它们才有可能产生重大影响。所有这些变化似乎都应该会赋予法律更大的约束中学适龄青少年行为的能力。但是,正如我们在接下来的第 6 章中将会证明的,义务教育法对 1910 年至 1940 年间高中入学率的实际影响非常小。[69]

5.8 本章小结:从经济必要性到教育成果

在 20 世纪的头十年,为什么家长希望他们的子女继续上高中?为什么年轻人应该留在学校继续接受教育？对此，有很多理由都可以给出解释。对受过教育的工人的需求增加了；受过教育的工人（如在办公室工作的工人）的收入相对较高；而且更新、技术更先进的行业要求生产工人接受更高水平的教育。就连农民也认识到，上学对他们的子女的生计至关重要。艾奥瓦州1915年人口普查的数据表明，中学教育的年均经济回报率是非常可观的，因为与在当地的公共学校和小学再接受几年教育相比，花同样的几年时间接受中学教育可以让年轻人学到更多市场所需的技能。

成功不仅仅意味着有能力赚得更高的收入。通过让孩子们获得更多的教育，家长们可以帮助他们摆脱艰难的生活。如果他们日后成为蓝领工人或生产工人，更多的教育将帮助他们摆脱老行业恶劣的工作条件和长时间的辛苦。如果他们日后成为办公室职员和管理人员，更多的教育将使他们不论从事什么行业，都有更短的工作时间、更好的工作条件。教育也是一种保险形式，受教育程度较高的人能够更快地对经济变化作出反应，这在一定程度上相当于失业保障。

在各个城市中，只要让现有的高中招收更多的年轻人入读，就可以满足人们对接受更高教育日益增长的需求。到1915年，几乎所有人口超过1万的城市都至少有一所公立高中，绝大多数人口超过5 000的城市也都全少有一所公立高中。[70]但是，在1910年的时候，大多数美国青少年所属的学区或镇区连一所高中都没有，而在实行种族隔离制度的南方地区，非洲裔美国青少年实际上没有任何中学可上。即便在有公立高中的那些城市，许多青少年的住处也离学校太远。

然而，就在接下来的几十年中，美国见证了中学数量和中学生数量的名副其实的一次"大爆炸"。在美国成千上万的小社区里，对公立中学的需求都变得非常大，以至于人们愿意向自己征税来提供这种教育。那些不想参与这种教育进步的人当然可以选择搬到另一个社区去，但是许多人发现，当社区有一所不错的中学时，房产价值就会提高，所以他们选择留下来为中学办学出资。

中学教育是一种昂贵的准私人物品，要让它赢得公众支持，必须有一种很好的说服方法。高中普及运动之初发表的一份支持教育的声明，很好地概括了这种方法：

　　　　一个生活在城镇中的房地产业主……应该会想到,当他打算出售自己名下的农场时,如果能够在广告宣传时写上这样的字句肯定对他非常有利:"有免费交通工具送孩子去一所分年级上课的优质中学"。即便是那些没有子女需要上学的人……也肯定会努力确保让整个社区的孩子们获得尽可能大的教育优势……如果他们晚年没有自己的子女可以依靠,那么他们就必定需要依靠今天在公立学校上学的某个人——尽管他们还不知道具体会是谁。他们唯一的保障就是为所有的孩子提供最大的教育优势。[71]

而在城市中,业主们则希望高中可以吸引新居民,因为新居民的到来会增加对土地、房屋和商业服务的需求。对此,里德·上田(Reed Ueda)这样写道:"萨默维尔在很早的时候就建成了高中(1850 年前后),部分原因就是为了吸引更多的家庭迁居到这个相对富裕的郊区。"[72]

　　中学的出现,顺应了家长、年轻人、学校教师、地区行政长官和州立法者的要求。"开办中学的想法很受人们的欢迎,"加利福尼亚一所学校的一份报告指出,"人们以慷慨解囊的方式迅速作出了反应。"[73]19 世纪 90 年代,艾奥瓦州一所学校的一份报告也指出:"许多不能离家去入读'学院'(college)的男孩子,都在本地的高中接受了教育。这种教育对他进入社会后的生活助益极大,而且提高了他获得幸福的能力。"[74]该报告把这些学校称为"普罗大众的'学院'(college)"。

　　由于这些学校对使用者来说是"免费"的——尽管对纳税人来说是成本高昂——因此被压抑已久的、对公共学校以上教育的需求得到了满足,于是无数青少年涌入了中学。从 1910 年到 1940 年,中学数量和入学人数的快速增长一直持续了 30 年之久。接下来,我们就来分析一下美国教育的第二次伟大转型——高中普及运动——它是对广泛的经济变化的一种制度性回应。

注　释

① 例如,参见 Easterlin(1981)。美国内战前的数据是将美国人口中的奴隶也包括在内的,这样一来,如果把这部分人口排除在外,入学率数据将会高得多。加拿大的教育水平与美国相近,因此在本书中,当我们提到美国

(United States 或 America)时,我们所指的往往是北美(North America)。

② 关于选举权扩大与教育大众化的关系,以及这两者产生的原因,请参阅 En-german 和 Sokoloff(2005),以及 Sokoloff 和 Engerman(2000)。他们强调的是早期的生产要素禀赋水平,如土地与劳动力的比例,以及奴隶制的存在等因素。Acemoglu 和 Robinson(2000)将选举权的授予建模为政府的一种承诺机制;Acemoglu、Johnson 和 Robinson(2001,2002)认为,早期殖民统治时期的规则对后期发展至关重要。

③ Lindert(2004)报告称,在英格兰和威尔士,每 1 000 名 5—14 岁儿童中(公立和私立学校的)小学生人数从 1890 年的 657 人增加到了 1900 年的 742人。根据 Lindert 的数据,在瑞典,小学入学人数在 19 世纪 70 年代也出现了大幅上升,但是在整个 19 世纪,始终没有达到过 700 人以上的水平(值得指出的是,瑞典儿童上学的年龄比大多数其他国家的儿童都要大)。在法国,从 1850 年到 1880 年,这个数字一直稳定增长,最终超过了 800 人。在19 世纪 40 年代之前,欧洲的教育先行者是普鲁士,在那里,这个比例在 19世纪中期已经很高了,但是到了 1900 年仍然只有 768 人,比之前高不了多少。相比之下,美国在 1900 年的时候已经远远超过了 900 人。因此,尽管美国和欧洲大部分工业化国家之间的教育差距在 19 世纪后期出现了大幅缩小,但是并没有消失。此外还应当指出,各国之间甚至各国内部的数据存在着严重的可比性问题,因为小学生的起止年龄差别非常大。

④ 教育的"第二次转型"这种说法,最早出自 Trow(1961)这篇见解深刻的文章。

⑤ 这个过程可以用以下这个简单的模型来说明。考虑一个关于教育投资决策的两期模型(假设是关于要不要接受中学阶段的教育的决策)。一个在小学毕业后就不再继续接受更高教育的人,在两期内都能够获得收入 w_n;而受过更高程度教育的人只有第二期能够获得收入 w_h。让学生接受小学以上教育的家庭的直接教育成本(如学费、伙食费、住宿费等)为 C。这样一来,决定在教育上进行投资的条件是:$[(w_h/w_n)-1]/(1+r) \geqslant [(w_n+C)/w_h]$,其中,$r$ 为贴现率。这也就是说,只要贴现后的收益,超过了相对于没有进一步接受教育时的个人工资的直接和间接成本时,就进行教育投资。在 19 世纪,这一比例(w_h/w_n)很高,因此一些家长就把子女送进私立中学,也就是"学院"中就读。但是这些私立学校的费用(C)也很高,于是只有那些比较富裕的家庭(即 r 值足够低的家庭)才能让孩子在那里接受教育。因此,(w_h/w_n)的均衡水平是相当高的。在整个 19 世纪下半叶,需求曲线和供给曲线以相同的速度向外平移,维持了不同技能水平之间的工资比率。但是,当对技能的需求的扩张程度,大到足以覆盖建立和维护一所社区高中所需的大量固

定成本时,这个地区的大多数人就会要求建一所公立高中(通常不对居民收取学费),从而 C 就会大幅下降。然后,技能的供给将会增加,而不同技能水平之间的工资比率也会下降(正如我们在第 2 章中观察到的 1914 年之后发生的情况那样),这样才能保持方程式两边相等。因此,在高中普及运动之前的很长一段时间内,技能工资比率(w_h/w_n)都很高。

⑥ 职业数据来自 Edwards(1943)。不同农业职业对正规教育的需求各不相同。而且到 20 世纪初的时候,美国很多地区的农民就已经率先认识到了教育对农业社区的价值。

⑦ 蓝领组别中的大多数女性都从事裁缝、女帽缝制工和机器操作工等工作。这些女性的受教育程度要高于同组别的男性,这可能是由于一些女性渴望获得教师资格证书,并且可能在过去教过书。

⑧ 另外一小部分人说自己上过大学——尽管他们没有上过高中。其中有些人曾上过大学的预科部,或者在家里接受了相关的辅导。

⑨ 参见 Michaels(2007),他讨论了生产过程复杂性的增加对 20 世纪早期办公室员工需求增长的作用。

⑩ 参见《美国历史统计数据》(*Historical Statistics*,series P4 and P5),它也被引述于(Goldin,2000:564)。这里所说制造业,不包括"手工业和社区工业",即不包括那些在铁匠铺中工作的人、木匠、抹灰工、油漆工和其他在建筑行业工作的人。

⑪ 我们在本书第 3 章中已经发现,从 1890—1929 年,制造业对非生产工人的相对需求增长,与 20 世纪后期(1960—1999 年)一样快。

⑫ 直到 1870 年,美国人口普查卷的印刷版上才开始使用"会计师"一词来描述一种职业,而且,即便是到了那个时候,所列出的职业也只是"商店的簿记员和会计"。在 1870 年,银行、快递公司、保险公司、铁路公司和电报公司雇佣的,只是"办事员和簿记员",但是显然没有雇佣"会计师"。直到 1890年,美国人口普查局才开始在贸易和运输部门使用"簿记员和会计师"这一职业分组来描述此类工作,而不管所涉及的个人在什么地方工作(U.S. Census Office,1897:304)。

⑬《劳动专员的第 11 次年度报告》(*The Eleventh Annual Report of the Commissioner of Labor*,*U.S. Bureau of Labor*,1897)按明细职业分类给出了将近 15 万名员工的工资数据。这些数据是从女性和青少年雇员比例特别高的那些企业(例如,制造业中的纺织业和玻璃器皿业、成衣业、贸易保险业)的工资单记录中收集而来的。

⑭ Strom(1992)认为,第一次世界大战期间有经验的员工的外流,导致了办公设备的广泛使用,进而节省了 20 世纪 10 年代对熟练劳动力的使用。关于

19 世纪末期简易文件归档系统的普及,请参见 Yates(1989)。

⑮ 1924 年可供出售的所有办公设备的一个相当完整的清单,请参阅《办公设备目录》(Office Equipment Catalogue, 1924)。另请参见 Morse(1932：272)制作的商用机器及相关发明年表。

⑯ 1922 年的数字来自联邦职业教育委员会(Federal Board for Vocational Education, 1922)。美国国家档案馆保存了 1940 年的一份妇女事务局公报所依据的原始调查底稿,上面列出了至少 100 种不同的办公室和文职工作。这个调查在五个城市进行,不过只有费城的公司被选为样本。参见 Goldin(1990)的数据附录。

⑰ Strom(1992：283)讨论了 20 世纪早期的企业对普通职员应具备技能的要求。

⑱ 见 Edwards(1943)。在 1890 年,这个群体分为三个组别:簿记员、出纳员和会计;办事员(但不是商店中的店员,爱德华兹已经估计出了店员的数量并从总数中减去了这个数字);速记员和打字员。

⑲ 参见 Rotella(1981),这是讨论女性在文职人员部门就业的重要论著。

⑳ 这里引用的欧·亨利的故事来源他于 1906 年出版的作品集《四百万》(*The 4 Million*, 1906)中的小说《菜单上的春天》(*Springtime a la Carte*)。辛克莱·刘易斯的《工作:一部美国小说》(*The Job：An American Novel*, 1917)是他的女权主义三部曲之一,这个三部曲中还包括他最著名的小说《大街:卡罗尔·肯尼科特的故事》(*Main Street：The Story of Carol Kennicott*, 1920)。

㉑ 作为另一种选择,有些人去上了夜校。多萝西·理查森(Dorothy Richardson)曾写过一本颇受欢迎但真实性存疑的自传体小说(O'Neill, 1972, orig. pub. 1905),她是这样描述她自己的一生的:起先是一个可怜的、工资很低的女工,过着悲惨的生活,后来上了夜校,成为一名"成功的"速记员。

㉒ 见 Carlton(1908：133)。Carlton 还指出:"在今天,如果不了解自己所从事的行业背后的科学原理,不了解为什么某些方法比其他方法更可取,在紧急情况下没有能力主动采取行动,那么就没有多少机会能成为一名高技能熟练工人了……一个人没上过学的话,是无法真正了解一个行业的……在机器制造行业,学校教育几乎是不可或缺的"(Carlton, 1908：236)。

㉓ 参见本书第 3 章的讨论。

㉔ 参见 Kocka(1980),他给出的关于"蓝领工人"和"白领工人"这两个术语的词源解释是很深刻的。这两个术语是美国人发明的,因为只有在美国才需要这种术语。在德国和欧洲的其他国家,工人阶级或体力劳动者从他们手

上的污垢和他们标志性的蓝色工作服就很容易分辨出来。相比之下,在美国,体力劳动者通常是在上班结束时洗个澡,然后在回家前换掉工作服。在崇尚平等主义的美国,体力劳动者可以成为他想成为的任何人。因此,"白领"和"蓝领"这两个术语在阶级分化倾向不强的美国社会更有意义。

㉕ 这两家企业都位于美国中西部地区;迪尔拖拉机公司位于艾奥瓦州的莫林/达文波特,全国收银机公司则位于俄亥俄州的代顿。

㉖ National Cash Register Company(1904)是莫斯利工业和教育委员会(Mosely Industrial and Educational Commissions)的评论汇编集。这个委员会于 1902 年来到美国观察美国的工业。正文引用的语句见该书第 28—29 页和第 34 页。一位英国观察家提到的是"迪尔耕地机公司"(Deer Plough Works)。全国收银机公司是工业福利的先驱,它还是一个从不雇佣任何 17 岁以下工人的进步的公司(第 14 页)。该公司产品的市场地位——它在行业中占有非常大的份额——可能是它有能力选择性地雇佣员工,并采用进步主义的雇佣政策的原因。

㉗ Wagoner(1966:86).

㉘ 关于机械工程师,请参阅 Calvert(1967:70)极富洞察力的论著。

㉙ Elbaum(1989)讨论了美国的学徒培训项目的凋零(相对于欧洲和英国)。他的主要观点是,正是美国教育水平的提高,导致了正式学徒培训项目的凋零。也参见 Douglas(1921)。

㉚ 见 General Electric Company(1924)以及 National Cash Register Company(1919)。虽然通用电气的相关信息来自 1924 年的一本小册子,但是该公司的学徒培训计划从 1903 年就开始了。

㉛ 见艾奥瓦州教育厅(Iowa Department of Public Instruction,1905:143)的《双年报告》(Biennial);通常认为是大学校长 O. H. 朗韦尔(O. H. Longwell)在《20 世纪农民》上发表的文章。

㉜ 关于杂交玉米的推广,请参阅 Ryan 和 Gross(1950);关于教育对农业的更广泛的影响,见 Schultz(1964)。Evans(1926)声称,在纽约州汤普金斯县的 769 个农场中,受过高中教育的农民的收入,几乎是只受过 8 年教育的农民的 2 倍,但是尚不清楚分析时是不是已经控制了农场的规模。

㉝ Gabler(1988:67).

㉞ 1845 年,14 岁的安德鲁·卡耐基成了宾夕法尼亚铁路公司电报室的一名电报员。8 年后,他成为该铁路公司一个主管的私人秘书和私人电报员,不久之后,他自己就升为主管了。1863 年,16 岁的托马斯·爱迪生成了一名电报员学徒,然后做了 6 年的流动电报员。爱迪生早年的一些专利都与电报有关。

㉟ Gabler(1988:67)。

㊱ 美国全国广播公司(NBC)创始人戴维·萨尔诺夫(David Sarnoff),就是这类杰出人物的一个很好的例子。他之所以被人"慧眼识金",就因为他是一名出色的电报员。萨尔诺夫年轻时是马可尼无线电报公司(Marconi Wireless Telegraph Company)的一名无线电报务员,不久之后他就成了一个功率很强大的无线电台的无线电报务员。1912年,他通过这家电台接收到了泰坦尼克号沉没时发出的遇险信号。马可尼公司迅速提拔了他。后来萨尔诺夫在1921年举行的登普西(Dempsey)与卡彭蒂耶(Carpentier)的拳击比赛中,率先使用无线电广播实时报道体育赛事,从而一举证明自己确实是推广新技术的天才。

㊲ 关于移民对城市低技能工人和工匠的工资的影响,参见Goldin(1994)。

㊳ 例如,在1920年,所有制造业工人(包括生产工人和非生产工人)中,有3.5%是在英国出生的,而所有珠宝商中则有11.4%是在英国出生的。各出生地组别的数据来源如下:英国人和意大利人取自美国东北部,斯堪的纳维亚人取自中西部。数据仅限于18—64岁的白人男性。我们的资料来源于1920年的联邦人口普查的综合公开微观数据样本(IPUMS)。

㊴ 我们是使用1920年人口普查的综合公开微观数据样本(IPUMS)来进行计算的。

㊵ 参见本书第3章转引自Burdge(1921)的、关于第一次世界大战期间年轻男性的教育和职业的讨论。受教育程度较高的体力劳动者大多从事金属行业,而受教育程度较低的体力劳动者则从事木材、布料和皮革等行业。

㊶ 实际回报率可能更高,因为受教育程度较低和技能较差的人面临着更高的失业率和未就业率。

㊷ Margo(2000:25—30)所依据的原始资料是,一大批陆军各要塞文职雇员的工资单,它们属于通常所称《雇员报告》(*Reports of Persons Hired*)。这些要塞位于不同的州,其中有些是靠近城市地区的,另一些则位于更偏远的设置。

㊸ 这些比率是根据Margo(2000, table 5B.4)给出的1826—1830年和1856—1860年白领工人(办事员)的月工资性报酬和普通体力劳动者的日工资数据计算出来的。我们把普通体力劳动者的日工资乘以26,换算成了月工资。

㊹ 1895年男性(普通)职员的平均年收入为1 097美元,1914年为1 099美元(参见Goldin and Katz,1995, table 2)。将1914年美元换算为1895年美元所用的平减指数为0.8 403(*Historical Statistics*, *Millennial Edition*, 2005, table Cc1)。低技能工人的周薪在1895年时为8.45美元,在1914年时为

10.78 美元。乘以 52 周,可以得到 1895 年体力劳动者的工资是 439 美元,1914 年则为 561 美元。我们的资料来源是:低技能劳动力的数据,来自《美国历史统计数据》(*Historical Statistics*, series D 778);全职人员的周薪数据,来自 Coombs(1926),并对 1895 年数字中的誊抄错误进行了修正。Coombs(1926)使用的序列中不包括"体力劳动者"的数据,而是使用了各个行业中薪酬最低的工人的数据。

㊺ 艾奥瓦州教育厅(Iowa Department of Public Instruction, 1903: xv)指出:"在艾奥瓦州,有几千所[不分年级的]农村学校,它们课程设置的规律性和完整性绝对不亚于城市学校。修完课程的学生被授予[8 年级]毕业证书……并升入高中一年级"。当然,前提是,假如有一所他们可以上的高中的话。但是,该报告继续指出,在没有高中的那些地方,一般都会再提供两年的公共学校教育(在常规的 8 年教育之外)。1912 年艾奥瓦州通过了一项教育法律,规定只有配备了一个以上教师的学校才能讲授高中课程,不过,当年的学校报告还是指出:"许多农村地区都声称,在只有一个教室的学校里配备了高中教学设施"(Iowa Department of Public Instruction, 1911/1912: 23)。

㊻ 1870 年的社会统计数据显示,整个美国的古典学院的总数略多于 1 500 所(U.S. Census Office, 1872)。这些数据看起来是相当准确的。纽约州的数字与差不多同一年纽约州校务委员会的报告所给出的数字没有太大的不同(见 New York State Regents, 1869)。另外,我们根据《1904 年教育报告》(*Education Report*, 1904, U.S. Office of Education, 1906, table 43)所提供的各公立高中成立的日期,我们估计出了 1870 年就已经存在的公立高中的数量。由于并不是所有在 1903—1904 学年存在的高中都给出了建校日期,因此我们采用了这样一个假设:那些建校日期不详的学校与建校日期有明确记载的学校的建校日期是相同的。在 1903—1904 年的报告中列出的 7 230 所公立高中当中,大约有 7% 是在 1870 年之前建校的。还有一些公立高中(但数量应该并不会很多),可能在 1870 年时是存在的,但是在 1903 年之前就关闭了。需要注意的是,1870 年社会统计数据中的公立高中数据似乎是不可用,因为某些州(如纽约州)报告的高中数量实在太少了,而另一些州(如俄亥俄州)报告的数量又似乎太大了。看来,有些州的高中数据中包括了教大龄学生的小学的数据,而另一些州则把这类学校归到了文法学校的类别下。

㊼ 这些估计数据是基于美国联邦教育办公室(或美国联邦教育局)的汇总数据,在本书作者运用分类数据对这些数据进行了加工之后,计算出来的。

㊽ 纽约州校务委员会支持的那些学院,都是注册为法人的,而且成立了董事会。因此,它们都是规模比较大的教育机构。纽约州校务委员会提供的拨

款源于“文学基金”(Literary Fund)。拨款要在8个州参议院选区之间平均分配,然后在每个区内按学生人数分配。每所学院只能按本校选修了经批准的古典课程的学生数量获得补贴。Kandel(1930)指出,伊利诺伊州、印第安纳州和密歇根州也为学院提供了州一级财政资助。

㊾ 在列出这个课程清单时,我们参考了纽约州校务委员会的报告(New York State Regents, 1841, 1869)。我们列出的几乎所有课程都是早在1840年就已经开设的。到了1868年,又增加了好多门课程,包括电学、磁学、力学、静力学和动力学、教学原理、国民经济学、心理学、绘画、地理测绘和健美操。

㊿ 例如,请参见Cubberley(1934,orig.pub. 1919)、Kandel(1930)、Riordan(1990),以及Sizer(1964a)。

(51) 参见美国人口普查办公室(U.S. Census Office, 1853, 1864, 1872)报告。这些数据本来应该是在县一级收集的,但是在某些情况下(如在纽约州),数据是在镇区一级上记录的,从人口普查的手稿中可以明显看出这一点。

(52) 各州的普查手稿已经以微缩胶片的形式保存在国家档案馆中备查。不过,并不是所有的州的普查手稿都已经存档备查了;此外,还有一些州只保存下来了一部分县的手稿。我们感谢Robert Margo,他提供了阿肯色州、印第安纳州、艾奥瓦州、马萨诸塞州、密歇根州、纽约州、宾夕法尼亚州和得克萨斯州的微缩胶卷,尽管并没有完全包括每个州的所有年份。资料来源:美国国家档案与文件管理署(National Archives and Records Administration, Record Group 29, Records of the Bureau of the Census, Social, Statistics, Seventh, Eighth, and Ninth Censuses)。纽约州的缩微胶卷来自纽约州立图书馆。

(53) Riordan(1990)引用的数据是,在大约6 000所学院中有25万多名学生。Sizer(1964a)以及Kandel(1930),使用了亨利·巴纳德在《美国教育期刊》(*American Journal of Education*)上发表的一篇文章中引用的1850年人口普查数据。没有任何迹象表明他们参考了公开发布的人口普查报告,尽管Kandel正确地指出,“如果这些数字是准确的,那么每70个白人中就有一个人上过学院——这个比例在当时甚至连大多数欧洲国家都没有达到,而且也超过了目前[1930]高中在校生占人口比例的一半”(Kandel, 1930:418)。

(54) 参见美国人口普查局(U.S. Census Office, 1853);强调字体是本书作者所加。

(55) 在1850年的时候,15—18岁(白人)人口数大约为170.3万(*Historical Statistics*, series A123;假设15—19岁间各年龄的人数相等)。关于这个问题最令人信服的证据是,在南方地区,公立学校(即小学或公共学校)的学生与学院的学生的比例非常低。在南方,这一比例仅为5.5,而在中西部,这一比例高达31.5。此外,在1850年社会统计普查的手稿中,南方地区的许多县连一所公共学校或小学都没有列出，相反倒是记录了一所学院及其学生情况。

(56) 一些私立中学的学生可能被包括在了“日走读和寄宿”学校类别下，这种学校既有小学生，也有高年级的学生。这个组别还排除了一大批规模很小、存续时间很短的私立学校的学生，这些学校主要提供商业科目、艺术和音乐方面的培训。

(57) 这个数字是在假设学院和公立高中的学制均为四年的情况下，除以15—18岁人口的估计值而计算出来的。需要指出的是，即便使用不同的年龄组，估计值也不会有太大变化。如果包括了商业、音乐和艺术学校的学生，这个数字将会更大。虽然这些类型的学校通常包括在学院组里，但是也可以合理地把它们从学院组中剔除出去。此外还应该指出的是，农村地区14岁以上的学生经常会继续留在公共学校上学，尽管这样做所能得到的教育回报远远低于他们如果能上高中时能够获得的水平。见第6章。

(58) *New York Daily Times*, Apr. 7, 1853 and Sept. 7, 1852.

(59) *New York Daily Times*, Sept. 11, 1857.

(60) 1870年，纽约州和宾夕法尼亚州的一些公立高中开始收取学费，这一点很令人惊奇。纽约州于1867年通过了免费教育法案，宾夕法尼亚州也于1834年通过了免费教育法案(见第4章)。在纽约州，布鲁克林(金斯县)和扬克斯(韦斯切斯特县)的学校要收取学费，宾夕法尼亚州的贝德福德、杰斐逊和威斯特摩兰三县的学校也是如此。一种可能性是，在卡拉马祖案(1874年)的裁决做出之前(见第4章)，将公共资金用于资助中学的合法性是受到质疑的。

(61) 对每个学生收到的全部学费中，特别小和特别大的数额都被剔除出去了。中位数是根据每个镇区或县的平均值计算的，大多数镇区或县(68个中有49个)有1—3所学院。

(62) 根据Long(1960)的说法，在1870年，机械师的日工资为2.67美元，而体力劳动者的日工资则为1.52美元。我们乘以每周6天、每年50周，计算出他们的年收入。另外，根据Margo(2000)的估计结果，我们假设在1860年，办公室工作人员的工资性报酬，是体力劳动者的2倍。

(63) 这些数字是对应于稍早一些的时期，大约在1860年前后，取自纽约州《纽约每日时报》(*New York Daily Times*)的广告。

(64) 从学院到高中的过渡，可以从纽约州校务委员会的出版物中找到一些线索。可以肯定，那些在前一年只拥有学院、后一年就拥有了公立高中的城镇，必定使用了学院的建筑物。

(65) 其他州的情况可能也是如此。正如Kandel(1930)指出的：“伊利诺伊州中等教育变迁的轨迹,与印第安纳州一模一样——私人的教育机构注册为法人,不时从州或地方财政获得资助,直到公立高中的发展剥夺了它们继续存在的理由。"(Kandel,1930:411)。

⑥ "19世纪的公立高中主要是一个在城市出现的发明。成立于1821年的波士顿高中是对拉丁学校的补充。它给学生传播机械和商业方面的技能,帮助学生为从事这些职业做好准备。"(Tyack,1967:354)。

⑥ 关于义务教育立法的时间线,可参阅 Steinhilber 和 Sokolowsi(1966)。

⑥ Margo 和 Finegan(1996)利用1900年美国人口普查中的综合公开微观数据(IPUMS)和出生月份信息进行分析后,发现这些法律对14岁青少年的教育是有影响的,但是仅限于那些同时实施义务教育法和童工法的州。

⑥ 参见 Goldin 和 Katz(2003)。有些州的童工法,如那些强制要求童工必须上业余实习学校的法律,由于提高了工作的成本,在促进年轻人继续上学方面是可以起到一些效果的。

⑦ 人口数据来自美国1910年人口普查。

⑦ 见艾奥瓦州教育厅《双年报告》(Iowa Department of Public Instruction, *Biennial*,*1912/13*,1914:35)关于合并学区运动的论述。

⑦ Ueda(1987)。

⑦ 加利福尼亚州教育厅厅长(California Superintendent of Public Instruction,1910:26)。

⑦ 艾奥瓦州教育厅(Iowa Department of Public Instruction,1893:25)。

美国是如何"从高中毕业"的

高中的兴起,是近代最引人注目的教育运动之一。

——加利福尼亚州教育厅厅长办公室报告

（California，Office of Superintendent of

Public Instruction，1913/14）

在 20 世纪上半叶,美国青少年的受教育程度得到了极大提高;其中近 60％的增长可以归结为高中教育的兴起。大众化的中学教育确实称得上一场"卓越的教育运动",它奠定了美国在未来几十年里遥遥领先全世界其他国家——甚至领先富裕的欧洲国家——的基础。更高水平的教育促进了美国的经济增长,也使经济增长带来的收益得到了更公平的分配。

在这一章中,我们将研究美国教育的上述增长是如何发生的。由于中学教育的发展在美国全国范围内差异很大,因此我们还会探讨导致一些地方领先而另一些地方落后的各种因素。正如我们在第 2 章和第 5 章已经分析过的那样,虽然各种经济因素提高了教育对个人的价值,但是中等教育的真正普及,还必须等到社区支持公立高中的那一天。

美国人在 20 世纪初期率先创办了面向大众的现代中学,摒弃了更加精英化的欧洲教育体系。我们在本章中将评估美国高中教育发展的影响,以及整个 20 世纪中学课程的变化过程。美国在 20 世纪上半叶就成功地"从高中毕业"了,这为它的第三次伟大的教育转型——即大学教育的普及——奠定了坚实基础。但是在分析美国第三次教育转型之前,我们必须先研究高中普及运动。在这一章中,我们的讨论主要涉及 1950 年前的那个时期(不过偶尔也会涉及 1970 年)。我们将在第 9 章中再回过头来讨论近期高中毕业率的演变趋势。

6.1 高中普及运动

在 1910 年,整个美国所有 18 岁的青年人中只有 9% 的人从中学毕业,所有 15—18 岁的美国青少年中只有 19% 的人进入公立或私立高中就读。[①] 而到了 1940 年,整个美国的年轻人已经有一半拥有高中毕业文凭了,读过高中的美国青少年的比例则达到了 73%(见图 6.1)。

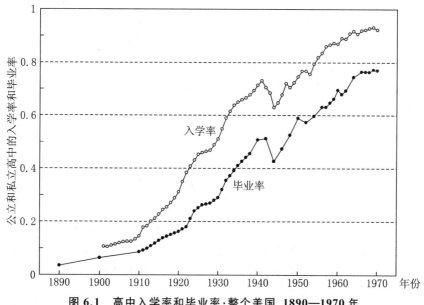

图 6.1 高中入学率和毕业率:整个美国,1890—1970 年

注:入学率是用入学人数除以 14—17 岁人口总数计算出来的,毕业率是用毕业人数除以 17 岁的人口总数计算出来的。公立和私立学校的男女学生全都包括在内。图中给出的年份,是学年结束的年份。

资料来源:美国教育部(U.S. Department of Education, 1993);1910—1930 年的毕业率数据,来自 Goldin(1998)。

从 1910 年到 1940 年,中学教育一直在以极高的速度增长,在南部以外的地区更是突出。到 1935 年,在美国所有的非南部地区(除了大西洋沿岸中部那些已经实现了工业化的地区之外),一半青年都是高中毕业生;而在 25 年前,青年的高中毕业率只有 12%。许多州的高中入学率在 1940 年达到了非常高的创纪录水平——直到 20 世纪 50 年代中期,纪录才被打破。

现如今,人们通常把美国青少年受教育程度的这个大幅提升过程,称为"高中普及运动"。[②]这场运动始于 1910 年,当时美国国内许多农村地区兴办中学的热情高涨。虽然直到 20 世纪 70 年代,美国几乎所有地区的高中入学率和毕业率都仍然在持续上升,但是人们通常认为,这场运动在 1940 年之前就结束了,因为那一年 18 岁的美国青年中,已经有一半人都拥有了高中毕业文凭。

需要强调的是,高中普及运动不仅仅是现代历史学家进行学术研究时所用的一个术语。恰恰相反,当年的人们也用它来描述他们那个时代的教育进步。"高中的兴起,"1910 年加利福尼亚州教育厅厅长在一份报告中这样描述,"无疑是最近的教育运动中最新、最引人注目的一个……这个想法对人们有极大的吸引力,民众也都迅速地作出了慷慨的回应。"[③]北卡罗来纳或许是当时南方地区教育最进步的一个州,该州的教育厅厅长在 1910 年指出:"直到四五年前,南方地区新兴的公立高中普及运动,才普遍开展起来,其含义也得到了明确的界定。"[④]

这场火热的运动,涉及的事项包括建立学校、聘用教师、招收青少年入学、筹集税款、改进高中课程设置等。它的意义,无论是对亲身经历过的美国人来说,还是对我们这些事后受益者来说,无疑都是极其巨大的。美国人早就敏锐地意识到了,通过高中普及运动,他们将取得一项历史性的成就;他们也深知,高中普及运动正在把美国引向一条与世界上任何其他国家曾经走过的旧路都截然不同的新途。他们正在进行着一项美国历史上最伟大的实验。在未来的几十年里,除了美国之外,全世界没有哪个国家能够让如此高比例的公民完成中学教育。

20 世纪初,高中教育在美国迅速得到了普及。到了 20 世纪 20 年代,即便是生活在美国中心地带非常偏远的农村地区的年轻人,也都有高中可上了。在那些人烟稀少的地区,一旦成立了学校,入学率就开始飙升。但是,中学教育发展的步伐,在全国范围内并不一致。在一些地区——如东北部、西部以及大部分中部地区——高中就像燎原的野火一样迅速普及开来,青少年成群结队地涌进了学校。但是在其他一些地区,高中普及运动却迟迟未能开展起来。这种不平衡性在地域之间、种族之间和民族之间都有所体现。然而奇怪的是,性别上的不平衡却总是更偏向于女孩,她们的高中入学率和毕业率都要比男孩高得多——或者至少在 20 世纪 30 年代的大萧条之前是如此。

从地理上看,高中普及运动有两个落后的地区:已经实现了工业化的北方地区,以及大部分南方地区。在美国一些大城市和北方已经实现了工业化的地区,直到 20 世纪 30 年代以前,不仅高中入学率相对较低,而且提高的速度也相当缓慢。这种情况很难不令人觉得奇怪,因为早在 19 世纪,美国大多数大城市都已经出现公立中学。而且与美国农村地区的小城镇不同,这些大城市早就有了自己的高中。20 世纪初大批欧洲移民的涌入,解释了美国各大城市入学率下降的部分原因;但是应该还有其他原因,包括大城市中的年轻人(尤其是男青年)可能相对较多的就业机会。另外,人们在作出教育投资决定时是不是受到了资本市场的限制,还是因为课程无法提起城市中青少年的学习兴趣,又或者是因为他们自己本来就缺乏耐心,也都是需要考虑的因素。

在高中普及运动中,南方是另一个落后的地区。在美国南方的大部分地区,青少年的高中入学率都是全国最低的——即便不将受教育率极低的非洲裔美国人包括在内,情况也是如此。大多数南方年轻人的低入学率,或许可以归因于他们所处的更加偏远的农村环境,但这最多只是部分原因,因为在北部和西部同样人烟稀少的农村地区,高中入学率却高得多。至于南部非洲裔美国人极低的入学率,却不难解释。在学校实现种族融合之前,非洲裔美国人只能就读于种族隔离学校,但是在 20 世纪 30 年代之前,几乎没有专为非洲裔开设的公立中学。大多数非洲裔都居住在农村地区,但是公立中学却几乎只存在于大城市。

中等教育的推广,受到了居民的可纳税财富、收入分布状况、青年的就业机会成本等多种因素的影响。由于选民的同质性可以增加他们同意成立中学的可能性,因此教育决策的地方分权有助于推动高中的普及。事实上,随着高中普及运动的展开,正是由于成千上万相对较小、在财政上独立且相互竞争的学区的存在,大大增加了教育支出。[⑤]美国分散化的教育决策——甚至是在各州内部——与欧洲更为集权化的教育决策形成了鲜明对比。

尽管美国各地的中学教育在入学率上存在着巨大的差异,但是高中普及运动仍然是一场非凡的教育大变革。这场变革很快就使得美国成了世界上第一个拥有了大众化中学教育的国家。当然,美国这种教育体系的建设,并不是从零开始的。恰恰相反,各州和各社区都是在原先对大众化公共学校教育的承诺之上继续推进的。⑥

美国教育的第二次大转型主要是一场草根运动,正如19世纪早期的公共学校运动和19世纪中期的学院运动一样。由于美国教育的高度地方分权,高中普及运动基本上是一场未经协调、且几乎完全不在联邦政府的控制范围之内的运动,同时也没有受到各州义务教育法和童工法的太大影响。真要说影响,州法律中涉及学区财政责任的特定条款,对入学率的提高和学校建设的影响可能更加重要。各州经常向贫困的学区提供财政资助,用于建设学校和贴补教师工资,尽管这些激励措施与当地提供资金相比微不足道。此外,一系列鲜为人知的州法律,即通常所称的"免学费法",在普及高中教育方面的重要性可能要比更加广为人知的义务教育法大得多。这些法律规定,那些没有高中的学区,在财政上有向其他学区支付学费的责任。

高中入学率上升的根源,不能在强制、限制和补贴等政策措施中去找,而要在那些更加根本性的因素中去寻找,这些因素要能够影响到对受过教育的工人,乃至对一般意义上的学校教育的需求。是这些根本性的因素在鼓励年轻人继续接受教育,促使家长要求社区为他们的孩子提供更多的教育。

在19世纪90年代,当高中普及运动刚刚在美国各地兴起时,各个地方的中学可谓五花八门,各显神通。而到了20世纪20年代,美国各地的高中都已经变成相当统一的教育机构了。印第安纳州农村地区高中教授的课程,与芝加哥市区高中相似;缅因州北部高中的课程设置,也与洛杉矶的高中没有什么不同。今天的美国人,如果走进20世纪20年代的一所高中,他们会感到熟悉;但是如果走进19世纪末的一所中学,他们就会觉得陌生了。

20世纪20年代出现的现代高中具有多重功能,包括帮助学生做好上大学的准备、推进通识教育、进行职业教育和商业技能培训等。公立高中拓宽了课程设置,也就扩大了对受教育者的覆盖面,从而吸引了更大比例的青少年入学,也争取到了更多纳税人的支持。

人们通常认为,高中普及运动在1940年前后就结束了,这是因为最大的那一部分增长已经完成了。巧合的是,美国青年教育的大规模扩张,恰恰是在美国历史上一个决定性时刻完成的。当美国被卷入第二次世界大战的时候,美国的青年人中高中毕业生所占的比例已经超过一半了。劳动力受教育程度的提高,也意味着国家能够更好地进行备战。它同时也意味着,当第二次世界大战结束后,美国已经准备好开始向大众化高等教育转型了。

　　全国性数据显示,第二次世界大战使得美国高中的毕业率和入学率都出现了一个很深的断层。在全国所有的地区、每一个州,毕业率都出现了大幅下降,年龄较大的学生的入学率也显著下滑。征兵并不是导致这些情况的唯一原因——高中年龄段的年轻女性的毕业率和入学率也下降了,这是一个很好的证据。⑦而且值得注意的是,年龄较大的年轻人的入学率下降幅度最大的,恰恰是那些获得人均国防合同最多的州,如新英格兰地区和太平洋沿岸地区各州。太平洋沿岸地区的3个州,都属于男性毕业率绝对降幅最大的5个州,它们在人均国防合同总金额方面也排在前12位。⑧事实上,在20世纪40年代,即便不考虑地理因素的影响,无技能工人和年轻工人的工资性报酬一路飙升(相对于有技能和有更多劳动力市场经验的工人的工资性报酬而言)。那些高中没有毕业就提前进入劳动力市场的年轻人,可能想过自己日后还可以回到学校继续接受教育,但是最终大多数人都没有。结果是,与比他们稍微年长一些的同龄人不同——后者应征入伍,并在第二次世界大战结束后根据《退伍军人权利法案》享受到了相关福利——这些年轻人最后成为迷失的一代。

6.2　各州、各地区的入学率和毕业率

6.2.1　度量问题

　　为了让读者更清楚地了解高中普及运动给教育带来的变化,我们接下来给出入学率和毕业率的数据。这些教育数据包括了9—12年级的所有学生,无论他们上的是公立中学、私立中学,还是大学的预科部(直到20世纪20年代,大学预科部一直是中学教育的一个重要的组成部分)。⑨我们利用了大量的资料来源,并采用了多种不同的方法(见本书附录B的说明)。简而言之,我们所用的数据,主要来自美国联邦教育办公室的行政记录。⑩在1916年前,这些记录每年都会在《联邦教育办公室主任报告》(*Report of the Com-*

missioner of Education）上公布［下文简称为《年度报告》（*Annuals*）］；在 1916 年之后，它们每隔一年在《双年教育调查报告》（*Biennial Survey of Education*）上公布［下文简称为《双年报告》（*Biennial*）］；然后，从 1962 年开始，则公布在《教育统计年鉴》（*Digest of Education Statistics*）⑪上。

我们所用的两个主要指标是高中入学率和高中毕业率，但是这两个指标都不能很好地反映教育质量。因为那些入学注册的人并不一定保证会出勤，所以相对来说毕业率是一个更好的指标，因为学生通常必须完成指定课程、通过考试才能升学并毕业。为此，我们将把毕业率作为衡量教育成果的主要指标。在美国，毕业率和入学率这两个指标在各个州都是高度相关的。在当年，与现在一样，每个州对高中毕业都有不同的标准，而且在某些情况下，毕业标准还是由地方自行决定的。⑫由于入学人数和毕业人数都是对学生人数的计数，因此我们只需用这些数字除以可以入读中学或高中毕业的年轻人总人数，就可以得出高中入学率和毕业率了。⑬

图 6.1 描绘了美国全国范围的入学率和毕业率的演变趋势，该图给出了美国全国的公立和私立中学，从 1890 年到 1970 年的总毕业率，以及从 1900 年到 1970 年的总入学率。⑭从图中可以清楚地看出高中普及运动在全国层面呈现出来的若干特点。其中最重要的几个特点包括：从 1910 年到 20 世纪 30 年代入学率和毕业率的急速飙升、第二次世界大战时期的大幅下降，以及 20 世纪 40 年代后期的恢复性增长。还有一点是图 6.1 中没有呈现出来的（但是在第 9 章中将会看得更加明显）：1970 年以来，入学率和毕业率的增长率一直相对停滞不前。

美国是一片充满了多样性的土地，没有理由相信这个国家的每一个组成部分都在同一时间经历了同样的变革。在一些州，高中毕业率和入学率在 20 世纪 20 年代急剧上升，但是在另一些州，甚至在南部地区以外的许多州，高中普及运动却出现得相当晚。为了便于说明，我们将各州数据合并到人口普查区一级。然而，即便是在某个人口普查区内部，也会出现特定几个州遥遥领先的情况。为此，我们利用地图来显示人口普查区内部的差异。我们将先处理人口普查区一级和州一级的差异，然后再来考察城市规模、种族、性别和民族方面的差异。

我们先将数据按如下 9 个人口普查区分组：新英格兰、大西洋沿岸中部、大西洋沿岸南部、东南中部、西南中部、东北中部、西北中部、山区和太平洋沿岸。⑮我们在图 6.2 中，给出了 1910—1970 年各人口普查区毕业率的演变趋势。

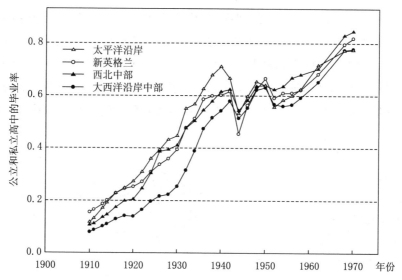

A:北部和西部的四个人口普查区

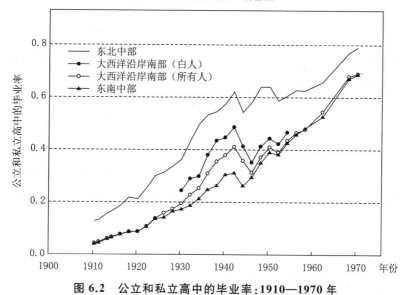

B:南部的两个人口普查区以及东北中部人口普查区

图 6.2　公立和私立高中的毕业率:1910—1970 年

注:图中数据包括了公立和私立学校(大学预科部也包括在内)的所有男生和女生。毕业率的计算方法是,对毕业生数除以所属州全部年龄为 17 岁的青少年人数。人口普查年份之间的人口数量,是在假设人口增长率恒定的前提下,用插值法估计出来的。

资料来源:本书附录 B。

图 6.2 中,A 组包括了大西洋沿岸中部、新英格兰、太平洋沿岸和西北中部 4
个人口普查区,B 组包括了有大西洋沿岸南部(其中 1930—1954 年还给出了
只包括白人的数据)、东南中部和东北中部,两组可互相比较(各人口普查区
的入学率和毕业率的详细数据,见附录 B 中的表 B.1 和表 B.2)。在分别描
述了高中普及运动的早期开始阶段(1910 年)、中期发展阶段(1928 年)和后
期结束阶段(1938 年)的情况的地图上,可以观察到各州的变化(见图 6.3)。

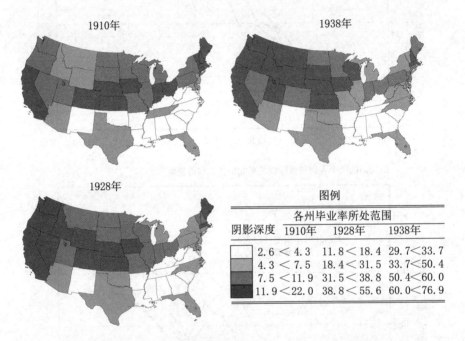

		各州毕业率所处范围	
阴影深度	1910年	1928年	1938年
	2.6＜4.3	11.8＜18.4	29.7＜33.7
	4.3＜7.5	18.4＜31.5	33.7＜50.4
	7.5＜11.9	31.5＜38.8	50.4＜60.0
	11.9＜22.0	38.8＜55.6	60.0＜76.9

图 6.3　各州的公立和私立高中的毕业率:1910 年、1928 年和 1938 年

注:覆盖各州的阴影的颜色深度代表了不同的毕业率范围,颜色越深的州毕业
率越高。每年每一组所包含的州的数量大致相同。

资料来源:本书附录 B。

6.2.2　在高中普及运动中的领先者和落后者

在高中普及运动中,从 1910 年到 1940 年,北部和西部 4 个人口普查区
毕业率的提高,要比整个国家的总体更加令人印象深刻。在高中普及运动
初期,新英格兰人口普查区的毕业率,就已经超出了全国其他人口普查区。

另一个在运动早期教育程度比较高的人口普查区,是东北中部,因为许多新英格兰人都迁居到了那里。尽管新英格兰在一段时间内一直处于中学教育领先者的地位,但是其他地区在进入20世纪20年代之后,开始逐步缩小了自己与领先者之间的差距。到了1924年,美国已经有几个非南部的人口普查区的毕业率超过了新英格兰。当然,这不是因为新英格兰对青少年的教育变得落后,而是因为美国其他人口普查区纷纷在教育上进行了大规模投资,从而迅速赶上了领先者。在美国的一些人口普查区,如太平洋沿岸和西北中部,由于在学校建设和教职员工配备方面的巨额投资,高中毕业率得到了大幅提高。

从20世纪20年代开始大力投资于教育的那些美国人口普查区,包括了一些乍一看似乎很难加以归类的州,其中有美国西北中部人口区中位于美国腹地的几个"草原州"(Prairie states),如艾奥瓦州、堪萨斯州和内布拉斯加州,也有太平洋沿岸人口区中的加利福尼亚州、俄勒冈州和华盛顿州。然而稍作分析就可以明白,尽管这些州表面上看来似乎有很大的不同,但是它们在许多方面其实是非常相似的。这些州之间最重要的相似之处是,它们的人均可征税财富都很高。与小学和公共学校相比,办一所高中的成本要高昂得多——事实上,中学每个学生每年的成本,是小学和公共学校的2倍多。更多的财富意味着纳税人可以更轻松地承担起昂贵的教育费用。另一个重要的相似之处是,这些州的制造业活动水平都比较低。更低的工业比重,意味着那些短视的年轻人更不容易受尽早参加工作的诱惑而离开学校。

说了这么多,其实只要看一看图6.3中的地图,就可以清楚地观察到各州之间的差异了。在每幅地图上,代表各州的区块的颜色越深,就说明该州的入学率或毕业率越高。1910年,几乎所有颜色较深的州,都集中在新英格兰人口普查区,尽管在美国中部地区和西海岸地区也有一些教育水平较高(颜色较深)的州。到了1928年,美国中部和太平洋沿岸的一些州,变成了教育水平最高的领先者。

事实上,在1928年前后,高中毕业率最高的那些州,似乎在美国中部形成了一条"教育带"。这个"教育带"包含了太平洋沿岸人口普查区的所有州、山区人口普查区的一些州、东北中部和西北中部人口普查区的各个草原州,以及新英格兰人口普查区的大部分州。这意味着,从新英格兰开始的高中普及运动,跨越了整个美国的土地,一路延伸到了遥远的西部富裕州,然后又继续扩展到了美国的中西部腹地,不过(至少是暂时地)绕过了大西洋沿岸中部人口普查区的几个州——纽约州、新泽西州和宾夕法尼亚州。很显然,这个"教育带"完全排除了南部(南部似乎是一个明显的"异类");它也略过了北方一些工业化程度比较高的州(尽管这几个州落后的程度较低)。

有人可能觉得有些奇怪,为什么北方的一些州在高中入学率和毕业率上会落后于那些领先者呢?在这些落后者中,有几个在东北中部人口普查区(如密歇根州、伊利诺伊州),有一个在新英格兰人口普查区(罗得岛州),而最明显的三个都在大西洋沿岸中部人口普查区(新泽西州、纽约州和宾夕法尼亚州)。美国北方的落后州与领先州之间,在毕业率上存在着巨大的差异。例如,1928 年,艾奥瓦州(44%)、堪萨斯州(48%)或内布拉斯加州(46%)这三个相互毗邻的中学教育水平领先州的毕业率,是新泽西州(23%)、纽约州(20%)或宾夕法尼亚州(24%)这三个落后州的 2 倍多——这三个落后州也相互毗邻,但处于另一个极端。

高中毕业率较低的北方各州有一个共同特点:它们的城市主要依赖于制造业,而且其中有一些城市是重工业化城市。美国的许多工业化地区都是在相当晚的时候才加入高中教育运动的行列的。大西洋沿岸中部人口普查区的各州,是北方地区最明显的落后者。在东北中部人口普查区这个教育水平总体上领先的地区里,密歇根州也属于落后者。不过,到了 20 世纪 30年代,因为大萧条导致工业化地区出现了大规模的失业现象,这些州都大大缩小了这一差距。这些州的很大一部分人口都居住在工业城市中,在 20 世纪 10 年代和 20 年代,14—16 岁青少年当中,有许多人为了工作而早早辍学;而到了 20 世纪 30 年代,许多行业的高失业率终于改变了这种局面。

1929 年,大西洋沿岸中部人口普查区各州的毕业率为 22%。在宏观经济雷达的显示屏上,这一年出现的经济衰退只是一个小小的光点而已,尽管它很快就会发展成为大萧条。到了 1932 年,大萧条导致全国失业率飙升至接近 24%的高位,大西洋沿岸中部人口普查区三个州的毕业率,也随之飙升至 32%。[16]1936 年,当经济衰退进入第 7 年的时候,毕业率进一步上升到了47%。从 1929 年到 1936 年,大西洋沿岸中部人口普查区各州的毕业率翻了一番还多,这表明该地区已经一跃进入了高中普及运动的领先者的行列。

高中入学率提高的原因,不仅仅在于20世纪30年代工人无法保证自己的生产性就业,它还与第一阶段的"新政"的某些立法活动有关。例如,《国家工业复兴法案》(National Industrial Recovery Act,简称NIRA)禁止雇佣16岁以下的青少年从事制造业工作。但是,由于早在《国家工业复兴法案》于1933年通过之前,高中入学率就已经出现了大幅上升,因此这个法案应该只是强化了人们对大萧条时期失业的直接影响的反应。经济不景气的时候,往往是教育高景气的时期;20世纪30年代的情况似乎就是如此,尽管高中普及运动在20世纪30年代之前就已经在美国很多地方展开了。

在高中普及运动中,南方是教育上最主要的落后地区,直到20世纪70年代,该地区的中学教育水平仍然远远落后于北部和西部。而在南方地区内部,东南中部人口普查区又是高中普及运动期间入学率最低的,次低的是大西洋沿岸南部人口普查区;而西南中部人口普查区则是入学率最高的,其人口主要集中在得克萨斯州,其次是俄克拉何马州。

南方的高中普及运动受到了很多因素的阻碍。南方的所有州都存在着种族隔离的学校,同时绝大多数的非洲裔美国人都生活在南方——在1910年时这一比例几乎达到90%,到1930年时仍有79%。[17]该地区非洲裔美国人的高中入学率,长期以来一直都只是勉强高于零,直到20世纪30年代才达到了6%左右。[18]直到20世纪20年代,大多数念完8年级并进入中学的非洲裔美国青年,上的都是私立学校,而且这些学校通常都是由来自北方的慈善家创办的。[19]到1929年的时候,情况有所好转,南方已经为非洲裔美国人建立了1 000多所公立高中,以及大约110所私立高中,尽管其中许多学校主要提供工业和职业培训课程。[20]

不仅如此,南方白人青年的高中入学率也远远低于美国其他地区(见图6.2的B组,图中显示了1930年至1954年大西洋沿岸南部人口普查区白人青少年的高中毕业率)。因此,仅凭非洲裔美国人的高中入学率和毕业率都非常低这个事实,并不能完全解释为什么南方的中学教育水平如此之低。

南方中学教育落后的另一个可能的原因是,它是一个农业地区,人烟稀少。然而,美国的很多其他地区也都是农业地区,同样人烟稀少,但它们却成了中学教育的领先者。作为例子,我们可以比较一下艾奥瓦州和佐治亚州的情况。在1930年的时候,艾奥瓦州和佐治亚州之间有很强的可比性:

它们的人口密度都很低,而且都有大量的、比例几乎完全相同的成年男性劳动力在从事农业工作。[21]然而,在1928年,艾奥瓦州公立和私立高中的毕业率达到了44%,而佐治亚州的总毕业率却仅为14%,只相当于艾奥瓦州的三分之一。如果只考虑佐治亚州的白人青年,那么毕业率也仅为17%左右。因此,即便是佐治亚州的白人高中毕业率,也是远远落后于艾奥瓦州的青少年的总体毕业率。

1930年,在美国西北中部人口普查区的所有州,男性劳动力从事农业工作的比例为40%,人口密度为平均每平方英里29.3人。同一时间,在美国南方的7个以棉花为主要作物、并因其肥沃的土地而被合称为"黑土地带"(Black Belt)的州,有52%的男性劳动力从事农业活动,人口密度为平均每平方英里52.8人。[22]1930年,西北中部人口普查区的毕业率为41%,而南方7个产棉州的白人青年毕业率则仅为24%。

尽管南方产棉州的平均人口密度比中西部的农业地区大,但是居住在城镇中的人口比例却要小得多。例如,在西北中部人口普查区,有42%的人居住在人口超过2 500人的城镇中[这些城镇符合官方人口普查中对"城市地区"(urban)的定义],而南方7个产棉州,这一比例却仅为27%。然而,在西北中部人口普查区,也有很大一部分人居住在人口不足2 500人的小城镇里(这些小城镇的人口规模低于人口普查对"城市地区"的要求)。下面以艾奥瓦州为例来说明。

1910年,艾奥瓦州的总人口为222.5万人,其中有68万人生活在城市地区(人口超过2 500人的城镇)。但是,有将近46万艾奥瓦州人居住在人口少于2 500人的建制区(incorporated areas)里(其人口规模低于人口普查的2 500人的官方标准下限,不能称为城市地区);在这些人当中,绝大多数人(占82%)都居住在830多个人口少于1 500人的小建制镇(incorporated town)中。[23]如果我们采用一个更宽泛的城市人口定义,将居住在一切"纳入建制的"(incorporated)城市、城镇、乡村(而不管其人口规模有多大)中的所有人都包括进来,那么就可以认为,1910年艾奥瓦州的城市人口占到了51%——而根据官方人口普查的定义,这一比例应该是31%。[24]

美国南方的农业与美国其他许多地方不同,用不着对作物进行太多的加工处理。例如,棉花和烟草收获后只需要在农场里或农场附近稍作加工即可。棉花经过轧花后、烟草经过烤晒后,就会被运到主要水道——如大西洋、密西西比河和俄亥俄河等——旁边的商业城市,然后再转运到欧洲或美国北方。与此不同,分布在中西部各地的小城镇,都要对农作物进行加工,使之增值,它们自身也是主要分销体系的一个组成部分。这些城镇都有配备了升降机的谷仓,而且也是铁路沿线的停靠站。对于中学等教育机构的发展来说,最重要的一点是,这些小城镇都是拥有征税权力的建制区,从而也是当地成立高中并为之配备师资的各学区的中心。与此形成了鲜明对照的是,在南方,县才是建立高中并为之配备师资的财政单位。而中西部的城镇,尤其是小城镇,是社会资本的源泉,也是学校和人力资本的源泉。

6.3 对高中毕业率的差异的解释

6.3.1 高中兴起并扩张的若干原因

要理解为什么一些州会在高中普及运动中领先,而另一些州会落后,我们必须分析决定各州(公立和私立)高中毕业率的各种因素。为此,我们首先要分析1910年——那是高中普及运动刚开始的时候——的毕业率,然后追溯1910—1928年间发生的一系列教育变革,以理解高中普及运动初期出现的井喷现象。再接下来,我们还要探讨从大萧条前夕到第二次世界大战前夕(1928—1938年)期间发生的变化。

我们进行的所有估计,最初的启发来自一个标准的人力资本投资决策模型;在这个模型中,教育回报、机会成本和资本约束共同影响了私人决策。然而这个简洁但非常著名的教育投资决策模型有一个问题,它不能反映大多数学校教育的公共性质。要对中学教育提供公共支持,是很难把培养一代会识字的公民当作理由的(那是19世纪时为小学提供公共支持的恰当理由)。相反,对这种公共支持的合理化解释,是(通常是隐含地)建立在资本市场不完善理论的基础之上。根据这种理论,社区是由一组分别处于生命周期不同阶段中的家庭所构成,公共出资的教育作为一种代际贷款,是平滑消费的一种工具。[25]

在一系列合理的假设下,如果给定收入的平均水平,那么收入分配差距越大,支持公共教育的人就越少,因为富人可以选择退出,这样穷人对教育的需求就会更低。㉖然而,个人对于自己是社区一分子的认同程度,也应该纳入到这个公共选择模型当中去。更强大的社会凝聚力、更紧密的代际亲近感和更牢固的社区稳定性,都能够增加人们对公共出资的教育的支持。㉗

在下一节中,我们分析两个年份(1910年和1928年)、两个时期(1910—1928年;1928—1938年)的公立和私立高中毕业率的决定因素和相关因素。我们使用的变量,能够近似地描述家庭教育决策中的关键决定因素,以及公共选择框架下的相关因素。

为了便于分析,我们假设所有的年轻人都要面对相同的(全国性)白领就业市场,而进入这个市场的条件是必须拥有高中毕业文凭。㉘因为在高中普及运动展开的时期,年龄较大的青年在制造业中也不难找到有报酬的就业机会,所以我们用制造业劳动力的比例和制造业工资,来衡量接受高中教育的机会成本。对于收入和财富的各种估计(州人均收入、人均可征税财富,以及农业生产者的人均农业收入),则用来衡量家庭资本约束和教育消费需求。在这个时期,关于收入或财富分布的数据相对来说更难得到。我们将证明,人均汽车登记数可以作为一个合理的替代,用来衡量足够富有、愿意资助更昂贵的公共产品(如高中教育)的人,在选民中所占的比例。

因为在那些存在着公立大学的地区,高中教育的回报率可能更高,所以我们在基准年中还纳入了公立大学的入学率(在对1910—1928年变化的回归中)。社区的社会稳定性,是从所在州65岁及以上老年人所占人口比例推断出来的。社会距离或社会亲近感,则用在国外出生的人(或信奉天主教的人)所占比例来作为代理变量,因为这两者都会在一定范围内增大社会异质性。㉙

我们识别出来的上面这些决定因素,恰恰正是高中普及运动时期的同时代人认为非常重要的那些因素。作为一个例子,请看一下当时的人是怎么解释俄勒冈州的波特兰市在20世纪10年代高中入学率的大幅上升的:

> 首先,波特兰市不是一个制造业城市,因此,波特兰市不具备导致男孩们和女孩们为了工作而辍学的那种吸引力。其次,财富的增加,使得家长们有能力让他们的子女在学校里接受更长时间的教育。再次,波特兰市民众的天性本来就倾向于让孩子们继续上学深造。我们这么说的意思是,波特兰市的民众……要求孩子受到高标准的教育……并且很好

表 6.1 解释各州(公立和私立)高中毕业率

	(1) 水平 1910年	(2) 水平 1928年	(3) 1928年	(4) 变化 Δ1928—1910年	(5) 变化 Δ1938—1928年	(6) 变化 Δ1938—1928年	(7) 平均值(标准差) 1910年	(8) 平均值(标准差) 1928年
人均可征税财富(对数值),1912年或1922年	0.023 6 (0.009 01)	0.085 2 (0.036 8)		0.085 7 (0.026 0)	0.125 (0.034 5)		7.471 (0.451)	7.926 (0.386)
%≥65岁,1910年或1930年	2.13 (0.260)	1.423 (0.788)	1.846 (0.774)	−1.749 (0.737)	−0.527 (0.866)		0.041 4 (0.014 3)	0.054 7 (0.014 2)
%制造业的劳动力,1910年或1930年	−0.067 3 (0.033 5)	−0.144 (0.097 2)	0.989 (0.481)	−0.049 5 (0.094 7)	0.126 (0.093 4)	0.203 (0.072 3)	0.248 (0.124)	0.255 (0.103)
%信奉天主教者,1910年或1926年	−0.091 3 (0.030 5)	−0.377 (0.086 7)	−0.274 (0.084 9)	−0.265 (0.090 0)	0.059 5 (0.084 1)		0.150 (0.121)	0.151 (0.123)
南方	−0.044 9 (0.009 32)	−0.093 5 (0.027 2)	−0.131 (0.029 4)	−0.073 5 (0.026 7)	0.037 5 (0.030 6)			
新英格兰	0.044 4 (0.012 1)	0.100 (0.031 0)		0.081 1 (0.033 3)				
大西洋沿岸中部			−0.063 5 (0.033 8)		0.062 0 (0.018 8)			
公立大学的男生数/17岁人口,1910年				1.09 (0.384)				0.031 6 (0.243)

续表

	水平			变化			平均值（标准差）	
	(1)	(2)	(3)	(4)	(5)	(6)	(7)	(8)
	1910年	1928年	1928年	Δ1928—1910年	Δ1938—1928年	Δ1938—1928年	1910年	1928年
制造业工资，1929年			0.241 (0.097 4)					1.191 (0.254)
工资×% 制造业的劳动力			−0.827 (0.375)					
人均汽车登记数，1930年		0.568 (0.230)	0.449 (0.218)					0.224 (0.064 8)
农业工人人均农业收入（对数值），1920年						0.098 5 (0.017 4)		
失业率的变化，1930—1940年						0.900 (0.306)		
截距项	−0.136 (0.070 9)	−0.468 (0.273)	−0.096 2 (0.115)	−0.324 (0.199)	−0.814 (0.276)	−0.541 (0.104)		
R^2	0.895	0.874	0.864	0.758	0.679	0.708		
Root MSE	0.088 2	0.045 1	0.047 6	0.047 4	0.040 0	0.036 8		
因变量平均值（未加权）	0.172	0.291	0.291	0.212	0.204	0.204		

注：括号内为标准误；除了对1928—1938年间变化的回归[第(5)栏和第(6)栏]之外，均使用未加权的普通最小二乘回归

归。第 i 个州的权重为（$S_{i,28} \cdot S_{i,38}$）/（$S_{i,28}+S_{i,38}$），其中 $S_{i,t}$＝第 i 个州第 t 年时 17 岁学生在当年全美国该年龄人口中所占比例。若加权，也不会影响第（1）栏到第（4）栏的结果。1928—1938 年的回归之所以要加权，是由于存在两个异常点（特拉华州和内华达州）。对于所有栏，观察值的数量均为 48；华盛顿哥伦比亚特区已经排除在外。亚利桑那州和新墨西哥州虽然直到 1912 年才加入联邦，但是 1910 年对各州的回归中已包括它们了。

因变量：各州公立和私立学校的毕业率（参见附录 B）。

自变量：

带有"%"的变量，均以百分数的形式进入回归方程。这里需要注意的是，在第（4）、（5）、（6）栏的差分方程中，解释变量所取都是当期开始时的值，反映了初始条件。

人均可征税财富（对数值），1912 年或 1922 年：应纳税财富/人口，美国商务部（U.S. Departmenf of Commerce，1926，Statistical Abstract）。

%≥65 岁，1910 年或 1930 年：Historical Statistics，series A：195−209。

%制造业劳动力，1910 年或 1930 年：美国人口普查局（U.S. Bureau of the Census，1912，1932）。

%信奉天主教者，1910 年或 1926 年：美国商务部（U.S. Departmenf of Commerce，1930，Religiovs Bodies：1926 Vol. I，table 29）。1910 年的数据是从 1906 年和 1916 年的数据中推断出来的。所有数字都按州内每个居民的平均值表示。

南方：包括大西洋沿岸南部、东南中部和西南中部这三个人口普查区。

公立大学的男生数/17 岁人口，1910 年：美国联邦教育局（U.S. Bureau of Education，1910，table 31：850）。接受公共资助的军事院校不包括在内。分母中既包括了男性也包括了女性。

制造业工资（千美元），1929 年：Kuznets 等人（1960，table A 3.5：129）。

人均汽车登记数，1930 年：美国商务部（U.S. Departmenf of Commerce，1940，Statistical Abstract，table 467）。

农业工人人均农业收入，1920 年（平均收入＝943 美元）：Kuznets 等人（1960，table A 4.3：187）。这个变量是每个农业工人的农业服务收入。

失业率，1930 年（平均值＝0.057 4），1940 年（平均值＝0.088 3）：美国商务局部（U.S. Department of Commerce，1932，Statistical Abstract，table 341；1948，Statistical Abstract，table 203）。1930 年的失业是指 1930 年 4 月的失业率，等于 A 组（未被裁员）和 B 组（被裁员）的总和。

资料来源：关于本表所依据的资料来源的完整解释，见 Goldin 和 Katz（2005），本表亦源于该文。

地利用了这个机会。第四个原因……是高中的性质。过去那些只提供狭隘的大学预科课程的学校被取代了……现在的高中开设了很多通识性课程和更具"工业"性质的课程。㉚

6.3.2 一个解释州一级高中毕业率模型的估计

我们用来对高中毕业率进行估计的那些模型,向我们揭示了各种推动或阻碍了中学教育的因素和力量,尽管无可否认,它们都是简化式模型。在表6.1中,我们总结了我们回归分析的主要结果。表中的前三栏[第(1)、(2)、(3)栏]给出了对"水平"的回归结果(一个回归是1910年的,两个回归是1928年的),次三栏[第(4)、(5)、(6)栏]给出了对"变化"(一阶差分)的回归结果。㉛最后两栏给出的是平均值。

因为每年只有48个州的数据,所以我们在模型中纳入变量时一直非常谨慎。此外,还有另一个限制,那就是有些变量之间是高度相关的。㉜当回归中只包含前述变量中的某一个时,得到的结果在包含其他变量时是稳健的。

前述关键因素与高中毕业率之间,在1910年高中普及运动刚刚启动时的关系,如表6.1第(1)栏所示。人均财富(1912年)、64岁及以上人口比例(1910年)、从事制造业的劳动力所占百分比(1910年)、信奉天主教的人口比例(1910年),以及代表南方和新英格兰的两个虚拟变量,能够很好地预测高中毕业率,它们合在一起,差不多可以解释90%的州际差异。

人均财富(或州人均收入、人均农业收入)与高中毕业率呈正相关关系,而且影响还相当大,这个结果完全在意料之中——当一个州的人均财富,从第25百分位上升到在第75百分位时,1910年的高中毕业率可以提高大约1.5个百分点(或者说,在均值附近提高16%左右)。另一方面,更多的制造业就业机会则会拖累教育:1910年,当一个州的制造业劳动力占比,从第25百分位上升到第75百分位时,其高中毕业率会降低1个百分点(在均值附近大约降低12%)。年龄超过64岁的人所占比例越大,高中毕业率越高。在高中普及运动初期,高中毕业率与老年人口占比之间的这种非常强的正相关性(原始相关系数达到了0.79),在图6.4中可以看得很清楚。我们将这种效应归因于社区稳定性,而不是生育率或移民数量上的差异,因为后面这两个变量都不会减弱这种正效应。

A:

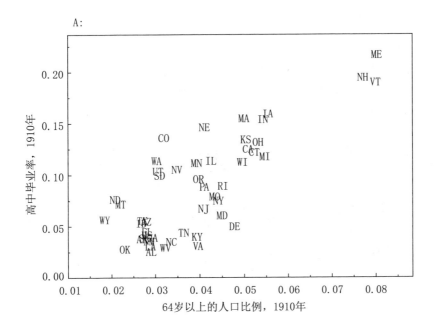

B:

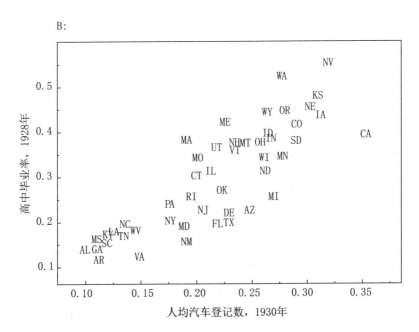

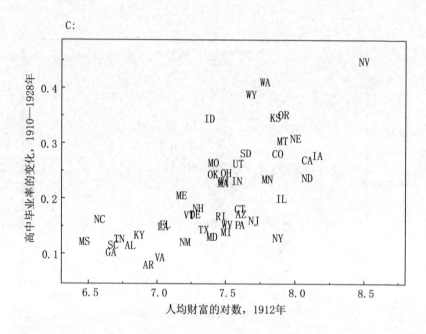

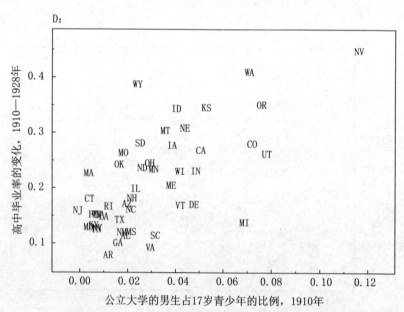

图 6.4　高中毕业率与州一级的特征的关系：1910—1930 年

注和资料来源：见表 6.1。图中代码含义见图 4.1。

1910 年,青少年的受教育程度与本州老年人的比例呈正相关关系,这一结果与对更接近当下的时期的研究结果相反(例如,见 Poterba, 1997)。对最近时期的估计结果表明,老年人对教育支出的支持不比从前。出现这种差异是有原因的。今天,老年人已经变成了一个流动性非常高的群体。很大一部分老年人住在离他们的原籍社区很远的地方,而且作为一个政治群体,他们对利用公共资源来改善教育的兴趣,似乎远远不如 20 世纪早期那些一直居住在自己出生社区中的老年人了。㉝

我们接着研究了 1928 年高中毕业率的决定因素,并发现,如果将绝对水平转换为弹性的话,得到的结果与 1910 年的结果相近[见表 6.1,第(2)栏]。对于 1928 年的回归,我们加入了 1910 年无法加入的一些变量,它们极大地丰富了我们所讲述的故事的意义。最有意思的新增变量,是人均汽车登记数(1930 年)。

在 20 世纪 20 年代,一个人要想拥有一辆汽车,所需要的(相对于社会平均水平的)收入水平或财富水平要比今天更高。作为一个例子,考虑两种对称的收入分布,它们的均值相同,但是方差不同,而且能不能拥有一辆汽车的分界点,都位于均值以下的某个点上。很显然,在更狭窄的那个收入分布中,能够拥有汽车的人在总人口中所占的比例更高。因此,在一定条件下,给定平均收入(或平均财富),"人均汽车登记数"这个变量,可以作为一个很好的收入(或财富)方差的代理变量。

人均汽车登记数变量与高中毕业率呈显著的正相关关系——即便是在将直接衡量人均财富的变量包括进来的情况下,也是如此。表 6.1 第(2)栏的设定意味着,如果某个州的人均汽车登记数,从第 25 百分位上升到第 75 百分位,那么高中毕业率将会提高 5 个百分点(或 1928 年平均水平的17%)。㉞人均汽车登记数是一个强有力的解释变量,它说明,在给定平均水平的前提下,更平等的财富分布以及更大比例的中产阶级选民,对于教育这种公共产品的提供是非常重要的。㉟1930 年人均汽车登记数最高的那些州——加利福尼亚州、内华达州、堪萨斯州、艾奥瓦州和内布拉斯加州——在 1928 年的教育水平分布中,也处于最顶端的位置,如图 6.4 的 B 部分所示。㊱

制造业的就业份额、制造业的工资水平,以及它们之的交互作用[见表 6.1 第(3)栏],对高中毕业率有什么影响?这也是我们很感兴趣的问题。我们在分析 1910 年的数据的时候发现,从事制造业的劳动力在总就业中所占比例的增大,会拖累教育的发展。但是与此同时,在利用 1928 年数据分析制造业就业份额与工资水平之间的相互关系时,我们又发现,只有当制造业的工资高于平均水平时,上面这种关系才会成立。同样地,更高的制造业工资水平,在制造业就业份额超过其平均值之前,也不会对教育构成障碍。除了美国南方各州之外,毕业率最低的那些州,都是制造业工资相对较高的工业州,如大西洋沿岸中部人口普查区各州。在这些州里,教育的机会成本很高,同时制造业的工作机会又非常多,足以阻碍教育的发展。[37]

对 1910—1928 年的差分回归[见表 6.1 第(4)栏],进一步证实了上述水平回归的结果,并使得对因果关系的解释更加可信。[38]差分回归的各个自变量刻画了一个州的各种初始条件。例如,1910 年人均财富的初始值更高,1910—1928 年间高中毕业率的增长就越快;但是 1910 年制造业劳动力所占就业份额越大,高中毕业率的增长就会越慢。高中普及运动初期的(对数)人均财富,与高中毕业率在 1910—1928 年间的增长之间的正相关关系,在图 6.4 的 C 部分中可以看得很清楚。另外,1910 年各州上公立大学的青少年比例,与高中毕业率也有很强的正相关关系(见图 6.4 的 D 部分),这可能是因为在那些对公立高等教育有充足公共资助的州里,中学教育的回报率更高。

最后,我们还分析了发生在 20 世纪 30 年代的变化。表 6.1 第(5)栏列中的估计方法与第(4)栏类似。很多情况到了 20 世纪 30 年代似乎都发生了变化。财富仍然是一个重要的决定因素,但是制造业劳动力的就业份额,已经不再有强烈的负效应了。事实上,制造业就业份额反而呈现出了微弱的正效应,而且大西洋岸中部人口普查区各州的残差也均为正。在第(6)栏的估计所用的、变量更稀疏的模型设定中,重点关注的是大萧条时期特有的各种因素,并加入了 1930—1940 年的失业率变化。[39]我们发现,在 20 世纪 30 年代,对于制造业部门最庞大的那些州来说,给定初始收入,州内失业率越大,高中毕业率越高。

总而言之,我们发现有好几个因素可以解释高中毕业率增长在各州之间的差异。这些因素包括财富、收入、人口的相对同质性程度、收入分配、年轻人就业的机会成本、州一级对高等教育的支持力度,以及社区稳定性(通过留在本社区居住的老年人比例来反映)。但是还有一个问题没有回答:各州通过的义务教育法,在美国中学教育从 1910 年到 1940 年的普及中,发挥了什么作用? 这类法律在英国等国家显然是非常有效的——在那些国家,民众接受教育的机会和公共教育支出都在义务教育法出台后出现了大幅增长。[40]

6.4 义务教育法和童工法的作用

正如我们在第 5 章中已经提到过的,在美国,义务教育法和童工法最早在 19 世纪中期出现。[41]但是直到 20 世纪初,当义务教育法和童工法的立法和执法得到了强化之后,它们才可能对中学教育产生比较大的影响。不过,这两项法律正是在越来越多的年轻人入读高中并从高中毕业之际,才变得更加严格起来的。基于这种巧合,许多人断言,是各州法律方面的变化刺激了高中入学率的提高。[42]但是,这真的是事实吗?

从 1910 年到 1940 年,美国公立中学和私立中学的入学率从 18% 提高到了 71%,同期全国范围内的高中毕业率也从 9% 迅速上升到了 51%。为了确定各州的义务教育法和童工法对中学教育的影响,我们利用了我们收集的关于这个时期高中入学率和相关立法情况的数据。我们所采用的估计方法,能够利用州与州之间在法律变化上的时间差异,并控制了各州的州固定效应、年固定效应,以及其他会随时间而变化的,州一级的决定中学教育水平的因素。

6.4.1 义务教育法和童工法的具体内容是什么?

典型的义务教育法都规定了青少年必须接受教育的年龄。20 世纪初,由于许多州都提高了学生须接受学校教育的年龄上限,义务教育法变得更加复杂了；后来在进一步修改后，典型的义务教育法要求，在某种教育水平上，就可以豁免对青少年须接受学校教育的年龄上限的规定。这个因素在大多数州都成了一个有约束力的限制。

童工法又修改了义务教育法，并基本上豁免了义务教育法对年龄较大、有工作的青年的限制。各州的童工法规定了青少年获得工作许可的途径，通常还规定了对这些青少年的最低学历要求。童工法的规定几乎都是具有约束力的限制。在进步主义时代，童工法又增加了强制青少年参加继续教育（或半工半读）的规定。继续教育学校的教育对象，是那些年龄低于义务教育法规定的最高年龄、但已经离开学校去参加工作的青少年。[43]

我们收集了从 1910 年到 1939 年所有 48 个州的关于这两类法律的全部信息［参见 Goldin 和 Katz（2003）的数据附录］。我们识别出来的最重要的因素是：义务教育的最低年龄、义务教育的最高年龄、可豁免义务教育最高年龄规则的教育水平、允许工作的年龄、获得工作许可所需的教育年限，以及所在州是否有强制性的继续教育学校。根据这些数据，我们构建了两个变量——童工教育年限$_{st}$和义务教育年限$_{st}$，其中 s 代表州，t 代表年份。我们用这两个变量来近似地刻画，第 s 州在第 t 年对高中入学年龄（14 岁）的青少年适用的州法律：

$$童工教育年限_{st} = \max\{获得工作许可证所需的教育年限_{st},$$
$$(允许工作的年龄_{st} - 高中入学年龄_{s,t-8})\}。$$

上面这个变量给出了第 t 年根据第 s 州的童工法的规定，青年在工作前必须完成的学校教育的时间。

$$义务教育年限_{st} = \min\{可受豁免的受教育年限_{st},$$
$$(义务教育的最高年龄_{st} - 高中入学年龄_{s,t-8})\}。$$

上面这个变量给出了第 t 年根据第 s 州的义务教育法的规定，青少年必须完成的学校教育的时间。[44]

在 1910 年至 1940 年期间，从出台相关法律的州的数量，以及各州对既有法律的执法严格程度来看，义务教育法和童工法都变得更加严格了。在这个时期，法律方面的大多数变化都是很有连续性的。最高年龄持续提高，到 1930 年前后，已经有 42 个州把最高年龄定在了 14 岁或 14 岁以上；在这一时期,最低年龄则一直在下降。免除义务教育最高年龄所要求的教育水平,也不断提高。在第一次世界大战前后和1935年之后,年轻人获得工作许可的年龄显著增大。获得工作许可所必需的受教育程度也提高了,到1930年,有18个州的要求是达到8年级,31个州的要求是至少达到6年级。在第一次世界大战期间,绝大多数的州都加入了继续教育学校扩张的潮流,它们通过了法律,要求已经工作的、低于义务教育最高年龄的那些青少年,必须抽出上班时间去学习。

6.4.2 法律变化的影响

高中入学率的提高,在多大程度上可以用日趋严格的法律来解释?为了回答这个问题,我们利用我们之前介绍的9—12年级公立和私立中学的入学率数据,分析了各州的童工法和义务教育法对同时期高中入学率的影响。我们估计了一个标准的面板数据模型,它纳入了州固定效应和年固定效应、州法律变量(包括代表一个州关于继续教育的法律状况的虚拟变量),还有其他随时间而变化的州经济和人口控制变量。我们是在控制了各州随时间变化的各种控制变量的前提下(控制变量的描述见表6.1),通过各州在法律变化上的差异,来对各州童工法和义务教育法的影响加以识别的。此外,我们的模型中还包括了人口普查区的一整套线性时间趋势。[45]

如表6.2第(1)栏给出的回归估计结果所示,义务教育和童工法的影响虽然比较小,但是在统计上仍是显著的。"义务教育年限"每增加1年,高中入学率就会相应地上升0.45个百分点;"童工教育年限"每增加1年,高中入学率则相应地提高0.78个百分点。[46]一个州如果通过了关于继续教育的法律,则高中入学率可以相应地提高2.5个百分点。

那么,对于1910—1938年间50.4个百分点的高中入学率增幅,童工法和义务教育法的贡献究竟有多大呢?估计结果表明,童工法和义务教育法的变化(包括出台相关法律的年份和这类法律是否存在)的综合效应是:使得入学率提高了1.8个百分点。在出台了继续教育法律的各州,学生的人口比例提高了60个百分点,这可以解释高中入学率增幅中的1.5个百分点。因此,1910—1938年高中入学率的总体增长中,有3.3个百分点(或5%—6%)可以归因于童工法和义务教育法律的变化。相比之下,在各个州控制

表 6.2　各州义务教育和童工法对高中入学率的影响:1910—1938 年

因变量:所在州 14—17 岁青少年 在公立或私立高中就读的比例 （平均值＝0.441;标准差＝0.204）	(1) 系数 （标准误）	(2) 平均值 （标准差）
是否存在关于继续教育的法律	0.024 9 (0.009 40)	0.530 (0.499)
童工教育年限[a]	0.007 77 (0.002 65)	6.51 (2.00)
义务教育年限[b]	0.004 53 (0.002 09)	6.91 (2.67)
不存在童工法	0.021 7 (0.018 5)	0.299 (0.170)
不存在义务教育法	0.056 3 (0.016 7)	0.102 (0.303)
人均汽车登记数	0.865 (0.187)	0.136 (0.093)
人均制造业就业	0.134 (0.409)	0.066 2 (0.038 9)
≥65 岁人口比例	3.06 (1.39)	0.051 1 (0.012 8)
≥14 岁人口比例	−2.10 (0.583)	0.305 (0.047 4)
其他州一级的人口统计学上变量[c]	Yes	
州虚拟变量	Yes	
年份虚拟变量	Yes	
人口普查区趋势	Yes	
R^2	0.978	
标准误	0.032 1	
观察值个数	720	720

注:回归和样本均值都已经用所在州 14 岁的人数进行了加权。表中第(1)栏给出了按州聚类的稳健标准误(s.e.)。

a. 童工教育年限$_t$＝max｛获得工作许可证所需的教育年限$_t$,（允许工作的年龄$_t$－高中入学年龄$_{t-8}$)｝。

b. 义务教育年限$_t$＝min｛可受豁免的受教育年限$_t$,（义务教育的最高年龄$_t$－高中入学年龄$_{t-8}$)｝。

c. 包括非洲裔、在国外出生的人和在城市出生的人口比例。

资料来源:各州两年一次的高中入学率,本书附录 B;义务教育法和童工法,Goldin 和 Katz(2003,data appendix);Lleras-Muney(2002)提供了各种人口数据,它们数据来自 1910 年、1920 年、1930 年和 1940 年的人口普查(在普查年之间各年的数据,是用线性插值法计算出来的);其他变量见表 6.1。

变量中,仅仅人均汽车登记数从 1910 年的 0.01 增长到了 1938 年的 0.22 这一点,就可以解释高中入学率增幅中的 19 个百分点。因此,1910—1938 年各州的童工法和义务教育法律的变化,似乎对高中入学率产生了一些影响,但是与高中普及运动时期高中入学率的迅速提高相比,这种影响显然并不大。[47]

6.5 城市和高中普及运动

如前文所述,早在 19 世纪早期,美国的许多大城市就出现了公立高中。根据美国联邦教育办公室的一项调查,到 1903 年,全美国的城市和城镇已经有了超过 7 200 所公立高中。在 20 世纪初期,美国几乎所有人口超过 3 000 人的城市,都有一所或多所公立高中,甚至许多较小的城镇也是如此。[48] 例如,在艾奥瓦州,所有人口超过了 3 000 人的城市到 1903 年都至少有一所公立高中;在 1910 年,人口在 1 500—3 000 人之间的 63 个城镇中,有 57 个(占 90％)到 1903 年至少有一所公立高中。即便是在艾奥瓦州人口规模最小的那些城镇中——其实将它们称为"村庄"也许更准确——有许多也都有一所公立高中。在 1910 年,艾奥瓦州有 830 个人口小于 1 500 人的建制区(incorporated places),其中有 230 个(占 28％)在 1903 年时有一所公立高中。早在 1900 年,尽管公立高中对艾奥瓦州的大多数偏远农村青少年来说,仍然是既不可望、更不可及的,但是对大多数居住在城市、城镇,甚至许多村庄的青少年来说,中学已经是触手可及的了。

在美国高中普及运动的早期,许多城镇虽然在报表中列出了公立高中的学生人数,但是它们实际上并没有建成独立的高中校舍。[49] 相反,许多提供高中教育的小城市和城镇其实都是借用本地小学的校舍来开设高中课程的——"中学部"通常就位于"小学部"的楼上。随着高中普及运动的推进,这些小城镇也建成了专门的高中。正如我们本书第 5 章中已经提到过的,有些州通过立法禁止在小学校舍内开设中学课程,并制定了严格的指导方针,规定了一所中学要认证必须拥有的教室和教师数量。[50]

到了 20 世纪初,随着公立中学教育的普及,高中入学率与城镇人口之间出现了一种非常有趣且很有意义的关系。如果要成立一所高中，需要所在城镇的人口达到某个最低规模，那么人们可能会据此认为，入学率应该会随着城镇规模的扩大而上升，但是实际情况是，随着城镇人口规模的扩大，青少年上中学的比例反而减少了。而且，这种入学率随城镇人口规模扩大而出现减少的现象，呈现出了很强的单调性，贯穿了整个城市规模分布。

最小的那些城镇——即人口介于 1 000—2 500 人之间的城镇——高中入学率高于人口介于 2 500 人至 1 万人之间的城镇。类似地，这些较大城镇的青少年高中入学率则高于小城市，而小城市的青少年入学率又高于大城市；而且在大城市中，最大的城市的入学率是最低的。1910 年，在最小的城镇和最大的城市，16 岁和 17 岁青少年的高中入学率，分别为 46％ 和 21％，两者之间的差距高达 25 个百分点。而且，更加令人难以置信的是，在人口不足 1 000 人的农村建制区——它们最多只能称为"迷你"城镇，实际是名副其实的小村庄——入学率还要更高。[51]一个地方的人口规模与高中入学率之间之所以会存在这种负相关关系，是因为在小地方的教育收益更大，同时大城市的机会成本更高，而且小地方对教育需求的同质性也更高。

城镇是中学教育的温床。人口规模较小的小地方，在收入水平、宗教信仰和种族身份等方面都有很高的同质性。因此，城镇居民应该会发现，他们更容易就教育类型和支出金额达成一致。

另一个极端是那些人口超过 50 万人的大城市。这些城市的高中入学率最低。原因是，在这样的大城市中，移民的比例是最高的，贫富收入差距也是最大的，同时薪酬水平相对较高的制造业对年轻工人的需求也是最大的。然而，即便在回归模型中控制了这些因素之后，城市人口规模与高中入学率之间的负相关关系，也仍然存在。

如表 6.3 给出的对大约 220 个城市的回归分析结果所示，在 1923 年和 1927 年，即便在回归中纳入了移民的人口比例、天主教徒的人口比例、所在城市的人均可征税财富、制造业工人的人口比例，以及不同技能类型在制造业就业者中各自所占比例之后，城市人口规模与公立中学的出勤率之间的负相关关系也仍然存在。[52]这种关系是非常明显的，尽管这个回归分析中包括的最小的城市也有 3 万人口，规模比前面讨论的那些"迷你"城镇要大得多——那些城镇的高中出勤率还要更高。

表 6.3　公立中学出勤率与城市规模的关系

	公立中学出勤率				
	1923 年			1927 年	
	系数	标准误	平均值	系数	标准误
城市人口变量					
3 万—3.5 万人	0.221	0.039 8	0.123	0.209	0.036 5
>3.5 万—5 万人	0.169	0.036 1	0.283	0.157	0.033 1
>5 万—10 万人	0.103	0.035 6	0.320	0.098 0	0.032 8
>10 万—50 万人	0.079 8	0.035 8	0.224	0.067 4	0.032 9
城市经济变量					
人均可征税财富(对数值,1926 年)	0.062 1	0.024 5	7.396	0.040 4	0.022 5
%生产工人占总人口比例	−0.239	0.143	0.153	−0.110	0.131
%制造业中女性工人比例	−0.267	0.101	0.210	−0.240	0.092 7
%制造业中半熟练工人比例	0.106	0.116	0.230	0.163	0.107
%制造业中手工工人比例	0.171	0.108	0.473	0.230	0.099 0
%制造业中管理人员比例	0.597	0.279	0.071 0	0.440	0.257
城市人口变量					
%天主教徒人口比例(1926 年)	−0.248	0.078 5	0.256	−0.323	0.072 2
%外国血统但在本土出生的人口比例	−0.135	0.123	0.194	−0.038 0	0.122
截距项	0.104	0.210		0.269	0.193
R^2	0.604			0.632	
观察值个数	219			220	
因变量平均值	0.425			0.469	

　　注:因变量即每个城市 1923 年和 1927 年公立学校(高中各年级)平均每天出勤人数除以 14—17 岁青少年人数。由于人均可征税财富数据的限制,这里只包括了那些 1920 年人口超过了 3 万人的城市,另外再加上伊利诺伊州的埃尔金(人口略低于 3 万)。

　　城市人口:1920 年的城市人口,美国人口普查局(U.S. Bureau of the Census, 1923)。

　　人均可征税财富(对数值,1926 年):美国人口普查局(U.S. Bureau of the Census, 1927)。

　　%生产工人占总人口比例:制造业的生产工人占所在城市总人口的比例。生产工人的数据来自美国人口普查局(U.S. Bureau of the Census, 1923a)。

　　%制造业中女性工人比例、%制造业中半熟练工人比例、%制造业中手工工人比例,以及%制造业中管理人员比例:在所有制造业工人中女性工人、半熟练工人、手工工人和管理人员所占的百分比;数据来自 Whaples(1990)。

　　%外国血统但在本土出生的人口比例:1920 年城市人口中外国血统但在本土出生的人所占的百分比。

　　%天主教徒人口比例(1926 年):信仰罗马天主教的人占城市人口的百分比(取 1920 年和 1930 年的平均数),来自美国商务部(U.S. Department of Commerce, 1930)。

　　回归模型中还包括了一整套地区虚拟变量。所有变量都是 1920 年的(除非另有说明)。人口超过 50 万人的城市以及太平洋沿岸人口普查区的城市都被排除在外了。

　　资料来源:本书附录 C。

在 1923 年,这个样本中人口规模最小的那些城市(人口介于 3 万—3.5 万人之间)的公立中学出勤率,比规模最大的那些城市(人口超过了 50 万)高出了 17 个百分点,比规模次大的那些城市(人口介于 10 万—50 万人之间)高出了 10 个百分点。由于 1923 年样本城市的平均中学出勤率大约为 43%,因此城市规模所导致的出勤率差异是非常可观的。如果把城市一级的经济、人口和区位等变量也都考虑进去,那么小城市在出勤率方面的优势还将扩大少许。对于 1927 年,我们也得到了类似的结果,尽管这种差异相对于平均值略小一点。在这两年,(回归调整后的)中学出勤率都是随城市规模的增大而单调下降的。

城市一级教育数据还揭示了,在高中普及运动的高潮时期,城市市政当局用来满足对中学教育急剧扩大的需求的主要途径。那就是,尽一切可能在各种"边际"上扩张。第一,各个城市都建成了更多的中学,雇佣了更多的教师——这是扩大"外延边际"(extensive margin)的方法。第二,在每间教室内塞进更多的学生,或在原有的学校中增加更多的教师——这是扩大"内延边际"(intensive margin)的方法。[53]

我们从联邦教育办公室主任的文件中收集到的大样本美国城市教育证据表明,从 1915 年到 20 世纪 20 年代末——这是高中普及运动的早期阶段——"外延边际"得到了大幅扩张。在这个时期,"内延边际"——每间教室的学生数和每所学校的教师数——则基本保持不变。各自治市在 20 世纪 10 年代和 20 年代,主要是通过兴建学校、增加教室和雇佣教师来满足不断增长的需求的。

随着建成开放的学校的增加,住在离学校不远处的孩子更多了,他们上学的成本也降下来了。相比之下,在 19 世纪、20 世纪之交,尽管美国所有的大城市都有了高中,但是许多年轻人不得不长途跋涉才能去上学。例如,在 20 世纪 10 年代,整个布朗克斯区只有一所高中,即 1897 年开办的莫里斯高中(Morris High School)。这所高中规模很大(1911 年在校的学生超过 4 000 人),但是布朗克斯区青少年的入学率,却远远低于纽约市的其他行政区——它们的学校规模虽然较小,但是数量更多,离学生的家也更近。[54]对此,纽约市教育厅厅长(Superintendent of Education)指出,"这很可能是因为布朗克斯区只有一所高中,尽管它是我们纽约全市最好的高中之一"(New York City, 1911)。

大萧条开始后,中学教育的扩张形式就迅速地发生了改变。在 20 世纪

30 年代的经济困难时期,中学教育的"内延边际"得到了大幅扩张。对学校和教师新增资助不是被中止,就是被推迟了,但是与此同时,随着工作岗位的不断消失,对更多的学位的需求却在飙升。于是正如我们的数据所显示的那样,教室内部不可避免地变得越来越拥挤了。

我们在下面的表 6.4 中给出了一些与这些问题相关的统计数据。在这里,我们利用了我们收集的城市面板数据集(见本书附录 C)。这个数据集纳

表 6.4 城市中公立高中和学生的特征:1915 年至 1937 年间的五个年份

高中的特征	215 个城市的平衡面板				
	1915 年	1923 年	1927 年	1933 年	1937 年
1. 平均高中入学率	2 500	4 403	5 436	8 189	8 550
2. 平均高中出勤率[a]	2 022	3 683	4 695	6 988	7 561
3.(出勤率/入学率)	0.809	0.837	0.864	0.853	0.884
4. 高中教师数量的平均数	96.1	162.8	206.7	265.0	285.5
5.(学生人数/高中教师人数)	26.0	27.0	26.3	30.9	29.9
6. 高中数量的平均数[b]	1.89	3.09	3.71	4.24	4.48
7.(教师数量/高中数量)	50.9	52.7	55.7	62.5	63.6
8. 平均学期长度(天)	184.8	184.7	184.4	182.0	182.1
9. 生均费用:美元/学生,按 2000 年不变价值美元计[c][方括号中为当期美元]	325.9 [55.4]	368.7 [106.1]	390.7 [114.4]	387.6 [84.8]	397.7 [96.4]
10. 公立高中出勤率的平均值[d]	0.289	0.437	0.476	0.625	0.674

注:各个比率(出勤率/入学率)、(教师数量/高中数量)和(学生人数/高中教师人数)是根据样本总平均数计算出来的。其余行则为每个变量在我们的平衡面板样本这 215 个城市中的城市一级平均值。

a. 1915 年,只有 207 个城市有学生入学率数据。我们假设存在数据缺失的那 8 个城市的入学率与有完整数据的 207 个城市的入学率相同,即为 0.809,从而推算出了这 8 个城市在 1915 年的学生入学率。

b. 对于 1915 年,高中的数量不是直接给出的,而是通过每个城市的中学校长的平均数量,与 1923 年平均每所学校校长的平均数量估计出来的。这种计算的结果是,使得这个单元格所对应的城市数量减少到了 206 个。

c. 现值已经根据《美国历史统计数据:千禧年版》(*Historical Statistics*, *Millennial Edition*)表 Cc1 进行了平减处理。这个变量的观察点个数依次为:1915 年,124 个;1923 年,214 个;1927 年,215 个;1933 年,214 个;1937 年,211 个。

d. 高中各年级每天的平均出勤人数除以 14—17 岁的青少年人数。

资料来源:见本书附录 C。

入了所有在 1920 年时人口超过 2 万人的美国城市,包含了 1915 年、1923 年、1927 年、1933 年和 1937 年这五年的相关信息,从而覆盖了高中普及运动的早期、中期和后期。数据集包含了大量公立学校变量(但是不包括私立学校),如学生的入学人数和出勤人数;按学校类型划分的教师人数;教师、校长和教育厅厅长的平均工资。

我们的全样本大约有 290 个城市,截止到 1915 年,这些城市几乎都是统一的学区。在 20 世纪 20 年代和 30 年代,全国就读于公立中学的青少年当中,大约有 35% 的人是属于这些学区的。[55]不过,做到了将相关信息完整上报的城市的数量每一年都有所变化。在 20 世纪 10 年代,符合纳入联邦数据的最低人口标准的城市数量增多了,而在 20 世纪 20 年代,报告相关教育信息的城市的数量也增加了,这两种情况都扩大了我们的样本。但是在 20 世纪 30 年代,由于许多南方城市未能向联邦政府报告教育信息,因此导致样本量出现了下降。[56]在表 6.4 中,我们给出的是一个由 215 个城市组成的平衡面板的结果;不过不平衡面板的结论也是相似的,而且同样的结论对于每个区域也都成立(尽管表 6.4 中没有显示)。

从 1915 年到 1927 年,入学率增加了 2 倍多(0.78 个对数点)(表 6.4 第 1 行)。在这个增幅中,有 87% 是由于学校数量的增加而带来的(表 6.4 第 6 行),有 12% 是由于每所学校中教师数量的增加而实现的(第 7 行),但只有 1% 可以归因于教室平均容纳的学生数量的增加(第 5 行)。入学率的大幅上升,不仅部分地反映了人口的增长,而且也反映出平均每天出勤率的提高——在一个典型的城市中,出勤率从 1915 年的 29%,提高到了 1927 年的 48%,增幅达 60%(第 10 行)。

到了 1933 年,当美国从经济繁荣急转直下,并一步一步地走入大萧条的深渊时,形势发生了根本性的变化。从 1927 年到 1933 年,入学率增长了 1.5 倍,每年的增幅比 1915 年至 1927 年间还要大。各个城市青少年入学人数加速增长,但是它们的资金却极度紧缺。尽管学校仍然在继续兴建,但是这种在"外延边际"上的扩张,只满足了不断增长的需求的 33%。虽然在高中普及运动的早期,"内延边际"上扩张的重要性不大,但是到了现在,在入学率的全部增长中,每个教室容纳的学生数量的增加贡献了 39%、每所学校教师人数的增加也贡献了 28%。这是在学校的财政资助受到严重限制的情况下的扩张之道。[57]

尽管从 1915 年到 1937 年,入学率一直在迅速提高,但是出勤率与入学率之比也没有下降（表6.4第3行）——实际上反而有所上升。这也就意味着，入学率的提升，并不是因为出勤率低于以往学生的边缘学生群体也开始上学了的缘故。从1915年到20世纪20年代，平均学期长度几乎一直都是185天（表6.4第8行），尽管在大萧条的初期有所下降，但是下降的比例非常小。最后，每个注册入学的学生的生均费用（以实际美元计算，表6.4第9行）在1915年至1927年间增长了20％。尽管在20世纪30年代初，每个学生的费用基本上只能维持不变；不过到了1933年至1937年期间，总算略有增加。

6.6　公立和私立学校

正如我们在第4章中已经看到的，在高中普及运动之前，美国已经发生过另一场草根教育运动。那场运动被称为"学院运动"（academy movement），它的宗旨是希望让学生在完成了公共学校和小学的学业之后，继续接受学校教育。但是，这些"学院"几乎都是要收费的私立教育机构（尽管它们也经常会获得一定的公共资助）。到了19世纪后期，大多数"学院"都被公共资助、公共提供的中学迅速取代了。然而，在1910年前后，美国全国各地仍然有相当一部分的青少年就读于私立中学，那也正是我们刚刚开始拥有州一级教育统计数据的时期。

在被我们归类为在私立学校就读的学生中，有相当一部分是就读于高等学校（学院和大学）的预科部。这个群体在1910年时占到了所有私立学校学生总人数的31％，但是其重要性随后一路下降，这个比例在1920年已经下降到了22％，到了1930年更进一步下降至10％（见本书附录B表B.6）。[58]而在1880年时，就读于预科部的学生当中，大约有一半是以继续上大学为目的的。[59]

在当年，许多大学都会在学生进入大学前帮助他们做好准备，如果当地的高中数量很少，那么大学所扮演的这个角色就会更加重要。例如，内布拉斯加大学是在1871年成立的，当时该州还几乎不存在公立高中。甚至到了1900年，内布拉斯加州大学预科部招收的学生人数，仍然超过了大学部。在美国那些更多人定居的地区，特别是东部地区，大学更多地依靠私立高中和某些公立高中来培养学生，帮助他们适应大学的严格要求。尽管如此，在1910年时，许多大学——即便是在较早的定居地区——的预科部都有大量学生就读,在那些有强烈宗教背景的大学中尤其如此。当时在全国范围内,高等学校大学部的学生与预科部的学生之比为 2.4∶1,不过就东北部各州而言,这一比例则为 4.6∶1。

就读并毕业于私立中学的青少年,在所有高中学生和毕业生中的比例,在公立高中尚未进入的那些地区里是最高的,如在定居人口较少的乡村地区和南方。在天主教学校长期兴盛不衰的新英格兰地区,私立学校的入读人数和毕业人数也相对较多。20 世纪 20 年代,随着公立中学的普及,进入私立学校就读并从其毕业的中学生比例大幅下降;大萧条期间,公立学校入学人数的相对增加,进一步加剧了这一趋势。然而,到了 20 世纪 50 年代,美国东部私立学校的高中毕业生比例大幅上升,甚至恢复到了 20 世纪 10 年代的水平。(见本书附录 B 表 B.3,我们在那里给出了按人口普查区分别列示的私立学校高中毕业生占所有高中毕业生比例)。

在全国范围内,就读于私立高中的学生所占比例,从 1910 年的 16% 下降到了 1940 年的 6.5%。下降的部分原因可以归结为大萧条带来的双重影响——在使所有高中的入学率提高的同时,又使得私立学校的绝对入学人数减少了。[60] 在股市崩盘前夕,就读于私立学校的青少年的比例略低于 9%。但是,在从 1910 年到 1940 年这个很长的时期里,就读于私立高中的学生比例的长期下降,最主要的原因在于公立中学的普及极大地提高了上公立高中的青少年比例这一简单的事实。除了 20 世纪 30 年代初的大萧条时期之外,在美国任何一个地区,就读私立高中的青少年的绝对人数都没有下降。恰恰相反,它几乎一直都在增长,只不过完全追不上就读公立学校的青少年数量的增长速度。

第二次世界大战后,进入私立中学学习的青少年的比例又开始上升。甚至早在 20 世纪 50 年代,就读于私立中学的青少年的比例就上升到了 11%,大体上与 20 世纪 20 年代全国达到过的最高水平相当。在新英格兰和大西洋沿岸中部这两个人口普查区,第二次世界大战后达到的水平实际上比 1910 年还要高,尽管西部和南部的水平则要低得多。

6.7 性别差异

随着高中普及运动的兴起,在每一个州,女生的毕业率都超过了男生。

相对而言,她们的优势在这场运动的早期是最大的,不过在这场"高中革命"结束后很长一段时间内,女生仍然保持了她们的优势。女生的入学率也普遍高于男生。直到 20 世纪 30 年代初,这一差距才大幅缩小。在大西洋沿岸中部人口普查区,这种性别差异在大萧条初期完全消失了,其原因是,年轻人,尤其是年轻男性的工作机会几乎全部"蒸发"了。

在高中普及运动的前 20 年里,全国范围内女生在高中毕业率上有 5.6 个百分点的优势,而在第一次世界大战期间,这个优势还要更大一些。[61] 这种性别差异意味着女生的毕业率要比男生高 39%。不过,这种差异因地区而异。例如,从 1910 年到 1928 年,新英格兰地区女生的毕业率比男孩高出了 6.8 个百分点(35%),太平洋沿岸地区则高出了 7.2 个百分点(31%)。大西洋沿岸中部地区女生的优势则为 3.3 个百分点(30%),大西洋沿岸南部地区则为 3.9 个百分点(52%)。[62] 在下面的图 6.5 中,我们给出了 1910—1970 年间全美国按性别分类的高中毕业率。

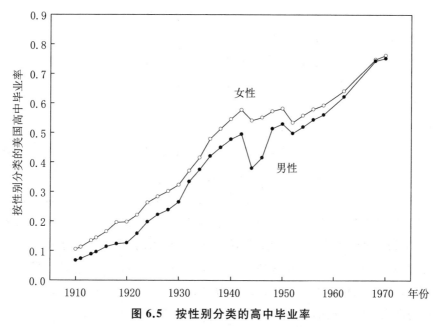

图 6.5 按性别分类的高中毕业率

注:联邦教育办公室提供了按性别分别列示的毕业人数信息,但是只有公立中学的数据。这个数字除以年龄为 17 岁的青少年人数,就是毕业率。我们按总毕业率和公立学校毕业率的比例进行了调整。

资料来源:见本书附录 B。

女生上中学的时间比男生长,因此女生毕业率更高,这并不是一件令人惊异的结果。在薪酬方面,是否拥有高中毕业文凭的影响对年轻女性和年轻男性可以说一样大。但是,就职业地位而言,高中毕业文凭对女性的意义更大。一个女性如果能谋得办事员、速记员的工作,或者更理想一些,秘书的工作,那么她就能摆脱在工厂中从事按件计酬的辛苦工作——或者更糟糕的,当一个家庭佣工——的命运。也许,在当时最重要的是,作为一名白领女性,有更大的机会找到一个收入更高的丈夫。

6.8　现代高中的诞生

直到 1900 年,佛蒙特州的高中仍然被称为是"面目模糊、难以描述、相互独立、自行其是的",尽管佛蒙特州是 19 世纪新英格兰地区教育的领先者之一。㊖1893 年,艾奥瓦州一所学校的一份报告指出,"怎样才算是一所高中?从来没有明确界定过。"㊗

根据 20 世纪初美国联邦教育办公室的一项调查,美国全国各地的公立高中,在规模、课程设置和教学设施等方面,都存在着非常大的不同。㊘1904 年,在美国 7 200 所公立高中当中,72％的学校教师人数少于 4 名,30％的学校只有 1 名教师;而近 70％的公立高中生是在只有 10 名或更少的教师的学校中学习的,37％的学生在只有不到 4 名教师的学校中学习。爱德华·桑代克(Edward Thorndike)是 20 世纪初著名的教育心理学家和考试问题权威,他认为,在 1905 年前后,美国的高中"是一种在教育工作能力、行政管理和教育制度安排等方面具有巨大差异的机构"。㊙而且,正如 20 世纪早期著述甚丰的教育专家 I. M. 坎德尔(I. M. Kandel)指出的,即便是到了 1930 年,"美国的公立高中……现在呈现在公众面前的这种形式……也只是最近才出现的,而且它仍然处于一个过渡阶段"(Kandel, 1930:496)。不过无论如何,公立高中在之前的 30 年里毕竟已经迈出了决定性的一步。

正是在这 30 年里,公立高中的主要功能,迅速地从帮助年轻人做好进入大学深造的准备——尽管这不是它唯一的功能——转型为:让那些可能会在 9—12 年级之间结束教育,而不准备立即升入大学(甚至可能永远不升入大学)的年轻人,接受良好的教育。⑥⑦随着高中普及运动的开展,不仅学校、教师和学生的数量大大增加,而且整个高中教育机构本身也发生了变化。

就这样,在 20 世纪初期,公立高中已经开始被重新塑造成了我们今天所见的那种典型的美国教育机构了:开放、宽容、性别中立、务实但同时也追求学术、普适,而且往往奉行平等主义。在某种程度上,美国的公立高中已经脱胎换骨了,完全摆脱了 19 世纪欧洲精英主义的历史起源的影响。⑥⑧公立高中的课程设置也发生了很大的变化,这是更普遍的学科发展的必然结果。正如我们在本书第 7 章中将会看到的那样,在 19 世纪 90 年代,美国独立学科的数量,出现了爆炸式增长。例如,社会科学的大部分学科是在 19 世纪90 年代左右创立的,许多现代科学也是如此。但是,并非美国高中的所有变化,都源于更基本的知识结构的变化。事实上更恰当的说法也许是:无论是有意还是无意,对高中教育的重新改造,最终使得很多原本会去工作的青少年接受了高中教育。美国的高中在 20 世纪初变成了"现代"的学校,中学教育也成了大众教育。

6.8.1　使命的转变

高中入学率大幅提高的一个重要后果是,继续上大学的青少年的比例下降了,而高中毕业生的比例则上升了。20 世纪初对高中毕业生的一项调查表明(见表 6.5),在 20 世纪 10 年代,继续上大学或接受职业技术培训的高中毕业生的比例,比以后的任何一个年代都要高。这种情况一直持续到了20 世纪 70 年代前后。⑥⑨虽然这个结果初看上去似乎有点奇怪,但它其实只是中学教育大众化所带来的一个必然结果。

在大学也发展成为另一种形式的大众教育之前,从高中毕业的学生比例的增加,自然会降低继续上大学的学生比例。而在 19 世纪,一个学生要读到高中毕业,最令人信服的理由之一就是要继续上大学。

在 20 世纪 10 年代之后,升入大学继续接受教育的高中毕业生比例持续下降这一事实,似乎是一个不必过于重视的小问题,但是在美国教育史上,它其实是非常重要的。高中生毕业之后直接去向的变化,正是传统高中向现代高中过渡的一个关键方面。而且这也是 20 世纪初期美国的中学教育与欧洲的中学教育的一个至关重要的区别。

表 6.5　打算继续接受教育的高中毕业生的比例：1901 年至 1937 年间的六个年份

	打算继续接受教育的高中毕业生的比例					
	1901 年	1910 年	1914 年	1923 年	1933 年	1937 年
上大学之前就读的学校：						
公立高中	31	34	35	31	21	24
公立高中,仅接收男生	40	45	45	37	23	26
公立高中和私立高中	33	35	35	32	23[a]	—
升入大学及其他高等教育机构[b]之前就读的学校：						
公立高中	—	49	50	44	25	29
公立高中,仅接收男生	—	55	55	49	25	30
公立高中和私立高中	—	49	50	46	25[a]	—

注：高中毕业后继续接受教育的学生比例，来自联邦教育办公室主任的报告，其信息又源于校长们的报告，它指的是打算（也许是在不久的将来）继续上大学接受教育的学生的比例。当然，有的表达了这种意愿的学生最终并没有这样做，而另一些学生虽然没有表示任何继续上大学接受教育的意图，却在后来上了大学。这些数字可能不包括就读于大学预科部的学生，如果纳入这些学生，前几年的比例将会变大。

a. 私立学校的毕业人数是 1932 年的数字。

b. "其他高等教育机构"可能包括了师范学院、护理学院和图书馆学院。

资料来源：美国联邦教育办公室（U.S. Office of Education, *Annuals*, various years；U.S. Office［Bureau］of Education, *Biennials*, various years）。

　　表 6.5 给出的数据，初看上去似乎与 20 世纪 40 年代中期以前只有一小部分高中毕业的青少年去上大学这个结论相矛盾⑦，但是它们其实是对打算继续上大学的高中毕业生比例的一个准确估计。在 20 世纪 40 年代以前，上过大学的美国人所占的比例非常小——在 1900 年前后出生的男性中，这个比例只有 10% 左右。但是，在 20 世纪 20 年代之前，高中毕业的人所占的比例也很小。因此，在 20 世纪 20 年代左右，高中毕业生上大学的比例还是相当高的，只是在那之后就下降了。尽管那些称自己打算继续上大学的高中毕业生（他们这种意向记录在了高中校长们提交的报告中），有一些也许并没有立即去上大学（甚至从来没有去上过大学），但是其中绝大多数人最终确实都去上了大学。

　　对于这一点，我们现有拥有的最能说明问题的证据，来自 1915 年艾奥瓦州人口普查，我们在本书前面的章节中已经使用过它的一些数据（见本书附录 A)。⑰在这个人口普查中,调查员要询问艾奥瓦州所有居民他们在不同类型的学校中的受教育年限有多长。我们从中选出这样一些 20—29 岁的男性——他们或者已经完成了 4 年的高中学业,或者自称他们接受学校教育的时间超过了 12 年并上过大学。这些人应该是在 1904—1913 年间从高中毕业的。这些数据中唯一可能引发争议的地方在于,有一些上过大学的人说自己并没有上过任何一所名字中有"高中"(high school)二字的学校。在他们当中,有些人上的是"学院"(academy),有些人上的是大学的预科部,还有一些人是在家里接受教育的。根据我们采用的假设,我们发现有 43%—57%的人,在高中毕业或读完了大学预科之后,要么直接升入大学继续深造,要么在毕业后 10 年内进入了大学。相反,如果我们把样本限制在 1915 年生活在艾奥瓦州的大城市的人,那么这一比例为 49%—61%。

生活在艾奥瓦州大城市里的人在州总人口中所占的比例,远低美国其他州——艾奥瓦州最大的城市得梅因(Des Moines),在美国只排到第 62 大的城市。⑫这也就意味着,艾奥瓦州的数据可能低估了继续上大学的高中毕业生的比例,因为艾奥瓦州的数据显示,居住在更大的城市中的高中毕业生,上大学的比例更高。但是我们要强调的是,尽管有这个因素,艾奥瓦州的数据仍然位于表 6.5 所给出高中校长调查的数据范围之内。

表 6.5 中的数据,对于我们正确地理解推动现代高中创建的各种因素至关重要。虽然早在 19 世纪中期就已经有了一些零散的先行者,但是高中课程设置的重大变化,主要是从 20 世纪 20 年代开始发生的。而且,如何进行课程改革从那时起就一直是个备受争议的问题。对于某些人来说,之所以要对课程设置进行改革,是因为高中生的构成发生了变化。而对另一些人来说,课程设置的变化完全是那些误入歧途的进步主义改革家推动的结果,改革后的课程被削弱了,使整个国家的学校教育走上了错误的道路。⑬正如我们将会看到的,大多数高中生要学习的课程内容都被改动了。不过,改革的动机往往是为了吸引那些本来会直接去工作的青少年进入高中。这种改革相当于高中的再生,极大地提高了高中入学率、出勤率和毕业率,最终导致了大众化高中教育的全面普及。

课程设置的改变,既是美国公立高中入学率上升的原因,也是它的结果。现代高中的出现,使得中学教育对青少年更具吸引力了。但是,正如我们在本书第 5 章中已经详细介绍过的那样,对低年级以上教育需求的变化,往往并不涉及作为通常的大学预科课程组成部分的那些学科知识。

为了增强高中教育对大众市场的吸引力,高中在很多方面进行了改革。当然,全国各地的变化并不是统一的,因为生活在城市的青少年与生活在农村的青少年有不同的需求和欲望。不过,转型的方向从根本上说是统一的:要让高中服务于多种多样的目标。因此,学生不仅要学习很多学术性课程,还要学习一些非学术性课程。总而言之,那些在 1900 年时被认为是"面目模糊、难以描述、相互独立、自行其是的"学校,最终都将转变成一个只能用"兼收并蓄"和"怎么都行"来定义其特质的教育机构。[74]

6.8.2　课程设置的转变

在 19 世纪末和 20 世纪初,越来越多的家长和学生呼吁对中学的课程设置进行改革——他们不仅要求高中中原本已经开设的课程必须有所改进,还要求扩大设置课程的范围。许多家长希望他们的子女能够学习各种传统的中学课程,也就是所谓的古典课程或英文课程。[75]他们希望他们的孩子学习更多的历史和英文,并尽早开始学习外语,同时加强数学知识的学习,包括代数和几何。但是,另一些人家长则希望扩大课程范围,让孩子们在学校所学的知识与日后最终将从事的职业尽可能相关。事实上,许多居住在大城市中的家长,已经开始为他们的子女支付学费,让他们学习掌握商业、房地产、速记和其他各种商业和职业技能了。在 20 世纪初期,无论是在大城市,还是在小城镇,中学课程设置都得到了拓宽,包括了更广泛的学术性课程和更多样化的非学术性课程。

非学术性课程既包括那些典型的商业课程,包括打字、速记、簿记等;还包括教授如何将英语、法律和地理等学科的知识应用于各种商业活动的课程。同时增设了许多职业指导性质的课程,包括木工、电力、金属等车间实训课程,以及为男生开设的各种手工操作课程和为女生开设的烹饪、缝纫等家政手艺课程。此外还有一些"生活"类课程,如音乐、舞蹈、戏剧、艺术、卫生和体育锻炼等。在农村地区,高中课程还要增设关于农场动物养殖、农业机械维护、植物学和会计技术等课程。尽管公立高中课程设置方面的大多数变化,是在 19 世纪末期开始的,但是许多"学院"在 19 世纪中期就已经开设了大量非学术课程了(包括那些主要目的是为大多数学生提供古典课程教学的"学院")。⑯

扩充学术性课程的途径有两个:一是增加新的学科领域;二是对原有的学科领域加以细分。语言类课程增加了现代语言。科学类课程则扩增为包括了实验课程。在小城镇和乡村地区,更多的课程通常是在学校规模扩大之后才得以开设的。当一所中学只有60名学生和3名教师时,能够设置的课程必定很有限。然而,到了20世纪20年代,即便是在规模很小的那些高中里,也出现了各种各样的课程。至于大城市里规模较大的学校,本来就已经开设了相当多的课程,而且随着高中普及运动的深入,这些学校的课程设置范围也越来越大了。

第一次世界大战是高中课程不断增多的过程中的一个转折点。"现代高中开设的课程确实比以前的大学还要全面。"华盛顿州的高中督学(inspector),在1922年的一份报告这样写道。⑰这种转变在大多数中学都发生了,除了那些原本就已经开设了许多课程的规模最大的学校外。在1910年以前,中小规模的学校只能开设一些比较传统的学科课程,而到了20世纪20年代,这些学校开设的学科课程的数量,已经是原来的2倍多了,而且还包括许多非传统的学术性课程,以及大量的非学术性课程。当然,这些学校的规模也变得更大了。但是我们收集的20世纪20年代的横截面证据证明,即便是规模非常小的学校,在当时也动用了一切资源,开设了种类繁多的课程。⑱

有的新课程其实是从原有老课程中衍生出来的变体。直到1920年前后,英文还是一门通用学科。但是进入20世纪20年代之后,以前只教授英文的老师通常也会开设公共演讲、新闻和辩论等课程。类似地,数学也衍生出了一系列更加细化的学科,包括几何、代数和商务数学等。除了这些分化出来的学科课程之外,还增加了一些全新的领域,包括各种商业和职业科目,以及内容广泛的"生活"类课程。

以艾奥瓦州奥塔姆瓦市为例。在1900年,这个拥有将近2万人口的城市有一所高中,它只配备10名教师,并只开设了10门课程。1917年,在新设奥塔姆瓦初级中学(junior high school)之前,原来那所高中的教师已经增加到了29名,并开设了18门课程。在新增的8门课程中,有2门是从原来的学术性课程衍生出来的,而其余6门则是商业类课程、职业类课程(如机械制图),以及生活类课程(如音乐、绘画)的混合体。到了1925年,这所高中已经拥有了52名教师(另外还有一个初中部),并开设了35门不同的课程(如果将5门商业类课程、2门家政类课程和2门音乐课程分别被组合为一门课程,那么也可以说是29门课程)。[79]

我们选取1924年艾奥瓦州的20个镇和小城市,组成了一个横截面,它们中人口最少者只有200人[劳雷尔(Laurel)],最多者有18 000人[马斯卡廷(Muscatine)],高中入学人数,则从大约60人到600人不等。[80]这里需要提请读者注意的是,小城镇的高中学生,既来自该城镇,也来自周边农村地区。1924年,这些学校开设的独立课程数量的中位数是13门(平均值则为13.6门),即便是在人口最少的城镇的高中,也开设了13门课程(尽管只有4名教师)。在这所学校里,科学老师要教授物理、普通科学、几何、代数,甚至家政学。平均每个老师开设的课程的数量,随学校规模的扩大而减少,并且只有当一所学校的注册学生数超过了200人时,才会出现一个老师只教一门课程的情况。相比之下,仅仅在更早先的20年前,情况还是:不管学校的规模是大是小,大多数老师都只开设一门课程。

当然,学校开设了这么多的课程,并不一定意味着学生们真的修读了这些课程。现在我们讨论一个互补性的数据集,它是联邦政府收集的。大约从1890年开始,美国联邦教育办公室主任(U.S. Commissioner of Education)要求公立高中校长报告每个学年中选修特定科目的学生人数。这就形成了一个很好的横截面数据集,它覆盖的时间跨度很长,包括了公立学校及其学生很多方面的信息。不过,校长们并不需要报告每门课程的持续时间。学术性课程很可能每天都要上一个小时左右,而非学术性课程的上课频次则不会这么高。校长们也不需要报告开课年级和学生的年级。还有一个含糊不清的地方是,某些课程在一些报告中是单独列举的,但在另一些报告中却是被组合在一起的。[81]比较完整的报告最早出现在1915年。

商业课程的注册情况,直到1915年才要求写入报告,在那一年,有15%的学生选修了一门或数门商业课程。第二次世界大战之前的最后一次课程调查,是在1934年。[82]因此,我们可以分析高中普及运动期间的四个年份之间课程设置变化的情况:1915年、1922年、1928年和1934年。所有注册入读高中的青少年的比例在这些年间一路飙升,但是就读的学生中打算在完成了公立高中的学业后继续上学深造的人的比例却出现了下降(回顾一下,从表 6.5 可以看出,这一比例从 1914 年的 50%,下降到了 1923 年的 44%,然后又下降到了 1933 年的 25%)。因此,在此期间,学术性课程的平均数量有所减少,而非学术性课程的平均数量则有所增多,这种情况实在不足为奇。

从 1915 年到 1934 年,每个学生每年修读的学术性课程的平均数量,从 3.83 门下降到了 3.04 门;若看 1922 年到 1934 年间,则从平均 3.47 门下降到了 3.04 门。[83]学生修读学术性课程下降的情况,发生在所有学科领域,不过降幅最大的是数学。发生在 1915 年至 1934 年间的下降,大约一半是由于修读数学课程的学生减少;而发生在 1922 年至 1934 年间的下降,则完全是由于开设的数学课程减少了。

学术性课程之所以会减少,部分原因是年级之间的学生分布发生了变化。随着高中普及运动的展开,美国青少年在学校学习的时间越来越长,高年级学生所占的比例也越来越大。1915 年低年级学生的比例要比 1934 年高出不少,而且高中低年级学生要比高年级学生修读更多的学术性课程。[84]在 1915 年,71%的学生是低年级的(9 年级和 10 年级),而到了 1934 年,这一比例只有 60%。[85]学生年级分布的变化,可以部分地解释这种下降,但是无法完全解释。虽然从 1915 年到 1934 年,修读数学课程的学生的比例下降了 27%,但是如果用每个年级的学生数来加权,那么降幅就会变得更小。我们虽然不能用美国联邦教育办公室的数据,来算出加权后的确切数字,但是它的范围肯定介于 9%至 27%这一实际比例之间。[86]

既然学生修读的学术性课程减少了,那么其他性质的课程肯定增加了。填满了学生整个学年的新增课程主要是商业性质的课程。此外还有许多各种类型的非学术性课程,但是由于不清楚它们每个星期的课时是多少,所以很难把它们加总到一起。无论如何,尽管存在着这样那样的数据解释问题,但是非学术性课程的数量大幅度增加这一点是确定无疑的。[87]

关于课程设置的大量数据表明,这是一个涉及面非常广的变化,影响到了各个地方各种规模和类型的学校。直接适用于办公室工作的课程大量增加了,对学生日后从事特定的职业(如成为教师)有帮助的课程,也多了很多。而且,这种变化并不仅仅局限于公立高中。即便是那些原本只讲授古典课程的"学院",也开始强调商业技能的教学了。在 19 世纪末期,以讲授商业课程为主并向学生收取学费的私立商业学校,如雨后春笋般出现在了美国的各大城市,它们开设的商业课程包括速记、打字和会计等。后来,公立高中迅速取代了这些学校。

1894 年是我们能够找到私立商业学校和公立高中商业课程注册人数的相关数据的第一年;在这一年里,公立高中注册修读商业课程的人数,仅占总人数的 12%。到了 1910 年,这个比例就上升到了 38%,到 1924 年则接近了 70%。[88]公立高中提供了与私立商业学校类似的服务,但是成本却要低得多。由于公立高中取代了大量私立商业学校,因此商业学校的学生中女生所占的比例更高了。1875 年,只有 9% 的商业学校学生是女生,1900 年这个比例提高到了 36%,1930 年更早达到了 67%,几乎一路呈线性增加。[89]

我们所观察到的高中课程设置上的这些变化,并不完全是由一个旨在削弱学术性课程的、自上而下的运动所推动的。恰恰相反,是一场草根运动改变了课程设置——增设一大批与年轻人在现代经济社会中的生活密切相关的课程。

在 20 世纪前 20 年,人们为扩大高中课程范围提出了很多理由,其中最重要的理由之一是,要让中学教育对那些在 14—15 岁就辍学的青少年更具吸引力。根据一些进步主义教育改革者的观点,另一种实现这一目标的方法,是建立一种新的教育机构——初中(junior high school),让青少年在学校至少再多待一年,直到 9 年级结束。1909 年,两个大学城(加利福尼亚州伯克利和俄亥俄州哥伦布)建立了第一批初中,然后这个办学理念就迅速传播开来了。到 1923 年,所有人口超过 25 000 人的美国城市中,有 48% 的城市都至少有一所初中;到 1927 年,这个比例进一步提高到了 69%。[90]

6.9 教师质量

从 1910 年到 1930 年,高中学生入学人数的急剧飙升,极大地提高了全美国对中学教师的需求,尤其是在那些曾经充当过高中普及运动的领先者的州。在全国范围内,中学教师人数平均每年增长 7.6%,而小学教师人数平均每年仅增长 1.6%。[91] 从 1910 年到 1930 年,中学教师的数量增加了 4.6 倍,而小学教师的数量则只增加了 1.4 倍。

在加利福尼亚州,公立学校的高中教师的数量,在 1911 年至 1930 年间平均每年增长 9%,小学教师的数量则平均每年只增长 4%。在堪萨斯州,高中教师在同一时期的年增长率超过了 6%。如果只考虑国内各大城市,那么从 1915 年到 1927 年,高中老师数量平均每年增长 6.6%。[92] 在所有情况下,高中教师人数的增长率都远远超过了小学教师。

考虑到全国中学教师的数量增长如此之快——在许多地方实际上出现了爆炸式增长——有人可能会担心教师的素质会有所下降(至少在一段时间内是这样)。有的人还认为,中学教师的收入、学历和女性比例也会发生很大的变化。不过令人惊奇的是,对中学教师需求的大幅增长,似乎并没有产生这些预料中的后果。[93] 对中学教师的需求的增加,并没有导致中学教师(相对于小学教师的)收入提高,也没有导致他们的学历下降,而且也没有立即导致高中教师中女性比例上升。看起来,高质量教师的供给是非常有弹性的,对教师的巨大需求并没有导致中学这个层次的教职人员质量的下降。也许,高中普及运动能够如此顺利地进行下去,其中一个原因恰恰就在于,高中教师的供给实际上是相当有弹性的。随着高中普及运动的推进,更多的女性能够升入师范学院和大学继续深造,从而使得供给更加富有弹性了。

关于公立中学的教师中女性所占的比例,以及他们相对于小学教师的工资性报酬,我们已经收集到了两个州(加利福尼亚州和堪萨斯州)所有要提交报告的学区 1910—1940 年间的数据,以及高中普及运动期间美国各城市组成的大样本数据。我们还获得了全国高中和初中教师中女性所占比例的数据。20 世纪 20 年代堪萨斯州和俄勒冈州的教师资格证书是分性别的,我们可以从中收集到相关的数据。

从美国全国的数据,以及加利福尼亚州和堪萨斯州的数据,我们都可以看出,在 20 世纪 10 年代美国加入第一次世界大战之前的那些年,美国的高中教师中女性的比例大约为 0.60—0.65(见表 6.6)。在第一次世界大战期间,这一比例提高到了 0.70 左右,考虑到当时正处于征兵期,这个结果是在预料中的。但是,女性教师的比例随后就几乎立即开始降低了——在所有的序列中都是如此(只有堪萨斯州的大城市是例外)。[94] 不过,在所有的序列中,大萧条前夕公立中学教师中的女性比例,又回到了与 20 世纪 10 年代早期差不多相同的水平上。然后,在大萧条期间,女性教师比例出现了相当大的下降,这与 20 世纪 30 年代教师培训机构中男性学生比例上升的事实相符合(见第 7 章)。许多学区在大萧条时期都设置了"婚姻壁垒"(marriage bars),或者执行了旧有法规中关于限制聘用已婚女性,以及单身女性在受雇期内若结婚后则不再留用的规定。[95] 因此,20 世纪 30 年代高中教师中女性比例下降也就不足为奇了。但是,真正令人惊讶的是,在此之前这一比例也从来没有怎么提高过。

表 6.6　公立中学教师中女性比例:1910—1940 年

| 年　份 | 公立中学教师中女性比例 | | | | |
| | (1)
全美国 | (2)
整个加利
福尼亚州 | (3)
堪萨斯州 | | |
			城　市	城　镇	乡　村
1910	0.535	—			
1911	—	—	0.659	0.777	0.549
1912	—	—	0.644	0.766	0.632
1913	—	—	0.625	0.661	0.725
1914	—	—	0.622	0.656	0.651
1915	—	—	0.640	0.708	0.632
1916	—	0.665	0.645	0.711	0.600
1917	—	0.659	0.658	0.669	0.586
1918	—	0.693	0.678	0.724	—
1919	—	0.718	0.711	0.755	—
1920	0.685	0.708	0.682	0.726	—
1921	—	0.672	0.696	0.708	—
1922	—	0.673	0.711	0.730	0.567
1923	—	0.669	0.727	0.702	0.586
1924	—	0.668	0.720	—	—

年 份	公立中学教师中女性比例				
	（1） 全美国	（2） 整个加利 福尼亚州	（3） 堪萨斯州		
			城 市	城 镇	乡 村
1925	—	0.670	0.713	0.706	—
1926	—	0.664	0.720	0.691	—
1927	—	0.673	—	—	—
1928	—	0.667	0.703		
1929	—	0.656	0.689	0.663	0.621
1930	0.651	0.654	0.680	0.653	0.628
1931		0.614	0.674	0.648	—
1932		0.615	0.666	0.644	—
1933	—	—	—	—	0.564
1934	—	—	—	—	0.549
1935	—	—	0.660	0.593	0.549
1936	—	—	0.642	0.577	0.632
1937	—	—	—	—	0.725
1938	—	—	—	—	0.651
1939	—	—	0.615	0.544	0.632
1940	0.578	—	0.600	0.550	0.600

注:全美国:数据包括了初中教师;不过,表中最后两年给出的比例几乎与只包括了9—12年级教师的数据完全相同。堪萨斯州:从1924年开始,关于初中的信息是单独报告的。在那之前,"高中"(high school)的数字包括了初中(junior high school)。在计算比例时,假设1923年以后不同性别的"高中"教师的数量中,分别都包括了三分之一的初中教师。城市("第一类城市"),人口超过15 000人;城镇("第二类城市"),人口超过2 500人;乡村,指其他所有建制区,包括各县的高中。

资料来源:第(1)栏:美国联邦教育办公室(U. S. Office of Education, *Biennials*, 1938—1940:35),第1行和第2行见表31。第(2)栏:加利福尼亚州教育厅厅长办公室(California, Office of Superintendent of Public Instruction *Biennial Reports*, 1915/1916—1931/1932)。第(3)栏:堪萨斯州教育厅厅长(Kansas, State Superintendent of Public Instruction, *Biennial Reports*, 1911/1912—1939/1940)。关于堪萨斯州的数据,也请参见 Frydman(2001)。

类似地,高中教师的工资性报酬在高中普及运动期间相对于小学教师也没有出现过大幅提高(见表6.7)。事实上,从20世纪10年代到20年代,无论是男是女,高中教师的相对工资性报酬反而都出现了下降,而且在20世纪 30 年代的下降幅度还要更大。很明显,高中教师相对于小学教师的相对工资性报酬并没有提高,即便在同性别的教师之间相比也是如此——尽管对前者的需求有了大幅增加。既然相对收入没有增加,那么是不是因为对高中教师获得资格证书的学历要求降低了呢? 如果那样的话就可以由小学教师去教高年级学生了。但是有充足的证据表明,高中教师的教学资格要求并没有降低。事实上,随着越来越多的学区制定并执行了对高年级任课教师的资格要求,高中教师的资质是上升了。

表 6.7　高中教师与小学老师的工资比例,分性别列示:
堪萨斯州、加利福尼亚州和美国各城市

| 年份 | (高中教师/小学教师)年工资 | | | | |
| | 堪萨斯州各城市 | | 加利福尼亚州 | | 180 个美国城市 |
	女　性	男　性	女　性	男　性	平衡面板
1911	1.376	1.286	—	—	—
1912	1.420	1.210	—	—	—
1913	1.443	1.305	—	—	—
1914	1.393	1.295	—	—	—
1915	1.395	1.268	—	—	1.560
1916	1.339	1.325	1.557	1.729	—
1917	1.377	1.362	1.555	1.739	—
1918	1.364	1.299	1.492	1.603	—
1919	1.307	1.416	1.505	1.443	—
1920	1.333	1.225	1.407	1.527	—
1921	1.246	1.227	1.382	1.597	—
1922	1.275	1.265	1.353	1.395	—
1923	1.221	1.309	1.339	1.402	1.398
1924	—	—	1.365	1.376	—
1925	1.259	1.343	1.343	1.373	—
1926	1.251	1.294	1.304	1.380	—
1927			1.348	1.469	1.453
1928	—	—	1.354	1.458	—
1929	1.238	1.318	1.348	1.463	—
1930	1.048	1.138	1.348	1.435	—
1931	1.200	1.229	1.357	1.388	—
1932	1.171	1.240	1.342	1.394	—

| 年份 | (高中教师/小学教师)年工资 | | | | 180 个美国城市 |
| | 堪萨斯州各城市 | | 加利福尼亚州 | | |
	女　性	男　性	女　性	男　性	平衡面板
1933	—				1.222
1934	—				—
1935	1.130	1.145	—		—
1936	1.129	1.135	—		—
1937	—				1.187
1938	—				—
1939	1.145	1.159	—		—
1940	1.136	1.166	—		—

注:堪萨斯州:这里给出的是"第一类"城市的教师数据(这些城市的居民人数在 1920 年超过 15 000 人)。堪萨斯州从 1924 年开始公布初中的相关数据,因此调整后的"高中"数据包括了初中 9 年级的教师,而"小学"数据则包括了 7 年级和 8 年级的教师。当工资是按月工资报告的时候,年工资按其 9 倍计算。

加利福尼亚州:数据包括整个加利福尼亚州的教师。

美国城市:所有在 1920 年人口超过 2 万人的城市都已包括在内。

资料来源:加利福尼亚州教育厅厅长办公室(California, Office of Superintendent of Public Instruction *Biennial Reports*,1915/1916—1931/1932);堪萨斯州教育厅厅长(Kansas, State Superintendent of Public Instruction, *Biennial Reports*,1911/1912—1939/1940)。美国城市数据集,见本书附录 C 和表 6.3。

堪萨斯州各城市 1912—1922 年的数据显示,从四年制的学院或大学毕业的教师比例提高了不少。在 1912 年,该州 11 个最大的城市中有 68% 的高中教师毕业于四年制学院或大学。到了 1922 年,这一比例提高到了 71%。[96]

在高中普及运动期间,中学教师的学历不断提高,这个发现也得到了俄勒冈州的数据的进一步支持。1923 年,俄勒冈州的高中教师数据包含了性别、毕业院校、毕业年份、开设的高中课程和教学经验等方面的详细信息。[97] 这些数据表明,经验较少的高中教师中拥有大学学位的人的比例,要高于经验丰富的高中教师。[98] 尽管随着时间的推移,职业类课程变得越来越多,而且讲授这些课程的人不一定需要拥有大学学位,这一发现仍然成立。如果把讲授职业类课程的教师排除在外,那么拥有大学学位的教师比例的增长幅度,甚至还要更大。在教学经验不足十年的男性教师中,82% 的人有大学学历;如果不包括职业类课程的教师,那么这一比例就会提高到92%。在拥有十年或十年以上工作经验的男性教师中,68%的人拥有大学学历;若不包括职业类课程的教师,该比例则为85%。对于女性中学教师,在教学经验不足十年的"年轻组"中,拥有大学学历的人的比例为94%(若不包括职业类课程的教师,该比例则为97%),而"年长组"的女教师中,拥有大学学历的人的比例为74%(若不包括职业类课程的教师,该比例则为80%)。

因此,没有任何证据显示,在高中扩张的高峰期,高中教师的质量出现了明显的下滑。虽然我们还没有收集到关于全国每一个地区的详细信息,但是现有的数据已经足以表明,高中教师的供给是相当有弹性的。随着需求的提高,教师的数量也增加了,但是他们的收入则没有受到太大的影响。[99]当大萧条降临之后,高中教师也有不少人失业,但是严重程度要低于全国劳动力的平均失业水平,尽管教师的失业状况,也许因为很多女教师迫于"婚姻壁垒"被迫离职而有所减轻。

6.10 本章小结:美国为什么领先

美国的高中普及运动开始于1910年前后,到1940年基本结束。美国大众化中学教育的转型非常迅速,这在美国的某些地区,如中西部、新英格兰地区和太平洋沿岸各州尤其明显。20世纪中叶,美国人的受教育年限急剧飙升,这种增长的主要推动力就源于高中普及运动。

同样值得注意的是,在这几十年里,美国在大众化中学教育方面一直领先全世界。直到20世纪下半叶,没有任何一个其他国家能像美国一样,让如此高比例的年轻人接受中学教育。美国为什么领先? 对于这个问题,我们可以通过研究为什么美国某些地区领先(而其他地区落后)来寻找答案。

高中普及运动初期领先的几个主要地区,有许多共同的特点。这些地区都存在着大量相互竞争的学区、人口具有相当高的同质性、人均(可征税)财富水平较高,且财富不平等程度较低。此外,这些地区还都能够让老年公民留在本社区居住,从而维系了很强的共同体意识。我们还发现,小城镇的入学率远高于大城市。大城市为年轻人提供了更多的就业机会,因而即便接受更多教育的回报率很高,很多缺乏远见的年轻人也可能被眼前的机会吸引而辍学。在高中普及运动的早期阶段,女生的高中入学率和毕业率都远远高于男生,而且在高中普及运动结束后的很长一段时间里,这种现象仍然存在。

因此,高中普及运动首先是一场草根运动。它由普通民众发起的,并不是由自上而下的指令强加给他们的。从这个意义上说,高中普及运动是19世纪为青少年服务的"学院"(academy)和其他教育机构的直接延伸。在19世纪,各种类型的私立学校如雨后春笋般出现在了全国各地,只要父母愿意为他们的孩子支付继续接受教育的学费,就可以入读。公共出资的高中取代了"学院"——而且在大多数情况下,只要有公立高中开办,"学院"就会倒闭。

高中普及运动也不是法律强制的结果。我们大量实证研究结果表明(见表6.2),各州的义务教育法和童工法的普遍实施,只能解释1910—1938年高中入学率增长的5%左右。这些法律是在高中普及运动开始之后,才获得通过或扩展的,而且这场运动的进展是如此迅速,以至于这些法律实际上并没有对很多美国青少年的行为构成约束。在童工法和义务教育法中,只有那些直接涉及已经就业的在职青少年的特定条款,才在一定程度上起到了作用。最有效的是关于"继续教育"的法律,它强制要求在满义务教育年龄之前就辍学的在职青少年,在每个工作周内都必须参加学校的学习。

在大萧条之前,中学教育最重要的扩张,都发生在那些需要消耗公共资源的"边际"上。从总体上看,当时推动的主要是"外延边际"上的扩张——建成了更多的学校,开辟了更多的教室,聘用了更多的教师。此外,我们还发现,在高中大幅扩张期间,教师的素质并没有受到影响。教师的资质提高了,而不是下降了。高中教师中女性的比例则基本保持不变。然而,与小学教师相比,高中教师的工资并没有增加。受过良好教育的人才供给弹性很大。

而且毫不意外,高中的课程设置也发生了很大的变化——尤其是在20世纪20年代。一般学生修读的学术性课程变少了,而非学术性课程则变多了。但是,"一般学生"本身也发生了变化。打算继续上大学的高中毕业生的比例下降了,尽管同期上大学的美国人比例却在上升。高中的扩张程度是如此之大,以至于这两种效应完全可能同时出现。

我们将在本书第 9 章再回过头来讨论高中问题,因为我们在本章中所讲述的只是截至 20 世纪中期的故事。在下一章中,我们要先描述一下尚未完成的美国教育的第三次伟大的转型,即向大众化大学教育的转型。

注 释

① 在本书中,在说到"secondary school"(中学)或"high school"(高中)时,我们所指的都是 9—12 年级,而不管学校的具体类型为何。在本书附录 B 中,我们将会讨论我们是如何处理包括初中在内的、不同类型学校的入学率的。为了求得毕业率,我们用毕业生人数除以年龄为 17 岁的青少年的总人数;而为了求得入学率,我们用入学人数除以年龄为 14—17 岁的青少年的总人数。我们使用这些年龄是因为 18 岁男性青少年的人数在统计时明显存在着漏查。

② 关于高中普及运动,Krug(1964)是一个很好的资料来源。关于这场运动的起源,也请参见 Herbst(1996)、Trow(1961)、Reese(1995),以及 Vinovskis(1985)。Labaree(1988)以及 Ueda(1987)给出了一些很有启发性的例子。

③ 加利福尼亚州教育厅厅长办公室(Office of Superintendent of Public Instruction,1908/1910)。

④ 北卡罗来纳州(North Carolina State,1910)。该报告还接着指出:"1898 年,北卡罗来纳州向美国联邦教育办公室主任提交报告的公立高中只有 14 所……而到了 1908 年,则有 100 所公立高中和 37 所私立学校提交了报告。"也就是说,即便高中普及运动当时也在北卡罗来纳州展露了迹象,它在很大程度上仍然处于起步阶段。

⑤ 20 世纪 20 年代,全美国大约有 13 万个学区,其中许多学区在财政上是独立的(Gordon,2000;在 1932 年,也就是联邦教育办公室首次公布数据的那一年,共有 127 531 个学区)。但是,绝大多数都是公共学校学区,其常住学生居民人口不足以构成开办一所高中的理由。在 20 世纪 20 年代早期,能够支撑一所公立高中的学区数量,甚至还要少得多。例如,在 20 世纪 20 年代,艾奥瓦州总共大约有 5 000 个学区,但是能够维持一所公立高中的只有大约 1 000 个独立的建制单位(包括城市、镇和村一级)。其他 4 000 个学区都是位于广阔的乡村地区。

⑥ 关于国家建立、集体意识形态和经济世界观的作用,请参见 Meyer、Tyack、

Nagel 和 Gordon(1979)。

⑦ 只有公共部门才有按性别统计的入学人数和毕业人数信息。

⑧ 新英格兰地区各州在国防合同金额排名中的位置并不是很高,但是它们在轻工业(包括纺织品、服装、靴子和鞋子等)合同金额排名中的位置,却是最高的之一,而这些行业通常需要雇佣大量年轻人。关于各州的国防总支出,见 Miller(1947)。

⑨ 这些数据包括了以下几种类型的学生:就读于两年制、三年制或四年制公立和私立中学的学生,初中最后一年的学生,以及就读于大学预科部的学生。这些数据通常不包括在公共学校就读的高于 8 年级的学生(尽管在某些州可能包括了)。在我们所知的所有其他数据序列中,大学预科部的学生都被忽略掉了,尽管在 20 世纪 10 年代,这些学生要占所有私立学校学生的三分之一左右。

⑩ 联邦教育办公室(Office of Education),也被称为联邦"教育局"(Bureau of Education),是今天的联邦"教育部"(Department of Education)的前身。它成立于 1867 年,成立时的名称原本就是联邦"教育部",并于 1869 年改称联邦"教育办公室",成为内政部下属的一个机构,这种机构设置一直维系了 70 年之久。在正文描述的那几年,它被称为联邦"教育局",后来在 1929年正式更名为联邦"教育办公室"。1939 年,它成了联邦保障署(Federal Security Agency)的一部分,然后又于 1953 年被纳入了新成立的卫生、教育和福利部(Department of Health, Education and Welfare, HEW)。最后到了1980 年,教育部终于成了一个独立的内阁级机构。

⑪ 报告最初的标题是"教育统计摘要"(Digest of Educational Statistics)。

⑫ 关于各州对毕业的要求,见第 9 章。

⑬ 我们使用 14—17 岁的青少年数量来计算入学率,使用 17 岁的青少年数量来计算毕业率,但是这种具体年龄的选择其实不是特别重要——我们用15—18 岁和 18 岁的青少年数量来计算,或者任何其他组合来计算都可以,只要保证计算入学率用的是 4 年、计算毕业率时用的是 1 年即可。只要不会有相当一部分青少年总是留级,或者即便注册入学也没有毕业的打算,那么这种计算程序就是准确的。我们在讨论南方非洲裔美国青年的入学率和毕业率时,还会涉及这个问题。

⑭ 1970 年以后的数据将在第 9 章中讨论。

⑮ 美国的各个人口普查区,以及这些人口普查区所包括的(48 个)州(再加上哥伦比亚特区)分别是:**新英格兰**(New England):康涅狄格州、缅因州、马萨诸塞州、新罕布什尔州、罗得岛州、佛蒙特州;**大西洋沿岸中部**(Middle Atlantic):新泽西州、纽约州、宾夕法尼亚州;**大西洋沿岸南部**(South

Atlantic)：亚拉巴马州、特拉华州、哥伦比亚特区、佛罗里达州、佐治亚州、马里兰州、北卡罗来纳州、南卡罗来纳州、弗吉尼亚州；**东南中部**（East South Central）：肯塔基州、田纳西州、西弗吉尼亚州；**西南中部**（West South Central）：阿肯色州、路易斯安那州、密西西比州、俄克拉何马州、得克萨斯州；**东北中部**（East North Central）：伊利诺伊州、印第安纳州、密歇根州、威斯康星州；**西北中部**（West North Central）：艾奥瓦州、堪萨斯州、明尼苏达州、密苏里州、内布拉斯加州、北达科他州、南达科他州；**山区**（Mountain）：亚利桑那州、科罗拉多州、爱达荷州、蒙大拿州、新墨西哥州、内华达州、犹他州、怀俄明州；**太平洋沿岸**（Pacific）：加利福尼亚州、俄勒冈州、华盛顿州。

⑯ 在 1932 年，美国的失业率为 23.6％（*Historical Statistics*，series D86）。

⑰ 数据来自《美国历史统计数据》（*Historical Statistics*，series A176）。在其他州的部分地区，也曾经存在过法律上的种族隔离学校，如在堪萨斯州的某些城市（包括著名的托皮卡市的例子），但是这些学校并不是所在州的法律强制规定的。

⑱ 南方 17 个州的种族隔离高中的入学数据，最早始于联邦教育办公室在 1930 年公布的数据，最后截止于 1954 年最高法院对"布朗诉教育委员会案"（*Brown v. Board of Education*）作出裁决之后，虽然法律上的种族隔离，要一直等到法庭颁布了一系列命令，强制废除各个城市地区的种族隔离学校之后，才真正结束。更多的细节请参阅本书附录 B。

⑲ 例如，在 1916 年，南方大约有一半的非洲裔美国中学生都就读于私立学校，而在公立学校上学的人当中，又有一半是在师范学校和大学附设的中学部接受教育的。在 1916 年，私立高中的数量是公立高中的 3 倍多（216 所私立中学较之于 64 所公立中学），而且几乎所有的公立高中都位于边境州的大城市。请参见 Anderson（1988）以及 Caliver（1933b）对斯莱特基金会（Slater Fund）的描述。这个基金会的使命，就是为农村非洲裔提供高中教育。尽管到 1933 年，斯莱特基金会在整个南方地区建立了 355 所这样的学校，但是为了避免受到公共监管，该基金会故意把这些学校称为"县培训学校"，而不将它们称为"高中"。

⑳ 见 Hall（1973：156）。由斯莱特基金会建立的学校没有包括在总数中，因为它们不称为"高中"。也请参见 Caliver（1933a）对南方黑人中学的讨论。

㉑ 在 1930 年的时候，艾奥瓦州每平方英里人口为 44.1 人，佐治亚州为 49.7 人（*Historical Statistics*，series A196）。艾奥瓦州从事农业的男性比例为 43.3％，佐治亚州为 48.5％（Lee, Miller, Brainerd and Easterlin, 1957, table L-4）。给出了 1930 年南方白人的高中毕业率，因为是从那一年开始统计非洲裔的高中入学人数的。

㉒ 这7个州是亚拉巴马州、阿肯色州、佐治亚州、路易斯安那州、密西西比州、北卡罗来纳州和南卡罗来纳州。

㉓ 这些小城镇的总人口共有38万人。

㉔ 艾奥瓦州《双年报告》将所有的建制城镇分为三组:人口超过3 000人的城市、城镇和村庄;人口在1 500—3 000人之间的;以及人口不足1 500人的(Iowa Department of Public Instruction,1914)。我们使用的人口总数和城市人口的汇总数据,来自《美国历史统计数据》(*Historical Statistics*,series A195—209)。

㉕ Becker和Murphy(1988)也提出了类似的观点。他们还进一步认为,代际贷款是以社会保障的形式偿还的。与他们不同,我们将代际贷款的概念,定义为财富在社区内从祖父母一代转移到下一代。

㉖ 参见Epple和Romano(1996),他们分析了公众支持水平;另见Fernandez和Rogerson(1995),他们分析了公共教育的普及程度。

㉗ Alesina,Baqir和Easterly(1999)利用一个多数人投票模型证明,当人们对于公共产品支出的偏好变得越来越两极分化时(以形式化的表达就是,距离中位数的平均距离的增大),所提供的公共产品的数量就会减少。利用1990年前后美国城市的横截面数据,他们发现,"生产性"公共产品(教育、道路和图书馆等)的支出,与城市的种族分裂程度呈负相关关系。

㉘ 事实上,在1909年至1919年这个时期,美国各地白领工人的工资性报酬的相似度远远超过了生产工人。在1919年227个非南方城市的样本中,办事员的城市一级平均工资的变异系数,要小于生产工人的变异系数。类似的模式在1909年和1914年也非常明显。请参见Goldin和Katz(1995)对工资数据的描述(这些数据来自美国制造业普查)。

㉙ 我们还进一步把非天主教徒细分为两个组别:鼓励一般信徒阅读《圣经》的非等级制宗教(如路德会教徒、新英格兰地区的清教徒);以及不这样做的非等级宗教(如大多数福音派宗教)。只有天主教徒的比例,具有统计学和经济学上的显著性。种族是美国教育史上另一个重要因素,但是由于大部分非洲裔美国人在1910年至1940年间都生活在南方各州,因此一旦把包括收入、财富等指标以及一个南方虚拟变量包含在回归分析中,非白人比例与毕业率之间,就不存在什么系统性的关系了。

㉚ 俄勒冈州波特兰市报告(Portland,Oregon,1920:26)。

㉛ 表6.1的第(1)栏至第(4)栏的估计数是未加权的,但是这些结果对是不是用各州人口进行加权并不敏感。表中第(5)栏和第(6)栏则已经用每个州17岁的人口进行了加权,因为用来解释1928—1938年间毕业率变化的模型的未加权估计值,受到两个极端异常值(特拉华州和内华达州)的极大影

289

响。因此,我们给出了稳健性更高的加权估计值。

㉜ 城市人口、国外出生人口和天主教徒占总人口的比例,都是存在强共线性的,这些变量中每一个都与制造业工人的比例存在共线性。同样地,人均财富、收入、农业收入和汽车登记数都是存在共线性的。我们在回归分析中使用的是每一组的一个子集。

㉝ 现如今,老年人有机会逃避高税收(而高税收是伴随着更多、更高质量的教育而来的),而且他们也确实这样做了。在我们现在考察的那个时期,老年人一般不会或不能搬离需要提供昂贵的教育公共产品的地方。在 19 世纪、20 世纪之交,住在城镇和村庄里的祖父母,常常会让原本住在农场里的孙辈住到自己家中来,以便于他们上高中。这个解释与 Hoxby(1998)的研究结论是一致的,后者研究了老年人对学校支出的影响在整个 20 世纪中的变化。

㉞ 如果在表 6.1 第(2)栏中忽略人均财富(对数值)这一项,那么人均汽车登记数的作用将会大大增加。在 1928 年,如果一个州的人均汽车登记数排名,从第 25 百分位提高到第 75 百分位,那么毕业率将会提高 8 个百分点(相当于平均毕业率的 27%)。

㉟ 人均汽车登记数对毕业率的强正向影响,有很强的稳健性,纳入人口密度、城市化比率和道路改善程度等控制变量,都不会改变它。Mroz, Rhode 和 Strumpf(2006)还发现,在 1931 年和 1932 年,人均汽车登记数对县一级平均每个学生的公立学校支出有巨大的影响,且这种关系有很强的稳健性。

㊱ Lindert(1994,1996)在 20 世纪的两项跨国研究中发现,更大的平等能够促进更多的社会支出(如转移支付项目),而更高的天主教徒比例则会降低社会支出。

㊲ 我们还将 1910 年、1920 年和 1930 年的数据合并到一起,估计了一个高中毕业率的州固定效应模型(表中未显示)。我们得到的结果与表 6.1 中(1)(2)(3)栏所示的水平回归分析的结果很相似。人均汽车登记数和 64 岁以上人口比例,依然与所在州的毕业率呈显著的正相关关系。天主教徒人口比例和制造业就业份额变量的系数,也与横截面回归中得到的系数相近,但是由于这些变量存在着持续的跨州差异,因此无法精确估计。

㊳ 与水平回归相比,在差分回归中唯一符号发生了改变的变量,是老年人的人口比例。

㊴ 这里使用的是 1920 年农业工人的农业收入(自然对数值),而不是财富变量(对数值)。不过,即便使用 1922 年的财富(对数值),结果也几乎没有变化。

㊵ 具有历史意义的 1944 年《教育法案》(Education Act)规定,从 1947 年起,英

格兰、苏格兰和威尔士的义务教育年龄(离校年龄)从原来的 14 岁提高到
15 岁,于是 14 岁辍学者的比例,从 1945 年的 57%,下降到了 1948 年的不
到 10%(Oreopoulos,2003)。不过,也许更加重要的原因是,中学教育在
1944 年以后获得了全额资助,而在那之前,中学教育体系是在向学生家长
收取学费的基础上运行的,因而除了少数获得优秀奖学金的学生之外,来自
中等以下收入家庭的人,无法获得接受中学教育的机会。

㊶ 读者如果想了解美国各州出台义务教育法的时间线,请参阅 Steinhilber 和
Sokolowsi(1966)。正文所述内容,大部分来自 Goldin 和 Katz(2003),该文
包含了所有州从 1910 年到 1939 年在义务教育法和童工法的重要方面的详
细信息。

㊷ David Tyack(1974)在一本被广泛引用的教育史著作中,这样写道:"[从
1890 年到 1918 年]高中入学率提高了……然后,高中入学率和毕业率的曲
线继续一路飙升:1920 年,14—17 岁青少年中有 61.6%的人登记入学……
到了 1930 年,[这一比例]进一步提高到了 73.1%……正如这些统计数字
所表明的,在 20 世纪前 20 年,义务教育法越来越有效了。"(Tyack,1974:
183)。其他许多著名的历史学家,如 Troen(1975),也认为,义务教育法和
童工法对进步主义时代青少年入学率和出勤率的提高发挥了重要作用。

㊸ Emmons(1926:134)对继续教育学校所要求达到的每周出勤时间进行了总
结。1925 年,美国有 23 个州通过了强制性的继续教育法,其中 8 个州要求
每周要参加最多 8 小时的继续教育,9 个州要求每周 4 小时,6 个州要求每
周 5 小时或 6 小时。也请参见 Hogan(1985)对芝加哥市的继续教育学校的
描述。

㊹ 关于如何构造这些变量,更多细节可以在 Goldin 和 Katz(2003)中找到。对
于"童工教育年限",我们遵循了 Acemoglu 和 Angrist(2000)所用的构造变
量的方法,但是我们将入学年龄法规滞后了 8 年,以便更好地刻画在第 t 年
达到高中学龄的青少年在其入学年龄时(大约 8 年前)的相关法律规则。我
们对"义务教育年限"的衡量,也采用了同样的方法。

㊺ 我们报告了按州聚类的稳健标准误,以说明残差中的序列相关性。所有的
回归都是根据所在州当年 14 岁的青少年人数来加权的,但是回归结果对加
权不敏感。我们的研究与 Lleras-Muney(2002)以及 Schmidt(1996)的研究
有相似之处,但是解释变量不同。

㊻ 但是,正如 Goldin 和 Katz(2003)所表明的,在纳入了各州的趋势之后,"义
务教育年限"对高中入学率的影响就被消除了,同时"童工教育年限"的影
响也被大大削弱了,尽管继续教育法变量的影响仍然大致相同。

㊼ Goldin 和 Katz(2003)给出了一个更完整的实证分析。该文的分析还表明,

义务教育法和童工法对于相关各同龄群(在 1896—1925 年间出生)受教育程度(完成的教育年限)的影响并不大。

⑧ 美国联邦教育办公室主任(U.S. Commissioner of Education，1906)报告包含了一个大约 7 200 所公立学校的清单。这些学校要向联邦教育办公室主任报告如下信息：按性别分类的学生人数、学生是否在上一个大学预备课程、按性别分类的教师数量、学校成立的日期等。这里值得注意的是，这些学校中大约有四分之一还有接收小学生的小学部，因此它们不一定是专门的高中。而且，提供高中教育的公立学校的实际数量，很可能比这个报告给出的数字高出了大约 20%，尽管规模较小的学校的数字被低估的情况是最严重的。(关于 20 世纪 30 年代以前美国联邦教育办公室的报告，见本书附录 B 表 B.4。我们在那里表明，直到 20 世纪 20 年代初，学校的统计数据仍有 15%左右的遗漏。)

⑩ 我们已经把 1903 年的一项联邦调查(U. S. Commissioner of Education，1906)中所包含的 5 个州所有高中的信息提取出来了。这 5 个州是佐治亚州、艾奥瓦州、印第安纳州、马萨诸塞州、宾夕法尼亚州。平均而言，所有学校中 25%的学校都有小学生。这一比例又以佐治亚州(45%)和印第安纳州(34%)为最高，而以艾奥瓦州为最低(9%)。

⑳ 在一些州，定义到底什么样的学校才构成了高中的立法，是在"免学费法"实施之后才通过的。"免学费法"要求没有高中的学区向邻近的学区支付学费。高中标准的制定，确保了支付学费的学区的青少年能够获得达标的高中教育。在其他一些州，则由州立大学与州政府共同起草相关立法，以使得由本州确保获得教育机会的高中毕业生，能够做好上大学的准备。

㉑ 这些数据源于 1910 年人口普查中的全日制学校上学率，更详细的说明见 Goldin 和 Katz(1999b，table 2)。在全日制学校上学意味着，一个青少年在前一年的 9 月 1 日后的某个时间点上学，而且没有工作(在人口普查中报告为不从事任何有收入的职业)。类似的与地域规模相关的模式，在 1920 年也很明显，而且即使是在考虑了种族、民族、父母背景和地区等控制变量之后仍然存在。

㉒ 人口普查区虚拟变量也包括在回归分析中了，不过没有在表中显示。由于因变量衡量的是公立学校的入学率，因此我们将天主教徒比例也包括在内，以反映私立(教会)学校会吸引学生离开公立学校这个因素。然而，即便我们以 16—17 岁学生的总入学率(可在美国人口普查数据中获得)为因变量——包括公立学校和私立学校的入学率——我们也可以得到类似的结果(参见 Goldin and Katz，2005)。在所有估计中，天主教徒在人口中的比例对入学率都有很强的负面影响；而且，这个变量的影响，比在国外出生的人所

占比例以及在本土出生但父母来自国外的人所占比例都更强。

㉝ 我们无法区分原有学校聘用的教师数量与新建成的学校聘用的教师数量，因此我们只能把每所学校教师人数的所有变化，都算为"内延边际"的扩张。有些学校采用所谓的"分部制"（platoon system），即在一天的某个时间段里，让学生们组成大型的学习小组，要么在自习室里要么在室外，在有监督的情况下自主学习。这也可以算作"内延边际"扩张的一种形式，因为"分部制"教学可使得学校可以容纳更多的学生。

㉞ 在 1910—1911 年，布朗克斯区只有 41% 的公立小学毕业生升入高中继续学习*，而在皇后区，这个比例是 71%，曼哈顿区则是 56%，布鲁克林区是 65%。

㉟ 在 1923 年，拥有入学信息的 280 个城市的学生，在全国公立中学的学生总数中占到了 34%，而到了 1933 年，这个比例达到了 36%（在用 1927 年的数据修正了 28 个城市缺失的信息之后）。超过 25 000 人的城市的人口，在 1920 年时占美国总人口的 36%，在 1940 年则占美国总人口的 40%（*Historical Statistics*，series A57—72）。因为人口特征以及学校入学率与城市规模之间的关系，这些较大的城市的中学生比例要低于总人口中的中学生占比，我们对此不应感到奇怪。

㊱ 在 1933 年没有报告、但是在 1927 年有报告的 28 个城市当中，只有两个不是南方的城市；而在 1937 年没有报告、但是在 1927 年有报告的 47 个城市中，只有三个不是南方的城市。现在还不清楚为什么在 20 世纪 30 年代，南方会有那么多城市重新参加联邦教育办公室的调查。

㊲ 关于大萧条对教育的影响，参见 Tyack，Lowe 和 Hansot（1990）。

㊳ 一些学生是在公共出资的大学的预科部上学的。在这里使用"私立"（private）一词，只是为了将这些学生与公立高中的学生区别开来。不过，大学预科部的大部分学生都是在私立学校就读的。

㊴ 例如，在 1880 年，大约有 26 000 名预科学生，其中大约有 12 000 人在接受准备未来上大学的培训。在同一时期，美国各学院和大学共有 11.6 万名各类学生。在 1880 年，绝大多数预科学生都来自南部、中部和西部各州（*Annuals*，1880：cxxxi）。

㊵ 从 1930 年至 1934 年，注册入读私立学校的青少年人数出现了下降，这也是

---

* 本书把所有从幼儿园到 8 年级的学生都纳入了"小学"组，即便 8 年级的学生中有一些人是在上初中；把所有 9—12 年级的学生都纳入了"高中"组。见本书第 9 章注释㊴。——编者注

绝对数量出现下降的唯一一个时期。

� 我们收集的关于高中入学率和毕业率的数据(见本书附录 B),只给出了公立学校按性别分类的数据。为此,对于男女两个性别,我们都按私立学校与公立学校按性别分类的高中毕业率的比值,对公立学校的毕业率进行了放大。男生在私立学校和大学预科部的入学率和毕业率可能高于女生;如果确实是这样的话,那么我们就有可能会在总数上偏向于女生。但是事实显然并非如此。利用 1940 年至 1970 年美国人口普查的综合公共使用微观样本的成人受教育程度数据,我们发现,在 1892 年至 1911 年出生的同龄群中(他们应该在 1910 年至 1929 年间完成高中学业),女生在高中毕业率上仍然拥有 5 个百分点的优势。关于受教育程度的普查数据包括了公立学校和私立学校。

㉒ 这些数据来自我们收集的各州的高中毕业率数据(见本书附录 B),并已经根据人口中的青年人数进行了加权。这些数据除了 1910 年至 1913 年间是一年一次的之外,在其他时段都是两年一次的,所以 20 世纪 10 年代与 20 世纪 20 年代相比要多出一个观察点。

㉓ 佛蒙特州教育厅厅长(Vermont Superintendent of Education,1900:36)。

㉔ 艾奥瓦州教育厅(Iowa Department of Public Instruction,1893:25)。

㉕ 《年度报告》(Annuals,1904)。

㉖ Thorndike(1907:246)。

㉗ 我们这里所说的"主要"(chief),是指学生中的大多数,在很多地方甚至是绝大多数学生——正如我们下面将说明的那样——都打算继续他们的学业。

㉘ 这里颇具讽刺意味的是,著名的"十人委员会"(Committee of Ten),在 1893 年高中普及运动初期,发表了一份报告,建议美国中学开设旨在让所有年轻人都能进入大学的学术性课程。该报告由美国全国教育协会(National Education Association)委托,在哈佛大学校长查尔斯·埃利奥特(Charles Eliot)主持下撰写的,但是它只回顾了过去,而没有把握未来的趋势。参见 Herbst(1996,chap.9)以及 Sizer(1964b)。

㉙ Smith 和 Ward(1984)利用了联邦人口普查中男性受教育程度的各同龄群数据,也得出了类似的结论。使用人口普查数据中美国本土出生的男性成人的受教育程度数据,我们还发现,这个时期有 52% 的男性高中毕业生(属于 1886—1890 年间的各同龄群)报告称自己至少上过一所大学,而相比之下,高中普及运动末期报告自己至少上过一所大学的男性高中毕业生(属于 1916—1920 年间的各同龄群)的比例,则只有 43%。一直要等到 20 世纪 30 年代末和 40 年代初出生的同龄群,男性高中毕业生最终进入大学的比例,才达到并超过了 1886—1890 年间出生的同龄群早就达到过的水平。

⑦ 关于高中毕业生继续接受教育的资料,一直是教育历史学家们关注的焦点。Krug(1962)纠正了 20 世纪早期的一些错误,这些错误导致一些人认为绝大多数——远远高于"大多数"——高中毕业生都会继续上大学。这种印象来自对大学生人数和高中毕业生人数的不适当的比较。一些大学生从未从高中毕业,而是在家里或者在大学预科部接受教育的。Krug 的证据与我们这里给出的证据一致。

⑦ 另一个校验普查数据的办法,是将高中毕业生的实际人数与全国高校一年级学生的人数进行比较。但是,最初的大学学位通常是在一些专业教育项目中授予的,如法律和医学,而在这个早期阶段,这些学生并没有与获得其他类型的大学学位的学生区分开来。

⑦ 各城市的人口数据是 1910 年的。

⑦ Ravitch(2000)认为,在 20 世纪 20 年代,高中课程被改变和削弱,不是因为学校从帮助青少年上大学的机构,转变成了授予最终学位的机构,而是因为进步主义改革家们的良好意图,导致了意料之外的后果。但是事实是,在 20 世纪 10 年代,高中毕业生上大学的比例比后来的时期更高,而且就整个国家而言,由于这一比例是如此之高,以至于许多高中在很大程度上确实是在帮助学生为上大学做好准备,即便有些学生从未上过大学。至于进步主义改革家们能不能成功地否认这个指控,那就是另外一回事了。关于这个问题,请参见 Angus 和 Mirel(1999)。

⑦ 教育史学家们将这些变化,与美国全国教育协会从 1893 年的"十人委员会"报告,到 1918 年的"基本原则声明"(National Education Association,1918)的基调转变,联系了起来。但是,1918 年的报告反映的是当时已经在全国中学发生的事情。虽然它被认为是一份很有影响力的文献,但是它只是加强了业已存在的、开设各种非学术性课程的趋势而已。

⑦ 通常的区别是,古典课程要包括拉丁语的学习,而英文课程则用更现代的语言取而代之。

⑦ 在纽约州,接受州政府资助(因此得到州政府特许)的"学院",都必须报告它们的课程设置。关于美国历史上的职业主义的一种观点——职业主义(vocationalism)意味着什么以及为什么它没能取得成功——请参见 Grubb 和 Lazerson(2004)。

⑦ 华盛顿州(Washington State,1922:294)。

⑦ 本段和以下几段的结论,是根据下面这几个资料来源的数据得出的:艾奥瓦州奥塔姆瓦布从 1900 年到 1929 年的高中课程设置(Ottumwa,IA,various years);艾奥瓦州达文波特市从 1917 年到 1934 年的高中课程设置(Davenport,IA,various years);以及,下面所引用的 1924 年艾奥瓦州各小城市的

高中课程设置。

㊆ 奥塔姆瓦的数据,来自该市学校的年度名录(Ottumwa, IA, various years, 1900 to 1929)。在那 35 门独立的课程中,不包括单独的各门数学课程,因为它们没有列出;科学则从 3 门独立课程变成了 6 门,历史从 1 门变成了 3 门,英语从 1 门变成了 5 门。

㊅ 数据来自艾奥瓦州(Iowa, 1925)。这 20 个城镇和小城市是通过随机抽样的方法选择出来的。

㊄ 一个重要的例子是英语文学和修辞学,它们在 1915 年分别被列为单独的课程,但是在 1922 年又被组合成了一门。在一些学校中,这些课程可能被组合在了一起,这样一名学生注册了其中一门课程,就会被自动加入另一门课程的注册名单中。1915 年至 1922 年间发生的急剧变化,以及 1915 年两门课程的注册人数相同这一事实,都支持了这个解释。

㊂ 第二次课程调查是在 1949 年进行的。

㊃ 在计算时,需要假设所有的学术性课程每周上课的课时数是相同的。这些数据来自 Claudia Goldin 编制的《美国历史统计数据:千禧年版》(*Historical Statistics, Millennial Edition*)中的表 Bc115—145。基于上文给出的原因,我们假设 1915 年修读英语文学和修辞学课程的总人数为 100 人,这意味着每个学生要么修读其中一门,要么两门课都修读。在高中普及运动的后期,即在 1922 年至 1934 年间,也存在着大致相同的数据。

㊁ 关于 1925 年各州公立高中学生可以修读的课程,参见 Davis(1927, table 53)。9 年级和 10 年级修读英文课程的学生,比 11 年级和 12 年级多得多。修读初级代数和初级几何课程的学生,也比修读高级数学课程的学生多得多。

㊀ 关于高中有关统计指标的构造方法,见本书附录 B。基本资料来源是《双年报告》(*Biennials*, various years)。

㊏ 实际数字取决于课程在各年级的分布情况。总的降幅是从学生总数的 76.9%,下降到了 56.2%,即 21 个百分点,这相当于初始值的 27%。在估计年级内部降幅的下限时使用的假设是:所有低年级的学生都尽可能多地修读数学类课程。9 年级和 10 年级的下降幅度为 7 个百分点,11 年级和 12 年级的下降幅度则为 6 个百分点。加权平均之后的下降幅度为 6.6 个百分点,或者相当于初始值 76.9%的 8.6%。

㊎ 关于各种学术性课程和非学术性课程的详细信息,请参阅《美国历史统计数据:千禧年版》(*Historical Statistics, Millennial Edition*, table Bc115—145)。

㊍ 规定联邦政府可以资助职业教育的《史密斯—休斯法案》(Smith-Hughes Act),是在 1917 年通过的。但是,这个法案并没有包含任何规定可以将联邦

资金用于资助商业教育的条款,因此,这应该不是 20 世纪 20 年代早期公立高中商业教育大幅增长的因素。请参见 McClure, Chrisman 和 Mock(1985)。

⑧ 商业学校既有全日制学生,也有夜校学生。公共和私立商业学校的入学人数数据,来自《年度报告》(*Annuals*,1892—1893, vol. 2:2020;*Annuals*,1899—1900:2470);美国联邦教育办公室(U.S. Office of Education,1920,table l);Bolino(1973);Proffitt(1930,table l);以及 Weiss(1978, tables 1—3)。

⑨ 大多数初中所覆盖的都是从 7—9 年级。在 1923 年已经拥有初中的 133 个城市中(而可能拥有初中的城市则有 280 个),79% 的都是三年制的(覆盖7—9 年级),其余的初中的学制则为 1—4 年不等,覆盖的年级则是 6—10年级都有。在 1927 年已经拥有初中的 195 个城市(而可能拥有初中的城市则为 287 个),88% 的初中都是覆盖 7—9 年级的。资料来源请参阅本书附录 C。

⑨ 公立学校中高中年级的教师人数见表 6.4。关于小学教师的数据也来自同一资料来源。1930 年"高中"教师数量的下限是不包括初中教师的;而上限则包括了初中教师(初中最低两个年级的数量被算入"小学"教师的数据中)。这些数据只包括了公立学校的教师,而且由于公立学校的扩张在很大程度上是以私立学校的相对萎缩为代价的,因此两者的总增长幅度应该会更小一些。利用公立和私立学校学生人数的估计值来计算的话,可以得出增长率为平均每年 7.6%(*Historical Statistics*,series H424 and H429)。如果教师与学生的比例没有发生变化,那么公立学校和私立学校高中年级教师数量的增长幅度,将可以达到上述数值,或者大约相当于用公立学校教师数据计算出来的结果的中值。

⑨ 这一计算使用了 215 个城市的平衡面板数据(资料来源详见本书表 6.4 和附录 C)。

⑨ 在大多数州和市的双年报告或年度报告中,都没有关于中学教师的数量、薪酬、性别构成和学历的数据。虽然可以找到一些关于工资的信息,但是给出的通常是不区分男教师和女教师的总计数字。因此,堪萨斯州和加利福尼亚州的数据可以说是独一无二的。也请参见 Frydman(2001)。

⑨ 在 20 世纪 20 年代末,在堪萨斯的大城市和乡村,女性教师所占比例就开始下降了,但是,我们无法获得第一次世界大战期间这方面的数据。

⑨ 参见 Goldin(1999, 1991)对婚姻壁垒的论述。

⑨ 其中两个城市没有 1922 年的数据,但是平均而言,应该与 1920 年的平均值没有什么不同,当时的总体数字为 70%。在堪萨斯州的其他地区,拥有大学或大学学位的高中教师的比例上升到了更高的水平。尽管 1912 年只有

49％的人从四年制学院或大学毕业，但是到了 1920 年，这一比例就超过了
60％。其余的大多数教师都是从某所"师范"学校毕业的，那一般是两年制
的教育机构。

⑨⑦ 这个数据集来自俄勒冈州（Oregon，1923），包含了俄勒冈州高中的 1 616
名教师、校长和教育督察员。

⑨⑧ 只要列出了大学和毕业年份，就被我们视为大学毕业。

⑨⑨ 堪萨斯大学的 4 年制学院和大学，在 1922 年共毕业了 475 名女生和 630 名
男生（约数）。1930 年，这些大学大约有 1 000 名女生和 1 100 名男生毕业。
从 1922 年到 1930 年，堪萨斯州的高中教师人数增加了大约 1 000 人，拥有
四年制学位的教师比例，从大约 60％提高到了大约 80％。尽管对拥有大学
学位的教师的需求迅速增长，但是供给似乎也在同样迅速地增长。

20 世纪高等教育的大众化

在 1944 年 1 月 11 日发表的国情咨文中,富兰克林·罗斯福总统呼吁制定第二个权利法案——《经济权利法案》(Economic Bill of Rights)——以保障所有美国人的经济安全。他说,"受良好的教育的权利"已经成了一个"不言自明"的"经济真理"。而在 1944 年,对大多数美国青年男女来说,"良好的教育"只意味着一件事,那就是上大学。大多数美国年轻人都拥有了高中毕业文凭,美国已经做好了第三次教育转型——实现高等教育的大众化——的一切准备。①

罗斯福在这个国情咨文中对教育和新的权利法案的阐述,也是一项重要的法案即将获得通过的前奏,尽管它是美国在刚刚参加第二次世界大战时就已经开始筹划的。良好的教育正是 1944 年 5 月国会通过的《军人重新适应法案》(Serviceman's Readjustment Act)的核心内容,后来这个法案有了一个更加广为人知的名称,即,《退伍军人权利法案》(GI Bill of Rights)。②虽然《退伍军人权利法案》在很大程度上加速了美国教育向大众化高等教育的转型,但是这次转型并不是该法案直接导致的。事实上,对于如下问题,直到今天仍然存在着非常大的争议:1944 年的《退伍军人权利法案》,到底是对教育产生了非常大的直接影响,还是仅仅让那些因为应征入伍而中断了学业的人最终完成了他们本应在军队服役时就完成的教育？③

当然，美国高等教育体系在20世纪40年代之前就已经存在了很长一段时间了。但是在1944年，当罗斯福总统宣布要保障人们"受良好的教育的权利"时，美国现代化的高等教育体系才刚刚成型，美国的大众化高等教育也才刚刚开始走上伟大和光荣之路。我们今天所了解的美国高等教育体系是在罗斯福发表那场国情咨文演说前的半个世纪中逐渐形成的，而且在随后的几十年里，发展成了全世界最好的高等教育体系。在本章中，我们将探索20世纪美国高等教育体系发展和演变过程中的一系列问题：谁上了大学，什么时候上的大学；高等教育机构的规模和范围；它们的卓越表现；以及高等教育领域中公共部门的相对规模和作用；等等。尽管接受大学教育在20世纪中期就已经成了美国中产阶层可以享受到的一项权利，但是直到20世纪末，向大众化大学教育的第三次转型仍然没有完成。④我们要解释这第三次转型至今仍未完成的原因。

7.1 上大学

7.1.1 持续一个世纪的"上大学"热潮

当然，美国早在"从高中毕业"之前，就已经有大学可上了。因为教育体系是分层级的，最初级的学校往往是与最高级的学校在同一时期建立的。例如，哈佛大学是在1638年创立的，那时美国殖民地还处于起步阶段。在那些加入联邦时还只有很少的人定居的州里，大学的出现甚至比中学还要早。这些高等教育机构都成立了自己的预科部，来培养未来的本科生。

然而，大众化的大学运动，必须等到中学教育大众化转型完成之后才有可能展开。为了帮助读者了解美国高等教育的发展历程，我们利用来自美国联邦人口普查的数据，构造了一个大型时间序列，给出了1876—1975年间出生的人当中上过大学的人的比例和完成了4年大学教育的人的比例（在他们30岁时衡量）。

在20世纪初出生的同龄群中，上过大学的人所占的比例大约为10%，其中大学毕业的男性的比例大约为5%（见图7.1和图7.2）。尽管这些数字看上去似乎很低，但是与其他国家同期的数据相比，它们已经是非常高的了。在接下来的20年里，美国男性上大学的比例缓慢地提高，但是从20世纪10年代末到20年代这一时期出生的同龄群开始,就一路飙升了。在1920年出生的同龄群中,大学毕业率提高到了10%,而1940年出生的同龄群的大学毕业率就翻了一番,达到了20%。在20世纪40年代末出生的男性中,这一比例已经接近30%。20世纪40年代出生的同龄群的毕业率增长幅度是如此之大,而50年代和60年代出生的同龄群的毕业率下降幅度又是那么可观,以至于1970年前后出生的男性的大学毕业率,甚至比1950年前后出生的男性还要低。

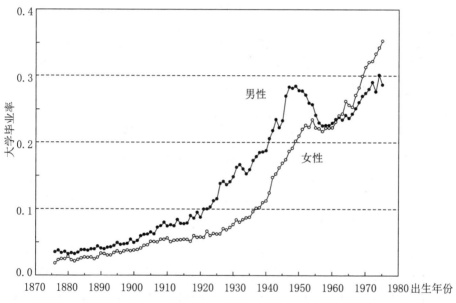

图7.1 男性和女性的大学毕业率:1876—1975年出生的同龄群(30岁时)

注:本图按性别分类绘制了美国出生的人在30岁时完成至少4年大学学业的比例。由于美国人口普查是从1940年起,才开始收集受教育程度数据的,所以对于1910年以前出生的那些同龄群,我们只能根据他们在年龄更大时的受教育程度,推断出他们在30岁时的受教育程度。同时,由于我们不可能观察到所有1910年之后出生的同龄群在30岁时的受教育程度,因此我们利用回归方法,根据一个同龄群的受教育程度在其生命周期各个阶段中的典型比例,对观察到的大学毕业率进行了调整。这种年龄调整方法的更多细节,请参见DeLong, Goldin和Katz(2003, figure 2-1)。在1940—1980年的样本中,大学毕业生是指那些完成了16年或更多年的教育的人;而在1990—2005年的样本中,大学毕业生是指那些拥有学士学位或更高学位的人。潜在样本包括了所有在美国本土出生的25—64岁居民。
资料来源:1940—2000年的全国人口普查的综合公开微观数据样本(IPUMS);2005年的当前人口调查中的合并退出循环组样本(CPS MORG)。

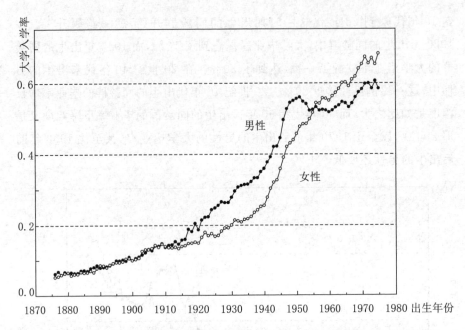

图 7.2　男性和女性的大学入学率：1876—1975 年出生的同龄群（30 岁时）

资料来源和注：见图 7.1。在 1940—1980 年的样本中，"上过大学的人"是指受过 13 年或更多学校教育的人。在 1990—2005 年的样本中，"上过大学的人"是指至少上过一段时间的大学的人。

　　大学入学率长期上升的主要原因在于，上大学能够带来很高的回报，当然除此之外还有其他原因（我们稍后再来讨论那些原因）。大学入学率的变化部分是由于美国参加了 20 世纪中期和后期的几次战争，以及联邦政府希望对退伍军人做出补偿。在 20 世纪 10 年代后期到 20 年代这一时期出生的同龄群中，许多男性参加了第二次世界大战，他们的教育最初虽然因战争原因而中断了，但是后来又在《退伍军人权利法案》授权的公共资助下得以继续。类似地，许多出生在 20 世纪 30 年代的人参加了朝鲜战争，也受到了类似立法的补偿。至于 20 世纪 40 年代出生的人的大学毕业率和入学率的大幅上升，很大程度上是因为成为大学生可以获得延期服兵役资格。越南战争结束之后，男性的大学入学率和大学毕业率都有所下降，然后一直要等到 20 世纪 60 年代出生的人到了上大学的年龄时，才重新上升。

7.1.2 性别差异

虽然,女性的大学入学率随时间演变的趋势与男性相似,但是在其他方面却存在着重要的差异。这种差异从图 7.3 所示的大学生在男性与女性人口中所占的比例中可以看得非常清楚。

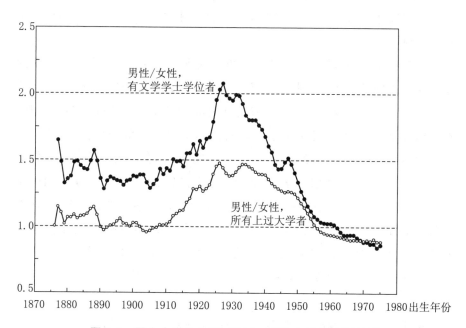

图 7.3 男女大学生比率:1876—1975 年出生的同龄群
(在 30 岁时测量的 3 年移动平均数)

资料来源和注:1940—2000 年的全国人口普查的综合公开微观数据样本(IPUMS);2005 年的当前人口调查中的合并退出循环组样本(CPS MORG)。在 1940—1980 年的样本中,大学毕业生是指那些完成了 16 年或更多学校教育的人;而在 1990—2000 年的样本中,大学毕业生是指那些拥有学士学位或更高学位的人。图中的"所有上过大学者",在 1940—1980 年的样本中是指那些完成了 13 年或更多学校教育的人;而在 1990—2000 年的样本中是指那些上过大学或受过更高教育的人。对大学毕业生的年龄调整方法与图 7.1 中的注相同。我们对"所有上过大学者"也使用了同样的年龄调整方法。

在 20 世纪初,女性上大学的比例与男性相似。但是,很大程度上因为许多女性上的是以培养教师为宗旨的师范类学校,而这些学校在当时通常是两年制大学,所以男性在四年制大学的毕业率要比女性高一些。在 20 世纪

10 年代出生的同龄群中,女性的大学入学率上升的速度比男性慢,因此,大学毕业率出现了巨大的性别差异。在 20 世纪 20 年代中期出生的同龄群中,男性的大学毕业率已经是女性的 2 倍多了。随着第二次世界大战的《退伍军人权利法案》产生影响,这一差距有所收窄;然后在朝鲜战争征兵开始后,再一次出现了收窄。但是,随着退伍军人从朝鲜归国,另一个资助军人接受大学教育的《退伍军人权利法案》获得了通过,男性在大学入学率上的优势再一次得到增强。

一直要等到 20 世纪 30 年代中期出生的那一波同龄群,女性上大学的比例才迅速增长到了足以扭转上述不断扩大的趋势的程度。随后,女性的大学入学率和毕业率,无论绝对来看还是相对来看,都得到了大幅上升。在越南战争结束后,男性上大学教育的比例出现了回落,而女性的情况则与男性不同:她们上大学的比例先是基本维持平稳,然后开始飙升。女性上大学比例相对于男性的上升幅度是如此之大,以至于在大学入学率和毕业率上都出现了"新的性别差距"。这一次,在大学入学率和毕业率上,女性不再落后于男性了,而是在 1980 年一跃成为大学在校生中的多数。而且这一趋势还在继续,到了 21 世纪初,女性在本科生总数中占到了 56%。在 1960 年的时候,大学生中男女比例大约为 1.55 比 1,而 40 年后,这一比例变成了 1 比 1.26。⑤

来自各大学的行政管理数据与上面描述的人口普查数据完全一致(见图 7.4 显示的这两个时间序列),同时也从同时代观察者的视角揭示了大学入学率上的性别差异。关于大学入学率(同时期的)行政管理数据还显示,在 20 世纪 30 年代,男女之间在大学入学率上的相对平等程度与人口普查数据类似。到了第二次世界大战期间,随着大量男性应征入伍,男女上大学比率急剧下降。第二次世界大战结束后,大约在 1946—1949 年,男女上大学比率又出现了明显的大幅上升。随后,该序列就开始一路走下坡路了,不过中间又被另一场战争(朝鲜战争)所中断。这一比率在 20 世纪 70 年代又迅速下降,并在 1980 年前后越过了均等线。从那之后,大学中的女生就比男生多了。

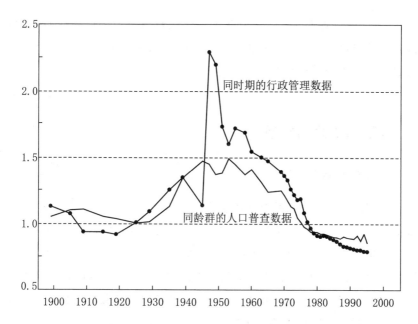

**图7.4 按出生同龄群和年份分列的上过大学的男女比率:
人口普查数据(出生20年之后)和(同时期的)行政管理数据**

资料来源和注:见图7.2。同时期的行政管理数据:《双年报告:秋季开学入学人
数》(*Biennials:Opening Fall Enrollments*)。在1946年之前,入学人数是在年底进
行统计的。在1946年以后,入学人数是在秋季学期开始时统计的。研究生、专业学
生和预科生以及重复统计的学生,都已经从本科生总数中剔除掉了。就专业学生而
言,因为其中有些人可能一直在攻读他们的第一个学位,将他们剔除掉可能会低估
本科生的数量。师范学校的学生一般都会参加教师培训,但是有时也可能不参加。
在1930年以前,只有参与了教师培训项目的学生的数据才会上报。因此,数据的这
种遗漏可能会导致总入学人数低估多达10%,而1930年的数据最多可能低估了
5%。1955—1956年的数据,是"寄宿制大学的入学数据",即为了获得学位而注册
入学的个人的数据。从1963年开始,各学校也开始上报告了非学位入学人数,并将
全日制和非全日制的入学人数分开进行统计。我们这里给出的数据,包括了全日制
学生和非全日制学生。暑期班的入学人数则不包括在任何一个群体中,补习学校和
函授课程的注册人数也是如此。同龄群序列与同时期序列之所以不同,是因为有的
人上大学时年龄已经比较大了,而且同时期序列隐含地用一个群体的在校年数进行
了加权。

在过去的一个世纪里,美国高等教育体系吸纳了总人口中相当大比例的
个人,更重要的是,它是在领先其他国家很多的情况下做到这一点的。美国
大学的入学率,之所以比其他国家高得多,其中一个原因就在于,到了20世

纪中叶,美国已经拥有了一个大众化的中学教育体系,而这是其他国家所不具备的。当然,还有其他一些原因。其他这些原因与那些构成了典型的美国大学体系的各种因素有关。

7.2 典型的美式高等教育

7.2.1 美国高等教育的发展

在 21 世纪初,一个打算高中毕业后继续上大学的高中毕业班学生,可以在差不多 1 400 所有权授予学士学位的高等教育机构之间进行选择。[⑥] 在这些大学和学院当中,有 64％(即大约 900 所)都是私立的。在这 1 400 所大学和学院中,大约有 600 所是文理学院。除此之外,还有 1 500 多所两年制高等院校,供那些想获得一个副学士学位、学到某种特殊技能,或者获得进入四年制大学的第二次机会的人选择。[⑦]

全世界没有任何一个国家能像美国这样,为未来的本科生、研究生、研究人员和教师提供如此多样化的选择机会。2005 年,英国总共有 102 所独立的本科院校,仅相当于美国对应年龄段人均本科院校数量的一半。在德国,2005 年的本科院校也只有 100 所左右,仅相当于美国经人口调整后的数字的三分之一。今天,美国大学提供的选择机会之多确实令人吃惊,而如果与其他富裕国家相比,美国大学在过去提供的选择机会之多甚至更令人震惊。

在 1950 年的时候,整个英国只有 30 所高等教育机构(按对应年龄段人口比例计算,仅相当于美国的八分之一),德国则只有 38 所(或仅相当于经人口调整后的美国数字的十三分之一)。再回到 1900 年,英国只有 14 所高等教育机构(或仅相当于经人口调整后的美国数字的十七分之一),德国则只有 32 所(或仅相当于经人口调整后的美国数字的十二分之一)。[⑧]

美国的高等教育体系,几乎从一开始就充满了典型的美国特色:在地理位置上与居民很接近;在各个方面都非常开放;充满了变化和竞争。

在私人领域,许多相互竞争的团体创办了各种各样的高等教育机构。在欧洲各国,大多数高等教育机构通常都由同一个宗教创办的,与此相反,在美国则由几十个宗教团体创办了大量相互竞争的高等教育机构。事实上，美国大多数私立高等教育机构的存在，都可以归功于宗教团体的助力和资金。1930年前后，在美国当时存在的所有四年制私立高等教育机构中，差不多有四分之三都是由某个宗教团体所控制的。⑨

　　1862年的《莫里尔法案》，确立了将联邦土地授权高等教育机构的制度。在那之前很久，公立高等教育机构的地位就已经很重要了。威廉玛丽学院是1693年由皇家特许成立的一所公立高等教育机构，也是美国殖民地时期第二所高等教育机构。佐治亚大学是第一所州特许成立的公立大学（州立大学），它始创于1785年，1801年正式建成，到1804年就有了第一届毕业生。⑩俄亥俄大学成立于1804年，由俄亥俄公司（Ohio Company）创建，该公司从联邦政府手中购买了现在俄亥俄州的大部分土地。⑪在《莫里尔法案》颁布之前，其他许多州也都创办了州立高等教育机构，它们包括亚拉巴马州、特拉华州、印第安纳州、艾奥瓦州、密歇根州（包括密歇根大学和密歇根州立大学）、南卡罗来纳州、佛蒙特州和威斯康星州。在1860年创办的大学中，公立大学所占的比例达到了24％。这个比例放在美国内战前那个历史时期来看，无疑是相当高的了，尽管这一比例后来继续在提高：1900年达到了38％，到2005年进一步达到了40％。⑫

　　因此，美国各州有大量的公立和私立高等教育机构。全世界其他任何国家，都没有这么多由私人机构和公共部门提供的、相互竞争的高等教育机构可供选择。美国许多州的早期历史，都充分反映了美国高等教育覆盖面广、可选择性高，以及私人创办的大学发挥着重要作用等一系列特点。

　　例如，在1930年，俄亥俄州大约有40所私立大学，其中一半多都是在1870年之前创办的。在同一时期，俄亥俄州还有8所公立高等教育机构，其中有6所是在1875年之前成立的，有2所（俄亥俄大学和迈阿密大学）更是早在1825年之前就成立了。因此，俄亥俄州的高等教育体系，包括了在其历史早期就已经成立的私立大学，以及主要在1875年以前建成起来的大型、多元化的公立大学。在大多数州，私立和公立高等教育机构几乎在19世纪整个开拓历史中都是一直共存的。例外情况只有两种：一是西部地区人口非常稀少的几个州，它们教育体系中的私立大学一直未能很好地发展起来；二是东部地区的几个州，它们都有不少历史悠久、声名卓著的私立大学,而公立大学则非常少。

我们构建了一个时间序列,纳入了在20世纪最后十年中仍然存在的、所有四年制高等教育机构的成立日期,从中可以发现关于美国公共和私人机构共存的、庞大高等教育体系的进一步证据。[13]在图7.5中,各柱状图代表的是,在所标注年份之前五年间创办的高等教育机构的数量。在每个条形图中,深颜色的部分代表了五年内创办的公立高等教育机构的数量,其余无颜色的部分则代表了那五年内创办的私立高等教育机构的数量。从这幅图可以看出,美国的大学和学院的成立高峰期,是在19世纪后期——大约在1865年至1895年之间。这个时期既是公立高等教育机构的成立高峰期,也是私立高等教育机构的成立高峰期,所以这个高峰的出现,应该不仅仅是1862年和1890年的联邦《莫里尔赠地法案》导致的结果。[14]在20世纪末仍

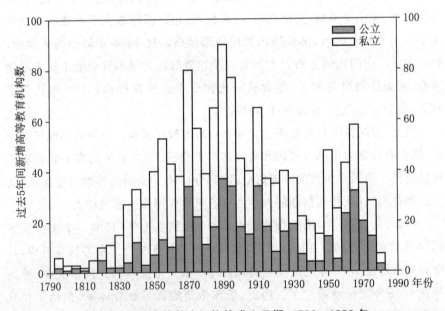

图7.5 美国高等教育机构的成立日期:1790—1990年

注:图中这些数据是指,在1789年之后成立、在1992年时仍然存在的高等教育机构。之所以要以1789年为起始年份,是为了截断分布过于单薄的左尾部,从而更便于观察。各高等教育机构的设立日期可能与开学日期不同,也可能与颁发学士学位的日期不同。如果某个机构由一个或几个原有的机构合并而成,那么机构成立日期通常指的是新机构的成立日期,这种处理可能会使分布稍微向右偏移。

然存在的四年制高等教育机构中,差不多有60％都成立于1900年之前;而且,20世纪末仍然存在的公立高等教育机构中,有超过一半是在1900年以前成立的。仅就公立高等教育机构而言,还有一个时间更近、但规模更小的创办高峰期,它出现在了20世纪60年代。

在今天非常著名的私立高等教育机构中,好多都成立于19世纪90年代,包括斯坦福大学、芝加哥大学和加州理工学院。但是在进入20世纪之后新创办的私立高等教育机构却很少,而且它们都没有太大的声望。在《美国新闻与世界报道》(*U.S. News and World Report*)2006年的大学排行榜中排名前50的大学中,共有35所私立大学,但是其中只有4所是在20世纪才开始本科层次的教学的,而且只有1所是在1900年之后成立的。20世纪后开始招收本科生的4所大学是:卡耐基理工学院(后来改称为"卡耐基—梅隆大学"),成立于1900年,1905年开始本科教学;莱斯学院[后来的莱斯大学(Rice University)],成立于1891年,1912年开始本科层次的教学;位于纽约市的叶史瓦大学(Yeshiva University),成立于1886年,但1928年才开始大学教育;布兰代斯大学(Brandeis University),成立于1948年。[⑮]而在《美国新闻与世界报道》的文理学院排行榜中排名居前的35所文理学院(均为私立机构),只有3所是成立于20世纪的,它们是克莱蒙特·麦肯纳学院(Claremont McKenna College,成立于1946年)、哈维·穆德学院(Harvey Mudd College,成立于1955年),以及斯克里普斯学院(Scripps College,成立于1926年)。它们全都是一个学院系统的一部分,该系统还包括波莫纳学院(Pomona College),它成立于1888年。

很显然,在19世纪、20世纪之交,发生了某种根本性的变化,使得要成立新的、特别优秀的高等教育机构,特别是私立高等教育机构,变得更加困难了。我们认为,这种变化在很大程度上是因为,面对着巨大的竞争压力,高等教育机构的规模变得越来越大,学科覆盖面变得越来越广,从而构成了一种进入壁垒。财政资源和机构声誉对大学的重要性与日俱增,因此,新的大学很难在这种环境中成长起来,并与原有的大学展开竞争。

几乎从诞生之日开始,美国的高等教育体系就以多样性和竞争性为特点,但是,美国要想在全世界各大高等教育中心的竞争中脱颖而出并保持优势,还需要一段时间。在第二次世界大战之后,美国大学的卓越时代才终于来临。

7.2.2 全世界最好的

近年来,虽然美国幼儿园至 12 年级的教育体系(K-12)质量一直饱受质疑,但是美国高等教育体系却仍然是全世界羡慕的对象。在第二次世界大战之前,是美国最优秀的学生和最聪明的研究人员背井离乡去欧洲学习和研究。现如今,全世界最优秀、最聪明的人都到美国的大学、学院和研究机构来学习和研究。在一份大学排行榜中,2005 年排名前 20 的大学,只有 3 所不是美国的大学。而在排名前 50 的大学中,也只有 13 所不在美国。[16]

美国接收了来自世界各地的学生。在 2000 年,每 50 个美国高等教育机构的本科生中,就有 1 个非美国居民。在美国的所有研究生中,8 个人当中就有 1 个人来自其他国家,而在所有理工科的研究生中,更是有几乎四分之一都是外国人。[17]

当然,美国的大学并非历来一直位居最优秀的研究机构之列,世界各国的人也并非历来总是将美国的大学视为学习研究的圣地。事实上,曾经有一段时间,最优秀的美国学生会选择出国留学,尤其是在科学领域。在第二次世界大战之前,美国最优秀的科学家和其他学科领域的学者,经常会到欧洲的大学和研究所去访学——至少在他们学术生涯中的某一个时期会如此。

而在 20 世纪 50 年代以后,美国那些成就斐然的学者,主要都是在国内完成的学业。在 1936 年以前获得了化学、物理或医学博士学位的、美国本土出生的诺贝尔奖得主中,有 44％的人曾经在欧洲接受过正规教育。但是在 1935 年之后获得博士学位的美国诺贝尔奖得主中,却只有 12％的人曾经在欧洲接受过正规教育。在 1955 年以后获得博士学位的美国诺贝尔奖得主中,曾经出国留学的比例仍只有 13％——这个数字反映了欧洲大学在战后的正常状况。[18]我们在图 7.6 中描述出了这些数据。

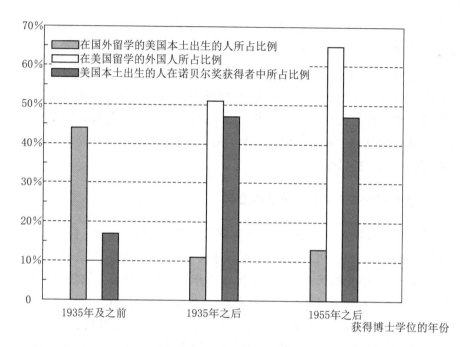

**图 7.6　科学和医学诺贝尔奖得主,1901—2005 年:
外国人在美国留学、美国人在国外留学,以及美国人的百分比**

注:本图数据包括的诺贝尔奖领域为化学、物理和医学。如果诺贝尔奖得主不拥有博士学位,那么就使用获得最高学位的年份。美国的获奖者仅限于那些出生在美国本土的人。如果将那些在幼年时就移居美国的人也包括在内,结果也类似。

资料来源:诺贝尔奖得主的有关信息和传记资料,见 http://nobelprize.org/。

　　在 1955 年以后获得博士学位的科学类诺贝尔奖得主当中美国人所占的比例,大大高于在 1936 年以前获得博士学位的科学类诺贝尔奖得主当中美国人所占的比例。在 1936 年以前获得博士学位的诺贝尔科学奖和医学奖得主中,美国人仅占总数的 18%;而在 1955 年以后获得博士学位的科学类诺贝尔奖得主中,48% 的人来自美国。此外,正如我们刚才提到的,他们中有越来越多的人是在美国完成的全部学业。

　　美国大学王冠上的最后一颗明珠是,在第二次世界大战之后,外国诺贝尔奖得主中曾经在美国留学的人所占的比例越来越高了。在 1936 年之前获得博士学位的非美国出生的诺贝尔奖得主中,只有 10% 的人在学术生涯早期曾经在美国学习过;而在 1935 年之后获得博士学位的非美国出生的诺贝尔奖得主中,高达 35％的人都曾经在美国留学,在 1955 年之后获得博士学位的非美国出生的诺贝尔奖得主中,这一比例还要更高——达到了 66％。

20 世纪 50 年代以后,许多最优秀的美国研究人员自始至终都是在美国的高等教育体系内部从事学习和研究,而且美国的高等教育体系也很快就发展成了全世界一枝独秀的领先者。更重要的是,美国高等教育体系在壮大自己培养精英科学家队伍的能力的同时,也扩大了中等收入家庭的青少年接受高等教育的机会。

7.2.3 美国教育在高等教育阶段的优点

美国的高等教育体系是怎样登上世界第一的高峰的？如前文所述,美国教育的诸多优点,使得美国成为 20 世纪中等教育的领先者;在美国高等教育的发展过程中,这些优点也发挥了极大的作用。竞争和自由放任的体系、地方分权、公共出资、性别中立、开放和宽容,所有这些过去对中等教育至关重要的优点,对今天的中等教育和高等教育在很大程度上仍然很重要。

自由放任的教育体系,导致了大量高等教育机构的建立,它们既可以是公立的,也可以是私立,既可以是世俗化的,也可以是宗教化的。在美国的大部分地区,学生都拥有非常多的选择机会,即便他们从来没有离开过自己出生的州。由于高度地方分权以及联邦政府对大学权力下放,在各州之间、甚至在许多州的内部,都存在着激烈的竞争。

对高等教育的公共资助在很多方面与对中等教育的公共资助一样重要。一个同样适用于两者的理由是:资本市场是不完善的,如果没有补贴,能够上大学的人数就会远低于理想人数。而且正如我们下面将会讨论到的,更高水平的公共资助,确实极大地增加了大学入学人数和大学毕业人数,而且也使得公立大学变得更加性别中立。此外,在那些比较早就拥有公立大学并对大学提供公共资助的州里,女性在所有大学生中所占的比例更高。

开放性是美国各个层次教育的一个标志性特征,而且这一点在高等教育中表现得最为明显。在大多数州,曾经有一段时间,所有高中毕业生都可以进入州立大学深造。此后,随着全国性的大学入学考试的出现,许多州立大学开始对入学者设置了一定的门槛,因此,一些州形成了层级化的大学体系。这种高等教育层级体系的一个最好的例子,是加利福尼亚州,尽管其他州,如纽约州,也在自己的公立学院和公立大学当中,建立了法定的高等教育层级体系。许多州至少有两所公立大学:一所旗舰大学和一所州立大学,而且几乎所有州都有社区学院(社区学院往往是一个想上大学的学生的最后选择,同时也是将高等教育与普通人之间的距离拉得最近的大学⑲)。在20世纪早期,一些大学和学院——甚至包括芝加哥大学——都开设了函授课程(类似于今天的网络课程),许多大学还开设了暑期课程。通过这些途径,美国的大学一直保持了高度的开放性,过去是这样,现在仍然是这样。同时,与中学和小学等更低层次的教育一样,美国的高等教育体系还是一个非常宽容的教育系统,通常都会给求学者第二个机会。

当技术(在这里指的就是知识)的进步非常迅速时,那些不受制于单一资助方、灵活、非官僚化、地方分权的机构,能够更好地作出反应。在第二次世界大战结束后,随着科学技术的爆炸式发展,美国的高等教育机构表现出来的适应能力,比欧洲那些相对来说有点僵化的高等教育机构要高得多。垄断和官僚化的大学可能会变得懒惰,就像垄断和官僚化的生产厂一样。

美国的高等教育体系还因美国这个国家独有的一系列特征而受益匪浅:人口众多;地大物博;历史早期收入相对同质化;整个历史时期收入水平一直相对较高等。就像国土面积对美国工业化的成功和大规模生产体系的形成至关重要一样,规模和范围优势对美国高等教育体系的早期发展也起到了至关重要的作用,而且促成了它最终的伟大成就。

7.3 美国高等教育体系的形成

7.3.1 规模

美国的现代高等教育体系是在1900年至1940年间形成的。其中最重要的一个变化是高等教育机构规模的扩大,特别是在公立高等教育机构。从1900年到1933年,公立和私立高等教育机构的数量增加了1.4倍,但是同一时期,学生的数量却几乎增加了5倍。然后,在接下来的70年时间里,四年制大学的数量翻了一番,同一时期学生的数量却增加了大约10倍。⑳因此,高等教育机构的平均规模,扩大了大约5倍。在整个20世纪,高等教育体系最重要的"扩张边际",表现在单个机构的规模膨胀上。许多公立大学,发展成了庞然大物。

相比之下,在 20 世纪初,许多私立大学的规模都超过了最大的州立大学。例如,哈佛大学和耶鲁大学在 1900 年前后招收的本科生数量,都比密歇根大学和明尼苏达大学这两所最大的公立大学更多。史密斯学院(Smith College)的本科生数量,也比伊利诺伊大学还多。当然,可以肯定的是,在 1900 年前后,公立大学的平均规模要比私立大学更大,但是从绝对规模来看,它们也没有大多少。当时私立高等教育机构的中位数学生人数大约为 130 人,而公立高等教育机构的中位数学生人数则大约为 240 人。这种差距,与后来出现的差距不可同日而语。[21]

公立和私立高等教育机构的规模演变轨迹并不难总结。在 1900 年前后,公立院校的学生人数中位数,与私立院校的学生人数中位数之比,大约为 1.8,不过到 1923 年就上升到了 3.4,然后在 1933 年进一步上升至 4.1。[22] 由此可见,相对规模的一次重大变化,应该发生在 1900 年至 20 世纪 20 年代之间的某个时候。到 1923 年,公共部门的高等教育机构,已经包括了许多大型的研究型大学。[23] 不过有意思的是,最新的数据显示,虽然大学的绝对规模一直在扩大,但是公立学校与私立学校的学生人数之间的比率,却没有太大的变化。在 20 世纪 90 年代早期,单个私立学校的中位数学生人数为 1 579 人,公立学校则为 8 181 人,两者之间的比率为 5.2。[24]

在 1900 年至 1933 年间,公立学校得到了大幅扩张,但是离它们日后将变成的庞然大物还有很长的一段路要走。1933 年,按在校本科生数量排序,规模最大的前 25 所高等教育机构,差不多有一半都是私立学校。尽管正如我们下面将会证明的,公立高等教育机构的规模在整个 20 世纪的相对增长,在 1900 年至 1940 年这个时期是最快的,但是那些大型公立学校的规模扩大还将持续很长时间。到 21 世纪初,公立学校的长期大幅扩张已经达到了这样的程度:在 25 所规模最大的授予学士学位的大学中,有 24 所都是公立大学。[25]

7.3.2 范围

美国高等教育体系的形成期,还见证了高等教育机构在范围上的重大变化,包括研究型大学的出现、独立的专业高等教育机构的消亡,以及独立的神学院和宗教教派院校在总体上的衰落。在 19 世纪的大部分时间里,美国高等教育机构都只是教育和学习的中心,而不是研究和创新的中心。不过,随着约翰斯·霍普金斯大学(1876 年)、克拉克大学(Clark University,1889 年)和芝加哥大学(1892 年)的创办,美国大学的使命在 19 世纪下半叶开始扩大了。[26]约翰斯·霍普金斯大学是美国第一所专注于研究生教育和研究创新的大学。

在欧洲各国,大学教学有好几种模式,包括英国大学强调经典的教学方法、法国大学精英主义色彩深厚的科学训练,以及德国大学注重研究生培养和建设研究机构的模式。而在美国这个新世界里的现代化大学的面貌,却与欧洲各国的大学截然不同。在美国,迎合广泛的学生群体的需求、服务于各州的利益,是美国大学的出发点。但是,美国大学也一直在非常努力地试图成为研究中心。

现如今,美国的大学已经成了高等教育的"百货商店",文理学院(liberal arts college)是其核心,研究生院和各种各样的专业学院——包括法学院、医学院、牙科学院、药学院、神学院和商学院,林林总总——则是其外围。但是,现代化的美国大学远远不只是将各种高等教育服务集中到一起来那么简单。它们还是生产中心,其中某一部门的研究,能够促进其他部门的教学和研究。美国大学在组织形式上的创新,使得各组成部分之间的技术互补性能够得到充分利用。

需要注意的是,公共部门并没有主导美国的大学,但是在 20 世纪的大部分时间里,公共部门在大学中一直占据着不成比例的巨大份额。例如,在 1900 年前后,43％的大学都处于公共部门的控制之下,尽管当时只有 13％的学院和大学是公立的。事实上,正是因为公共部门拥有对大学不成比例的强大控制权,随着注册并就读于大学(universities,非预科部)的学生的总份额——相对于注册入读学院(colleges)的学生——从 1900 年的 42％提高到了 1933 年的 59％上下,公共部门在这一时期(直到 1940 年)获得了比私人部门大得多的优势。[27]

此外,还有一些大学有能力探索以往未曾尝试过的新领域(如商科),或者让过去曾经饱受江湖骗术困扰的老学科(如医学)重新崛起,从而获得了巨大的声誉。在 19 世纪末期,由于各州政府在颁发许可证时变得越来越严格(设立许可证制度的部分目的,是希望用科学方法来取代治疗的"艺术"),医学院也变得越来越容易受到攻击了。当卡耐基委员会于 1910 年发布了一份严厉指责美国和加拿大的 155 所医学院的报告之后——这份报告的执笔人是亚伯拉罕·弗莱克斯纳(Abraham Flexner),因此被称为"弗莱克斯纳报告"(Flexner Report)——医学院的数量出现了大幅减少。[28]至此之后,大学开始越来越多地综合了百货商店、一体化的知识生产工厂,以及知名品牌的特点。

随着独立的专业高等教育机构*的衰落,附属于大学或与大学挂钩的专业学院增多了。[29]在 20 世纪之交,48％为了成为律师、牙医、药剂师、医生和兽医而接受训练的学生,都就读于独立于任何其他高等教育机构的专业学院。当时,专业学院通常不要求学生拥有大学学位,而且许多入读的学生以前根本没有上过大学。[30]然而到了 20 世纪 30 年代,就只有 19％的专业学生还在这类独立的专业学院上学了。

就这样,在几乎所有的专业领域,过去非正规的学徒式培训,都逐渐被科学、正规、以学校为基础的培训所取代了。此外,提供培训的学校,也越来越多地变成大学的一部分,而不再作为独立的教育机构存在。研究型大学已经在"生产率"上拥有了巨大的优势,它们有时还会利用自己的声誉,去扶持一下偶尔名声受损的那些专业。

7.3.3 知识产业的变化

上面我们看到,在 20 世纪的前几十年里,高等教育机构规模扩大了,涉足领域范围增多了,尤其是公立大学的入学人数迅速增长,同时各州对高等教育的投入也增加了。所有这些转变为什么会发生? 我们对这个问题的探讨,将围绕着 19 世纪末、20 世纪初席卷了整个"知识产业"的一系列技术冲击来展开。

在 19 世纪下半叶,大学里的课程不断细分且越来越专业化,同时大学的教师们也开始通过自己专长的细分专业领域来区别于他人。当然,每一个

---

* 这里的"专业高等教育机构",原文为"professional institution",先是独立的培养各领域"专业人才"的高等教育机构,后来并入大学,成为大学里的"学院",如法学院、医学院、商学院。这类院校不同于后来仍然独立存在的"professional school"(专业学院),后者应该是指相当于中国的专科院校或大专的高等教育机构。——译者注

学科的变化,都是由不同的因素在不同时间点上引发的。但是在众多学科的专业分化过程中,有一些共同的因素在发挥着作用。这些因素包括:科学在工业领域中的应用、科学和实验方法的成长,以及随着日益加深的工业化和城市化而来的社会问题所引起的越来越多的关注。

到了19世纪末期,很多行业对化学和物理知识的依赖日益加深,其中最突出的是在钢铁、橡胶、化学产品、食糖、药品、有色金属、石油、发电,以及产品需要直接利用电力进行生产的各种行业中。[31]以前需要雇佣训练有素的化学家和物理学家的企业,都在加速争聘这些人才,联邦政府和各州政府也是一样。在1900年至1940年间,美国整个经济体中雇佣的化学家人数增加了6倍多,在总劳动力中所占的比例也提高3倍多;在同一时期,工程师的人数也增加了7倍以上。[32]在生产中,科学取代了"艺术",专业人士取代了"工匠"。

由于社会对训练有素的科学家的需求持续增加,大学扩大了它们所能提供的产出的范围。随着新的研究成果大量出现,传统的科学学科越来越细分化,专业化程度也水涨船高。在生物学中,查尔斯·达尔文《物种起源》的问世,激发了经验研究和科学实验方法的变化,推动了生物学的进一步专业化。类似的变化也出现在了农业科学中,其推动力的部分来源是:美国的铁路促成了农业生产的高度专业化,从而导致美国农作物品种的极大增加。社会科学在19世纪末到20世纪初,也经历了一个快速成长和加剧分化的过程。19世纪70年代和90年代后期,工业化、城市化、移民和经济萧条等社会问题日益严重,给社会学科赋予了新的使命。社会科学领域的演变,先是受到了达尔文的进化思想和孟德尔的遗传学说的影响,后来又受到了重视统计和实证检验的倾向,以及更一般的经验主义思想的广泛影响。[33]

利用不断涌现的各种"学术团体"的成立日期,可以很好地勾勒出学科领域日益专业化的过程。[34]美国成立的最早的一个学术团体是美国哲学学会(American Philosophical Society),它成立于1743年。然而在随后的整整一个世纪的时间里,仅有5个学术团体相继成立,然后到1880年前又成立了6个,这样总数达到了12个。在那之后,学术团体成立的步伐迅速加快,1880—1899年出现了16个。而在接下来的20年里(即1900—1919年),又有28个学术团体问世。1920—1939年间只增加了10个,不过在1940—1959年间增加了20个。在我们的数据集中的最后20年(即1960—1979

年),又新成立了 12 个。很明显,20 世纪的头几十年,是学术团体成立最集中的一个高峰期,同时也是美国学科领域迅速扩张的时期。

这就是说,在高等教育领域,劳动大分工的时代已经来临。任何一所有声望的大学,都不可能再依靠屈指可数的几个大教授生存下去了。毫无疑问,大多数变化都有助于提高高等教育服务生产的规模经济,从而也提高了一所大学维持生存所需的最低教员和学生人数。我们正在讲述的这个故事,还有很重要的一点同样值得关注:那些传播知识的人,逐渐变成了知识的创造者。就像我们今天所看到的那样,研究要为教学服务。[35]

7.4 州政府支持对高等教育的作用和影响

7.4.1 公共部门的相对规模和作用的演变

正如我们在前面已经指出过的,在整个 20 世纪,公共部门控制的高等教育份额大幅扩大了(见图 7.7)。从 1900 年到 1940 年,在四年制公立高等院

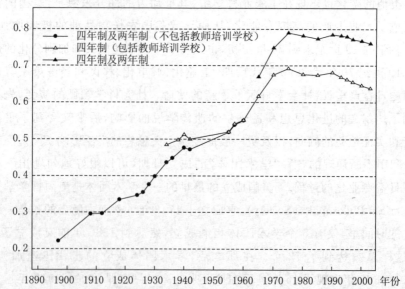

图 7.7　在公共部门控制的高等教育机构中就读的学生所占比例:1897—2003 年

资料来源和注:见 Goldin 和 Katz(1999a, figure 2),数据更新到了 2003 年。

校就读的学生比例,从 0.22 增加到了大约 0.5。然后,从第二次世界大战前到 1975 年,这一比例再次上升,从 0.5 左右提高到了接近 0.7。但是,自 20 世纪 70 年代以来,在四年制公立高等院校就读的学生比例有所下降。从总体上看,跨越整个 20 世纪,在公立高等院校就读的学生在所有四年制学生中所占的比例,从大约 0.22 上升到了 0.65。[36]

在图 7.7 中的三条线中,每一条线包含的学校都是不相同的,因为高等院校的功能和类型都会随时间的推移而发生变化。最重要的变化,发生在教师培训学校和两年制学院上。在 1940 年以前,教师培训学校通常是两年制的师范学校或师范学院,后来则都变成了四年制的州立大学。而在两年制师范院校的数量不断减少的同时,两年制社区学院的数量却在增加。两年制院校,包括社区学院和专科学院(junior college),1935 年在所有学院和大学中占到了四分之一,但是在 1917 年时却仅占 5%。从 20 世纪 60 年代末到 1990 年,两年制院校的相对数量持续增加,这样到了 20 世纪末,两年制院校的数量就占到了所有高等教育机构的 40%。[37]将两年制院校纳入,提高了在公立高等院校就读学生的比例,因为现在大约有 70%的两年制院校都是公立高等院校。如果把两年制和四年制院校都包括在内,那么到 1980 年,在公立高等院校就读的学生占所有学生的比例差不多达到了 80%——这是 20 世纪的峰值,不过这一比例在随后几年略有下降。

甚至早在极具历史意义的《莫里尔法案》于 1862 年通过之前,在当时的 33 个州中,就已经有三分之二的州至少有一所由州政府控制的高等教育机构了——在东北部之外的各州中,这一比例更是高达五分之四。[38]在早期,许多州成立州立高等教育机构的目的,是利用它们来培训低年级教师。但是这些高等教育机构不断发展,最终为每个州都提供了更多的"公共物品"。[39]19 世纪的州立高等教育机构,通常要比私立的更注重实际,而且往往也更加重视科学,这主要是因为它们承诺要为民众和当地的实业界提供有价值的商品和服务。

尽管已经建成了不少由公共部门控制和州政府支持的高等教育机构,但是直到 19 世纪末期,当科学发现对农业、采矿业、石油勘探业、制造业和建筑业等行业都变得至关重要之前,州政府划拨的人均(或分摊到每个学生身上的)公共高等教育经费一直少得可怜。在经济活动集中发生在特定行业或产品上的那些州中,公共部门通常会在相关行业的培训和研究方面投入巨资。例如,威斯康星州对乳制品业研究和开发予以补贴;艾奥瓦州则补贴玉米种植和加工业;科罗拉多州和其他西部各州则补贴矿业;北卡罗来纳州补贴烟草业;俄克拉何马州和得克萨斯州补贴石油勘探和提炼业。⑩州立高等教育机构通常会设置一些专业培训机构,如工程培训中心;它们还设立了各个学科的研究生项目(包括与农业有关的项目)。正是因为拥有范围如此广泛的"产品组合",州立高等教育机构同私立教育机构相比,似乎要更配得上"综合性大学"的形象。它们包含了一所大学的所有组成部分——文理学院、研究生项目和专业学院——它们还可以获得州政府下拨的研究资金,在当时,这种资金是很难通过其他途径获得的。

在美国高等教育体系渐趋成型的时期,公立和私立高等教育机构在课程设置方面最突出的不同之处,体现在工程学上。1908 年,在所有公立的学院和大学中,有整整 30％的学生,都是攻读工程学专业的;另一方面,同一时期全国 60％的工程专业学生,都是在公立的学院和大学中接受教育的。到了1930 年,虽然所有就读于公立高等院校的学生中,学习工程专业的学生的比例从 30％下降到了 15％,但是所有工程专业学生中就读于公立高等院校的人的比例,却从 60％上升到了 66％。因此很显然,工程专业的学生主要是由公立高等院校培养的。在 1930 年的时候,只有少数几个州的私立高等院校在培养工程师,而且所有在私立高等院校学习的工程专业学生中,有 62％的人都就读于其中的三个州(马萨诸塞州、纽约州和宾夕法尼亚州)。在 1930年,由于三分之二的工程师都是在公立高等院校接受的培训,所以工程专业学生的地理分布,在很大程度上对应于公立高等院校的入学情况。而且,政府雇佣的工程师,也多得可以说不成比例——在 1940 年,几乎有 25％的工程师都直接为政府工作。⑪因此,公共部门重视对工程师的培训也不是没有原因的。

7.4.2　州政府对高等教育支持的地区差异

美国各地政府对高等教育的支持力度有很大的不同,我们大体上可以总结为三种不同的模式:美式精英模式、平等模式和欧式精英模式,它们分别以东北部地区、西部地区和南部地区为代表。东北部各州在很早的历史时期，就建成了多所声名卓著的私立大学和学院，而公立高等院校的出现时间则相对较晚。而且，即便在公立高等院校建成之后，它们获得的公共资助与其他地区相比明显不足。南部各州在早期拥有的公立高等院校的数量，多得不成比例——在美国内战前成立的所有公立高等院校中，有整整57％都位于南部地区，尽管当时南部地区的私立高等院校的数量只占全美国的36％。㊷至于西部各州（包括中西部各州），则每个州都有许多充满活力的公立高等院校，而且许多州同时还拥有同样强大的私立高等院校。但是西部地区的一般情况是，在那些人口稀少的地方，往往只有公立高等院校才能生存下来。

从1900年到1940年，州政府对公立高等教育的支持大幅增加。无论是以各州用于高等教育的支出占总支出的比例来衡量，还是用公立高等教育机构的入学人数占所有入学人数的比例来衡量，抑或用公立高等教育机构的入学人数占大学适龄人口的比例的增长来衡量，这个结论都不会变。例如，在从1902年到1940年这个时期，对州立高等教育机构的支出，在州和地方政府总支出中所占的比例，从5.1％上升到了11.0％。㊸不过，在此期间，对高等教育的公共出资，以及进入公立学院和大学学习的机会，在不同的州之间差别很大。支持力度最大的是太平洋沿岸、山区和西北中部这三个人口普查区各州，支持力度最小的是新英格兰和大西洋沿岸中部这两个人口普查区的各州。

州政府对高等教育支持的很多地区差异都延续了下来——例如，1929年州和地方政府的人均高等教育支出（对数值），与在20世纪90年代的人均高等教育支出之间的跨州相关系数，大约为0.45，尽管这种相关性到21世纪初又有所下降。因此，在联邦政府扩大对高等教育的支持、大萧条对州和地方政府预算产生影响之前的美国高等教育体系形成阶段，探讨各州支持力度的决定因素，这无疑是很有意义的。正是出于这种考虑，我们研究1929年的情况。㊹

1929年，在美国的48个州，州和地方政府对高等教育的补贴，平均为每100人1 230美元（按2005年美元价值计算），占州和地方政府总支出的6％。在州和地方政府对高等教育的资助中，有将近95％都流向了公立高等教育机构;只有纽约州(康奈尔大学)和新泽西州(罗格斯大学)的私人高等教育机构,得到了州政府的大力支持。各州对高等教育的支持力度差异很大,从州和地方政府在每 100 名居民身上的高等教育支出水平来看,最低的新英格兰各州只有 518 美元,而最高的山区各州则达到了 2 324 美元(全部按 2005 年美元价值计算)。⑤全美国公立高等教育机构的入学率,为平均每 1 000 名居民 3.19 人;但是新英格兰仅为 0.82 人,而山区为 6.04 人,太平洋沿岸为 6.09 人。如何解释州政府对公立高等教育机构的支持,在不同地区和不同州之间的巨大差异?

州政府对高等教育的支持水平,是一个公共选择。这种决策可能会受到以下因素的影响:所在州的财富或收入的水平和分配状况、社区的稳定性和同质性,以及能够从州立高等教育机构的本地化研究成果中获益的那些行业的重要性,等等。

1900 年私立高等院校的入学人数,对于 1929 年所在州对高等教育的支持水平,有显著的抑制性作用。⑥事实上,1929 年州政府在高等教育上的支出,与私立大学在 20 世纪初对所在州的重要性之间的原始相关系数为−0.69。而且这种影响的量级也很大:1900 年马萨诸塞州和艾奥瓦州每 1 000 名居民的私立大学入学人数之间的差异(3.35 较之于 0.99),对应着这两个州在高等教育上的人均支出之间 84% 的差异。1900 年前后各州高等教育的初始条件——例如,每 1 000 名居民的私立大学入学人数——可以作为 1929 年各州对高等教育支持水平的一个强大的预测工具。

总而言之,在 1900 年时富裕家庭比例高、私立大学数量少的那些较晚加入联邦的州,到 1930 年时成为了公立高等教育的领头羊,而且直到今天仍然如此。在东北部地区,私立大学实力雄厚、对公立大学支持力度较小的传统,也依然存在——20 世纪末公立大学的人均入学人数,与 1900 年私立大学的人均入学人数之间,相关性达到了 0.56。⑦

7.4.3　州政府支持的影响

在 20 世纪的大部分时间里,更强大、更慷慨的公共部门提高了总体大学入学率,作为副产品,也提高了女性的相对大学入学率。由于大学生既可以在他们居住的州(本州)上大学,也可以在他们居住的州以外的地方(外州)

上大学,所以我们在这里使用的大学入学率数据,是根据居住州分类的入学率,而不是根据入学州分类的入学率。⑱

　　首先,毫不奇怪的是,1930年前后,在州一级(公立和私立)高中毕业率,与所在州居民(18—21岁)继续上大学的人的比例之间,存在着很强的正相关关系(图7.8上半部分)。在20世纪20年代的高中普及运动中处于领先地位的那些州,在差不多同一时期的大学入学率上也是领先者。1931年,年轻居民大学入学率最高的15个州,大都位于西部地区(西北中部、山区和太平洋沿岸),再加上俄克拉何马州。事实上,在1930年前后,西北中部和太平洋沿岸两个人口普查区的所有州——它们大部分都在高中普及运动中领先全国——都位居大学入学率排名的前15名之列。另一方面,大学入学率低的那些州,要么位于南部,要么位于东部工业化程度较高的地区。毫不意外,这两个地区在高中普及运动中也是落后者。因为我们使用的是各州年轻居民的大学入学率,那些为外州来本州读大学的人提供慷慨支持的州,会提高其他州的大学入学率;那些拥有对其他州的年轻人有很强吸引力的私立高等教育机构的州,也会产生类似的影响。

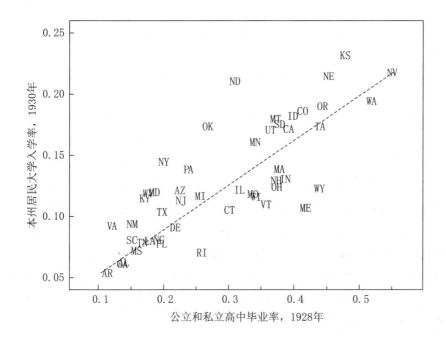

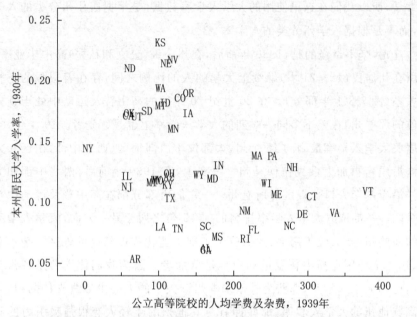

图 7.8　大学入学率、高中毕业率以及各州学费：1930 年前后

资料来源和注：各州的居民大学入学率：Kelly 和 Patterson（1934）。计算大学入学率时，分子是在美国任何地方上大学的本州居民人数，分母是本州 18—21 岁的总人数。关于公立和私立高中毕业率的资料来源见第 6 章。1930 年公立高等院校的人均学费：《双年报告》（*Biennials*，1928—1930，tables 3b and 6b）。计算人均学费时，分子是公立高等院校所有学生的总费用（包括学费、食宿费和其他费用），分母是公立高等院校的总入学人数。图中各州代码含义，见本书图 4.1。

是否上大学的决定取决于经济因素，如接受高等教育时可以得到多少来自公共部门的资助，以及公立和私立高等教育机构的质量。因此，大学入学率不仅仅取决于适合上大学的年轻人的数量。如果不能获得政府通过助学金或贷款形式发放的大学补贴，能够上大学的人就会少得多。如前文所述，在给定的高中毕业率水平上，公共部门对高等教育的支持水平比较落后的州，许多都位于东部地区。事实上，从图 7.8 的上半部分可以看得很清楚，新英格兰地区的所有 6 个州，在图中都位于简单回归线下方很远的位置。1930 年这几个州的大学入学率，都远低于仅仅根据它们 1928 年的高中毕业率预测的水平。数据表明，在 1930 年前后，新英格兰地区各州上大学的学费和其他费用水平都是最高的。

　　州和地方政府对高等教育的支持,与本州居民的大学入学率之间的关系,在图7.8的下半部分可以更清楚地看出来,它所比对的是公立高等院校学生的人均学费(含学费、杂费和住宿费),与本州居民的大学入学率。很显然,这两者之间存在着一种负相关关系。在学费和杂费较高的那些州,不仅公立高等院校入学率较低,而且该州居民的大学入学率也普遍较低。与学院和大学相隔的地理距离——尤其是不提供住宿的高等院校——也很重要。在图7.8的下半部分,纽约州是一个明显的异常点,它在1930年时还没有一个全州性的公立高等教育体系,但是纽约市的各所大学和学院却获得了大量的补贴。然而,该州其他地区的居民却不容易享受到这种低成本的高等教育。

　　我们还构建了一个包含了相关协变量(如人均收入)的多变量回归模型,以便探究上面提到的各种因素之间的关系。[49]因变量是按居住州划分的大学生人数,在该州18—21岁的人口中所占的比例(见图7.8)。我们估计了1930年公立高等院校的学费和其他费用对大学入学率的影响。我们的估计结果表明,在1930年,公立高等院校的学费和其他费用每减少一个标准差,就可以使该州居民的大学入学率提高1.2个百分点(或平均大学入学率的9%)。在进行估计时,假设从该州高中毕业的青少年比例不变。在资助高等教育方面较吝啬的那些州,在资助中等教育时也可能采取同样的立场。但是,即便给定一个州的高中毕业率,较高的高等院校学费和其他费用也与较低的大学总入学率相关。

　　为什么某些州拥有比其他州更慷慨的公立高等教育体系?这与私有部门的发展历史有很大关系。从整体上,美国是自东向西先后有人定居的;一般来说,最早定居的那些州,都拥有较强大的私立高等教育机构,而公立高等教育机构相对较弱。

　　从1930年的数据来看,较晚加入联邦的各州的(公立和私立)大学入学率,比更早加入联邦的那些州更高。[50]在图7.9中,我们根据加入联邦的时间早晚和大学入学率高低,将美国所有州划分为四个象限。一条分界线将所有州划分为"早到州"(在1846年之前加入联邦)与"晚来州"(在1845年之后加入联邦);另一条分界线将所有州划分为"高"大学入学率州(大学入学率＞0.15)与"低"大学入学率州(大学入学率≤0.15)。从图中不难看出,几乎所有的"早到州"都位于西南象限(即第Ⅳ象限)、几乎所有的"晚来州"都位于东北象限(第Ⅱ象限)。这也就是说,几乎所有的"早到州"的大学入学率都较"低",同时几乎所有的"晚来州"的大学入学率都较"高"。在许多早期就加入联邦的州——例如印第安纳州、缅因州、马萨诸塞州和新罕布什尔州——都有很大比例的青少年准备进入高等院校深造,但是总的来说,这些州的州立高等教育机构数量很少,成立得也较晚,而且学费和其他费用也相对较高。

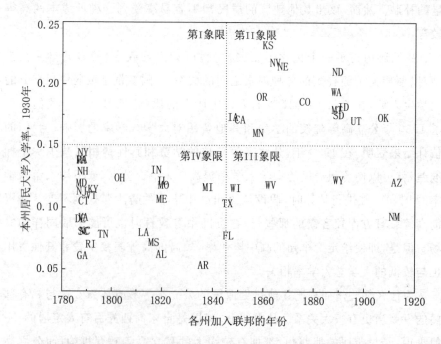

图 7.9 1930 年的大学入学率与各州加入联邦的年份

资料来源和注:见图 7.8。

几乎所有在后来才加入联邦的州都有更高的大学入学率,包括位于辽阔的大平原地区和遥远的西部地区的各州。事实上,图 7.9 中所有位于东北象限(第Ⅱ象限)的州,除了俄克拉何马州之外,都位于太平洋沿岸、山区和西北中部这三个人口普查区。正如我们在前面已经指出过的,这些州中有很多都是高中普及运动的领导者。而且,领先者与落后者之间在大学入学率上的差距,比高中毕业率还要大。在大多数后期加入联邦的州中,不仅有更大比例的年轻人口有资格上大学,而且这些州对高等教育的资助力度也非常大,从而使得它们的平均大学入学率大约相当于图7.9西南象限各州的两倍。

这些后期加入联邦的州的大学入学率之所以更高,因为州政府对高等教育的公共资助更大,同时学费水平则更低。而且,在这些后期加入联邦的州中,私立高等院校的数量非常小,因此就读于私立高等院校的学生比例,远远低于较早加入联邦的东部各州。我们永远无法确切知道究竟为什么东部各州对公立高等教育机构的资助要比西部各州少,不过原因可能在于,东部各州的人们对资助公立高等教育机构的必要性认识不足,同时这些州的立法机构也可能对现有的私立高等教育机构有所偏袒。

公立高等院校的学费水平越高,在所有高等教育机构中所占的份额越小,高中毕业生的大学入学率也就越低,但是影响还不仅于此。公共部门如果较弱,也会减少州居民中上大学的青年女性的相对数量。20世纪20年代早期,公立高等院校的学费,与州居民中大学生的男女比例,存在着很强的正相关关系;而大学总入学率则与大学生的男女比例存在着很强的负相关关系。20世纪20年代,新英格兰和大西洋沿岸中部这两个人口普查区的各州,由于公立高等教育机构的数量很少,而且许多大学传统上只收男学生(尽管女子学院在19世纪末期就已经出现了),女性在所有大学生中所占的比例要低得多。1923年大学生男女比例最高的5个州中,就有4个州位于美国东北部;而且东北部的所有9个州都排在了前16名之内。[51]就这方面而言,新英格兰在整个20世纪30年代都落后于其他地区,然后一直要等到20世纪50年代后期,差距才开始缩小。

到了20世纪30年代末,美国高等教育体系已经拥有了不少规模大、覆盖范围广的大学。公立与私立高等院校展开了良性竞争。但是,在那个时候,美国的高等教育机构还没有发展成为卓越的研究机构——那还有待时日。而且联邦政府也还没有成为高等教育的重要参与者——尽管它日后将发挥非常重要的作用。在1940年,即美国参加第二次世界大战前夕,联邦政府的资助,只占高等教育当期资金收入的7%左右——而到1950年之后,

联邦政府提供的资助每年都要占到 15％—20％。㉒

7.5 第二次世界大战之后高等教育的扩张

7.5.1 公立高等院校的增长

州立高等教育机构似乎一直以来都是"价廉物美"的。它们的学费远低于私立高等院校，因为它们获得的公共补贴要多得多。㉝在 1934 年（这是我们构造的公立和私立高等院校学费数据集的初始年），公立高等院校的学费，大约只相当于私立高等院校的三分之一，而且，在 20 世纪 50 年代以后的大部分时间里，公立高等院校的学费更是低至私立高等院校的五分之一左右。㉞公立和私立高等院校的学费（按实际价格计算）随时间推移而演变的趋势，其实是相当相似的（见图 7.10 上图所示的曲线），唯一的例外是，在 2000年之后公立高等院校的学费似乎上涨得更快一些。因为图 7.10 上图使用的是对数标度，所以图中曲线的斜率代表的是变化率。

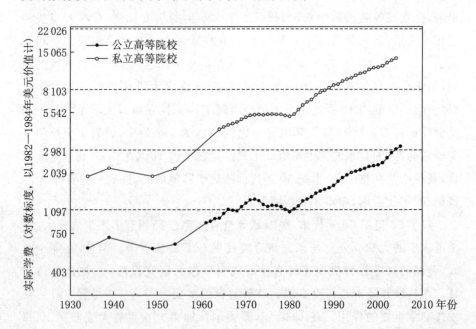

图7.10　公立及私立高等院校学费,及其占家庭收入中位数的百分比

注:学费包括各种必需的费用。在某些年份,有的州不收取学费,而只要求学生交一定的学杂费。只要有可能,就只包括各州旗舰大学的学费水平。从1964年到2005年,旗舰大学的学费和所有州立大学的平均学费(在州一级的平均学费)几乎相同。私立高等院校只包括了大学。

资料来源:1934—1954年的公立和私立高等院校学费和其他费用:《大学蓝皮书》(*College Blue Book*,1933);Conrad和Hollis(1955)。1961—1963年的公立高等院校学费和其他费用:美国联邦教育办公室(U.S. Office of Education,1961);D'Amico和Bokelman(1963)。1964—1971年的公立高等院校学费和其他费用:《教育统计年鉴》(*Digest of Education Statistics*,2005);1972—2005年的公立高等院校学费和其他费用:华盛顿高等教育协调委员会(Washington Higher Education Coordinating Board,various years)。1964—2005年的私立高等院校学费和其他费用:《教育统计年鉴》(2005)。1949—2005年的家庭收入中位数:税前名义家庭收入中位数,《美国历史统计数据:千禧年版》(*Historical Statistics*,*Millennial Edition*,tables Be67—84);以及《总统经济报告:2005年》(*Economic Report of the President 2005*),已用消费者物价指数(CPI)将实际值换算为名义值。1934年、1939年家庭收入中位数:《美国历史统计数据:千禧版》,国民收入见表Ca20—27,家庭数量见表Ae1—28(1934年数字是用插值法计算出来的);用平均每个家庭的国民收入乘以0.58得出近似值,0.58这个数字取自1949年到1964年间各选定年份(每个家庭的收入中位数/平均每个家庭的国民收入)的平均值。

1900 年前后，在全部四年制大学生中，在公立高等院校就读的人所占的比例为 20％，但是到 1970 年，这一比例提高到了 74％，这也达到了 20 世纪的最高峰（见图 7.7）。推动公共高等院校实现这种相对增长的一个关键因素，是相对低廉的学费。随着高中毕业率在全国范围内的提高（到 20 世纪中叶就超过了 50％），刚刚毕业的高中毕业生中非常大的一部分选择了公立高等院校。只要对比一下公立和私立高等院校的学费占家庭收入中位数的比例，原因就一目了然了。

大学学费及相关费用一直是美国家庭的主要支出项目之一。用学费占家庭收入中位数的百分比来衡量（见图 7.10 的下图），公立和私立大学在 1934 年的学费，比那一年之后直到 20 世纪 80 年代中期的任何一年都要贵。20 世纪 40 年代和 50 年代，由于家庭收入大幅飙升，同时大学学费上涨缓慢，上大学的成本相对于家庭收入非常迅速地下降。从 20 世纪 50 年代到 1980 年，大学学费和家庭收入的增长速度几乎相同，因而学费在家庭收入中所占的比例大体保持不变。

在大学入学率节节攀升的 20 世纪 50 年代到 70 年代，公立大学的学费大约占家庭收入中位数的 4％，而私立大学的学费则约占 20％。根据同样的度量标准，与 20 世纪 50 年代之前和 80 年代之后相比，在那个时期上大学确实可以说太划算了——尤其是公立大学。但是，在 1980 年之后，上大学对许多家庭来说又变成了一个越来越重的经济负担。到 2005 年，公立大学的学费提高到占家庭收入中位数的 10％以上。至于私立大学，平均学费在 2005 年时已经上涨到了占家庭收入中位数的 45％左右。

当然，无论是在公立高等院校还是在私立高等院校，很多大学生都不需要按"标价"支付学费。如果将奖学金、助学金以及其他形式的公共资助计算在内，学费水平将会降低，上大学的成本的增长速度因而也会显得更缓慢一些。但是无论如何，真实学费的上涨是一个不争的事实。更何况，学费只是上大学全部成本的一部分，其他大部分相关费用（如住宿费、膳食费、交通费、书费等），在公立、私立高等院校都是差不多的。不过，即便实际学费水平及其占家庭收入中位数的比例都有所上升，对公立和私立高等教育的需求，也仍然会随着教育回报的提高而增加。

从平均每个学生的成本来看，高等教育是最昂贵的一种学校教育形式，而且，由于大部分的收益都是由私人获得的，因此需要向州立法机构提供充分的理由才能获得公共资金支持。此外，由于人是会流动的，一个州如果在高等教育上投入了巨资，有可能会使邻近的州受益。能够为本州提供大量有价值的服务——例如，对本州的主要产品进行研究，或者提供农业推广服务和教师培训服务，等等——的那些学院和大学，在说服州立法机构认同公共资金支持时会比较容易一些。但是，随着时间的推移，州立高等教育机构能够为所在州提供的特定服务越来越少，同时高中毕业并有能力进入大学深造的青少年越来越多，必须找到另外的理由去争取更多的高等教育公共资金支持。答案是：必须提供更多上大学的机会。如果有合理的理由认为，中位数选民有一个高中毕业并想上大学的孩子，那么州立法机构就更有可能通过扩大高等教育的拨款法案。接下来的问题是，如何让纳税人承担合理的成本来实现这一目标。

正如许多州都已经发现的，解决的办法是建立广泛的、分层化的高等教育体系——少数几所高水平大学位于顶端，而为数众多的社区学院则居于底部。最著名的分层化高等教育体系，是加利福尼亚州的大学系统。20世纪50年代，加利福尼亚州开始面临上文描述的政策问题，并提出了一个被称为"加利福尼亚总体规划"（California Master Plan）的解决方案。

"加利福尼亚总体规划"是由克拉克·克尔（Clark Kerr）在20世纪50年代后期设计，并于1960年开始实施的，它将个人进入加利福尼亚州的大学、学院和社区学院的条件编入了法典。在这个总体规划实施之前，加利福尼亚州有整整一半的大学生所就读的大学或学院，都受到了公共资助力度很大的支持。随着大学入学人数的持续增长，原来的制度很快就会使加利福尼亚州破产。⑤

根据这个总体规划，排名前12.5％的申请者，有资格入读较有声望的大学（该总体规划出台以前的条件为前15％）；接下来的20％的申请者，可以入读一所州立大学（总体规划出台前为前35％）；所有剩下的学生，在大学适龄人口中的大约占三分之二，则可以上社区学院，如果他们表现优秀，在社区学院毕业后还可以进入四年制大学。在这个总体规划通过之后，它所规定的入读各层级大学的条件，在实践中一直被坚持了下来。⑥通过这种方式，这个总体规划既保留住了高等教育的政治基础，同时又削减了成本。

几乎所有的州都效仿了加利福尼亚州,建立了各自的分层化的高等教育体系。社区学院的大幅增长,是这种努力的主要成果之一。在 20 世纪 60 年代早期,就读于两年制公立高等院校的学生,在公立高等院校的学生总数中只占了四分之一,但是在 2005 年却几乎达到了一半。虽然没有几个州拥有像加利福尼亚州那样严格的大学和学院的等级排序,而且那些人口很少的州还普遍保留了本州旗舰大学的首要地位。但是总的来说,第二次世界大战后,各州确实都已经能够保证纳税人和他们的子女能进入某种类型的州立高等教育机构接受教育。

7.5.2 从成型到卓越

在 20 世纪初期,美国的大学并不是世界领先的研究机构。然而,第二次世纪大战结束一段时间后,它们就发展成了全世界最好的大学,我们在前面已经通过科学和医学领域的诺贝尔奖得主的数据,很好地说明了这一点。在 20 世纪 30 年代之前,诺贝尔奖得主中的美国公民,通常都拥有在欧洲留学的经历,但在 20 世纪 50 年代之后,这种情况就明显减少了。在 20 世纪 30 年代之前,非美国公民的诺贝尔科学和医学奖得主,很少曾经到美国留过学,但在 20 世纪 50 年代之后,在美国留过学的人就非常多了。在前面,我们还讨论了这样一个事实,即今天美国大学在全世界的排名非常高,世界各地的学生和教师都来美国学习和工作。

虽然除了最近的时期,我们很难对不同国家的高等教育机构进行直接比较,但是我们确实可以追踪美国国内的高等教育机构是如何随着时间的推移而变得越来越卓越的,并探索在 20 世纪的不同时期,公立和私立高等教育机构的相对卓越程度是否存在差异。要进行这样的探讨,有好几种方法可以考虑。

第一种方法是利用 1938 年和 1960 年的《美国科学家》(*American Men of Science*)传记名录,因为它收录科学家的标准在这两个年份之间没有发生改变。⑰ 从 1938 年到 1960 年,是各类高等教育机构,特别是公立高等教育机构迅速扩张的时期,从这个时期的《美国科学家》收录的科学家的分布变化,可以明显地看出向公立大学偏移的趋势。1938 年,收录的科学家中来自公立大学的比例为 34%,而到了 1960 年这个比例变成了 41%。公立大学的这种增长，主要是以私立学院的下降为代价的，而私立大学则不受什么影响。从这两年被《美国科学家》收录的教师数量来看，排名前5位的高等教育机构呈现出了清晰的向公立大学转移的趋势，尽管就排名前25位的高等教育机构而言，似乎还不能说公立、私立大学谁是明显的赢家。⑱因此，卓越的科学研究活动，已经变得越来越多地向那些最大的高等教育中心集中了，而且开始向公立大学倾斜了。

上面使用的这种方法可能有一个问题，即它给每一个研究人员都赋予了同样的权重。在大学里，一个很大的院系可能拥有很多的教师，但是他们当中只有一小部分是真正优秀的。考虑到这个原因，我们还使用了另一个方法，它需要先按卓越程度对院系进行排名。虽然这种方法也可能给规模更大的院系赋以过大的权重，但是不如前一种方法那么严重。

我们利用了文科和理科16个最大的授予博士学位的学科领域在1928/1932年、1969年和1993年的院系排名。⑲我们得到了39所大学从1928/1932年至1969年、74所大学从1969年到1993年的前后一致的数据。然后，我们根据学科领域排名的数据，以各领域授予博士学位人数为加权系数，构建出了大学排名。在所有上述三个年份中，私立大学在排名靠前组（前10位、前20位）都比公立大学更占优势，但是仍然呈现出了明显的向公立大学偏移的趋势。

在前期，即从1928/1932年到1969年，如果使用早期的权重，那么可以看出存在着一个相对优势向公立大学转移的轻微转变，但是如果使用后期的权重，那么私立大学的优势仍然很稳定。在后期，即从1969年到1993年，则无论是使用早期的权重还是后期的权重，都存在着向公立大学转移的微弱趋势。关键在于，在前40年里，排名最高组中公立大学所占比例几乎没有任何变化，而且在接下来的25年里也只是略微有所提高。总体上，在整个65年里，几乎没有什么变化，私立大学仍然保持了它们的实力和活力。

因此，从总体上看，在整个20世纪，公立大学与私立大学之间的竞争应该说是非常健康的良性竞争。公立大学得到了大幅扩张，这很可能是《美国科学家》收录的公立大学教师人数相对增加的原因。但是就大学的卓越程度这个维度而言，在整个20世纪，公立和私立大学之间的势力对比几乎没有发生任何明显的变化。有的大学可能上升了（如斯坦福大学），有些大学可能下滑了（如哥伦比亚大学），但是私立大学与公立大学之间在整体上还是保持了相对的稳定性。

根据我们在前面提到过的世界顶尖大学排行榜，大多数世界知名的美国大学都是私立高等教育机构。但是也有不少公立大学跻身世界顶尖大学之列，拥有这些公立大学的各州都有其特殊之处。这些州绝大多数都拥有一个强大的分层化高等教育体系——这种多层级结构的开创者是加利福尼亚州。我们可以通过一个州两年制社区学院的入学率来判断这个州是否拥有强大的多层级高等教育结构。在 2005 年，世界排名前 100 名的大学中，有 17 所是美国的州立大学，其中 12 个州的两年制大学的入学率高于中位数。[60]这些证据有力地表明，与没有多层级高等教育结构的州相比，拥有这种体系的州，可以将更多的资金投入到研究中去，并为它的旗舰大学建设一支更加优秀的师资队伍。此外，拥有更加细化的多层级高等教育结构的州，还可以让本州的顶尖大学吸引到更多优秀的本科生、开设更加优质的研究生项目。与此同时，这些州还可以通过为大多数本州居民提供更便宜的高等教育机构，来确保纳税人的支持。

前面，当我们讨论为什么美国大学在 20 世纪下半叶能够发展成为全世界最好的大学时，我们提到过几个因素，其中比较重要的是高等教育机构的规模和范围、私立与公立高等教育机构之间的良性竞争，以及公立和私立高等院校两个阵营内部的竞争。

还有一个可能的因素没有提到：美国的高等教育机构之所以能够在 20 世纪 30 年代至 50 年代这一时期，令大多数欧洲老牌大学黯然失色，是否正是因为美国高等教育机构的发展，就是以欧洲高等教育机构的衰落为代价的？确实，当时世界许多地区都遭到了毁灭性打击，科学家和学者们争取逃亡到了美国这个自由世界。毫无疑问，美国的高等教育机构因大量欧洲人才的流入和和平环境而受益匪浅。

但是，许多专家在仔细研究了这个问题之后，给出了一个令人信服的结论：美国高等教育机构的崛起和一直保持至今的卓越地位，并不是因为第二次世界大战的残余影响所致。恰恰相反，他们指出，即便欧洲的高等教育机构没有受到战争的破坏，美国高等教育机构在第二次世界大战前原本就已经具备的许多特点，也足以保证它们成为全球最卓越的领先者。这些优势包括：美国大学规模大，范围广（这使得不同学科领域的研究人员可以进行大规模的交流互动）；每一个领域的研究人员的绝对数量都很多（这使得各种专业化机构得以大量涌现）；与其他国家相比，美国大学在研究上投入的资金更多，尤其是在科学领域；而且，美国的高等教育体系还因为其多样性、竞争性和地方分权化而变得更加强大了。[61]

7.6　本章小结：未竟的转型

在20世纪的大部分时间里，美国高等教育一直以惊人的速度扩张。1900年出生的美国人中只有10％会上大学，而1950年出生的美国人中却有50％会上大学。1900年出生的美国人中有4％能从四年制大学毕业，而1950年出生的美国人中却有24％能从四年制大学毕业。虽然在1910—1950年出生的各同龄群中，女性的大学入学率和毕业率都远低于男性，但是在最近出生的同龄群中，在大学就读并顺利毕业的女性已经比男性更多了。

在整个20世纪，美国高等院校的规模和范围都得到了极大的扩张。20世纪初，公立高等院校的规模并不比私立高等院校大多少。然而在接下来的几十年里，尽管公立和私立大学都有了巨大的增长，但是许多公立大学都发展成了庞然大物，其规模远远超过了大多数私立大学。公立大学规模的扩大，一方面是因为大学的核心——本科生院——的规模扩大了，另一方面也是因为研究生项目增多并扩大了，同时还增设或并入了各种类型的专业学院。这也就是说，它们的规模和范围都在增长。

但是，与其他国家相比，美国高等教育体系的真正特质在于地方分权、公立和私立高等教育机构之间及内部的激烈竞争，以及自由放任的办学取向。美国的高等教育体系，提供了非常充分的选择权和极为丰富的多样性，并赋予学生第二次机会。从所有这些特征来看，美国的大学都是一种典型的美国式机构。

美国高等教育的另一个标志性特征，是它世界闻名的卓越表现。但是，这种优势是直到20世纪50年代才真正形成的——具体体现在，美国本国最优秀的人才选择留在国内，而欧洲和其他国家的人则想去美国最好的大学学习。

到了 20 世纪末,美国已经拥有一大批全世界最好的大学和学院了。美国的高等教育体系,也已经发展成为一个选择机会极其丰富、类型极其多样、各院校为争取师生加入和获得研究基金而展开激烈竞争的非常庞大的体系。20 世纪下半叶,美国已经来到了第三次教育转型接近完成的边缘。大学正在日益成为一个大众化的教育机构,就像 20 世纪初的高中一样。那么,为什么第三次转型至今尚未完成呢?既然美国拥有了全世界无与伦比的高效优质的高等教育体系,并提供了大量的选择机会,那为什么美国最终在让大众读完大学这最后一步上却输给了其他国家呢?本书第 9 章将继续讨论这些问题。但是在那之前,我们必须先把我们在经济不平等、教育和技术变革等方面的诸多发现结合到一起,以便更好地理解为什么工资不平等在 20 世纪的大部分时间里一直呈下降趋势,但是在最近的一个时期以来却反而急剧扩大了。

注 释

① 正如 1944 年 12 月 11 日的《纽约时报》报道的那样,即便是在那些没有高中毕业的退伍军人中,情况也是如此:"几乎没有退伍军人愿意回到高中去学习。他们认为,尽管没有完成高中学业,军旅生涯经历也应该可以保证他们有资格上大学了。"

② 在关于这个法案的辩论中,有关教育的章节一开始并没有像后来那样占据着核心的位置。立法者对教育福利的接受度估计不足,同时对第二次世界大战结束后国内经济的潜在失业率则估计过高了。这个法案的第一部分为退伍军人规定的保障,是 52 个星期、每星期 20 美元的失业救济金。1944 年 6 月 22 日,也就是诺曼底登陆两个星期之后,罗斯福签署了这个法案,使之正式成为法律。事实上,这个法案自 1942 年以来就一直在计划当中了。

③ 关于更多的补充观点,参见 Stanley(2003);关于这个法案的其他影响的讨论,见 Bound 和 Turner(2002)。

④ 在 20 世纪末,上过大学的人在美国年轻人中所占的比例,已经高到足以将美国的大学称为大众化大学了,但是,获得四年制大学学位的人所占的比例则要低得多。就 20 世纪 40 年代后期至 70 年代中期出生的同龄群而言,尽管拥有大学学位的女性的比例已经大大飙升,但是拥有大学学位的男性的

比例并没有提高太多(见图7.1)。

⑤ 关于大学性别差距逆转更全面的讨论,请参见 Goldin, Katz 和 Kuziemko (2006)。

⑥ 这个数字不包括专门、独立的专业学院(professional school)和神学院。如果把专门、独立的专业学院和神学院也包括进来,那么大约有2 000所四年制高等院校。在公立高等院校就读的学生比例,远远超过了在私立高等院校就读的学生比例,我们将在本章后面的章节中说明这一点。

⑦ 数据来自美国国家科学基金会(National Science Foundation,简称 NSF)以及国家教育统计中心(National Center for Education Statistics,简称 NCES)的WebCASPAR(计算机辅助科学政策分析和研究数据库系统),后者使用了综合高等教育数据系统(Integrated Postsecondary Education Data System,简称 IPEDS)的数据。

⑧ 读者可以在"英国高等教育与研究机会"(Higher Education and Research Opportunities in the United Kingdom,简称 HERO)网站上,找到有资格颁发本科学位的英国高等教育机构的完整名单,具体网址为 http://www.hero.ac.uk/uk/home/index.cfm。各个高等教育机构的网站,给出了机构创办年份和获得授予学生本科学位资质的年份。我们在这里使用的数据就是这些。对于德国的大学,我们也采用了类似的将综合性高等院校名单与各个高等院校的网站结合起来收集数据的方法,网址见:http://www.mit.edu:8001/people/cdemello/geog.html。人口的调整,是针对相关时间段内或其前后的15—19岁青少年进行的。德国1950年的数字包括了当时的民主德国和联邦德国。在这个例子中,美国四年制大学和学院的数字,在1900年是550所,在1950年是1 150所,在2005年则为1 400所。1900年和1950年的数据是保守估计,不包括独立的专业学院和神学院。

⑨ 这些数据和本节用到的其他数据,都来自1922—1924年和1932—1934年的《双年报告》(Biennials)中关于学院和大学的记录,以及各种各样的大学指南,如《大学蓝皮书》(College Blue Book,1933)。1938—1940年的《双年报告》,是最后一份提供不同高等教育机构数据的双年报告(这里所说的高等教育机构,不包括独立的专业学院和神学院)。更多的细节见 Goldin 和 Katz(1999a)。根据现有资料,有26种宗教至少建立了一所高等教育机构。我们在这里所说的宗教团体,是指一个已确立的宗教教派(如路德教),而不是指这样的宗教教派的一个分支(如挪威路德教)。

⑩ 筹建佐治亚大学的资金,是以"土地券"(land scrip)的形式提供的,这也为日后联邦通过赠地支持高等教育机构创办的机制奠定了基础。

⑪ 国会要求俄亥俄公司划拨出两个镇区来建立一所大学。

⑫ 这里所说的 1860 年和 1900 年的高等教育机构,是指在 20 世纪 90 年代仍然存在的那些。我们利用 1930 年前后仍然存在的高等教育机构的数据集,也发现了类似的结果。小型的私人高等教育机构的倒闭数量,远远超过了公立高等教育机构和大型的私人高等教育机构。因此,以下情况是有可能:过去私立高等教育机构所占的比例,要比这些数据集所显示的更高一些。

⑬ 为了便于查看,该图是从 1785—1790 年这个为期五年的时期开始的,因为在 1636 年至 1784 年间,只出现了 28 所高等教育机构。我们已经将所有独立的专业学院,如军校、医学院、法律学校和神学院等,排除在了 1992 年的名单之外。

⑭ 对于在 1934 年(而不是 1992 年)存在的高等教育机构而言,成立的高峰期并无不同。

⑮ 这个排行榜来源于《美国新闻与世界报道》的网站,"美国最好的大学,2006 年"(America's Best Colleges, 2006)。本科教育指标在这项排名中有很高的权重。布兰代斯大学是个特例。它之所以得以成立,在很大程度上是因为犹太学者和学生长期以来一直受到歧视,也因为大量犹太学者在第二次世界大战期间来到美国避难,还因为犹太社区能够筹集到足够多的资金,来建立一所卓越的大学。

⑯ 在这个排行榜前 20 名的大学中,只有三所大学不是美国的,它们是剑桥大学、牛津大学和东京大学。这些结果是根据上海交通大学发布的 2005 年大学排行榜得出的,《经济学人》杂志也引用了这个排行榜,其网址为:http://ed.sjtu.edu.cn/rank/2005/ARWU2005_Top100.htm。这个排名是基于对研究成果产出、主要研究奖项和学术引用情况的加权平均值得出的(还要根据机构规模大小进行一些缩放处理),它曾因为过分强调理科而受到批评。《泰晤士报高等教育增刊》(隶属于伦敦 TSL 教育出版公司)也发布了一份类似的大学排行榜,美国大学在这个排行榜的前 20 名中占据了 12 位,而英国和澳大利亚的大学共占据了 5 位。

⑰ 理工类研究生的数据,来自 2003 年美国国家科学基金会(NSF)和美国国家卫生研究院(NIH)联合进行的一项对研究生的调查;其他所有数据都来自 WebCASPAR(计算机辅助科学政策分析和研究数据库系统),它使用了综合高等教育数据系统的数据。

⑱ 数据仅限于在美国本土出生的化学、物理和医学诺贝尔奖得主。如果我们把幼年即移居美国的获奖者也计算在内,那么 1936 年前的数字是 41%,1935 后的数字则为 11%。许多 1955 年后获得博士学位并在欧洲学习的人,都受到了美国政府通过美国国家科学基金会或福特基金会提供的资助,而且其中有很大一部分人是在丹麦哥本哈根的尼尔斯·玻尔研究所学习的。有关诺贝

尔奖得主的传记性信息和其他资料,请参见 http://nobelprize.org/。

⑲ 请参见 Kane 和 Rouse(1999),他们对社区学院的历史及其在美国高等教育体系中的作用有很好的讨论。

⑳ 我们估计,1900 年有 550 所四年制大学,1933 年有 780 所,2000 年则有 1 400 所。这里所说的高等教育机构,不包括独立的神学院和专业学院,也不包括在其他某个方面高度专业化的学校。本科生、研究生和专业学生的数量,来自我们构造的 1897 年、1933 年和 20 世纪 90 年代初的数据集。

㉑ 在这里给出的数据中,我们排除了所有独立的教师培训机构和两年制学院,以及高等教育机构预科部的学生。更多的细节见 Goldin 和 Katz(1999a)的数据附录。

㉒ 我们从美国联邦教育办公室不同年份(1897 年、1923 年和 1933 年)的《年度报告》(*Annuals*)和《双年报告》(*Biennials*)中,收集到了丰富的机构一级的数据。

㉓ 我们没有可以用来衡量机构一级或州一级研究经费总额的理想指标,但是我们已经得到了公立和私立高等教育机构(不包括师范大学、师范学校和两年制专科学院)"单独预算的有组织的研究"的经费支出的数据。1933 年,私立高等院校的所有教育和一般支出中,有 2.4% 是用于这种"研究"上的;而公立高等院校的这一比例则为 9.3%。有意思的是,按州来看,私立高等教育机构的这一比例最高的一个州是新泽西州,因为它有一所得到了州政府公共资助,但是由私人控制的大学——罗格斯大学(Rutgers University)。资料来源:《双年报告》(*Biennials*,1932—1934,table 22)。

㉔ 20 世纪 90 年代初的数据(五年平均)来自 WebCASPAR(计算机辅助科学政策分析和研究数据库系统)。这些数据不包括专科学院、师范学校、独立的教师培训学校、独立的专业学院和独立的神学院。学生包括了所有注册入学的学生。公立与私立高等教育机构的学生人数比例一直保持相对稳定的原因是,公立高等教育机构的数量相对于私立高等教育机构有所增加。

㉕ 这里是根据 2001 年获得学士学位的学生数量,对高等教育机构进行排名,不包括凤凰城大学(这个教育机构专为迎合在职成年人的需求而设,提供大量的在线课程)。排名前 25 位的大学中唯一的私立大学,是位于犹他州的杨百翰大学(Brigham Young University)。所有数据均来自 WebCASPAR(计算机辅助科学政策分析和研究数据库系统)。

㉖ 参见 Veysey(1965)对这个问题的讨论。

㉗ 我们使用的是除了预科部之外的所有学生的数字,因为早期有许多人是在专业学院获得了他们的第一个高等教育学位。

㉘ Starr(1982)对此有一个极好的讨论。

㉙ 只有对于医学院的情况,这种因果关系才是明确无误的。弗莱克斯纳报告促使独立的医学院合并到现有的大学中去,或者促使大学创建了新的医学院。

㉚ 关于专业培训,请参见 Abbott(1988)。直到 1934 年,在当时被视为大学指南的《大学蓝皮书》(*College Blue Book*,1933)所列出的 122 所法学院中,只有 10.7% 要求学生先读完四年制大学;67.2% 只要求学生先上一个学期到两年的大学;还有 9% 甚至只要求学生拥有高中毕业文凭。

㉛ 例如,请参见 Kevles(1979)的讨论。

㉜ 数据来自 Kaplan 和 Casey(1958,table 6)。

㉝ 这些观点在很大程度上依赖于 Rossiter(1979)以及 Ross(1979)的研究。

㉞ 我们的样本,包括了美国在 1980 年前后存在的所有全国性学术团体——当时,Kiger(1982)关于这一主题的最后一本著作刚刚出版——以及美国学术团体理事会(American Council of Learned Societies)目前的成员。

㉟ Hofstadter 和 Hardy(1952:31)这样写道:"到 1910 年的时候,美国大学这种机构已经成型了。"Veysey(1965)讨论了各种因素,如:研究型大学的兴起和职业性学科的增加,是如何在 1910 年前后成为高等教育的公认事实的。随着科学方法、实践导向型课程、讲座式教学方法的流行(Handlin and Handlin,1970),以及各个领域专业化浪潮(Bates,1965;Kimball,1992;Oleson and Voss,1979),变化席卷了整个知识世界,一切都不同了。

㊱ O'Neill(1971,table 3)给出了 1930 年至 1968 年公立和私立高等教育机构的注册(学时)数,结果发现直到 1952 年前后,都几乎不存在上升趋势。然而,她的数据是将教师培训机构也包括在内的,一旦进行相应的调整,她的结论就会与我们的数据一致。

㊲ 1941 年,全国有 275 所师范学院可以授予本科学位,创下了历史新高。但是到了 1949 年,它们的数量就迅速下降到了 218 所,那一年也是师范学院被单独列出的最后一年。有意思的是,在那一年,恰恰有同样数量的公立高等教育机构,被重新创为州立学院和大学。这些数据和两年制高等院校的数据,见《美国历史统计数据:千禧年版》(*Historical Statistics*,*Millennial Edition*,table Bc510—522)。

㊳ 在新英格兰和大西洋沿岸中部这两个人口普查区的 9 个州中,只有佛蒙特州和宾夕法尼亚州在 1860 年就有了州立大学。关于各州州立大学的成立历程,见 Brubacher 和 Rudy(1958)。

㊴ 甚至一些早在 19 世纪就在纽约州建立的"学院"(academies),也得到了州政府的资助,以培训公共学校的教师。

㊵ Rosenberg 和 Nelson(1996)讨论了 20 世纪 40 年代之前,公立和私立大学在

提供"地方公共产品"方面的作用,以及后来它们的服务向国防和卫生等领域的转移。Jaffe(1989)认为,州政府之所以要资助大学研究的另一个原因是,大学的研究具有本地化的正向溢出效应,能够促进本州的经济增长和工业发展,即便研究与当前的行业并不直接相关。

㊶ 如果把那些在执行政府合同的私营部门工作的工程师也包括进来的话,那么在1940年为政府工作的工程师的比例,甚至还要更高。这里需要注意的是,国防支出是在1940年之后才大幅增加的。

㊷ 在美国内战爆发前成立的28个州立高等院校中,有19个是位于南方的(包括各边境州)。

㊸ 《美国历史统计数据》(*Historical Statistics*,series Y 684—685,F1)。

㊹ 下文所用的资料,来自Goldin和Katz(1999a)。该文的一个较长的版本,在本书的参考文献以及Goldin和Katz(2001b)中给出。

㊺ 我们使用的是标准的劳工统计局消费者价格指数(CPI)平减指数,见《美国历史统计数据:千禧年版》(*Historical Statistics*,*Millennial Edition*,table Cc1),以及劳工统计局网站。

㊻ 参见Goldin和Katz(1999a,NBER长版本,figure 7)。

㊼ 我们这里用的年份是1994年。

㊽ 大学生的居住州通常与他们的父母相同。在他们的居住州上大学的学生比例,在1897年的时候为76.4%,1923年为75.6%,1931年为80.3%。Hoxby(1997)利用这些数据追踪了全国教育市场的演变。

㊾ 参见Goldin和Katz(1999a,table 3)。

㊿ 在更晚加入联邦的州上体现出来的这种正效应,可能部分是因为联邦政府在给新成立的州赠与土地以建立高等教育机构时变得越来越慷慨了。但是,即便我们排除了最初建立联邦的13个州以及缅因州和佛蒙特州,这种正相关关系仍然成立。参见Quigley和Rubinfeld(1993),他们对各州高等教育的近期状况与各州加入联邦时间之间的关系进行了讨论。

51 这里的数据来自Zook(1926)。这些数据按性别给出了每个州在美国任何地方上学院或大学的所有居民。这里所说的学院不包括专科学院和教师培训机构,但包括专业和技术学院。

52 《教育统计年鉴》(*Digest of Education Statistics*,2005,table 328)。总收入不包括来自医院和辅助性服务的收入。

53 我们将学生必须支付的学杂费(student fees)也包括在学费当中。

54 在这里,公立高等院校的学费一般是指各州旗舰大学的学费,但是部分数据包括了所有的州立大学。对于两个数据集重叠的1964—2004年,各州的旗舰大学的数字和所有州立大学的平均数字实际上是相同的。私立高等院校的学费指的是综合性大学的学费，而且只是“标价”，而不是实际成本。

(55) 关于“加利福尼亚总体规划”以及该规划被采纳之前各层次大学学生分布的细节，请参见加利福尼亚联络委员会(California Liaison Committee, 1960)。

(56) 各州和各高等教育机构的数据，来自 WebCASPAR(计算机辅助科学政策分析和研究数据库系统)。这些数据包括了所有高等教育机构的秋季入学人数，根据特定的高等教育机构所授予的最高学位，以及是四年制还是两年制来分类。

(57)《美国科学家》收录的是加入了某个科学团体的个人。这些团体包括美国国家科学院以及一些更专业化的科学团体，还包括了对调查作出回应的团体；参见 Kattell(1938, 1960)。收录某个人的理由，是因为他对纯科学的发展作出了贡献。我们从名录中抽取了所有姓氏以字母“B”开头的人作为样本，并根据他们当时的雇主将他们分类。1938 年版的《美国科学家》有 1 501 个条目可用，1960 年版则有 2 541 个。

(58) 从 20 世纪 30 年代到 60 年代，对研究生项目的排名也揭示了类似的结果。例如，请参见美国教育理事会(American Council on Education, 1934)和 Cartter(1966)。我们也查看了理工类的大型研究生项目的排名，发现排名顶尖院系出现了某种向公立大学转移的倾向。

(59) 在 1928/1932 年与 1969 年的比较中，16 个最大的学科领域是植物学、化学、古典文学、经济学、工程学、英语、地质学、德语、历史、数学、哲学、物理学、政治学、心理学、社会学和动物学。在 1928/1932 年，这些学科占到了所有博士学位中的 72%，而 1969 年则占到了 53%(如果不包括教育博士，那么这两个比例分别为 82%和 65%)。在 1969 年与 1993 年的比较中，考察的学科领域是生物化学(包括分子生物学)、化学、经济学、工程学(化学、土木、电气、机械)、英语、历史、数学、音乐、哲学、物理学、政治学、心理学和社会学。在 1969 年或 1993 年培养的博士中，这些学科分别占 50%左右；如果不包括教育博士，那么这一比例为 60%左右(*Digest of Education Statistics*, 1970, 1997)。院系排名来自：美国教育理事会(American Council on Education, 1934)；Roose 和 Anderson(1970)；Goldberger, Maher 和 Flattau(1995)。我们将 1928/1932 年学科的院系排名进行了分组，将每个组中的院系都赋予了所在组的平均排名。

(60) 按高等教育机构类型分类的入学数据，是从 WebCASPAR(计算机辅助科学政策分析和研究数据库系统)下载的。

(61) 例如，可参见 Geiger(1990：2)；本段大部分内容源于该文。

第三篇

赛　跑

教育和技术的赛跑

8.1 20 世纪的两个故事

8.1.1 "对穷人来说最好的国家"

在 18 世纪末期,出现一种说法,即美国是"对穷人来说最好的国家"。①这是因为当时美国的土地资源很丰富,从事农业生产就能够过上富足的生活;当时财富的分配也比较平等。不过一个世纪之后,情况就发生了很大变化。正如詹姆斯·布赖斯(James Bryce)在 19 世纪 80 年代末期所言:"60 年前[即托克维尔(de Tocqueville)所描述的那个时代],美国没有巨富,甚至连富翁也没有多少个,而且没有什么穷人。但是现在,有些人很贫穷,很多人很富有,而且拥有巨大财富的人比世界上其他任何国家都要多。"(Bryce,1889:600)。②当然,布赖斯以为 19 世纪 30 年代美国不存在穷人的观点无疑是错误的③,但是他得出的财富不平等在加剧的结论则是正确的。

美国人 1890 年的生活水平当然比 1790 年提高了很多,但是经济不平等也大幅加剧了。虽然我们现在很难说得清楚1940 年之前收入分布的全部情况,但是可以肯定的是,到1870 年的时候,财富分布的平等程度大大降低了,到了 20 世纪 20 年代,财富的不平等程度已经非常严重了。1913 年,收入分布最顶层的人的相对富裕程度,可能超过了自那以后的任何一个时代。④ 在 19 世纪、20 世纪之交,那些要求较高受教育程度的职业的从业者的工资性报酬,远远高于只要求较低受教育程度的职业的从业者(见本书第 2 章)。在 1915 年前后,高中教育或大学教育的年均经济回报率非常高,直到最近大学毕业生的工资溢价才重新接近那时的水平。虽然我们还不能确定,教育的工资溢价是从 19 世纪的具体哪个时间开始上升的,也不知道教育工资溢价是不是在 1850 年的时候就已经很高了,但是我们非常清楚,到了 1900 年的时候,接受高中或大学教育是一项非常好的投资。

在 20 世纪初期,那些要求较高受教育程度的职业的从业者,能够得到巨大的工资溢价,这一事实当时的许多人已经观察到了,并发表过很多评论。经济学家保罗·道格拉斯就是其中之一,他指出:"在 19 世纪 90 年代,办公室职员阶层构成了一个非竞争性群体。"⑤ 道格拉斯对工资分布问题的研究兴趣,是被 20 世纪 20 年代初出现的、非常明显的工资差距压缩现象激发起来的。面对自己身处的时代发生的这种惊人变化,道格拉斯这样评论道:"白领工作以前的垄断优势,正逐渐被挤出,最终将不留下什么剩余。"⑥

根据道格拉斯的观点,从 20 世纪 10 年代末到 20 年代初的工资差距压缩,是在几个因素的共同作用下出现的。其中一个因素是,办公机器对技能的替代,导致对办公室职员的技能要求下降。另一个因素是移民流入的减少(道格拉斯认为,这导致受教育程度较低人群的工资性报酬的提高)。最后一个因素是,受过教育和训练、有能力完成各种白领工作的工人的供给大大增加,从而抑制了他们的工资性报酬。

道格拉斯的观点没有错,是有多种因素在共同起作用。但是我们接下来很快就会证明,在供给侧高技能、受教育程度较高的人供给的相对增加,要比需求侧对技能要求降低的各种因素更加重要,也比移民的减少更加重要。我们在第 2 章中已经证明,各种类型的文书类职业在工资变化上是相似的,从而排除了对技能要求下降会导致受教育程度较高的人相对收入大幅下降的可能性。那些没有经历过太多技术变革的白领职业,其工资性报酬的下降幅度,几乎与经历过重大技术变革的白领职业一样大。

工资结构的崩溃,是从 1920 年之前不久开始的,然后工资差距一直以各种形式继续压缩,直到 20 世纪 50 年代初。受教育程度较高的人的工资性报酬,相对于受教育程度较低的人有所下降。那些从事高技能职业的人的收入增长幅度,要小于那些从事低技能职业的人。事实上,在20世纪上半叶,每一个我们能够收集到前后一致的时间序列数据的高技能工人群体或专家群体,相对于从事低技能职业的工人工资都是有所下降的。在本书第2章中,我们给出的各个级别的教授、工程师、办公室职员和办事员,以及手工劳动者的相对工资序列,充分说明了这一点。同时,在每一组制造业内部,生产工人的工资分布也出现了大幅压缩。因此毫不奇怪,从1915年到20世纪50年代初,受教育的年均回报率直线下降。⑦但是,在下降之前,受教育的回报率已经上升到了非常高的程度,以至于即便在工资溢价缩小之后,教育仍然不失为一项很好的投资。

因此,在20世纪初,经济不平等非常严重,同时教育的货币回报也非常高。但是无论如何,美国仍然是"对穷人来说最好的国家",因为它的平均收入大大高于所有其他国家,而且拥有一个开放的教育体系,同时与欧洲各国相比,机会更加平等。⑧尽管也有某些特定的群体,特别是生活在美国南方的非洲裔美国人,在特定历史时期成了时代的弃儿,但即便是他们,到20世纪中期也获得了接受更高教育的机会,并且从20世纪60年代就开始拥有了不少高收入的工作。

8.1.2 把这两个故事结合起来

到了20世纪70年代初,又出现一种说法,即美国"拥有一切"了。美国经济在20世纪60年代一直以创纪录的速度增长——在那个时期劳动生产率平均每年增长2.75%。⑨整个国家的经济非常强劲。从20世纪40年代末开始,工资结构只是略有扩大,同时收入分配则一直非常稳定。因此,无论美国人在收入分布中处于什么位置,他们都在相对平等地共享着繁荣。读者不妨回过头去看一下第2章的图2.2和图2.3,1947—1973年,美国经济快速增长,民众则走上了"共同增长"的道路。

在这个时期,每一代美国人达到的教育水平都大大超过了上一代,典型的成年人的受教育年限,要比他们的父母长得多。自20世纪初以来,教育资源、受教育程度和经济成就等方面的种族和地区差异,都已经大大缩小了。⑩以教育为基础的向上流动性,是美国社会的根本特点。

但是在那之后,美国经济没能将这些特点坚持到底。从20世纪70年代末到21世纪初,经济不平等迅速恶化。劳动生产率也没有继续以曾经的速度提高,相反却在 20 世纪 70 年代中期明显大幅放缓,并在此后大约 20 年的时间里一直保持在了低位。后来,尽管生产率的增长最终恢复了之前的速度,但是不断加剧的不平等又放大了经济低迷对绝大多数美国人的影响。

因此,美国整个 20 世纪的历程包含了两个不平等的故事——第一个故事是贫富差距缩小的故事,而第二个却是贫富差距扩大的故事。图 8.1 中非常清晰地讲述了这两个故事。图中给出了工资不平等的两个关键组成部分

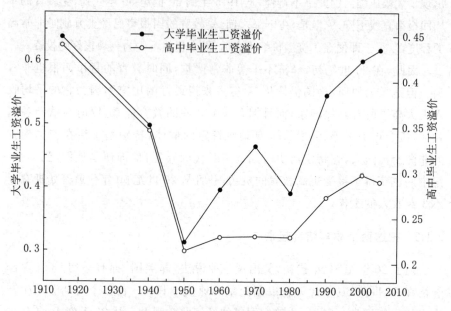

图 8.1 大学毕业生和高中毕业生的工资溢价:1915—2005 年

资料来源和注:大学毕业生工资溢价:图中的折线是基于本书附录表 D.1 中的(大学/高中)工资差距序列(对数值)绘制的。我们使用的是 1915 年艾奥瓦州人口普查和 1940—1980 年人口普查的估计值。我们分别加入了 1980—1990 年的"当前人口调查"数据、1990—2000 年的人口普查数据,以及 2000—2005 年的"当前人口调查数据"中的(大学/高中)工资差距的对数值变化,将这个序列扩展到了 1990 年、2000 年和 2005 年,从而在计算大学工资溢价的变化时,保持各对样本之间教育编码的一致性。高中毕业生工资溢价:图中的折线是基于本书附录表 D.1 中的(高中/8 年级)工资差距序列(对数值)绘制的。我们使用的是 1940—1980 年人口普查的估计值。为了保持数据的一致性,我们将这个序列进行了延伸:先利用 1915—1940 年艾奥瓦州的工资差距变化向前延伸到了 1915 年;然后利用"当前人口调查"数据中的 1980—1990 年的工资差距变化、1990 年 2 月"当前人口调查"和 2000 年"当前人口调查"中的 1990—2000 年的工资差距变化,以及"当前人口调查"中的 2000—2005 年的工资差距变化,向后延伸到了 2005 年。

近百年来的时间序列：1915—2005 年的大学毕业生工资溢价（相对于那些止步于高中的人）和高中毕业生工资溢价（相对于那些在 8 年级就离开学校的人）。对于我们的分析来说，如果能够获得这整个时期完整的收入和工资分布，那将是最理想的，但是 1940 年以前的数据并不存在。尽管如此，我们还是可以对 1915—2005 年的教育回报率，进行前后统一的分析。

教育回报率并不总是与工资不平等的其他组成部分同步变化。但是从 1940 年到 2005 年，工资结构的变化确实与大学教育溢价的变化密切相关（见第 2 章图 2.6，那里给出了大学毕业生工资溢价和 90—10 工资差距的对数值）。此外，近几十年来，工资不平等不断加剧的主要原因，都可以追溯到教育工资差距的日益扩大。[⑪] 我们很有信心地认为，在我们现在讨论的这 90 年间，可以把教育工资溢价的变化，视为工资不平等合理的代理变量。

大学毕业生工资溢价在 1915—1950 年间急剧下降，然后在 1950—1980 年呈现出了小幅上下波动的状态，但是在 1980 年后又迅速上升。因此，大学毕业生工资溢价在 20 世纪走出了一个完整的循环：到 2005 年的时候，又回到了 1915 年高中普及运动开始时的高水平上。至于高中毕业生工资溢价，在 20 世纪 50 年代之前也同样急剧下降，不过在 20 世纪其余的时间里的增长幅度，则相对更小。

8.1.3 赛跑

为什么教育的回报率在 20 世纪上下半叶的表现完全不同：先是下降，然后又上升？这就是我们在本章要探讨的中心问题。我们将通过教育（技能的供给）和技能偏向型技术变革（技能的需求）之间的赛跑这个理论框架，来分析教育回报率的变化。

我们将利用美国劳动力技能存量变化的直接证据，来推断出同技能偏向型技术变革有关的变化。也就是说，我们不会使用关于技能偏向型技术变革的直接证据，而是会通过对技能的相对需求变化的估计，来对技能偏向型技术变革加以推断。我们所用的相对需求变化的估计值，是用教育的相对工资、教育的相对供给变化，以及我们对受教育程度不同的各个群体之间替代弹性的估计值,计算出来的。在第3章中,我们详细讨论的历史证据,说明了技能偏向型技术变革在就业机会演变中的重要性。这些证据包括,在整个20世纪,对更新颖、资本密集程度更高的技术的利用,与受教育程度更高的工人的雇佣之间,存在着强烈的正相关关系。这些发现足以让我们确信,我们估计出来的相对技能需求的变化,实质上是由技能偏向型技术变革驱动的。

然而,在我们分析的这一时期,"受过很好教育的工人"(highly educated worker)这个概念本身,也发生了变化。如今,只有大学毕业生(甚至只有拥有研究生学位的人),才会被认为是受过很好教育的人;但是在1915年,高中毕业生就已经被认为是受过良好教育的人了。考虑到这个原因的,在我们的分析中,我们使用了"受过很好教育的工人"的两个定义:在20世纪的大部分时间里,我们主要关注的是大学毕业生工资溢价;而在20世纪早期,我们主要关注的是高中毕业生工资溢价。

在20世纪技术变革与教育的赛跑中,教育在20世纪前半段一直处于领跑的位置,但是在过去的30年里,技术冲到了前面,步履蹒跚的教育落在了后面。正是这场赛跑带来了经济扩张,也正是这场赛跑决定了哪些群体将会获得经济增长的果实。

但是,在这两个因素中,到底是哪一个导致了经济不平等先降后升的呢?在上面这两个时期里,技术变革,以及对高技能、受过教育的工人的需求增加,都是很常见的现象。这其中既有一些快速增长的时段,也有一些缓慢增长的时段。但是,从总体上来看,相对于对受教育程度较低的劳动力的需求,对受教育程度较高的劳动力的需求增长速度,在1915—2005年间一直是相当稳定的。

因此,这两个时期之间的主要差异,不是需求的变化,而是供给的变化。受教育程度较高劳动力的供给增长速度的变化,对改变不平等趋势发挥了关键作用。此外,对于整体技能的供给来说,受过教育的本地工人供给的变化,要比移民数量的变化重要得多。这也就是说,美国本土受教育程度较高的人的供给变化,一直是导致美国受教育程度较高的人的总体供给变化的最重要因素。劳动力市场制度的变化,往往可以保护中低收入工人的工资性报酬不受市场力量的影响,这些制度变化在几个子时期内是关键因素。

但是教育工资差距的大部分变化,都可以用一个简单的供求框架来很好地加以解释。

现在,我们已经做好了准备,可以对 20 世纪的不平等趋势进行更全面的分析,同时还可以将 1915—2005 年间不同受教育程度者的相对工资变化,按各种来源加以分解。为此,我们构建了一个框架,它包含了供给侧和需求侧同时起作用的各种因素,然后在这一框架无法完全解释工资差距变化的那些时间段里,引入工资制定制度的变化来作出解释。

8.2 供给、需求和制度(SDI)分析框架

为了指导我们对导致 20 世纪教育回报率发生变化的各种因素的实证分析,我们构建了一个正式的供求分析框架。这个框架是建立在本书第 3 章的核心发现的基础上的,那就是,在整个 20 世纪,技能偏向型技术变革迅速推进,因此对技能的相对需求一直以相当稳定的速度增长。我们采取的方法的核心是:确定教育工资差异的演变,在多大程度上可以用技能供给增长速度的波动,与相对需求增长的平稳趋势来解释。

正如我们将会证明的那样,工资差距的很大一部分变化,都可以用这个简单的理论框架来解释。而且,在仅凭供求力量来解释还不能达到理想效果的时候,我们还可以引入制度因素,来解释技能工资溢价的模式。在这个意义上,我们是将通常的供求框架,与制度的刚性与改变结合起来,进行分析的。这个更一般的框架,对于我们理解 20 世纪 40 年代的工资结构变化,对于我们比较 20 世纪 70 年代中后期与 80 年代初这两段时间的变化,都是至关重要的。20 世纪 40 年代的工资差距压缩,似乎远远超出了我们只用市场力量所能解释的范围,因为这种压缩,部分是由第二次世界大战时期的特定制度因素所导致的,例如,工会势力的膨胀,以及战时工资政策的残余影响,等等。

这个框架包含了两股主要力量:其一是受教育程度更高的工人相对供给的变化,这主要是源于进入劳动力市场的相继出生的同龄群,接受学校教育的年限的变化;其二是对受教育程度更高的工人相对需求的变化,这在很大

程度上是由技能偏向型技术变革驱动的。

　　我们可以用一个劳动力需求模型来说明我们的分析。在这个模型中,总生产函数只取决于高技能(熟练)和低技能(非熟练)工人的数量。高技能工人(S)是那些上过大学的工人,低技能工人(U)是那些没有上过大学的工人。假设生产函数在高技能与低技能劳动力之间,有常数替代弹性(constant elasticity of substitution, CES),再假设这两类劳动力之间的总替代弹性为σ_{SU}。低技能劳动力本身,被假设为一个常数替代弹性的子集,它取决于高中毕业生(H)和那些不拥有高中毕业文凭的人(O)的数量(后者通常也被称为"辍学生"),两者之间的替代弹性为σ_{HO}。[12]

　　于是,这个框架可以用如下两个方程来概括:

$$Q_t = A_t [\lambda_t S_t^\rho + (1-\lambda_t) U_t^\rho]^{\frac{1}{\rho}} \tag{1}$$

$$U_t = [\theta_t H_t^\eta + (1-\theta_t) O_t^\eta]^{\frac{1}{\eta}} \tag{2}$$

其中,方程式(1)是总生产函数,方程式(2)是低技能劳动力的子集。在方程式(1)中,Q是产出,A是全要素生产率,S是高技能劳动力或大学生劳动力的单位,U是低技能劳动力或非大学生劳动力的单位。在方程式(2)中,H为高中毕业生劳动力的单位,O为高中辍学生劳动力的单位。参数λ_t和θ_t分别表示不同类型劳动力所占的比例,在模型中它们被视为技术转移参数。[13]常数替代弹性参数ρ和η,与各替代弹性有关,具体关系为:$\sigma_{SU} = 1/(1-\rho)$以及$\sigma_{HO} = 1/(1-\eta)$。

　　三个不同技能水平的工人群体(S, H, O)的工资,可以在我们熟知的条件下推导出来,即,当工资等于边际产品时,竞争均衡就会出现。大学生工人相对于高中毕业生的相对工资、高中毕业生工人相对于辍学生的相对工资,可以分别表示为:

$$\log\left(\frac{w_{S_t}}{w_{U_t}}\right) = \log\left(\frac{\lambda_t}{1-\lambda_t}\right) - \frac{1}{\sigma_{SU}} \log\left(\frac{S_t}{U_t}\right) \tag{3}$$

以及:

$$\log\left(\frac{w_{H_t}}{w_{O_t}}\right) = \log\left(\frac{\theta_t}{1-\theta_t}\right) - \frac{1}{\sigma_{HO}} \log\left(\frac{H_t}{O_t}\right) \tag{4}$$

因此,相对工资取决于需求转移参数(λ_t和θ_t)、受教育程度较高和较低的工人群体的相对供给,以及两个群体之间的相对替代弹性(σ_{SU}和σ_{HO})。方程式(3)和方程式(4)就是这个模型的主要估计方程。

我们这个理论框架的实证应用还需要一个关键假设,那就是:相对技能供给是预先给定的,因此在短期内,每个技能组别的劳动力供给都是完全无弹性的。[14]此外,这个框架还假设,大学劳动力相对于未上过大学的劳动力的相对供给的变化,不会影响高中毕业生相对于辍学生的工资溢价。这个限定并不意味着受过大学教育的人的供给,对于低技能工人的工资的决定并不重要,但是它确实意味着,受过更高教育的劳动力的供给,对高中毕业生和辍学生的工资有同样的影响。

这个框架允许每个技能组别(大学生、高中毕业生和辍学生)内部工人的生产率(效率)存在着异质性,但是它需要假设每个技能组别内部的不同工人之间是可以完全相互替代的。这也就意味着,技能供给(S、U、H和O)必须用效率单位(经生产率调整后的工作时间)来衡量,而不能直接用时间来衡量。我们在用效率单位来衡量技能供给的同时,还考虑到了与年龄、性别和受教育程度相关的系统性工资差距,并对每个技能组别的工作时间,调整了"年龄—性别—受教育年限"构成的变化。[15]

图8.2是一个图解,说明了可以如何使用上述框架,来分析工资结构的变化。它是用1960—2005年间的估计值绘制出来的(我们很快就会说明这个时间段的特点)。在图中,SS^*这条线给出了上述时间段内受教育程度较高的工人(在本例中,是受过大学教育的工人相对于未上过大学的工人)相对供给的年化百分比变化。利用方程式(3),可以估计出上过大学的工人与未上过大学工人之间的替代弹性σ_{SU},进而估算出需求的工资弹性。给定这个估计值和大学毕业生工资溢价的变化率,我们就可以确定以变化率形式表示的需求函数DD^*。DD^*函数与横轴相交的点,就给出了对上过大学的工人相对需求的变化。

我们现在就用这个理论框架去拟合数据,以度量供给因素、需求因素和制度变化在影响工资溢价方面的相对作用。我们先从大学毕业生工资溢价开始分析。

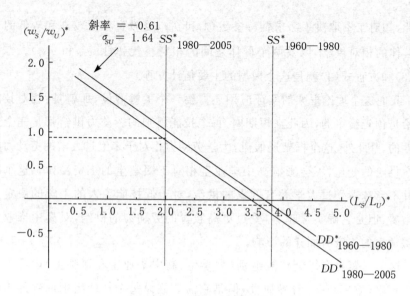

图 8.2　供给和需求框架

8.3　为什么技能工资溢价发生了变化：1915—2005 年

8.3.1　大学毕业生工资溢价

应用我们的理论框架

　　任何用来讨论大学毕业生工资溢价的理论框架，都必须很好地解释表 8.1 给出的事实并与之一致（也请参见图 8.1）。这些事实容易总结。大学毕业生工资溢价（表中的第 1 栏）在 1915—1950 年间大幅下降，但是随后又有所上升，特别是在 1980 年之后。到 2005 年，大学毕业生工资溢价又重新回到了 1915 年的高水平。正如我们在描述图 8.1 中所指出的，大学教育的回报似乎走出了一个完整的循环。上过大学的工人的相对供给（表 8.1 第 2 栏）在这个时期的大部分时间内迅速增长，尽管到最近，特别是在 1990—2005 年间，出现了一个至关重要的增速明显放缓的过程。总体上看，在这整个时期内，上过大学的工人的相对供给一直以相当快的速度增长——增速大约为每年 2.87%。

表 8.1　大学毕业生工资溢价与受过大学教育的工人的供求变化：
1915—2005 年（100×年度对数变化）

	相对工资	相对供给	相对需求 （$\sigma_{SU}=1.4$）	相对需求 （$\sigma_{SU}=1.64$）	相对需求 （$\sigma_{SU}=1.84$）
1915—1940 年	−0.56	3.19	2.41	2.27	2.16
1940—1950 年	−1.86	2.35	−0.25	−0.69	−1.06
1950—1960 年	0.83	2.91	4.08	4.28	4.45
1960—1970 年	0.69	2.55	3.52	3.69	3.83
1970—1980 年	−0.74	4.99	3.95	3.77	3.62
1980—1990 年	1.51	2.53	4.65	5.01	5.32
1990—2000 年	0.58	2.03	2.84	2.98	3.09
1990—2005 年	0.50	1.65	2.34	2.46	2.56
1940—1960 年	−0.51	2.63	1.92	1.79	1.69
1960—1980 年	−0.02	3.77	3.74	3.73	3.73
1980—2005 年	0.90	2.00	3.27	3.48	3.66
1915—2005 年	−0.02	2.87	2.83	2.83	2.82

注："相对工资"为（大学毕业生/高中毕业生）工资差距的对数值，即大学毕业生工资溢价。作为基础数据的大学毕业生工资溢价序列，已经绘制在了图 8.1 中。"相对供给"和"相对需求"指的是大学毕业当量相对于高中毕业当量的相应指标（大学毕业当量指，大学毕业生人数，加上曾经上过大学的人数的一半之和；高中毕业当量指，受教育年限为 12 年或以下的人数，加上曾经上过大学的人数的一半之和）。相对供给的对数值，等于从大学毕业当量的相对工资份额的对数值中，减去相对工资序列的对数值，即：

$$\log\left(\frac{S}{U}\right)=\log\left(\frac{w_s S}{w_u U}\right)-\log\left(\frac{w_s}{w_u}\right)$$

其中，S 是已就业的高技能劳动力（大学毕业当量）的效率单位，U 为已就业的低技能劳动力（高中毕业当量）的效率单位，w_s 和 w_u 分别为高技能和低技能劳动力的工资（经构成调整后）。相对工资额的对数值，是基于本书附录表 D.1 中大学毕业当量的工资额份额序列计算出来的。相对需求的对数值 $\log(D_{su})$ 取决于 σ_{su}，从正文中的方程式（3）可以得出：

$$\log(D_{su})=\log\left(\frac{S}{U}\right)+\sigma_{su}\log\left(\frac{w_s}{w_u}\right)$$

为了最大限度地保证不同样本之间对受教育程度度量的一致性，我们对 1980—1990 年的变化使用了"当前人口调查"、对 1990—2000 年的变化使用了人口普查、对 2000—2005 年的变化使用了"当前人口调查"。而对 1915—1940 年的变化则使用了艾奥瓦州的数据。关于技能相对供给和相对需求的度量方法的更多细节，请参见 Autor，Katz 和 Krueger（1998）。

资料来源：本表所依据的基础数据载于本书附录表 D.1，那里的数据又是从 1915 年艾奥瓦州人口普查、1940—2000 年人口普查中的综合公开微观数据样本（IPUMS），以及 1980—2005 年"当前人口调查"中的合并退出循环组样本（CPS MORG）中推导出来的。

因为教育在 20 世纪末的工资溢价,大体上相当于它在该世纪初的水平,所以我们的供求框架就意味着,在这整个世纪里,对技能相对需求的增长速度,必定基本上与技能的相对供给的增长速度相同。尽管从长期来看,技术和教育之间的赛跑似乎是不分胜负,但是这种长期结果事实上遮蔽了至关重要的短期变化。那么,在过去的一个世纪里,到底是什么导致教育回报率先下降,然后又上升的? 我们将证明,将上过大学的工人相对供给的波动与需求的稳定增长结合在一起,就可以在很大程度上解释大学毕业生工资溢价更高频的变化。

我们使用下面所有这些可用年份的数据,在 1915—2005 年这个期间上估计了方程式(3):1915 年、1940 年、1950 年、1960 年,以及 1963—2005 年间的每一年。[16]因变量是:那些至少拥有一个大学学位(接受过 16 年或以上的正规教育)的人,相对于那些拥有且只拥有一个高中学位(接受过 12 年的教育)的人的教育工资溢价。该溢价是用这两个受教育程度不同的群体的工资之比的对数值来衡量的。相对技能供给是用大学毕业当量的效率单位相对于高中毕业当量的效率单位之比来衡量的。大学毕业当量指,大学毕业生人数,加上曾经上过大学人数的一半之和;高中毕业当量指,受教育年限为 12 年或以下人数,加上曾经上过大学人数的一半之和。[17]

对上过大学的工人相对需求的长期增长,呈现出了线性时间趋势。这种趋势与特定年份的相互作用会使需求趋势发生变化。为了与我们前面得出的、关于需求增长速度从 20 世纪 90 年代初开始放缓的发现保持一致(见第 3 章),我们在大多数模型设定中增加了一项,使得需求趋势可以在 1992 年发生变化。[18]我们的估计结果如表 8.2 所示,图 8.3 则以图形的形式给出了这些结果。

表 8.2 大学毕业生工资溢价的各种决定因素:1915—2005 年

	(1)	(2)	(3)	(4)	(5)
(大学/高中)的供给	−0.544 (0.079)	−0.595 (0.093)	−0.610 (0.065)	−0.579 (0.099)	−0.618 (0.079)
(大学/高中)的供给×1949 年后					0.007 8 (0.042 0)

续表

	（1）	（2）	（3）	（4）	（5）
时间	0.003 78	0.009 70	0.009 91	0.009 73	0.010 3
	(0.002 00)	(0.002 43)	(0.001 71)	(0.005 45)	(0.002 8)
时间×1949 年后	0.018 8				
	(0.001 3)				
时间×1959 年后		0.015 6	0.015 4		0.015 0
		(0.001 2)	(0.000 9)		(0.002 2)
时间×1992 年后	−0.004 65	−0.008 07	−0.007 39		−0.007 2
	(0.002 27)	(0.002 79)	(0.001 96)		(0.001 99)
1949 年虚拟变量			−0.137		−0.143
			(0.021)		(0.036)
时间²×10				−0.003 42	
				(0.002 03)	
时间²×1 000				0.105	
				(0.034)	
时间²×10 000				0.006 64	
			(0.001 86)		
截距项	−0.493	−0.645	−0.656	−0.587	−0.674
	(0.168)	(0.197)	(0.138)	(0.210)	(0.079)
R^2	0.934	0.917	0.960	0.928	0.960
观察值个数	47	47	47	47	47

资料来源和注：表中的每一栏，都是大学毕业生工资溢价对指定变量的一个普通最小二乘法回归的结果，使用了覆盖 1914 年、1939 年、1949 年、1959 年，以及 1963—2005 年的样本。系数下面的括号中给出的是标准误。大学毕业生工资溢价，是大学毕业生（正好接受过 16 年学校教育）和拥有高于大学学历的人（接受过 17 年以上学校教育），相对于高中毕业生（正好接受过 12 年学校教育）的对数工资差距的固定权重加权平均值。"（大学/高中）供给"，是大学毕业当量相对于高中毕业当量的供给的对数值（两者均用效率单位度量。）"时间"是用 1914 年以来的年数来度量的。1963—2005 年的数据来自 1964—2006 年的 3 月"当前人口调查"样本。1963—2005 年的大学毕业生工资溢价和效率单位相对供给的度量，使用了与 Autor，Katz 和 Kearney（2007）数据附录的描述相同的数据处理步骤和样本选择规则。1963—2005 年的大学毕业生工资溢价，使用的是全年在职的全职工人的周工资性报酬的对数值。我们用 1914 年、1939 年、1949 年和 1959 年的大学毕业生工资溢价观察数据，将绘制在图 8.1 中的 1915—1970 年（实际上是 1914—1969 年）大学毕业生工资溢价序列的变化，添加到 1969 年的 3 月"当前人口调查"的数据点上。1914—1959 年的相对供给对数观测值，同样添加了艾奥瓦在 1914—1939 年，以及美国在 1939—1949 年、1949—1959 年、1959—1969 年的大学毕业当量的相对供给变化，这些数据来自人口普查的综合公开微观数据样本（IPUMS），采用了表 8.5 和表 8.6 的效率单位度量方法。

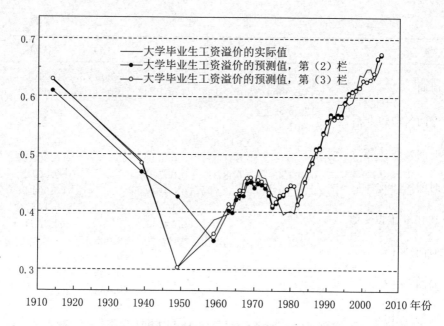

图 8.3 大学毕业生工资溢价的实际值和预测值：1915—2005 年

资料来源和注：大学毕业生工资溢价的实际值，来自表 8.2 所使用的回归序列，其来源如该表的注所示。如本图所示，大学毕业生工资溢价的两个预测值序列，是分别用表 8.2 第（2）栏和第（3）栏的回归，预测出来的大学毕业生工资溢价的值。

这一估计最重要的一个结果是，受过大学教育的工人相对供给的变化，对整个时期大学毕业生的工资溢价，产生了很大的且有显著经济意义的负面影响。在大多数模型设定下进行的估计，都可以得出相似的相对供给变量的系数（见表 8.2 第 1 行）。表 8.2 第（3）栏是我们首选的模型设定下的估计结果，这些数字意味着，大学毕业当量的相对供给每增加 10%，就会使大学毕业生工资溢价下降 6.1%。或者换一种表述，高技能劳动力与低技能劳动力之间的替代弹性系数（σ_{SU}）为 1.64[＝1/0.61，见方程式（3）]。尽管对大学毕业当量的相对需求，长期以来一直都在强劲增长，但是大学毕业当量的供给在 1915—1980 年的快速增长，压低了大学毕业生的工资溢价。而自 1980 年以来，受过大学教育的工人的供给增长速度急剧大幅放缓，成了大学毕业生工资溢价上升背后的驱动力。

总的来说，利用这种简单的供求模型设定，就能够很好地解释大学毕业生工资溢价的长期演变趋势了。在图8.3中，我们将模型设定（2）和设定（3）的预测结果，与大学毕业生工资溢价的实际值画到了一起，从中可以很清楚地看出，大多数短期波动都是可以追踪的。但是，有两个短期波动有更复杂的原因。一个发生在20世纪40年代，另一个发生在20世纪70年代中后期。

表8.2的第（1）、（2）、（3）栏对应的每一个模型设定，都相当于在我们的一般框架内使用了一种不同的方法，来对20世纪40年代的大学毕业生工资溢价作出了解释。第（1）栏的模型设定，允许20世纪上半叶和下半叶有不同的需求趋势，这是通过引入与"1949年后"这一虚拟变量之间的交互项来实现的。对趋势的估计表明，在20世纪上半叶，对大学毕业生劳动力的需求增长缓慢，而在1949年之后却急剧加速，但到了1992年之后又有所放缓。这个模型对1915—1940年间大学毕业生工资溢价的下降幅度的预测过高，同时对20世纪40年代的大幅下降却又预测过低。第（2）栏对应的模型设定，则允许需求趋势的转变发生在1959年之后，而不是在1949年之后。

如图8.3所示，第（2）栏的模型设定，对1915—1940年间的大学毕业生工资溢价的下降拟合得非常好，但是对大学毕业生工资溢价在20世纪40年代的急剧下降和50年代的强劲反弹则拟合得不好。预测20世纪40年代和50年代的短期变化之所以如此困难，可能与一些制度性因素和周期性因素有关。它们包括：第二次世界大战期间工资政策的残余影响、产业工会势力的增强（工会能够提高受教育程度较低的工人的讨价还价能力）、对军工生产工人的强劲需求，以及第二次世界大战后出现的耐用消费品繁荣，等等。所有这些因素合在一起，导致大学毕业的工人的相对工资低于1950年时的长期市场均衡水平。[19]

20世纪40年代大学毕业生工资溢价的下降幅度，超过了根据基本面因素的变化所能预测到的下降幅度；不过，20世纪50年代的增长可能已经使系统重归正轨。我们尝试着在模型中加入了一个代表1949年的虚拟变量，以便允许临时性的制度因素对20世纪40年代的工资制定产生影响［表8.2第（3）栏］。估计结果表明，制度因素或临时性需求因素，使得1949年的大学毕业生工资溢价降低了14个对数点。图8.3第（3）栏给出的估计值，与数据拟合得非常好,因此为我们提供了一个首选模型设定。第(4)栏的模型设定引入了一个有弹性的时间趋势,其估计结果很好地证明了在这整个时期,相对劳动供给的系数有很强的稳健性。

表 8.2 的各种模型设定未能很好地刻画的另一个短暂时期,是 20 世纪 70 年代的中后期,当时大学毕业生工资溢价一路下降。1973 年之后的生产率增长放缓,以及严重的石油价格和通货膨胀的冲击,使得这个时期变得更加复杂化了。许多工会,如钢铁和汽车行业的工会,其成员不成比例地属于非大学毕业生群体,这些工会代表工人签订的指数化的工资合同是完全与通货膨胀挂钩的,目标是保证实际工资与全国生产率的预期增长同步增长。在 20 世纪 70 年代末,由于工会签订的工资合同没有及时根据生产率增长放缓的实际情况进行调整,导致未受过大学教育的工人的工资相对提高。但是,到了 20 世纪 80 年代初,经济陷入了严重衰退,雇主对工会的态度也发生了变化——尤其是在当时的美国总统里根与发动罢工的空中交通管制人员对峙并获胜之后——导致 20 世纪 80 年代初的劳资谈判都以工会让步告终,从而为大学毕业生工资溢价的大幅反弹奠定了基础。工会势力的持续衰落,再加上 20 世纪 80 年代联邦最低工资实际价值不断遭到侵蚀,这些都提高了大学毕业生的工资溢价,使之可能超出了仅凭市场因素本身所能达到的水平。[20]

对受过大学教育的劳动力的需求增长,在 20 世纪 90 年代似乎放缓了,从需求趋势与 1992 年的交互项系数为负,就可以看出这一点。考虑到 20 世纪 90 年代及以后信息技术的迅速普及,这一发现似乎与从技能偏向型技术变革角度给出的解释相悖。但是这其实不是问题,我们还是可以找到合理的解释的。

20 世纪 90 年代之前,计算机化在很大程度上只是取代了未受过大学教育的办公室职员和生产工人的工作任务。相比之下,更晚近的信息技术进步,则越来越多地导致了组织结构上的变革,从而在减少中低收入的大学毕业生工作岗位的同时,又大大增加高端管理人员岗位和要求从业者具有很强问题解决能力的岗位。因此,对那些名校毕业的人,以及拥有研究生学位的人,需求仍然在不断飙升,这些人的就业前景仍然非常看好。但是,对一般高等院校毕业的人的需求,却算不上强劲,这些人自 1990 年以来的工资性报酬,相对于没有上过大学的工人,也并没有提高很多。^㉑尽管如此,大学毕业生的工资溢价(甚至对于那些只拥一个本科文凭的劳动者来说)仍然达到了历史高位,即使是那些从"边际"(marginal)大学毕业的人,也能够获得非常高的教育回报。^㉒

供求变化的计算

如图 8.2 所示,我们用估计出来的大学毕业生的相对供给系数(即 σ_{SU})来计算相对需求的变化。表 8.1 的最后三栏,给出了对应于下述三个 σ_{SU} 值的需求变化:1.4(这是以往相关文献一致认同的估计)、1.64[我们首选的估计,源于表 8.2 第(3)栏的模型设定],以及 1.84[从表 8.2 第(1)栏推导得出]。得到的结果对参数值的选择具有相当高的稳健性。

正如我们前面已经指出过的,1915—2005 年,供给和需求这两种力量总体上保持了同步。从长期的角度来看,教育和技术都尚未从这场赛跑中胜出。另外,在 1960—1980 年间两者也不分伯仲。^㉓但是在其他时期却并非如此。在最早的两个时期,即 1915—1940 年和 1940—1960 年,供给的增长速度一直领先于需求——平均每年领先大约为 1%。^㉔而在最近的一个时期,即 1980—2005 年,需求的增长则超过了供给。最重要的是,无论在最早的时期还是在最晚的时期,都是教育供给的变化,主导了教育工资溢价的变化。这也就是说,就改变相对工资而言,供给变化要远比各个时期的需求变化重要。

从图 8.2 可以看得很清楚,导致工资不平等状况不断变化的根本原因,是供给因素,而不是需求因素。1960—1980 年,受过大学教育的劳动者的相对供给以每年 3.77% 的速度增长,但是在 1980—2005 年却仅以每年 2% 的速度增长。另一方面,相对需求在此期间却一直相当稳定。如果在 1980—2005 年间,受过大学教育的劳动者的相对供给,仍然以其在 1960—1980 年间的速度增长,那么受过大学教育的劳动者的相对工资将会下降(即图中曲线 $DD^*_{1980-2005}$ 与 $SS^*_{1960-1980}$ 的交点),而不会以每年 0.9% 的速度提高。因此,1980 年以来劳动力受教育程度增长的放缓,才是导致 1980 年后大学毕业生工资溢价上升的最重要因素。

近几十年来,技术一直领先于教育,这是因为教育增长缓慢,而不是因为技能偏向型技术变革加速了。可以肯定的是,对受过大学教育的劳动者的相对需求,在 20 世纪下半叶要比上半叶增长得更加迅速,在 20 世纪 80 年代更是如此;但是自 1990 年以来,需求并没有得到快速增长。㉕对于这一点,我们在第 3 章曾用这样一句戏语进行了强调:"重要的不只是技术,笨蛋。"接下来,我们很快就会证明,造成工资收入不平等的"罪魁祸首"也不是移民。相对供给的变化,可能会受到国内生产工人存量的变化的影响,也可能会受到国外涌入的移民工人的影响。但是我们将证明,在我们研究的所有时期,前者都要重要得多。

受过大学教育的劳动者,是 20 世纪下半叶最重要的受过良好教育的群体。但是在 20 世纪上半叶,受过大学教育的劳动者,并不是唯一重要的受过良好教育的群体,也不是在数量上占多数的受过良好教育的群体。在 20 世纪早期,高中毕业文凭就是受过良好教育的标志,而自 20 世纪中期以来,大学毕业文凭成为受过良好教育的标准。现在,我们就来探讨一下高中毕业生工资溢价的历史演变。

8.3.2 高中毕业生工资溢价

应用我们的理论框架

1915—1950 年,高中毕业生工资溢价大幅下降,而且下降的方式与后来大学毕业生工资溢价的下降几乎相同(见图 8.1 和表 8.3)。㉖但是,1950—1980 年,高中毕业生工资溢价基本保持不变,而同一时期大学毕业生工资溢价则一路上升(尽管其间有若干小小的反复)。这两个序列之间出现巨大反差是在 1980 年以后,当时大学教育的回报大幅上升,而高中教育的回报则只是略有增加。到了 20 世纪末,高中毕业生的工资溢价,已经远远低于1915 年的水平了。

高中毕业生的工资溢价在 1915—1950 年间大幅下跌,主要原因在于,高中普及运动导致高中毕业生相对供给出现了巨大的增长。1915—2005 年,高中毕业生供给的年增长速度,比未获得高中毕业文凭的劳动者(在这里称之为"辍学生")的供给高出了 4.25%,而在 1915—1940 年的高中普及运动期间,前者的年增长率更是比后者高出了 5.54%(见表 8.3)。高中毕业生相对供给明显放缓的唯一一个时期,是最近的 1990—2005 年。

表 8.3　高中毕业生工资溢价与受过高中教育的劳动者的供求变化：
1915—2005 年（100×年度对数变化）

	相对工资	相对供给	相对需求 $(\sigma_{HO}=2)$	相对需求 $(\sigma_{HO}=3)$	相对需求 $(\sigma_{HO}=4)$
1915—1940 年	−0.38	5.54	4.79	4.41	3.66
1940—1950 年	−1.32	4.38	1.74	0.42	−2.22
1950—1960 年	0.15	2.72	3.02	3.17	3.47
1960—1970 年	0.01	5.31	5.33	5.34	5.36
1970—1980 年	−0.01	5.65	5.63	5.62	5.60
1980—1990 年	0.44	4.04	4.92	5.36	6.24
1990—2000 年	0.25	1.87	2.37	2.62	3.12
1990—2005 年	0.11	1.52	1.75	1.86	2.09
1940—1960 年	−0.59	3.55	2.38	1.79	0.62
1960—1980 年	0.00	5.48	5.48	5.48	5.48
1980—2005 年	0.24	2.53	3.02	3.26	3.75
1915—2005 年	−0.17	4.25	3.91	3.75	3.41

注："相对工资"为受过 12 年教育与只受过 8 年教育的劳动者的工资差距的对数值，并已经对各种人口因素进行过调整。作为基础数据的高中毕业生工资溢价序列，已经绘制在了图 8.1 中。相对供给和相对需求的度量方法，是将恰好高中毕业的人（即拥有一张高中毕业文凭或正好接受过 12 年完整教育的人）与那些没有高中毕业文凭的人（接受过 0—11 年教育的人）进行比较。用来构造相对供给和相对需求的度量方法，与表 8.1 的说明中描述的大体相同，只不过要用高中毕业生（H）取代大学毕业当量（S），高中辍学生（O）取代高中毕业当量（U）。因此，相对供给的对数值，是由高中毕业生与辍学生的相对工资额之比，减去高中毕业生工资溢价的对数值得出的。相对需求的对数值 $\log(D_{HO})$，是基于正文中的方程式（4）得到的，由下式给出：

$$\log(D_{HO}) = \log\left(\frac{H}{O}\right) + \sigma_{HO}\log\left(\frac{w_H}{w_O}\right)$$

为了最大限度地保证不同样本之间对受教育程度的度量的一致性，我们对 1980—1990 年的变化使用了"当前人口调查"中的合并退出循环组样本（CPS MORG），对 1990—2000 年的变化使用了 1990 年 2 月的"当前人口调查"和 2000 年"当前人口调查"中的合并退出循环组样本（CPS MORG），对 2000—2005 年的变化使用了"当前人口调查"中的合并退出循环组样本（CPS MORG）。而 1915—1940 年的变化则使用了艾奥瓦州的数据。

资料来源：本表所依据的基础数据载于本书附录表 D.1，那里的数据又是从 1915 年艾奥瓦州人口普查、1940—2000 年人口普查以及 1980—2005 年"当前人口调查"中的合并退出循环组样本（CPS MORG）中推导出来的。

为了估计出高中毕业生和辍学生之间的替代弹性(σ_{HO}),我们对方程式(4)的一个变体进行了估计,以捕捉高中毕业生的工资溢价,这个过程类似于对大学毕业生工资溢价的分析(见表 8.4)。在对大学毕业生工资溢价的分析中,上过大学的工人与未上过大学的工人之间的替代弹性(σ_{SU})在整个时期都是稳定的,其变化范围为 1.6—1.8。但是,高中毕业生与辍学生之间的替代弹性(σ_{HO})却在 1950 年前后发生了实质性的变化。

表 8.4　高中毕业生工资溢价的各种决定因素:1915 年至 2005 年

	(1)	(2)	(3)	(4)	(5)
(高中毕业生/辍学生)的供给	−0.180	−0.193	−0.193	−0.512	−0.352
	(0.059)	(0.039)	(0.039)	(0.071)	(0.137)
(高中毕业生/辍学生)的供给×1949 年后				0.322	
				(0.054)	
(高中毕业生/辍学生)的供给×时间					0.004 96
					(0.002 18)
时间	−0.000 84	0.002 39	0.002 35	0.017 1	0.030 8
	(0.002 78)	(0.001 79)	(0.001 76)	(0.003 7)	(0.010 0)
时间×1949 年后	0.013 2			−0.003 2	
	(0.001 1)			(0.002 9)	
时间×1959 年后		0.011 7	0.011 6		
		(0.000 6)	(0.000 6)		
时间×1992 年后	−0.007 53	−0.010 9	−0.010 7	−0.010 6	
	(0.003 86)	(0.002 6)	(0.002 6)	(0.002 9)	
1949 年虚拟变量			−0.027 8		
			(0.019 2)		
时间²×10					−0.008 4
					(0.001 2)
时间²×1 000					0.113
					(0.025)
时间²×10 000					−0.005 5
					(0.001 5)

	（1）	（2）	（3）	（4）	（5）
截距项	0.088	0.049	0.053	−0.579	−0.282
	(0.118)	(0.078)	(0.077)	(0.142)	(0.271)
R^2	0.897	0.953	0.956	0.944	0.971
观察值个数	47	47	47	47	47

资料来源和注：表中的每一栏都是高中毕业生工资溢价对指定变量的一个普通最小二乘法回归的结果，使用了覆盖 1914 年、1939 年、1949 年、1959 年，以及 1963—2005 年的样本。系数下面的括号中给出的是标准误。高中毕业生工资溢价，是高中毕业生（正好接受过 12 年完整学校教育）相对于接受过 8 年完整学校教育的人的工资差距的对数值（经构成调整后）。"（高中毕业生/辍学生）供给"，是接受过 12 年完整学校教育的劳动者，相对于接受过 0—11 年学校教育的劳动者的供给的对数值，用效率单位来度量。"时间"是用 1914 年以来的年数来度量的。1963—2005 年的数据来自 1964—2006 年的 3 月"当前人口调查"样本。对于 1963—2005 年的高中毕业生工资溢价和效率单位相对供给的度量，我们使用了与 Autor, Katz 和 Kearney（2007）数据附录的描述相同的数据处理步骤和样本选择规则。1963—2005 年的高中毕业生工资溢价，使用的是全年在职的全职工人的周工资性报酬的对数值，是将恰好接受过 12 年完整学校教育的劳动者与所有辍学生进行比较的结果。我们将这个高中毕业生工资溢价序列乘以 1.44，使之与接受过 12 年教育的劳动者与接受过 8 年教育的劳动者之间工资差距的对数值有可比性。乘数 1.44，是附录表 D.1 中 1915—1980 年（高中/8 年级）与（高中/辍学生）两个工资差距对数值系列之间的平均比率。1914 年、1939 年、1949 年和 1959 年的高中毕业生工资溢价观察数据，将绘制在图 8.1 中的 1915—1970 年（实际上是 1914—1969 年）高中毕业生工资溢价序列的变化，添加到 1969 年 3 月"当前人口调查"的数据点上。1914—1959 年的相对供给对数观测值，同样添加了艾奥瓦在 1914—1939 年，以及美国在 1939—1949 年、1949—1959 年、1959—1969 年的大学毕业当量的相对供给变化，这些数据来自人口普查的综合公开微观数据样本（IPUMS），采用了表 8.5 和表 8.6 的效率单位度量方法。

要体现这一变化，可以在回归中加入一个交互项——刻画相对供给项与代表"1949 年以后"的虚拟变量之间的交互[见表 8.4 第（4）栏]。在没有这个交互项的情况下，整个时期的替代弹性都是相当大的（其值大约等于 5）。但是在加入了交互项之后，替代弹性就只有 1949 年以后的时期才是比较大的了，在 1949 年之前的几十年里一直都比较小（大约等于 2）。㉗

这些结果表明，与 20 世纪 50 年代以前相比，当今的高中毕业生与辍学生彼此之间的可替代性更强了。因此，现如今高中毕业生与辍学生相对供给的变化,对高中毕业生工资溢价的影响变得比过去更小了。在以前,高中毕业生曾经被认为明显比没有高中毕业文凭的人更有技能,许多职位都是为他们保留的。因此,在整个 20 世纪的大部分时间里,高中毕业生的人数大幅增长,提高了高中毕业生相对于辍学生的相对供给,降低了高中毕业生工资溢价。

在 20 世纪初期,许多公司企业都雇佣高中毕业生担任办公室职员,当时许多高科技产业也雇佣高中毕业生担任高技能蓝领生产工人。雇主们在招聘时都会说明,某些工作要求应聘者拥有高中毕业文凭或学过特定的高中课程,他们认为高中毕业生比起没有接受过中学教育的人有很大的优势。但是在今天,高中毕业生与辍学生通常会被雇主视为几乎完全可以相互替代的。历史事实和我们的估计结果都表明,在拥有高中毕业学历的工人和高中辍学的工人之间的这种区分,已经发生了很大的变化。[28]

20 世纪 40 年代,高中毕业生工资溢价似乎出现过度下降的现象,后来到了 50 年代才有所反弹。大学毕业生工资溢价也经历了类似的变化。但是,制度因素对高中毕业生工资溢价的影响,似乎远不及对大学毕业生工资溢价的影响那么重要。例如,1949 年虚拟变量,在高中毕业生工资溢价的回归中,就是不显著的[表 8.4 第(3)栏]。

供求变化的计算

我们利用涵盖我们估计值的三个替代弹性值(2、3 和 5),来计算供给和需求的力量在改变高中毕业生工资溢价方面的相对影响(见表 8.3)。我们首选的弹性系数,对于 1950 年以前为 2,对于 20 世纪 50 年代之后则为 5。我们最重要的发现是,高中毕业生工资溢价在 1915—1940 年间的下降,主要是由于相对供给的快速增长。

1915—1940 年,相对需求也出现了大幅增长,但是其增长速度远低于供给,因此高中毕业生工资溢价下降了。1940—1960 年,相对供给也以超过需求的速度增长。两者之间差异的具体大小则取决于,我们使用的是较大的弹性系数值,还是较小的弹性系数值,因为我们观察到的替代参数的转变,正是发生在这个时期的。[29]同样重要的是我们在 1980—2005 年间观察到的高中毕业生工资溢价的温和上升。在这个时期,尽管相对需求的增速有所放缓,但是高中毕业生的相对供给增速放缓的幅度更大。

　　根据我们的分析,在改变 20 世纪教育工资溢价方面,供给因素比需求因素要重要得多。受过良好教育的劳动力相对供给的变化,有好几个原因。我们一直强调的是美国本土出生的连续同龄群在受教育程度上的变化,但是来自国外的移民也可能是一个重要的原因,值得在此先分析一下。

8.3.3　移民与人口统计

　　在 1980—2005 年这个时期,国外移民的涌入可能极大地增加了没有高中毕业文凭的劳动者的供给,从而减少了高中毕业生的相对供给。移民还可能减少了大学毕业的劳动者的相对供给,从而也提高了 20 世纪 80 年代之后大学毕业生工资溢价。而在 20 世纪初期,限制移民进入美国的法律,大大减少了移民的流动,很可能增加了受教育程度更高的工人的相对供给。在所有这些情况下,移民和教育都是在同一个方向上改变技能工资溢价的。接下来,就让我们来估计一下移民对 1915—2005 年间的技能供给和技能工资溢价的影响。

　　移民与劳动力

　　在 20 世纪初期,移民是美国劳动力增长的一个重要组成部分。到 1915 年,国外出生的人占美国劳动人口(18—65 岁)的比例,超过了 21％。[30] 20 世纪 20 年代,当美国立法限制移民之后,国外出生的劳动力占比开始呈现出下降趋势,到 1970 年时只占了 5.4％。[31] 在更晚近的时期,尤其是在 1965 年的移民法取消了关于国籍配额的规定之后,涌入美国的移民潮再度出现。到 2005 年,国外出生的人在美国劳动人口中所占的比例,已经上升到了 15％。移民的国籍构成在最近几十年也发生了深刻的变化,来自亚洲和拉丁美洲(特别是墨西哥)的移民比例大幅上升。在我们探讨移民对技能工资溢价的影响时,我们将把重点放在移民对劳动力增长的贡献很大的早期(1915—1940 年),以及最近的几十年(1980—2005 年)。

　　由于 20 世纪进入美国的移民平均受教育程度低于美国本土出生的人,因此移民流动的巨大变化可以改变相对技能的供给。而相对技能供给的变化,进而又会影响教育工资溢价。在我们要考查的第一个时期,即 1915—1940 年,移民流入的放缓,会增加技能的相对供给。如果移民持续地以原来的速度增长,那么受教育程度较低的劳动者的供给就会增加,这里因为当时美国的高中普及运动正在快速推进中,而最大的移民来源地欧洲各国,还没有开始高中普及运动。在最近的这个时期,即 1980—2005 年,通常的看法是移民的流入减少了技能的相对供给。有些人经常说,今天随着大量移民涌入美国,有太多的人在同处于教育水平和技能阶梯最底部的美国本土出生的人,竞争有限的工作岗位。

那么,技术供给的变化,究竟有多少是由移民引发的? 又有多少是由本土出生的人口受教育程度的变化导致的? 许多评论家不假思索地推断称,移民的大量涌入,极大地提高了技能工资溢价。但是,真的如此吗?

我们的答案是:在我们研究的所有时期,移民对相对技能供给的影响,都小于人们通常所假定的程度,而且移民对教育工资溢价变化的影响也相对较小。只有在 1980—2005 年这个时期,移民的影响似乎比之前的时期更大一点。但是根据我们的估计,在 20 世纪 80 年代之后大学毕业生相对于高中毕业生的工资溢价的升幅(共有 23 个对数点)当中,移民的贡献只占 10%(大约为 2.4 个对数点)。移民因素可以解释高中毕业生工资溢价升幅中的一部分(43%),但是美国国内教育增长放缓可以解释的比例更大(57%)。

移民因素对 20 世纪 80 年代后大学毕业生工资溢价增长的贡献,之所以只占了很小的比例,原因与新移民受教育程度的分布有关。大部分国外出生的劳动者都位于教育阶梯的最底部,但是同时也有一些拥有大学和研究生学位的国外出生的劳动者位于教育阶梯的最顶端。例如,在 2005 年,17% 的国外出生人口的受教育年限少于 9 年(相比之下,在本土出生的美国人中,受教育年限少于 9 年的人不足 1%);同时在另一个极端,2005 年的移民与本土出生的美国人相比,更有可能拥有高于大学本科的学位(研究生学位),而且至少有同样高的可能性拥有 4 年制大学的学位。㉜

在 1915 年,移民的流入使辍学生的劳动力供给增加了 22%;相比之下,恰好拥有一个高中毕业文凭的劳动力供给,则只增加了 6%。移民的流入还使高中毕业当量的劳动力供给增加了 20%,而大学毕业当量的劳动力供给则只增加了 11%[见表 8.5 第(1a)栏]。这些 1915 年的数据来自艾奥瓦州的样本;如果我们有整个美国的数据,很可能会发现在每一个技能组中,就整个美国而言,移民所占的就业份额都要更大一些。不过,在移民对不同受教育程度组的劳动力供给有着不同影响这一点上,整个美国应该是与艾奥瓦州一样的。㉝1940 年,在限制移民的法律实施了将近 20 年之后,每一个受教育程度组中，国外出生的人所占的比例都大幅下降了。

表 8.5 移民对劳动力供给的贡献，按受教育程度分类：1915—2005 年

	移民和美国本土出生的工人之间的比例						移民就业比例
	高中毕业生与高中辍学生			高中毕业当量与大学毕业当量			
	（1a）辍学生	（2a）毕业生	（3a）移民的贡献	（1b）高中	（2b）大学	（3b）移民的贡献	
艾奥瓦州							
1915 年	0.223	0.059	0.144	0.198	0.114	0.073	0.156
1940 年	0.084	0.035	0.046	0.067	0.056	0.010	0.058
美国							
1940 年	0.169	0.075	0.084	0.140	0.088	0.047	0.111
1950 年	0.124	0.071	0.048	0.103	0.074	0.026	0.086
1960 年	0.086	0.044	0.039	0.067	0.062	0.005	0.062
1970 年	0.071	0.040	0.029	0.054	0.063	−0.009	0.054
1980 年	0.118	0.049	0.065	0.068	0.075	−0.006	0.067
1990 年	0.291	0.075	0.183	0.106	0.096	0.009	0.093
2005 年	0.762	0.146	0.430	0.190	0.151	0.033	0.151

注："移民的贡献"的计算，采用了 Borjas，Freeman 和 Katz（1997）的方法，其推导过程如下。低技能工人（U）与高技能工人（S）之间的比例，可以用下式进行分解：

$$\log\left(\frac{L_{Ut}}{L_{St}}\right) = \log\left(\frac{N_{Ut}}{N_{St}}\right) + \left[\log\left(1+\frac{M_{Ut}}{N_{Ut}}\right) - \log\left(1+\frac{M_{St}}{N_{St}}\right)\right]$$

其中，L_{jt}＝第 t 年第 j 个技能组的工人的供给，N_{jt}＝第 t 年第 j 个技能组中美国本土出生的工人的供给，M_{jt}＝第 t 年第 j 个技能组中移民工人的供给，因此有 L_{jt}＝ $N_{jt}+M_{jt}$。上面的分解式中，等式右边的第一项是美国本土出生的工人对该比例的贡献。（在方括号内的）第二项是移民工人对该比例的贡献——我们称这一项为"移民的贡献"，它在表中的第（3a）栏和第（3b）栏给出。表中的第（1a）栏和第（1b）栏给出的是"移民的贡献"中的组成部分 $\frac{M_{Ut}}{N_{Ut}}$；第（2a）栏和第（2b）栏给出的是"移民的贡献"中的组成部分 $\frac{M_{St}}{N_{St}}$。在本表中，"高技能"工人组指的是高中毕业生和大学毕业当量；"低技能"工人组指的是辍学生和高中毕业当量。大学毕业当量包括了那些受过16 年或以上教育的人，再加上一半的受过一些大学教育的人。高中毕业当量包括那些受教育年数为 12 年或以下的人，再加上一半的受过一些大学教育的人。表中的第 1—3 栏中的工人供给是用效率单位度量的：即按基准年每个人所属人口群组的相对工资加权后的工作小时数之和（取 1940 年、1960 年和 2005 年的平均值）。我们使用了 60 个人口群组（6 个受教育年限组×5 个年龄组×2 个性别组）。不过，表中最后一栏所显示的移民就业比例，使用的是原始就业数据，而不是效率单位。

资料来源：1915 年艾奥瓦州的人口普查；1940—1990 年全国人口普查的综合公开微观数据样本（IPUMS）；2005 年"当前人口调查"中的合并退出循环组样本（CPS MORG）。这些样本包括了 18—65 岁的非军人在职人员。

在第二次世界大战结束后的大部分时间里,国外出生的人仍然只占美国劳动力的一小部分,他们的受教育年限的分布与本土出生的人相似。然而,在更晚近的这些年来,移民对高技能劳动力供给的影响变大了很多。1990年,移民的流入使辍学生的人数增加了29%,不过只使高中毕业生的人数增加了7.5%。2005年,移民使辍学生的人数增加了惊人的76%,使高中毕业生的人数增加了大约15%。在高中毕业当量和大学毕业当量的增幅中,移民所占的比例都相当可观,但是两者基本上是平衡的。

移民与教育差距

表8.5列出了国外出生的人(移民)对受教育程度较高和较低群体的供给之间差距的贡献。"移民的贡献"给出了低技能劳动力与高技能劳动力供给之间差距的对数值中,由于移民的存在而贡献的比例。[34]移民对高中辍学生相对于对高中毕业生的供给差距的贡献,在1915年时为14.4%,到1970年下降到了2.9%,然后在我们考察的这个时期的剩余时间里一路上升。到了2005年,移民又使得辍学生相对于高中毕业生的供给差距,扩大到了43%(对数点)。但是,移民对高中毕业当量相对于大学毕业当量的供给比例的贡献,在所有年份中都很有限,而且在1915年时是最大的。

我们在前面曾经指出过,在20世纪80年代后,受过大学教育的劳动者相对供给的增长,出现了大幅放缓。与此同时,大学毕业生工资溢价的提高,在很大程度上可以归因于教育增速下降。现在要问的问题是,高技能劳动力供给的这种放缓,有多少是由移民的增加所导致的?

答案是,只有14%的大学毕业生供给增速放缓,是由国外出生的人口数量增加所导致的。1960—1980年,受过大学教育的劳动力的相对供给,以每年3.89%的速度增长,但是1980—2005年的年平均增长速度,却下降了1.62个百分点,跃至平均每年2.27%(见表8.6)。在这个增速的下降中,有1.40(=3.83−2.43)个百分点,或总降幅的86%(=1.4/1.62),是由美国本土出生的大学毕业生的相对供给增长放缓所致,因而只有14%的增速下降可以归因于移民因素。

但是,大学毕业生工资溢价的增长,又有多少是由移民流入而导致的呢?1980—2005年,移民的流入使得大学毕业当量的相对供给减少了3.9个对数点[见表8.5第(3b)栏]。使用我们首选的σ_{SU}估计值($\sigma_{SU}=1.64$),相

表 8.6　移民和美国本土出生的居民对技能相对供给的增长的贡献：
1915 年至 2005 年（100×年度对数变化值）

时　期	高中毕业生/高中辍学生			大学毕业当量/高中毕业当量		
	合计	移民	本土出生者	合计	移民	本土出生者
1915—1940 年	4.80	0.39	4.41	2.82	0.25	2.57
1940—1960 年	3.49	0.22	3.26	2.96	0.21	2.75
1960—1980 年	5.61	−0.13	5.74	3.89	0.06	3.83
1980—2005 年	2.49	−1.46	3.95	2.27	−0.16	2.43

注：表中的每一个单元格给出的都是每一个时期技能相对供给从该时期开始到结束的年化百分比变化（用效率单位衡量）。"合计"栏给出了技能相对供给的总体增长。"移民"栏和"本土出生者"栏，将技能相对供给的总体增长，按表 8.5 的注中给出的定义，分解为移民和美国本土出生的居民的贡献。"移民"这一栏，可以用表 8.5 的第（3a）栏和第（3b）栏——"移民的贡献"，表示移民对技能相对供给增长的贡献——的数据计算出来。例如，1980—2005 年，在高中辍学生相对于高中毕业生的相对供给中，"移民的贡献"从 0.065 上升到了 0.430［表 8.5 第（3a）栏］。如果在 1980 年没有国外出生的人，那么高中毕业生与辍学生比例的对数值，将会增加 6.5 个对数点，而到 2005 年时则将增加 43 个对数点。因此，1980—2005 年，移民对于 $\log(H/O)$ 的变化的年化贡献为［(0.065−0.430)×100/25］＝−1.46。大学毕业当量和高中毕业当量及效率单位的定义，见表 8.5 的注。这里还应当指出的是，本表中所给出的相对供给数字，与表 8.1 以效率单位度量的（大学毕业/高中毕业）当量，以及表 8.3 中以效率单位度量的（高中毕业生/辍学生）当量的相对供给数字略有不同。为了计算移民的影响，我们使用了一种稍有不同的计算效率单位的方法：在表 8.6 中，我们使用的是一组固定的权重（见表 8.5）；而在表 8.1 和表 8.3 中，我们对每一年都使用了不同的权重。

资料来源：同表 8.5。

对供给的这种变化，意味着大学毕业生工资溢价增加了 2.4 个对数点，或者说，仅仅相当于总体增幅的 10％，这是我们之前已经指出过的一个事实。因此，在解释 1980—2005 年大学毕业生工资溢价的上升时，美国本土出生的受过大学教育的劳动力相对供给增长放缓的重要性，要比移民因素大 9 倍。[35]

此外，移民对高中毕业生相对于辍学生的相对供给的影响，要大于对大学毕业生相对供给的影响。当然，这一点丝毫不会令人觉得惊奇。2005 年，移民在辍学生的总体中占据了一个相当大的比例，尽管在 1980 年之前，移民在这方面的重要性要低得多。但是，即便是在受教育程度较低的群体中，移民对相对技能供给的影响在数量上的重要性，也比不上本土出生人口中

高中毕业生增长速度的放缓。㉟

1960—1980 年,高中毕业生的相对供给以每年 5.61％的惊人速度增长;但是 1980—2005 年,高中毕业生的年增长速度下降到了 2.49％,平均每年下降了 3.12％。这是一个相当可观的降幅,其中,有 1.79 个百分点(＝5.74－3.95),或总降幅的 57％(＝1.79/3.12),是由美国高中毕业生的相对供给增长放缓导致的。集中在教育分布低端的、国外出生人口的增加,则造成了余下 43％的变化。

那么,在我们研究的时期中最早的那一个时期(1915—1940 年),移民的减少,对受过教育的劳动力的相对供给,又有什么影响呢? 20 世纪 10 年代中期开始,流入美国的移民急剧减少,从而增加了受过教育的工人的相对供给。但是,无论是对于技能相对供给的快速增长,还是对于由此而出现的技能工资溢价的下降,美国本土出生的人受教育程度的增加,都是比移民更加重要的因素。1915—1940 年,高中毕业生相对于辍学生的相对供给,年增长率为 4.8％。在这当中,有 4.41％来自本土出生的人受教育程度的提高;而只有 0.39％来自流入美国的移民的减少(见表 8.6)。因此,在这个时期,移民减少对于高中毕业生相对于辍学生相对供给的增长,贡献不到 10％。同样地,在 1915—1940 年这个时期,大学毕业当量相对于高中毕业当量相对供给的增长中,也只有不到 9％,是由移民减少导致的。

这一节的主要结论是:在 1980—2005 年间,移民对受过大学教育的劳动力相对供给的增长,只有非常小的影响;对高中毕业生相对于辍学生的相对供给,也只有相当温和的影响。相比之下,受教育程度较高的(本土出生的)美国劳动力的增长放缓,影响却要大得多。因此,20 世纪 80 年代之后出现的大学技能工资溢价的迅猛增长中,移民只起了很小的作用。而且对于我们考察的最早的那个时期(即 1915—1940 年,当时移民数量出现了大幅减少),我们也得出了类似的结论。

8.3.4　出生同龄群的变化

行文至此,我们已经证明,技能相对供给的变化,主要是由美国国内教育因素所决定的。既然如此,我们就自然而然地被引向了一个与人口统计有关的问题。在美国本土出生的人口的技能相对供给增长的变化中(见表

8.6),有多少是由相继出生的各同龄群的受教育程度增长的变化所驱动的,又有多少是由生育高峰(婴儿潮)及生育低谷所导致出生同龄群规模的变化所驱动?我们可以通过将美国本土出生的人口的技能相对供给的增长,分解为各出生同龄群受教育程度的增长,以及各出生同龄群规模的变化,来回答这个问题。[37]

我们发现,就本土出生的美国人相对技能供给的增长率的改变而言,美国本土相继出生的各同龄群受教育程度增长率的变化,远比同龄群规模的变化更加重要。我们通过以下几个例子来说明这一点。

我们首先考虑这个例子。1960—1980 年,美国本土出生的大学毕业当量的相对供给,以每年 3.83％ 的速度飞快增长。在这个总增速中,有 3.51％ 是由各出生同龄群教育水平的提高所致,而只有 0.32％ 是来自 20 世纪 60 年代和 70 年代随着婴儿潮一代进入劳动力市场的、更年轻和受教育程度较高的那些同龄群规模的不断扩大。这也就是说,整个增长中整整有 92％ 要归因于相继出生的同龄群的教育进步。再来看一看 1980—2005 年间美国本土出生的大学毕业生供给相对缓慢的增长——每年平均只增长 2.43％。在这个总增速中,有 2.54％ 来自各出生同龄群的教育进步,同时有 −0.11％ 则是由出生同龄群的规模变得更小所导致的。

从第一个时期(1960—1980 年)到第二个时期(1980—2005 年),美国国内大学毕业生供给的年增长率下降了 1.4％(＝3.83％−2.43％),其中将近 70％(年均 0.97 个百分点),是由相继出生的同龄群受教育程度的提高速度放缓所致。事实上,在 1980—2005 年间美国大学毕业生工资溢价每年 0.90％ 的实际增长当中,美国本土出生的人受教育程度增长速度的下降,就可以解释每年 0.59 个百分点的增长(假设 $\sigma_{SU}=1.64$)。

8.4 非竞争性群体:1890—1930 年

8.4.1 技能工资溢价,以及受过良好教育的工人的相对供给

在前面,我们选择 1915 年作为分析教育工资溢价变化的起始日期,之所以这样做,是因为对于 1915—2005 年,我们能够计算出可以合理比较的、关

于技能相对供给和技能相对收益的估计值。但是很显然，在技能相对供给的历史上，比这更早一些的时期也是非常重要的。对于这个更早的时期，我们将采用一种略有不同的、度量技能回报的方法来进行分析。这个时期又可以分为两个时代：一是 1890—1915 年，它被保罗·道格拉斯称为非竞争性群体的时代；二是 1915—1930 年，那是非竞争性群体渐渐隐退的时代。

我们在这里使用的度量技能回报率的方法，其实在本书第 2 章中已经介绍过了——用要求从业者接受过中学或以上教育的职业，与没有这种要求的职业的工资之比，来衡量。对于 1930 年以前的历史时期，我们可以更精准地追踪职业间工资比率的变化（与追踪教育回报率相比）。我们在第 2 章中已经证明，各种类型的办公室职位的工资溢价，以及各种专家职位的工资溢价，从 1914 年前后就开始下降了，并且一直持续到 20 世纪 20 年代初。尽管到了 20 世纪 20 年代末，某些序列的职业工资比率一度有所回升，但是白领工作的工资溢价再也没有回到 1914 年之前的高水平。那么，是什么因素导致了"非竞争性群体"时代技能和教育工资的显著溢价，又是什么因素导致了 1914 年后技能和教育工资溢价的持续急剧缩小？

我们首先必须给出对按技能分类的工资比率变化的估计值，以及对受过教育的工人供给的估计值。为了便于进行跨期比较，我们将 1890—1930 年这 40 年划分为两个等长的时期：1890—1910 年，以及 1910—1930 年。然后，我们使用就业权重，将第 2 章给出的各个技能工资溢价序列进行加总。[38] 利用这种方法计算出来的白领职位的工资溢价，在第一个时期的 20 年里一直保持稳定，但是在第二个时期的 20 年里，却下降了 25.7 个对数点（或大约 23%）。这也就是说，1910—1930 年，技能工资溢价平均每年下降了 1.28%。

我们还必须构造出 1940 年以前的高中毕业生存量。我们的首选方法是，利用第 6 章中提到过的、关于全国范围新一届高中毕业生年度人数流量的行政管理数据。而在利用 1890—1930 年间每年新一届高中毕业生数量的行政管理数据，构造高中毕业生存量的时候，我们先假设 1890 年高中毕业生占全部劳动力的比例为 4%，然后将每年的新一届高中毕业生的流量，加入到原有的劳动力存量中去。[39] 我们调整了每一年高中毕业生在劳动力中的存量，以反映高中毕业生与其他成年人在劳动力参与率方面的差异。基于1915年艾奥瓦州人口普查和1940年全国人口普查的综合公开微观数据样本（IPUMS）中相关同龄群的数据，我们假设男性高中毕业生的劳动力参与率，全体男性劳动力参与率相同；并假设女性高中毕业生的劳动力参与率，比没有完成高中学业的女性劳动力参与率高40%。[40]

　　表8.7的第（1）栏给出了对隐含于行政管理数据中的美国高中毕业生在劳动力中占比例的估计。1910年以前，美国高中毕业生存量的增长速度一直很缓慢，在那一年，美国高中毕业生只占到全国劳动力的5.4%。但是在1910年之后，该存量就开始以快得多的速度增长了，当然，考虑到那个时代正在推进的高中普及运动，这一点并不奇怪。1890—1910年，高中毕业生相对于高中以下学历的劳动力相对供给的变化是31.5个对数点，1910—1930年间的变化则为89.9个对数点，后者几乎是前者的3倍。这两个数据，可以分别解释为：1890—1910年高中毕业生相对供给的平均年增长率为1.57%；而1910—1930年的平均年增长率则为4.49%。[41]

　　对于1910—1930年这个时期，用人口普查数据和行政管理数据估计出来的、高中毕业生相对供给的增长速度基本一致，但是对于1890—1910年这个时期，利用人口普查数据估计出来的增长速度要高很多。不过无论如何，用这两类数据得到的估计结果都表明，在1910年之后，高中毕业生相对供给的增长速度急剧加快了。相对而言，我们对用1910年以前的行政管理数据得到的估计结果更有信心，因此在以后的分析中，将主要使用这些估计值。[42]

表 8.7　高中毕业生占劳动力（≥14 岁）的比例

	行政管理数据显示的占比（1）	人口普查数据显示的占比（2）
1890 年	0.040	0.063
1900 年	0.044	0.080
1910 年	0.054	0.102
1920 年	0.079	0.150
1930 年	0.123	0.212
高中毕业率的变化		
1890—1910 年	0.014	0.039
1910—1930 年	0.069	0.110

	行政管理数据 显示的占比(1)	续表 人口普查数据 显示的占比(2)
相对供给对数值的变化		
1890—1910 年	0.315	0.523
1910—1930 年	0.899	0.857
年化的相对供给对数值的变化×100		
1890—1910 年	1.57	2.62
1910—1930 年	4.49	4.28

注:相对供给度量指的是高中毕业生与受教育年限少于 12 年的人的比率。第(1)栏的估计,使用了图 6.1(见第 6 章)中关于新一届高中毕业生流量的行政管理数据,高中毕业生存量数据是按照 Goldin 和 Katz(1995,table 8)的注中所述的方法构造的。

第(2)栏的估计,使用了 1880—1930 年全国人口普查的每一个综合公开微观数据样本(IPUMS)中所有 14 岁或以上的劳动力参与者(即那些报告称自己正从事有薪工作的人)的个人信息。在估算 1880—1930 年全国人口普查的综合公开微观数据样本(IPUMS)中的一个劳动参与者是高中毕业生的概率时,对于 1890 年以前出生的同龄群,我们用的是 1915 年艾奥瓦州人口普查的按出生同龄群和性别分类的高中毕业生比例数据,而对于 1890—1916 年间出生的同龄群,我们用的是 1940 年全国人口普查的综合公开微观数据样本(IPUMS)数据。艾奥瓦州 1890 年之前出生的同龄群的估计结果,还要乘以 0.8——这是 1940 年全国人口普查的综合公开微观数据样本(IPUMS)中,1870—1940 年间出生的同龄群中全美国居民与艾奥瓦州居民的高中毕业生占比之间的平均比率。我们假设,在 1880—1930 年间,男性高中毕业生和受教育程度较低的男性劳动力参与率是相同的。我们还假设,在 1880—1930 年间,成年女性高中毕业生(21 岁及以上)的劳动力参与率,是受教育程度较低的成年女性的 1.4 倍。这些假设都是在 1915 年艾奥瓦州样本和 1940 年全国人口普查的综合公开微观数据样本(IPUMS)中按受教育程度、性别和出生同龄群划分的、实际劳动力参与率的基础上作出的。我们还将 14—19 岁学生的高中毕业率做了向下调整,以反映继续留在学校上学的学生劳动力参与率较低的事实。由于没有 1890 年全国人口普查的综合公开微观数据样本(IPUMS),因此 1890 年的高中毕业生在劳动力中所占比例的估计值,取了 1880 年和 1900 年估计值的平均值。

资料来源:第(1)栏给出的估计值来自 Goldin 和 Katz(1995,table 8)。第(2)栏给出的估计值使用了 1915 年艾奥瓦州人口普查数据,以及 1880—1940 年全国人口普查的综合公开微观数据样本(IPUMS)。

8.4.2 对技能工资溢价下降的解释:教育、移民和需求

为了解释始于 20 世纪 10 年代末的技能工资溢价的下降,道格拉斯提出

了几个可能的因素：受教育程度较高的工人的相对增加；移民数量的减少（因此受教育程度较低的工人数量也减少了）；以及由于各种办公室岗位的技能要求降低而导致的、对技能的相对需求下降。我们将评估道格拉斯给出的每一种解释，为此需要利用度量技能工资溢价变化的各种总量指标、含移民在内的受过教育的工人存量的变化，以及我们对高技能工人与低技能工人之间的替代弹性（σ_{SU}，即技能需求的工资弹性）的估计结果。[43]

因为在 1890—1910 年，技能工资溢价没有发生变化，所以相对供给和相对需求必定是以同样的速度增长的。在这 20 年里，高中毕业生相对供给平均每年增加 1.6％（31.5 个对数点）[见表 8.7 中第（1）栏给出的、用行政管理数据得出的估计]，因此相对需求肯定也以同样的速度增加。但是，在接下来的 20 年里，即 1910—1930 年，相对供给每年以惊人的速度增长 4.5％（即 89.9 个对数点），而技能工资溢价则平均每年下降 1.3％（25.7 个对数点）。此外，给定我们对 σ_{SU} 的首选估计（＝1.64），1910—1930 年，相对需求以每年 2.4％的速度增长（47.8 个对数点）。我们这些估计结果意味着，高中毕业生的相对需求在 1910—1930 年间的年平均增长速度，要比 1890—1910 年间高出 0.8％。[44]

因此，受过良好教育的工人工资溢价的大幅下跌，是由受过良好教育的工人相对供给的大幅增加所导致的；因为在同一时期，相对需求的增长，非但没有放缓，反而加速了。但是，高中毕业生相对于辍学生比例的提高，既可能是因为限制移民流入，也可能是因为高中普及运动的推进。那么，在这个早期阶段，对移民的限制，与美国人教育水平的提高相比，到底起到了多大的作用？

在 1890—1910 年间，国外出生的人口差不多占据了美国劳动力的 22％。进入 20 世纪 20 年代后，随着限制移民的法律的通过，再加上第一次世界大战期间国际劳动力流动实际上基本停止了，国外出生的人口在美国劳动力中所占的比例越来越小。到 1930 年，国外出生的人口只占劳动力的大约 16％。移民数量的减少，会导致受过高中教育的人在劳动力中所占比例的上升，因为移民受教育程度低于美国本土出生的劳动者。但是，这种变化的实际影响究竟有多大？答案是：移民数量巨大变化的实际影响，远远小于人们的预期。

我们模拟了 1910—1930 年间移民对高中毕业生供给的影响：如果移民的劳动力占比，在 1910—1930 年间保持在 22％ 不变，而没有下降到 16％，会发生什么？我们在模拟中使用的数据，来自 1915 年艾奥瓦州的样本，它表明，移民的高中毕业率，平均只有美国本土出生人口的三分之一。因此，在解释 1910—1930 年高中毕业生在劳动力中所占比例的增长时，本土出生的高中毕业生数量的增长，其重要性要比移民数量的变化高出 10 倍以上。如果使用我们收集来的行政管理数据，那么移民数量的下降，只能解释高中毕业生占劳动力比例在 1910—1930 年间增幅中的 0.5 个百分点，而美国本土出生的人受教育程度的提高，则可以解释 5.9 个百分点。[45]

美国本土出生的工人的受教育程度，在 1910 年之后的提高幅度是非常大的；即便外国出生的工人占美国劳动力的比例，在 1910—1930 年间仍保持在 1910 年的水平上，受过良好教育的工人的相对供给，也仍然会增加 85.2 个对数点（而这一时期的实际增幅则为 89.9 个对数点）。因此，在解释 1910 年之后技能供给加速增长的原因时，在美国本土出生的人受教育程度的提高，要比移民因素重要 11 倍以上，因此，这才是 1910—1930 年间白领工资溢价大幅下降的主要原因。[46]

8.5　本章小结：在这场赛跑中胜出的是谁？

技术变革可以创造赢家和输家。当技术变革呈现出技能偏向性时——即当新的技术导致对受教育程度更高、技能更熟练、更有优势的工人的相对需求增加时——这种分配问题就更有可能出现。

一个国家的经济会随着技术的进步而得到扩张，但是国家内部某些人的收入增长可能会远远超过另一些人。如果工人所拥有的技能具有灵活性，如果教育基础设施足够完善，那么技能的供给就可以随对技能的需求的增加而扩大。在这种情况下，经济增长和技能工资溢价就会取得平衡，技术和教育之间的赛跑将不会有任何一方胜出，经济繁荣将得到广泛共享。外部因素也可能改变技能的需求和供给。如果绝大多数移民都位于技能分布最底层，那么移民的涌入对与他们最接近于"替代品"的那些本国工人的收入，就可能会造成极大的影响。国际贸易模式的变化和离岸外包机会的增多，也会改变对技能的需求。

在本章一开篇，我们先对第 2 章提出的技能和教育的回报问题进行了简要总结。在 19 世纪后期，教育和技能的工资溢价非常高，但是在那之后，这种溢价就一路下降，直到 20 世纪 40 年代，其间经历了几个转折点。到了 20 世纪 60 年代，美国经济快速发展，而且各个收入阶层都公平地分享了经济增长的成果。但是在 20 世纪 70 年代末和 80 年代初，情况迅速而突然地出现了逆转。经济不平等现象迅速加剧，而生产率的提高充其量只能说是停滞不前。因此，20 世纪包含了两个关于不平等的故事。我们在这一章里，一直在寻找对它们的解释。

我们在第 1 章给出的、对相对技能供给的估计结果，在这一章中又被我们用来揭示为什么技能的相对工资溢价会发生变化。我们是通过估计不同技能组或受教育程度组的工人之间的替代弹性，来实现这个目标的。然后，我们运用这些估计值，来计算劳动力相对需求和相对供给的变化程度。

我们采用的供求框架，能够非常出色地解释技能工资溢价的变化。对于某些时期，除了利用这个理论框架之外，我们还要引入制度的变化及刚性来解释，但是从总体上看，有了这个框架，我们就已经可以给出一个融贯一致的解释，并很好地把发生于 20 世纪的两个关于不平等的故事调和起来。接下来，我们就从大学毕业生工资溢价入手，总结一下我们通过分析得到的主要发现。

2005 年，大学毕业生工资溢价又回到了与 1915 年时相当的高水平上。因此，从这样一个足够长的时间区间上看，高技能工人的相对供给与相对需求，增长速度应该是相同的。但是，只看到这一点，并不能帮助我们解释那两个故事。我们必须对各个子时间区间进行深入细致的分析。在 1915—1980 年间，教育远远领先于技术，从而降低了技能工资溢价，削弱了保罗·道格拉斯所说的、"非竞争性群体"的经济势力。其中，在 1915—1940 年间，供给的增长速度是需求的 1.41 倍（平均每年增长 3.19％，较之于平均每年增长 2.27％）；在 1940—1960 年间，这一数字也达到了 1.47 倍（平均每年增长 2.63％，较之于平均每年增长 1.79％）。在这两个时期，供给的年均增长速度比需求快了大约 1％。但是，在 1980 年前后出现了一个大逆转。如果

1980—2005 年大学毕业的劳动力的相对供给,仍然以与 1960—1980 年间相同的速度增长的话,那么大学毕业生工资溢价将会下降,而不是上升。20 世纪后期,教育在与技术的赛跑中败下阵来了。

高中毕业生工资溢价的情况也类似。我们发现,在 1915—1940 年,高中毕业生供给的年平均增长速度,也比需求高出了大约 1%(当取 $\sigma_{HO}=2$ 时,高中毕业生的供给和需求每年平均分别增长 5.54% 和 4.79%);而且,在 1940—1960 年间,两者之间的增速差距还要更大(当取 $\sigma_{HO}=3$ 时,高中毕业生的供给和需求每年平均分别增长 3.55% 和 1.79%)。高中毕业生供给的迅速增加,导致高中毕业生溢价,在 1950 年之前的这个时期急剧下降。

我们还想搞清楚:我们所度量出来的这种供给变化,到底是由移民数量的变化所致,还是由国内学校教育状况的变化所致?这个问题在我们所研究的最早的那个时期特别重要,因为那时候移民在劳动力中所占的比例很高。后来,美国通过立法限制移民。不过在最近的一个时期,移民数量再次激增,上面这个问题又重新变得重要起来。我们注意到,在 1980—2005 年这个关键时期,大学毕业生工资溢价令人震惊地急剧增长了 25%,而移民因素最多只能解释整个增幅中的 10%(或 2.4 个百分点)。这种增长的主要原因是,美国本土出生的人口上大学接受教育的增长势头大幅趋缓了。事实上,在解释大学毕业生工资溢价上涨的原因时,美国本土出生的人口教育水平的变化,要比移民的影响重要 9 倍。

在技能分布的底层,移民的影响对供给的相对下降更为重要。但是即便是在这种情况下,在美国出生的人受教育程度的下降,在定量意义上也比移民更加重要。

在 20 世纪早期,高中普及运动对技能工资溢价下降的作用,远远超过了限制移民的法律。在 1910—1930 年,如果国外出生的人口占劳动力的比例仍然保持其在 20 世纪初早期的高水平,并且高中普及运动如期发生,那么受过良好教育的工人相对供给的增长速度,仍然能够达到其实际速度的 95%(85.2 个对数点较之于 89.9 个对数点)。

我们还注意到,工资结构和技能回报都已经呈现出了明显的不连续性。例如,工资差距的缩小大多发生在 20 世纪 10 年代和 40 年代,这两个时期分别与两次世界大战接近(或者说,同时发生)。那也是对低技能人才需求上升、重大创新不断涌现和工会势力不断增强的两个时期。尽管工资结构的不连续性表明已经发生了某种结构性变化,但是,在制度发生变化的同时工资结构依然大体保持了原状,这一事实本身就足以表明,在教育和技术这两方面所发生的根本性变化的重要性。

我们的核心结论是,在工资结构和技能回报的变化中,供给侧的变化是至关重要的,而且是本土出生的人口受教育程度的变化,推动了供给侧的变化。在 20 世纪初,当高中普及运动让美国人变成受过良好教育的工人时,这是事实;在第二次世纪大战结束后的几十年里,当美国"受过良好教育"的人,从高中毕业生变成了大学毕业生时,这也是事实。而且,直到今天,这同样还是事实——各个层次上教育增长的放缓,正在削弱美国人携手共进、让美国变得更加伟大的能力。在下一章中,我们就来讨论美国人要怎样做才能赢得共同繁荣的未来。

注　释

① "对穷人来说最好的国家"这种说法最早出现在 18 世纪,原本是用来描述宾夕法尼亚州的经济状况的,后来被用来描述整个美国北部。请参见 Lemon,1972:229,fn. 1)。他写过一本关于宾夕法尼亚州东南部早期历史的著作,书名就是"对穷人来说最好的国家"(*The Best Poor Man's Country*),那其实是当时人们对该地区的一个评论。类似的观念在托克维尔的《论美国的民主》一书中也有体现(Tocqueville, 1981, orig. pub. 1832)。

② 在他的两卷本专著《美利坚联邦》(*The American Commonwealth*, 1889)中,布赖斯经常谈及托克维尔的观点。

③ 例如,布赖斯既没有考虑过奴隶制,也没有考虑过城市贫民。

④ 关于从 1776 年到 20 世纪 20 年代的财富分配的演变趋势(1776 年、1850年、1860 年、1870 年、1920 年),见 Wolff(1995)以及 Nasar(1992)编纂的财富数据汇集。Piketty 和 Saez(2003,2006)的数据,覆盖了从 1913 年(那是美国开始征收所得税的年份)到 21 世纪初美国收入最高的 1% 人群的收入,以及从 1916 年开始收入最高的 10% 人群的收入。

⑤ Douglas(1930:367),强调字体是本书作者所加的)。

⑥ Douglas(1926:719)。Paul Douglas 生于 1892 年,当他长大到 25 岁左右的时候,各种技能的回报率开始下降,工资分布开始收窄。他是在 34 岁的时

候撰写那些讨论以前存在过的非竞争性群体的论文的。

⑦ 我们得到的教育年均回报率的估计值,对不同的学校教育层次、受教育者个人的不同年龄和性别,都有很高的稳健性。

⑧ Long 和 Ferrie(2007)发现,在 19 世纪和 20 世纪早期,美国的代际流动性要高于英国,但是在最近几十年,两国相当接近。

⑨ 关于劳动生产率的增长的数据,使用的是美国劳工统计局发布的非农部门每小时产出的生产率趋势(series PRS85006093,http://www.bls.gov/lpc/home.htm)。

⑩ 根据 1940 年和 1970 年美国人口普查中的综合公开微观数据样本(IPUMS)的统计表,黑人与白人在受教育年限上的差距,从 1885 年出生的人的 3.84 年,缩小到了 1945 年出生的人的 1.35 年(在 1970 年时,这些人的年龄为 25 岁)。州际平均受教育年限的标准差,则从 1885 年出生的人的 1.60 年,缩小到了 1945 年出生的人的 0.62 年。关于学校资源在不同种族和地区之间差异的演变,请参见 Card 和 Krueger(1992a,1992b)以及 Margo(1990);关于不同地区之间的收入趋同,请参见 Barro 和 Sala-i-Martin(1991);关于种族之间的收入趋同,请参见 Donohue 和 Heckman(1991)。

⑪ Lemieux(2006a)发现,从 1973 年到 2005 年,总体工资不平等(可以用对数工资的方差来度量)的增长中,有 60% 都可以用教育工资差距的扩大,特别是高等教育回报的不断提高来解释。

⑫ 我们用"辍学生"(dropout)这个术语来指称那些没有从高中毕业的人,尽管在我们研究的时间段的早期,有些没有从高中毕业的人并不是辍学者,因为他们所居住的地区当时还没有四年制高中。

⑬ 其他生产性投入(如资本和能源)的价格或数量变化,对不同类型劳动力需求的不同影响,都纳入了参数 λ_t 和 θ_t 中。全要素生产率参数 A_t,隐含地包括了技术进步和实物资本积累。

⑭ Heckman, Lochner 和 Taber(1998)发现,放松"相对技能供给是预先给定的"这个假设,并以青年同龄群规模和军事要求作为相对技能供给的工具变量时得到的、对上过大学的工人与没有上过大学的工人之间替代弹性的估计,与利用美国全国一级的时间序列数据,用普通最小二乘法估计出来的结果非常接近。Ciccone 和 Peri(2005)则将各州义务教育法和童工法的相关指标,作为 1950—1990 年州一级面板数据中相对技能供给的工具变量。他们用工具变量法得出的对 σ_{SU} 的估计值大约为 1.5,几乎与我们在表 8.2 中给出的对 σ_{SU} 的隐含估计值完全相同。

⑮ 我们采用了两种互补的方法,来度量以效率单位表示的技能供给。第一种方法源于 Autor, Katz 和 Krueger(1998):先收集关于各个技能组的工资单

并计算出总数,以及基于我们估计的教育工资差距得出的、经构成调整后的价格(工资)信息。然后,对每个技能组的工资总额(价格×数量)按工资(价格)的变化进行调整,以获得一个经构成调整后的纯数量(供给)指标。这种方法的更多细节见正文表 8.1 的注。第二种方法源于 Katz 和 Murphy(1992):首先要收集工作时数,以及按"年龄—性别—受教育年限"分组的详细工资数据。然后,将每一个"年龄—性别—受教育年限"组的工作时数,按照该"年龄—性别—受教育年限"组在基准期的相对工资为权重进行加权,以计算出效率单位。对于这两种方法的异同,我们可以这样看:第一种方法使用一个连锁加权的价格指数,将原始劳动力投入调整为效率单位;而第二种方法则使用了一个固定权重的价格指数。为了保证与现有文献的可比性,我们在表 8.1 和表 8.3 中按技能组别来衡量广泛的长期供给和需求变化时,使用了基于工资单(wage bill-based)的方法。我们还按照文献传统,在运行时间序列回归以解释教育工资差距的演变(表 8.2 和表 8.4),并将技能供给的变动分解为不同的组成部分时(例如,分解为美国本土出生的劳动力与移民劳动力投入,如表 8.5 和表 8.6 所示),使用了固定权重的加权方法。此外,我们还使用了另一种度量技能的方法,来检验每种情况下研究结果的稳健性。使用这两种方法所得到的结果,在所有情况下都是相似的。

⑯ 这里的工资和技能供给数据,实际上是关于 1914 年、1939 年、1949 年和 1959 年的数据,但为了行文方便,我们将这些年份称为 1915 年、1940 年、1950 年和 1960 年,因为那是收集这些数据的人口普查(州和联邦)的年份。Acemoglu(2002)利用 1939—1996 年的数据(1939 年、1949 年、1959 年,以及 1963—1996 年的人口普查数据),对大学毕业生工资溢价和大学技能的相对供给,进行了相关的时间序列分析。

⑰ 我们的实证模型设定和度量方法选择,都遵循 Katz 和 Murphy(1992)以及 Autor,Katz 和 Kearney(2005a, 2007)的思路。如果对于高技能工人相对于低技能工人的工资溢价,采用不同度量方法,实证结果也是相似的。例如,可以对所有没有上过大学的工人、所有上过一些年大学或上过很多年大学的工人的工资,进行固定权重加权平均。使用不同的相对供给度量(如有大学学历的工人与没有大学学历的工人的比例),或者增加代表周期性因素(如失业率)的控制变量,基本结果也都有很强的稳健性。

⑱ 参见 Autor,Katz 和 Krueger(1998),以及 Autor,Katz 和 Kearney(2005a, 2007)。

⑲ 参见 Goldin 和 Margo(1992)对 20 世纪 40 年代工资差距压缩过程中这些因素所起作用的详细分析。

⑳ 关于 20 世纪 70 年代和 80 年代初工会工资的演变,请参见 Mitchell(1980,1985)。关于制度在 20 世纪 80 年代工资不平等状况恶化中的作用,请参见 DiNardo、Fortin 和 Lemieux(1996)。

㉑ Autor,Katz 和 Kearney(2006,2007)讨论了 1990 年以来美国劳动力市场的"两极分化"(polarization)现象。他们所说的"两极分化"的含义是,技能分布两端的状况,都比中间好得多——顶部的状况非常好;中间的状况非常差;底部的状况也相当不错。对此,他们的解释是,市场对那些拥有分析能力和人际交往能力的人的需求一直在飙升,同时对服务业中从事技术含量较低的工作的劳动者的需求也很旺盛。计算机取代了日常例行性的手工和认知工作,从而减少了高中毕业生所从事的高端工作和大学毕业生所从事的低端工作的需求。而另一方面,新的信息技术,与那些接受过研究生教育的人所擅长的、非例行性的分析工作和互动性工作,是有互补性的,同时对许多低技能服务行业非例行性的手工工作影响则相对较小。国际外包(也称为离岸外包)的增长,似乎也对劳动力需求产生了类似的影响。请参见 Autor,Levy 和 Murnane(2003),以及 Levy 和 Murnane(2004)。

㉒ Card(2001)对"边际"大学的学生大学教育的高回报的讨论。"边际"大学的意思是,这些学生入学的决定,是受到了公立学校的学费,以及地理上距离大学的远近的影响。

㉓ 正如我们在正文中指出的,20 世纪 70 年代与 40 年代的相似之处就在于,由于制度因素,大学毕业生工资溢价的下降幅度过大了。因此,在 20 世纪 50 年代和 80 年代,大学毕业生工资溢价的增长幅度,之所以超出了只凭市场因素所能达到的限度,也是因为他们的工资溢价被 20 世纪 40 年代和 70 年代保护中低收入工人的制度因素侵蚀了。

㉔ 我们之所以使用 1940—1960 年这整个时期,而不是 40 年代和 50 年代两个子时期的数据,原因已经在正文中说明了。在 20 世纪 40 年代,大学毕业生工资溢价的下降,似乎超出了根据基本面所能预测的合理范围;而在 20 世纪 50 年代,大学毕业生工资溢价的上升,则使其回到了均衡值。

㉕ 我们在表 8.1 中估计,在 1980—1990 年,对受过大学教育的工人的相对需求出现了快速增长。这可能是由于计算机革命,但也可能是制度因素(工会力量和实际最低工资同时出现了下降)的过度影响所致。

㉖ 我们使用的是,那些只拥有高中学历(正好受过 12 年教育)的人,与那些只受过 8 年教育的人之间的工资差距。这一差距是衡量 20 世纪上半叶高中教育的总体回报最相关的指标,因为在 1915 年,大多数工人只接受了 8 年或更少的教育。相比之下,今天美国本土出生的工人,受教育年限少于 9 年的已经很少了(在 2005 年不到 1%),因此更有意义的差距,是那些有高中

学历的人与高中辍学生（9—11 年的受教育年限）之间的工资差距。不过，从实证研究的角度来看，这种区分对于高中毕业生工资溢价的时间序列路径，和我们的分析结论，都没有太大的影响。对于衡量高中毕业生工资溢价的这两种方法，我们在本书附录表 D.1 中进行了比较。

㉗ 高中毕业生的相对供给与虚拟变量"1949 年后"之间交互项的系数，数值很大，且在统计上显著。不妨将之与该虚拟变量与大学毕业生相对供给之间交互项的系数做一比较——在对大学毕业生工资溢价的回归分析中，加入这样一个交互项几乎没有任何影响[表 8.2 第（5）栏]。

㉘ 表 8.4 中的模型设定不允许替代弹性在 1949 年出现中断[第（1）、（2）、（3）栏]，因此得出了一个不合理的结果：在 1950 年以前的时期，相对于辍学生而言，对高中毕业生的相对需求基本上没有呈现出增长趋势。

㉙ 1940—1950 年的高中毕业生工资溢价的下降幅度，甚至大于 1915—1940 年工资溢价的下降幅度，但是 20 世纪 40 年代制度因素的存在，又使得对 1940—1960 年这个较长时期的分析更有意义。

㉚ 21% 这个数字是 1910 年和 1920 年美国人口普查的平均值。

㉛ 关于美国 20 世纪早期的移民限制，参见 Goldin（1994）。

㉜ 这些估计是根据 2005 年"当前人口调查"中的合并退出循环组样本中的、18—65 岁非军人劳动力的统计表数据得出的。

㉝ 1915 年，在艾奥瓦州，移民占就业总人口的 15.6%（见表 8.5），但是在整个美国，移民占就业总人口的 21%。1940 年较年长的各移民同龄群（1915 年之前移民到美国）与同一时期在美国本土出生的同龄组的受教育程度数据，可以证明：就 1915 年移民对美国技能供给差距的贡献而言，用我们对艾奥瓦州的直接估计值就可以给出很好的近似。

㉞ "移民的贡献"的推导见表 8.5 的注。

㉟ 我们的隐含假设是，在同一个受教育程度组别内部，移民和美国本土出生的人之间可以完美替代；这个假设可能略微夸大了移民对美国本土出生的人工资的影响。使用地方劳动力市场的数据进行分析时，得出的关于移民对工资影响的估计值，也往往比我们用国家一级技能供给的方法得出的估计值要小。请参见 Borjas（2003）、Freeman 和 Katz（1997）、Card（2005），以及 Ottaviano 和 Peri（2006），他们讨论了研究移民对最近一个时期美国劳动力市场影响的其他方法，并得到了一些估计结果。

㊱ 关于美国高中毕业率增长放缓这个问题，我们将在第 9 章中再来讨论。

㊲ 我们使用的方法类似于表 8.5 和表 8.6 的注所描述的方法，即将技能相对供给的总体增长，分解为两部分：移民所贡献的，以及美国本土出生的人所贡献的。

㊳ 我们分如下四个组来度量白领工资在 1910—1930 年间的变化（括号中给出

了各组的权重）：男性办事员（－0.379，0.3）、女性办事员（－0.229，0.2）、副教授（－0.247，0.25），以及初入职工程师（－0.143，0.25）。确定这些权重的理由是，当时白领工作大约占了办事员工作的50%，同时男性则大约占了所有办事员的60%。请参见 Goldin 和 Katz(1995，tables 1 and 10)。

㊴ 我们在这里假设的初始条件——高中毕业生在1890年占劳动力的比例为4%——是行政管理的历史数据显示的高中毕业率（从1870年的2%增加到了1890年的3.5%），与另一个更高的高中毕业生比例估计值之间的折中值——后者是根据1915年艾奥瓦州人口普查，以及1940年美国人口普查中的综合公开微观数据样本（IPUMS）中的家庭调查数据，"反推"出来的，其值为6.3%。对于1890年初始条件的假设的轻微变化，不会导致我们的结论出现很大的改变。

㊵ 请参阅 Goldin 和 Katz(1995，table 8)，那里给出了这种方法更进一步的细节，并讨论了，移民和不同受教育程度组的死亡率差异，会如何影响我们从行政管理数据得出的1890—1940年高中毕业生占劳动力比例的序列。

㊶ 另一种方法，是用1915年艾奥瓦州人口普查和1940年人口普查中按同龄群分类的受教育程度数据。用这种方法估计出来的高中毕业生占劳动力的比例，见表8.7的第(2)栏。

㊷ 我们首选行政管理数据的一个原因是，在19世纪末20世纪初，艾奥瓦州的高中毕业率，可能比美国其他地方提高得更快。例如，在表8.7的第(2)栏中，对于1890—1930年这个时期，基于人口普查估计的高中毕业生占劳动力的比例，比基于行政管理数据估计的结果要高得多。请参见 Goldin(1998)，该文讨论了1940年人口普查中较年长同龄群的高中毕业率被夸大的情况。

㊸ 我们应该记得，替代弹性的倒数 $-1/\sigma_{SU}$，即 $\partial \log(\omega_S/\omega_U)/\partial \log(S/U)$，是逆相对需求曲线的斜率。

㊹ 如果我们假设，替代弹性为2（我们对早期的高中毕业生与早期辍学生之间替代弹性的首选估计），那么我们得出的结论将是：1910—1930年，需求以每年1.9%（38.5个对数点）的速度增长，这也同样意味着1910年之后需求上升会加速。

㊺ 我们以人口普查为基础估计出来的高中毕业生占劳动力的比例［见表8.7第(2)栏］，意味着：在1910—1930年这一时期高中毕业生占劳动力比例的增幅中，移民的贡献为0.9%，而美国本土出生的人的贡献则为10.1%。

㊻ 更准确地说，高中毕业生的相对供给增长了58.4个对数点，即从1890—1910年间的31.5个对数点，增加到了1910—1930年间的89.9个对数点。美国本土出生的人高中毕业率的上升，可以解释其中的53.7个对数点，而移民的减少则解释了剩下的4.7个对数点。

美国过去何以领先，又如何赢得未来

9.1　美国在"人力资本世纪"的领导地位：曾经的领先者

就在不久前，美国在教育领域仍然引领着全世界——当然，美国在很长一段时间内都曾是领先者。在19世纪，美国开创了为大多数公民提供免费的、开放的基础教育的先河。在20世纪初期到中期，当世界上其他国家刚刚开始发展大众化的小学教育时，美国又通过高中普及运动延续了自己的领先优势。第二次世界大战刚刚结束，接受高等教育就成了美国中产阶层的一项"应享权利"（entitlement）。二战后不久，美国的大学就成了世界上最好的大学，从而使得美国在教育领域的领先地位达到了另一个高峰。到了20世纪50年代，美国在各个层次的教育中都取得了卓越的成就，它的领先优势在接下来的几十年里一直未曾被撼动过。

但是，从20世纪70年代早期的某个时候开始，美国民众受教育程度的指标发生了变化。高中毕业率在达到了高水平后进入了平台期；大学毕业率出现了下滑；相继出生的各同龄群的受教育程度，也陷入停滞不再提高了。到了20世纪80

年代中期以后,美国年轻人的受教育程度开始出现回升,这主要是受大学入学人数激增——尤其是年轻女性的上大学热潮——推动的结果。但是,这并不足以扭转整个局面。大学和高中毕业率的增长一直相当疲弱,同时总体受教育年限的提高与过去相比也缓慢得多。美国的教育,是不是出了什么问题?

可能是,但也可能不是。毕业率本身就存在一个上限,因为它不可能超过1。也许,一个人可以接受的上学的年数也有一个上限。那么,美国的教育发展已经达到它的"自然极限"了吗?当然没有。我们通过两种不同的论证都可以得出这个结论。

首先,我们可以观察一下与美国类似的其他国家在教育上的进步。跨国比较表明,美国长期以来拥有的、在教育领域的领先优势,已经消失了。美国不仅在高中和大学的毕业率上已经不再是世界第一了,而且在幼儿园至12年级教育(K-12)的多项质量指标上,也开始大大落后于他国。

其次,我们也可以检验一下接受更多的教育是否能够带来高回报。也许,接受更多的教育并不是一件好事情;也许我们已经沿着教育边际收益函数的曲线滑到下端了,因而教育更多的个体是"不经济"的了。当然这不是事实。恰恰相反,我们证明教育仍然是一项很好的投资。事实上,今天那些没有高中毕业、没有继续上大学、没有完成大学学业的"边际个体",可以说正在白白地把大把的钱扔到街道上。真正难以回答的问题是,为什么有人要这样把大把的钱白白丢掉?我们要怎样做,才能让美国年轻人接受更多的教育(从而把这些钱捡起来)?

正如我们在第8章中证明的,受教育程度增长的放缓,是1980年以来美国教育工资差距扩大最重要的原因,也是家庭收入不平等加剧的主要原因。如果技术继续在这场赛跑中领先(历史证明它将如此),同时受教育程度却无法迅速提高,那么我们将会看到不平等现象继续加剧。因此,我们有充分的理由呼吁:美国必须找到某种方法来增加受过良好教育的美国人的数量。

9.2　国际比较

9.2.1　高中毕业率与大学毕业率

在 20 世纪 70 年代初的某个时候，美国的高中毕业率突然停止了增长。与此同时，在世界其他国家和地区，中学教育却迅速地发展成了大众教育。在这两者的共同作用下，到了 21 世纪初，美国就已经从曾经的中学教育的领先者，沦落为落后者了：在 26 个经济合作与发展组织（OECD，简称"经合组织"）国家中，美国的高中毕业率属于最后三分之一之列。[①] 在这 26 个国家中，只有 7 个国家的高中毕业率低于美国，另外 18 个国家的高中毕业率都比美国更高。在 2004 年，欧盟各国的平均高中毕业率为 83%，而美国仅为 75%。

如果用各个年龄的学生完成高中学业的情况来衡量，而不是用同一时期的整体高中毕业率来衡量，我们就有可能更好地了解美国年轻人的受教育程度状况。这两者之间的差异主要在于有无高中毕业文凭。有些未能按时从高中毕业的年轻人，后来可能会获得一个通识教育发展同等学历（General Education Development equivalency degree，GED）证书；或者，即便没有获得标准的高中毕业文凭，他们也仍然有机会进入社区学院学习。

采用按年龄分组的完成高中学业者比例这一衡量指标，根据 2004 年 25—64 岁人口当中读完了高中的人所占比例来排名，美国在经合组织 20 个最富裕的国家中，排在第 7 位——见图 9.1。[②] 这里值得注意的是，如果只看在 2004 年时 55—64 岁的那些人，那么美国的排名仍然是最高的。这也不足为奇，因为这些年龄较大的美国人大约是在 20 世纪 60 年代达到高中毕业年龄的，当时美国的教育水平远远领先于欧洲、亚洲和拉丁美洲。

如图 9.1 所示，从 20 世纪 60 年代到 21 世纪初，全球各国的高中毕业率，都非常迅速地实现了提升。许多原来远远落后于美国的国家，如芬兰、爱尔兰、日本和瑞典，到了 21 世纪初都缩小了（甚至完全消除了）与美国之间的差距。高中毕业率的提高，在美国陷入了严重的停滞，但是在欧洲和世界其他地方却一日千里。

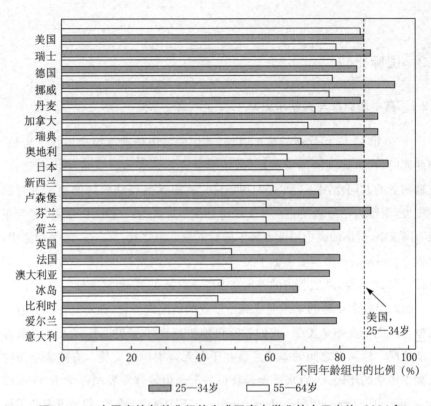

图 9.1　20 个国家按年龄分组的完成了高中学业的人口占比：2004 年

注：数据是关于那些在 2004 年时至少已经完成高中阶段教育的人口。我们从 30 个有教育数据记录的经合组织国家中，选出了 2000 年人均 GDP 最高的 20 个国家。这些国家按照 55—64 岁人口的高中普及率，从高到低排列。

资料来源：高中教育数据，经合组织（OECD，2006，table A1.2a）；各国的人均 GDP 数据，宾夕法尼亚大学世界表（Penn World Tables），http://pwt.econ.upenn.edu/php_site/pwt61_form.php。

可以肯定的是，美国 20—24 岁年轻人的大学入学率，实现了大幅上升——从 1980 年的 44％，上升到了 2003 年的 61％——这主要是对 1980 年之后大学毕业生工资溢价迅速提高的反应。③但是，美国的大学毕业率却未能跟上大学入学率的前进步伐。从近期出生的同龄群来看，美国年轻人的四年制大学毕业率，已经跌落到了经合组织国家的中游位置了。④行政管理数据表明，美国年轻人的 4 年制大学毕业率，在经合组织国家当中属于平均水平，排在了 12 个国家之后。⑤在年龄稍大一些的 25—34 岁人群中，美国落后于以色列、韩国、荷兰和挪威这 4 个国家。⑥但是在 55—64 岁的人群中，美国的大学毕业生比例是最高的，这一事实再次反映了，美国在普及大众化高等教育方面，历史上的领先地位。

很显然，美国在对青年人的教育方面，已经不再引领世界了。2004 年，经合组织对 25—34 岁人口受教育程度（平均受教育年限）的综合度量表明，在 30 个国家中，美国男性的受教育程度排名第 11 位，女性则排名第 10 位。⑦1950 年后出生的美国人的高中毕业率和大学毕业率增长放缓，是美国在受教育程度方面的领先地位逐渐消失的主要原因。

9.2.2　教育的质量

在许多国家的高中毕业率赶超美国的同时，美国教育领域的其他一些缺点也逐渐暴露了出来。随着各国教育在数量方面变得越来越均等化，美国从幼儿园至 12 年级教育的质量，也受到了越来越严格的审视。从具有国际可比性的标准化考试的成绩来看，美国在这一教育领域的成就，与领先国家相比实在相形见绌。

起初，许多人认为，那些表明美国在科学和数学等重要领域落后于其他国家的结果，都是不可信的，将之归因于样本选择偏差。这些人坚持的理由是，在其他许多国家，只有通过了层层选拔的人才能上中学，而在美国上中学的人则不需要经过选拔。他们据此声称，其他国家学生的成绩更好一些也不值得奇怪，因为那是预先把"笨蛋"都剔除出去之后的结果。对于较早期研究中的一些比较，这种批评可能还有一定道理。但是，当其他国家也普及了中学教育，同时国际考试也受到了更严密的监控，从而样本所选择的学生已经具有可比性时，考试成绩上的差距仍然存在。

国际考试的"黄金标准"，1995 年进行的第三届国际数学与科学研究（Third International Math and Science Study，TIMSS），得出的结果清楚地表明，美国 12 年级学生的数学和科学成绩远远落后于其他国家。在参加第三届国际数学与科学研究的 20 个国家中，有 14 个国家的数学成绩明显高于美国。尽管在大学预修课程（AP）中修读了微积分的美国学生，在高等数学考试中的成绩比几乎所有其他国家的学生都要好，但是总体上看，与其他国家的学生相比，美国高年级学生的平均成绩可以说是不及格的。⑧国际评估项目（Program for International Assessment，PISA）在 2003 年得到的最新结果，也表明,美国 15 岁青少年学生的数学素养、科学素养和问题解决能力,全都远远低于经合组织国家的平均水平。⑨

9.2.3 对经济不平等跨国趋势的影响

美国教育增长的相对放缓,对国际经济不平等趋势有重要的影响。最近的技术进步惠及了所有富裕国家,这表明它们也经历了与美国同样快速的技能偏向型技术变革。因为欧洲各国教育的持续进步,恰恰发生在美国停滞不前的同一时期,所以欧洲工资不平等加剧的程度,应该比美国小得多。事实也正是如此。尽管自 1980 年以来,大多数经合组织国家的工资不平等现象有所恶化,但是美国的情况最为严重。⑩

20 世纪 70 年代,大学工人相对供给的快速增长,导致整个经合组织的教育工资差距不断缩小。但是富裕国家的工资结构随后就出现了分化。美国和英国等技能(教育)供给的增长大幅放缓的国家,在 1980 年之后,教育工资差距和整体工资不平等大幅扩大。相比之下,在那些技能(教育)供给持续快速增长的国家,如法国和德国,教育(或职业)工资差距几乎没有扩大,整体工资不平等的上升势头也更加温和。⑪

可以肯定的是,在富裕国家之间各不相同的不平等经历中,制度因素肯定发挥了某种作用。⑫1980 年之后,倾向于加剧不平等的市场力量,在美国和英国得到了强化。这始于美国总统里根和英国撒切尔夫人主政时期,当时工会衰落了,而以往曾经保护过中低收入工人的各种劳动力市场制度,也受到了严重侵蚀。然而归根结底,美国工资不平等加剧的主要原因,仍然是技能供给增长的严重放缓,再加上灵活的工资制定制度,以及不那么慷慨的社会保障网络。

9.3 未竟的转型

9.3.1 重返高中

正如我们在第 6 章中详细讨论过的,自大萧条开始之后至第二次世界大战爆发的那些年里,美国大多数地区的普通青少年,都能顺利地从高中毕业。在 20 世纪早期,美国有的州先行一步,有的州则落在后面。制造业发达的北方各州，在1940年前后就迎头赶上了，但是在20世纪50年代之前，在南方各州，无论是黑人青少年还是白人青少年，高中入学率和毕业率都相对较低。南方和全国其他地区的差距，最终也缩小了。到1970年的时候，全美国公立和私立高中的总体毕业率为77%，而南方各州的总体毕业率则大约为70%。虽然地区间的差异仍然存在，但是与20世纪初相比已经可以说微不足道了。

然而，也正是从1970年前后开始，美国的高中毕业率出现了一个令人不安的趋势，并日益变得明显起来。从公立和私立高中毕业的美国青少年的比例，开始倒退。虽然这种倒退现在似乎已经结束了，但是从1970年到2004年，高中毕业率并没有得到显著提高。如图9.2所示，用传统的指标衡

图9.2　公立和私立高中的毕业率：1890—2004年

注：图中所说的"通识教育发展同等学历证书获得者"，是指通过了通识教育发展同等学历认证，并被归入他们满18岁时最接近的那一年的个人。这也就是说，一个在1990年25岁并获得了通识教育发展同等学历证书的人，将被归入1983年的数据中。本图的数据只包括了在34岁之前获得通识教育发展同等学历证书的人（在大多数年份，超过85%的通识教育发展同等学历证书，都颁发给了年龄在35岁以下的人）。高中毕业率，是用当年获得公立和私立高中的毕业文凭的人的数量，除以17岁美国青少年的人数计算出来的。

资料来源：1890—1970年的数据，见本书第6章和附录B；1971—2004年的数据，来自2004年《教育统计年鉴》（*Digest of Education Statistics*，2004）中的公立和私立高中的毕业生数和17岁青少年人数，以及美国教育理事会（American Council on Education，various years）提供的通识教育发展同等学历证书获得者及其年龄分布信息。

量的高中毕业率(公立和私立中学的毕业生,占 17 岁人口的比率),在 1970 年之前一直稳步增长,然后变化就突然发生了。[13] 在那之后,以这个指标衡量的高中毕业率,实际上偶尔还会出现下降,尽管继续上大学的青少年比例仍在上升。

我们将上述衡量高中毕业率的方法称为"传统"的方法,因为这种方法要计算传统的实体高中(公立和私立),所颁发的文凭数量。但是,我们也可以构造一个非传统的高中毕业率指标,使之将高中同等学历证书也包括进来。要获得高中同等学历证书,需要先通过通识教育发展同等学历认证。这种制度是第二次世界大战期间开始出现的,并且自那以后得到了很大的发展。

通识教育发展同等学历认证,是在州一级的层次上组织的,由五个科目的考试组成,如果一个人在其中一个或多个科目的考试中不及格,那么可以重新再考过。这种制度在第二次世界大战爆发之前就已经设计好了,但是一直要等到一大批参加过二战的美国大兵回归平民生活之后,才得到了广泛的支持——他们已经见多识广,但是还没有高中毕业文凭。美国是于 1952 年首次向普通公民开放提供通识教育发展同等学历认证的。[14] 1961 年,在向联邦提交报告的各个州中,通识教育发展同等学历证书的数量,已经占到所有高中毕业文凭与通识教育发展同等学历证书的总数的 4% 以上。到了 1971 年(那也是我们可以获得全国范围的通识教育发展同等学历证书数据的第一年),通识教育发展同等学历证书的数量占到了证书总数的 7%,而到 1995 年更是达到了 16%。[15] 2000 年以后,通识教育发展同等学历证书颁发数量显著下降,占证书总数的比例,又回落到了 20 世纪 70 年代末的 10% 左右的水平。[16]

在高中辍学的青少年中,有些人后来获得了通识教育发展同等学历证书,通常来说,那时他们已经超过 18 岁了。在获得的通识教育发展同等学历证书中,超过 35% 的人在获得证书时年龄都在 24 岁以上,不过只有 15% 的人在获得证书时超过了 34 岁。[17] 利用这些获得了通识教育发展同等学历证书的人的年龄数据,我们可以估计出,获得通识教育发展同等学历证书的人中,在 1972—1986 年间的某一年年满 18 岁者的数量,并将之添加到那些在常规年龄获得高中毕业文凭者的数量中去。不过,我们只考虑了在 35 岁之前获得通识教育发展同等学历证书的人。⑱

如果将通识教育发展同等学历证书与普通高中毕业文凭同等对待，那么从1972年到1986年（考虑到数据的可得性，我们只能讨论这些年份），包括了高中毕业文凭和通识教育发展同等学历证书在内的总体高中毕业率，就可以提高7.2—9.5个百分点。在图9.2中，从1972年到1986年的总体高中毕业率，如图中最上面的那条线所示，它是将通识教育发展同等学历证书归于证书获得者年满18岁的那一年。这样一来，将高中毕业证书和通识教育发展同等学历证书都包括进去之后，总体高中毕业率就从74%左右，上升到了82%左右，不过，高中毕业率本来的平稳趋势并没有受到什么影响。

然而，通识教育发展同等学历证书的数量，是否可以同高中毕业文凭的数量一比一地加总，这一点并不是那么显而易见。大量文献表明，获得通识教育发展同等学历证书的人，在劳动力市场上的表现，不如获得传统的高中毕业文凭的人。当然，这种表现还取决于其他多种可观察的因素，包括最终的受教育程度和认知测试的分数等。但是，获得通识教育发展同等学历证书的人的表现，往往比那些高中辍学后没有获得通识教育发展同等学历证书的人更好。持有通识教育发展同等学历证书的人，与那些拥有高中毕业文凭但没有接受进一步教育的人相比，在许多方面的表现要更差。之所以出现这种情况，最可能的原因是，通识教育发展同等学历证书获得者，往往相对缺乏各种非认知技能，如守时、责任感和保持专注的能力等。然而，他们在诸如数学和阅读理解等通识教育发展同等学历所考察的技能上，得分并不低。⑲

我们从这些事实中得出主要结论是：将通识教育发展同等学历证书持有者，加入到那些获得了高中毕业文凭的人中去，能够提高总体毕业率；图9.1的跨国数据中，美国的"高中毕业率"之所以会比只传统的从高中获得毕业文凭的人数更高，主要原因也就在这里。但是，事实仍然没有改变：30多年来，美国的高中毕业率一直停滞不前，而且其他许多国家现在的高中毕业率要比美国更高。

确实，与美国有可比性的许多国家的高中毕业率，已经不仅高于传统意义上的美国高中毕业率了，而且也高于同时包括了通识高中毕业文凭和通识教育发展同等学历证书的、非传统意义上的美国高中毕业率。给予青少年"第二次机会"的制度,或通识教育发展同等学历体系的发展,可能是美国高中毕业率增长放缓的部分原因,因为它为那些缺乏耐心和身陷麻烦的青少年提供了另一种选择。但是许多做出了其他选择的人,却从未好好利用它,他们往往会永远辍学下去。

9.3.2 移民的作用

那么,怎样才能解释美国近几十年来高中毕业率增长一直停滞不前的现象呢?国外出生的、低教育水平的移民大量涌入,可能是造成这种情况的其中一个原因。在美国人口中,国外出生的人所占的比例,已经从1970年的不到5%,上升到了2000年的10%。在2005年,包括非法移民在内,国外出生的人占美国总人口的比例,达到了12%左右,这已经非常接近20世纪20年代美国关闭国门之前移民全盛时期的水平了。

在前面的第1章和第8章中,我们讨论了国外出生的人对美国劳动力受教育程度的影响。移民对高中毕业率的影响,主要涉及两个因素。第一,传统的高中毕业率的分母中,包括了一些在青少年时期来到美国,但从未在美国上过高中的人。第二,受教育程度较低的、在国外出生的人来到美国后,他们子女的受教育程度,也可能低于父母在美国本土出生的同龄人。这种构成上的变化会拉低高中毕业率和其他衡量教育水平的指标。

自1970年以来,在青少年时期来到美国的年轻移民的比例迅速提高,这可能会影响我们对图9.2给出的高中毕业率序列的解释。在这种情况下,一名刚刚来到美国的17岁移民青年,将被计入计算高中毕业率时的分母。但是,许多在青少年时期就来到美国的移民,可能永远也不会进入美国学校学习,因此他们的教育水平也许不应该归于美国的学校教育体系。

在过去的几十年里,越来越多的移民在青少年时期就来到了美国。从1970年到2005年,在17—18岁的美国青少年中,新移民(即在过去五年内移民来美国的人)所占的比例,从0.8%上升到了4.6%。[20]然而,即便这个群体的人数大大增加了,但是它对高中毕业率的影响并不大,而且即便采用上限修正,这一结论也仍然成立。为了进行上限修正,我们需要从传统高中毕业率的分母中,剔除掉所有最近移民来到美国的年轻人。之所以说这是一种"上限修正",是因为我们并没有从分子中剔除掉那些确实已经从美国的

高中毕业的青少年移民。㉑

在进行了上述修正后，美国的高中毕业率从 1970 年的 77.5％，提高到了 2004 年的 78.3％。而未经修正的数据则显示，在同一时期，美国的高中毕业率从 76.6％下降到了 74.9％。因此，即便是对新近移民的青少年进行了上限调整后，1970 年以来，在美国青少年中，获得标准的高中毕业文凭的人所占的比例，也一直是相当平稳的。

拉美裔移民是 20 世纪 70 年代之后最大的移民群体之一，他们主要来自墨西哥。墨西哥出生的人在美国总人口中所占的比例，已经从 1970 年的 0.4％，上升到了 2000 年的 3.3％。如果仅考虑在国外出生的美国人口中所占的比例，那么墨西哥出生的人口增长速度更加惊人：从 1970 年占国外出生的美国人口的 8％，上升到了 2000 年的 30％左右。拉美裔移民和本土出生的拉美裔美国人的高中毕业率，都低于非拉美裔美国人。㉒

那么，拉美裔人口比例的增加，能不能解释 1970 年前后高中毕业率的高峰，以及随后几十年的停滞呢？诚然，高中毕业率较低的群体，在总人口中所占比例的提高，可能会导致整体高中毕业率的降低。㉓为了计算出拉美裔人口比例提高对高中毕业率的构成效应，我们使用了美国联邦人口普查的数据，其中包含了按种族、民族和出生国家分类的高中毕业率。㉔

从 1970 年到 2000 年，美国 20—22 岁居民的总体高中毕业率（包括了获得通识教育发展同等学历证书的人），只上升了 1.4 个百分点，即从 1970 年的 79.5％，上升到了 2005 年的 80.9％。㉕其中，20—22 岁的非拉美裔居民的高中毕业率，提高了 5.1 个百分点，即从 1970 年的 80.7％，上升到了 2000 年的 85.8％；而拉美裔居民的高中毕业率，则只上升了 2.2 个百分点，即从 1970 年的 55.8％，上升到了 2000 年的 58.0％。这也就是说，非拉美裔和拉美裔青少年高中毕业率的增长速度，都比总体高中毕业率的增长速度更快。

从 1970 年到 2000 年，20—22 岁的美国人口中拉美裔所占的比例，从 4.7％提高到了 17.4％，总共上升了 12.7 个百分点。而在同一时期，拉美裔与非拉美裔高中毕业率的平均差距，为 26.3 个百分点。从 1970 年到 2000 年，拉美裔在人口中所占比例的提高所带来的构成效应，使高中毕业率的增长下降了 3.4（0.127×26.3）个百分点。换句话说，如果拉美裔的人口比例一直保持在 1970 年时的水平上，那么 2000 年（非传统的）总体高中毕业率，将会高出 3.4 个百分点(即将为 84.3%,而不是 80.9%)。㉖因此,即便人口构成一直保持不变,美国的高中毕业率在最近几十年里也只会小幅增加,而且其水平仍然低于其他一些高收入国家。

目前,拉美裔的受教育程度远低于非拉美裔,但是从美国的历史经验来看,我们还是有理由乐观的。在以往,移民群体及其子女在受教育程度方面,也曾经远远落后于美国本土出生的人,但是代际间的巨大进步最终导致了所有美国人受教育程度的趋同。㉗未来涌入美国的移民浪潮的规模和技能组合如何,我们现在还不清楚,那将取决于美国的移民政策,以及墨西哥等主要移民来源国的经济和社会条件。

9.3.3 美国梦:一场未竟的转型

正如我们在第 7 章中已经看到的,从 4 年制大学顺利毕业的美国青年的比例,在 20 世纪 50 年代和 60 年代一路飙升,但是进入 20 世纪 70 年代之后,美国的大学毕业率的提高就明显放慢了,到了 20 世纪 80 年代中期,增长率甚至逆转为负。这种放缓和逆转是如此极端,以至于 20 世纪 70 年代中期出生的年轻男性的大学毕业率,甚至还比不上 20 世纪 40 年代后期出生的男性。而且,年轻女性大学毕业率的增长,在 20 世纪 50 年代出生的同龄群中也有所放缓,所幸在 20 世纪 60 年代中期出生的同龄群中,又再次出现了回升。

美国自 1980 年以来,高中毕业率和大学毕业率双双减速,这一事实意味着美国人受教育程度的增长也在放缓。在美国本土出生的 30 岁人群当中,平均受教育年限曾经以每 10 年大约增加 1 年的速度增长——从 1930 年到 1955 年增加了 2.4 年,从 1955 年到 1980 年增加了 2.3 年——但是从 1980 年到 2005 年,30 岁人群的受教育程度却仅仅增长了 0.8 年。㉘在美国,从高中普及运动初期的同龄群开始(他们在 1900 年前后出生),到婴儿潮早期的同龄群(他们在 1950 年前后出生),美国人的受教育程度一路迅速提高,每一代人都比他们的父母受到了更好的教育。但是,现在的情况却不再是这样了,对男性而言尤其如此。

特别引人深思的是,今天美国的大学毕业率,甚至远远低于 1940 年时的高中毕业率。在 20 世纪 50 年代,美国人认为自己正走在普及大众化大学教育，完成第三次教育转型的康庄大道上。但是，这次转型后来却停滞不前了。我们要问的是：为什么会这样？

在前面，我们提出过一个问题：美国是不是已经达到了教育程度的自然极限？ 我们给出的第一个答案是，来自与美国可比的其他国家的证据表明，美国还没有达到这个极限。事实上。要回答这个问题，还有第二种方法，即衡量教育的回报率。

衡量教育回报率的各种标准指标，特别是上顶尖大学的回报、读研究生的回报，以及接受专家级专业训练的回报，在今天仍然是非常高的。自 1980 年以来，这些指标一直在大幅上升，目前依然处于历史最高水平。根据我们在本书第 2 章和第 8 章中给出的估计，在 2005 年的时候，上大学一年的回报率为 13%—14%。即便是在对大学教育的直接资源成本进行调整之后，上大学的实际经济回报率仍然很高。因此，投资于教育似乎仍然具有巨大的经济意义。那么，到底是什么阻碍了美国冲过第三次教育转型的终点线？

一种可能性是，美国有些年轻人可能并没有真正从大学教育中受益。我们估计出来的回报率，可能并不适用于一些目前没有上过大学，或未能完成大学学业的年轻人。因此，大学毕业的工人与高中毕业的工人之间的平均工资差距，有可能高估了那些恰好处于要不要上大学的"边际"位置的人的回报。但是证据表明，这种可能性并不是事实。

最近的一系列研究，对接受 1 年学校教育的回报率的估计，有效地利用了特定政策所创造的"自然实验"。这些政策增加了人们上大学的机会、改变了大学学费补贴或奖学金，或修改了义务教育法律，等等。这些研究都是精心设计并仔细实施的，它们很好地利用了政策干预所导致的受教育程度的外生性变异。结果发现，多接受 1 年学校教育的回报率很高。[29] 由于这些回报是被此类政策干预所影响到的"边际"青年所获得的，而且他们往往是一些收入微薄的个体，因此这些发现强化了我们的结论：对于许多目前没有完成大学学业甚至没有完成高中学业的人来说，受教育的回报可能非常高。

此外，采用类似的"准实验"方法的实证研究还发现，教育的社会回报远远超出了劳动力市场的回报。学校教育水平的提高，能够极大地改善国民健康状况，减少犯罪行为，并增加了民众的政治参与度；而且这些效应似乎都是因果性的。[30] 此外，更多的教育不仅对当前这一代人有益。父母受教育程度的提高,对子女的健康和教育成就也具有巨大的价值。[31]

美国受教育水平的减速确实令人担忧。到底是什么阻碍了美国青少年选择继续上学深造?

为了回答这个问题,有必要回过头去重新反思一下当年使得学校在全美各地迅速扩张、让美国的孩子走进教室的那些优点。同样的特质,在过去可能是优点,放到今天却可能会扼杀变革。现在,也许是时候重新审视一下美国教育体系中曾经对我们非常有益的那些特征了。我们还得追问一句:当前这个不断变化的环境,是否需要一套新的优点?

9.4　昔日的优点 vs.今日的优点

请读者回忆一下,我们在第4章指出,在美国历史上,美国教育体系展现出了六大杰出优点:(1)教育的权力由许多财政上独立的学区分散地掌握和行使;(2)教育的公共提供;(3)对教育的公共出资;(4)政教分离;(5)性别中立;(6)开放和宽容的教育体系。

9.4.1　教育的地方分权与公共提供

美国是世界上教育体系最分权化的国家之一,而且在所有层次的教育上都如此。大多数欧洲国家的中央政府,都对教育行使了更多的控制权,特别是在对学校和教师的资助方面。在某些欧洲国家——其中最著名的是法国——甚至连课程设置都是全国统一的,并且是由政府来制定的。虽然美国的整体规模比任何一个欧洲国家都要大得多,但是美国有不少的州却比许多欧洲国家要小,但是美国各个州的教育体系,在与教育相关的税收征缴、教育经费支出、课程设置和考试标准等方面,也都表现出了高度分权化的特点。

在美国的高中普及运动期间,小到一个"镇区"(township)的单个独立学区,就可以决定是不是要建立或资助一所中学,即便它所在州的大多数地区都还没有自己的中学。正如我们在第6章中已经指出过的,由于在学校建设和教职员工聘用方面的高度分权,地方政府可以自行筹建一些州政府不愿意承担的项目。举一个极端的例子,我们假设一个特定学区的中位数选民,希望政府为本学区的一所新学校提供公共资助,但是所在州的中位数选民,则不愿意政府为更多的新学校提供资助。如果整个州选民偏好的异质性足够高,那么在一个高度地方分权的教育体系下能够实现的教育水平,就会比中央集权的教育体系下更高。

我们在第6章中还提到过,有时中央集权也可能会加速变革。不妨举一个与刚才那个例子相反的例子,假设该州的中位数选民想增加学校数量,但是某些地区的大多数选民都不同意,那么在这种情况下,中央集权可以加速变革。在20世纪10年代和20年代,美国有许多州都通过了"免学费"法,这就是一种加速变革的方式,当时许多地区都还没有建成任何一所高中。各州的"免学费"法规定,如果某个地区还没有自己的高中,那么当该地区的学生去本地区之外的学校上学时,该地区须负责以财政资金为这些孩子向其他地区支付学费。在这项法律出台之前,许多家长不得不直接向其他学区支付学费。[32]

同样地,今天美国的高等教育体系也仍然与过去一样,分权化程度要比其他国家高不少。在美国,没有联邦大学。[33]大多数关于公立大学和公立学院的决定,都是由州一级政府作出的。此外,在许多州,社区学院的事务是由当地社区决定的。许多州都有多所公立大学和公立学院,它们围绕学生和教师相互竞争。高等教育地方分权的另一个表现是,在很多州,都在很早的时候就形成了一个充满活力的私立高等教育部门。

财政权力的下放,让地方——通常是规模很小的社区——有权决定征收多少税款、用于资助学校的资金比例、学校的选址、使用什么课本、聘用什么样的教师和校长等。这一体系通常都能很好地运行。[34]

在美国教育史上的绝大部分时间里,各级教育的高度分权,一直都是一种优点,并通过几次教育转型有力地促进了学校教育的扩张。但是,各学区独立筹集教育资金,意味着有些学区会比其他学区更加富裕,而有些学区则可能会相当贫穷。最近针对美国教育分权体制的一个指责就是,它加剧了困扰我们社会和经济的不平等。

富人和富人住在一起,穷人和穷人住在一起,他们的学区通常不会重叠。从20世纪70年代初开始,在每名学生上教育支出的不平等,就成了好几个极具争议的案件的主题,其中包括著名的"塞拉诺诉普里斯特案"
(*Serrano v. Priest*, 1971),以及在加利福尼亚州审理的一系列与该案相关
的案件。法院在这些案件中的判决,以及美国大多数州随后通过的立法,都
要求州政府将富裕地区的一定收入重新分配给贫困地区,从而在不降低富
裕地区学生人均教育支出的情况下,提高贫困地区学生人均教育支出。这
一目标在一些州已经实现了,但还是有一些学校,由于财政均等化制度的设
计得非常差,因此每个学生的公共教育支出实际上反而可能降低了。[35]

我们认为,地方对教育的控制,对学校的早期扩张有非常重要的意义。
如果说在早期地方控制是一种优点,那么它当时在学生人均教育支出上造
成的不平等,是不是比今天更少呢? 答案是一个响亮的"不"。当时的不平
等更甚的这一结论,得到了早期可用数据的支持,尽管这些数据已经大大低
估了学生人均教育支出的不平等程度。因此,在过去,学生人均教育支出的
实际不平等程度,要比现在严重得多。[36]

我们现在拥有的数据主要有两类。第一类数据包括了 20 世纪 20 年代
至 30 年代不同城市的各个学区用于从幼儿园到 8 年级(K-8)以及 9—12 年
级学生的人均教育支出(见本书附录 C)。第二类数据包括了从 20 世纪初至
20 世纪 50 年代各州用于所有从幼儿园到 12 年级(K-12)学生的人均教育支
出。[37]我们同时利用这两个数据集,将 20 世纪 70 年代至 90 年代的学区一级
数据进行了对比。

我们的城市数据集显示,在那段时间不同地区之间在学生人均教育支出
上存在的差异,其水平与更晚近的时期相当。但是,由于 20 世纪 20 年代和
30 年代的城市数据,排除了小城市以及所有较小和较贫困的农村学区(其中
许多学区都拥有公立中学),直接依赖它的话,我们将会严重低估各学区之
间的学生人均教育支出的差距。于是在这里,从 20 世纪初到 50 年代的包罗
万象的州一级数据派上了用场。我们从州一级的数据中得知,在 20 世纪上
半叶,各州在学生人均教育支出上出现了相当大程度的趋同。因此,在 20
世纪 20 年代和 30 年代,所有学区之间在学生人均教育支出上的差异,必定
要比今天大得多——即便只考虑那些有中学的学区也是一样。[38]

我们不妨观察一下,在 20 世纪 20 年代和 30 年代人口超过 2 万人的那
些城市里,不同学区的小学和高中学生的人均教育支出之间的差距有多大。

在那个时代,每一个城区,即便是最大的城区,都是一个独立的学区。不同学区之间在学生人均教育支出上的不平等程度,可以用不同的指标来衡量,我们在表9.1中给出了三个指标,它们都来自最近的教育融资改革文献。这三个指标是:90/10比率、95/5比率,以及变异系数。我们分别汇总了1923年和1927年的数据,以及1933年和1937年的数据,这是因为支出可能会出现短期波动。我们构建了一个包含所有城市各年份数据的平衡面板数据集。从这个数据集来看,中学和小学不平等的各项指标值都是相似的,并且

表9.1 城市学区之间学生人均教育支出的不平等:1920年代与1930年代

样 本	幼儿园至8年级				9年级至12年级			
	90/10	90/5	变异系数	城市数量	90/10	90/5	变异系数	城市数量
所有美国城市								
20世纪20年代	2.02	2.45	25.3	272	2.00	2.41	25.0	267
20世纪30年代	1.91	2.44	28.9	244	2.00	2.34	30.0	223
平衡面板								
20世纪20年代	1.73	2.16	22.1	240	1.72	2.09	21.9	219
20世纪30年代	1.93	2.49	28.9	240	2.01	2.39	27.9	219
新英格兰人口普查区								
20世纪20年代	1.51	1.67	17.1	47	1.63	1.73	19.4	46
20世纪30年代	1.63	1.74	18.6	47	1.67	1.93	22.8	45
大西洋沿岸中部人口普查区								
20世纪20年代	1.76	2.02	22.8	61	1.70	2.00	23.1	61
20世纪30年代	2.16	2.19	26.0	61	1.93	2.30	26.1	60
东北中部人口普查区								
20世纪20年代	1.59	1.88	17.8	66	1.62	1.85	17.3	64
20世纪30年代	1.94	2.21	21.9	69	1.58	1.69	17.5	66

注:本表包括了所有人口超过2万人的城市。这个数据集包括了20世纪20年代和30年代四个年份的数据。1923年和1927年的数据是平均值,1933年和1937年的数据也是平均值。学生人均教育支出,是指总支出除以学生每日出勤的平均人数。初中学生被分别划到小学和高中的相应年级中。城市平衡面板数据集,只包括在那四年——1923年、1927年、1933年和1937年——都提交了报告的城市。20世纪30年代,大多数南方城市没有向美国联邦教育办公室提交报告,因此也没有被包括在20世纪20年代那两年的数据中。变异系数给出了以平均值的百分比表示的标准差。

资料来源:市一级高中数据集;见本书附录C。

在大萧条时期都趋于扩大。㊴使用这样一个平衡面板是必要的,因为有些南方城市在 20 世纪 30 年代,由于没有上报数据,而被排除在了样本之外。20世纪 20 年代的数据表明,如果包括南方城市和更多的城市,那么衡量不平等的指标值将会更大。基于上述所有理由可知,实际的学生人均教育支出差距,要远远大于我们所能报告的估计值。

尽管表 9.1 中给出的、衡量 20 世纪 20 年代和 30 年代教育支出不平等的各个指标,都严重低估了所有中学学区之间的不平等程度(当然也严重低估了所有学区之间的不平等程度),但是这些指标仍然可以与 20 世纪 70 年代初至 90 年代初的指标相比较。例如,在早期的数据中,变异系数(以百分点计)介于 25—30 之间,而在后期的数据中也介于 25—30 之间。㊵对于包含了数据集中的许多城市的三个人口普查区,我们发现各个人口普查内部的差距也相当大。因此,如果我们能够将更小、更贫穷的学区,以及南方各州的学区,也纳入我们的样本中,那么 20 世纪 20 年代和 30 年代在学生人均教育支出上的不平等,肯定会比近几十年严重得多。

在美国教育史上很长的一段时间里,教育机会的扩大,都要比学生人均教育支出上的不平等更加引人注目。但是随着教育机会的普及,国家变得越来越关注每个学生教育支出的不平等现象了,尽管这种不平等在历史上一直存在,而且一度比现在还严重得多。在美国这个国家,地方分权曾经有力地促进了教育机会的扩大;但是,大量在财政上独立的小学区的存在,必定会带来巨大的不平等。

9.4.2 政教分离

美国 19 世纪的公共学校运动,是一场旨在确保全国的孩子都能拥有"共同"的教育经历的运动。这种教育经历的共同性之所以能够得到保证,不仅是因为公共学校是免收学费的,而且还因为对学校的控制权是掌握在世俗社会手中的。因此,这场运动也是一场以普及无宗派学校(虽然不一定是无神论学校)为目标的运动。

正如我们在第 4 章已经讨论过的,公共学校运动成功地使美国摆脱了"费率单"。这场运动还成功地促使全国各州最终都通过了禁止资助宗教学校的法律和宪法修正案。在学校经费资助上实现政教分离,无疑是美国教育体系的一个重要的优点,它有助于保证美国的孩子拥有共同的教育经历。

但是，这一优点现在也受到了质疑。在美国许多最贫困的学区，公立学校系统似乎未能很好地履行自己的职责，同时家长可以选择的私立学校也很少，甚至根本没有。即便有私立学校，贫困家庭也很难负担得起学费。近年来，有些地方的市政当局和一些私人捐助者关注到了这个问题，于是向那些贫困家庭发放教育消费券，用于支付私立学校的学费，可惜数量仍然有限。发放教育消费券的动机是：一方面，让那些原本只能在不合格的学校中学习的青少年，有机会进入更好的学校；另一方面，也是为了引入竞争，激励那些不合格的学校努力改进自己。

然而，这类计划有一个潜在的问题，那就是，在许多贫困地区，除了天主教和其他教派兴办的学校之外，通常根本不存在任何私立学校。^{④1}因此，这些地区的市政当局在发放了教育消费券之后，不得不允许家长使用教育消费券支付由教会控制的学校的学费。在克利夫兰市，这种支出受到了质疑，批评者的理由是，它违背了在提供教育方面的政教分离原则。但是，美国最高法院在"泽尔曼诉西蒙斯—哈里斯案"（*Zelman v. Simmons-Harris*，2002 年 7 月 27 日，536 U.S. 639）中，支持这种教育消费券制度，因为州政府没有向教会控制的学校直接提供资金。相反，州政府只是向家长们提供了资金，而家长们又把这些钱交给了教会管理的学校。

目前，美国大约有 6 个州都建成了类似克利夫兰市的教育消费券制度。哥伦比亚特区也正在开展一项大规模的教育消费券试点项目。有一些州已经因为被起诉到法院，而不得不放弃了这项制度。但是我们预计，未来几年应该会有更多的州推行这种制度。^{④2}尽管 2002 年美国最高法院的裁决，似乎确认了教育消费券制度的合法性，并允许家长将之用于教会控制的学校，但是并非所有的州一级法院都同样是支持的立场。在美国最高法院对克利夫兰市教育消费券制度作出上述裁决后，佛罗里达州最高法院，却在"布什诉霍姆斯案"（*Bush v. Holmes*，2006 年 1 月 5 日，919 So. 2d 392）中裁定，不得将教育消费券用于教会开办的学校。不过，佛罗里达州最高法院给出的理由，并不是这种支出违背了禁止资助教会学校的州法律；相反，该法院之所以要取缔这项支出计划，理由是它挪用了现有的免费公共教育系统的资金，从而违背了该州保障所有儿童都可以获得优质公共教育的原则。另一方面，1998 年威斯康星州最高法院支持了密尔沃基市的教育消费券制度，同时美国最高法院已拒绝受理关于此案的法律挑战。

我们的观点是,在提供"共同"的教育经历方面,政教分离是一种优点,目前正在受到挑战。但在提供"共同"的教育与提供"合格"的教育之间,可能存在一种权衡,尤其是对于公立学校不合格的那些贫困社区的孩子来说。

9.4.3　开放和宽容的教育体系

美国教育体系的一个至关重要的优点,就是其开放和宽容的特质。在20世纪初的时候,欧洲许多国家都要对10岁或11岁的孩子进行测试,以此来决定他们能不能继续接受教育。美国则不会在学生很小的时候就对他们进行这种影响重大的分流测试。[43]正如我们前面已经提到过的,20世纪初曾有欧洲旅美评论家声称,美国教育体系推行大众化教育的做法是在浪费资源。但是美国人认为,教育体系应该是以平等主义为原则的,至关重要的是向所有人提供平等的受教育机会。[44]

美国的教育体系过去是,现在也仍然是一个非常宽容的体系,在各个层次的教育中都会给受教育者第二次机会。在小学阶段表现不好的青少年,可能在中学阶段会表现得很好。那些高中未能毕业的人,即便辍学好几年后也可以获得通识教育发展同等学历证书。有些人虽然没有高中毕业文凭,但是仍然有社区大学可上。此外,在许多州,那些在高中阶段成绩不好的学生,仍然可以通过在大学里上补习课程的形式,继续接受一定程度的高等教育,而且如果他们补习成绩不错,还可以追求更高的受教育目标。

教育体系的这种开放性,也与缺乏严格的标准有关,而这在历史上正是美国教育的重要标志之一。在欧洲的许多国家,教育体系的一个重要组成部分是各种全国性的考试;与此相反,美国的教育体系实际上把各层次教育要达到的各方面标准,都留给了各州自行决定;而且,大多数州都直到最近才开始向学生施加了毕业标准,并规定必须通过州级考试才能获得高中毕业文凭。

事实上,从历史上看,各州对高中毕业标准也曾经提出过一些极其有限的要求。同时,由于大多数州立大学在早期的历史阶段,都被要求接收经州认证的高中毕业生入学,因此除了与中学生的教育有关之外,各州对于高中毕业标准也有重大影响。根据一份各州高中毕业课程要求汇编提供的信息,在1925年,所有州都要求学生必须修完一定数量的课程或修满一定学分才能毕业。[45]大多数州都要求高中毕业生必须学完各领域的"标准"课程。例如,大多数州(在48个州中的有45个)要求学过3年或以上的英文课程;

有41个州要求学习至少1年的历史课程；有27个州要求学习必须修读过代数或几何，又或两者都必须修过；有10个州要求至少修过一门生物、化学或物理课程；有20个州要求修完某一门科学课程。但是，几乎没有任何州强制要求必须开设某些具体课程。绝大多数州都没有严格和冗长的要求，其中有17个州除了通常的数学、科学和体育之外，要求修读的其他基础课程都不到三门。马萨诸塞州虽然在教育领域处于全国领先地位，但是该州也只规定美国历史和体育是必修的。罗德岛州根本没有州一级的统一要求，而康涅狄格的高中则可以自行制定毕业标准。拥有充足资金的大学系统的各州，对高中毕业的要求通常更严格一些，但是公立高等教育系统覆盖面最广的加利福尼亚州，对高中毕业的要求却是最低的。

总体而言，直到最近，美国各州都把关于毕业标准的决定权下放给了地方，通常是各个镇区或市。即便有一些州制定了关于必修什么课程的规定，也基本上从不举行全州统一的毕业考试。需要注意的是，自1865年以来，纽约州校务委员会就一直在管理考试事务，设定课程标准，并颁发校务委员会认证的毕业文凭。[46]不过，纽约州的考试体系尽管是美国历史上最悠久的，但它只是一个例外，而不是一般情况。

到了20世纪90年代中期，各州对高中毕业必修课程的要求，已经远远超过了1925年时的水平，但是毕业标准的其他方面并没有什么变化。很多州仍然把几乎所有的毕业标准都下放给了地方的教育委员会决定。而且更加重要的是，只有极少数几个州是通过标准化的毕业考试来考察学生在高中阶段掌握的知识；相反，绝大多数州都只有"最低能力"测试。

不过，在接下来的十年间，有"一考定终身"色彩的考试有所增加。这些考试要求学生掌握高中课程内容，但是考察的知识实际上不会超出10年级的课程。学生们在进入高中后很早就可以参加这种考试，如果没有通过，那么他们可以在随后的几年里重新参加考试。在1996年的时候，举办这种考试的共有13个州；而到了2006年，就已经有22个州了。研究者已经对各州新出台的、关于高中毕业考试的要求进行了初步分析，结果表明，这些要求对整体高中毕业率的影响不大——尽管它们提高了非洲裔美国人以及城市中高度贫困地区的辍学率，同时也降低了轻度贫困地区和郊区的辍学率。[47]

在整体受教育程度比较低的历史早期，开放和宽容的优点对美国教育的发展非常有利。但是，随着受教育程度的提高和受教育群体的扩大，趋势逐渐发生了转变。过于宽容、缺乏严格的教育标准,也许能够延长青少年的受教育年限,但是对提高教育质量却没有什么帮助。此外,给予"第二次机会"的体系,也可能会导致一些学生推迟完成他们的学业。例如,通识教育发展同等学历就可能降低、而不是提高了传统的高中毕业率。[48]

9.4.4　领先者和落后者:过去和现在

在高中普及运动期间和其后,高中毕业率在各个州之间出现了显著的趋同现象。但是,如图9.3所示,从高中普及运动结束到现在,领先和落后的那些州都呈现出了非常显著的持续性,而且这种持续性并不完全是由于南方

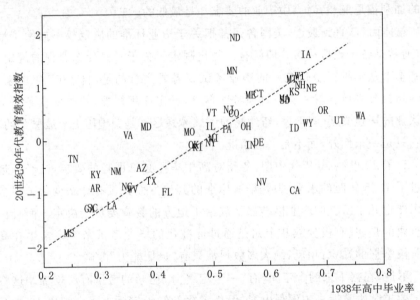

图 9.3　领先者和落后者在教育绩效上的持续性:1938 年与 20 世纪 90 年代

注:图中的虚线为回归线:

20世纪90年代的教育绩效指数＝ －2.02 ＋ 4.09 ×1938年高中毕业率
　　　　　　　　　　　　　　(0.388) (0.588)

R^2＝0.513;括号中的是标准误。

资料来源:1938 年各州(公立加私立)高中毕业率,请参见本书附录 B。20 世纪 90 年代教育绩效指数,来自 Braatz 和 Putnam(1997)。这一指数是三个组成部分的平均值:(1) 1990 年、1992 年和 1996 年举行的 7 次全国教育进展评估(National Assessment of Educational Progress)分数的一个组合;(2) 1993 年的学业能力倾向测试(Scholastic Aptitude Test, SAT)的平均分数,已根据各州的参与率差异进行了调整;(3) 1990—1995 年的高中辍学率。图中各州代码含义,见本书图 4.1。

各州继续落后所致。将1938年各州的高中毕业率，与20世纪90年代各州的教育绩效指数（该指数包含了高中毕业率和各种学业考试的分数）稍作对比，就可以很好地说明教育优势的持续性。各州这两个变量在1938年和20世纪90年代之间的原始相关系数，达到了0.72。

许多州的教育水平在半个多世纪里一直保持在一个很高的水平上，这一事实充分说明了过去的许多优点的重要性，同时也告诫人们不要轻易地改变这些特质。话虽如此，我们也很容易看出有的州属于极端的异常情况，包括加利福尼亚州和内华达州。加利福尼亚州和内华达州都曾经历了快速的人口增长和大量拉美裔移民的涌入，那使得这两个州从幼儿园至12年级的教育资源高度紧张。但是，总的来说，各个州的教育成果都表现出了非常明显的持续性。

9.5　美国怎样才能赢得未来

成因与对策

在20世纪之初，只有不到十分之一的美国青少年是高中毕业生。当时大学毕业生往往是社会上的精英群体，在经济领域则是非竞争性群体。中学教育的回报非常大，而且这种情况已经持续了一段时间了。在19世纪末，教育的变革效应对所有父母来说都是显而易见的，只要有条件，他们就会把子女送进学校读书。到了20世纪初，随着对受过教育的工人的需求的不断提高，中学教育带来的有利效果促使草根阶层自发地努力建立起了大众化、免费的公立高中。到了20世纪中叶，高中毕业文凭已经成为了一个通常的标准，唯一重要的例外是非洲裔美国青少年，他们往往没有机会入读高中。

随着受过教育的工人数量的增加，多接受一年教育的工资溢价开始下降。多接受一年教育的经济回报率，在20世纪50年代至70年代触及了历史最低水平。不过，在20世纪70年代之后，教育工资溢价又开始回升。

现如今，高中教育的经济回报仍然相当可观，大学教育和更高层次教育的经济回报，也处于历史最高水平。但是，在20世纪、21世纪之交，美国青少年的受教育程度并没有像100年前那样，在强大的经济激励作用下迅速提高。

　　高中辍学者的经济前景不可能很好,这是众所周知的事实。既然如此,人们不禁要问:为什么会有那么多美国青少年,在获得高中毕业文凭之前就早早辍学了? 既然努力获得大学学位能带来巨大的经济回报,为什么美国青少年的大学毕业率,未能更加迅速地上升? 目前的美国,高中毕业的教育水平仍然没有完全普及,大学毕业率也仍然低于 20 世纪中期的高中毕业率。

　　似乎有两个因素阻碍了许多美国青年的受教育程度的提高。[49]第一个因素是,高中辍学的那些青少年没有做好上大学的准备,此外还有许多人虽然获得了高中毕业文凭,但是在学业能力上还达不到上大学的水平。[50]第二个因素是,有些青少年虽然已经为上大学做好了准备,但是没有接受高等教育的经济来源。

　　有一些人认为,那么多的青少年之所以无法做好上大学的准备,根本原因在于从幼儿园至 12 年级教育资源不足。根据这种观点,美国许多州的教育资源的增长,并不能满足许多学生学习能力不足的需要,也无法应对学校女教师的其他潜在就业机会所带来的挑战。[51]研究表明,小班化教学、更高的教师工资和更多暑期学习机会,能够有效地提高学生的学习成绩。[52]在田纳西州进行的一个大规模的随机分配实验——"生师成就比率"(Student-Teacher Achievement Ratio, STAR)项目——的结果,有力地表明:在低年级阶段,小班化教育能够提高学生的学习成绩,对来自贫困家庭和少数族裔的孩子来说,作用尤其大。[53]

　　但是,那些对学校资源不足假说持批评态度的人,却反驳说,近几十年来,增加每个学生的平均教育支出和缩减平均班级规模的尝试,既没有提高学生的考试成绩,也没有提高整体教育水平。[54]他们的观点是,从幼儿园至 12 年级的教育,正面临着一个"生产率"危机,而这个危机则与多个因素有关。近年来,州财政提供的教育经费,相对于地方财政不断增加,再加上从 20 世纪 70 年代开始实施的学校经费均等化计划的影响,可问责性与教育资助之间的联系越来越弱化了。此外,可以选拔和留住最有才华的教师的激励措施,往往付之阙如,同时在许多大型学区,教育管理机构日益官僚化,严重缺乏灵活性,这种僵化有时还是由教师工会所带来的。解决这种生产率危机的方法是，通过组织考试和推行毕业标准来加强可问责性，设计出能够有效筛选出并留下优秀教师的方法，以及增加家长的选择权。[55]

在许多学生看来，美国从幼儿园至 12 年级（K-12）的教育体系算不上至善至美；但是更加重要的是要意识到，美国的学校是在让特定类别的学生的希望落空。被教育体系抛在后面的，主要是在位于老城区的学校上学的少数族裔孩子，他们后来都变成了没有做好上大学准备的青少年。[56]美国教育体系原有的一个优点——对中小学区的依赖——可能是导致这种情况的罪魁祸首。在以往，美国的教育体系能够通过居民对自己居住地的选择，促进各教育机构之间的良性竞争。但是，这个系统可能并不适用于居住在老城区的贫困居民，因为他们没有能力迁居到新的学区中去。如果能在不需要居民流动的情况下，扩大低收入家庭的教育选择权（如增加可供选择的公立学校，建立特许学校，发放教育消费券，等等），就可以极大地改善他们的处境，尽管关于这些政策有效性的现有证据，指向的结论并不清晰。[57]

然而，对于来自弱势家庭的孩子来说，接受更多学校教育可以带来很高的经济回报，以及教育是自己在劳动力市场上取得成功的重要途径，这两点可能并不是那么显而易见的（甚至可能是他们所不知晓的）。这些青少年身边的成年人当中，没有多少是曾经在劳动力市场上取得过成功的榜样，而且他们的同龄人也经常对学业有成的优秀学生抱有莫名的敌意。[58]为学校成绩优异的学生提供直接经济激励的政策的实施，有助于打破那些想接受教育并愿意在学校里通过努力取得优异成绩的孩子，所面临的障碍。[59]

但是，即便是这类针对学龄儿童的政策，对于来自那些问题家庭且早期学习环境不佳的孩子来说，可能也已经为时过晚了。美国民众受教育程度增长缓慢的一个潜在原因是，自 1970 年以来，生活在贫困家庭和单亲家庭的美国儿童的比例，大幅上升。[60]如果不及早对这些儿童采取干预措施，学校将很难克服他们入学时其实完全没有做好准备的问题。

育儿计划，以及儿童早期健康和教育干预措施，很可能是与个人日后的人力资本投资互补的。这方面一个很好的例子是"赢在起跑线计划"（Head Start，或译"启蒙计划"），这是联邦政府最大的学前教育计划。[61]现有的大量研究表明，针对低收入家庭的高素质儿童的早期教育项目的投资，都获得了巨大的回报。[62]

　　然而，即便我们能够帮助青少年为上大学做好一切准备，也仍然存在着第二个障碍。有些青少年虽然做好了上大学的准备，但是家里太穷，无法负担大学教育的相关费用，而且也可能难以获得足够的助学金或教育贷款。如果让上大学变得更加容易，那么就可以提高学生对自己的学业期望，并鼓励他们通过学习更难的课程来更好地为上大学做好准备。自 1980 年以来，公立和私立大学的学费一直在迅速地上升，其速度甚至已经超过了典型美国家庭的收入增长速度（见第 7 章图 7.10）。与此同时，美国中等收入家庭的孩子能够获得的助学金却增长得不够快。[63]

　　接受大学教育的成本，对家庭收入低于中位数的青少年的大学入学率和毕业率，都有非常大的影响。[64]自 1980 年以来，由于大学教育回报率居高不下，大学入学率大幅上升，但是即便是在学业成绩和考试分数相似的学生当中，因父母收入、种族和族裔等因素所导致的大学入学率差异，也相当可观。[65]高等教育的高成本、信贷市场的限制，以及学生对债务的厌恶等因素结合在一起，不仅使得许多来自贫困家庭的青少年在高等教育中掉了队，甚至还导致不少中等收入家庭的孩子落了伍。[66]

　　人口统计特征，也影响着大学入学机会的变化。在 20 世纪 70 年代和 80 年代初，在婴儿潮中出生的各同龄群到了上大学的年龄，巨大的人口基数对政府提供的高等教育资源造成了巨大压力。适龄大学生人数的激增，降低了每个学生可以获得的公共资金补助，同时还产生了让公立大学和学院提高学费的压力。摊到每个学生头上的高等教育资源的减少，与进入大学、完成大学学业的学生人数的增加 * 密切相关。[67]在许多州，尽管自 20 世纪 80 年代中期以来同龄群的规模有所减少，但是由于面临着同医疗保健、刑事司法等公共支出需求日益激烈的竞争，每个学生所能获得的高等教育仍然相当有限。

　　学生及其家庭不得不承担的大学教育成本的不断上升，还抬高了在上大学期间就提前就业的学生的比例。在所有 18—22 岁的大学生中，已经就业的人所占的比例，从 1970 年的 38%，上升到了 2003 年的 52%，同一时期这些就业者的平均工作时间，也从每个星期 21 小时，增加到了 24 小时。[68]美国

---

　　* 此处原文为"下降"，似有误。——编者注

在校大学生为了赚钱而工作的时间增加了，这说明他们经济拮据，但是这样一来，用来学习的时间自然也就减少了。⑥

更加糟糕的是，财政援助系统所设置的重重关卡，可以如同堡垒般难以破解，从而让来自弱势家庭的青年的大学之路平添了更多的障碍。⑦如果对低收入家庭的财政资助变得更加慷慨，让财政援助系统变得更加透明，那就有可能大幅提高大学入学率和大学毕业率。

此外，很多看似与教育没有直接关系的政策，也可能帮助更多来自贫困家庭的青少年做好上大学的准备。自1970年以来，贫困人口在老城区的地理集中度显著提高，同时不同收入家庭的居住区之间隔离程度急剧上升，这些都可能抑制了对低收入家庭青少年的人力资本投资。⑦能够提高居住流动性的各种政策，如提供更多的住房消费券，可能会改善低收入家庭儿童的教育状况。⑦对贫困家庭的子女进行辅导，为他们提供社会和情感支持，以及对他们接受大学及以上教育提供财政资助，都可能大幅度地提高来自低收入家庭的青少年上大学的机会。⑦事实证明，为高中辍学的弱势青少年提供"第二次机会"的各种培训项目，如"就业工作团"（Job Corps）项目以及能够更好地将高中与雇主和劳动力市场联系起来的"职业学院"（Career Academy）等项目，都是非常有前途的。⑦

总而言之，如果想提高美国公民的受教育程度，加快受过大学教育的工人的相对供给的增长速度，我们需要如下三种类型的政策。第一类政策为来自贫困家庭的儿童，创造更多接受优质学前教育的机会。第二类政策旨在重新激活美国教育体系的部分传统优点，改善从幼儿园至12年级的教育系统的运行，以便让更多的孩子从高中毕业，并为上大学做好准备。第三类政策让教育的财政援助系统变得足够慷慨和透明，以便让那些已经做好了上大学准备的人，获得四年制大学学位，或者就近在社区学院学得市场需要的技能。

很多可信的评估都表明，这些在各自边际上进行的单个政策干预，都会对美国青少年的受教育程度，以及后来的经济和社会成就产生积极的影响（尽管有些时候影响并不太大）。但是，我们要强调的是，这些政策彼此之间通常有很强的互补性。当更多的孩子在开始上学之前就做好了专注于学习的一切准备时，改善幼儿园至12年级的教育就会变得容易得多。当更多的来自中低收入家庭的青少年做好了上大学的准备时，财政援助的每一美元都会产生更大的效果。因此，将所有这三个边际（婴幼儿早期教育、幼儿园至 12 年级教育，以及大学教育）上的各项政策协调成一体，能够带来的收益可能要比各单个政策分别实施时所能带来的收益更大。此外，从长期来看，生产率更高的劳动力所带来的税收收入增加，以及解决社会问题所需要的公共支出的减少，应该会远远超过短期内增加教育支出所导致的财政负担。[75]

此外，教育投资也可以为那些在学校继续深造的人带来许多非常有益的影响。当然，教育投资还可以通过加快经济增长、减缓或逆转经济不平等趋势，而使整个国家受益。但是，加大教育投资对不平等的这种影响，可能需要很长的时间才能显现出来，特别是那些从婴幼儿阶段就开始的教育投资。再者，着眼于教育的政策可能不会对位于收入分布最顶端（顶层的 1％）的人的收入份额产生太大影响。[76]因此，国家应该将增加教育投资的政策，与那些能直接影响到经济增长收益的分配的政策结合起来。

自 20 世纪 80 年代初以来，美国税收制度的累进程度已经大为降低了。[77]只要对位于收入分布最顶层的那些人适度提高税率，就可以为低收入工人的工薪税减免、更慷慨的收入所得税抵免，以及覆盖面更广的医疗保健提供资金来源。这是一个立竿见影的促进经济平等的方法。[78]劳动力市场制度（如最低工资制度和工会集体谈判）的削弱，强化了一些市场力量，而正是这些市场力量推动了最近一个时期美国工资不平等的加剧。[79]当市场力量正在向相反的方向剧烈转变时，对工资设定施以强有力的制度干预，可能会扼杀大量的就业机会。但是，如果那些为中低收入工人提供"收入缓冲垫"的制度得到加强，并与扩大教育和整体技能供给的政策结合起来，那就可能取得很好的效果。[80]

9.6　为什么我们必须、又怎样才能为下一次技能偏向型技术变革做好准备？

在本书中，我们由始至终都在强调，技术和教育之间存在着永无休止的赛跑。经济增长和不平等都是这场赛跑带来的结果。随着技术的飞速发展，对新旧技能的需求也会发生变化。如果劳动力能够快速进行调整，那么经济增长速度就能够得到提高，同时又不会过分加剧经济结果的不平等。相反，如果当前的技术发展所要求的技能供给增长缓慢，如果劳动力的技能组合本身又不能灵活地适应变化，那么经济增长就会放缓，与此同时不平等就会扩大。那些能够迅速做出调整的人、那些获得了新技能的人，会得到奖励，而其他人则会被甩在后面。

因此，我们必须知道未来将会需要什么新技能。当然我们还必须强调，这种预测面临着非常多的困难。我们已经看到，在 20 世纪的发展过程中，新技术奖励的是一般性技能，如数学和科学技能、语法知识，以及阅读和理解蓝图的能力。而在进入 21 世纪之后，最受欢迎的技能则是分析型技能。但是全球化又带来了新的挑战。

现如今，任何一种技能，如果能够通过外包或离岸外包的形式输出或获得，那么无论它多么复杂，都可能是非常脆弱的。即便是一些高技能的工作岗位，如解读 X 光片，只要可以外包，也可能会面临需求增长停滞甚至需求下降的危险。可以用计算机程序替代的那些技能，也处于危险之中。相比之下，处理非例行事务的工作岗位，以及需要面对面人际交往的工作岗位，则不那么容易受到影响。一般而言，一个人如果拥有了某种社会所需要的技能，而这种技能在国内或国外又无法被完美地替代，那么他的就业也就拥有了最大的安全保障。

因此，我们观察到，今天对拥有很高分析能力的人才需求非常巨大，这些人能够进行抽象思考，并且对金融、纳米技术和细胞生物学这样的学科有着深刻、非常规的理解。我们还观察到，对那些能够提供高技能的面对面服务的人——如护士和其他医疗专家——需求也有所增加。大学毕业文凭已经不再是成功之路的通行证了。相反，特定专业学科的学位和特定工作领域的高级培训，现在变得越来越重要了。人际交往能力——可能是在大学阶段的各种群体中获得的，也可能是在与其他受过教育的人的交往中获得的——现在也变得非常重要了。在当今社会，总体情况已经与过去不同了，高中或大学毕业文凭，不再意味着你是一个不可或缺的人才，特别是如果你的技能是可以外包的，或者可以用计算机程序模拟的话。

现在,美国正处在一个十字路口上,教育无论在相对意义上还是在绝对意义上,都处于衰落当中。美国教育体系的各种优点,过去曾经对我们有极大的助益,使美国的民众受到了教育,经济得到了发展,不平等也随之缩小。不过,在这一章中,我们提出了这样的质疑:美国教育体系过去的优点,在今天是否仍然对我们有益?我们在这本书中提出的一个核心主张是,我们不应忘记历史的轨迹。我们必须摆脱集体失忆症。美国曾经是世界教育的领先者。世界上其他国家和地区引进了美国的教育体系,美国的平等主义理念也随之在全球得到了广泛传播。这已经是一项伟大的成就,它呼唤着美国教育重现辉煌。

注 释

① 在这 26 个国家中,还包括了一些经合组织的伙伴国家,它们入选的原因是拥有可利用的行政管理数据。见经合组织(OECD, 2006, table A2.1)。

② 经合组织根据行政管理记录估计,2004 年美国的高中毕业率为 75%,而 25—34 岁美国人完成高中教育比例则为 87%。这里主要的区别在于,美国一些在高中阶段辍学的学生,后来获得了与高中同等学历证书(通识教育发展同等学历证书)。

③ 这些估计值覆盖了非军人、非收容人口(civilian non-institutional population),所依据的是 Judith Scott-Clayton 为我们提供的、1980—2003 年的 10 月"当前人口调查"的相关统计表(通过个人通讯)。刚刚高中毕业的学生在毕业后那个秋季继续上大学的比例,也从 1980 年的 49%,增加到了 2003 年的 64%(*Digest of Education Statistics*, 2005, table 181)。

④ 对于近期美国大学生学习的持续性和获得学位时间的演变趋势,Turner (2004)提供了一个全面的分析。

⑤ 见经合组织(OECD, 2006, table A3),包括了四年制大学或"高等教育 A 类教育项目"。

⑥ 见经合组织(OECD, 2006, table A1.3a),包括经合组织成员国和伙伴国家。

⑦ 见经合组织(OECD, 2006, table A1.5)。

⑧ 见美国教育部(U.S. Department of Education, 1998)。即便是在第三届国际数学与科学研究(TIMSS)中,也没有做到保证学生的年龄和受教育程度完全对等。例如,尽管所有的学生都是在中学的最后一年,但是有些学生是

13 年级或 14 年级，有些学生是 12 年级（后者如美国学生）。

⑨ 见美国教育部（U.S. Department of Education，2004）。在 2003 年的国际评估项目（PISA）测试中，美国 15 岁学生的数学素养和问题解决能力，在 29 个经合组织国家中排名第 24 位。

⑩ Mishel，Bernstein 和 Allegretto（2005，table 7.10）发现，在 1979—2000 年这个时期，经合组织国家中，美国的工资不平等（90—10 工资差距）增长幅度最大——对男性和女性都是如此。

⑪ Card 和 Lemieux（2001），Gottschalk 和 Joyce（1998），以及 Katz，Loveman 和 Blanchflower（1995），都研究过技能供给增长的跨国差异对教育工资差距变化的影响。也请参见 Abraham 和 Houseman（1995），以及 Dusmann，Ludsteck 和 Schönberg（2007）对德国这方面问题的讨论。

⑫ 关于市场因素和制度因素之间的相互影响，在解释工资不平等演变的跨国差异方面的作用，请参见 Acemoglu（2003）、Blau 和 Kahn（2002）、Freeman 和 Katz（1994），以及 Kahn（2000）。

⑬ 传统的、基于文凭的行政管理记录衡量高中毕业率的方法，其准确性仍然存在争议。例如，Mishel 和 Roy（2006）发现，基于同成绩单记录相联系的、个人层面的纵向样本——如国民教育纵向研究（National Education Longitudinal Study，NELS）——，所估计出来的高中毕业率，比基于行政管理数据估计的、预计在 20 世纪 90 年代初毕业的青年群体的毕业率，要更高一些。正如我们下面将会讨论到的，如果使用家庭调查数据（例如，十年一次的人口普查和"当前人口调查"），那么对于 1970 年以来至少拥有高中毕业学历的年轻人比例增长幅度的估计，也要比基于行政管理数据的估计结果更大。

⑭ 关于通识教育发展同等学历认证历史的总结，见 Quinn（1993）。

⑮ 1961 年的数据来自美国卫生、教育和福利部（U.S. Department of Health，Education，and Welfare，1961—1962），是根据毕业生总人数（通常的毕业生和通识教育发展同等学历）加权后得出的 33 个上报州的数据。1971 年和 1995 年的全国数据来自《教育统计年鉴》（*Digest of Education Statistics*）；也请参见《美国历史统计数据：千禧年版》（*Historical Statistics：Millennial Edition*，table Bc265—272）。

⑯ 20 世纪 90 年代后期以来，获得通识教育发展同等学历证书的人数量直线减少，可能有多个原因。一个原因是监狱不再资助通识教育发展同等学历课程了。另一个原因是，接受社会福利救济的人必须找到工作，而且不能在为通识教育发展同等学历认证而学习的同时获得补助。也许最重要的原因是，在 21 世纪初，通识教育发展同等学历考试发生了很多变化，使得它更难

通过了。

⑰ 1994 年，证书获得者中 24 岁以上人口的比例为 38%；1991 年则为 40%。然而，在 2003 年，这一比例只有 27%，这可能是因为相关法规的变化，导致参加考试的单身母亲和被监禁人口的数量减少了。这里所用的数据来自美国教育理事会（American Council on Education，1992，1995，2005）。

⑱ 我们已经把获得通识教育发展同等学历证书的人的数量，添加到在次年 6 月获得高中毕业文凭的人数中了。2000 年后，34 岁以上的人在通识教育发展同等学历证书获得者中的比例开始下降，到 2003 年下降到了不足 11%。截止的年龄上限越高，我们需要计算年数就越多，而我们可以报告的年数则越少。

⑲ Cameron 和 Heckman（1993）以及 Heckman 和 LaFontaine（2006），分析了通识教育发展同等学历获得者与通常的高中毕业生之间，在劳动力市场经历方面的差异。关于辍学生获得通识教育发展同等学历证书的劳动力市场回报，请参见 Tyler（2004）。关于通识教育发展同等学历获得者的非认知技能和认知技能，见 Heckman 和 Rubinstein（2001）。

⑳ 根据 1970 年美国人口普查中的综合公开微观数据样本（IPUMS），以及 2005 年"当前人口调查"的数据。

㉑ 2000 年的人口普查数据表明，在高中适龄年龄抵达美国的移民中，大约有一半在 20—22 岁之间获得了高中毕业文凭或通识教育发展同等学历证书。

㉒ 这些估计和结论，是根据 1970 年和 2000 年美国人口普查中的综合公开微观数据样本（IPUMS）统计表中的数据得出的。拉美裔美国人在美国总人口中所占的比例，从 1970 年的 4.5%，上升到了 2000 年的 14.5%；在国外出生的美国人口中所占的比例，则从 1970 年的 18.5%，上升到了 2000 年的 45.6%。

㉓ 此外，随着国外出生的人所占比例的增加，学校系统往往要将向新近入学的人教授语言技能列入急务，从而将教育资源转到国外出生的孩子身上。

㉔ 直到最近，民族和种族身份才开始成为美国教育部收集的高中毕业文凭行政管理记录的一部分。

㉕ 1990 年之前的人口普查数据中的普通高中毕业生人数，被认为包括了通识教育发展同等学历证书获得者；然后从 1990 年开始，就明确这样做了。不过，1990 年人口普查中受教育程度的编码发生了变化，而且要求出示真实的证书。在这两个阶段，我们都使用了标准的高中毕业生的定义。对于 1990 年之前的人口普查数据，我们将"高中毕业生"定义为：完成了 12 年或以上教育的人。从 1990 年的人口普查开始，我们对"高中毕业生"的定义是：那些声称自己的受教育程度，至少为拥有高中毕业文凭，或通识教育发

展同等学历证书的人。1990 年之前的数据,很可能将 20—22 岁青少年的高中毕业率夸大了约 2 个百分点。然而,即便对这一点加以调整,从 1970 年到 2000 年,美国青少年高中毕业率的增长,仍然是非常温和的。

㉖ 利用 1970 年和 2000 年美国人口普查中的综合公开微观数据样本(IPUMS)数据,按是否在国外出生这一标准进行的类似分解表明,在 20—22 岁人口中,国外出生的人所占比例,从 1970 年的 9.2％,上升到了 2000 年 14.7％,从而使得高中毕业率的增长幅度减少了 0.9 个百分点(即少增长了 0.9 个百分点)。而在美国本土出生的 20—22 岁年轻人的高中毕业率,从 1970 年的 80.4％,上升到了 2000 年的 84.2％,上升了 3.9 个百分点。我们还利用 1973—2003 年的 10 月"当前人口调查"的数据,分析了,在 1973—2003 年美国的非军人、非收容人口中,拉美裔移民所占人口比例的变化,对 20—24 岁美国人高中毕业率增长的影响。结果表明,20—24 岁年轻人的高中毕业率上升了 2.9 个百分点,从 1973 年的 83.7％,上升到 2003 年的 86.6％。而根据这些年的 10 月"当前人口调查"数据,在 1973—2003 年,拉美裔移民所占人口比例的不断上升,导致 20—24 岁美国人的高中毕业率的增长幅度减少了 3.1 个百分点。事实上,20—24 岁非拉美裔美国人的高中毕业率,从 1973 年的 85.0％,上升到了 2003 年的 90.7％,提高了 5.7 个百分点。

㉗ 关于美国移民群体教育程度的代际趋同速度的历史分析,见 Borjas(1994)。另外,Card,DiNardo 和 Estes(2000)则发现,20 世纪 90 年代在美国出生的移民子女受教育程度的趋同速度,与 20 世纪上半叶一样快。

㉘ 从 1940 年到 2000 年美国人口普查中的综合公开微观数据样本(IPUMS),以及 2005 年的"当前人口调查"的统计数据表明,美国本土出生的人在 30 岁时的平均受教育年限,从那些出生于 1900 年的人的 8.49 年,增加到了那些出生于 1925 年的人的 10.90 年,然后又增加到了那些出生于 1950 年的人的 13.16 年,出生于 1975 年的人的 13.92 年。在计算这些按出生同龄群分类的人在 30 岁的平均受教育年限的估计值时,使用了类似于第 1 章图 1.4 的注中所述的方法。

㉙ Card(1999,2001)对最近用"自然实验"来估计教育回报率的一系列研究,进行了批判性和综合性的综述。更晚近的 Oreopoulos(2007)发现,1970 年之后各州义务教育法律制度的一个变化,将最低离校年龄提高到了 16 岁以上,虽然提高的幅度不是太大,但是在统计上显著地提高了受影响人群的受教育程度,并且这种受教育程度的增长也带来了可观的劳动力市场回报。

㉚ 关于教育与卫生方面的讨论,见 Lleras-Muney(2005);关于教育与犯罪的讨论,见 Lochner 和 Moretti(2004);关于教育与公民身份的讨论,见 Milligan,

Moretti 和 Oreopoulos(2004)。

㉛ 例如,可参见 Currie 和 Moretti(2003)。

㉜ 1914 年,艾奥瓦州所有高中年级的学生中,大约有 23% 是不在本学区居住、需要交学费的学生(Iowa Department of Public Instruction, 1914)。

㉝ 我们已经将军事院校排除在外,如西点军校。

㉞ 关于分权化、地方控制、由地方财产税资助的教育体系的潜在效率增益,见 Hoxby(1999)。

㉟ 见 Hoxby(1996, 2001)关于学校资金来源从地方财政向州财政转移的潜在公平—效率权衡的讨论,她还分析了学校财政均衡的具体设计,是如何导致某些项目支出水平上升而另一些项目支出水平下降的。Murray, Evans 和 Schwab(1998)发现,1971—1996 年间由法院下令的学校财政平衡计划,通常是通过提高依赖于州税收的学校教育总支出,来减少州内教育支出不平等的。Hoxby 和 Kuziemko(2004)提供的案例研究,是关于得克萨斯州于 1994 年实施的"罗宾汉式"学校财政改革计划的负面影响。Hoxby(2001)以及 Card 和 Payne(2002),则提供了学校财政改革对学生学业影响的对比估计。

㊱ 我们没有按当地的物价指数对支出进行平减调整,因为那样做可能会缩小以前的差距。

㊲ 各州用于从幼儿园到 12 年级(K-12)学生的支出数据,是从各个年份的《年度报告》(Annuals)和《双年报告》(Biennials)中收集来的(Alicia Sasser,个人通讯)。

㊳ 1900 年,幼儿园到 12 年级学生人均教育支出,在所有州之间的变异系数,约为 50 左右(以百分点计)。到 1920 年下降到了 40 左右,到 1930 年继续下降至 35 左右。尽管在大萧条期间有所回升,但是之后又继续下降。到 1950 年,当这些数据截止时,进一步下降到了 25 左右。虽然不同地区之间存在一定差异,但是变化的总体路径大致相同。

㊴ 我们把所有从幼儿园到 8 年级的学生都纳入了"小学"组,即便 8 年级的学生中有一些人是在上初中。类似地,我们把所有 9—12 年级的学生都纳入了"高中"组。

㊵ 关于近期各个学区之间学生人均教育支出差异的估计,见 Murray, Evans 和 Schwab(1998, table 2)。

㊶ 当然,提供慷慨的教育消费券也可能会导致新的、与宗派无关的私立学校的进入。关于其他国家的大规模教育消费券计划的影响,研究也有不少,例如:Angrist, Bettinger 和 Kremer(2006)对哥伦比亚的研究;Hsieh 和 Uruiola(2006)对智利的研究;Fiske 和 Ladd(2000)对新西兰的研究;等等。

对美国近期教育消费券计划的分析，包括 Rouse(1998)、Howell 和 Peterson (2004)，以及 Krueger 和 Zhu(2004)等。

㊷ 截至 2006 年，有 9 个州的教育消费券计划都受到了司法挑战：加利福尼亚州、科罗拉多州、佛罗里达州、缅因州、密苏里州、俄亥俄州、宾夕法尼亚州、佛蒙特州和威斯康星州。缅因州、俄亥俄州、佛蒙特州、犹他州、威斯康星州和哥伦比亚特区，也都存在州资助的教育消费券（其中哥伦比亚特区是联邦资助的），它们的教育消费券可以在任何一所私立学校使用。佛罗里达的教育消费券计划，已经被该州最高法院推翻了。另外，还有其他一些州为教育费用提供了税收抵免或扣减。

㊸ 20 世纪初，美国有一些州的地方学区，也会在学生接受公共学校教育的最后一年（或 8 年级时），对学生进行测试，以确保他们已经做好了在本学区的高中学习的准备。但是这种测试与欧洲各国那种分流测试完全不同。

㊹ 美国教育史上的最著名的院校领导者之一，I. M. 坎德尔，曾经这样说道：

> 美国的免费中学教育的传统……是今天教育机会平等最重要的保证，而机会平等则是民主所依赖的最坚实的支柱。早在其他国家之前很久——这里所说的其他国家，包括了那些最发达的国家——美国就接受了必须给予每个男孩和女孩平等的受教育机会的原则，甚至还确立了每一个孩子免费地接受小学教育的权利……现在更进了一步，人们普遍认识到，国家利益同样要求所有人都接受同样的公共教育，而是否应该在同样的学校接受教育，则取决于一个国家阶层意识的强弱……(Kandel, 1934:13—21)。

㊺ 见 Counts(1926)。Jessen(1928)在给美国联邦教育局的一份报告中指出，同一时期对学生的毕业要求没有这么严格。这种差异可能是因为对各州法律有不同的解释，也可能是因为对不同课程进行汇总的方法不同。根据 Jessen 提供的列表数据，有 27 个州除 9 年级的科学课程之外只要求不到 3 门必修课程；有 41 个州的必修课程是英文；有 14 个州的必修课程是代数或几何；还有 10 个州的必修课程是数学。我们把 Counts 给出的数据作为各州要求的上限，因为我们的观点是，各州都没有对毕业设定很高的标准。

㊻ 纽约州校务委员会的这个考试是从 1865 年开始的，当时仅针对小学生和初中生；直到 1878 年才成为一个针对高中生的考试，直到今天(Marks, 1989)。

㊼ 例如，可参见 Dee 和 Jacob(2006)。

㊽ Kessler(2007)利用 20 世纪 90 年代美国各州通识教育发展同等学历认证的标准的变化，来分析获得通识教育发展同等学历证书的难度对传统高中毕业率的影响。他给出的提示性的证据表明，获得通识教育发展同等学历证书的难度增高，会导致留在高中并获得传统高中学位证书的学生比例小幅

增加。

㊾ Heckman 和 Krueger(2003)对美国的教育和培训体系问题的根源,以及替代性人力资本政策的有效性,提供了不同的观点。

㊿ 在这些毕业时尚未做好充分准备的学生中,最终还是会有一部分人进入大学或学院接受教育。Bettinger 和 Long(2005)报告了一个令人震惊的事实:在 2001 年,有三分之一的大学新生都必须修读阅读、写作或数学方面的补习课程。

51 Corcoran、Evans 和 Schwab(2004)分析了近几十年来教师素质的变化以及劳动力市场机会的变化对女性的影响。

52 Krueger(2003)评估了这方面的证据。

53 参见 Krueger(1999)对这个 STAR 项目的评价。为了缩小班级规模而作出的各种尝试,不太可能保持教师素质完全不变——至少在短期内肯定是这样。班级规模的普遍缩小,意味着同样数量的学生需要更多的教师,这可能会导致需要雇佣一些资质较差的教师。更富裕的学校由于可以给出高于更贫穷的学校的薪酬待遇,从而可以雇佣到资质最好的教师。因此,普遍地缩小班级规模的尝试,可能对来自低收入家庭的学生没有什么好处。

54 见 Hanushek(2002)以及 Hoxby(2003)。

55 Jacob(2005)以及 Hanushek 和 Raymond(2005)都讨论过最近实施的、市一级和州一级的学校问责政策的影响。关于教师绩效评估方法的改进,请参见 Kane, Rockoff 和 Staiger(2006)。

56 参见 Jencks 和 Phillips(1998)、Fryer 和 Levitt(2004),以及 Neal(2006)。

57 关于特许学校的作用,请参见 Hanushek, Kain, Rivkin 和 Branch(2006)。Carnoy(2001),Cullen, Jacob 和 Levitt(2006),以及 Hoxby(2003),评估了最近可供选择的美国公立和私立学校。

58 见 Akerlof 和 Kranton(2002)、Austin-Smith 和 Fryer(2005),以及 Fryer 和 Torelli(2006)。

59 纽约市目前正在对低收入家庭和陷入困境的学校中的孩子进行类似的政策试验。Jackson(2007)发现,得克萨斯州的一个项目为低收入高中的教师和学生提供了实质性的经济激励,激发了他们参与大学预修课程(Advanced Placement,AP)的热情,从而显著提高了少数族裔学生的高考(SAT)分数和大学入学率。

60 这一点在 Carneiro 和 Heckman(2003)以及 Heckman 和 Masterov(2007)的研究中,也得到了强调。美国人口普查局(U.S. Census Bureau, 2006)的报告称,按照美国官方贫困线来看,生活在贫困线以下儿童的比例,从 1970 年的 15.1%,上升到了 2005 年的 17.6%。美国人口普查局(U.S. Census

Bureau, 2007)的报告还称，不与父母双方住在一起的孩子的比例，从1970年的14.8%，上升到了2005年的32.7%。

(61) 请参见Cunha、Heckman、Lochner和Masterov(2005)。

(62) 例如，可参见Currie(2001)，以及Ludwig和Miller(2007)。

(63) Kane(1999:60, table 3-1)估计，从1980—1981学年到1994—1995学年，公立两年制和四年制大学的实际净学费，分别增长了107%和106%。相比之下，1980—1995年，底层40%的家庭的实际收入基本上停滞不前。美国教育部(U.S. Department of Education, 2007)的报告称：2年制公立大学扣除了奖助学金之后的实际净学费(以2003—2004年美元价值计)，从1989—1990学年的每年7 300美元，提高到了2003—2004学年的8 400美元，增幅为15%；而4年制大学的实际净学费，则从1989—1990学年的每年9 600美元，提高到了2003—2004学年的12 500美元，增幅高达30%。同一时期，即1990—2004年，家庭实际收入中位数仅仅增长了9%。

(64) 参见Kane(1999)以及Dynarski(2002, 2005)。

(65) 例如，可参见Carneiro和Heckman(2003)，以及Ellwood和Kane(2000)。

(66) Carneiro和Heckman(2002)对信贷约束影响低收入青年高等教育投资的相关证据，进行了批判性综述。也请参见Cadena和Keys(2006)对债务厌恶及其与大学生借贷行为的关系的研究。

(67) 见Bound和Turner(2007)提供的证据。该文说明了，在州一级同龄群日益加剧的拥挤状况，是如何减少了高等教育中每个学生可以获得的政府资源，又是如何降低了大学入学率和毕业率的。

(68) 这些估计来自Scott-Clayton(2007)，是基于10月的“当前人口调查数据”得出的。

(69) 由Scott-Clayton(2007)报告的、对2003—2004年全国高等教育学校援助(National Postsecondary School Aid)的调查数据显示，88%有工作的大学生表示，需要支付学费、各种费用或生活费用，是在校就读期间选择就业的主要原因。Stinebrickner和Stinebrickner(2003)利用一个经济援助项目分配给大学生的工作时数的变化，进行了一项准实验研究，结果发现工作时数的增加会损害大学学习成绩。

(70) Avery和Kane(2004)以及Dynarski和Scott-Clayton(2006)，分别详细评估了美国大学财政援助系统的复杂性，以及该系统对低收入青少年大学入学率的不利影响。

(71) Watson(2006)详细描述了，自1970年以来，不同收入家庭所居住的邻里社区之间，隔离现象日益严重的情况。关于贫困人口的聚集，与更低的教育水平及更糟糕的劳动力市场结果之间的关系，请参见Jencks和Mayer(1990)。

⑫ 对最近促进住房流动性的政策的评估表明,迁往贫穷程度较低的地区,可以改善出身于弱势家庭的青少年(特别是女孩)的教育和社会成就。例如,请参见 Rosenbaum(1995),以及 Kling, Liebman 和 Katz(2007)。

⑬ 参见 Heckman 和 Lochner(2000)。

⑭ Krueger(2003)对运用这种方法的相关研究进行了综述;Kemple 和 Scott-Clayton(2004)对"职业学院"的影响进行了综述。以居民为基础的"就业工作团"计划,主要服务于 16—24 岁的城市贫困辍学生,它增加了他们的劳动收入并减少了犯罪活动,从而持续地产生了很高的社会回报。

⑮ 见 Heckman 和 Masterov(2007)对扩大教育投资的成本收益分析,该文关注的重点是那些以儿童为对象的政策。

⑯ Piketty 和 Saez(2007a)发现,最富有的 1% 家庭的收入份额,从 1980 年的 8.2%,上升到了 2005 年的 17.4%。而且收入最高的 1% 的家庭所占份额的增长,主要来自收入分布中最高的那 0.1% 的家庭。

⑰ 参见 Piketty 和 Saez(2007b)。

⑱ 关于这种策略,参见 Furman, Summers 和 Bordoff(2007)。

⑲ 例如,可参见 DiNardo, Fortin 和 Lemieux(1996),以及 Levy 和 Temin(2007)。

⑳ 参见 Freeman 和 Katz(1994)以及 Freeman(2007)。

附录 A　1915 年艾奥瓦州人口普查样本

　　1915 年的艾奥瓦州人口普查,给我们留下了一份非常独特的文献。它是在 1940 年美国联邦人口普查之前,美国第一个包含了教育和收入信息的人口普查。它同时还包含了大量关于个人和家庭其他方面的具体信息,其中一些在美国联邦人口普查中从未被调查过。1915 年艾奥瓦州人口普查是该州全体居民的完整样本。调查回执是由普查员(或评估员)写在索引卡上,每个被调查的人一张。这些卡片保存在位于得梅因市的艾奥瓦州档案馆中,并于 1986 年由盐湖城家谱学会(Genealogical Society of Salt Lake City)制成了缩微胶片。

　　人口普查卡(影印如下)是按县分类的,不过大城市(人口超过 25 000 人的城市)是单独分类的。在每一个县或大城市内,记录都是按姓氏的字母顺序排列的,而同一姓氏内的记录则是按名字的字母顺序排列的。我们的研究项目所采样的是艾奥瓦州 3 个最大的城市(达文波特、得梅因和迪比克)和 10 个不包含大城市的县的记录。这些县的抽样方法是这样的:先将艾奥瓦州的 99 个县,按照成年人口的平均教育水平,分成 4 个相等的组,然后从这 4 个组中各随机抽取 3 个。所有这些县都不包含大城市。最终产生的 10 个县,是根据缩微胶片的质量确定的。这些农村县散布于艾奥瓦州的整个地理版图:西北部的克莱和莱昂、中北部的米切尔、中东部的约翰逊和布坎南、中部的马歇尔、中南部的韦恩、西南部的阿代尔和蒙哥马利,以及中西部的卡罗尔。

Card No	Name .... Age ....
Sex: Male Female	County .... PO ....
Color	Town or Township .... Ward ....
Marital Status	Occupation .... Months in 1914 Unemployed ....
Months Schl 1914	Total earnings for 1914 from occupation ....
Public .... High	Extent of Education: Common........ yrs Grammar school........yrs
Private......College......	High school .... yrs College........yrs
Read	Birthplace .... Do you own your home or farm? yes no
Write	Incumbrance on farm, home $-------Value of farm, home $ ....
Blind .... Deaf	Milit Service: Civil War........Mexican........ Spanish........ Infantry........
Insane ...... Idiot	Cavalry...... Artillery......Navy...... State ......Regiment......Company......
If Foreign Born	Church Affiliation ....
Naturalized?......	Father's Birthplace .... Mother's Birthplace ....
Yrs IA....... Yrs US	Remarks .... Signed........... Assessor

人口普查卡影印件

卡号_____	姓名_____年龄_____
性别:男____女____	县_____邮局_____
	镇或镇区_____选区_____
肤色_____	职业_____1914年失业了____个月
婚姻状况_____	1914年从工作中获得的全部报酬_____
在1914年上了几个月的学?	受教育程度:公共学校____年 文法学校____年
	高中____年 大学____年
公立____高中____	出生地____你拥有住房或农场吗?是____否
私立____大学____	
是否识字? 是____否____	农场、住房的负债____美元 农场、住房的价值
是否会写字? 是____否____	____美元
盲人____聋人____	服兵役情况:
精神失常者____	内战____墨西哥战争____西班牙战争____
痴呆者____	步兵____骑兵____炮兵____海军____
	____州____团____连
如果在国外出生	所属教会_____
是否已经入籍? ____	父亲出生地_____母亲出生地_____
在艾奥瓦生活了____年	
在美国生活了____年	备注_____签字_____(评估员)

人口普查卡中译

426

在统计表中,我们使用抽样权重来反映在城市和农村取样时不同的抽样率。使用这种加权的表格形式,旨在更全面地代表整个艾奥瓦州的情况(除了那些居住在包含大城市的县下属农村地区的个人)。我们的城市样本包含 26 768 个观察点,占艾奥瓦州大城市人口的 5.5%;农村样本则包含了 33 305 个观察点,占艾奥瓦州所有不包含大城市的县人口的 1.8%。

我们把人口普查卡上的所有变量都记录下来了,具体包括(按出现在卡片上的顺序):卡号,性别,肤色,婚姻状况,在 1914 年上学的月数(按学校类型分类,包括公立小学、私立小学、高中、大学),接受调查的个人是否拥有读和写的能力,是否残疾(盲人、精神失常者、聋人、智障者),如果在国外出生是否已经入籍美国,在艾奥瓦和美国生活的年数,姓名,年龄,地址(县、邮局、镇或镇区、选区),职业,在 1914 年失业的月数,1914 年从工作中获得的全部报酬,受教育程度(在公共学校、文法学校、高中、大学上学的年数),出生地,是否拥有住房或农场,住房、农场的负债,住房、农场的价值,服兵役情况,所属教会,父亲和母亲的出生地,评估员姓名,以及备注。

附录 B 州一级高中数据的构建

在这个附录中，我们介绍构建 1910—1970 年州一级（和地区一级）公立和私立高中入学率和毕业率数据的方法。表 B.1 和表 B.2 分别按人口普查区给出了高中毕业率和入学率，表 B.3 则给出了其中私立学校的毕业率。

对数据的一般性说明

高中入学人数和毕业人数的数据，是美国联邦教育办公室主任收集的，他会要求在美国联邦教育办公室（美国联邦教育局）有记录的每所高中提供这些数据。[①] 9—12 年级包括在高中组当中。[②] 这些数据最早在 1870 年就开始收集了，并发表在每年出版的《联邦教育办公室主任报告》（亦被称为本书所谓的"《年度报告》"）上面。1917 年以后，这些数据转而发表在《双年教育调查报告》（亦被称为本书所谓的"《双年报告》"）上面。我们将这些数据总称为"学校调查数据"，以区别于美国联邦教育办公室后来从各州收集到的数据。除了联邦之外，每个州也都独立收集了类似的数据，尽管各个州的数据覆盖范围和时间不尽相同。

这里给出的高中数据的起始年份是 1910 年，原因是在这个时间之前，应美国联邦教育办公室的要求而提供数据的

表 B.1 9个人口普查区的高中毕业率：1910—1970 年

年份	新英格兰	大西洋沿岸中部	大西洋沿岸南部		东南中部		西南中部		东北中部	西北中部	山区	太平洋沿岸
			全部	白人	全部	白人	全部	白人				
1910	0.155	0.080	0.041	—	0.038	—	0.043	—	0.125	0.106	0.088	0.117
1911	0.165	0.088	0.046	—	0.042	—	0.051	—	0.130	0.111	0.102	0.132
1913	0.187	0.102	0.059	—	0.056	—	0.062	—	0.153	0.136	0.130	0.171
1914	0.201	0.110	0.065	—	0.062	—	0.068	—	0.162	0.146	0.129	0.192
1916	0.228	0.129	0.075	—	0.074	—	0.079	—	0.183	0.174	0.164	0.229
1918	0.246	0.142	0.085	—	0.084	—	0.110	—	0.215	0.199	0.185	0.248
1920	0.253	0.139	0.086	—	0.086	—	0.120	—	0.209	0.205	0.198	0.273
1922	0.272	0.165	0.105	—	0.103	—	0.130	—	0.250	0.246	0.239	0.309
1924	0.309	0.197	0.135	—	0.133	—	0.166	—	0.298	0.304	0.293	0.359
1926	0.337	0.217	0.156	—	0.139	—	0.184	—	0.311	0.387	0.312	0.394
1928	0.359	0.223	0.171	—	0.162	—	0.198	—	0.334	0.394	0.353	0.432
1930	0.394	0.254	0.192	0.24	0.170	0.21	0.225	0.25	0.360	0.410	0.380	0.447
1932	0.478	0.316	0.225	0.29	0.184	0.23	0.276	0.31	0.430	0.476	0.454	0.551
1934	0.512	0.389	0.250	0.30	0.210	0.25	0.295	0.33	0.494	0.504	0.481	0.567
1936	0.586	0.474	0.307	0.38	0.245	0.30	0.343	0.38	0.530	0.545	0.532	0.625
1938	0.599	0.516	0.333	0.43	0.260	0.31	0.381	0.42	0.543	0.578	0.557	0.678
1940	0.602	0.543	0.377	0.44	0.303	0.36	0.427	0.47	0.572	0.615	0.576	0.711
1942	0.616	0.579	0.409	0.48	0.309	0.36	0.463	0.32	0.618	0.624	0.589	0.666
1944	0.454	0.514	0.355	0.41	0.260	0.30	0.376	0.42	0.541	0.543	0.476	0.532
1946	0.563	0.553	0.310	0.35	0.292	0.34	0.383	0.42	0.579	0.582	0.523	0.597
1948	0.625	0.622	0.369	0.41	0.347	0.40	0.450	0.50	0.637	0.636	0.580	0.653
1950	0.665	0.631	0.408	0.44	0.388	0.44	0.450	0.50	0.638	0.640	0.573	0.638
1952	0.591	0.567	0.387	0.42	0.379	0.42	0.443	0.48	0.584	0.623	0.539	0.557
1954	0.610	0.561	0.433	0.46	0.423	0.45	0.471	0.50	0.604	0.635	0.566	0.583
1956	0.610	0.566	0.462	—	0.455	—	0.515	—	0.625	0.668	0.588	0.599
1958	0.622	0.592	0.475	—	0.478	—	0.531	—	0.623	0.680	0.595	0.624
1962	0.682	0.652	0.542	—	0.523	—	0.579	—	0.656	0.702	0.651	0.716
1968	0.795	0.774	0.677	—	0.668	—	0.680	—	0.767	0.829	0.766	0.772
1970	0.818	0.778	0.687	—	0.684	—	0.685	—	0.788	0.845	0.770	0.774

表 B.2 9个人口普查区的高中入学率:1910—1970 年

年份	新英格兰	大西洋沿岸中部	大西洋沿岸南部		东南中部		西南中部		东北中部	西北中部	山区	太平洋沿岸
			全部	白人	全部	白人	全部	白人				
1910	0.282	0.185	0.119	—	0.109	—	0.137	—	0.237	0.220	0.230	0.288
1911	0.292	0.201	0.130	—	0.116	—	0.158	—	0.244	0.226	0.260	0.313
1913	0.324	0.221	0.151	—	0.137	—	0.177	—	0.268	0.265	0.308	0.376
1914	0.351	0.237	0.158	—	0.143	—	0.190	—	0.281	0.281	0.319	0.400
1916	0.393	0.277	0.176	—	0.166	—	0.205	—	0.321	0.318	0.356	0.499
1918	0.408	0.300	0.207	—	0.177	—	0.266	—	0.360	0.357	0.402	0.518
1920	0.431	0.305	0.228	—	0.194	—	0.309	—	0.401	0.414	0.452	0.604
1922	0.465	0.369	0.259	—	0.213	—	0.316	—	0.468	0.457	0.497	0.669
1924	0.484	0.400	0.290	—	0.252	—	0.355	—	0.496	0.492	0.517	0.680
1926	0.513	0.438	0.325	—	0.265	—	0.391	—	0.516	0.551	0.555	0.735
1928	0.546	0.449	0.345	[0.48]	0.295	[0.39]	0.416	[0.51]	0.555	0.582	0.594	0.739
1930	0.598	0.498	0.379	[0.55]	0.310	[0.44]	0.455	[0.56]	0.601	0.608	0.628	0.768
1932	0.719	0.610	0.432	[0.57]	0.344	[0.46]	0.495	[0.56]	0.683	0.662	0.681	0.821
1934	0.758	0.715	0.469	[0.61]	0.378	[0.48]	0.506	[0.63]	0.725	0.695	0.706	0.840
1936	0.795	0.764	0.504	[0.66]	0.390	[0.49]	0.559	[0.67]	0.738	0.717	0.731	0.858
1938	0.798	0.803	0.537	[0.66]	0.410	[0.52]	0.599	[0.70]	0.752	0.748	0.745	0.908
1940	0.786	0.836	0.577	—	0.445	—	0.636	—	0.812	0.776	0.770	0.921
1942	0.785	0.859	0.600	—	0.457	—	0.647	—	0.784	0.787	0.754	0.895
1944	0.730	0.792	0.523	[0.60]	0.421	[0.52]	0.573	[0.62]	0.734	0.715	0.663	0.791
1946	0.752	0.830	0.549	[0.59]	0.459	[0.56]	0.562	[0.63]	0.780	0.738	0.691	0.852
1948	0.790	0.851	0.557	[0.64]	0.505	[0.62]	0.584	[0.66]	0.764	0.771	0.722	0.854
1950	0.868	0.862	0.619	[0.62]	0.559	[0.60]	0.618	[0.66]	0.789	0.802	0.756	0.880
1952	0.790	0.772	0.600	[0.68]	0.560	[0.66]	0.629	[0.72]	0.777	0.776	0.733	0.786
1954	0.801	0.791	0.652	—	0.616	—	0.686	—	0.784	0.808	0.792	0.805
1956	0.836	0.807	0.691	—	0.670	—	0.733	—	0.817	0.851	0.825	0.823
1958	0.876	0.865	0.749	—	0.726	—	0.776	—	0.880	0.890	0.867	0.856
1962	0.896	0.898	0.876	—	0.787	—	0.830	—	0.888	0.935	0.929	0.909
1968	—	—	—	—	—	—	—	—	—	—	—	—
1970	0.927	0.905	0.848	—	0.845	—	0.875	—	0.900	0.940	0.917	0.911

表 B.3　9 个人口普查区私立高中的毕业率：1910—1970 年

年份	新英格兰	大西洋沿岸中部	大西洋沿岸南部	东南中部	西南中部	东北中部	西北中部	山区	太平洋沿岸
1910	0.194	0.216	0.308	0.349	0.189	0.113	0.167	0.196	0.154
1911	0.202	0.217	0.276	0.360	0.182	0.115	0.165	0.201	0.153
1913	0.192	0.205	0.237	0.284	0.168	0.110	0.149	0.145	0.135
1914	0.187	0.194	0.237	0.279	0.145	0.111	0.145	0.161	0.121
1916	0.186	0.177	0.202	0.209	0.114	0.105	0.121	0.136	0.090 0
1918	0.173	0.176	0.182	0.189	0.095 3	0.091 8	0.115	0.148	0.087 5
1920	0.188	0.168	0.189	0.182	0.076 8	0.093 8	0.111	0.124	0.079 2
1922	0.179	0.154	0.151	0.171	0.074 7	0.084 2	0.107	0.108	0.081 6
1924	0.185	0.144	0.141	0.154	0.063 7	0.086 2	0.094 9	0.080 8	0.073 3
1926	0.214	0.139	0.129	0.152	0.076 9	0.101	0.073 1	0.086 7	0.085 4
1928	0.169	0.143	0.097 8	0.116	0.058 6	0.107	0.083 2	0.049 0	0.084 0
1930	0.164	0.139	0.093 0	0.097 9	0.048 9	0.113	0.081 0	0.049 6	0.076 5
1932	0.193	0.129	0.095 6	0.101	0.046 7	0.089 1	0.081 3	0.044 1	0.059 0
1934	0.160	0.110	0.067 7	0.082 2	0.040 5	0.066 4	0.067 1	0.039 1	0.054 1
1936	0.156	0.095	0.060 1	0.076 1	0.040 8	0.066 0	0.067 3	0.032 0	0.049 9
1938	0.163	0.097	0.055 0	0.067 0	0.037 7	0.072 6	0.064 3	0.034 4	0.047 7
1940	0.142	0.101	0.053 0	0.053 6	0.034 3	0.072 8	0.057 3	0.034 9	0.044 5
1942	0.149	0.099	0.047 0	0.057 1	0.032 6	0.075 9	0.060 8	0.034 9	0.047 3
1944	0.216	0.117	0.052 0	0.073 3	0.041 3	0.096 6	0.074 8	0.044 3	0.059 0
1946	0.185	0.113	0.057 2	0.069 8	0.041 8	0.099 4	0.074 4	0.041 3	0.052 4
1948	0.177	0.105	0.046 0	0.062 8	0.036 5	0.098 5	0.072 3	0.038 1	0.047 7
1950	0.175	0.107	0.039 8	0.059 8	0.037 6	0.107	0.076 0	0.039 4	0.048 6
1952	0.197	0.119	0.041 9	0.061 2	0.038 2	0.117	0.078 0	0.041 9	0.055 8
1954	0.248	0.162	0.049 4	0.073 3	0.048 2	0.149	0.100	0.052 3	0.074 4
1956	0.238	0.168	0.050 4	0.074 8	0.048 1	0.149	0.109	0.060 1	0.070 3
1958	0.255	0.222	0.072 3	0.074 7	0.067 2	0.171	0.124	0.070 5	0.087 1
1962	0.233	0.202	0.063 3	0.068 3	0.061 6	0.162	0.120	0.064 3	0.075 9
1968	0.213	0.175	0.055 7	0.062 9	0.055 0	0.139	0.109	0.055 3	0.071 0
1970	0.204	0.171	0.053 8	0.061 6	0.052 9	0.131	0.105	0.051 5	0.067 3

注：a. 包括了就读于公立和私立大学及学院预科部的学生。

高中,所占的比例非常低[见表 B.4 第(5)栏],同时许多州的数据也很难得到。另一个原因是,在 1910 年之前,很大一部分高中学生就读于私立高中或"学院",以及大学和学院的预科部,而所有这些学生都没有被完全计算在内。

当然,各州和美国联邦教育办公室都试图调查所有公立学校和尽可能多的私立学校。美国联邦教育办公室会从各州获取公立和私立学校的名单,并通过各种途径对这些名单进行核对和扩充。不过,并不是所有的州每年都会收集关于私立学校的信息,而且美国联邦教育办公室也承认,私立学校的数据可能是最不完善的。

在美国联邦教育办公室收集的学校调查数据中,最大的一个潜在问题是统计遗漏。在 1920 年之前,美国联邦教育办公室完全依赖于学校调查数据。各州报告中的入学数据,都比美国联邦教育办公室的学校调查数据要高,但是美国联邦教育办公室在它的《年度报告》中很少提到这种统计遗漏的可能性。《年度报告》曾经提到,回应的学校数量要少于总数——在 1910—1920 年间,这个比例一般在 85% 左右——但是又评论称,大多数没有回应的学校规模都很小,而这就意味着学生被漏报的比例要远低于学校被漏报的比例。

1920 年,美国联邦教育办公室试图让自己的数据与各州报告的数据保持一致,为此,它向各州索取相关信息,并将之发表在《双年报告》的一个名为"各州学校系统统计"的独立章节中。因此,1920—1938 年的《双年报告》包含了两套关于公立学校和私立学校的统计数字。一套来自学校调查,包括了相当详细的关于学生、教师和学校的资料。另一套来自各州,虽然缺乏部分细节,但是美国联邦教育办公室认为它更加准确。然而奇怪的是,《双年报告》上却从未出现过对这两个序列以及它们之间差异的讨论。因此,在 1920—1938 年,《双年报告》包含了两套各州高中入学人数的估计值,而且两者之间通常有很大的差异。在 1932—1934 年,美国联邦教育办公室开始用各州教育部门的数据,来对学校调查数据进行增补。从那时起,这两项调查的入学数据就几乎完全相同。

现在可以总结一下了。在 1920 年以前,关于入学人数和毕业人数的数据,都是由美国联邦教育办公室通过学校调查获得的。在 1920—1938 年

表 B.4 各州和联邦报告的公立高中入学人数：1890—1934 年

年份	(1) 美国联邦教育局的各州调查数据	(2) 美国联邦教育局的学校调查数据	(3) (1)/(2)	(4) 1/(3)×100	(5) 上报的学校所占百分比[a]
1890	—	202 963	—	—	60.8
1895	—	350 099	—	—	70.3
1896	—	—	—	—	75.2
1900	—	519 251	—	—	77.4
1905	—	679 702	—	—	—
1906	—	—	—	—	84.0
1910	—	915 061	—	—	85.2
1911	1 156 995	984 677	1.175	85.1	—
1912	1 200 798	1 105 360	1.086	92.1	84.6
1913	1 333 356	1 134 771	1.175	85.1	—
1914	1 432 095	1 126 456	1.271	78.7	84.0
1915	1 564 556	1 328 984[b]	1.177	85.0	—
1916	1 710 872	1 456 061	1.175	85.1	84.5
1917	1 821 974				
1918	1 933 821	1 645 171	1.176	85.0	87.2
1919	2 057 519	—	—	—	—
1920	2 181 216[c]	1 849 169	1.180	84.8	—
1922	2 725 579[d]	2 220 306	1.228	81.5	—
1924	3 176 074[d]	2 529 889	1.255	79.7	—
1926	3 541 254[d]	3 047 690	1.162	86.1	85.9
1928	3 911 279[d]	3 335 690	1.173	85.3	—
1930	4 399 422[d]	4 129 517	1.065	93.9	92.9
1934	—	—	—	—	95.6

资料来源和注：表中给出的年份是《双年报告》的结束年，例如，对于 1915—1916 年的《双年报告》，就显示为 1916 年。美国联邦教育办公室似乎也使用了同样的方法。

第(1)栏：1890—1920 年：1918—1920 年《双年报告》(Biennials，1987—1920，chapter 1：46，table 1)，由美国联邦教育办公室根据各州提供的数据估计。1922—1930 年：各个年份的《双年报告》(Biennials，various years)。

第(2)栏，学校上报给美国联邦教育办公室的数据：各个年份的《年度报告》(Annuals，various years)和《双年报告》(Biennials，various years)。只包括了 9—12 年级；研究生和特殊学生已经扣除。

第(5)栏：1890—1918 年：1916—1918 年《双年报告》(Biennials，1916—1918，Bulletin no.19，"Statistics of Public High Schools，1917—18，"by H.R. Bonner：12—13，table 1)；1920—1934 年：各个年份的《双年报告》(Biennials，various years)。

a. 从 1911 年开始，美国联邦教育办公室不再将学生人数不到 10 个人的学校包括在表中（而在 1911 年之前，这一临界人数为 5 个学生）。

b. 1915 年的数据没有上报。

c. 这里的总数（源于 1929—1930 年《双年报告》），包括了职业学校和师范学校数据。

d. 这里使用的是报告了年级数据的那些序列中的总数。而未报告年级数据的那些序列中的总数，似乎还包括了参加继续教育的学生和某些夜校的学生。

间,美国联邦教育办公室既从学校调查获取数据,也从各州获取数据。从各州获得的数据只包括入学人数,而不包括毕业人数,尽管入学人数是按年级给出的。因此,1920—1938年各州的数据可以用来修正学校调查的数据,但是1920年以前各州的数据却很难获得。

高中毕业率是最能吸引人们兴趣的数据,这在很大程度上是因为,人们通常认为毕业率是衡量高中教育成就的最重要的一个统计指标。此外,毕业率之所以广受关注,还因为官方数据——如《美国历史统计数据》中的系列H 598—601——中包含的毕业率数据,可以追溯到1870年。③《美国历史统计数据》中1870—1930年的数据,与同一时期美国联邦教育办公室的原始报告有很大的不同。1870—1930年的《美国历史统计数据》的资料来源,是《教育统计要报:1929—1930年》(Statistical Summary of Education,1929-30)中的"表15",这是一份晦涩不明的文件,没有提供关于调整方法的确切信息。④要想找到"表15"的潜在资料来源,就必须回过头去查阅美国联邦教育办公室更早期的文件,然而即便那么做了,在对1929—1930年数据进行调整时所用的具体方法也仍然难以捉摸。

最早的、说明如何对原始数据进行调整的附注,出现在1918—1920年的《双年报告》中(Biennials,U.S. Office of Education,1918—1920,table 2)。这个附注声称,整个表格中的数字"在很大程度上都是估计出来的数字",而且"几个州的教育厅在1912年、1918年和1920年上报给美国联邦教育办公室的入学人数"构成了调整的基础。"其他年份的入学人数是计算出来的,方法是将上报给美国联邦教育办公室的入学人数……乘以一个比率(1.175),而该比率就是各州教育厅报告的1918年高中入学人数,与各学校[向美国联邦教育办公室]报告的同年入学人数之比。"然而,这些入学人数大部分并没有纳入我们刚才提到的那份随后的文件中(即《教育统计要报:1929—1930年》,1929—1930年《双年报告》的第1章,表3)。唯一被采纳的是对1920年的修订。

因此,对入学数据进行上述调整的原因似乎是,美国联邦教育办公室的工作人员认为,他们得到的入学人数是有统计遗漏的,大约仅为真实数字的85%。这也就是说,他们认为各州的入学人数大约是教育办公室收集数据的1.175倍。如表B.4的第(3)栏所示,有些年份各州数据与学校调查入学人数之间的比率高于这个数字,有些年份则低于这个数字。此外还应当指出的是,随着上报的学校数量的增加[第(5)栏],这个比率越来越接近 1 (1930 年为 1.065)。如表 B.4 的第(4)栏和第(5)栏所示,上报学校的百分比,同各州数据与学校调查入学人数之间的比率非常接近。但是,如果上报的学校中,规模很小的学校的比例很高,那么实际的低估应该会小于第(3)栏给出的数字。

看来,美国联邦教育办公室从入学人数中提取出了调整因子 1.175,并将它同样地应用到了公立和私立高中的毕业人数中。虽然美国联邦教育办公室的报告没有提到这就是它所采用的方法,但是利用这种方法确实可以复制出它所给出的全国毕业人数。不过,我们没有理由认为,毕业人数的统计遗漏与入学人数的统计遗漏是完全一样的。

到目前为止,我们只评论了遗漏的可能性。数据缺失问题也同样存在,特别是在某些特定年份的毕业人数上。我们进行的调整,是基于直接的外推程序,有些还使用了天主教学校的独立证据。下面给出了所用调整方法的具体细节。

对各州教育数据的调整

公立学校:1910—1922 年

美国联邦教育办公室公布了 1910—1920 年间的全国一级数据。我们现在关注的售点是州一级或地区一级的数据。有很多种方法可以对州一级的数据进行调整。我们可以选择一个适当的年份,计算出各州上报的人数与当年该州的学校上报人数之间的比率,然后将之应用到 1910—1920 年间各个年份。历年的《双年报告》给出了 20 世纪 20 年代每一年各州的数据,为我们创造了很大的便利条件。按州分类的高中入学数据,最早始于 1920 年,但是这一年和 1922 年的高中入学数据对各州都会得出不一致的比率——可能是由于第一次世界大战对入学率的影响。有鉴于此,我们使用了 1924 年各州的数据,计算出它们与《双年报告》给出的学校调查数据之间的比率,然后将各州统计数字的少计比例(也有一些州是多计的),应用于 1910—1922

年间的所有数据。

这种方法可能会导致对公立高中的入学人数和毕业人数的高估。它所隐含的学生少计的比例,几乎与没有上报的学校的百分比相同[见表 B.4,请比较该表的第(4)栏与第(5)栏]。只不过,没有上报的学校的规模低于平均水平。在 1924—1926 年《双年报告》中,美国联邦教育办公室主任指出,没有上报的那些学校(共有 3 064 所,占当年的学校总数的 14.1%),都是"规模较小的学校"(U.S. Office of Education, 1924—1926:1037)。因此,对学生数量的调整的比率,应该小于少计的学校数量所占比例。这样一来,也就出现了一个问题:这些学校上报给各州的数据,是不是超过了同一所学校上报给美国联邦教育办公室的数据?

这些学校没有向联邦政府夸大自己的入学人数和毕业人数的激励,但是在向州政府上报的时候,它们却很可能有这样做的激励。我们无法通过比较同一所学校实际采取的做法来评估这种可能性,因为没有这方面的现存记录。而且,由于没有上报的学校的规模分布也是未知的,我们也不能通过用学校的学生数量对学校进行加权的方式来进行调整。现有数据表明,对学生人数的少计,很可能低于对学校数量的少计。

在全国一级,我们采用各种方法得到的结果(对于这些方法,下文将给出更详细的介绍),几乎完全复制了美国联邦教育办公室最终修订后给出的毕业生人数。在这里我们重申,美国联邦教育办公室对它进行的调整几乎没有提供任何信息,因此我们并没有照搬它的方法。只是在使用州一级数据来修正学校上报的数据这一点上,我们遵循了美国联邦教育办公室当时的工作人员的做法。他们很可能知道我们在这里提出的许多问题的答案。至于为什么没有人留下关于答案的任何记录,那就是另一个问题了。

如果我们修正后的数据是有错的,那么它们可能是偏高了,尤其是毕业人数。因为我们的大部分研究都表明,随着时间的推移,高中人数有了很大的提高,因此在早期,同样是偏差,高估毕业率要比低估更好。特别是,当我们将这些数据与 1940 年的人口普查数据进行比较时,我们更希望同期数据中的偏差能够为实际估计提供一个上限。

私立学校:1910—1922 年

在表 B.5 中,我们比较了美国联邦教育办公室公布的学校调查以及各州

调查中的私立学校数据。如第(3)栏所示,私立学校的少计要比公立学校的
少计更严重一些。这也不难理解,因为私立学校显然比公立学校更难追踪。
与公立学校的数据一样,美国联邦教育办公室从 1920 年开始公布各州私立
学校的数据。对于私立学校,也是用各州 1924 年的数据对 1910—1922 年
间的所有数据进行调整,这与对公立学校数据的调整类似。

表 B.5　私立高中入学人数和上报学校的百分比

年份	(1) 美国联邦教育办公室 的各州调查数据	(2) 美国联邦教育办公室 的学校调查数据	(3) (2)/(1)	(4) 上报的学校 所占百分比
1920	213 920	184 153	86.1	—
1922	225 873	186 641	82.6	—
1924	254 119	216 522	85.2	—
1926	295 625	248 076	83.9	—
1928	341 158	280 449	82.2	—
1930	—	—	—	84.7

　　资料来源和注:各州调查的数据和学校调查的数据,都不包含在大学和学院的
预科部就读的学生。
　　第(1)栏和第(2)栏,1920—1928 年:各个年份的《双年报告》(Biennials, various
years, "Statistics of State School Systems")。
　　第(4)栏,1930 年:1928—1930 年《双年报告》(Biennials, 1928—1930, chapter
1:1)。84.7%的这一数字,是根据发出去的表格数量,再加上前一年已存在、但是在
1929—1930 年《双年报告》中未列出的学校数量,估计出来的。

公立学校和私立学校:1924—1940 年

　　对 20 世纪 20 年代的调整,是完全基于《双年报告》公布的各州 1924—
1938 年数据。1930 年以后,在出现了学校缺失问题时,联邦教育办公室主
任已经利用各州的数据调整了教育办公室自己的学校调查数据了。因此,
在 1930 年以后,各州报告的数据与学校报告的数据之间,差异就非常小了。
　　在 20 世纪 30 年代,公立学校毕业数据有好几年是缺失的,因此只能根
据前几年高中最后一年的入学人数与该年毕业人数之间的关系,以 12 年级
的学生数据为基础,估计出毕业人数。本附录最后一节将会对所用的调整
方法进行总结。

私立学校：1940—1970 年

《双年报告》给出了私立学校的毕业人数和入学人数的相关数据，但是毕业人数的数据终止于 1934 年。1936—1940 年、1946—1950 年、1958 年、1962 年、1966 年和 1970 年有私立学校入学人数的数据，但是没有私立学校按年级划分的入学人数的数据。在 20 世纪 60 年代的大多数年份，毕业生人数的数据都存在。因此，要利用私立学校的入学人数数据来估计毕业生的数量。我们以各年份的《天主教教育摘要》(*Summary of Catholic Education*, National Catholic Welfare Conference, various years)公布的天主教学校数据为基础，估计出了 1952 年、1954 年和 1956 年私立学校毕业生的数量。

学院和大学的预科部：1910—1936 年

另一处统计遗漏出现在学院和大学预科部的学生上。美国联邦教育办公室将预科部学生归入了大学生类别，因为对学校的调查是按类型进行的。因此，就读于学院和大学预科部的学生的数据，没有包括在《双年报告》公布的任何一年的入学人数和毕业人数中。

在 19 世纪和 20 世纪初，公立高中体系还处于发展的起步阶段，当时许多学院和大学都在自行培养高中生。成立预科部是为了确保准大学生们在进入大学之前得到适当的培训。此外，还有许多学生在宗教学校的预科部就读，这些学校之所以被纳入大学调查，是因为它们开设了研究生课程。这些学校往往有数百名高中生，但是只有少数几个研究生（他们通常是牧师）。许多这样的教育机构都集中在中西部地区，那些地方的支持者可能更喜欢将它们称为学院(college)，而不是高中。这个学校群体中的其他高中，如纽约市的亨特高中(Hunter High School)，曾经隶属于由州高等教育管理部门控制的学校体系。

《双年报告》载有全国大学预科部的学生人数，但是没有给出分年级的数据，也没有给出毕业人数。此外还可以得到若干年份各州的入学数据。我们使用 1910 年、1922 年和 1928 年的数据来进行调整。对于这几个基准年，每一年的预科部学生占全国学生总数的比例，都被分配给了每个州。然后，根据最接近的基准年，再将总数分配给每个州。

预科部学生的人数占所有私立高中学生总数的比例,一直是相当大的,这种情况直到 1920 年代高中普及运动兴起之后才不复存在。1910 年,在学院和大学预科部就读的学生,占到了私立高中学生总数的 31%,到 1920 年这一比例下降到了 22%(见表 B.6)。因此,还需要作出一些重要的调整。

表 B.6 大学和学院预科部的入学人数:1900—1936 年

年份	(1) 大学和学院	(2) 师范学校	(3) [(1)/全部私立学校入学 人数]×100
1900	56 285	—	—
1903	53 794	13 995	—
1905	64 085	15 324	—
1907	76 370	12 831	—
1909	70 834	11 037	—
1910	66 042	12 890	31
1914/1915	67 440	13 504	27
1920	59 309	22 058	22
1922	67 649	—	24
1925	[58 703]	[12 470]	18
1928	50 588	—	13
1930	47 309	11 978	10
1934	23 188	—	—
1936	27 680	—	—

注和资料来源:

第(1)栏和第(2)栏:

1900 年:1934—1036 年《双年报告》(Biennials,1934—1936,"Statistics of Universities and Colleges")。

1903—1909 年:各个年份的《年度报告》(Annuals,various years)。

1910 年、1915 年、1920 年、1930 年:1928—1930 年《双年报告》(Biennials,1928—1930:5,table 3),那里的数据几乎与原始资料相同。需要注意的是,1910 年的数字 60 392 是在原始报告中给出的,但这个数字不包括女子学院。

1922—1936 年:各个年份的《双年报告》(Biennials,various years,"Statistics of Universities and Colleges" and "Higher Education")。

我们没有把在师范学校就读的预科部学生包括在内,因为这部分学生的数字似乎每年都不一致,而且我们也无法找到对这些学校预科部学生的年级分布和毕业率的估计值。不计入师范学校的预科部学生,对女生入学率和毕业率的影响,都要远远超过男生。但是,即便是在 1920 年以前,这种忽略所导致的低估,也应该是非常小的[见表 B.6 第(2)栏]。

要想得到预科部学生的毕业人数数据,就必须知道这类毕业生占总入学人数的百分比。但是,美国联邦教育办公室并没有收集过这类数据,幸运的是我们找到了纽约州的数据。在纽约州的数据中,毕业生大约占给定年份总入学人数的 16%。在表 B.7 第(4)栏中,我们就是使用 16% 这个比例,来估计预科部的毕业人数的。在 1910—1930 年这一时期,预科部学生已经占到所有私立学校入学人数和毕业人数中相当大的一部分,尽管这个比例一直随时间的推移而下降[见表 B.6 第(3)栏]。在这一时期,公立高中的数量显著增加,预科部学生在总数中所占的比例变得越来越小。而且,随着公立高中的扩张,许多学院和大学通过设立自己的预科部来培养未来上大学的青少年的理由,也不复存在了。

不同种族的入学人数和毕业人数:1930—1954 年

直到 1954 年之前,美国南部 17 个州一直存在种族隔离学校。美国联邦教育办公室的《双年报告》,也公布了黑人高中生的人数。从学生总数中减去黑人学生的人数,就可以得出白人学生的人数。虽然从 1916 年开始就有了黑人学生的数据,但是在 1930 年以前,涵盖的范围一直是不完整的。从1930 年开始有了按年级划分的黑人学生入学数据,但是毕业生的数量是从 1940 年才开始有的。1940 年以前的毕业生人数,是根据各年级学生的数据估计出来的。

总　结

由于大约有 15% 的公立和私立学校没有返回调查问卷,因此对于美国联邦教育办公室 1920 年以前从各学校收集来的高中入学和毕业数据,必须进行调整。此外,各学院和大学的预科部,也从来没有被纳入美国联邦教育办公室对高中教育的调查中。使问题进一步复杂化的是,各州都进行了自己的调查,而且各州报告的入学人数和毕业人数,往往高于美国联邦教育办公室的学校调查的数据(即便将那些没有返回调查问卷的学校考虑进去,也是如此)。从 20 世纪 20 年代的某个时候开始,美国联邦教育办公室开始接受各州调查的数据,并采取了某种方法利用各州调查的数据来修正全国数据。虽然在美国联邦教育办公室的各种报告中,都暗示这种方法确实是存在的,但是从来没有给出具体的说明。我们设计的方法所产生的估计结果,与美国联邦教育办公室的估计结果非常一致。

如表 B.7 所示,我们得出的 1910—1930 年间毕业人数的修订值[表中的第(6)栏],与美国联邦教育办公室给出的修订值[为《美国历史统计数据》所采用,见第(1)栏]之间的百分比差异非常小[见第(7)栏]。这两个序列之间的百分比差异最大的一年也只有 5%,而所有年的平均差异则只有 0.4%。由于高中在这段时间内的增长极其迅速,5% 的差异意味着,这两个序列的毕业人数或入学人数之间的差距,仅仅相当于一年的差距。自 1930 年以后,美国联邦教育办公室开始利用各州的数据来填补缺失的数据,从此这样的调整就变得不那么重要了。

表 B.7 公立和私立高中的毕业数据

年份	(1)《美国历史统计数据》(千人)	(2)美国联邦教育办公室公立学校	(3)美国联邦教育办公室私立学校	(4)预科部	(5)[(2)+(3)+(4)]/(1)×100	(6)公立和私立学校调整后的修正值	(7)(6)/(1)×100
1910	156	111 636	14 409	10 567	87.6	154 804	99.2
1911	168	—	—	—	—	167 609	99.8
1912	181	—	—	—	—		
1913	200	—	—	—	—	203 435	101.7
1914	219	160 606	20 303	—	87.5	219 514	100.2
1915	240	—	—	10 790	—		
1916	259	—	—	—	—	257 921	99.6
1917	272	—	—	—	—		
1918	285	—	—	—	—	297 993	104.6
1919	298	—	—	—	—		
1920	311	230 902	24 166	9 489	85.1	305 530	98.2
1921	334	—	—	—	—		
1922	357	—	—	—	—	372 445	104.3
1923	426	—	—	—	—		

续表

年份	(1) 《美国历史 统计数据》 （千人）	(2) 美国联邦 教育办公 室公立 学校	(3) 美国联邦 教育办公 室私立 学校	(4) 预科部	(5) [(2)+(3) +(4)]/ (1)×100	(6) 公立和私 立学校调 整后的 修正值	(7) (6)/ (1)× 100
1924	494	—	—	—		470 306	95.2
1925	528	396 003	38 547	9 392	84.1		
1926	561	—	—	—		544 712	97.1
1927	579	—	—	—			
1928	597	—	—	—		610 229	102.2
1929	632	—	—	—			
1930	667	591 719	51 447	7 569	97.6	681 420	102.2

注和资料来源：

第(1)栏：《美国历史统计数据》(*Historical Statistics*，series H 598—601)。

第(2)栏和第(3)栏：各个年份的《双年报告》(*Biennials*，various years)。

第(4)栏预科部：在学院和大学的预科部就读的高中生的数字。《双年报告》收集了这类学生的数据，不过是作为学院和大学调查的一部分。尽管总体数字没有按年份和毕业情况分类，但是可以用纽约州的类似数据来估计出毕业生比例。在每一年，我们都使用学生总数乘以16%这个比例，来估计该年度的毕业人数。预科部和师范（公立和私立）学校的数据，见表 B.6。

关于自己对1930年以前的数据进行的调整，美国联邦教育办公室在它的报告中几乎没有留下什么记录。由于相关的记载是如此之少，以至于美国教育部今天那些非常能干的工作人员，在解释这些文件时，也会出一些根本性的错误。除此之外，另一份本该有很大信息量的出版物《美国教育 120 年：一幅统计肖像》(*120 Years of American Education：A Statistical Portrait*，U.S. Department of Education，1993)所给出的毕业率序列，在很大程度上也是不准确的。修订后的数据（如《美国历史统计数据》所载的数据）已经被广泛用于计算公立和私立学校毕业生的数量了，但是在《美国教育 120 年：一幅统计肖像》却仍然与当初的《年度报告》和《双年报告》一样，把私立高中的毕业人数视为一个残差，即从毕业生总人数中减去公立高中的毕业生数量来计算。用这种方法得出的1930年以前的私立高中毕业人数，是一系列非常高且错误的数字。正如我们已经指出过的，美国联邦教育办公室，已经以各州调查的数据为基础,对公立学校的毕业人数进行了修订。因此,《美国历史统计数据》中的毕业生总人数,已经反映了美国联邦教育办公室对已公布数据的修订。这样一来,如果本附录中的这些调整,对于那些不熟悉教育数据的人来说难以理解,那么对于美国联邦教育办公室中最初得出这些数据的那些人来说,也应该是同样难以理解的。

数据调整方法详解

对数据的调整主要有三种类型:对公立高中数据的调整、对私立高中数据的调整,以及对学院和大学预科部数据的调整。大多数调整的目的,是让学校调查的数据与来自各州的数据保持一致。还有一些调整,则是用来生成某些年份的数据(因为那些年份的数据没有收集到)。

我们将学年取为文件给出的最后一年和学期的最后一年。举例来说,1924 年的入学人数数据,来自 1922—1924 年的《双年报告》,该《双年报告》报告了 1923—1924 年学年的数据。调查一般给出的是当年和上一年的毕业人数数据,但是我们这里只使用当年的数据。高中生是指 9—12 年级的学生。

公立和私立高中:1910—1922 年

在每一年,我们按年级和性别分类的入学人数,以及按性别分类的毕业人数,都是以学校调查的数据为基础。对于 20 世纪 20 年代,调整的目标是使总入学人数与州一级数据相一致。但是,美国联邦教育办公室在 1910—1920 年这个时期,并没有收集各个州的调查数据。1924 年报告的各州(按性别分类)数字与学校调查的数字之间的比值,则被用来调整 1910—1924 年公立和私立学校的数据(高中每个年级的人数和毕业人数)。在大多数情况下都存在着少计现象,不过在少数情况下也存在着多计现象。最大的少计发生在南方,尽管一些非南方州(如加利福尼亚州和纽约州)也存在着相当大的少计。我们没有选择以 1922 年的数据为基础进行调整,尽管美国联邦教育办公室在那一年进行了一次调查,因为在许多州,这次调查与 1924

年的调查之间存在着很大的不同。

对于公立高中,各州的调查数据包含了总入学人数的数据,以及 4 个年级(9—12 年级)的入学数据,尽管这些数据都没有按性别分类。各州的调查数据都不包含毕业人数。学校调查中的毕业人数数据,则已经使用各州和学校调查的 12 年级数据进行了修正。

各州的私立学校数据都只限入学人数数据。每个年级的入学人数和毕业人数,都根据各州调查的与学校调查的总入学人数之间的比值,进行了调整。不过,犹他州的私立学校的数据没有进行调整,保持在了学校原来上报的水平,因为进行调整会使它们的数据大得不合理。山区各州的数据,如果使用前述方法进行调整,也会被过度夸大,因此将它们的所有数据都除以 1.12,使之与 1926 年的数据保持一致。

公立和私立高中:1924—1958 年

我们用《双年报告》所载的各州的数据,来对每年的公立和私立学校的数据进行调整。这个过程与对 1910—1922 年数据的调整相似,只是在这里是使用当年的数据来进行调整的。

公立和私立学校毕业人数的数据,有很多年都是缺失的。缺失的公立学校数据,一般是根据按地区分类的 12 年级入学人数与毕业人数的比例,推断出来的。私立学校数据则一般是这样计算出来的:先得出每个地区在前一调查年度的(按性别分类)毕业人数与入学人数的比率,再用这个比率乘以缺失年份的入学人数(按性别和地区分类)。缺失的年份和数据如下:

- 1932 年公立和私立学校的毕业人数;
- 1934 年私立学校的毕业人数;
- 1936 年公立和私立学校的毕业人数;
- 1938 年私立学校的毕业人数;
- 1940 年公立学校按性别分类的毕业人数;
- 1952 年公立学校按性别分类的毕业人数;

如前文所述,1952 年、1954 年和 1956 年私立学校的入学人数和毕业人数数据,是利用天主教学校的数据添加上去的。具体方法是,根据最近一年全部私立学校和天主教学校的数据,计算出全部私立学校的总入学人数和总毕业人数,与天主教学校的总入学人数和总毕业人数之间的比率,再用天主教学校的数学乘以这两个比率,就可以得出这三年私立学校的相应数据。用这种方法推算出来的总入学人数,与《美国教育 120 年:一幅统计肖像》(U.S. Department of Education, 1993, tables 9, 19)所载的入学数据几乎完全相等,但是毕业人数则显然太少了。各州私立学校的毕业人数数据,还要用整个国家的比例因子进行调整,以使得出的全国数字与公认的全国总量相等。

预科部学生:1910—1936 年

就读于预科部的学生数据,也添加到了私立中学的入学人数和毕业人数中。我们获得了以下年份预科部入学人数的总数字:1910 年、1911 年、1913 年、1914 年、1918 年、1920 年、1922 年、1924 年、1926 年、1928 年、1930 年、1932 年、1934 年和 1936 年。此外,我们还得到了 1910 年、1922 年和 1928 年各州入学人数的分布。我们用最近一年的数据,将全国的总数分配到各州。纽约州的数据表明,预科部的毕业生大约占入学人数的 16%,我们用这一比例估计出了 1910—1936 年间预科部的毕业人数。

注 释

① 联邦教育办公室(联邦教育局),是今天的联邦教育部的前身。它成立于 1867 年,成立时就称为"教育部";1869 年更名为"教育办公室",作为内政部下属的一个机构,这种机构设置在那之后一直维系了 70 年之久。在那 70 年间,它被称为"教育局",后来在 1929 年正式更名为"教育办公室"。1939 年,它成了联邦保障署的一部分,然后又于 1953 年被纳入了新成立的卫生、教育和福利部。最后到了 1980 年,教育部终于成了一个独立的内阁级机构。为了行文便利,我们有时把所有这些机构都称为"美国联邦教育办公室"。

② 暑期班和夜校一般都会被略去。

③ 见《美国历史统计数据:千禧年版》(*Historical Statistics: Millennial Edition*)。

④《教育统计要报:1937—1938 年》是 1936—1938 年的《双年报告》的第 1 章。

附录 C 市一级高中数据集的构建

市一级高中数据集,是根据美国联邦教育办公室发布的1915 年度《联邦教育办公室主任报告》中的"城市学校系统"统计表的信息,以及美国联邦教育办公室(联邦教育局)发布的 1923 年(1922—1924 年)、1927 年(1926—1928 年)、1933年(1932—1934 年)和 1937 年(1936—1938 年)的《双年教育调查报告》,构建而成。在本书中,为了行文便利,我们统一将1917 年之前每年发布的报告称为《年度报告》,而将之后的报告称为《双年报告》,这也是美国联邦教育办公室使用的术语。

在我们的数据集中,取自《年度报告》和《双年报告》的数据,都是按学区给出的。这些学区归入了不同的城市群组,每个城市群组的人口,在 1 万至 3 万至 10 万以上不等。规模更小的城市的数据也有,但是这些数据收集起来难度很大,我们还没有做这件事情。数据集中,几乎所有的城市都有单一或统一的城市学区。在少数没有单一或统一的城市学区的情况下,我们就将两个学区合并到一起。报告中也包括了只与公立学校有关的其他信息。

《年度报告》和《双年报告》提供的信息是很详细的。对于每一种类型的公立学校(幼儿园、小学、初中和中学),都给出了关于学校数量、督学和校长人数、教师人数、入学人数、平均每日出勤率,以及平均学期长度(天数)的数据。此外,还提供了翔实的支出数据,包括督学和校长的工资、教师的工资、其他教学费用(如教科书费)、教学场地运行和维护费用、资本支出,以及各种固定费用,如保险费和租金,等等。每一个学校所包含的年级情况也给出了。在大多数情况下,一所初中包含了 7—9 年级,而同一学区的高中则包含了 10—12 年级。但是,也有些高中包含了 9—12 年级,特别是当所属的学区没有初中,且配备了其他类型的学校的时候。我们对数据进行了调整,以保证数据集中的数据只包括 9—12 年级的相关信息。也就是说,要把教师、校长、学生等人数,适当地分配给 9—12 年级。

我们的总样本包括了 289 个城市,它们包括了所有在 1910 年时人口超过 1 万人的城市。这些城市按人口普查区划分的分布如表 C.1 所示。

表 C.1　数据集中城市在各人口普查区中的分布

人口普查区	城市数量	城市比例
新英格兰	48	16.6
大西洋沿岸中部	64	22.2
大西洋沿岸南部	31	10.7
东南中部	11	3.8
西南中部	17	5.9
东北中部	70	24.2
西北中部	22	7.6
山区	8	2.8
太平洋沿岸	18	6.2
总计	289	100.0

在一些情况下,两个城市会被合并成一个城市,当出现这种情况时,我们会将它们合并前各年的数据也都加到一起。类似地,在少数情况下,一个城市会被分成两个,当出现这种情况时,我们也将所有年份的数据都合并到一起。在某些情况下,我们必须将这些"异常的城市"从样本中剔除。在 1933 年和 1937 年的《双年报告》中,南方许多城市的数据都付之阙如(1937 年的数据缺失程度尤其严重)。美国联邦教育办公室没有给出数据缺失的原因。

入学人数和平均每日出勤人数,都已经利用所在城市 14—17 岁青少年的人口数据(近似估计值),转换成了入学率和出勤率。在某些情况下——这些情况一般出现在小城市身上——用上述方法计算出来的入学率和出勤率会超过 1。导致这种结果最可能的原因是,居住在该城市以外农村地区的青少年来到城里上学了。

城市一级的高中数据集,已经与其他几个来源的数据集合并,以提供城市一级其他变量的相关信息,如人口、国外出生的人口所占比例、人均可征税财富、天主教徒占人口比例,以及经济活动水平等。在 1920 年,共有 242 个人口超过 3 万的城市提供了可征税财富信息。

附录D 工资份额和教育工资差距数据集的构建:1915—2005 年

表 D.1　工资份额和教育工资差距:1915—2005 年

	各受教育程度组的工资份额(%)			教育工资差距		
	高中辍学生	高中毕业生	大学毕业当量	大学/高中	高中/8年级	高中/辍学生
艾奥瓦州						
1915 年	80.9	9.1	7.4	0.638	0.370	0.243
1940 年	58.1	23.9	13.4	0.498	0.276	0.185
美国						
1940 年人口普查	58.3	20.6	16.7	0.498	0.346	0.242
1950 年人口普查	52.1	25.0	17.4	0.313	0.214	0.149
1960 年人口普查	42.4	27.1	23.4	0.396	0.229	0.159
1970 年人口普查	29.7	32.3	29.7	0.465	0.230	0.167
1980 年人口普查	17.0	32.5	39.3	0.391	0.229	0.179
1980 年"当前人口调查"	15.4	34.2	39.5	0.356	0.223	0.170
1990 年 2 月"当前人口调查"	7.8	29.8	50.0	0.540	0.349	0.243
1990 年"当前人口调查"	8.6	29.9	49.4	0.508	0.267	0.207
1990 年人口普查	8.0	26.8	51.0	0.549	0.284	0.213
2000 年"当前人口调查"	5.4	25.5	56.1	0.579	0.374	0.285
2000 年人口普查	5.4	22.7	57.4	0.607	0.309	0.255
2005 年"当前人口调查"	5.0	24.4	57.6	0.596	0.366	0.286

注:
　　工资份额:工资份额的定义是,支付给每一个受教育程度组的工资性报酬占总劳动收入的份额。计算所基于的样本,包括了在调查

448

参考日期那一天,在民用劳动力市场就业的所有 18—65 岁的个人。由于在 1915 年艾奥瓦州人口普查中,不存在调查参考日期的就业情况信息,因此我们在计算 1915 年艾奥瓦州的工资份额时,包括了所有在 1914 年有职业收入的个人。在计算所有年份和样本的工资份额时,受薪工人的和自雇者的收入均已包括在内。对于自雇者的收入无法获得的那些样本(1940 年人口普查的综合公开微观数据样本、各个“当前人口调查”中的合并退出循环组样本,1990 年 2 月“当前人口调查”样本),我们使用 Autor, Katz 和 Krueger(1998)的方法,利用同一个“行业—受教育程度—年份”组合的受薪工人的平均工资性报酬,来推算自雇者每小时的工资性报酬。高中辍学生是指那些受过 0—11 年完整教育的人。高中毕业生是指那些完成了 12 年的学业且没有上大学的人。大学毕业当量包括了那些至少有一个四年制大学学位(受过 16 年或以上的完整学校教育)的人,再加上接受过一些大学教育的人的一半。

　　教育工资差距:大学/高中工资差距的对数值指的是,大学毕业生(正好受过 16 年的完整学校教育,或只拥有一个学士学位的人)和拥有研究生学历的人(受过 17 年及以上的完整学校教育,或拥有研究生学位的人),相对于高中毕业生(正好受过 12 年的完整学校教育,或拥有一个高中毕业文凭的人)的工资溢价,在给定年份的加权平均值。所用的权重是 1980 年大学毕业生和研究生的就业份额。

　　高中/8 年级工资差距的对数值是指,那些只拥有高中学历的人(正好受过 12 年的完整学校教育),相对于那些正好受过 8 年完整教育的人的估计工资溢价。人口普查和“当前人口调查”中教育编码的变化,导致我们在 1990 年和 2000 年的人口普查、1990 年 2 月的“当前人口调查”,以及 2000 年和 2005 年当前人口调查中的合并退出循环组样本中,将受过 5—8 年完整教育的工人,纳入 8 年级这一受教育程度组。

　　高中/辍学生工资差距的对数值是指,那些只拥有高中学历(正好受过 12 年的完整学校教育)的人,相对于 4 组“辍学生”(分别正好受过 8 年、9 年、10 年和 11 年的完整学校教育)的估计工资溢价的加权平均值。所用的权重是,在 1980 年正好受过 8 年、9 年、10 年和 11 年教育的辍学生的就业份额。

　　每一个样本中,1940—2005 年的美国教育工资差距,是将每小时工资性报酬的对数值,对以下各个变量运行标准的横截面回归估计出来的:单个年份的教育类别(或学位类别)的薪酬虚拟变量(有些学校类别包含了从 1990 年开始的多个年份)、潜在经验变量的四次方、三个地区虚拟变量、兼职虚拟变量、女性虚拟变量、非白人虚拟变量,以及女性虚拟变量、潜在经验的四次方与非白人虚拟变量之间的各交互项。教育工资差距直接取自教育类别虚拟变量的系数。回归样本包括了所有 18—65 岁的非军人雇员。回归的模型设定和具体数据处理步骤,都完全采用了 Autor, Katz 和 Krueger(1998, table 1)的方法。

　　我们关心大学教育对于 1915 年艾奥瓦州人口普查中较年长的那些同龄群的意义,同时考虑到 20 世纪初,由于无偿家务劳动的潜在重要性,度量女性的教育回报率非常困难,因此,对于 1915—1940 年艾奥瓦州的教育工资差距的估计,需要有不同的处理方法。Goldin 和 Katz(2000)详细讨论了这些问题。

　　我们使用本书第 2 章表 2.7 中给出的、对年轻男性(18—34 岁)上一年大学在 1914 年和 1939 年的回报的首选估计结果,来估计 1915—1940 年大学/高中工资差距的对数值的变化。对于这样一个年轻男性来说,接受一年教育的回报率,在此期间下降了 0.033,即从 1915 年的 0.148 下降到了 1940 年的 0.115。这意味着,在将年轻男性在 1940 年时接受一年教育的回报率放大 4.307 倍,使之等于 1940 年全国所有18—65岁工人的大学/高中工资差距(0.498)之后,大学/高中工资差距的对数值,从1915年到1940年下降了0.140。

艾奥瓦州1915年和1940年的高中/8年级工资差距和高中/辍学生工资差距的对数值,是分别根据1915年艾奥瓦州人口普查中18—65岁的非农业、全年工作的男性非军人工人样本,以及1940年美国人口普查的综合公开微观数据样本中艾奥瓦州居民的数据,估计出来的。在估计这两个高中毕业生工资溢价时,我们将年工资性报酬的对数值,对以下变量运行了标准横截面回归:单个年份的教育类别的虚拟变量、潜在经验的四次方、非白人虚变量,以及国外出生虚拟变量。1915年艾奥瓦州人口普查中,没有工作时间和工作周数的数据,但是有1914年的失业月数的数据。1915年全年工作的人,是指那些在1914年有收入,且在1914年没有失业的人。1940年全年工作的人,是指那些在1939年至少工作了50个星期的人。

资料来源:1915年艾奥瓦州人口普查;1940—2000年美国人口普查的综合公开微观数据样本(IPUMS);1980年、1990年、2000年和2005年"当前人口调查"中的合并退出循环组样本(CPS MORG);1990年2月的"当前人口调查"。

参考文献

说明：在给出作者名字的时候，我们略去了"州"（State of），这样一来，"加利福尼亚州教育厅厅长"（State of California Superintendent）就简写成了"加利福尼亚教育厅厅长"（California Superintendent）。在列出各个州和联邦政府的出版物时——例如，加利福尼亚教育厅厅长办公室的《双年报告》（California, Office of the Superintendent of Public Instruction，*Biennial Report*），以及美国联邦教育办公室的《联邦教育办公室主任双年报告》（U. S. Office of Education, *Biennial Report of the Commissioner of Education*）——我们引用的是出版物所覆盖的年份，而非其出版年份。就在本书的写作过程中，《美国历史统计数据》的最新版《美国历史统计数据：千禧年版》（*Historical Statistics of the United States：Millennial Edition*，2006）出版了，本书中的某些数据引用自这个新版本，但是当这个"千禧年版"的数据与原来的旧版一致时，我们仍然保留了对旧版本的引用，即《美国历史统计数据》（1975）。由于这两者在本书中都经常出现，所以为了行文便利，我们分别用《美国历史统计数据：千禧年版》和《美国历史统计数据》来指代它们，而没有引用作者名字。出于同样的原因，我们在引用《教育统计年鉴》（*Digest of Education Statistics*）时，给出的也是书名，而不是作者名。

Aaronson, Daniel, and Daniel Sullivan. 2001. "Growth in Worker Quality." *Economic Perspectives* (4th Quarter), pp. 53–74.

Abbott, Andrew. 1988. *The System of Professions: An Essay on the Division of Expert Labor*. Chicago: University of Chicago Press.

Abraham, Katharine G., and Susan N. Houseman. 1995. "Earnings Inequality in Germany." In *Differences and Changes in Wage Structures*, edited by Richard B. Freeman and Lawrence F. Katz, 371–403. Chicago: University of Chicago and NBER.

Acemoglu, Daron. 1998. "Why Do New Technologies Complement Skills? Directed Technical Change and Wage Inequality." *Quarterly Journal of Economics* 113 (November), pp. 1055–1089.

———. 2002. "Technical Change, Inequality and the Labor Market." *Journal of Economic Literature* 40 (March), pp. 7–72.

———. 2003. "Cross Country Inequality Trends." *Economic Journal* 113 (February), pp. F121–F149.

Acemoglu, Daron, and Joshua Angrist. 2000. "How Large Are Human Capital Externalities? Evidence from Compulsory Schooling Laws." *NBER Macroeconomics Annual 2000* 15, pp. 9–59.

Acemoglu, Daron, Simon Johnson, and James A. Robinson. 2001. "Colonial Origins of Comparative Development: An Empirical Investigation." *American Economic Review* 91 (December), pp. 1369–1401.

———. 2002. "Reversal of Fortune: Geography and Institutions in the Making of the Modern World Income Distribution." *Quarterly Journal of Economics* 117 (November), pp. 1231–1294.

Acemoglu, Daron, and James A. Robinson. 2000. "Why Did the West Extend the Franchise? Democracy, Inequality, and Growth in Historical Perspective." *Quarterly Journal of Economics* 115 (November), pp. 1167–1199.

Acemoglu, Daron, and Fabrizio Zilbotti. 2001. "Productivity Differences." *Quarterly Journal of Economics* 116 (May), pp. 563–606.

Adams, Donald R. Jr. 1967. *Wage Rates in Philadelphia, 1790–1830.* New York: Arno Press.

Adams, Francis. 1969, orig. pub. 1875. *The Free School System of the United States.* New York: Arno Press.

Akerlof, George, and Rachel Kranton. 2002. "Identity and Schooling: Some Lessons for the Economics of Education." *Journal of Economic Literature* 40 (December), pp. 1167–1201.

Alesina, Alberto, Reza Baqir, and William Easterly. 1999. "Public Goods and Ethnic Divisions." *Quarterly Journal of Economics* 114 (November), pp. 1243–1284.

Allen, Steven G. 2001. "Technology and the Wage Structure." *Journal of Labor Economics* 19 (April), pp. 440–493.

American Association of University Professors. various years. *Bulletin of the American Association of University Professors* (to 1955, continued by *AAUP Bulletin*). Easton, PA: AAUP.

———. "Instructional Salaries in 42 Selected Colleges and Universities for the Academic Year 1948–49."

———. "Instructional Salaries in 41 Selected Colleges and Universities for the Academic Year 1949–50."

———. "Instructional Salaries in 40 Selected Colleges and Universities for the Academic Year 1951–52."

———. "Instructional Salaries in 41 Selected Colleges and Universities for the Academic Year 1953–54."

———. "Instructional Salaries in 41 Selected Colleges and Universities for the Academic Year 1955–56."

———. "Instructional Salaries in 39 Selected Colleges and Universities for the Academic Year 1957–58."

———. "Instructional Salaries in 39 Selected Colleges and Universities for the Academic Year 1959–60."

American Council on Education. 1934. *Report of Committee on Graduate Instruction.* Washington, DC: American Council on Education (April).

———. 1992. *1991 Statistical Report.* Washington, DC: American Council on Education.

———. 1995. *Who Took the GED? GED 1994 Statistical Report.* Washington, DC: American Council on Education.

————. 2005. *Who Passed the GED Tests? 2003 Statistical Report*. Washington, DC: American Council on Education.

Anderson, James D. 1988. *The Education of Blacks in the South, 1860–1935*. Chapel Hill: University of North Carolina Press.

Angrist, Joshua, Eric Bettinger, and Michael Kremer. 2006. "Long-Term Educational Consequences of Secondary School Vouchers: Evidence from Administrative Records in Columbia." *American Economic Review* 96 (June), pp. 847–862.

Angus, David L., and Jeffrey E. Mirel. 1999. *The Failed Promise of the American High School: 1890–1995*. New York: Teachers College Press.

Annuals. [various years to 1917]. *See* U.S. Office of Education, *Annual Report of the Commissioner of Education for* [*various years to 1917*]. Washington, DC: G.P.O.

Atack, Jeremy. 1987. "Economies of Scale and Efficiency Gains in the Rise of the Factory in America, 1820–1900." In *Quantity and Quiddity: Essays in U.S. Economic History*, edited by Peter Kilby, 286–335. Middletown, CT: Wesleyan University Press.

Atack, Jeremy, Fred Bateman, and Robert A. Margo. 2004. "Skill Intensity and Rising Wage Dispersion in Nineteenth Century American Manufacturing." *Journal of Economic History* 64 (March), pp. 172–192.

————. 2005. "Capital Deepening and the Rise of the Factory: The American Experience during the Nineteenth Century." *Economic History Review* 58 (August), pp. 586–595.

Atkinson, A. B. 1983. *The Economics of Inequality*. 2nd ed. Oxford: Clarendon Press.

Attanasio, Orazio, Erich Battistin, and Hidehiko Ichimura. 2004. "What Really Happened to Consumption Inequality in the U.S.?" NBER Working Paper no. 10338 (March).

Aurner, Clarence R. 1914. *History of Education in Iowa*. Vol. 6. Iowa City: State Historical Society of Iowa.

Austen-Smith, David, and Roland G. Fryer. 2005. "An Economic Analysis of 'Acting White.'" *Quarterly Journal of Economics* 120 (May), pp. 551–583.

Autor, David H., Lawrence F. Katz, and Melissa S. Kearney. 2005a. "Trends in U.S. Wage Inequality: Re-Assessing the Revisionists." NBER Working Paper no. 11627 (September).

————. 2005b. "Rising Wage Inequality: The Role of Composition and Prices." NBER Working Paper no. 11628 (September).

————. 2006. "The Polarization of the U.S. Labor Market." *American Economic Review* 96 (May), pp. 189–194.

————. 2007. "Trends in U.S. Wage Inequality: Revising the Revisionists." *Review of Economics and Statistics* (forthcoming).

Autor, David, Lawrence F. Katz, and Alan B. Krueger. 1998. "Computing Inequality: Have Computers Changed the Labor Market?" *Quarterly Journal of Economics* 113 (November), pp. 1169–1213.

Autor, David H., Frank Levy, and Richard J. Murnane. 2002. "Upstairs, Downstairs: Computers and Skills on Two Floors of a Large Bank." *Industrial and Labor Relations Review* 55 (April), pp. 432–447.

————. 2003. "The Skill Content of Recent Technological Change: An Empirical Investigation." *Quarterly Journal of Economics* 118 (November), pp. 1279–1333.

Avery, Christopher, and Thomas J. Kane. 2004. "Student Perceptions of College Opportunities: The Boston COACH Program." In *College Choices*, edited by Caroline M. Hoxby, 355–391. Chicago: University of Chicago Press and NBER.

Barrett, David B., George T. Kurian, and Todd M. Johnson, eds. 2001. *World Christian Encyclopedia: A Comparative Survey of Churches and Religions in the Modern World*. 2nd ed. New York: Oxford University Press.

Barro, Robert J. 1991. "Economic Growth in a Cross Section of Countries." *Quarterly Journal of Economics* 116 (May), pp. 407–443.

Barro, Robert J., and Xavier Sala-i-Martin. 1991. "Convergence across States and Regions." *Brookings Papers on Economic Activity*, no. 1, pp. 107–182.

Bartel, Ann, Casey Ichniowski, and Kathryn Shaw. 2007. "How Does Information Technology Affect Productivity? Plant-Level Comparisons of Product Innovation, Process Improvement, and Worker Skills." *Quarterly Journal of Economics* 122 (November), pp. 1721–1758.

Bartelsman, Eric, and Wayne Gray. 1996. "The NBER Manufacturing Productivity Database." NBER Working Technical Paper no. 205 (October).

Bates, Ralph. 1965. *Scientific Societies in the United States*. Cambridge, MA: MIT Press.

Baumol, William J., Sue Anne Batey Blackman, and Edward N. Wolff. 1989. *Productivity and American Leadership: The Long View*. Cambridge, MA: MIT Press.

Becker, Gary S., and Kevin M. Murphy. 1988. "The Family and the State." *Journal of Law and Economics* 31 (January), pp. 1–18.

Bell, Philip W. 1951. "Cyclical Variations and Trend in Occupational Wage Differentials in American Industry since 1914." *Review of Economics and Statistics* 33 (November), pp. 329–337.

Bellamy, Edward. 1888. *Looking Backward: 2000–1887*. Boston: Ticknor and Company.

Berman, Eli, John Bound, and Zvi Griliches. 1994. "Changes in the Demand for Skilled Labor within U.S. Manufacturing Industries: Evidence from the Annual Survey of Manufacturing." *Quarterly Journal of Economics* 109 (May), pp. 367–397.

Berman, Eli, John Bound, and Stephen Machin. 1998. "Implications of Skill-Biased Technological Change: International Evidence." *Quarterly Journal of Economics* 113 (November), pp. 1245–1279.

Bettinger, Eric P., and Bridget Terry Long. 2005. "Addressing the Needs of Under-Prepared Students in Higher Education: Does College Remediation Work?" NBER Working Paper no. 11325 (May).

Biennial [various years from 1916–18 to 1956–58]. *See* U.S. Office [Bureau] of Education. *Biennial Survey of Education for* [*various years from 1916–18 to 1956–58*]. Washington, DC: G.P.O.

Bils, Mark, and Peter Klenow. 2000. "Does Schooling Cause Growth?" *American Economic Review* 90 (October), pp. 1160–1183.

Bishop, Eugene A. 1930. *The Development of a State School System: New Hampshire*. New York: Teachers College, Columbia University.

Bishop, John H. 1989. "Is the Test Score Decline Responsible for the Productivity Growth Decline?" *American Economic Review* 79 (March), pp. 178–197.

Blank, David M., and George J. Stigler. 1957. *The Demand and Supply of Scientific Personnel*. New York: National Bureau of Economic Research.

Blau, Francine D., and Lawrence M. Kahn. 2002. *At Home and Abroad.* New York: Russell Sage.

Board of Education for England and Wales. 1932. *Education in 1931.* London: His Majesty's Stationery Office.

Bolino, August C. 1973. *Career Education: Contributions to Economic Growth.* New York: Praeger Publishers.

Boothe, Viva. 1932. *Salaries and the Cost of Living in Twenty-Seven State Universities and Colleges, 1913–1932.* Columbus: Ohio State University Press.

Borjas, George J. 1994. "Long-Run Convergence of Ethnic Skill Differentials: The Children and Grandchildren of the Great Migration." *Industrial and Labor Relations Review* 47 (July), pp. 553–573.

———. 2003. "The Labor Demand Curve *Is* Downward Sloping: Reexamining the Impact of Immigration on the Labor Market." *Quarterly Journal of Economics* 118 (November), pp. 1335–1374.

Borjas, George J., Richard B. Freeman, and Lawrence F. Katz. 1997. "How Much Do Immigration and Trade Affect Labor Market Outcomes?" *Brookings Papers on Economic Activity,* no. 1, pp. 1–90.

Bound, John, and George Johnson. 1992. "Changes in the Structure of Wages in the 1980s: An Evaluation of Alternative Explanations." *American Economic Review* 82 (June), pp. 371–392.

Bound, John, and Sarah Turner. 2002. "Going to War and Going to College: Did World War II and the GI Bill Increase the Educational Attainment for Returning Veterans?" *Journal of Labor Economics* 20 (October), pp. 784–815.

———. 2007. "Cohort Crowding: How Resources Affect Collegiate Attainment." *Journal of Public Economics* 91 (June), pp. 877–899.

Bowles, Samuel, and Herbert Gintis. 1976. *Schooling in Capitalist America: Educational Reform and the Contradictions of Economic Life.* New York: Basic Books.

Braatz, Jay, and Robert D. Putnam. 1997. "Families, Communities, and Education in America: Exploring the Evidence." Unpublished paper, Harvard University.

Bradbury, Katharine, and Jane Katz. 2002. "Are Lifetime Incomes Growing More Unequal? Looking at New Evidence on Family Income Mobility?" *Regional Review,* no. 4, pp. 2–5.

Brandolini, Andrea, and Timothy M. Smeeding. 2006. "Inequality: International Evidence." In *The New Palgrave Dictionary of Economics,* edited by S. N. Durlauf and L. E. Blume. Basingstoke, England: Palgrave Macmillan.

Braverman, Harry. 1974. *Labor and Monopoly Capital: The Degradation of Work in the Twentieth Century.* New York: Monthly Review Press.

Bresnahan, Timothy F. 1999. "Computerization and Wage Dispersion: An Analytical Reinterpretation." *Economic Journal* 109 (June), pp. 390–415.

Bresnahan, Timothy F., Erik Brynjolfsson, and Lorin M. Hitt. 2002. "Information Technology, Workplace Organization and the Demand for Skilled Labor: Firm-level Evidence." *Quarterly Journal of Economics* 118 (February), pp. 339–376.

Bresnahan, Timothy, and Manuel Trajtenberg. 1995. "General Purpose Technologies: 'Engines of Growth'?" *Journal of Econometrics* 65 (January), pp. 83–108.

Brown, Elmer Ellsworth. 1899. *Secondary Education.* Monographs on Education in the United States. Department of Education for the United States Commission to the Paris Exposition of 1900. Albany, NY: J. B. Lyon.

Brubacher, John S., and Willis Rudy. 1958. *Higher Education in Transition: An American History, 1636–1956.* New York: Harper and Brothers.

Bryce, James. 1889. *The American Commonwealth.* Vol. 2. London: Macmillan.

Budd, Edward C. 1967. "Introduction." In *Inequality and Poverty*, edited by Edward C. Budd, vii–xxxiv. New York: W. W. Norton.

Burdge, Howard G. 1921. *Our Boys: A Study of the 245,000 Sixteen, Seventeen and Eighteen Year Old Employed Boys of the State of New York.* Albany, NY: J.B. Lyon.

Burtless, Gary. 1999. "Effect of Growing Wage Disparities and Family Composition Shifts in the Distribution of U.S. Income." *European Economic Review* 43 (April), pp. 853–865.

Burtless, Gary, and Christopher Jencks. 2003. "American Inequality and Its Consequences." In *Agenda for the Nation*, edited by H. Aaron, J. Lindsay, and P. Nivola, 61–108. Washington, DC: Brookings Institution.

Bush, George G. 1898. *History of Education in New Hampshire.* Washington, DC: G.P.O.

Cadena, Brian C., and Benjamin J. Keys. 2006. "Self-Control Induced Debt Aversion: Evidence from Interest-Free Student Loans." Unpublished paper, University of Michigan.

Cain, Louis P., and Donald G. Paterson. 1986. "Biased Technical Change, Scale, and Factor Substitution in American Industry, 1850–1919." *Journal of Economic History* 46 (March), pp. 153–164.

California Liaison Committee [of the Regents of the University of California]. 1960. *A Master Plan for Higher Education in California, 1960–1975.* Sacramento: California State Department of Education.

California, Office of Superintendent of Public Instruction. [various years] *(Number) Biennial Report of the Superintendent of Public Instruction.* Sacramento, CA. [e.g., 25th Biennial Report is 1911/1912]

Caliver, Ambrose. 1933a. "Secondary Education for Negroes." *U.S. Office of Education Bulletin*, no. 17, monograph 7. Washington, DC: G.P.O.

———. 1933b. "Education of Negro Teachers." *U.S. Office of Education Bulletin*, no. 10. Washington, DC: G.P.O.

Calvert, Monte A. 1967. *The Mechanical Engineer in America, 1830–1910.* Baltimore, MD: Johns Hopkins Press.

Cameron, Steven V., and James J. Heckman. 1993. "The Non-Equivalence of High School Equivalents." *Journal of Labor Economics* 11 (January), pp. 1–47.

Card, David. 1999. "The Causal Effect of Education on Earnings." In *Handbook of Labor Economics*, vol. 3A, edited by O. Ashenfelter and D. Card, 1801–1863. Amsterdam: North Holland.

———. 2001. "Estimating the Return to Schooling: Progress on Some Persistent Econometric Problems." *Econometrica* 69 (September), pp. 1127–1160.

———. 2005. "Is the New Immigration Really So Bad?" *Economic Journal* 115 (November), pp. F300–F323.

Card, David, John DiNardo, and Eugena Estes. 2000. "The More Things Change: Immigrants and the Children of Immigrants in the 1940s, the 1970s, and the 1990s." In *Issues in the Economics of Immigration*, edited by George J. Borjas, 227–269. Chicago: University of Chicago Press and NBER.

Card, David, and Alan B. Krueger. 1992a. "Does School Quality Matter? Returns to Education and Characteristics of Public Schools in the United States." *Journal of Political Economy* 100 (February), pp. 1–40.

————. 1992b. "School Quality and Black/White Relative Earnings: A Direct Assessment." *Quarterly Journal of Economics* 107 (February), pp. 151–200.

Card, David, and Thomas Lemieux. 2001. "Can Falling Supply Explain the Rising Return to College for Younger Men?" *Quarterly Journal of Economics* 116 (May), pp. 705–746.

Card, David, and Abigail Payne. 2002. "School Finance Reform, the Distribution of School Spending, and the Distribution of SAT Scores." *Journal of Public Economics* 83 (January), pp. 49–82.

Carlton, Frank Tracy. 1908. *Education and Industrial Evolution.* New York: Macmillan.

Carneiro, Pedro, and James J. Heckman. 2002. "The Evidence on Credit Constraints in Post-Secondary Schooling." *Economic Journal* 112 (October), pp. 705–734.

————. 2003. "Human Capital Policy." In *Inequality in America*, edited by James J. Heckman and Alan B. Krueger, 77–239. Cambridge, MA: MIT Press.

Carnoy, Martin. 2001. *School Vouchers: Examining the Evidence.* Washington, DC: Economic Policy Institute.

Carr-Saunders, A. M., D. Caradog Jones, and C. A. Moser. 1958. *A Survey of Social Conditions in England and Wales.* Oxford: Clarendon Press.

Carter, Susan, Scott S. Gartner, Michael Haines, Alan Olmstead, Richard Sutch, and Gavin Wright, eds. 2006. *Historical Statistics of the United States: Millennial Edition.* New York: Cambridge University Press. *Note:* We refer to this source as *Historical Statistics: Millennial Edition.* It is to be distinguished from the previous version, referred to here as *Historical Statistics.*

Cartter, Allan M. 1966. *An Assessment of Quality in Graduate Education: A Comparative Study of Graduate Departments in 29 Academic Disciplines.* Washington, DC: American Council on Education.

Cattell, James McKeen. 1938. *American Men of Science: A Biographical Directory.* 6th ed. New York: Science Press.

Cattell, Jaques. 1960. *American Men of Science: A Biographical Directory.* 10th ed. Tempe, AZ: Jaques Cattell Press.

Census of the United States. 1832. *Fifth Census or Enumeration of the Inhabitants of the United States, 1830.* Washington, DC: Duff Green.

Census of the United States. 1841. *Compendium of the Enumeration of the Inhabitants and Statistics of the United States . . . from the Returns of the Sixth Census.* Washington, DC: Thomas Allen.

Chadbourne, Ava H. 1928. *The Beginnings of Education in Maine.* New York: Teachers College, Columbia University.

Chandler, Alfred D., Jr. 1977. *The Visible Hand: The Managerial Revolution in American Business.* Cambridge, MA: Belknap Press.

Ciccone, Antonio, and Giovanni Peri. 2005. "Long-Run Substitutability between More and Less Educated Workers: Evidence from U.S. States, 1950–1990." *Review of Economics and Statistics* 87 (November), pp. 652–663.

Cline, William. 1997. *Trade and Income Distribution.* Washington, DC: Institute for International Economics.

Cohen, Miriam, and Michael Hanagan. 1991. "Work, School, and Reform: A Comparison of Birmingham, England, and Pittsburgh, USA, 1900–1950." *International Labor and Working-Class History* 40 (Fall), pp. 67–80.

College Blue Book. 1933. *The 1933 College Blue Book*, edited by Huber William Hurt and Harriett-Jeanne Hurt. Hollywood by-the-Sea, FL: The College Blue Book.

Conrad, Herbert S., and Ernest V. Hollis. 1955. "Trends in Tuition Charges and Fees." *Annals of the American Academy of Political and Social Science* 301 (September 1955), pp. 148–165.

Coombs, Whitney. 1926. *The Wages of Unskilled Labor in Manufacturing Industries in the United States, 1890–1924*. New York: Columbia University Press.

Corcoran, Sean, William N. Evans, and Robert S. Schwab. 2004. "The Changing Quality of Teachers over the Past Four Decades." *Journal of Policy Analysis and Management* 23 (Summer), pp. 449–470.

Costa, Dora. 1998. "The Unequal Work Day: A Long-Term View." *American Economic Review* 88 (May), pp. 330–334.

Counts, George S. 1926. *The Senior High School Curriculum*. Chicago: University of Chicago Press.

———. 1929. *Secondary Education and Industrialism*. The Inglis Lecture. Cambridge, MA: Harvard University Press.

Cremin, Lawrence A. 1951. *The American Common School: An Historic Conception*. New York: Bureau of Publications Teachers College, Columbia University.

Cubberley, Ellwood P. [1919] 1934, 1947. *Public Education in the United States: A Study and Interpretation of American Educational History*. Boston: Houghton Mifflin. (*Note:* The 1934 edition was mainly used.)

———. [1934] 1970. *Readings in Public Education in the United States: A Collection of Sources and Readings to Illustrate the History of Educational Practice and Progress in the United States*. Westport, CT: Greenwood Press.

Cubberley, Ellwood P., and Edward C. Elliott. 1915. *State and County School Administration*. New York: Macmillan.

Cullen, Donald E. 1956. "The Interindustry Wage Structure, 1899–1950." *American Economic Review* 46 (June), pp. 353–369.

Cullen, Julie Berry, Brian A. Jacob, and Steven D. Levitt. 2006. "The Effect of School Choice on Participants: Evidence from Randomized Lotteries." *Econometrica* 74 (September), pp. 1191–1230.

Cunha, Flavio, James J. Heckman, Lance Lochner, and Dimitriy V. Masterov. 2005. "Interpreting the Evidence on Lifetime Skill Formation." NBER Working Paper no. 11331 (May).

Currie, Janet. 2001. "Early Childhood Intervention Programs: What Do We Know?" *Journal of Economic Perspectives* 15 (Spring), pp. 212–238.

Currie, Janet, and Enrico Moretti. 2003. "Mother's Education and the Intergenerational Transmission of Human Capital: Evidence from College Openings." *Quarterly Journal of Economics* 118 (November), pp. 1495–1532.

Cutler, David M., and Lawrence F. Katz. 1991. "Macroeconomic Performance and the Disadvantaged." *Brookings Papers on Economic Activity*, no. 2, pp. 1–74.

———. 1992. "Rising Inequality? Changes in the Distribution of Income and Consumption in the 1980s." *American Economic Review* 82 (May), pp. 546–551.

D'Amico, Louis A., and W. Robert Bokelman. 1963. *Basic Student Charges, 1962–63: Tuition and Fees, Board and Room*. U.S. Department of Health, Education and Welfare. Office of Education. Washington, DC: G.P.O.

Davenport, Iowa. [year]. *Public School Directory of Davenport, Iowa for [1917 to 1934]*.

Davis, Calvin Olin. 1927. *Our Evolving High School Curriculum*. Yonkers-on-Hudson, NY: World Book.

Dee, Thomas, and Brian Jacob. 2006. "Do High School Exit Exams Influence Educational Attainment or Labor Market Performance?" NBER Working Paper no. 12199 (April).

Deffenbaugh, Walter S., and Ward W. Keesecker. 1935. *Compulsory School Attendance Laws and Their Administration*. Bulletin No. 4, United States Department of the Interior, Office of Education. Washington, DC: G.P.O.

DeLong, J. Bradford, Goldin, Claudia, and Lawrence F. Katz. 2003. "Sustaining U.S. Economic Growth." In *Agenda for the Nation*, edited by H. Aaron, J. Lindsay, and P. Nivola, 17–60. Washington, DC: Brookings Institution Press.

Denison, Edward F. 1962. *The Sources of Economic Growth in the United States and the Alternatives before Us*. New York: Committee for Economic Development.

Devine, Warren. 1983. "From Shafts to Wires: Historical Perspective on Electrification." *Journal of Economic History* 43 (June), pp. 347–372.

Dew-Becker, Ian, and Robert J. Gordon. 2005. "Where Did the Productivity Growth Go? Inflation Dynamics and the Distribution of Income." *Brookings Papers on Economic Activity*, no. 2, pp. 67–150.

Dewhurst, J. Frederic, John O. Coppock, P. Lamartine Yates, and Associates. 1961. *Europe's Needs and Resources: Trends and Prospects in Eighteen Countries*. New York: Twentieth Century Fund.

Digest of Education Statistics. See U.S. Department of Education, NCES.

DiNardo, John, Nicole Fortin, and Thomas Lemieux. 1996. "Labor Market Institutions, and the Distribution of Wages, 1973–1992: A Semiparametric Approach." *Econometrica* 64 (September), pp. 1001–1044.

Doms, Mark, Timothy Dunne, and Kenneth R. Troske. 1997. "Workers, Wages, and Technology." *Quarterly Journal of Economics* 112 (February), pp. 253–290.

Donohue, John, and James J. Heckman. 1991. "Continuous Versus Episodic Change: The Impact of Civil Rights Policy on the Economic Status of Blacks." *Journal of Economic Literature* 29 (December), pp. 1603–1642.

Dos Passos, John. 1932. *1919*. New York: Harcourt Brace.

Douglas, Paul H. 1921. *The American Apprenticeship and Industrial Education*. New York: Columbia University Press.

———. 1926. "What Is Happening to the 'White-Collar-Job' Market?" *System: The Magazine of Business* 49 (December), pp. 719–721, 782, 784.

———. 1930. *Real Wages in the United States: 1890 to 1926*. Boston: Houghton Mifflin.

Du Boff, Richard B. 1979. *Electric Power in American Manufacturing 1889–1958*. New York: Arno Press.

Dunbar, Willis F. 1960. "The High School on Trial: The Kalamazoo Case." *Papers of the Michigan Academy of Science, Arts, and Letters*. Part 2, *Social Science* 45, pp. 187–200.

Dunne, Timothy, John Haltiwanger, and Kenneth R. Troske. 1996. "Technology and Jobs: Secular Changes and Cyclical Dynamics." NBER Working Paper no. 5656 (July).

Dustmann, Christian, Johannes Ludsteck, and Uta Schönberg. 2007. "Revisiting the German Wage Structure." Unpublished paper, University of Rochester.

Dynarski, Susan. 2002. "The Behavioral and Distributional Implication of Aid for College." *American Economic Review* 92 (May), pp. 279–285.

———. 2005. "Building the Stock of College-Educated Labor." Unpublished paper, Harvard University.

Dynarski, Susan, and Judith Scott-Clayton. 2006. "The Cost of Complexity in Federal Student Aid: Lessons from Optimal Tax Theory and Behavioral Economics." *National Tax Journal* 59 (June), pp. 319–356.

Easterlin, Richard A. 1981. "Why Isn't the Whole World Developed?" *Journal of Economic History* 61 (March), pp. 1–17.

Economic Report of the President, 2006. 2006. Washington, DC: G.P.O.

Edwards, Alba M. 1943. *Sixteenth Census of the United Sates: 1940. Population. Comparative Occupation Statistics for the United States, 1870 to 1940.* Washington, DC: G.P.O.

Eichengreen, Barry. 1992. "Can the Maastricht Treaty Be Saved?" *Princeton Studies in International Finance.* Princeton, NJ: Princeton University, International Economics Section.

Elbaum, Bernard. 1989. "Why Apprenticeship Persisted in Britain but Not in the United States." *Journal of Economic History* 49 (June), pp. 337–349.

Electrical Merchandising. 1922. *How to Retail Radio.* New York: McGraw-Hill.

Ellwood, David T., and Thomas Kane. 2000. "Who Is Getting a College Education? Family Background and the Growing Gaps in Enrollment." In *Securing the Future*, edited by Sheldon Danziger and Jane Waldfogel, 283–324. New York: Russell Sage Foundation.

Emmons, Frederick Earle. 1926. *City School Attendance Service.* Teachers College, Columbia University Contributions to Education, no. 200. New York: Teachers College, Columbia University.

Engerman, Stanley L., and Kenneth L. Sokoloff. 2005. "The Evolution of Suffrage Institutions in the New World." *Journal of Economic History* 65 (December), pp. 891–921.

Epple, Dennis, and Richard E. Romano. 1996. "Ends Against the Middle: Determining Public Service Provision When There Are Private Alternatives." *Journal of Public Economics* 62 (November), pp. 297–326.

Evans, Owen D. 1926. *Educational Opportunities for Young Workers.* New York: Macmillan.

Federal Board for Vocational Education. 1922. *Preliminary Report on the Senior Commercial Occupations Survey.* Mimeo. Washington, DC: N.p.

Fernandez, Raquel, and Richard Rogerson. 1995. "On the Political Economy of Education Subsidies." *Review of Economic Studies* 62 (April), pp. 249–262.

———. 2003. "Equity and Resources: An Analysis of Education Finance Systems." *Journal of Political Economy* 111 (August), pp. 858–897.

Ferrie, Joseph P. 2005. "History Lessons: The End of American Exceptionalism? Mobility in the U.S. Since 1850." *Journal of Economic Perspectives* 19 (Summer), pp. 199–215.

Feynman, Richard P. 1985. *"Surely You're Joking, Mr. Feynman!"* New York: W. W. Norton.

Field, Alexander. 1979. "Economic and Demographic Determinants of Educational Commitment: Massachusetts, 1855." *Journal of Economic History* 39 (June), pp. 439–459.

Fishlow, Albert. 1966a. "The American Common School Revival: Fact or Fancy?" In *Industrialization in Two Systems: Essays in Honor of Alexander Gerschenkron*, edited by Henry Rosovsky, 40–67. New York: Wiley Press.

————. 1966b. "Levels of Nineteenth-Century American Investment in Education." *Journal of Economic History* 26 (December), pp. 418–436.

Fiske, Edward B., and Helen F. Ladd. 2000. *When Schools Compete: A Cautionary Tale*. Washington, DC: The Brookings Institution.

Fogel, Robert William. 1964. *Railroads and American Economic Growth: Essays in Econometric History*. Baltimore, MD: Johns Hopkins Press.

Freeman, Richard B. 1975. "Overinvestment in College Training?" *Journal of Human Resources* 10 (Summer), pp. 287–311.

————. 2007. "Labor Market Institutions Around the World." NBER Working Paper no. 13243 (July).

Freeman, Richard B., and Lawrence F. Katz. 1994. "Rising Wage Inequality: The United States vs. Other Advanced Countries." In *Working Under Different Rules*, edited by Richard B. Freeman, 29–62. New York: Russell Sage Foundation.

Friedberg, Leora. 2003. "The Impact of Technological Change on Older Workers: Evidence from Data on Computers." *Industrial and Labor Relations Review* 56 (April), pp. 511–529.

Frydman, Carola. 2001. "Female Labor Force Participation and the Quality of the Teaching Force, Evidence form the High School Movement." Unpublished, Harvard University Department of Economics.

Fryer, Roland G., and Steven D. Levitt. 2004. "Understanding the Black-White Test Score Gap in the First Two Years of School." *Review of Economics and Statistics* 86 (May), pp. 447–464.

Fryer, Roland G., and Paul Torelli. 2006. "An Empirical Analysis of 'Acting White.'" Unpublished paper, Harvard University.

Furman, Jason, Lawrence H. Summers, and Jason Bordoff. 2007. "Achieving Progressive Tax Reform in an Increasingly Global Economy." Unpublished paper, The Brookings Institution, The Hamilton Project.

Gabler, Edwin. 1988. *The American Telegrapher: A Social History, 1860–1900*. New Brunswick, NJ: Rutgers University Press.

Galor, Oded, and Omer Moav. 2000. "Ability-Biased Technological Transition, Wage Inequality and Economic Growth." *Quarterly Journal of Economics* 115 (May), pp. 469–497.

Geiger, Roger L. 1990. "Organized Research Units—Their Role in the Development of University Research." *Journal of Higher Education* 61 (January/February), pp. 1–19.

General Electric Company. 1924. The Apprentice System." Pamphlet. West Lynn, MA: G.E.

Glenn, Charles L. 1988. *The Myth of the Common School*. Amherst: University of Massachusetts Press.

Goldberger, Marvin L., Brendan A. Maher, and Pamela Ebert Flattau, eds. 1995. *Research-Doctorate Programs in the United States: Continuity and Change*. Washington, DC: National Academy Press.

Goldin, Claudia. 1990. *Understanding the Gender Gap: An Economic History of American Women*. New York: Oxford University Press.

————. 1991. "Marriage Bars: Discrimination against Married Women Workers, 1920 to 1950." In *Favorites of Fortune: Technology, Growth, and Economic Development since the Industrial Revolution*, edited by Henry Rosovsky, David Landes, and Patrice Higonnet, 511–536. Cambridge, MA: Harvard University Press.

461

———. 1994. "The Political Economy of Immigration Restriction in the United States, 1890 to 1921." In *The Regulated Economy: A Historical Approach to Political Economy*, edited by Claudia Goldin and Gary D. Libecap, 223–257. Chicago: University of Chicago Press.

———. 1998. "America's Graduation from High School: The Evolution and Spread of Secondary Schooling in the Twentieth Century." *Journal of Economic History* 58 (June), pp. 345–374.

———. 1999. "Egalitarianism and the Returns to Education during the Great Transformation of American Education." *Journal of Political Economy* 107 (December), pp. S65–S94.

———. 2000. "Labor Markets in the Twentieth Century." In *The Cambridge Economic History of the United States*, vol. 3, *The Twentieth Century*, edited by Stanley L. Engerman and Robert E. Gallman, 549–624. Cambridge: Cambridge University Press.

Goldin, Claudia, and Lawrence F. Katz. 1995. "The Decline of 'Non-Competing Groups': Changes in the Premium to Education, 1890 to 1940." NBER Working Paper no. 5202 (August).

———. 1998. "The Origins of Technology-Skill Complementarity." *Quarterly Journal of Economics* 113 (June), pp. 693–732.

———. 1999a. "The Shaping of Higher Education: The Formative Years in the United States, 1890 to 1940." *Journal of Economic Perspectives* 13 (Winter), pp. 683–723. [Longer version is: NBER Working Paper no. 6537 (April 1998)]

———. 1999b. "Human Capital and Social Capital: The Rise of Secondary Schooling in America, 1910 to 1940." *Journal of Interdisciplinary History* 29 (Spring), pp. 683–723.

———. 2000. "Education and Income in the Early Twentieth Century: Evidence from the Prairies." *Journal of Economic History* 60 (September), pp. 782–818.

———. 2001a. "Decreasing (and then Increasing) Inequality in America: A Tale of Two Half Centuries." In *The Causes and Consequences of Increasing Inequality*, edited by Finis Welch, 37–82. Chicago: University of Chicago Press.

———. 2001b. "The Shaping of Higher Education in the United States and New England." *Regional Review* 11 (Q4), pp. 5–11.

———. 2003. "Mass Secondary Schooling and the State: The Role of State Compulsion in the High School Movement." NBER Working Paper no. 10075. (November).

———. 2005. "Why the United States Led in Education: Lessons from Secondary School Expansion, 1910 to 1940." Revised version of NBER Working Paper no. 6144 (August 1997).

Goldin, Claudia, Lawrence F. Katz, and Ilyana Kuziemko. 2006. "The Homecoming of American College Women: The Reversal of the College Gender Gap." *Journal of Economic Perspectives* 20 (Fall), pp. 133–156.

Goldin, Claudia, and Robert A. Margo. 1991. "Appendix to 'The Great Compression: The Wage Structure in the United States at Mid-Century': Skill Ratios and Wage Distributions: 1920s to 1950s." Unpublished manuscript.

———. 1992. "The Great Compression: The Wage Structure in the United States at Mid-Century." *Quarterly Journal of Economics* 107 (February), pp. 1–34.

Goldsmith, Selma. 1967. "Changes in the Size Distribution of Income." In *Inequality and Poverty*, edited by Edward C. Budd, 65–79. New York: W. W. Norton.

Goldsmith, Selma, George Jaszi, Hyman Kaitz, and Maurice Liebenberg. 1954. "Size Distribution of Income since the Mid-Thirties." *Review of Economics and Statistics* 36 (February), pp. 1–32.

Gordon, Robert J. 2000. "Interpreting the 'One Big Wave' in U.S. Long-Term Productivity Growth." NBER Working Paper no. 7752 (June).

———. 2004. "Why Europe Was Left at the Station When America's Productivity Locomotive Departed." NBER Working Paper no. 10661 (August).

Gottschalk, Peter, and Sheldon Danziger. 1998. "Family Income Mobility: How Much Is There, and Has it Changed?" In *The Inequality Paradox: Growth of Income Disparity*, edited by J. Auerbach and R. Belous, 92–111. Washington, DC: National Policy Association.

Gottschalk, Peter, and Mary Joyce. 1998. "Cross-National Differences in the Rise of Earnings Inequality: Market and Institutional Factors." *Review of Economics and Statistics* 80 (November), pp. 489–502.

Gottschalk, Peter, and Robert Moffitt. 1994. "The Growth of Earnings Instability in the U.S. Labor Market." *Brookings Papers on Economic Activity*, no. 2, pp. 217–272.

Griliches, Zvi. 1969. "Capital-Skill Complementarity." *Review of Economics and Statistics* 51 (November), pp. 465–468.

Grubb, W. Norton, and Marvin Lazerson. 2004. *The Education Gospel: The Economic Power of Schooling.* Cambridge: Harvard University Press.

Haider, Steven J. 2001. "Earnings Instability and Earnings Inequality in the United States, 1967–1991." *Journal of Labor Economics* 19 (October), pp. 799–836.

Hall, Clyde W. 1973. *Black Vocational, Technical, and Industrial Arts Education: Development and History.* Chicago: American Technical Society.

Handlin, Oscar, and Mary F. Handlin. 1970. *The American College and American Culture.* New York: McGraw-Hill.

Hanushek, Eric A. 2002. "The Failure of Input-Based Schooling Policies." *Economic Journal* 113 (February), pp. F64–F98.

Hanushek, Eric A., John F. Kain, Steven G. Rivkin, and Gregory F. Branch. 2006. "Charter School Quality and Parental Decision Making with School Choice." Unpublished paper, Hoover Institution, Stanford University.

Hanushek, Eric A., and Margaret E. Raymond. 2005. "Does School Accountability Lead to Improved School Performance?" *Journal of Policy Analysis and Management* 24 (Spring), pp. 297–327.

Heckman, James J., and Alan B. Krueger. 2003. *Inequality in America.* Cambridge, MA: MIT Press.

Heckman, James J., and Paul A. LaFontaine. 2006. "Bias-Corrected Estimates of GED Returns." *Journal of Labor Economics* 24 (July), pp. 661–700.

Heckman, James J., and Lance Lochner. 2000. "Rethinking Education and Training Policy: Understanding the Sources of Skill Formation in a Modern Economy." In *Securing the Future*, edited by Sheldon Danziger and Jane Waldfogel, 47–83. New York: Russell Sage Foundation.

Heckman, James J., Lance Lochner, and Christopher Taber. 1998. "Explaining Rising Wage Inequality: Explorations with a Dynamic General Equilibrium Model of Labor Earnings with Heterogeneous Agents." *Review of Economic Dynamics* 1 (January), pp. 11–58.

Heckman, James J., and Dimitriy V. Masterov. 2007. "The Productivity Argument for Investing in Young Children." NBER Working Paper no. 13016 (April).

Heckman, James J., and Yona Rubinstein. 2001. "The Importance of Noncognitive Skills: Lessons from the GED Testing Program." *American Economic Review* 91 (May), pp. 145–149.

Herbst, Jurgen. 1996. *The Once and Future School: Three Hundred and Fifty Years of American Secondary Education.* New York: Routledge.

Heston, Alan, Robert Summers, and Bettina Aten. 2002. Penn World Table, Version 6.1, Center for International Comparisons at the University of Pennsylvania (CICUP), accessed at http://pwt.econ.upenn.edu/.

Higher Education Publications. 1992. *Higher Education Directory.* Washington, DC: Higher Education Publications.

Historical Statistics. See U.S. Bureau of the Census (1975).

Historical Statistics: Millennial Edition. See Carter et al. (2006).

Hofstadter, Richard, and C. DeWitt Hardy. 1952. *The Development and Scope of Higher Education in the United States.* New York: Columbia University Press.

Hogan, David John. 1985. *Class and Reform: School and Society in Chicago, 1880–1930.* Philadelphia: University of Pennsylvania Press.

Hounshell, David. 1984. *From the American System to Mass Production.* Baltimore, MD: Johns Hopkins Press.

Howell, William G., and Paul E. Peterson. 2004. "Uses of Theory in Randomized Field Trials: Lessons from School Voucher Research on Disaggregation, Missing Data, and the Generalization of Findings." *American Behavioral Scientist* 47 (January), pp. 634–657.

Hoxby, Caroline M. 1996. "Are Efficiency and Equity in School Finance Substitutes or Complements?" *Journal of Economic Perspectives* 10 (Fall), pp. 51–72.

———. 1997. "The Changing Market Structure of U.S. Higher Education." Working Paper, Harvard University.

———. 1998. "How Much Does School Spending Depend on Family Income? The Historical Origins of the Current School Finance Dilemma." *American Economic Review, Papers and Proceedings* 88 (May), pp. 309–314.

———. 1999. "The Productivity of Schools and Other Local Public Goods Providers." *Journal of Public Economics* 74 (October), pp. 1–30.

———. 2001. "All School Finance Equalizations Are Not Created Equal." *Quarterly Journal of Economics* 116 (November), pp. 1189–1231.

———. 2003. "School Choice and School Productivity: Could School Choice Be a Tide that Lifts All Boats?" In *The Economics of School Choice*, edited by Caroline M. Hoxby, 287–341. Chicago: University of Chicago Press and NBER.

Hoxby, Caroline M., and Ilyana Kuziemko. 2004. "Robin Hood and His Not So Merry Plan." NBER Working Paper no. 10722 (September).

Hsieh, Chang-Tan, and Miguel Urquiola. 2006. "The Effects of Generalized School Choice on Achievement and Stratification: Evidence from Chile's Voucher Program." *Journal of Public Economics* 90 (September), pp. 1477–1503.

Hughes, Gordon, and Barry McCormick. 1987. "Housing Markets, Unemployment and Labour Market Flexibility in the U.K." *European Economic Review* 31 (April), pp. 615–641.

Inter-university Consortium for Political and Social Research (ICPSR). 1984. *Census of Population, 1940* [United States]: *Public Use Microdata Sample* (ICPSR 8236). Ann Arbor, MI: ICPSR.

Iowa. [various years]. *Report of the Department of Public Instruction for* [year]. *Iowa School Report*. Des Moines, IA: State Printer.

Iowa. 1925. *Iowa Education Directory for the School Year Commencing July 1, 1924*. Des Moines, IA: State Printer.

Iowa Department of Public Instruction. [year] *Biennial Report of the Department of Public Instruction to the Governor of Iowa*. Des Moines, IA: State Printer.

Jackson, C. Kirabo. 2007. "A Little Now for a Lot Later: A Look at a Texas Advanced Placement Incentive Program." Unpublished paper, Harvard University.

Jacob, Brian A. 2005. "Accountability, Incentives and Behavior: The Impact of High-Stakes Testing in Chicago." *Journal of Public Economics* 89 (September), pp. 761–796.

Jaffe, Adam B. 1989. "Real Effects of Academic Research." *American Economic Review* 79 (December), pp. 957–970.

James, John. 1983. "Structural Change in American Manufacturing, 1850–1890." *Journal of Economic History* 43 (June), pp. 433–459.

James, John A., and Jonathan S. Skinner. 1985. "The Resolution of the Labor Scarcity Paradox." *Journal of Economic History* 45 (September), pp. 513–540.

Jencks, Christopher, and Susan Mayer. 1990. "The Social Consequences of Growing Up in a Poor Neighborhood." In *Inner-City Poverty in the United States*, edited by Laurence E. Lynn, Jr., and Michael G.H. McGeary, 111–186. Washington, DC: National Academy Press.

Jencks, Christopher, and Meredith Phillips, eds. 1998. *The Black-White Test Score Gap*. Washington, DC: Brookings Institution Press.

Jerome, Harry. 1934. *Mechanization in Industry*. New York: National Bureau of Economic Research.

Jessen, Carl A. 1928. *Requirements for High-School Graduation*. Bureau of Education Bulletin 1928, no. 21. Washington, DC: G.P.O.

Jones, Charles I. 1995. "R&D-Based Models of Economic Growth." *Journal of Political Economy* 103 (August), pp. 759–784.

———. 2002. "Sources of U.S. Growth in a World of Ideas." *American Economic Review* 92 (March), pp. 220–239.

Jorgenson, Dale, and Mun S. Ho 1999. "The Quality of the U.S. Workforce, 1948–95." Department of Economics, Harvard University.

Judd, Charles Hubbard. 1928. *The Unique Character of American Secondary Education*. The Inglis Lecture. Cambridge: Harvard University Press.

Kaestle, Carl. 1973. *The Evolution of an Urban School System: New York City, 1750 to 1850*. Cambridge: Harvard University Press.

———. 1983. *Pillars of the Republic: Common Schools and American Society, 1780–1860*. New York: Hill and Wang.

Kaestle, Carl, and Maris Vinovskis. 1980. *Education and Social Change in Nineteenth-Century Massachusetts*. Cambridge: Harvard University Press.

Kahn, Lawrence M. 2000. "Wage Inequality, Collective Bargaining, and Relative Employment 1985–94: Evidence from Fifteen OECD Countries." *Review of Economics and Statistics* 82 (November), pp. 564–579.

Kandel, I. L. 1930. *History of Secondary Education: A Study in the Development of Liberal Education*. Boston: Houghton Mifflin.

———. 1934. *The Dilemma of Democracy*. The Inglis Lecture. Cambridge: Harvard University Press.

———. 1955. *A New Era in Education: A Comparative Study*. Boston: Houghton Mifflin.

Kane, Thomas J. 1999. *The Price of Admission*. Washington, DC: Brookings Institution Press and Russell Sage.

Kane, Thomas J., Jonah E. Rockoff, and Douglas Staiger. 2006. "What Does Certification Tell Us About Teacher Effectiveness? Evidence from New York City." Unpublished paper, Harvard Graduate School of Education.

Kane, Thomas J., and Cecilia E. Rouse. 1999. "The Community College: Educating Students at the Margin between College and Work." *Journal of Economic Perspectives* 13 (Winter), pp. 63–84.

Kansas, State Superintendent of Public Instruction. [year]. *Biennial Report of the State Superintendent of Public Instruction for the Years Ending [years]*. Topeka, KS: State Printing Office.

Kaplan, David L., and M. Claire Casey. 1958. *Occupational Trends in the United States, 1900 to 1950*. Bureau of the Census Working Paper No. 5. Washington, DC: G.P.O.

Katz, Lawrence F., and David H. Autor. 1999. "Changes in the Wage Structure and Earnings Inequality." In *Handbook of Labor Economics*, vol. 3A, edited by Orley Ashenfelter and David Card, 1463–1555. Amsterdam: Elsevier Science.

Katz, Lawrence F., Gary W. Loveman, and David G. Blanchflower. 1995. "A Comparison of Changes in the Structure of Wages in Four OECD Countries." In *Differences and Changes in Wage Structures*, edited by Richard B. Freeman and Lawrence F. Katz, 25–65. Chicago: University of Chicago Press and NBER.

Katz, Lawrence F., and Kevin M. Murphy. 1992. "Changes in Relative Wages, 1963–87: Supply and Demand Factors." *Quarterly Journal of Economics* 107 (February), pp. 35–78.

Katz, Michael B. 1968. *The Irony of Early School Reform: Educational Innovation in Mid-Nineteenth Century Massachusetts*. Cambridge: Harvard University Press.

Keat, Paul G. 1960. "Long-Run Changes in Occupational Wage Structure, 1900–1956." *Journal of Political Economy* 68 (December), pp. 584–600.

Kelly, Frederick J., and Betty A. Patterson. 1934. *Residence and Migration of College Students*, Pamphlet no. 48, U.S. Bureau of Education. Washington, DC: G.P.O.

Kemple, James J., and Judith Scott-Clayton. 2004. *Career Academies: Impacts on Labor Market Outcomes and Educational Attainment*. New York: MDRC.

Kendrick, John W. 1961. *Productivity Trends in the United States*. Princeton, NJ: Princeton University Press (for NBER).

Kessler, Judd. 2007. "Crowding Out High School? The Effect of an Increase in GED Passing Standards on High School Graduation." Unpublished paper, Harvard University.

Kevles, Daniel. 1979. "The Physics, Mathematics, and Chemistry Communities: A Comparative Analysis." In *The Organization of Knowledge in Modern America, 1860–1920*, edited by Alexandra Oleson and John Voss. Baltimore, MD: Johns Hopkins University Press.

Kiger, Joseph C. 1982. *Research Institutions and Learned Societies*. Westport, CT: Greenwood Press.

Kimball, Bruce A. 1992. *The "True Professional Ideal" in America: A History*. Cambridge MA and Oxford UK: Blackwell Publishers.

Kling, Jeffrey R., Jeffrey B. Liebman, and Lawrence F. Katz. 2007. "Experimental Analysis of Neighborhood Effects." *Econometrica* 75 (January), pp. 83–119.

Kocka, Jürgen. 1980. *White Collar Workers in America, 1890–1940: A Social-Political History in International Perspective*. Translated by Maura Kealey. Beverly Hills, CA: Sage Publications.

Kopczuk, Wojciech, Emmanuel Saez, and Jae Song. 2007. "Uncovering the American Dream: Inequality and Mobility in Social Security Earnings Data since 1937." NBER Working Paper no. 13345 (August).

Krueger, Alan B. 1999. "Experimental Estimates of Educational Production Functions." *Quarterly Journal of Economics* 114 (May), pp. 497–532.

———. 2003. "Inequality, Too Much of a Good Thing." In *Inequality in America*, edited by James J. Heckman and Alan B. Krueger, 1–75. Cambridge, MA: MIT Press.

Krueger, Alan B., and Mikael Lindahl. 2001. "Education for Growth: Why and for Whom?" *Journal of Economic Literature* 39 (December), pp. 1101–1136.

Krueger, Alan B., and Pei Zhu. 2004. "Another Look at the New York City Voucher Experiment." *American Behavioral Scientist* 47 (January), pp. 658–698.

Krug, Edward A. 1962. "Graduates of Secondary Schools in and Around 1900: Did Most of Them Go to College?" *The School Review* 70 (Autumn), pp. 266–272.

———. 1964. *The Shaping of the American High School: 1880–1920*. Madison: University of Wisconsin Press.

Krugman, Paul R. 1990. *The Age of Diminished Expectations: U.S. Economic Policies in the 1990s*. Cambridge, MA: MIT Press.

Kuznets, Simon. 1953. *Shares of Upper Income Groups in Income and Savings*. New York: National Bureau of Economic Research.

Kuznets, Simon, Ann Ratner Miller, and Richard A. Easterlin. 1960. *Population Redistribution and Economic Growth: United States, 1870–1950*. Vol. 2, *Analyses of Economic Change*. Philadelphia: American Philosophical Society.

Labaree, David F. 1988. *The Making of an American High School: The Credentials Market and the Central High School of Philadelphia, 1838–1939*. New Haven, CT: Yale University Press.

Landes, David. 1972. *The Unbound Prometheus: Technological Change and Industrial Development in Western Europe from 1750 to the Present*. New York: Cambridge University Press.

Landes, William M., and Lewis C. Solmon. 1972. "Compulsory Schooling Legislation: An Economic Analysis of Law and Social Change in the Nineteenth Century." *Journal of Economic History* 32 (March), pp. 54–91.

Lebergott, Stanley. 1947. "Wage Structures." *The Review of Economic Statistics* 29 (November), pp. 274–285.

———. 1984. *The Americans: An Economic Record*. New York: W. W. Norton.

Lee, Everett S. 1961. "The Turner Thesis Reexamined." *American Quarterly* 13 (Spring), pp. 77–83.

Lee, Everett S., Ann Ratner Miller, Carol P. Brainerd, and Richard A. Easterlin. 1957. *Population Redistribution and Economic Growth, United States, 1870–1950*. Vol. 1, *Methodological Considerations and Reference Tables*. Philadelphia: American Philosophical Society.

Lemieux, Thomas. 2006a. "Postsecondary Education and Increased Wage Inequality." *American Economic Review* 96 (May), pp. 195–199.

————. 2006b. "Increased Residual Wage Inequality: Composition Effects, Noisy Data, or Rising Demand for Skill." *American Economic Review* 96 (June), pp. 461–498.

Lemon, James T. 1972. *The Best Poor Man's Country*. Baltimore, MD: Johns Hopkins Press.

Levy, Frank, Amy Beamish, Richard Murnane, and David Autor. 1999. "Computerization and Skills: Examples from a Car Dealership." Unpublished paper, MIT.

Levy, Frank, and Richard J. Murnane. 1996. "With What Skills Are Computers a Complement?" *American Economic Review* 86 (May), pp. 258–262.

————. 2004. *The New Division of Labor*. New York: Russell Sage.

Levy, Frank, and Peter Temin. 2007. "Inequality and Institutions in Twentieth Century America." NBER Working Paper no. 13106 (May).

Lewis, Sinclair. 1917. *The Job: An American Novel*. New York: Harper Brothers.

————. 1920. *Main Street: The Story of Carol Kennicott*. New York: Harcourt, Brace, and Howe.

Lindert, Peter H. 1994. "The Rise of Social Spending: 1880–1930." *Explorations in Economic History* 31 (January), pp. 1–37.

————. 1996. "What Limits Social Spending?" *Explorations in Economic History* 33 (January), pp. 1–34.

————. 2000. "The Comparative Political Economy of Mass Schooling before 1914." Working Paper, Department of Economics, University of California at Davis.

————. 2004. *Growing Public: Social Spending and Economic Growth since the Eighteenth Century*. Vol. 1, *The Story*. Vol. 2, *The Evidence*. New York: Cambridge University Press.

Lleras-Muney, Adriana. 2002. "Were Compulsory Attendance and Child Labor Laws Effective? An Analysis from 1915 to 1939." *Journal of Law and Economics* 45 (October), pp. 401–435.

————. 2005. "The Relationship between Education and Adult Mortality in the United States." *Review of Economic Studies* 72 (January), pp. 189–221.

Lochner, Lance, and Enrico Moretti. 2004. "The Effect of Education on Crime: Evidence from Prison Inmates, Arrests, and Self-Reports." *American Economic Review* 94 (March), pp. 155–189.

Long, Clarence D. 1960. *Wages and Earnings in the United States, 1860–1890*. Princeton, NJ: Princeton University Press.

Long, Jason, and Ferrie, Joseph P. 2007. "The Path to Convergence: Intergenerational Occupational Mobility in Britain and the US in Three Eras." *Economic Journal* 117 (March), pp. C61–C71.

Ludwig, Jens, and Douglas L. Miller. 2007. "Does Head Start Improve Children's Life Chances? Evidence from a Regression Discontinuity Design." *Quarterly Journal of Economics* 122 (February), pp. 159–208.

Machin, Stephen, and John Van Reenen. 1998. "Technology and Changes in Skill Structure: Evidence from Seven OECD Countries." *Quarterly Journal of Economics* 113 (November), pp. 1215–1244.

Maddison, Angus. 1987. "Growth and Slowdown in Advanced Capitalist Economies: Techniques of Quantitative Assessment." *Journal of Economic Literature* 25 (June), pp. 649–698.

Mann, Horace. 1841. *Fifth Annual Report of the Secretary of the Board of Education of Massachusetts.* [The *Fifth Annual Report* is included in Mann (1891)]

———. 1891. *Life and Works of Horace Mann.* Vols. 3 and 4, *Annual Reports of the Secretary of the Board of Education of Massachusetts for the Years 1839–44* [vol. 3], *1845–48* [vol. 4]. Boston: Lee and Shepard Publishers.

Margo, Robert A. 1990. *Race and Schooling in the South, 1880–1950: An Economic History.* Chicago: University of Chicago Press.

———. 2000. *Wages and Labor Markets in the United States, 1820–1860.* Chicago: University of Chicago Press.

Margo, Robert A., and T. Aldrich Finegan. 1996. "Compulsory Schooling Legislation and School Attendance in Turn-of-the Century America: A 'Natural Experiment' Approach." *Economics Letters* 53 (October), pp. 103–110.

Marks, Daniel. 1989. "Statewide Achievement Testing: A Brief History." *Educational Research Quarterly* 13 (March), pp. 36–43.

Matthews, Roderick Donald. 1932. *Post-Primary Education in England.* Ph.D. diss., University of Pennsylvania, Philadelphia.

McClure, Arthur F., James Riley Chrisman, and Perry Mock. 1985. *Education for Work: The Historical Evolution of Vocational and Distributive Education in America.* Rutherford, NJ: Fairleigh Dickinson University Press.

McKenzie, Fred A. c.1901. *The American Invaders: Their Plans, Tactics, and Progress.* New York: Street and Smith, Publishers.

Meyer, John W., David Tyack, Joane Nagel, and Audri Gordon. 1979. "Public Education as Nation-Building in America: Enrollments and Bureaucratization in the American States, 1870–1930." *American Journal of Sociology* 85 (November), pp. 591–613.

Michaels, Guy. 2007. "The Division of Labor, Coordination and the Demand for Information Processing." Unpublished paper, London School of Economics.

Michaelsen, Robert. 1970. *Piety in the Public School.* London: Macmillan.

Miller, Nelson A. 1947. *State, Regional, and Local Market Indicators, 1939–45.* Office of Domestic Commerce, Economic Studies No. 60. Washington, DC: G.P.O.

Milligan, Kevin, Enrico Moretti, and Philip Oreopoulos. 2004. "Does Education Improve Citizenship? Evidence from the U.S. and the U.K." *Journal of Public Economics* 88 (August), pp. 1667–1695.

Mincer, Jacob. 1974. *Schooling, Experience, and Earnings.* New York: Columbia University Press for the National Bureau of Economic Research.

Mishel, Lawrence, Jared Bernstein, and Sylvia Allegretto. 2005. *The State of Working America, 2004–5.* Ithaca, NY: I.L.R. Press.

———. 2007. *The State of Working America, 2006–2007.* Ithaca, NY: I.L.R. Press.

Mishel, Lawrence, and Joydeep Roy. 2006. *Rethinking High School Graduation Rates and Trends.* Washington, DC: Economic Policy Institute.

Mitchell, Daniel J. B. 1980. *Unions, Wages, and Inflation.* Washington, DC: The Brookings Institution.

———. 1985. "Shifting Norms in Wage Determination." *Brookings Papers on Economic Activity,* no. 2, pp. 575–599.

Morse, Perley. 1932. *Business Machines: Their Practical Application and Educational Requirements.* New York: Longmans, Green and Co.

Mroz, Thomas, Paul Rhode, and Koleman Strumpf. 2006. "Local Educational Investments and Migration: Evidence from 1940." Unpublished paper, University of North Carolina.

Murphy, Kevin M., and Finis Welch. 1993. "Occupational Change and the Demand for Skill, 1940–1990." *American Economic Review, Papers and Proceedings* 83 (May), pp. 122–126.

Murray, Sheila E., William N. Evans, and Robert M. Schwab. 1998. "Education-Finance Reform and the Distribution of Education Resources." *American Economic Review* 88 (September), pp. 789–812.

Nasar, Sylvia. 1992, August 16. "The Rich Get Richer, but Never the Same Way Twice." *New York Times*.

National Cash Register Company. 1904. *National Cash Register Factory, Dayton, Ohio, U.S.A., as Seen by English Experts of the Mostly Industrial and Educational Commissions*, compiled by Alfred A. Thomas. Dayton, OH: National Cash Register Company.

———. 1919. *Outline of Plan for the Education of Apprentices*. Dayton, OH: National Cash Register Company.

National Catholic Welfare Conference. [Various years] *Summary of Catholic Education*. Washington, DC: National Catholic Welfare Conference.

National Education Association. 1918. *Cardinal Principles of Secondary Education*. A Report of the Commission on the Reorganization of Secondary Education. Washington, DC: G.P.O.

Neal, Derek. 2006. "Why Has Black-White Skill Convergence Stopped?" In *Handbook of Economics of Education*, vol. 1, edited by E. Hanushek and F. Welch, 512–576. Amsterdam: North Holland.

Nelson, Daniel. 1987. "Mass Production in the U.S. Tire Industry." *Journal of Economic History* 47 (June), pp. 329–339.

Nelson, Richard R., and Edmund S. Phelps. 1966. "Investment in Humans, Technological Diffusion, and Economic Growth." *American Economic Review* 56 (May), pp. 69–75.

Nelson, Richard R., and Gavin Wright. 1992. "The Rise and Fall of American Technological Leadership: The Postwar Era in Historical Perspective." *Journal of Economic Literature* 30 (December), pp. 1931–1964.

New York City, Department of Education. 1911. *Thirteenth Annual Report of the City Superintendent of Schools for the Year Ending July 31, 1911*. New York.

New York Daily Times. 1852 to 1857.

New York State Regents. [Various years]. *Annual Report of the Regents of the University of the State of New York*.

Nickerson, Kermit. 1970. *150 Years of Education in Maine*. Augusta: State of Maine Department of Education.

Nord, Warren A. 1995. *Religion and American Education: Rethinking a National Dilemma*. Chapel Hill: University of North Carolina Press.

North Carolina State. 1910. *The North Carolina High School Bulletin*, vol. 1., edited by N. W. Walker. Chapel Hill: University of North Carolina.

Nye, David E. 1990. *Electrifying America: Social Meanings of a New Technology*. Cambridge, MA: MIT Press.

O. Henry. 1906. *The 4 Million*. New York: A.L. Burt Company.

Ober, Harry. 1948. "Occupational Wage Differentials, 1907–1947." *Monthly Labor Review* (August), pp. 27–134.

————. 1953. "Occupational Wage Differentials in Industry." In W.S. Woytinsky (and associates), *Employment and Wages in the United States*, chapter 40, pp. 466–474, 758–762 (appendix tables). New York: The Twentieth Century Fund.

Office Equipment Catalogue. 1924. *A Compilation of Condensed and Standardized Catalogue Data*. First Annual Edition. New York: Office Equipment Catalogue.

Oleson, Alexandra, and John Voss. 1979. *The Organization of Knowledge in Modern America, 1860–1920*. Baltimore, MD: Johns Hopkins University Press.

O'Neill, June. 1971. *Resource Use in Higher Education: Trends in Output and Inputs, 1930 to 1967*. Berkeley, CA: Carnegie Commission on Higher Education.

O'Neill, William L. 1972. *Women at Work, Including "The Long Day: The Story of a New York Working Girl" by Dorothy Richardson*. Chicago: Quadrangle Books.

Oregon. 1923. *Official Directory of Superintendents, Supervisors, Principals, High School Teachers, and Standard High School of the State of Oregon, 1923–1924*. Salem, OR: State Printing Department.

Oreopoulos, Philip. 2003. "Do Dropouts Drop Out Too Soon? Evidence from Changes in School-Leaving Laws." Unpublished paper, University of Toronto.

————. 2007. "Would More Compulsory Schooling Help Disadvantaged Youth? Evidence from Recent Changes to School-Leaving Laws." Unpublished paper, University of Toronto.

Organization for Economic Cooperation and Development [OECD]. [year]. *Education at a Glance: OECD Indicators, [Year]*. Paris: OECD.

Ottaviano, Gianmarco I. P., and Giovanni Peri. 2006. "Rethinking the Effects of Immigration on Wages." NBER Working Paper no. 12497 (August).

Ottumwa, Iowa. [year]. *Annual Directory of the Public Schools for the School Year Beginning September [1900 to 1929]*.

Perlmann, Joel, and Robert A. Margo. 2001. *Women's Work? American Schoolteachers, 1650–1920*. Chicago: University of Chicago Press.

Piketty, Thomas, and Emmanuel Saez. 2003. "Income Inequality in the United States, 1913 to 1998." *Quarterly Journal of Economics* 118 (February), pp. 1–39.

————. 2006. "The Evolution of Top Incomes: A Historical and International Perspective." *American Economic Review* 96 (May), pp. 200–205.

————. 2007a. "Updated Tables and Figures to Income Inequality in the United States: 1913–2002." Unpublished paper, University of California, Berkeley, available at http://elsa.berkeley.edu/~saez/TabFig2005prel.xls.

————. 2007b. "How Progressive is the U.S. Federal Tax System? A Historical and International Perspective." *Journal of Economic Perspectives* 21 (Winter), pp. 3–24.

Piore, Michael J., and Charles F. Sabel. 1984. *The Second Industrial Divide*. New York: Basic Books.

Portland, Oregon. 1920. *Report of the Superintendent of Schools. Portland School Report, 1920*. Portland, OR:

Poterba, James. 1997. "Demographic Structure and the Political Economy of Public Education." *Journal of Policy Analysis and Management* 16 (Winter), pp. 48–66.

Prestowitz, Clyde V. 1988. *Trading Places: How We Allowed Japan to Take the Lead*. New York: Basic Books.

Proffitt, Maris M. 1930. "Statistics of Private Commercial and Business Schools, 1928–29." U.S. Office of Education, Bulletin no. 25. Washington, DC: G.P.O.

Quigley, John M., and Daniel L. Rubinfeld. 1993. "Public Choices in Public Higher Education." In *Studies of Supply and Demand for Higher Education*, edited by Charles T. Clotfelter and Michael Rothschild, 243–273. Chicago: University of Chicago Press.

Quinn, Lois. 1993. "The Test That Became an Institution: A History of the GED." Xerox.

Randall, Samuel. 1844. *A Digest of the Common School System of the State of New York*. Albany, NY: C. Van Benthuysen & Co.

Ravitch, Diane. 1974. *The Great School Wars: New York City, 1805–1973: A History of the Public Schools as Battlefield of Social Change*. New York: Basic Books.

———. 2000. *Left Back: A Century of Failed School Reforms*. New York: Simon and Schuster.

Reese, William J. 1995. *The Origins of the American High School*. New Haven, CT: Yale University Press.

Reich, Robert B. 1991. *The Work of Nations*. New York: Knopf.

Ringer, Fritz K. 1979. *Education and Society in Modern Europe*. Bloomington, IN: Indiana University Press.

Riordan, Cornelius. 1990. *Girls and Boys in School: Together or Separate?* New York: Teachers College Press.

Romer, Paul H. 1990. "Endogenous Technological Change." *Journal of Political Economy* 89 (October), pp. S71–S102.

Roose, Kenneth D., and Charles J. Andersen. 1970. *A Rating of Graduate Programs*. Washington, DC: American Council on Education.

Rosenbaum, James E. 1995. "Changing the Geography of Opportunity by Expanding Residential Choice: Lessons from the Gautreaux Program." *Housing Policy Debate* 6 (1), pp. 231–269.

Rosenberg, Nathan, and Richard R. Nelson. 1996. "American Universities and Technical Advance in Industry." In *The Sources of Economic Growth*, edited by Richard R. Nelson, 189–229. Cambridge: Harvard University Press.

Ross, Dorothy. 1979, "The Development of the Social Sciences." In *The Organization of Knowledge in Modern America, 1860–1920*, edited by Alexandra Oleson and John Voss. Baltimore, MD: Johns Hopkins University Press.

Rossiter, Margaret W. 1979. "The Organization of the Agricultural Sciences." In *The Organization of Knowledge in Modern America, 1860–1920*, edited by Alexandra Oleson and John Voss. Baltimore, MD: Johns Hopkins University Press.

Rostow, Walt Whitman. 1960. *The Stages of Economic Growth: A Non-Communist Manifesto*. New York: Cambridge University Press.

Rotella, Elyce. 1981. *From Home to Office: U.S. Women at Work, 1870–1930*. Ann Arbor, MI: UMI Research Press.

Rouse, Cecilia E. 1998. "Private School Vouchers and Student Achievement: An Evaluation of the Milwaukee Parental Choice Program." *Quarterly Journal of Economics* 113 (May), pp. 553–602.

Rudolph, Frederick. 1965. *Essays on Education in the Early Republic*. Cambridge, MA: Belknap Press of Harvard University Press.

Ryan, Bryce, and Neal Gross. 1950. *Acceptance and Diffusion of Hybrid Corn Seed in Two Iowa Communities*. Research Bulletin no. 372, January. Agricultural Experiment Station, Sociology Subsection. Ames: Iowa State College of Agriculture and Mechanic Arts.

Schmidt, Stefanie. 1996. "School Quality, Compulsory Education Laws, and the Growth of American High School Attendance, 1915–1935." Ph.D. diss., Department of Economics, MIT.

Schultz, Theodore W. 1960. "Capital Formation by Education." *Journal of Political Economy* 68 (December), pp. 571–583.

———. 1964. *Transforming Traditional Agriculture*. New Haven, CT: Yale University Press.

Scott-Clayton, Judith. 2007. "What Explains Rising Labor Supply Among U.S. Undergraduates, 1970–2003?" Unpublished paper, Harvard University.

Sizer, Theodore R., ed. 1964a. *The Age of the Academies*. New York: Bureau of Publications Teachers College, Columbia University.

———. 1964b. *Secondary Schools at the Turn of the Century*. New Haven, CT: Yale University Press.

Slichter, Sumner H. 1950. "Notes on the Structure of Wages." *Review of Economics and Statistics* 32 (February), pp. 80–91.

Smith, James P., and Michael P. Ward. 1984. *Women's Wages and Work in the Twentieth Century*. Santa Monica, CA: The Rand Corporation.

Sokoloff, Kenneth L. 1984. "Was the Transition from the Artisanal Shop to the Non-Mechanized Factory Associated with Gains in Efficiency? Evidence from the U.S. Manufacturing Censuses of 1820 and 1850." *Explorations in Economic History* 21 (October), pp. 351–382.

———. 1986. "Productivity Growth in Manufacturing during Early Industrialization." In *Long-Term Factors in American Economic Growth*, Studies in Income and Wealth, NBER, vol. 51, edited by Stanley L. Engerman and Robert E. Gallman, 679–725. Chicago: University of Chicago Press.

Sokoloff, Kenneth L., and Stanley L. Engerman. 2000. "Institutions, Factor Endowments, and Paths of Development in the New World." *Journal of Economic Perspectives* 14 (Summer), pp. 217–232.

Solow, Robert M. 1956. "A Contribution to the Theory of Economic Growth." *Quarterly Journal of Economics* 70 (February), pp. 65–94.

———. 1957. "Technical Change and the Aggregate Production Function." *Review of Economics and Statistics* 39 (August), pp. 312–320.

Stanley, Marcus. 2003. "College Education and the Midcentury GI Bills." *Quarterly Journal of Economics* 118 (May), pp. 671–708.

Starr, Paul. 1982. *The Social Transformation of American Medicine*. New York: Basic Books.

Steinhilber, August W., and Carl J. Sokolowsi. 1966. *State Law on Compulsory Attendance*. U.S. Department of Health, Education and Welfare, Circular no. 793. Washington, DC: G.P.O.

Stewart, Rolland M. 1914. *Co-operative Methods in the Development of School Support in the United States*. Iowa City, IA: Chestnut Printing Co.

Stigler, George J. 1950. *Employment and Compensation in Education*. Occasional paper no. 33. New York: National Bureau of Economic Research.

———. 1956. *Trends in Employment in the Service Industries*. Princeton, NJ: Princeton University Press.

Stinebrickner, Ralph, and Todd R. Stinebrickner. 2003. "Working during School and Academic Performance." *Journal of Labor Economics* 21 (April), pp. 473–491.

Stokes, Anson Phelps, and Leo Pfeffer. 1964. *Church and State in the United States.* New York: Harper and Row.

Strom, Sharon Hartman. 1992. *Beyond the Typewriter: Gender, Class, and the Origins of Modern American Office Work, 1900–1930.* Urbana: University of Illinois Press.

Summers, Lawrence H. 1994. *Investing in All the People: Educating Women in Developing Countries.* Economic Development Institute Seminar Paper No. 45. Washington, DC: The World Bank.

Swift, Fletcher Harper. 1933. *European Policies of Financing Public Educational Institutions: France, Czechoslovakia, Austria, Germany, England and Wales.* Vol. 1, *France.* Berkeley: University of California Press.

Taubman, Paul, and Terence Wales. 1972. *Mental Ability and Higher Educational Attainment in the 20th Century.* NBER Occasional Paper 118. New York: National Bureau of Economic Research.

Thorndike, Edward L. 1907. "A Neglected Aspect of the American High School." *Educational Review* 33 (March), pp. 245–255.

Tinbergen, Jan. 1974. "Substitution of Graduate by Other Labor." *Kyklos* 27 (2), pp. 217–226.

———. 1975. *Income Distribution: Analysis and Policies.* Amsterdam: North-Holland.

Tocqueville, Alexis de. [1832] 1981. *Democracy in America.* New York: Modern Library.

Torpey, William George. 1948. *Judicial Doctrines of Religious Rights in America.* Chapel Hill: The University of North Carolina Press.

Troen, Selwyn K. 1975. *The Public and the Schools: Shaping the St. Louis System, 1838–1920.* Columbia: University of Missouri Press.

Trow, Martin. 1961. "The Second Transformation of American Secondary Education." *International Journal of Comparative Sociology* 2 (September), pp. 144–166.

Turner, Sarah E. 2004. "Going to College and Finishing College." In *College Choices*, edited by Caroline M. Hoxby, 13–56. Chicago: University of Chicago Press and NBER.

Tyack, David B. 1967. *Turning Points in American Educational History.* Waltham, MA: Blaisdell Publishing Co.

———. 1974. *The One Best System: A History of American Urban Education.* Cambridge: Harvard University Press.

Tyack, David B., and Elisabeth Hansot. 1990. *Learning Together: A History of Coeducation in American Schools.* New Haven, CT: Yale University Press.

Tyack, David B., Robert Lowe, and Elisabeth Hansot. 1990. *Public Schools in Hard Times: The Great Depression and Recent Years.* Cambridge: Harvard University Press.

Tyler, John H. 2004. "Does the GED Improve Earnings? Estimates from a Sample of Both Successful and Unsuccessful GED Candidates." *Industrial and Labor Relations Review* 57 (July), pp. 579–598.

Ueda, Reed. 1987. *Avenues to Adulthood: The Origins of the High School and Social Mobility in an American Suburb.* New York: Cambridge University Press.

U.S. Bureau of the Census. 1912. *Thirteenth Census of the United States: 1910. Population.* Washington, D.C.: G.P.O.

———. 1913. *Thirteenth Census of the United States, 1910.* Vol. 8, *Manufactures, 1909, General Report and Analysis.* Washington, DC: G.P.O.

————. 1923a. *Fourteenth Census of the United States, 1920.* Vol. 8, *Manufactures, 1919, General Report and Analytical Tables.* Washington, DC: G.P.O.

————. 1923b. *Fourteenth Census of the United States, 1920. Population.* Washington, DC: G.P.O.

————. 1927. *Financial Statistics of Cities, 1925.* Washington, DC: G.P.O.

————. 1932. *Fifteenth Census of the United States, 1930.* Vol. 3, *Population.* Washington, DC: G.P.O.

————. 1933. *Fifteenth Census of the United States, 1930.* Vol. 1, *Manufactures, 1929, General Report.* Washington, DC: G.P.O.

————. 1942. *Sixteenth Census of the United States, 1940. Manufactures 1939.* Vol. 1, *Statistics by Subject.* Washington, DC: G.P.O.

————. 1975. *Historical Statistics of the United States from Colonial Times to 1970.* Washington, DC: G.P.O. (*Note:* We refer to this source as *Historical Statistics.* It is to be distinguished from the more recent *Historical Statistics, Millennial Edition.*)

U.S. Bureau of Education. [Various years]. *Statistics of State Universities and Other Institutions of Higher Education Partially Supported by the State.* Bulletins 1908 no. 8; 1909 no. 11; 1910 no. 6; 1911 no. 19; 1913 no. 60. Washington, DC: G.P.O.

U.S. Bureau of Labor. 1897. *Eleventh Annual Report of the Commissioner of Labor, 1895–96: Work and Wages of Men, Women, and Children.* Washington, DC: G.P.O.

U.S. Census Bureau. 2005a. "Historical Income Tables—Experimental Measures," available at http://www.census.gov/hhes/www/income/histinc/incexper.html. Updated December 20, 2005.

————. 2005b. *Annual Survey of Manufactures. Statistics for Industry Groups and Industries: 2004.* Washington, DC: G.P.O.

————. 2006. "Historical Poverty Tables—Table 3," available at http://www.census .gov/hhes/www/poverty/histpov/hstpov3.html. Updated September 6, 2006.

————. 2007. "The Living Arrangement of Children in 2005," available at http:// www.census.gov/population/pop-profile/dynamic/LivArrChildren.pdf. Updated May 2007.

U.S. Census Office. 1853. *Seventh Census of the United States.* Washington, DC: Robert Armstrong.

————. 1864. *Eighth Census of the United States. Population of the United States in 1860.* Washington, DC: G.P.O.

————. 1872. *Ninth Census of the United States.* Vol. 1, *Population of the United States, 1870.* Washington, DC: G.P.O.

————. 1895a. *Report on Manufacturing Industries in the United States at the Eleventh Census: 1890.* Part 1, *Totals for States and Industries.* Washington, DC: G.P.O.

————. 1895b. *Report on Manufacturing Industries in the United States at the Eleventh Census: 1890.* Part 2, *Statistics of Cities.* Washington, DC: G.P.O.

————. 1895c. *Report on Manufacturing Industries in the United States at the Eleventh Census: 1890.* Part 3, *Selected Industries.* Washington, DC: G.P.O.

————. 1897. *Report on Population of the United States at the Eleventh Census: 1890.* Part 2. Washington, DC: G.P.O.

U.S. Commissioner of Education. 1895. *Report of the U.S. Commissioner of Education, 1891/92.* Vol. 5, part 2, chapter 26, "Coeducation of the Sexes in the United States," by A. Tolman Smith. Washington, DC: G.P.O.

———. 1906. *Report of the U.S. Commissioner of Education, 1904*. Vol. 2. Washington, DC: G.P.O.

U.S. Department of Commerce. [year]. *Statistical Abstract of the United States* [year]. Washington, DC: G.P.O.

———. 1930. *Religious Bodies: 1926*. Vol. 1, *Summary and Detailed Tables*. Washington, DC: G.P.O.

U.S. Department of Education, National Center for Education Statistics. [year]. *Digest of Education Statistics,* [year]. Washington, DC: G.P.O. (*Note:* We refer to this source as *Digest of Education Statistics* [year].)

———. 1993. *120 Years of American Education: A Statistical Portrait*. Washington, DC: G.P.O.

———. 1998. *Pursuing Excellence: A Study of U.S. Twelfth-Grade Mathematics and Science Achievement in International Context*. Washington, D.C.: G.P.O. http://nces.ed.gov/timss

———. 2004. *International Outcomes of Learning in Mathematics Literacy and Problem Solving: PISA 2003 Results from the U.S. Perspective*. Washington, D.C.: G.P.O. http://nces.ed.gov/pubs2005/2005003.pdf

———. 2007. *Condition of Education 2007*. Washington, DC: G.P.O.

U.S. Department of Health, Education and Welfare. [year]. *Statistics of State School Systems,* [year] *Final Report*. Washington, DC: G.P.O.

U.S. Department of Labor, Bureau of Labor Statistics. 1918–21. *Descriptions of Occupations: Coal and Water Gas, Paint and Varnish, Paper, Printing Trades, Rubber Goods; Electrical Manufacturing Distribution and Maintenance; Glass; Medicinal Manufacturing*. Prepared for the U.S. Employment Service. Washington, DC: G.P.O.

———. 1934. *History of Wages in the United States from Colonial Times to 1928*. B.L.S. Bulletin no. 604. Washington, DC: G.P.O.

———. 1938. "Earnings and Hours of Labor in Private Shipyards, 1936 and 1937." *Monthly Labor Review* (September).

———. 1938a. "Hourly Earnings in Furniture Manufacturing October 1937." *Monthly Labor Review* (November).

———. 1938b. "Average Hourly Earnings in Cotton-Goods Industry, 1937." *Monthly Labor Review* (April).

———. 1938c. "Earnings and Hours in the Soap Industry, January 1938." *Monthly Labor Review* (June).

———. 1940a. "Hourly Earnings in Dyeing and Finishing of Cotton, Rayon, and Silk." *Monthly Labor Review* (January).

———. 1940b. "Earnings and Hours in the Iron and Steel Industry, April 1938." *Monthly Labor Review* (August).

———. 1940c. "Earnings in Gray-Iron and Malleable-Iron Foundries, 1938–39." *Monthly Labor Review* (November).

———. 1941a. "Hourly Earnings in the Lumber and Timber Products Industry." *Monthly Labor Review* (July).

———. 1941b. "Earnings and Hours in the Rayon and Silk Industry, 1940." *Monthly Labor Review* (August).

———. 1941c. "Hours and Earnings in the Cigar Industry, 1940." *Monthly Labor Review* (December).

———. 1942a. "Earnings and Hours in Manufacture of Cigarettes, Chewing and Smoking Tobacco, and Snuff, December 1940." *Monthly Labor Review* (January).

————. 1942b. "Earnings in the Grain-Mill Products Industries, 1941." *Monthly Labor Review* (April).

U.S. Office of Education. [various years to 1917]. *Annual Report of the Commissioner of Education for [various years to 1917]*. Washington, DC: G.P.O. (*Note:* We refer to this source as the *Annuals.*)

————. [various years from 1916–18 to 1956–58]. *Biennial Survey of Education for [various years from 1916–18 to 1956–58]*. Washington, DC: G.P.O. (*Note:* We refer to this source as the *Biennials*. After 1953, the Office of Education was housed in the Department of Health, Education and Welfare.)

————. 1906. *Report of the Commissioner of Education for the Year Ending June 30, 1904*. Vol. 2. Washington, DC: G.P.O.

————. 1920. "Private Commercial and Business Schools, 1917–1918." Bulletin no. 47. Washington, DC: G.P.O.

————. 1961. *Higher Education Planning and Management Data*. Washington, DC: G.P.O.

Valletta, Robert G. 2006. "Computer Use and the U.S. Wage Distribution, 1984–2003." Federal Reserve Bank of San Francisco Working Paper 2006–34 (October).

Vermont Superintendent of Education. 1900. *Annual Report, 1900*. Montpelier, VT.

Veysey, Laurence R. 1965. *The Emergence of the American University*. Chicago: University of Chicago Press.

Vinovskis, Maris A. 1972. "Trends in Massachusetts Education, 1826–1860." *History of Education Quarterly* 12 (Winter), pp. 501–529.

Vinovskis, Maris. 1985. *The Origins of Public High Schools: A Reexamination of the Beverly High School Controversy*. Madison: University of Wisconsin Press.

————. 1995. *Education, Society, and Economic Opportunity*. New Haven, CT: Yale University Press.

Vinovskis, Maris A., and Richard M. Bernard. 1978. "Beyond Catharine Beecher: Female Education in the Antebellum Period." *Signs: Journal of Women in Culture and Society* 3 (Summer), pp. 856–869.

Wagoner, Harless D. 1966. *The U.S. Machine Tool Industry from 1900 to 1950*. Cambridge, MA: MIT Press.

Washington Higher Education Coordinating Board. [year] *Tuition and Fee Rates: A National Comparison*. Available on the HECB website at www.hecb.wa.gov.

Washington State. 1922. *Twenty-sixth Biennial Report of the Superintendent of Public Instruction. Report of High School Inspector*. Olympia, WA.

Watson, Tara. 2006. "Metropolitan Growth, Inequality and Neighborhood Segregation by Income." *Brookings-Wharton Papers on Urban Affairs*, no. 7, pp. 1–52.

WebCASPAR. *Integrated Science and Engineering Resource System of the National Science Foundation*. Available at http://caspar.nsf.gov/

Weiss, Janice Harriet. 1978. *Educating for Clerical Work: A History of Commercial Education in the United States since 1850*. Ann Arbor, MI: UMI Press.

Welch, Finis. 1970. "Education in Production." *Journal of Political Economy* 78 (February), pp. 35–59.

Whaples, Robert. 1990. "The Shortening of the American Workweek: An Economic and Historical Analysis." Ph.D. diss., Department of Economics, University of Pennsylvania.

Williamson, Jeffrey G. 1975. "The Relative Costs of American Men, Skills, and Machines: A Long View." Institute for Research on Poverty Discussion Paper 289–75. University of Wisconsin, Madison.

Williamson, Jeffrey G., and Peter H. Lindert. 1980. *American Inequality: A Macroeconomic History.* New York: Academic Press.

Wolff, Edward N. 1995. *Top Heavy: A Study of the Increasing Inequality of Wealth in America.* New York: Twentieth Century Fund Press.

Woolf, Arthur George. 1980. "Energy and Technology in American Manufacturing: 1900–1929." Ph.D. diss., Department of Economics, University of Wisconsin.

Woytinsky, W. S. (and Associates). 1953. *Employment and Wages in the United States.* New York: The Twentieth Century Fund.

Yates, Joanne. 1989. *Control through Communication: The Rise of System in American Management.* Baltimore, MD: Johns Hopkins University Press.

Zook, George F. 1926. *Residence and Migration of University and College Students.* Bulletin 1926, no. 11, U.S. Bureau of Education. Washington, DC: G.P.O.

致　谢

　　读者现在看到的这本书，是两位作者的智识激情交汇融合结出的一颗果实。劳伦斯·卡茨（Lawrence Katz）为了测量、追踪和剖析工资结构和经济不平等，已经足足努力了20多年；克劳迪娅·戈尔丁（Claudia Goldin）也花了差不多长的时间潜心研究教育和人力资本的历史。在本书之前，我们两人已经合作过多次，探讨了技术变革对劳动力市场的影响、教育的回报，以及美国工资结构的长期演变过程。

　　已经记不清了，我们最终凝结成本书的这个研究项目，到底是在哪一天正式启动的。不过可以肯定的是，这个项目中有一部分开始于戈尔丁在布鲁金斯学会（Brookings Institution）担任研究员的时候，当时她正在研究高中普及运动及其对工资结构的影响。几年后，我们两人一起成为拉塞尔·萨奇基金会（Russell Sage Foundation）的研究员，从那时开始我们共同致力于研究高等教育史。在其他时候，我们也一起研究过技能偏向型技术变革与工资结构。不过，真正动笔写这本书，是在大约三年前，其中有一些章节是在我们没有教学任务的暑假那几个月里完成的。

　　美国国家科学基金会（National Science Foundation，SBR-951521）资助了我们对技能偏向型技术变革和技能工资比率的长期变化的研究。斯潘塞基金会（Spencer Foundation，199600128）资助了我们对教育史的研究，特别是提供了我们收集1915年艾奥瓦州人口普查样本所需的经费。布鲁金斯学会资助了戈尔丁的一个学术假期；拉塞尔·萨奇基金会资助了戈尔丁和卡茨两人1997—1998年的学术假期；拉德克利夫高等研究院（Radcliffe Institute for Advanced Study）则资助了我们两人2005—2006年的学术假期。我们非常感谢所有这些基金会和机构的资助和支持。

我们还要感谢许多人。我们的许多同事极其慷慨大方地给了我们很多评论、信息和数据。我们也许没有记住所有帮助过我们的人，但是至少可以将我们记得的人的名字列出来，以表示谢意。

斯坦利·恩格曼（Stanley Engerman）、艾伦·克鲁格（Alan Krueger）、伊莉娅娜·库齐姆科（Ilyana Kuziemko）、罗伯特·A.马尔戈（Robert A. Margo）和萨拉·特纳（Sarah Turner）读完了本书的全部初稿，他们给我们的评语和建议，远远超出了通常的同行间帮助的范围。伊莉娅娜·库齐姆科在她作为一名哈佛大学研究生的最后几个星期里，彻底变成了我们不知疲倦的顾问，我们将永远感激她的友情和建议。哈佛大学出版社的编辑迈克尔·阿伦森（Michael Aronson）鼓励我们坚持写作本书，他给了我们很多建议，并提出了一系列有深度的问题。我们深深感激这些给予了我们极大的支持和帮助的人。

许多人为我们提供了信息和数据，他们的名字如下（按姓氏字母顺序排序）。戴维·奥特（David Autor）帮助我们利用美国人口普查和"当前人口调查"数据，构建了衡量工资不平等、教育工资差距和技能相对供给的指标；罗伯特·巴罗（Robert Barro）提供了他和他的合作者编制的世界宗教数据；埃里克·希尔特（Eric Hilt）提供了19世纪中期纽约州各个"学院"（academy）的相关信息；阿德里安娜·列拉斯-穆尼（Adriana Lleras-Muney）分享了她对20世纪美国各州的义务教育法和童工法的汇编资料；罗伯特·马尔戈借给我们美国1850—1870年的人口普查社会统计数据的微缩胶片；保罗·罗德（Paul Rhode）提供了防务合同的相关数据；艾丽西亚·萨瑟（Alicia Sasser）给了我们州一级的幼儿园至12年级（K-12）教育支出数据；朱迪丝·斯科特-克莱顿（Judith Scott-Clayton）提供了从10月的"当前人口调查"提取的入学率和受教育程度数据；萨拉·特纳给我们寄来了本书第7章和第9章所用的许多数据序列，她还持续不断地支持我们的研究，引导我们走出了教育数据的迷宫；罗伯特·惠普尔斯（Robert Whaples）提供了市一级的数据；阿瑟·伍尔夫（Arthur Woolf）给了我们他构建的、行业一级的制造业普查数据。我们非常感谢他们！

许多人都在我们写作本书的过程中提供了非常宝贵的意见。他们包括（按姓氏字母顺序排序）：达龙·阿西莫格鲁（Daron Acemoglu）、戴维·奥特、霍华德·博登霍恩（Howard Bodenhorn）、苏姗·戴纳斯基（Susan Dynarski）、罗兰·弗赖尔（Roland Fryer）、爱德华·格莱泽（Edward Glaeser）、詹姆斯·J.赫克曼（James J. Heckman）、卡罗琳·霍克斯比（Caroline Hoxby）、布赖恩·雅各布（Brian Jacob）、彼得·林德特（Peter Lindert）、劳伦斯·米舍尔（Lawrence Mishel）、保罗·罗德、安德烈·施莱费尔（Andrei Shleifer）、马库斯·斯坦利（Marcus Stanley）、劳伦斯·萨默斯（Lawrence Summers）、约翰·沃利斯（John Wallis）和戴维·韦塞尔（David Wessel）。他们给出了深刻的评论，并提出了很多尖锐的问题，帮助我们把这本书写得更好。

我们非常幸运，因为我们有许多极其出色的合作者，从他们身上我们学到了很多东西。在这里，我们要感谢戴维·奥特、乔治·博尔哈斯（George Borjas）、布拉德·德朗（Brad DeLong）、理查德·弗里曼（Richard Freeman）、梅利莎·S. 克尼（Melissa S. Kearney）、艾伦·克鲁格、伊莉娅娜·库齐姆科、罗伯特·A. 马尔戈和凯文·M. 默菲（Kevin M. Murphy）。他们在以往与我们合作研究的课题，与本书密切相关。

我们的研究助理们在本书写作的每一个阶段都提供了极大的帮助。最开始是戈尔丁在布鲁金斯学会的研究助理琳达·塔奇（Linda Tuch），后来是我们在拉塞尔·萨奇基金会的两位研究助理谢丽尔·塞莱斯基（Cheryl Seleski）和克丽·伍德沃德（Kerry Woodward），她们给了我们很大的帮助。许多研究助理帮助我们收集了 1915 年艾奥瓦州人口普查的 6 万个观察值，他们包括：托德·布朗斯坦（Todd Braunstein）、布里吉特·陈（Brigit Chen）、迈克尔·克雷斯（Michael Cress）、米莎·德万（Misha Dewan）、塞雷娜·迈耶里（Serena Mayeri）、阿尔温德·克里希纳穆尔蒂（Arvind Krishnamurthy）。我们在这里要特别感谢收集了大部分农村样本和许多城市样本的阿利格拉·艾维（Allegra Ivey）。

每年夏天，都会有一群才华横溢的助手和我们一起工作，他们包括安妮·贝里(Anne Berry)、马娅·费德曼(Maya Federman)、凯瑟琳·卡普兰(Katherine Kaplan)、法比亚纳·席尔瓦(Fabiana Silva)、阿比盖尔·瓦戈纳·沃兹尼亚克(Abigail Waggoner Wozniak),还有最近的克丽丝特尔·扬(Crystal Yang)。扬在本书写作的大部分时间里都是我们非常能干的助理。利娅·普拉特·布斯坦(Leah Platt Boustan)为我们写作本书第 4 章的初稿提供了巨大的帮助。卡萝拉·弗里德曼(Carola Frydman)撰写了本书第 6 章的部分内容,特别是其中关于教师的那部分(她上过戈尔丁的一门课,并就这个主题写过一篇出色的论文)。利娅和卡萝拉都能够非常快乐地遨游在档案材料的汪洋大海中,并由此证明了他们对历史的热爱和深厚的学术功底。

在我们写作本书的几个暑假期间,国家经济研究局为我们创造了最好的学术环境,并为我们的研究助理落实了办公室、提供了所需的资源。国家经济研究局的优秀工作人员给了我们很大的支持,在此表示感谢。

很多人在参加了我们在各大学、学院和其他地方举办的研讨会和公开讲座之后,都给我们提出了大量非常有益的意见。我们无法在这里一一列出他们的名字。但是我们感谢出席这些会议的所有人的支持和建议。最后,我们要感谢梅格·弗格森(Meg Fergusson)对本书原稿的细心编辑加工。

本书的标题受到了简·丁伯根(Jan Tinbergen)的启发,他用了一个类似的比喻,来描述影响工资结构历史演变的各种因素。

我们撰写和发表过多篇讨论不平等、教育和技术问题的论文。这本书的内容并不是对这些论文的简单复述,在许多时候两者的差异是相当明显的。然而,本书中确实有几处从我们以前发表的论文中借用了部分图表、数据,甚至文字。相关的章节及对应的论文列示如下:

第 1 章:论文《维持美国经济增长》(DeLong, J. Bradford, Claudia Goldin, and Lawrence F. Katz, 2003, "Sustaining U. S. Economic Growth", In H. Aaron, J. Lindsay and P. Nivola, eds., *Agenda for the Nation*, Washington, DC: Brookings Institution Press.)

第 2 章:论文《20 世纪初的教育和收入:来自大草原地区的证据》(Goldin, Claudia and Lawrence F. Katz, 2000, "Education and Income in the Early Twentieth Century: Evidence from the Prairies", *Journal of Economic*

History 60（September），pp.782—818.）

第 2 章：论文《先不断缩小、后持续扩大的美国经济不平等：世纪上下半叶的故事》（Goldin，Claudia and Lawrence F. Katz，2001，"Decreasing（and then Increasing）Inequality in America：A Tale of Two Half Centuries"，In Finis Welch，ed.，*The Causes and Consequences of Increasing Inequality*，Chicago：University of Chicago Press，pp.37—82.）

第 3 章：论文《技术—技能互补性的起源》（Goldin，Claudia and Lawrence F. Katz，1998，"The Origins of Technology-Skill Complementarity"，*Quarterly Journal of Economics* 113（June），pp.693—732.）

第 6 章：《人力资本与社会资本：1910—1940 年美国高中教育的兴起》（Goldin，Claudia and Lawrence F. Katz，1999，"Human Capital and Social Capital：The Rise of Secondary Schooling in America，1910 to 1940"，*Journal of Interdisciplinary History* 29（Spring），pp.683—723.）

第 7 章：《美国高等教育的形成：1890—1940 年》（Goldin，Claudia and Lawrence F. Katz，1999，"The Shaping of Higher Education：The Formative Years in the United States，1890 to 1940"，*Journal of Economic Perspectives* 13（Winter），pp.683—723.）

请读者允许我们两人互致谢意。唯有相互拥有,彼此才能成为一个整体不可或缺的部分。我们两人都是不完美的,没有对方,我们谁也写不出这本书。最后,我们还要感谢我们的爱犬普雷里（Prairie）,它虽然对章节、文献、表格和数字等全都一无所知,但是这些年来,它一直以自己的独特方式——舌头舔舔、尾巴摇摇——让我们保持心平气和,直到今天仍然让我们感受到源源不断的爱意和亲情。

译后记

在中国，一说起"教育"二字，就肯定会激起一阵阵波澜。对教育深感焦虑的，早就不限于家长，还包括社会各界。这些年来，从全面发展到素质教育，再到"双减"和"强基"，各种各样的教育新政层出不穷，让学生、家长、学校和课外培训机构等相关方面穷于应付。而且，教育似乎也成了一个世界性的问题，尤以东亚各国为甚。

这种状况意味着，思考教育问题需要一个统一的框架。两位杰出的美国经济学家克劳迪娅·戈尔丁和劳伦斯·卡茨所著的《教育和技术的赛跑》一书，在总结美国的历史经验的基础上，为我们提供了一个供给、需求和制度分析框架。

从总体上看，一个多世纪以来，美国的科技和教育的发展，带来了持续的经济增长和民众生活水平的提高。戈尔丁和卡茨仔细研究了技术—教育—经济增长—收入分配状况的演变趋势背后的历史和经济力量，特别是有效利用了源于1915年艾奥瓦州人口普查的关键证据，非常有说服力地指出：决定不平等演变趋势的关键，在于对高技能劳动力（熟练劳动力）的相对需求和相对供给的增长是不是匹配，而根本机制则可以总结为在教育制度约束下技术和教育之间的一场赛跑。技术和教育的赛跑是永不休止的，经济增长和不平等都是这场赛跑带来的结果。对高技能劳动力的需求在一个多世纪的时间里一直以相对稳定的速度增长，而其相对供给则变化较大：在 20 世纪上半叶，由于教育在这场赛跑中跑得更快，导致经济持续增长，同时经济不平等大幅下降；但是在过去 30 多年以来，技术依靠教育展开了冲刺，结果导致经济相对停滞和不平等状况恶化。

但是这里最大的困难在于，由于技术一直在飞速发展，我们很难预测未来将会需要什么样的新技能。在 20 世纪上半叶，新技术带来的需求增长，"奖励"的是一般性技能，如计算能力、掌握科学知识的多少、阅读能力和解读蓝图的能力，等等。而在进入 21 世纪之后，最受欢迎的技能则是分析技能，而且全球化还带来了全新的挑战。

戈尔丁和卡茨观察到，任何一种技能，如果能够"外包"，那么无论它多么复杂，都可能是很脆弱的；可以用计算机程序替代的那些技能也类似。这些以往货真价实的"高技能"，在未来面临着需求增长停滞，甚至需求下降的危险。因此，在当今社会，拥有中学或大学毕业文凭，不再意味着你是一个不可或缺的人才，特别是如果你的技能是可以外包的，或者是可以用计算机程序模拟的话。

相比之下，现在对有很高的分析和综合能力的高技能人才的需求则非常大，他们有能力进行抽象思考，并且对金融、纳米技术和细胞生物学等学科有着深入的、非常规的理解。此外，对于拥有很高的社会交往能力，或能提供"面对面"的高技能服务的人的需求也在上升。这可能意味着，在新时代的技术和教育的赛跑中，普通的中学、大学教育的作用在下降，而特定专业学科的学位和特定工作领域的高级培训则可能会变得越来越重要。

戈尔丁和卡茨发现，进入 21 世纪之后，多接受一年高等（以上）教育的回报率第一次出现了上升——在很多领域，已经变得非常高了。因此，一个问题是：面对如此丰厚的回报，为什么美国的教育水平的提升会如此缓慢，以至于落在了其他发达国家之后？本书给出了一些答案，但是似乎并不完整。无论如何，过去的经验非常有启发，但是不能直接用来预测未来。

翻译本书是一个有趣的智识之旅，感谢格致出版社和王萌编辑给了我们这个机会。

感谢儿子贾岚晴带给我们的快乐和激情。

贾拥民还要感谢农夫山泉公司，感谢老板钟睒睒，给了我在工作之余读书、写作、译书的空间。

译者水平所限，书中定有不足之处，敬请读者批评指正！

贾拥民　傅瑞蓉

2022 年 9 月

图书在版编目(CIP)数据

教育和技术的赛跑/(美)克劳迪娅·戈尔丁,(美)
劳伦斯·F.卡茨著;贾拥民,傅瑞蓉译.—上海:格
致出版社:上海人民出版社,2023.1(2023.11重印)
(当代经济学系列丛书/陈昕主编.当代经济学译
库)
ISBN 978 - 7 - 5432 - 3397 - 3

Ⅰ.①教… Ⅱ.①克… ②劳… ③贾… ④傅… Ⅲ.
①劳动力市场-研究-美国 Ⅳ.①F249.712.12

中国版本图书馆 CIP 数据核字(2022)第 197881 号

责任编辑 王　萌
装帧设计 王晓阳

教育和技术的赛跑

[美]克劳迪娅·戈尔丁　劳伦斯·F.卡茨　著
贾拥民　傅瑞蓉　译

出　　版　格致出版社
　　　　　上海三联书店
　　　　　上海人民出版社
　　　　　(201101　上海市闵行区号景路 159 弄 C 座)
发　　行　上海人民出版社发行中心
印　　刷　上海商务联西印刷有限公司
开　　本　710×1000　1/16
印　　张　31
插　　页　3
字　　数　473,000
版　　次　2023 年 1 月第 1 版
印　　次　2023 年 11 月第 2 次印刷
ISBN 978 - 7 - 5432 - 3397 - 3/F · 1469
定　　价　118.00 元

当代经济学译库

不完全合同、产权和企业理论/奥利弗·哈特等编著
理性决策/肯·宾默尔著
复杂经济系统中的行为理性与异质性预期/卡尔斯·霍姆斯著
劳动分工经济学说史/孙广振著
经济增长理论:一种解说(第二版)/罗伯特·M.索洛著
人类行为的经济分析/加里·S.贝克尔著
工业化和经济增长的比较研究/钱纳里等著
发展中国家的贸易与就业/安妮·克鲁格著
企业的经济性质/兰德尔·克罗茨纳等著
经济发展中的金融深化/爱德华·肖著
不完全竞争与非市场出清的宏观经济学/让-帕斯卡·贝纳西著
企业、市场与法律/罗纳德·H.科斯著
发展经济学的革命/詹姆斯·A.道等著
经济市场化的次序(第二版)/罗纳德·I.麦金农著
论经济学和经济学家/罗纳德·H.科斯著
集体行动的逻辑/曼瑟尔·奥尔森著
企业理论/丹尼尔·F.史普博著
经济机制设计/利奥尼德·赫维茨著
管理困境:科层的政治经济学/盖瑞·J.米勒著
制度、制度变迁与经济绩效/道格拉斯·C.诺思著
财产权利与制度变迁/罗纳德·H.科斯等著
市场结构和对外贸易/埃尔赫南·赫尔普曼　保罗·克鲁格曼著
贸易政策和市场结构/埃尔赫南·赫尔普曼　保罗·克鲁格曼著
社会选择理论基础/沃尔夫·盖特纳著
时间:均衡模型讲义/彼得·戴蒙德著
托克维尔的政治经济学/理查德·斯威德伯格著
资源基础理论:创建永续的竞争优势/杰伊·B.巴尼著
投资者与市场——组合选择、资产定价及投资建议/威廉·夏普著
自由社会中的市场和选择/罗伯特·J.巴罗著
从马克思到市场:社会主义对经济体制的求索/W.布鲁斯等著
基于实践的微观经济学/赫伯特·西蒙著
所有权、控制权与激励——代理经济学文选/陈郁编
财产、权力和公共选择/A.爱伦·斯密德著
经济利益与经济制度——公共政策的理论基础/丹尼尔·W.布罗姆利著
宏观经济学:非瓦尔拉斯分析方法导论/让-帕斯卡·贝纳西著
一般均衡的策略基础:动态匹配与讨价还价博弈/道格拉斯·盖尔著
资产组合选择与资本市场的均值——方差分析/哈利·M.马科维兹著
金融理论中的货币/约翰·G.格利著
家族企业:组织、行为与中国经济/李新春等主编
资本结构理论研究译文集/卢俊编译
环境与自然资源管理的政策工具/托马斯·思德纳著
环境保护的公共政策/保罗·R.伯特尼等著
生物技术经济学/D.盖斯福德著